Peter Friedrich/Rolf Parr (Hg.)

Gastlichkeit

Erkundungen einer Schwellensituation

Gastlichkeit

Erkundungen einer Schwellensituation

Herausgegeben von
Peter Friedrich und Rolf Parr

SYNCHRON
Wissenschaftsverlag der Autoren
Synchron Publishers
Heidelberg 2009

Gedruckt mit Unterstützung der Geschwister Boehringer Ingelheim Stiftung für Geisteswissenschaften und der Westfälisch-Lippischen Universitätsgesellschaft.

Bibliografische Information der Deutschen Nationalbibliothek
Die Deutsche Nationalbibliothek verzeichnet diese Publikation in der Deutschen Nationalbibliografie; detaillierte bibliografische Daten sind im Internet über <http://dnb.ddb.de> abrufbar.

Synchron Publishers GmbH, Heidelberg
www.synchron-publishers.com

Umschlaggestaltung: Reinhard Baumann, München
Titelbild: Carl Schröder: Der Tourist im Harze. Öl auf Leinwand (1862), Städtisches Museum Braunschweig, Inv.-Nr. 1200-0737-00
(Foto: Monika Heidemann)

Satz: Marion Berner, Dortmund u. Christian A. Bachmann, Bochum
Druck und Weiterverarbeitung: Strauß GmbH, Mörlenbach
Printed in Germany
ISBN 978-3-939381-19-8

Inhalt

III. Gastlichkeit in der Literatur – zwischen Irritation und Eskalation

IV. Gäste im Film und im Mediendispositiv Fernsehen

Rolf Parr/Peter Friedrich

Von Gästen, Gastgebern und Parasiten

1

Seiner 1903 gehaltenen Festrede an der Berliner Universität gab Ernst Curtius den Titel »Die Gastfreundschaft« und feierte darin ihren jeweiligen Grad als differenzierendes Kriterium im Entwicklungsstand der Völker. Dabei gelang ihm das Kunststück, als Romanist die griechisch-römische Tradition der Gastlichkeit hoch zu halten, zugleich Preußen-Deutschland als ein auf der Skala der Gastfreundschaft ganz oben stehendes Land zu positionieren, den Kaiser als größten Gastfreund zu feiern und schließlich auch noch die Universität als ureigensten Hort der Gast*freiheit* zu bestimmen.[1] Wo also, wenn nicht im gesamten Spektrum der Geistes- und Sozialwissenschaften, sollte das Thema Gastlichkeit seinen Ort haben? So einleuchtend das auf den ersten Blick erscheint, sind doch auch gleich wieder Einschränkungen zu machen: Denn während solche sozialen Institutionen wie Ehe und Familie, die kulturelle Kodierung von Sexualität und Liebe sowie mit der Transformation ihrer Ökonomie, ihres Rechtssystems, ihrer Macht- und Souveränitätsformen auch der Modernitätswandel westlicher Kulturen insgesamt bereits mehrfach im Zentrum umfassender kultur- und gesellschaftstheoretischer Forschungen und Theoriebildungen gestanden haben, ist von den alltagskulturellen Verkehrsformen bisher allein das soziale Institut der Gastfreundschaft noch nicht Gegenstand eines interdisziplinär angelegten geisteswissenschaftlichen Forschungsvorhabens gewesen. Diese Tatsache ist schlichtweg erstaunlich, denn immerhin firmiert die Dramaturgie der Gast-Situation von der Antike über das frühe Christentum und Mittelalter bis in die allerneueste Zeit als Prototyp politischer Selbstreflexion und als Medium der ›sittlich-moralischen‹ Selbstbeschreibung von Gesellschaften, was nicht zuletzt das Beispiel Curtius zeigt.

2

Warum aber sind es ausgerechnet Literaturwissenschaftler, die ein solches Unternehmen mit dem vorliegenden Band angehen und nicht die aufgrund ihrer sehr viel universelleren Anschlussfähigkeit zur Interdisziplinarität doch eher berufenen Philosophen, die zudem intensiv zur Gastlichkeitsproblematik geforscht haben?[2] Und wenn nicht die Philosophie, dann doch als nächstes die auf diesem Terrain ebenfalls

1 Ernst Curtius: Die Gastfreundschaft. In: Alterthum und Gegenwart. Gesammelte Reden und Vorträge von Ernst Curtius. Erster Band, 5. Aufl., Stuttgart, Berlin: Cotta 1903, S. 203-218.

bestens ausgewiesene Geschichtswissenschaft?[3] Eine mögliche Antwort liegt darin, dass die Situation Gast/Gastgeber immer auch etwas mit Erzählen zu tun hat; Gastlichkeit ist - wie auch Nachbarschaft - eine jener Schwellensituationen der Begegnung von Fremdem und Eigenem, von Innen und Außen, Nähe und Ferne, Intimität und Öffentlichkeit, die Erzählen geradezu herausfordern. Imaginiert man nämlich so etwas wie die Urszene von Gastlichkeit, dann mag sie darin gelegen haben, dass Einzelne oder Gruppen auf Fremde treffen, diese aber nicht mehr automatisch als Feinde ansehen und sie unmittelbar angreifen, sondern ihnen einen temporären Schwebestatus zwischen Fremdsein und Selbstsein einräumen, in dem der dazu nötige Austausch Gäste und Gastgeber geradezu zwingt, von sich, dem eigenen Herkommen, von Erfahrungen und Absichten zu erzählen. Dieses Schwellenszenario lässt sich bis hin zur sukzessiven Einführung des modernen polizeilichen Gastrechts und der damit verbundenen Fremdenbefragungen durch Gastgeber und/oder Behörden weiterverfolgen, wie man sie in der zweiten Szene des zweiten Aktes von Lessings »Minna von Barnhelm« paradigmatisch entfaltet findet.[4] Erzählt wird aber auch im umgekehrten Falle, nämlich dann, wenn der Gastgeber es für seine Pflicht ansieht, den Gast zu unterhalten, was sich als kodifiziertes Regelwissen für den Gastverkehr in mittleren Ständen beim Freiherrn von Knigge findet.[5]

Das Lessing-Beispiel macht zudem auch noch eine weitere Facette der Gastlichkeitsthematik deutlich, nämlich dass es verschiedenste soziale Praktiken sind, die für sie eine Rolle spielen. Gastlichkeit als Untersuchungsgegenstand bündelt ethische, politische, rechtliche, religiöse, soziale, philosophische, ästhetische und narrative Aspekte in einem einzigen thematischen Komplex, der sich daher in einer enormen Fülle von Belegmaterial auffinden lässt, und dies nicht nur, aber doch in ganz besonderem Maße in literarischen Dokumenten. So beschäftigen sich, um nur zwei der großen Archive zu nennen, in denen Gast-Wissen verwahrt wird, nicht nur Rechts- und Polizeivorschriften, Klosterregeln und Verhaltenslehrbücher seit langem mit der

2 Vgl. u.a. Hans-Dieter Bahr: Die Sprache des Gastes. Eine Metaethik. Leipzig: Reclam 1994 (Reclam-Bibliothek, Bd. 1500); ders.: Die Befremdlichkeit des Gastes. Wien: Passagen 2005, S. 15-31; Jacques Derrida: Von der Gastfreundschaft. Wien: Passagen 2001.

3 Vgl. u.a. Hans Conrad Peyer (Hg.): Gastfreundschaft, Taverne und Gasthaus im Mittelalter. München: Oldenbourg 1983; Leopold Hellmuth: Gastfreundschaft und Gastrecht bei den Germanen. Wien: Verlag der Österr. Akad. d. Wiss. 1984 (Sitzungsberichte, Bd. 440); Hans Conrad Peyer: Von der Gastfreundschaft zum Gasthaus. Studien zur Gastlichkeit im Mittelalter. Hannover: Hahn 1987 (Monumenta Germaniae Historica, Schriften 31); Otto Hiltbrunner: Gastfreundschaft in der Antike und im frühen Christentum. Darmstadt: WBG 2005.

4 Vgl. Gotthold Ephraim Lessing: Minna von Barnhelm. 1763, 2. Akt, 2. Szene: »DAS FRÄULEIN: Das Fräulein von Barnhelm. / DER WIRT: ›von Barnhelm‹ – Kommend? woher, gnädiges Fräulein? / DAS FRÄULEIN: Von meinen Gütern aus Sachsen. / DER WIRT: ›Gütern aus Sachsen‹ / [...] / DER WIRT: Dero Verrichtungen allhier? / [...] / DAS FRÄULEIN: [...] Ich bin lediglich in meinen eigenen Angelegenheiten hier. / DER WIRT: Ganz wohl, gnädiges Fräulein, aber wie nennen sich diese eigne Angelegenheiten? / DAS FRÄULEIN: Sie nennen sich – Franziska, ich glaube, wir werden vernommen.«

5 Adolph Frhr. von Knigge: Über den Umgang mit Menschen. Hg. von Gert Ueding. Frankfurt a.M.: Insel 1977 (E: 1788).

Kodifizierung der Gastfreundschaft, sondern es sind auch Mythen, religiöse Erzählungen, Märchen, Gedichte, Dramen und Romane, die die komplexe Situation der Gastlichkeit über die Zeiten hinweg überliefern und problematisieren. Das Wissen über Gastlichkeit und Gastfreundschaft fand seinen Niederschlag in entsprechenden Erzählungen des Alten Testaments, in der arabischen Poesie, dann vor allem in der griechisch-römischen Literatur von Homer bis Ovid, von Herodot über Kallimachos bis Plautus. Gerade von ihr aus wurde ein bis heute bestehendes Set an Gastlichkeitsmotiven tradiert und immer wieder aufs Neue variiert, das gleichermaßen die christlichen Predigten, die Ikonographie und die moderne Literatur Kerneuropas seit der Mitte des 18. Jahrhunderts prägte.

Von daher ist die Literatur zwar einerseits einer der zentralen Orte der Reflexion über Gäste, Gastgeber, glückende und eskalierende Situationen der Gastlichkeit, bringt aber andererseits immer schon ein ganzes Feld nicht genuin literarischer Aspekte mit sich, die nur interdisziplinär erforscht werden können. Dieses komplexe Feld der Schwellensituation Gastlichkeit nehmen die Beiträge in den Blick: als Konstrukt des Rechts, als Sozialfigur in historischen Kontexten, als literarisches bzw. filmisches Motiv und Erzählmodell, als Mediendispositiv sowie als philosophischen Fundamentalbegriff von Gastlichkeit. Es zeigt sich dabei, dass die Semantiken von Gast, Gastgeber und Gasträumen ein interkulturelles und epochenübergreifendes Modell zur kritischen Reflexion der Selbstreferenz von Gesellschaften, Kulturen und ihren (Be-)Gründungsmodellen wie Selbst, Nation, Religion, Identität, Haus, Rasse usw. bereitstellt. Vom Gast aus lassen sich daher vielfältige neue Fragen, Sichtweisen und Lesarten an traditionelle Systembeschreibungen, kanonisierte Texturen und philosophisch-theologisch-juridische Diskurse herantragen.

Doch auch darüber hinaus scheint der Gast stets auf einer Schwelle platziert zu sein, womit Gastlichkeit insgesamt zum Schwellenphänomen wird, das die Beiträge dieses Bandes genauer erkunden. Ist Gastlichkeit damit so etwas wie ein anthropologisches ›Fundamental‹, der Mensch ein Grenzwesen, dem Gastfreundschaft im Sinne Kants[6] zwar als Pflicht gegenüber der Menschheit aufgetragen ist, diese aber in der eigenen Person gründet? Oder ist es nur die Menge von Belegmaterial zum Thema Gastlichkeit, das – je mehr man sich damit beschäftigt – immer größere Kreise zieht, sodass einem der zunächst überzeugend erscheinende Fokus am Ende mehr und mehr verloren geht? Unterstreichen die Gast-Szenen in literarischen und anderen medialen Texturen jeweils nur ein Charakteristikum des Textes bzw. Autors oder sagen sie etwas Fundmentales, vielleicht sogar anthropologisch Fundamentales über Gastlichkeit aus? Die Frage scheint nicht per se lösbar, sodass nur auf die beiden anstehenden Gefahren hingewiesen werden kann: in die eine Richtung die einer Verwässerung der Gast-Begrifflichkeit, in die andere die zu großer Abstraktion. Unbestritten bleibt aber wohl der Umstand, dass es sich bei der Gastsituation um eine jener fundamentalen Variablen handelt, die die Konstellation eines soziokulturellen Beginnens mit Persistenz, also mit ihrer notwendigen literarischen Wiederholung verbindet. In der wissenschaftlichen Betrachtung firmiert die Gastsituation so einerseits als kon-

6 Vgl. Immanuel Kant: Zum ewigen Frieden. Ein philosophischer Entwurf. Texte zur Rezeption 1796–1800. Leipzig: Reclam 1984.

stante Urszene, andererseits als variabler Reflexionsmodus. In diesem Band geht es dabei vor allem um die Kopräsenz der interdisziplinären Beschreibungsweisen des Themas sowie um die Konkretheit und Pluralität des Phänomens.

Ein grundlegendes Begriffspaar, nämlich das von ›Gast‹ und ›Freund‹, bringt Hans-Dieter Bahr aus philosophischer Perspektive mit seinen Überlegungen zum »Gast-Freund« ins Spiel und fragt, ob ein nicht-subjektivistisches Modell von Gastfreundschaft denkbar ist. In den Texten des bürgerlichen Realismus wird dieser Gast-Freund, wie Rolf Parr am Beispiel Wilhelm Raabes zeigt, zur Etablierung eines semantischen Differentials von ›Nähe versus Ferne‹ genutzt, was im Verlauf der Narrationen häufig zur Verkehrung der Positionen von Gast und Gastgeber führt, wodurch sich beide ständig in Schwellensituationen befinden. Am Leitfaden der Gastlichkeitsthematik gelesen, erscheint Raabes Werk aus der Zeit nach 1871 dann insgesamt als der Versuch, die denkbaren Konstellationen, Irritationen und Verwerfungen zwischen solchen Gästen und Gastgebern, die sich eigentlich gut bekannt sind, die aber nach längerer Zeit der Abwesenheit dennoch wechselseitige Befremdungen hervorrufen, systematisch auszutesten. Verkehrungen von Gastlichkeit fokussiert auch Ralf Simon. Er entwickelte als Alternative zu rein tauschtheoretischen Gastlichkeits-Überlegungen in Analogie zur Semanalyse Greimas' ein semantisches Viereck der Ungastlichkeit, das er auf E.T.A. Hoffmanns »Nachtstücke« anwendet und damit für ein engeres Fundamental Gastlichkeit optiert.

Dass die antike Gastfreundschaft des siebten vorchristlichen Jahrhunderts als ein zumindest teilweise ritualisiertes Institut fungierte und nicht zuletzt auch dazu diente, dem Gastgeber ›Ehre‹ zu sichern, zeigt Beate Czapla in einem Gang durch die Homerischen Epen, der zugleich den Blick auf das ›ganze Haus‹ und den ihm vorstehenden Hausherrn lenkt. Damit markiert sie zugleich ein Desiderat der Gastlichkeitsforschung, nämlich eine Untersuchung des Zusammenhangs und der Entwicklung des Verhältnisses von privatem und staatlichem Rahmen des Gastrechts. Wiederum in der Literatur finden sich zahlreiche Beispiele dafür, wie beide in Konflikt geraten. Auf der Schwelle zwischen noch privater und schon öffentlicher und damit auch juridisch relevanter Gastlichkeit platziert Meinolf Schumacher mittelalterliches Gasthaus, Wirt, Wirtin und die in den Quellen überlieferten Konflikte um noch privat gewährte oder schon gewerblich angebotene Bequemlichkeit bis hin zur Prostitution. Zeitlich daran anschließend zeigt Beat Kümin das Spektrum und die Evolution der Wirtetätigkeit vom Spätmittelalter bis in die frühe Neuzeit in den genuin historiographischen Dimensionen von Raum und Zeit auf, wobei die sozio-kulturellen Funktionen des Wirtshauses für die vorindustrielle Gesellschaft im Vordergrund stehen. Wirtshäuser erweisen sich hier als über Prozesse der Konstitution von ökonomischen, sozialen und nicht zuletzt infrastrukturellen Räumen maßgeblich an sozialen Austauschprozessen beteiligte Faktoren. Ihr Wandel lässt sich weiter verfolgen mit dem literaturwissenschaftlichen Beitrag von Alexander Honold. Er zeichnet an Dramen und Gedichten von Lessing, Hölderlin und Uhland die sich wandelnde Funktion des Gasthauses im Prozess kommerzialisierter Reise- und Verkehrsformen um 1800 nach. Die Semantik der Gastlichkeit und der Gastwirtschaft, so der Befund, wird in dieser Zeit zum Ausdruck einer labilen Kompromissbildung zwischen theologischen Fundierungen des Gastlichkeitsgebotes und einer zunehmenden Ökonomisierung des Gastgewerbes.

Norbert Brieskorn analysiert am Beispiel von Francisco de Vitoria, Immanuel Kant und Michel Leiris den Konstitutionsprozess juridisch kodifizierter Gastlichkeit von Völkern bzw. Staaten und damit einen weiteren historischen Übergang von individuell-privater zu kollektiv-öffentlicher Hospitalität. Insbesondere nimmt Brieskorn aus philosophischer und rechtshistorischer Perspektive das Konzept des Weltgastes in den Blick, wobei deutlich wird, dass sich bereits bei der rechtstheoretischen und theologischen Begründung des Gemeinwesens in der Scholastik das Konzept eines allgemeinen Besuchs- und Niederlassungsrechtes für den Gast abzeichnete, welches über Kants Schrift »Zum ewigen Frieden« sowohl für die Idee des Völkerrechts als auch für die literarische Bearbeitung von Alterität als eines Aktes der Anerkennung maßgeblich wurde. Der Versuch, die Ankunft des Fremden juridisch zu regulieren. und derjenige, das Andere in seiner Andersheit zu belassen, überschneiden sich hierbei als komplexe Problemlagen. Ebenfalls von Kants Schrift und der eine differenzierende Schwelle der Liminalität etablierenden Unterscheidung zwischen Naturwesen (homo phaenomenon) und Persönlichkeit (homo noumenon) geht Georg Meins Beitrag aus. Gründen Gastfreundschaft und ihre Liminalität bei Kant letztlich in dieser Doppelnatur des Menschen, so nimmt Georg Mein darüber hinaus mit der Figur des Parasiten noch eine weitere Schwellenfigur der Gastlichkeit in den Blick. Denn mit dem Parasiten wird, worauf auch Michel Leiris hinweist,[7] der Gastlichkeitsimperativ zugleich erfüllt wie auch irritiert.

Wenn das Einhergehen von Literatur und Gastlichkeit so eng ist, wie es nahezu alle Beiträge dieses Bandes belegen, hat das Phänomen Gastlichkeit dann, wie Wolfgang Braungart und Sascha Monhoff als These formulieren, möglicherweise eine ganz eigene Ästhetik bzw. Theo-Poetik der Gastlichkeit hervorgebracht? Und wie ließen sich dann die lebensweltliche Praxis der Gastlichkeit und die spezifische Ästhetik eines (singulären) literarischen Textes jenseits einfacher Analogien aufeinander beziehen? Braungart/Monhoff gehen dem exemplarisch an *dem* ›great code‹ der abendländischen Literatur nach, der Bibel, die die Literatur auch hinsichtlich des Themas Gastlichkeit bis heute geprägt hat, was sich für Joseph Roth mit Peter Friedrichs Beitrag exemplarisch verifizieren lässt.

Szenarien der Eskalation der Schwellensituation Gastlichkeit thematisieren Michael Niehaus und Torsten Voß. Dabei nimmt Niehaus das Motiv der Ermordung des Gastes bei George Lillo, Karl Philipp Moritz und Franz Grillparzer genauer in den Blick, was interessante Fragen nach seiner Tradierung sowie sozialkritischen Bedeutung aufwirft, während Voß solchen Situationen der Gastaufnahme in Texten von Seneca, Shakespeare und Felix Dahn nachgeht, in denen Gästen zunächst der Schutz des Gastgebers vorgespielt wird, dies aber nur, um dessen relatives Ausgeliefertsein auszunutzen, wiederum bis hin zu seiner Ermordung und auch noch darüber hinaus, womit das Scheitern von Gastlichkeit eine Zuspitzung erfährt.

Achim Geisenhanslüke belegt an Texten von Kleist, Hoffmann und Kafka die Persistenz der Gastsemantik als literarisches Motiv und Schreibmodell, welches die Frage nach dem Unheimlichen bzw. der Entfremdung in der dissoziierten bzw. säku-

7 Vgl. Michel Serres: Der Parasit. Frankfurt a.M.: Suhrkamp 1987, S. 33.

larisierten Welt vor dem Hintergrund leerlaufender Rituale des Empfangs stellt. Hier wird überdeutlich, dass die Frage nach dem Fundamental Gast es erlaubt, selbst kanonische Texte unter zum Teil neuen Gesichtspunkten zu untersuchen, ein Befund, der auch für den Beitrag von Peter Friedrich gilt. Er kann an Texten Joseph Roths zeigen, welche bedeutende Rolle das Modell der Gastlichkeit bei der kritischen Rekonstruktion bzw. Subversion des nationalistisch-kulturpessimistischen Interdiskurses der Zwischenkriegszeit sowie ihrer Selbstbeschreibungsmodelle gespielt hat: Die Ankunft des Gastes bzw. der Gäste reflektiert nämlich insbesondere auf repressive Ausgrenzungsfiguren im ›Raumdenken‹ der Zeit. Manfred Schneider analysiert die Interdependenz der Theoriefiguren ›Jude‹ und ›Gast‹ anhand des Motivs des ›Juden als Gast‹. Indem er in einem begriffs- und problemgeschichtlichen Überblick Herkunft und Funktion des Parasiten-Dispositivs freilegt, liefert er eine wesentliche Grundlage zur Befragung der proto-rassistischen und theoriegeschichtlichen Implikationen des Parasit/Gast-Komplexes im Wechselspiel von diskursiven Begriffsbildungen und Metaphorisierungsprozessen. Einem immer wieder tradierten Stereotyp der Gastlichkeitsforschung, nämlich dass es die Figur des weiblichen Gastes nicht gebe, begegnet Julia Bertschik, indem sie der ›Gästin‹ in Texten von Arthur Schnitzler, Stefan Zweig und Vicki Baum nachgeht. Auch der weibliche Gast entpuppt sich dabei als Schwellenexistenz, diesmal als eine zwischen den Aktionsmodi ›männliches Tauschobjekt‹ und ›lebendiges Gastgeschenk‹.

Den Schluss des Bandes bilden je ein film- und fernsehwissenschaftlicher Beitrag. Karin Bruns zeigt, wie die Rituale von Gastmahlen im neueren amerikanischen Erzählkino ebenso wie in kulinarischen Doku-Soaps auf Basis ihres hohen Ritualitätsgrades zu zenralen Schaltstellen des Narrativen werden, die nicht zuletzt Alterität inszenieren; Matthias Thiele geht mit der Frage nach der Funktion des Gastes im Mediendispositiv Fernsehen über das im Fernsehen Gezeigte, also die Programmebene, weit hinaus und macht deutlich, dass seit der flächendeckenden Einführung des Fernsehens in den 1950er Jahren die Zuschauer mal zu Gästen, mal zu Gastgebern werden, die sich um den eigentlichen Hauptgast scharen, den als solchen mit allen Ehren im Schnittpunkt der Blicklinien platzierten Fernsehapparat selbst. Gastlichkeit und Fernsehen lassen sich anscheinend erst dann einigermaßen vollständig in ihrem hochkomplexen Beziehungsgeflecht erfassen, wenn man sie zugleich auf den Ebenen von Technik, Institution, Programm, Rezeption und Diskursen analysiert.

3

Einig sind sich die Beiträge darin, dass die Schwellensituation der Gastlichkeit und vor allem der Gast als Sozialfigur bzw. anthropologisches Fundamental zwar noch immer zu wenig erforschte Gegenstände sind, dass mit der einschlägigen Forschung aber schon jetzt ein wissenschaftliches Reflexions- und Beschreibungsmodell in Arbeit ist, um Kulturen, Literaturen, Rechtssysteme, historische Formationen und anthropologische Signifikanzen vom Ort ihrer Behandlung des Anderen aus zu beschreiben. Damit ergeben sich Anschlussmöglichkeiten zwischen Gastlichkeitsforschung und der ebenfalls an Alterität interessierten postkolonialen Literatur- und Kulturwissenschaft sowie als deren jüngerer Variante der eher Lokales und Regionales in den Blick nehmenden Nachbarschaftsforschung. Schließlich zeigt das Spektrum der Beiträge nolens volens auch, welche Desiderate noch bestehen. Dazu gehört erstens die Erforschung von Gastlichkeit für das 15. bis 17. Jahrhundert. Zweitens fehlen diachrone, Entwicklungen thematisierende literarhistorische Untersuchungen zum Wandel der Gastlichkeitsproblematik; drittens ist der stärkere Einbezug gattungs- bzw. genrespezifischer Aspekte sowie in Kombination damit von Erzählperspektiven wünschenswert; viertens schließlich wären die Übergänge bzw. Kopplungen zwischen privater und öffentlicher Gastlichkeit hinsichtlich ihrer jeweiligen Funktionen genauer zu bestimmen.

4

Die Beiträge dieses Bandes gehen auf eine im April 2007 im »Zentrum für interdisziplinäre Forschung« (ZiF) der Universität Bielefeld von den Herausgebern gemeinsam mit Alexander Honold (Basel) veranstaltete Tagung zurück. Dem Bielefelder ZiF sei an dieser Stelle für die großzügige Finanzierung und die perfekte Organisation gedankt. Sie hat den Teilnehmern und vielleicht noch mehr den Veranstaltern das Maß an Zeit verschafft, ohne das geisteswissenschaftliche Forschung als ihre primäre Ressource nicht auskommt. Der alten ethischen Viererregel der Gastlichkeit - ›gewähre Schutz, Nahrung, Pferdefutter und Wegauskunft‹ - wäre für Wissenschaftler dahingehend abzuwandeln, dass sie sich gerade dann besonders gastlich aufgenommen fühlen, wenn ihnen Zeit für gemeinsame Arbeit geschenkt wird. Dem Städtischen Museum Braunschweig danken wir für die Erlaubnis, Carl Schröders Gemälde »Der Tourist im Harze« (1862, Inv.-Nr. 1200-0737-00; Foto: Monika Heidemann) auf dem Cover zu verwenden; der Geschwister Boehringer Ingelheim Stiftung für Geisteswissenschaften und der Westfälisch-Lippischen Universitätsgesellschaft für die freundlicherweise gewährten Druckkostenzuschüsse.

Literatur

Bahr, Hans-Dieter: Die Sprache des Gastes. Eine Metaethik. Leipzig: Reclam 1994 (Reclam-Bibliothek, Bd. 1500).

Bahr, Hans-Dieter: Die Befremdlichkeit des Gastes. In: ders.: Die Befremdlichkeit des Gastes. Wien: Passagen 2005, S. 15–31.

Curtius, Ernst: Die Gastfreundschaft. In: Alterthum und Gegenwart. Gesammelte Reden und Vorträge von Ernst Curtius. Erster Band, 5. Aufl., Stuttgart, Berlin: Cotta 1903, S. 203–218.

Derrida, Jacques: Von der Gastfreundschaft. Wien: Passagen 2001.

Hellmuth, Leopold: Gastfreundschaft und Gastrecht bei den Germanen. Wien: Verlag der Österr. Akad. d. Wiss. 1984 (Sitzungsberichte, Bd. 440).

Hiltbrunner, Otto: Gastfreundschaft in der Antike und im frühen Christentum. Darmstadt: WBG 2005.

Kant, Immanuel: Zum ewigen Frieden. Ein philosophischer Entwurf. Texte zur Rezeption 1796–1800. Leipzig: Reclam 1984.

Knigge, Adolph Frhr. von: Über den Umgang mit Menschen. Hg. von Gert Ueding. Frankfurt a.M.: Insel 1977 (E: 1788).

Lessing, Gotthold Ephraim: Minna von Barnhelm (1763).

Peyer, Hans Conrad (Hg.): Gastfreundschaft, Taverne und Gasthaus im Mittelalter. München: Oldenbourg 1983.

Peyer, Hans Conrad: Von der Gastfreundschaft zum Gasthaus. Studien zur Gastlichkeit im Mittelalter. Hannover: Hahn 1987 (Monumenta Germaniae Historica, Schriften 31).

I. Gastlichkeit: Gesetze, Diskurse und Poetiken

Hans-Dieter Bahr

Gast-Freundschaft

Wenn wir gewöhnlich von Gastfreundschaft sprechen, meinen wir kaum mehr als die Freundlichkeit, die wir einem Gast entgegenbringen. Dass Gastlichkeit der erste Schritt zu einer Freundschaft sein kann, wird wohl niemand bezweifeln. Wie aber, wenn das Gastsein die innerste Struktur der Personen ausmachte, die einander zu Freunden werden können? - Dieser Frage möchte ich im Folgenden nachgehen.

1. Eine Freundschaft auf den ersten Blick

Der Anlass des Trojanischen Krieges liegt bekanntlich im Verrat an der Gastfreundschaft, den Paris Menelaos gegenüber begangen hatte, als er dessen Frau Helena entführte. Aber inmitten der erbarmungslosen Schlacht kann nach Homer die Macht der Gastfreundschaft derart hervorbrechen, dass sie den Kampf auf Leben und Tod außer Kraft setzt. Die folgende Szene ist zwar auch durch eine Reihe von Vorgeschichten und Umständen motiviert, ich werde mich hier jedoch auf den Augenblick der Begegnung des archaischen Helden Diomedes mit dem lykischen Helden Glaukon, der auf Seiten der Trojaner kämpfte, beschränken müssen. Sie vermag zu zeigen, dass selbst die *Hostilität* des Gegensatzes von Freund-Feind ihr innerstes Wesen in der *Hospitalität* offenbart.

So viele gegnerische Krieger hatte Diomedes im Kampf bereits getötet und sogar Götter verwundet, dass die Trojaner schließlich der Athene Opfer darbrachten mit der Bitte, ihn fern zu halten von dem heiligen Troja. Indessen traf Diomedes ›inmitten der Schlacht‹ auf einen Gegner und beide strebten ›begierig zu kämpfen‹ aufeinander zu. Doch als sie nahe vor einander waren, zögerte Diomedes und rief seinem Gegner zu:

> »Wer nur bist du, o Edler, unter den sterblichen Menschen?
> Nie hab ich dich gesehn in der männerehrenden Feldschlacht
> Vorher; jetzt aber schrittest du weit voran vor den andern
> In deinem Mut, daß du meine schattende Lanze erwartest.
> Unglückseliger Söhne stellen sich sonst meiner Manneskraft.
> Bist du aber ein Gott, vom Himmel herunter gekommen,
> Wahrlich begehrte ich nicht, mit himmlischen Göttern zu kämpfen. [...]
> Bist du von Menschen jedoch, die Frucht des Feldes verzehren,
> Dann tritt näher, daß rascher du kommst zum Ziel des Verderbens.«[1]

---

1 Homer: Ilias. Neue Übersetzung, Nachwort und Register von Roland Hampe. Stuttgart: Reclam 1979, Gesang VI, Verse 123-143, S. 113-114.

In dieser zur Rede herausfordernden Begegnung der Feinde ereignet sich so etwas wie eine *Freundschaft auf den ersten Blick.* Glaukos wusste von vorn herein, wen er vor sich hatte, und erwiderte des Diomedes Rede mit dem schwermütigen Unterton über jene Sterblichkeit, die zumal inmitten der Schlacht einer aufbrechenden Freundschaft kaum eine Chance lassen wird:

»Mutiger Tydeussohn, was fragst du nach meinem Geschlechte?
So wie der Blätter Geschlecht, so ist auch jenes der Menschen.
Blätter, da schüttet die einen der Wind zu Boden, und andere
Treibt der sprießende Wald hervor zur Stunde des Frühlings.
So der Menschen Geschlecht, dies sprießt und jenes verwelket.«[2]

Wolle er aber erfahren, wessen Geschlechts er sei, so solle er es wissen: Seine Ahnen stammten aus Argos und zwar aus Éphyra, dem alten Korinth. Aiolos und Sisyphos zählten zu seinen Vorfahren sowie Bellerophontes, der wegen einer Verleumdung sein Land hatte verlassen müssen und die Chimaira besiegt hatte. Dieser sei der Vater seines Vaters Hippolochos. Und sein Vater habe ihn nach Troja geschickt und ermahnt,

»Immer der Beste zu sein und hervorzuragen vor andern,
Nicht der Väter Geschlecht zu entehren, welche die Besten
Waren in Éphyra und in dem weiten Lykierlande.
Wahrlich, solchen Geschlechts und Blutes rühm' ich zu sein mich.«[3]

Kaum hatte Glaukos die ausführliche Rede über seine Herkunft beendet, da, freute sich der Rufer im Streit Diomedes:

Und er stieß seinen Speer in die nahrungspendende Erde,
Und mit freundlichen Worten sprach er zum Hirten der Völker:
»Also, da bist du ein Gastfreund mir von den Vätern, ein alter;
Oineus [der Großvater des Diomedes, H.-D. B.], der göttliche, hat den untadligen Bellerophontes
Einst in den Hallen bewirtet und zwanzig Tage behalten.
Gastgeschenke reichten sie da einander, die schönsten;
Oineus schenkte ihm da einen Gürtel, glänzend von Purpur,
Bellerophontes den doppeltgehenkelten, goldenen Becher;
Diesen ließ ich beim Abschied zurück in meiner Behausung. [...]
Also bin ich dir nun dein Gastfreund mitten in Argos,
Aber in Lykien du, wenn ins Land von denen ich komme.
Meiden wir voneinander die Lanzen auch hier im Getümmel [...].
Tauschen wir doch miteinander die Rüstung, damit auch die hier
Sehen, daß Freunde aus Väterzeiten zu sein wir uns rühmen.«
Also sprachen sie da und sprangen herab von den Wagen,
Und sie ergriffen einander die Hände und schworen sich Freundschaft.
Aber dem Glaukos verwirrte Zeus, der Kronide, die Sinne,

2 Ebd., VI, 145-149, S. 114.
3 Ebd., VI, 208-211, S. 116.

Daß er mit Tydeus' Sohn Diomedes tauschte die Waffen,
Goldene mit ehernen, hundert Rinder gegen neun Rinder.[4]

Diese letzte Bemerkung verweist uns auf eine gängige Form von Gastlichkeit zurück, die sich inmitten der großen Verausgabungen doch an einem Austausch gleichwertiger Gastgeschenke orientierte, seien es Dinge, wie hier der Becher und der Gürtel oder Leistungen wie die zwanzigtägige Bewirtung des jeweiligen Gastfreundes. Auch hatte Diomedes bemerkt, er werde künftig sein Gastfreund in Argos sein so wie umgekehrt Glaukos sein Gastfreund in Lykien. Der ›Gastfreund‹ wird also von seinem Besitz her als Gastgeber und Freund seines Gastes vorgestellt. Genau deshalb aber musste der Austausch einer goldenen gegen eine eherne Rüstung auffallen und eine Erklärung finden. Dass Zeus dem Glaukos die Sinne verwirrte, sodass er die Ungleichwertigkeit der Gastgeschenke nicht zu bemerken schien, scheint mir seinen Grund in dem zu haben, was ich ›Freundschaft auf den ersten Blick‹ nannte. Solche entspringende Freundschaft gehorcht nicht den Regeln der Gleichwertigkeit von Aufwänden. Ihr kann durchaus qua Andenken als äquivalent gelten, was dem üblichen Tausch als krass ungleichwertig erscheint. Und gerade das konnte als das sinnverwirrende Zeichen einer aufbrechenden Freundschaft verstanden werden.

2. Gastfreunde von den Vätern her

Es gilt zunächst, und zwar unabhängig von biologistischen Deutungen, zu verstehen, was mit dem Ausdruck ›Gastfreunde vom Vater her‹ gemeint sein könnte. Denn offensichtlich verleiht er dieser Begegnung einen bestimmten Rahmen. Zunächst verweist er patriarchalisch auf die Abstammung. Aber was liegt dem zu Grunde?

Was sich zunächst der alltäglichen Erfahrung zeigte, waren natürlich keine genetischen Träger von Erbanlagen, die sich mit anderen verschmolzen hatten. Vielmehr bemerkte man, dass manche Eigentümlichkeiten und Fähigkeiten der Vorfahren bei den Nachkommen wiedererscheinen konnten. Und solche Eigentümlichkeiten konnten nicht nur über mehrere Generationen hinweg übertragen werden, sondern zudem auf mehrere Individuen zugleich verteilt sein. Und das war es, was man als den *Geist der Ahnen* zu verstehen suchte. Im Unterschied zur Einzelseele, wie sie jedem sterblichen Individuum zugeschrieben wurde, hatte dieser Geist die Fähigkeit, sich *allgemein* und über die Zeiten hinweg in mehreren Individuen auf ähnliche Art und auch über den Tod hinaus zu manifestieren. Schon deshalb lag es nahe, diesen Geist in seinem ferneren Ursprung auf etwas unsterblich Göttliches zu beziehen. Und erst durch diesen allgemeinen Geist wurden die Individuen zu Mit-Gliedern eines Geschlechterganzen. Die Übertragungen und Verteilungen des Ahnengeistes vollzogen sich aber evidenterweise nicht zwangsläufig, weder berechenbar noch stets wunschgemäß. Jede Generation hatte sich um diesen Geist zu bemühen, um ihn günstig zu stimmen, und

4 Ebd., VI, 213–236, S. 116–117.

zwar nicht nur durch Verehrungen und magische Beschwörungen, sondern auch durch eine bestimmte Erziehung und Ausbildung der unmittelbaren Nachkommen, eingeschlossen die Heiratspolitik. Im Gegensatz zum Konzept biologistisch gedeuteter ›Blutsverwandtschaft‹ gehorchte der Geist der Ahnen keiner mechanischen Kausalität. Und eben deshalb blieb das Verhältnis der Lebenden zum Geist der Toten bei aller auch biologischen Verwandtschaft ein gastliches Verhältnis: Das erwiderte Gastgeschenk der Lebenden an die verstorbenen Ahnen beruht darin, diesen das eigene Leben zu leihen, damit jene zu Ansehen und zur Sprache kommen können und die erwünschten Züge ihres Geistes weitervererben.

Dennoch verlöre man die Herkunft aus dem *einen* Ursprung der Ahnen rasch aus dem Blick, weil sie sich endlos verzweigt, ginge man gleichermaßen der männlichen wie der weiblichen Herkunftslinien nach. Erst durch eine *symbolische Setzung des Namens des Vaters* (im Matriarchat dessen der Mutter) zum genealogischen Gesetz schien dieser Geist eine nachvollziehbare allgemeine Bestimmung in seinem Gattungscharakter erhalten zu können. Die weiblichen Nachkommen, die auf Grund des Inzesttabus in einen anderen Stamm verheiratet und dort zeitlebens als ›Gäste‹ angesehen wurden, entrückten gleichsam diesem Namen des Vaters. Erst in späteren Zeiten wurden sie zu Angehörigen des anderen Stammes dadurch, dass sie den Geschlechternamen des Gatten anzunehmen hatten. Aber das patriarchalische Namensgesetz erwies sich vor allem als die geistige Antwort auf eine grundlegende Gefährdung der Übertragungsrichtungen des Ahnengeistes, die im Matriarchat gar nicht auftauchen konnte: die Gefährdung durch die *unsichere Vaterschaft: patres sunt semper incertes.* Im Gesetz des Namens des Vaters wurde diese stete biologische Gefährdung symbolisch bewältigt.

Gleichwohl sah man in der ungesicherten Vaterschaft nicht ausnahmslos nur diese Gefährdung. Sie erlaubte vielmehr auch ein Gastverhältnis besonderer Art, nämlich das zwischen den Ahnengeistern verschiedener Stämme. Der Sachverhalt wird durch den entwertenden Titel der ›Gastprostitution‹ in seiner Struktur eher verdeckt: In den meisten Kulturen war es üblich, dass der Gastgeber und Herr des Hauses sich um den Schutz seines Gastes bemühte, wogegen die Hausherrin und Gastgeberin sich um dessen leibliches Wohl zu kümmern hatte, was so weit gehen konnte, dass sie dem Gast auch zum Beischlaf überlassen wurde. Doch dabei ging es nicht nur um sexuelle Lust als Gastgeschenk. Mit der möglichen Befruchtung der Gastgeberin durch den auswärtigen Gast konnte der Gastgeber erhoffen, den fremden Geist seines Gastes, den er wertschätzte, auf den eigenen Stamm übertragen zu können, um so den eigenen Ahnengeist, der vielleicht schon Züge von Schwäche und Ermattung an sich zeigte, zu neuen oder andersartigen Kräften zu bringen. Man könnte dies geradezu als die Stiftung einer ›Geisterfreundschaft‹ durch die Gastlichkeit nennen. Aber diese Gastfreundschaft der Ahnengeister zwischen Oineus und Bellerophontes war unterbrochen worden. Und nun bot sich die Gelegenheit, sie fortzuführen.

Allerdings hatten Diomedes und Glaukos ohne Kenntnis der Gastfreundschaft ihrer Ahnen den Kampf unterbrochen. Schon dass sie im Schlachtgetümmel sich erblickten und begehrten miteinander zu kämpfen und aufeinander zustrebten, schließlich innehielten und zu sprechen begannen, dies alles zeigt, dass sich aus ihrem gastlichen Näheverhältnis eine Freundschaft herauszuspinnen begonnen hatte, – eine Freundschaft, die sie sich am Ende ihrer Begegnung zudem feierlich schwören. Der gastfreundliche Geist ihrer Ahnen Bellerophontes und Oineus diente also eher dazu, eine aufkeimende Freundschaft zu bekräftigen und auch zu legitimieren, warum sie sich auf den Kampf um Leben und Tod nicht einließen. Nicht aus einer stark verpflichtenden Tradition heraus, die sich im gastlichen Verhältnis ihrer Ahnen zueinander gebildet hatte, verzichten sie auf den Kampf, sondern durch die Wucht dieser ›Freundschaft auf den ersten Blick‹, welcher nun vielmehr umgekehrt die Tradition zu dienen hat. In der Freundschaft aber haben wir es mit der Weise einer Gastlichkeit zu tun, in der nicht nur eine soziale Rolle übernommen wird, sondern die *existenziell* in die Persönlichkeiten eingreift.

3. Freundschaft

Gewöhnlich versteht man unter *Gast*-Freundschaft kaum mehr die Bereitschaft von Personen, sich entgegenzukommen und einander als Gäste einzuladen anstatt sich ungastlich abzuweisen. Im Gegensatz zur Xenophobie gilt Gastfreundschaft als das Gebot einer allgemeinen Sittlichkeit, unter welcher selbst Feinde sich als Personen anerkennen und einander Gastrecht gewähren können. Unter Gast-*Freundschaft* kann darüber hinaus eine gewisse Freundlichkeit mit begriffen sein in der gegenseitigen Aufnahme, Bewirtung, Beherbergung, Begleitung, die vielleicht in einer allgemeinen Liebe zur Gastlichkeit überhaupt gründet, ähnlich wie man von ›Fremdenliebe‹ sprechen hört. Doch insgesamt scheint Gastfreundschaft, wie Aristoteles sich in der *Nikomachischen Ethik* ausdrückte, nur eine ›unvollkommene Freundschaft‹ zu sein zwischen solchen Menschen, die ›kaum miteinander leben‹: »Und sie brauchen auch keinen solchen Umgang, wenn sie damit einander nicht nützlich sind. Sie sind ja einander nur soweit angenehm, als sie auf einen Gewinn hoffen. Zu dieser Art Freundschaft rechnet man auch die Gastfreundschaft.«[5]

Natürlich würde Aristoteles nicht die Möglichkeit ausschließen, dass Gäste, welche gemeinsamen Interessen sie auch verbinden mögen, über freundschaftliche Gefühle hinaus auch zu Freunden werden können. Doch er denkt bei ›Gastfreundschaft‹ zumal an solche Personen, die entfernt von einander wohnen und sich nur von Zeit zu Zeit besuchen können. In einem wörtlichen Sinne scheinen sich solche ›Gastfreunde‹ nicht *nahe* genug zu sein, um zu ›vollkommenen‹ Freunden werden zu können. Durch ›Mangel an Gesprächen‹ könnte, wie er meint, ihre Freundschaft auf Dauer wohl kaum mehr sein als ›Wohlgesinntheit‹, mögen sie einander auch mehr sein als nur Geschäftsfreunde.

Was aber macht nun das *Band* und die *Tiefe* einer Freundschaft aus? Aristoteles sieht ja durchaus, dass innigste Zuneigung, Einverständnis, Vertrautheit, Verlässlichkeit und Treue als Folgen und nicht als Voraussetzungen ›wahrer‹ Freundschaft zu verstehen sind, nämlich als Ergebnis ihrer Bewährung. Worin aber besteht dann das Band der Freundschaft?

---

5 Aristoteles: Nikomachische Ethik. Übersetzt und mit einer Einführung und Erläuterungen versehen von Olof Gigon. München: dtv 1991, S. 235.

›Freundschaft‹ ist nach seinem Verständnis weder auf ein Verwandtschaftsverhältnis zurückführbar: Freunde sind keine Brüder, mögen letztere, wie die Söhne von Zeus und Leda, die Zwillingsbrüder Kastor und Polydeukes, auch zu unzertrennlichen Freunden werden können, die man schließlich zu Schutzpatronen der Gastfreundschaft erhoben hatte. Noch ist Freundschaft – wie der Gruppenzusammenhalt der Horde, der Korpsgeist der Kameradschaft oder die Partnerschaft – in irgendwelchen Verbindungen, gar in institutionellen Bündnissen und Vereinen fundiert. Freundschaft bildet vielmehr aus sich heraus ein nur ihr eigentümliches ›Band‹, das weder etwas mit den ›Verkettungen‹ der Bedürfnisse, mit den ›Fesseln‹ der Begierden und Gefolgschaften, noch mit den ›Girlanden‹ flüchtiger Geselligkeit zu tun hat. Das Band der Freundschaft drückt nach Aristoteles die wesentliche Beziehung einer einzelnen Person ›auf einen Einzigen‹ aus.[6] Damit wird nicht die Möglichkeit ausgeschlossen, mehrere Freunde und einen Freundeskreis haben zu können. Betont wird vielmehr, dass die Liebe in der Freundschaft je nur privilegierend zwischen einzigartigen Individuen besteht. Man kann zwar auch Gruppen und Gemeinschaften lieben, etwa die *polis*, in der man lebt. Doch niemals zeichnet die Beziehung des Einzelnen zu einer wie auch immer verfassten Menge eine Liebe als Freundschaft aus, geschweige die Beziehung einer Menge zu einer anderen, wie das Reden von ›Völkerfreundschaften‹ u.a. suggerieren könnte. Und im Unterschied zu einem erotischen Verhältnis, wie Platon es im »Symposion« und im »Phaidros« dargestellt hat, ist nach Aristoteles die *philia* der Freundschaft nicht durch eine Rangdifferenz zwischen dem Liebenden und dem Geliebten, zu dessen ›Höhe‹ jener hinaufgezogen werde, charakterisiert, sondern durch eine ›quantitative Gleichheit des Liebens‹, eines Liebens also, das auf beiden Seiten von gleicher Kraft ist. Dabei fänden, wie er bemerkt, eher qualitativ einander Ungleiche zu Freundschaften, um sich aus der individuellen Verschiedenheit heraus zu begegnen, mögen sie sich mit der Zeit auch in mancher Hinsicht angleichen.

Offensichtlich schwerer zu bestimmen aber ist das Verhältnis von Freundschaft und Tugend. Kann man generell ausschließen, dass unter Tugendlosen keine ›wahre‹ Freundschaft zu bestehen vermag? Könnte ein Freundespaar wie ›Damon und Phintias‹ nicht ebenso unter Verschwörern gegen die politische Freiheit angetroffen werden? Wäre zwangsläufig eine Freundschaft zwischen denen unmöglich, die sich gemeinsam übel gegen Dritte verhielten? Kann man Übeltätern generell die Fähigkeit zur Freundschaft absprechen? Nicht nur Aristoteles, auch Cicero in seinem »Laelius« neigte dazu, diese Frage zu bejahen.[7] Zurecht verweist letzterer darauf, dass manche Übeltaten, die man nicht für sich, wohl aber für einen Freund begehen würde, eher auf ein Verhältnis der Hörigkeit als auf wirkliche Freundschaft verwiese. Insofern kann es gerade zur Freundschaft gehören, sich um des Freundes willen gegen dessen übles Verhalten zu wenden. Aber unvermeidlich zeigt sich darin die Tendenz, ›Freundschaft‹ gegen das persönliche Befreundetsein idealisierend abheben und schwächen zu müssen. Aristoteles ist daher gezwungen zu betonen, dass zwar in der Freundschaft der Tugendhaften nach einem gemeinsamen Gut gestrebt werde, dass aber die eigent-

6 Ebd., S. 240.

7 Marcus Tullius Cicero: Laelius. Über die Freundschaft. Übers. Robert Feger. Stuttgart: Reclam 1986.

liche Tugend der Freundschaft nicht in deren Instrumentalisierung für ein anderes Gut liegen könne, sondern nur in der Liebe zum Freund selbst, dem das Gute gewünscht würde und zukomme. Die Tugend der Freundschaft beruhe also nicht darin, dass der Freund als das Gute genossen, sondern dass ihm je das Gute zugedacht und angetan werde. Doch gerade darin bleibt Freundschaft ständig gefährdet, da nämlich etwas, das dem einen als gut für den Freund erscheint, diesem dagegen als ein wider ihn gerichtetes Übel, als ein Verrat an der Freundschaft erscheinen kann. Und man begreift nun, warum Aristoteles das *Gespräch* der Freunde als derart grundlegend für den Erhalt der Freundschaft hielt. In der Nähe des Gesprächs bietet sich ständig die Gelegenheit an, gemeinsam Unstimmigkeiten und drohende Konflikte zu lösen.

Nach klassischem Verständnis liegt also die Grundlage aller Freundschaft in der gegenseitigen Liebe zur einzigartigen Persönlichkeit des je Anderen. Und Cicero steigert sie argumentativ dadurch, dass er sie heftigst gegen jene psychischen ›Tauschformen‹ abgrenzt, in welchen jeder dem anderen bloß als Mittel diene und die eigene Schwäche und Bedürftigkeit durch den anderen kompensiere. Die Basis aller Freundschaft sei vielmehr gerade eine auf nichts angewiesene Selbständigkeit und Kraft der Persönlichkeit, die sich gegen den Freund verschwenderisch in ihrem Tun verhalten könne, unbesorgt um Verzichte oder Befriedigungen. – Wie aber, wenn solches ›Selbstbewusstsein‹, wie es dann später genannt wurde, nicht Voraussetzung, sondern vielmehr Folge der Freundschaft wäre? Zweifellos zeigte sich ein solches Selbstbewusstsein nicht als Ergebnis der dialektischen Genesis eines Kampfes auf Leben und Tod, welche nach Hegel zum sich beherrschen könnenden Selbstbewusstsein und Selbstwertgefühl führt. Freundschaft würde vielmehr gegenseitig eine Art ›Selbständigkeit durch Überfluss‹ auslösen können. – Doch was ließe sich darunter verstehen? Und was könnte sie mit dem ›Gastsein‹ zu tun haben?

Lassen wir die endlosen Debatten darüber beiseite, ob Freundschaft nun ›wahrhaft‹ nur bestehe zwischen Männern, wie man von Cicero bis Nietzsche meinte, oder nur zwischen Mann und Frau in der Ehe, wie Fichte behauptete, oder am reinsten zwischen Bruder und Schwester, wie Musil es andeutet, und so fort. Die Weisen der Freundschaft sind zweifellos in der Geschichte auch recht unterschiedlich bedingt. Doch erklären solche Bedingungen das Wesen der Freundschaft nicht. Aristoteles hatte dieses Wesen mit dem Begriff der ›quantitativen Gleichheit des Liebens‹ einander einzigartiger Personen beschrieben. Damit meinte er natürlich nicht, dass sich die konkreten Weisen des Liebens gleichen müssten, sondern, dass deren ausgleichende Wechselseitigkeit nicht ›verfälscht‹ werde durch Einseitigkeiten welcher Art auch immer. In diesem Sinne wird erst verständlich, inwiefern Aristoteles Freundschaften zwischen Herren und Sklaven oder zwischen Göttern und Sterblichen ausschließt: Sie ist ausgeschlossen zwischen Personen, *sofern* diese in einem einseitigen Verhältnis der Ohnmacht zur Macht, der Unterworfenheit zur Herrschaft, der Abhängigkeit zur Unabhängigkeit stehen. Aber sie ist nicht ausgeschlossen zwischen denen, die in der Freundschaft jeden Rangunterschied einzuklammern oder gar zu überwinden verstehen. Unzählige Beispiele geben uns die Mythen und Erzählungen dafür. Nicht *als* Herren oder Götter können sie mit Sklaven oder Sterblichen befreundet sein, nicht unter Bedingungen ungleicher Verehrung und Achtung vor einander. Denn Freundschaft suspendiert in ihr selbst jedes hierarchische Verhältnis. Darin aber spüren wir sogleich schon eine intime Nähe zur einer Gastlichkeit, die allemal die sozialen Hierarchien auflöst, indem sie symbolisch verkehrt werden, so wenn etwa der Herr des Hauses sich in den Dienst seines Gastes stellt.

Doch damit kehren wir zur anfänglichen Frage zurück: Ist Gastfreundschaft wirklich nur eine ›unvollkommene Freundschaft‹? Wie wenn sie in einem genaueren Sinne vielmehr umgekehrt die Voraussetzung jeder Art Freundschaft darstellte? – Wir sahen, dass Aristoteles das Verhältnis der Gastlichkeit nur als eines zwischen einander eher ›fernstehenden‹ Personen im Blick hatte, die vorrangig an einem Austausch zu gegenseitigem Nutzen interessiert sind. So übersah er, dass erst in der Gastlichkeit diejenige *Nähe* empfangender Begegnungen möglich wird, welche er der wahren Freundschaft als wesentlich zuschrieb. Denn gerade die Freunde, wenn sie beieinander Freund weilen, sind einander derart zu Gast, dass das Wesentliche des Gastseins erst hervortreten kann. Und in der Beziehung der Freunde ist jeder einzig *Gast seines Gastes* und jeder empfängt, was der andere zu geben vermag. Aber man glaube nicht, es sei leicht zu verstehen, was dieses einander Zu-Gast-Sein ausmacht. Wenn jede Person zugleich der anderen zum Gast-*Geber* wird, dann nämlich nicht einfach in dem Sinne, wonach üblicherweise der Gastgeber als Herr und Eigentümer einen Gast empfängt, der auf dessen Gebiet keine eigenen Rechte hat und daher auf die Gesetze der Gastlichkeit angewiesen ist. Wie aber kann das Zu-Gast-Sein gegeben sein und empfangen werden?

4. Der empfangene Gast

Wenn wir an freundschaftlich-gastliche Verhältnisse denken, dann mögen wir verstehen, dass sie die Personen allererst zu ihrer Selbständigkeit herausfordern. Dagegen neigt das europäische Denken seit der Neuzeit dazu, vielmehr diese Selbständigkeit, gemäß einer monadologischen Idee, zur Voraussetzung auch möglicher Freundschaften zu erheben.

Nun hat es allerdings wenig Sinn, der Einheit (*monas)* der selbstbewussten Person irgendeine Vielheit, gar eine apriorische Vernetzung von Pluralitäten zu *collectiva* entgegensetzen zu wollen, um einem vermeintlichen Solipsismus zu entgehen. Solche Versuche zwischen Friedrich Nietzsche und Gilles Deleuze oder zwischen Ernst Mach und Michel Foucault führten nicht wirklich zu einem veränderten Verständnis von Subjektivität. Es kann also, wie mir scheint, nur um den Nachweis gehen, dass wir die Person gar nicht von einer *geschlossenen* Einheit her zu denken vermögen, sondern nur von einem Entwurf auf eine ursprüngliche *Verbindung* hin, wie er etwa Kant vorgeschwebt hat. Jedes *Ich-selbst* ist per se offen und möglichen Verbindungen ausgesetzt. Es ist ein *Ich-zu,* ein Ich zu Anderem oder zu nichts Anderem, das im Urteil allerdings immer schon durch die Konjunktion ›ist‹ und entsprechend im Satz durch die Kopula ausgedrückt wird: *Ich und* – Ich und mein Existieren, mein Denken, Ich und die Welt, Ich und nichts Anderes etc. Aussagen der Art ›Ich identisch Ich‹, so sahen es Kant und Hegel, gründen nicht weniger auf diesem eröffnenden ›Und‹, fallen aber in ihre eigene Leere zurück. Anders gesagt, das ›Band‹ verweist uns weder auf äußerliche Beziehungen zwischen Personen noch auf rein innerlich monadische Selbstverhältnisse, sondern auf einen nicht-solipsistischen Entwurf der Zuwendung des persönlichen Selbst-da-seins hin auf die Zuwendung des persönlichen Selbst-da-seins des Anderen. Damit aber stoßen wir auf eine der Person immanente Struktur des Gastseins.

Es ist die alte Rede *Ich bin ein Gast auf Erden*, die uns auf ein *universelles Existenzial* verweist. Solches Gastsein wurde ganz unabhängig von der sozialen Rolle verstanden, der zufolge man einem Gastgeber, sei dieser selbst da oder nur repräsentativ anwesend, gerade zu Gast ist. Da der Terminus ›Gast‹ keine spezifische Differenz zulässt, keine Verneinung oder Opposition, scheint damit etwas uneinholbar Vorgängiges der Existenz angesprochen, zu welcher nicht nur Menschen, sondern der Geist aller Wesenheiten gezählt wurden, seien sie Götter oder Dämonen, Tiere oder Pflanzen, Eigenschaften oder Geschehnisse. Schon deshalb allerdings genügt es nicht, das Gastsein nur aus der Vergänglichkeit, der Heimatlosigkeit oder Sterblichkeit heraus zu deuten, welcher dann die Geburtlichkeit und Geworfenheit entspräche. Daseiend verstehen wir uns nicht nur als in einer begrenzten Lebenspanne befindlich, sondern, wie Hegel und vor allem Heidegger darlegten, als diejenigen, die im *Voraus*-Setzen ihre Endlichkeit zu *erschließen* vermögen. Und solche Endlichkeit zeigt sich nicht nur als Lebensanfang und -ende, sondern im jederzeitigen Verwiesensein auf das Gegebene, zu dem man auch selbst leibhaftig gehört. Und solche Gegebenheit gründet in einem vorgängigen *Empfangen*. Es ist der Gast, welcher der schlechthin Empfangene derart ist, dass er seinerseits als Person zu empfangen versteht. In diesem Empfangen zeigt sich das Band möglicher Freundschaft, das weder als soziale Verkettung noch als ein geselliges Schleifchen zu verstehen ist, sondern die existenziale Struktur des Selbst-daseins ausmacht.

Zu sagen, wie es gewöhnlich geschieht, Ich sei mir mit dem Meinen, das Ich gewahre, selbst *gegeben*, erfordert allemal zugleich einen *Empfänger*, der als Subjekt die Be-Gabung hat, Gaben zu empfangen oder zu vergeben. So aber scheint der Empfänger *als Subjekt* der erste und letzte Gastgeber qua Eigentümer zu sein, wodurch das Gastsein selbst verdeckt bleiben kann. Kurzsichtig deutet man das Geben als Aktivität und das Empfangen als Rezeptivität eines Subjekts. Das scheint von der alltäglichen Erfahrung aus gedeutet, wonach einer ›Passivität‹ zumal leidenden Ertragens und Erduldens von Verlusten letztlich nur die ›Aktivität‹ des Aneignens und In-Besitz-Nehmens korrespondiere. Bis hinein in den philosophischen Sprachgebrauch ist von *Fangen* und *Einfangen* (Empfangen, *receptio*) die Rede, von *Fassen* (Auffassung, *apperceptio*) *Greifen* (Begriff, *conceptus*) und *Nehmen* (Auf- und Wahrnehmen, *apprehensio*) etc., als ob den reellen Einverleibungen und Assimilationen Gesten symbolischer Einverleibungen entsprechen müssten. Alles Gegebene schließlich scheint als das Meine durchtränkt vom Gespenst eines monadischen Ego.

Doch ist allem Aneignen eine ›Gebnis‹ dessen vorausgesetzt, was zu empfangen ist. Und dieses Empfangen verweist auf eine ›Eignung‹ jenseits der Intentionalitäten von Trieben, Begierden und Interessen. Denn wir wüssten nichts vom Ungeeigneten, Widrigen, Mangelhaften, Schmerzlichen, wäre nicht auch dieses uns schon zuvor übereignet. Wir müssen schon empfangen haben, was wir ablehnen oder abweisen oder vor dem wir uns verschließen oder von dem wir uns fernhalten. Die angebotenen Gaben mögen im verweigerten Empfang wieder verschwinden und der Empfang im vorenthaltenen oder entzogenen Angebot. Doch muss, bevor wir die Gabe erhalten können, zuvor das *Empfangen selbst gewährt* sein zusammen mit einer Haltung, in welcher das Aktive zugleich passives Bekommen und das Passive zugleich aktives Zulassen ist. Ursprünglicher als alle subjektiven Triebe, Zu- und Abneigungen kommt das Empfangen einem Ankommenden entgegen, welches durch sein Darbieten, Reichen, Schenken eine eignende Nähe stiftet. Die gewährte Gabe und der sie begrüßende Empfang können als einander grundlegend un-geeignet verfehlen, bevor sie sich begegnen und die Entscheidung fällt, ob die Gabe gelegen oder ungelegen kommt. Dieses ursprüngliche Geben und Empfangen untersteht keinem subjektiven Vermögen und Interesse mehr. Jedes persönliche *Ich* muss zuvor als ein Selbst-Da gewährt, empfangen und *bedacht* sein mit dem Vermögen, als Subjekt geben und empfangen zu können. Insofern sind Geben und Empfangen Bedingungen möglicher Subjektivität. Und das ist es, was man mit der Rede ›Ich bin Gast‹ anspricht: Ich bin der Empfangene, der zu empfangen und zu geben versteht und so erst zur Freundschaft fähig wird.

Ohne Empfangen *gibt* es nichts, auch kein Empfangen. Sofern es überhaupt gibt, muss Empfangen präsubjektiv *selbst* empfangen und so erst ihm selbst als Empfangen gegeben sein. *Das ursprüngliche Geben ist also ein das Empfangen empfangendes*, wodurch das Empfangen gewährt und als Empfangen gewahrt ist. Das empfangende Gewähren des Empfangens ist das *Selbst* des gebenden Empfangens. In *einer* Bewegung also taucht die urentspringende Seinsweise des Empfangens und Gebens auf zu ihrem Selbst-da-sein. Und darin liegt der *Wurf*, *iactus*, der allem *sub-iectus*, *ob-iectus*, *pro-iectus* zugrunde liegt. Erst von diesem ursprünglich das Selbst-da entwerfenden Empfangen des Empfangens her kann danach gefragt werden, wie Ich selbst, als das jeweilige Selbst-da-sein dieses meiner Person, gewährt, empfangen und bedacht sein kann mit dem Vermögen und der Fähigkeit, in Freundschaft zu geben und zu empfangen, aber auch feindselig zu nehmen, zu rauben oder vorzuenthalten, abzulehnen oder sich fern zu halten. In diesen Möglichkeiten zeigt sich der Grund, warum *Hospitalität* und *Hostilität* aus derselben existenzialen Struktur des Gastseins heraus in einer Affinität zueinander stehen.

Dagegen als ein vermeintlich erster und uneinholbarer Gastgeber und Eigentümer wäre Ich mir allemal nur als eine unempfangene Vor-Gabe vorausgesetzt, was so undenkbar bleibt, dass man wiederum einen weiteren vorgängigen ersten und schließlich letzten, vielleicht göttlichen Gastgeber einführen muss, der einem die eigene Existenz als Gabe verlieh. Vor lauter Gaben übersieht man die Frage nach dem Empfangen. Doch als ein Er-Gebnis des Selbst empfangenen und empfangenden Empfangens bin Ich nicht etwa irgendwie aus Anderem entstanden. Solche Versuche, Gründe, gar Ursachen für das Selbst-da-sein des eigenen Ich zu bestimmen, kommen nicht weiter als bis zum Glauben an die Zauberkraft irgendeines vorgängig Seienden, der gegenüber sich doch die Frage nach dem Empfangen nur wiederholte. Es ist aber zugleich dieses Wiederholenmüssen, das uns gerade auf das existenzielle Gastsein verweist, das vor keinem vermeintlich ersten Gastgeber qua Herrn und Eigentümer Halt macht. Jeder Gastgeber ist seinerseits nur Gast seines Gastes. Und das Band der Freundschaft kann das auf betonte Weise sichtbar machen.

Literatur

Aristoteles: Nikomachische Ethik. Übersetzt und mit einer Einführung und Erläuterungen versehen von Olof Gigon. München: dtv 1991.

Cicero, Marcus Tullius: Laelius. Über die Freundschaft. Übersetzt von Robert Feger. Stuttgart: Reclam 1986.

Homer: Ilias. Neue Übersetzung, Nachwort und Register von Roland Hampe. Stuttgart: Philipp Reclam jun. 1979.

Norbert Brieskorn

Der Weltbürger als Weltgast

Francisco de Vitoria - Immanuel Kant - Michel Leiris

Die Dreiteilung ist nicht additiv und nicht im Sinne einer Steigerung zu verstehen. Der an dritter Stelle genannte Autor, Michel Leiris, soll und wird zu einem vertieften Verständnis der beiden anderen Autoren führen. Er wird von Vitoria wie Kant nicht aufgedeckte Aspekte ansprechen. Dies zur rekursiven Struktur meines Beitrags.

Ich will in folgendem Text den Blick - gewiss nicht zum ersten und nicht zum letzten Mal - auf jene Überlegungen lenken, welche den Gast nicht aus dem Blickwinkel eines Ich oder Du, auch nicht aus der Perspektive der Familie, selbst nicht des Staates, sondern der Welterfahrung betrachten. Diese Erfahrung einer Welt, ›über die hinaus kein größerer Sozialraum‹ gedacht werden kann, führt auch zu einem neuen, anderen Verständnis des Gastes. Sicherlich bleibt dieses Verständnis von grundlegenden Unterscheidungen wie des Innen und Außen, des Vertrauten und des Unheimlichen oder des Schutzraumes und des (freiwilligen oder unfreiwilligen) schutzlosen Besuchers ebenso bestimmt wie sich diese Unterscheidungen unter dem Welt-Aspekt auch mit wandelten. Es ist unschwer einzusehen, dass es unter dem Weltaspekt kein Außen, kein Fremdes, sondern nur noch ein Innen geben kann. Diese Bewegung vermag in ihrer Dynamik erst dann Halt zu machen, wenn sie im Inneren des Menschen angelangt ist.

Gleichfalls schließen mit dem Gedanken der EINEN Welt auch alle Räume zu einem EINZIGEN Sicherheitsraum auf, ohne dass die Unterscheidung von Schutz und Schutzlosigkeit hinfällig wird, wie sich im Umgang mit dem Fremden zeigt. Schutzlosigkeit wird dabei, im 21. Jahrhundert, immer stärker auf menschliches Versagen und nicht mehr auf Naturvorgänge zurückzuführen sein.

1. Francisco de Vitoria und das Gastrecht

Um Vitoria zu verstehen, ist knapp auf seine Person und seinen Blickwinkel einzugehen. Vitoria, 1483 in Burgos geboren und 1545 in Salamanca verstorben, ist Untertan des kastilischen Königreiches, das wiederum das Herzstück des Spanischen Weltreiches ausmacht. Er war ausgebildeter Philosoph und Theologe, welcher an einer für die damalige Zeit modernen Universität lehrte, die sich verpflichtet hatte, dem König Mitglieder als Gutachter zur Verfügung zu stellen, und öffentliche Vorlesungen, ›lectures‹, zu brennenden Fragen zu halten. Neben aristotelischem wurde auch stoischer Einfluss in seinem Denken wirksam. Selbst eine Auseinandersetzung Vitorias mit epikuräischen Überlegungen, zumal mit Lukrez, wird man nicht schnell von der

Hand weisen dürfen.[1] Francisco de Vitoria hat von König Karl I., der zugleich römischer Kaiser ist und als solcher den Namen Karl V. trägt, den Auftrag angenommen, ein Gutachten zur Konquista in Amerika zu verfassen. Zugleich hat Vitoria 1539 seine entsprechenden Überlegungen in einer Vorlesung, »De Indis recenter inventis« öffentlich vertreten. Vitoria selbst hat diese von der Krone in Besitz genommenen Länder übrigens nie betreten.

Nachdem er 1529 in der Relectio »De potestate civili« herausgearbeitet hatte, wie notwendig der Staat, die potestas civilis, für die Menschen sei, welche Pflichten und Rechte ihnen innerhalb des Staates und während ihres Lebens im Staat - das sich mit der Lebenszeit deckt - zukommen, lenkt er den Blick auf die Weltperspektive, den Orbis universalis. Dieser ist von Menschen unterschiedlicher Sprachen, Religionen, Bräuche und politischer Organisationen bevölkert, und wie jedes Zusammenleben so bedarf auch dieses einer Organisation.

Zwei Mächte, welche im europäischen Machtspiel eine starke Rolle spielten, waren zu befragen, ob ihnen der Entwurf einer solchen Ordnung zusteht, ob sie diesen vielleicht schon entworfen haben und sie also darin von allen Menschen zu respektieren seien. Es handelte sich einerseits um das Papst- und andererseits um das Kaisertum. Für Vitoria steht beiden Mächten weder einzeln noch zusammen eine Weltbeherrschungsmacht zu. Sie haben keine - irdische - Weltautorität inne. Die Welt wird weder bereits zentral verwaltet noch ist sie auf *eine* Rechtsstruktur durch irdische Autoritäten verpflichtet. Es besteht somit freier Raum und die sittliche Möglichkeit, einen eigenen Entwurf vorzulegen. Da Welt zu gestalten unumgänglich bleibt, ist diese Freiheit zugleich Verpflichtung zum Entwerfen. Elemente eines solchen Entwurfes sind, dass jeder Mensch gemäß seiner Natur und damit eben auch jedes Volk das Recht zur politischen Selbstorganisation hat. Eine solche Selbstverwaltung steht für sich genommen unter den Anforderungen des Bonum commune ›nationale‹, des nationalen Gemeinwohls; und dieses zugleich wiederum unter den Verpflichtungen, welche für alle einzelnen potestates vom universalen Gemeinwohl ausgehen.

Diese Weitung des Bonum commune auf ein Bonum commune orbis ist für Vitorias Vorgehen kennzeichnend. Der Einstieg zu diesem Bonum ist bei dem Begriff des Völkerrechts zu suchen.

> Völkerrecht nennt man, was die natürliche Vernunft in alle Nationen gelegt hat [...]. Es gibt vieles, das aus dem Völkerrecht zu fließen scheint, und das, da es sich unschwer aus dem Naturrecht ableiten lässt, offenkundig Gesetzeskraft und Verpflichtung hat. Aber auch wenn es nicht immer aus dem Naturrecht hervorgeht, so scheint es infolge seines Ursprungs aus der Zustimmung der Mehrheit des Menschengeschlechts seinem Anspruch gerecht zu werden, zumal wenn es das allgemeine Gemeinwohl anstrebt.[2]

Vitoria spricht hier von dem ›allgemeinen Gemeinwohl‹. Was er damit meint, ist zu verdeutlichen:

---

1 Ausdrücklich ist Lukrez' »De rerum natura« in der Relectio »De potestate civili«, Nr. 4 verwendet. Vgl. Francisco de Vitoria: Vorlesungen (Relectiones). Völkerrecht, Politik, Kirche. Hg. von Ulrich Horst, Heinz-Gerhard Justenhoven und Heinz Stüben. 2 Bde. Stuttgart: Kohlhammer 1995–1997 (Theologie und Frieden, Bd. 7 und 8), hier: Bd. 1, S. 122, Zeilen 23f.

> Die ganze Welt, die gewissermaßen eine einzige politische Gemeinschaft darstellt, besitzt die Gewalt, gerechte Gesetze zu geben, die, wie jene des Völkerrechts, auf alle anwendbar sind [...]. Es ist daher keiner Nation erlaubt, sich vom Völkerrecht zu befreien, da dieses durch die Autorität der ganzen Welt eingesetzt worden ist.[3]

Damit übernimmt Vitoria *erstens* nicht die Sicht des Aristoteles auf die Polis: Denn so intensiv sich für Aristoteles das demokratische Leben im Innenraum der Polis abspielte, so sehr isolierte sie sich nach außen. Polis stand gegen Polis - ein frühes Abbild der späteren Staatensouveränität freilich auf niedrigerer Ebene -, und eine jede war von der Natur her gar nicht aufgefordert und deshalb unfähig, ihre Autonomie an eine übergeordnete Einheit, an einen Föderalstaat oder an einen Fürsten zu übergeben. Ein solcher Verzicht war ihr fremd. Der Preis der Polisidentität bestand in der Kriegsbereitschaft gegenüber der anderen Polis. Nicht so bei Vitoria! Ein Staat versteht sich für ihn nur dann in angemessener Weise, wenn er sich als Mitglied der Völkergemeinschaft begreift und in sie einordnet. Es gibt demnach zwei Rollen oder zwei Repräsentationen des Staates: Er stellt sich selbst und er stellt durch sich den orbis dar.

Zweitens existierte eine solche Weltgemeinschaft für Vitoria und wird auch immer existieren; Menschen brauchen sie nicht mehr herzustellen. Sie ist allerdings - vergleichbar dem, was wir oben über die potestas festgestellt haben - durch menschliche Anstrengung in Gesetze und eine Regierung umzusetzen; *drittens* ist diese Weltgemeinschaft nicht mehr an die Wertegemeinschaft ›Christenheit‹ gebunden oder von ihr abhängig; *viertens* besteht diese Weltgemeinschaft aus den existierenden Nationalstaaten, den *gentes*, und artikuliert sich durch sie mittels des Konsenses oder zumindest der Zustimmung zu Mehrheitslösungen. Die Staaten sind Delegaten dieser Weltgemeinschaft.

> Die Fürsten haben nicht nur Autorität über ihre Untertanen, sondern auch über die Ausländer, um sie zu verpflichten, sich jedes Unrechts zu enthalten und dies sowohl kraft des Völkerrechts, als kraft der einhelligen Meinung des Menschengeschlechts. Es scheint sogar, dass dies zum Naturrecht gehört, denn die Welt könnte nicht bestehen, hätten nicht einige wenige die Macht und die Autorität, die Schlechten zu erschrecken und sie

---

2 Vitoria: De Indis. De titulis legitimis, Primus titulus, Nr. 2 und Nr. 3 (s. Anm. 1, 2. Bd., S. 466, Zeilen 13-17): »quod naturalis ratio inter omnes gentes constituit, vocatur ius gentium« [S. 460, 21f.] »[...] quod si ius gentium derivatur sufficienter ex iure naturali, manifestam vim habet ad dandum ius et obligandum. Et dato, quod non semper derivetur ex iure naturali, sequi videtur consensus maioris partis totius orbis, maxime pro bono communi omnium«; deutsche Übersetzung A. Truyol Serra. In: Antonio Truyol Serra (Hg.): Die Grundsätze des Staats- und Völkerrechts bei Francisco de Vitoria (»Los principios del Derecho Publico en Francisco de Vitoria.« Madrid 1946). Zürich: Thomas Verlag 1947, S. 50 und von mir, N.B.). - Suárez hat einen anderen Völkerrechtsbegriff, er zieht das »ius gentium« auf die Seite der lex humana hinüber.

3 Vitoria: De potestate civili, Nr. 21 (s. Anm. 1, 1. Bd., S. 156, Zeilen 19-23; Übersetzung nach A. Truyol Serra: Vitoria, [s. Anm. 2], S. 51): »Habet enim totus orbis, qui aliquo modo est una res publica, potestatem ferendi leges aequas et convenientes omnibus, quales sunt in iure gentium ... neque licet uni regno nolle teneri iure gentium; est enim latum totius orbis auctoritate.«

> daran zu hindern, Guten und Unschuldigen zu schaden. Nun gehört alles, was zur Regierung und zur Erhaltung des Menschengeschlechts notwendig ist, zum Naturrecht; einen andern Beweis, dass der Staat kraft des Naturrechts die Gewalt besitzt, leichte und schwere Strafen über jene zu verhängen, die ihm schaden, gibt es nicht. Besitzt nun der Staat diese Gewalt über seine Angehörigen, so besitzt die Welt ohne Zweifel Gewalt über jene, die ihr schaden und Böses zufügen wollen, und diese Gewalt kann sie nur durch die Fürsten ausüben. Es muss demnach als gewiss angesehen werden, dass die Fürsten die Feinde, die dem Staate Unrecht zugefügt haben, bestrafen können, und dass in einem gerecht und ordentlich geführten Krieg die Feinde dem Fürsten als ihrem Richter übergeben werden.[4]

Soweit erkennbar, denkt Vitoria nicht an einen Weltstaat, der unter sich nur entmachtete Gebilde hätte, sondern an ein ›Netzwerk‹ gleichberechtigter Staaten. Es sind die späteren Nationalstaaten gemeint, egal, ob als Demokratien oder konstitutionelle Monarchien verfasst. Einen Organisationsplan dieser Welt entwickelt Vitoria nicht. Doch gibt er indirekt in »De Indis« sowohl in seiner Behandlung der illegitimen wie auch in der Besprechung der legitimen Titel eine Reihe von Auskünften. Zum Gast-Thema sei bemerkt: Über die Mitglieder eines Staates, die als Gäste in einem anderen Staat ankommen oder dort verweilen, richtet die Welt, vertreten durch die Gemeinschaft der Staatsregierungen. Die Fürsten handeln somit in doppelter Vertreterschaft: Einerseits als Vertreter ihres Staates und andererseits als Vertreter des orbis.

Jeder Staat strebt für sich bei Vitoria im aristotelischen Sinne erst einmal Autarkie an und auf *sufficientia* hin; dieses Streben ist im *ius gentium* der Grund dafür, als souverän gelten zu dürfen. Zugleich ist der Staat - also die res publica, das regnum oder die monarchia - immer auch unabstreifbar und unverzichtbar Mitglied dieser Weltgemeinschaft, *membrum orbis totius*. Nicht die einzelnen Menschen sind membra dieses orbis. Bewusst hat Vitoria ›*homines*‹ aus der Definition des Völkerrechts bei Gaius herausgenommen und ›*gentes*‹ eingesetzt, was allerdings Isidor von Sevilla bereits vorgemacht hatte. Selbstverständlich gründet diese Weltgemeinschaft der Staaten in einer Art von Verwandtschaft aller Menschen mit allen,[5] was dem Gaststatus den Charakter der völligen Fremdheit nimmt.

---

4 Vitoria: De iure belli, Quaestio quarta. Nr. 5 (in: ders.: Vorlesungen [s. Anm. 1], 2. Bd., S. 564, Zeilen 15-27; deutsche Übersetzung nach A. Truyol Serra: Vitoria [s. Anm. 2], S. 73f.): »notandum, quod princeps non tantum habet auctoritatem in suos, sed etiam in extraneos ad coercendum illos, ut abstineant se ab iniuriis, et hoc iure gentium et orbis totius auctoritate. Immo videtur, quod etiam iure naturali, quia videtur, quod aliter orbis stare non posset, nisi esset penes aliquos vis et auctoritas deterrendi improbos, ne bonis noceant. Ea autem, quae necessaria sunt ad gubernationem et conservationem orbis, sunt de iure naturali. Nec alia ratione probari potest, quod res publica iure naturali habeat auctoritatem afficiendi supplicio et poenis cives suos, qui sunt rei publicae perniciosi. Quod si res publica hoc potest in suos, haud dubium, quin hoc possit orbis in quoscumque perniciosos homines, et hoc non nisi per principes. Ergo sine dubio principes possunt punire hostes, qui iniuriam fecerunt rei publicae; et omnino postquam bellum rite et iuste susceptum est, hostes obnoxii sunt principi tanquam iudici proprio.«

5 Vitoria: De Indis. De titulis legitimis, Primus titulus: »Primus titulus potest vocari naturalis societatis et communicationis« (in: ders.: Vorlesungen [s. Anm. 1], 2. Bd., S. 460, Zeile 15); deutsche Übersetzung nach A. Truyol Serra: Vitoria (s. Anm. 2), S. 60.

Autarkie schließt auch Selbstverwaltung mit ein; interessanterweise stellen wir im Vergleich mit Kants Vorstellungen fest, dass Vitoria eine feine Unterscheidung macht, und zwar zwischen der politischen Organisation als solcher, welche keine Einmischung von außen, vom Fremden her erlaubt, eine jede vielmehr verbietet, und der Offenheit des Bodens für Besiedlung auch von Fremden: so dass sich die politische Souveränität nicht ausdrücklich auf die Verfügung über Grund und Boden erstreckt. Denn der erste Grund der ›legitimen Titel‹ aus »De Indis« lautet, dass es eine universale Niederlassungsfreiheit gibt.

Welche Rechtsbeziehungen diese *eine* Welt bereit hält, macht Vitorias Entwurf aus den legitimen Titeln seiner Schrift »De Indis« deutlich. Legitim sind sie insofern, als sie Gründe wiedergeben, welche die Ansiedlung, das Gründen von Staaten und auch - unter bestimmten Umständen - den Krieg rechtfertigen. Jegliche Machtausübung ist dem Recht unterzuordnen. Das Recht hält die Staaten überall gleich kurz oder gleich weit; vor allem gibt es kein ›Recht des Stärkeren‹, welches bedeuten würde, dass sich im Sinne eines naturalistischen Fehlschlusses das Recht am äußeren Erfolg zeigen würde: Der militärische Sieger wäre qua Sieger im Recht.

So folgt aus der *universellen Gemeinschaft des Menschengeschlechts* ein natürliches Kommunikationsrecht, welches es rechtfertigt, in andere Länder einzuwandern und sich dort niederzulassen; diesem Recht entspricht die Pflicht zur gastlichen Aufnahme seitens der Eingeborenen. Vitoria spricht hier - unbedacht? - von den »Barbaren«. Die Gäste müssen in friedlicher Absicht kommen und dürfen kein Unrecht tun. Den Eingeborenen steht für Vitoria kein Recht zur Abweisung zu; sie dürfen die friedliche Ansiedlung nicht verweigern.

> Die Spanier haben das Recht, in jene Provinzen zu reisen und sich dort aufzuhalten - freilich nur, wenn dies nicht mit irgendeinem Schaden für die Barbaren einhergeht. Sie können von den Barbaren nicht daran gehindert werden. Der Schluss wird erstens mit dem Völkerrecht bewiesen, das entweder natürliches Recht ist oder aus dem natürlichen Recht hergeleitet wird (Inst. De iure naturali et gentium): Was die natürliche Vernunft unter allen Völkern festgesetzt hat, heißt Völkerrecht. Bei allen Nationen gilt es nämlich als unmenschlich, Fremde und Reisende ohne besonderen Grund schlecht zu behandeln, andererseits aber als menschlich und pflichtmäßig, sich gut gegen Fremde zu verhalten. Dies wäre nicht der Fall, wenn man Fremde, die zu anderen Nationen kommen, schlecht behandelte. - Zweitens durfte am Anfang der Welt, als allen alles gemeinsam war, jeder in jedes Gebiet ziehen und reisen, in das er reisen wollte. Dies scheint aber durch die Aufteilung der Güter nicht aufgehoben worden zu sein. Niemals war es nämlich die Absicht der Völker, durch die besagte Aufteilung den Verkehr der Menschen untereinander aufzuheben, und zur Zeit Noahs wäre dies bestimmt unmenschlich gewesen. - Drittens ist alles erlaubt, das nicht verboten ist und ansonsten nicht zum Unrecht oder Schaden für andere ausschlägt. Aber - dies nehmen wir an - eine solche Reise der Spanier ist mit keinem Unrecht oder Schaden für die Barbaren verbunden. Also ist sie erlaubt. - Viertens wäre es den Franzosen nicht erlaubt, die Spanier an einer Reise nach Gallien oder auch daran zu hindern, dort zu wohnen, und umgekehrt, sofern den Betroffenen daraus kein Schaden erwüchse und die Spanier (bzw. Franzosen) kein Unrecht begingen. Also gilt dies auch für die Barbaren.[6]

Sämtliche Völker haben die Freiheit der Schifffahrt und des Handels zu respektieren.[7] Auch die eigenen Herrscher dürfen ihre Völker nicht an einem solchen Handel hindern, konkret: die spanischen Könige dürfen nicht – was sie trotzdem taten! – den eigenen Leuten Handelsbeschränkungen auferlegen.[8] Insofern die ›Gäste‹ sich auch an den Lasten des Gemeinwesens beteiligen und sich auf Dauer einrichten, sind sie gleich zu behandeln. Die Eingeborenen dürfen ihnen die eigenen staatsbürgerlichen Rechte und auch sonstige Vorteile nicht vorenthalten.[9] Das Gästerecht ist aus der Forderung nach Gleichbehandlung des Gleichen entwickelt.

Aus dem Kommunikationsrecht ergibt sich der Titel allgemeiner Redefreiheit und im Besonderen das Recht auf Verkündigung des Evangeliums.[10] »Die Christen haben das Recht, das Evangelium in den Provinzen der Barbaren zu predigen und zu verkündigen.«[11] Wie verbindet sich dieses Recht mit dem an Spanien ergangenen Missionsauftrag? Um diesem Recht des Staates Wirklichkeit zu verschaffen, geht Vitoria syllogistisch vor: Die Verkündigung des Evangeliums steht dem Staat zu; die Gesandten eines Staates sind anzuhören und genießen Immunität; Gesandte zu verletzen, ist Kriegsgrund; Missionare sind nun Gesandte des Staates. Die Reaktion der Barbaren kann nun entweder sein: »Wenn die Barbaren den Spaniern erlauben, das Evangelium frei und ohne Hindernisse zu predigen, mögen sie sich nun bekehren oder nicht, so ist es weder erlaubt, sie mit Krieg zu überziehen, noch sich ihrer Länder zu bemächtigen.«[12]

Vitoria hält unbeugsam an dem Grundsatz fest, dass der Glaube nur freiwillig angenommen werden kann. Die andere Reaktionsmöglichkeit, auf den mehr oder weniger friedlich vorgetragenen Wunsch der Spanier zu missionieren, ist:

---

6 Vitoria: De Indis. De titulis legitimis, Primus titulus (ebd., 2. Bd., S. 461–473, hier 460 und 462): »Primus titulus potest vocari naturalis societatis et communicationis. Et circa hoc sit prima conclusio: Hispani habent ius peregrinandi in illas provincias et illic degendi, sine aliquo tamen nocumento barbarorum, nec possunt ab illis prohiberi. Probatur primo ex iure gentium, quod vel est ius naturale vel derivatur ex iure naturali (Inst. De iure naturali et gentium): Quod naturalis ratio inter omnes gentes constituit, vocatur ius gentium. Apud omnes enim nationes habetur inhumanum sine aliqua speciali causa hospites et peregrinos male accipere, e contrario autem humanum et officiosum se bene habere erga hospites. Quod non esset, si peregrini male facerent accedentes in alienas nationes. Secundo a principio orbis, cum omnia essent communia, licebat unicuique in quamcumque regionem vellet intendere et peregrinari. Non autem videtur hoc demptum per rerum divisionem. Numquam enim fuit intentio gentium per illam divisionem tollere hominum invicem communicationem, et certe accipere temporibus Noe fuisset inhumanum. – Tertio enim licent, quae non sunt prohibita aut alias sunt in iniuriam aut detrimentum aliorum. Sed, ut supponimus, talis peregrinatio Hispanorum est sine iniuria aut damno barbarorum. Ergo est licita. – Quarto non liceret Gallis prohibere Hispanos a peregrinatione Galliae vel etiam habitatione aut e contrario, si nullo modo cederet in damnum illorum, immo facerent iniuriam. Ergo nec barbaris.«

7 Ebd., Nr. 2–4, S. 464–468.

8 Ebd., Nr. 5, S. 468–470.

9 Ebd., Nr. 4, S. 466–468.

10 Ebd., De titulis legitimis, Secundus titulus, S. 472–476.

11 Ebd., Nr. 8, S. 472.

12 Ebd., Nr. 10, S. 474; deutsche Übersetzung nach A. Truyol Serra: Vitoria (s. Anm. 2), S. 64.

> Wenn die Barbaren auf Befehl ihrer Anführer oder aus eigenem Antrieb die Spanier an der freien Verkündigung des Evangeliums hindern, so können diese, nach dem Versuch, ihnen Vernunft beizubringen und um ein Ärgernis zu verhüten, dennoch predigen, sich für die Bekehrung dieser Länder einsetzen und diesen, wenn nötig, den Krieg erklären, bis sie die Möglichkeit, das Evangelium in aller Sicherheit zu verkünden, erlangt haben.[13]

Man versteht, weshalb Las Casas Vitorias Linie nicht zu folgen vermochte und in solcher Zudringlichkeit, die Vitoria für erlaubt hielt, eine schlimme Verletzung der Rechte der Indios sah.[14] Doch weiter mit Vitoria: »Dasselbe gilt, wenn die Barbaren zwar die Verkündigung erlaubten, die Bekehrungen jedoch verhinderten, indem sie die Bekehrten töteten oder ihnen andere Strafen zufügten oder die noch nicht Bekehrten bedrohten oder einschüchterten.«[15]

Der Titel einer ›humanitären Intervention‹[16] ist hier bereits mit angesprochen. Sie gilt dem Schutz der zum Christentum übergetretenen Indios. Dann schränkt Vitoria allerdings ein:

> All dies muss aber mit Vernunft und Maß geschehen, damit man, was notwendig ist, nicht überschreite; eher muss man einen Teil seines Rechts preisgeben, als mehr zu tun, als erlaubt ist. Und alle Handlungen sind nicht auf den eigenen Vorteil, sondern auf das Wohl der Barbaren auszurichten [...]. Kriege, Massaker und Plünderungen können vielleicht eher bewirken, dass die Bekehrung der Barbaren mehr verhindert als gefördert und erleichtert wird.[17]

Unschuldige Einwohner darf man durch Krieg vor Missbrauch und gewaltsamem Tod beschützen.

> Ein anderer Rechtstitel könnte die Tyrannei der Anführer der Barbaren und ihrer Gesetze sein, die Unschuldigen Gewalt antun; wenn z.B. Unschuldige als Menschenopfer oder in der Absicht, ihr Fleisch zu essen, getötet würden. Ich bekräftige ebenfalls, dass die Spanier, sogar ohne die Autorität des Papstes anzurufen, den Barbaren jenen unheilvollen Brauch oder Ritus verbieten können; denn sie dürfen die Unschuldigen vor ungerechtem Tod bewahren.[18]

---

13 Ebd., Nr. 11, S. 474–476; deutsche Übersetzung nach A. Truyol Serra: Vitoria (s. Anm. 2), S. 65.

14 Bartolomé de Las Casas: Apología, S. 626; Historia de las Indias I, S. 1194; Tratado comprobatorio del imperio soberano, S. 32; De thesauris, S. 70f. Nachweise in: Matthias Gillner: Bartolomé de Las Casas und die Eroberung des indianischen Kontinents. Das friedensethische Profil eines weltgeschichtlichen Umbruchs aus der Perspektive eines Anwalts der Unterdrückten. Stuttgart: W. Kohlhammer 1997 (Theologie und Frieden, Bd. 12), S. 246–248.

15 Vitoria: De Indis. De titulis legitimis, Secundus titulus, Nr. 11 (s. Anm. 1), 2. Bd., S. 476; deutsche Übersetzung nach A. Truyol Serra: Vitoria (s. Anm. 2), S. 65.

16 Ebd., De Indis. De titulis legitimis, Tertius titulus, S. 478.

17 Ebd., De Indis. De titulis legitimis, Secundus titulus, Nr. 11, S. 476; deutsche Übersetzung nach A. Truyol Serra: Vitoria (s. Anm 2), S. 65.

18 Ebd., De Indis. De titulis legitimis, Quintus titulus (s. Anm. 1), 2. Bd., S. 480; deutsche Übersetzung nach A. Truyol Serra: Vitoria (s. Anm. 1), S. 65.

Nun fügt Vitoria vorsichtig, sich fast entschuldigend, einen achten Titel an: Die ›Intervention aus Unfähigkeit der Barbarenherrschaft‹.[19] Sie ist mit dem Recht verbunden, eine Art Vormundschaft über die Indio-Staaten zu übernehmen. Vitoria ist sich nach seinen eigenen Worten über die Rechtsqualität dieses Titels unsicher.

> Ich für meinen Teil möchte ihn weder ganz billigen noch ganz verwerfen. Dieser Rechtstitel lautet: Die Barbaren sind [...] nicht ganz ohne jede Vernunft; indessen besitzen sie sie nur in sehr geringem Maße; auch scheint es, dass sie weder fähig sind, einen rechtmäßigen Staat zu gründen und zu verwalten, noch menschliche und bürgerliche Sitten zu beobachten [...]. Man könnte daher sagen, dass die spanischen Fürsten im eigensten Interesse der Barbaren deren Verwaltung übernehmen [...].[20]

Wird hier nicht in Frage gestellt, was zu Beginn von »De Indis« verkündet wurde, nämlich die wesentliche Gleichheit der indianischen Bevölkerungen und Staaten mit denen Europas? Mit diesem ›Titel‹ lieferte er ebenso der Kolonisation einen Rechtsgrund wie der Versklavung der Indios eine Legitimation. Hierbei stützt er sich auf den von Aristoteles angeführten Rechtsgrund der Sklaverei, nämlich den ihrer Erziehung, welche nach der Machtübernahme allerdings auch zu leisten ist.

Bei Vitoria finden sich jedoch keine Aussagen wie die, dass die Spanier berufen seien, über diese Barbaren zu herrschen und sie durch die göttliche Vorsehung ausersehen seien, zu entdecken, zu erobern und zu herrschen, nicht ohne allerdings zu missionieren. – Solche Aussagen sind jedoch in der »Politik« bezüglich der Hellenen anzutreffen.[21] In »De Indis« ist allerdings zu lesen:

> Da die spanischen Herrscher außerdem auf eigene Initiative und Kosten als erste von allen diese Schiffsreise unternahmen und auf so glückliche Weise die Neue Welt entdeckten, ist es folglich rechtens, dass diese Reise anderen untersagt wird und die Spanier selbst allein in den Genuss dessen kommen, was sie entdeckt haben.[22]

---

19 Ebd., De Indis. De titulis legitimis, Alius titulus (s. Anm. 1), 2. Bd., S. 484–488.

20 Ebd., De Indis. De titulis legitimis, Nr. 17: »Alius titulus posset non quidem asseri, sed revocari in disputationem et videri aliquibus legitimus, de quo ego nihil affirmare audeo, sed nec omnino condemnare. Et est talis: Barbari enim isti licet, ut supra dictum est, non omnino sint amentes, tamen parum distant ab amentibus, ita ut non sint idonei ad constituendam vel administrandam legitimam et ordinatam rem publicam etiam inter terminos humanos et civiles. – Unde nec habent leges convenientes nec magistratus, immo nec sunt satis idonei ad gubernandam rem familiarem. Unde etiam carent et litteris et artibus, non solum liberalibus, sed etiam mechanicis, et agricultura diligenti et opificibus et multis aliis rebus commodis, immo necessariis ad usus humanos. – Posset ergo quid dicere, quod pro utilitate eorum possent principes Hispani accipere administrationem illorum et constituere illis per oppida praefectos et gubernatores, immo quia semper manet ista causa, etiam illis dare novos dominos, dummodo constaret hoc illis expedire. Hoc, inquam, posset suaderi« (2. Bd., S. 484); deutsche Übersetzung nach A. Truyol Serra: Vitoria (s. Anm. 2), S. 66.

21 Aristoteles: Politik. In: Aristoteles, Werke in deutscher Übersetzung. Bd. 9 in vier Teilen: Übersetzt und erläutert von Eckart Schütrumpf. Darmstadt: WBG. Teil I und II: 1991; Teil III: 1996; Teil IV: 2005, S. 22f.: Pol. VII, 7. 1327 b 23 (s. auch Teil I, S. 12: Pol. I, 2, 1252 b 5, und S. 14–16: Pol. I, Kap. 3f.).

Auch wenn Vitoria in einer vom christlichen Glauben durchtränkten Gesellschaft lebt und selbst Ordensmann ist, denkt er seine politische Philosophie nicht von der Sünde und der Gnade, sondern von der Natur her. Wir können seinen Ansatz einen säkularen nennen! Schon deshalb konnte auch eine christliche Mahnung wie ›Wir sind nur Gast auf Erden!‹ in der naturrechtlichen Argumentation keinen Platz erhalten.

Vitoria überschreitet den aristotelischen Ansatz, der in der Polis die oberste Organisationsform anerkennt, auf die Weltgemeinschaft, auf den ›orbis totus noster‹, hin. Das Besuchsrecht von Staatsangehörigen in anderen Staaten spielt sich gewissermaßen unter den Augen der Welt ab, welche er unter dem Ziel eines Bonum commune orbis totius als eine Kommunikations- und Hilfsgemeinschaft skizziert. Vitoria, der *eine* Menschennatur annimmt, muss auf die Frage antworten, inwieweit und mit welchem ›Recht‹ diese Natur die Menschheit in Herren und Sklaven gliedert; ob also ›physei douloi‹ unter uns leben würden.[23] Da es für Vitoria Menschen gibt, welche besonderer Führung bedürfen, muss es - gut aristotelisch! - auch Herren geben, welche jene Menschen leiten können. Nicht mehr der Kaiser oder der Papst, sondern das Recht selbst ist die Auctoritas. Nicht mehr eine Person, eine Rolle, nicht mehr deren Weihe oder Auserwähltheit, sondern das Recht selbst, also eine Relatio, lenkt, verbindet, schafft Distanz und Einheit. Vitoria denkt vom ius naturale, ius divinum oder ius humanum her auf die Gesellschaft, die Institutionen und die Amtsträger zu. Recht ist jedoch im Gegensatz zu Hobbes keine von der Wahrheit losgelöste Auctoritas. Nicht mehr das Oben und Unten, das sich klassisch ausdrucksvoll, im Verhältnis von Richter und Angeklagtem widerspiegelt, ist nun die Grundform des Rechts, sondern das Verhältnis zweier Gleichberechtigter, über deren Streitigkeiten ein Dritter rechtet. Damit ist das moderne Völkerrecht gefunden. Nur für ein Besuchsrecht à la Kant einzutreten, hätte geheißen, den Rückzug aller Spanier einschließlich der politischen Macht zu fordern.

2. Immanuel Kant zu ›Der Weltbürger als Weltgast‹

Um des profilierten Verständnisses willen ist es angebracht, zuerst die einschlägigen Stellen aus der »Metaphysik der Sitten« von 1797 heranzuziehen und dann auf die zwei Jahre zuvor erschienene Schrift »Zum ewigen Frieden« überzugehen. In der »Metaphysik der Sitten« gibt Kant einige Begriffe, die uns ein erstes Verständnis und einen Einblick in sein Weltrechtsdenken liefern:

---

22 Vitoria: De indis. Pars Prima. Sectio tertia. Secundus titulus, Nr. 9 (s. Anm. 1, 2. Bd., S. 474, Zeilen 16–18): »Praeterea cum principes Hispani suis auspiciis et sumptibus primi omnium eam navigationem susceperint et tam feliciter novum orbem invenerint, iustum est, ut ea peregrinatio aliis interdicatur et ipsi soli fruantur inventis« (deutsche Übersetzung Joachim Stüben [s. Anm. 1]).

23 Während Augustinus die Sklaverei als naturwidrig und Sünde ansieht, billigt die Natur laut Vitoria und Thomas von Aquin die Erziehungssklaverei und qualifiziert sie damit auch nicht als Sünde.

> Der Inbegriff der Gesetze, die einer allgemeinen Bekanntmachung bedürfen, um einen rechtlichen Zustand hervorzubringen, ist das öffentliche Recht. - Dieses ist also ein System von Gesetzen für ein Volk, d.i. eine Menge von Menschen, oder für eine Menge von Völkern, die im wechselseitigen Einflusse gegeneinander stehend, des rechtlichen Zustandes unter einem sie vereinigenden Willen, einer Verfassung (constitutio) bedürfen, um dessen, was Rechtens ist, teilhaftig zu werden.[24]

Der binnenrechtliche Zustand des Staatsvolkes ist als status civilis oder als res publica latius sic dicta zu bezeichnen. Im Verhältnis zu anderen Völkern übt dieses Volk eine ›potentia‹ aus. Macht sich im Binnenverhältnis die Blutsverwandtschaft bemerkbarer, so spricht auch Kant von ›gens‹; dies prägt den Begriff des Rechtes der Völker untereinander (ius gentium). Somit schwingt auch für Kant im Begriff des Völkerrechts noch eine Ahnung der umfassenden Verwandtschaft aller Menschen mit. Für dieses Recht der Völker untereinander gilt nun, dass es

> dann, weil der Erdboden eine nicht grenzenlose, sondern sich selbst schließende Fläche ist, beides zusammen zu der Idee eines *Völkerstaatsrechts* (ius gentium) oder des *Weltbürgerrechts* (ius cosmopoliticum) unumgänglich hinleitet: so, daß, wenn unter diesen drei möglichen Formen des rechtlichen Zustandes es nur einer an dem die äußere Freiheit durch Gesetze einschränkenden Prinzip fehlt, das Gebäude aller übrigen unvermeidlich untergraben werden, und endlich einstürzen muß.[25]

Kommentierend lässt sich somit sagen, 1) dass Kant eine scharfe Trennlinie zwischen Innenverhältnis und Außenverhältnis zieht; 2) dass die Begrenztheit des Globus und seine Besiedlung, die ein Faktum ist, zu Überlegungen zwingt, wie denn der Weg von einem Raum in den anderen Raum legitim zu bewerkstelligen ist, da beide doch besiedelt sind, und es auch in dem betretenen Raum nicht unbegrenzt viele Ausweichmöglichkeiten gibt; 3) dass sämtliche drei Formen - also: status civilis, ius gentium und ius cosmopoliticum - als Rechtsformen immer Vermittlungen von Willkür unter einem Gesetz der Freiheit sein müssen. Weshalb auch das Weltbürgerrecht eine Vermittlung von Willküren ist, sodass es sich bei dem Weltbürgerrecht nur dann um einen Zustand äußerer Freiheit handelt, wenn diese äußere Freiheit durch Gesetze eingeschränkt ist; bei jedem Besucher sind also das angeborene Recht auf Freiheit ebenso zu achten wie auch die rechtliche Ausformung dieses Weltbürgerrechts, wenn eine solche erfolgt ist; 4) dass das Weltbürgerrecht nie isoliert zu nehmen ist, sondern auf den zwei anderen rechtlichen Zuständen aufbaut. Der Weltbürger als Bürger eines rechtlichen Zustandes verlangt nach rechtlicher Ordnung in seinem Staat und nach einer Rechtsordnung zwischen den Staaten. Auch wenn Kant bei dem zweiten rechtlichen Zustand, dem Völkerstaatsrecht, nicht einen festen Willen aller Staaten zu den überkommenen Grenzen unterstellt und eine Kriegspolitik nicht ausschließt, gilt doch sein Augenmerk den Bewegungen zwischen den Staaten, welche durch die

---

24 Immanuel Kant: Metaphysik der Sitten. In: Immanuel Kant. Gesammelte Schriften. Bd. VI. Hg. von der Königlich Preußischen Akademie der Wissenschaften. Berlin, Leipzig: Georg Reimer 1907, S. 311 (§43).

25 Ebd.

Reisenden entstehen. Deshalb verwendet Kant soviel Aufmerksamkeit für das Weltbürgerrecht.

Sehen wir uns dieses Weltbürgerrecht[26] etwas näher an! Alle Völker stehen für Kant - wie bei Vitoria übrigens! - heute noch in einer ursprünglichen Gemeinschaft des Bodens: Einst waren alle Menschen in den gesamten bewohnbaren Raum zu gleichem Recht eingesetzt. Vorrechte waren ebenso unbekannt wie ein bereits zu verteidigender Besitz. - Doch ist das Zusammenleben schon immer, seit es Menschen gibt, also apriorisch, mit der Erlaubnis zu einer Privateigentumsordnung ausgestattet. Ihren historisch eingenommenen Besitz zu sichern und für Besucher zu öffnen, ist daher zwischen den Staaten und innerhalb eines jeden Staates rechtlich zu regeln. Recht wird auch dadurch zur umfassendsten, an keiner Gemeinschaft und keiner sozialen Grenze halt machenden Beziehung. Liebe und Menschenfreundlichkeit sind nie fehl am Platz, können aber die rechtliche Regelung nicht ersetzen oder verdrängen. Weshalb nicht? Weil es sich bei dem Recht um die Abgrenzung von nach außen ausgeübten und äußerlich beanspruchten Freiheitsräumen handelt.

> Diese Vernunftidee einer *friedlichen*, wenngleich noch nicht freundschaftlichen, durchgängigen Gemeinschaft aller Völker auf Erden, die untereinander in wirksame Verhältnisse kommen können, ist nicht etwa philanthropisch (ethisch), sondern ein *rechtliches* Prinzip. Die Natur hat sie alle zusammen (vermöge der Kugelgestalt ihres Aufenthalts, als globus terraqueus) in bestimmte Grenzen eingeschlossen, und da der Besitz des Bodens, worauf der Erdbewohner leben kann, immer nur als Besitz von einem Teil eines bestimmten Ganzen, folglich als ein solcher, auf den jeder derselben ursprünglich ein Recht hat, gedacht werden kann: so stehen alle Völker *ursprünglich* in einer Gemeinschaft des Bodens, nicht aber der *rechtlichen* Gemeinschaft des Besitzes (communio) und hiermit des Gebrauchs oder des Eigentums an demselben, sondern der physischen möglichen Wechselwirkung (commercium).[27]

Das Bewusstsein von der Einheit des Menschengeschlechtes existiert weiterhin: »Übel und Gewalttätigkeit an einem Orte unseres Globus (werden) an allen gefühlt«.[28] Die Menschen sind nun aber nicht um des Friedens willen an den von ihnen historisch eingenommenen Wohn- und Arbeitsort gebannt. Sie stehen vielmehr

> in einem durchgängigen Verhältnisse eines zu allen anderen, sich zum *Verkehr* untereinander *anzubieten*, und haben ein Recht, den Versuch mit demselben zu machen, ohne dass der Auswärtige ihm darum als einem Feind zu begegnen berechtigt wäre. - Dieses Recht, sofern es auf die mögliche Vereinigung aller Völker in Absicht auf gewisse allgemeine Gesetze ihres möglichen Verkehrs geht, kann das *weltbürgerliche* (ius cosmopoliticum) genannt werden.[29]

---

26 Ebd., S. 352-355.

27 Ebd., S. 352 (§62).

28 Ebd, S. 353; siehe auch »Zum Ewigen Frieden. Dritter Definitivartikel«. Am Ende heißt es dort, »daß die Rechtsverletzung an *einem* Platz der Erde an *allen* gefühlt wird« (In: Kant. Gesammelte Schriften [s. Anm. 24]. Bd. VIII. Berlin, Leipzig: Georg Reimer 1923, S. 341-387, hier 360).

29 Kant: Metaphysik der Sitten (s. Anm. 24), S. 352 (§62).

Es beinhaltet

> das Recht des Erdbürgers [...], die Gemeinschaft mit allen zu *versuchen* und zu diesem Zweck alle Gegenden der Erde zu *besuchen*, wenn es gleich nicht ein Recht der *Ansiedlung* auf dem Boden eines anderen Volks (ius incolatus) ist, als zu welchem ein besonderer Vertrag erfordert wird.[30]

Die Schrift »Zum ewigen Frieden: Ein philosophischer Entwurf« von 1795[31] hat Vorarbeit zum Verständnis dieses Besuchsrecht geleistet. Es heißt dort im »Dritten Definitivartikel zum ewigen Frieden«:

> »Das *Weltbürgerrecht* soll auf Bedingungen der allgemeinen *Hospitalität* eingeschränkt sein.« - Es ist hier [...] nicht von Philanthropie, sondern von *Recht* die Rede, und da bedeutet *Hospitalität* (Wirtbarkeit) das Recht eines Fremdlings, seiner Ankunft auf dem Boden eines andern wegen, von diesem nicht feindselig behandelt zu werden. Dieser kann ihn abweisen, wenn es ohne seinen Untergang geschehen kann; solange er aber auf seinem Platz sich friedlich verhält, ihm nicht feindlich begegnen. Es ist kein *Gastrecht*, worauf dieser Anspruch machen kann (wozu ein besonderer wohltätiger *Vertrag* erfordert werden würde, ihn auf eine gewisse Zeit zum Hausgenossen zu machen), sondern ein *Besuchsrecht*, welches allen Menschen zusteht, sich zur Gesellschaft anzubieten, vermöge des Rechts des gemeinschaftlichen Besitzes der Oberfläche der Erde, auf der, als Kugelfläche, sie sich nicht ins Unendliche zerstreuen können, sondern endlich sich doch nebeneinander dulden müssen, ursprünglich aber niemand an einem Orte der Erde zu sein, mehr Recht hat, als der andere.[32]

Diese Menschen bilden eine Gemeinschaft. Das Hospitalitätsrecht nun, als die Befugnis der fremden Ankömmlinge, erstreckt sich nur so weit,

> als auf die Bedingungen der Möglichkeit, einen Verkehr mit den alten Einwohnern zu *versuchen*. - Auf diese Art können entfernte Weltteile mit einander friedlich in Verhältnisse kommen, die zuletzt öffentlich gesetzlich werden, und so das menschliche Geschlecht endlich einer weltbürgerlichen Verfassung immer näher bringen können. - Vergleicht man hiermit das *inhospitale* Betragen der gesitteten, vornehmlich handeltreibenden Staaten unseres Weltteils, so geht die Ungerechtigkeit, die sie in dem *Besuche* fremder Länder und Völker (welches ihnen mit dem *Erobern* derselben für einerlei gilt) beweisen, bis zum Erschrecken weit.[33]

Kant bemerkt, dass diese handeltreibenden europäischen Staaten »Unrecht wie Wasser trinken«[34] und fährt fort:

> Da es nun mit der unter den Völkern der Erde einmal durchgängig überhandgenommenen (engeren oder weiteren) Gemeinschaft so weit gekommen ist, dass die Rechtsverletzung an *einem* Platz der Erde an *allen* gefühlt wird: so ist die Idee eines Weltbürgerrechts keine phantastische oder überspannte Vorstellungsart des Rechts, sondern eine notwen-

---

30 Ebd., S. 353.
31 Kant: Zum ewigen Frieden (s. Anm. 28), S. 341–387.
32 Ebd., S. 357f.
33 Ebd., S. 358.
34 Ebd., S. 359.

> dige Ergänzung des ungeschriebenen Kodex, sowohl des Staats- als Völkerrechts zum öffentlichen Menschenrechte überhaupt, und so zum ewigen Frieden, zu dem man sich in der kontinuierlichen Annäherung zu befinden, nur unter dieser Bedingung schmeicheln darf.[35]

Keine Ansiedlung, keine Niederlassung ohne Vertrag mit den dort Wohnenden! Was ist, wenn man jedoch auf unbesiedeltem Gebiet Wohnung sucht, allerdings in der Nachbarschaft eines Volkes? Falls es sich um ein sesshaftes Volk handelt, ist Ansiedlung erlaubt, wenn es aber Nomaden sind, so nur durch Vertrag, da diese wohl auch das beanspruchte Gebiet durchstreifen und als zugehörig betrachten.[36] Gewalt scheidet auf jeden Fall aus: Bei Kant ergibt sich ein Recht nie und niemals aus physischer Stärke.[37] Landkauf - der juristisch möglich ist - setzt stets Wissen der Verkäufer um den Käufer voraus.

Wie ist zu bewerten, was an Übergriffen auf fremde Völker geschah, wie etwa in der Kolonialisierung?

> [...] obzwar die Rechtfertigungsgründe scheinbar genug sind, dass eine solche Gewalttätigkeit zum Weltbesten gereiche; teils durch Kultur roher Völker (wie der Vorwand, durch den selbst *Büsching* die blutige Einführung der christlichen Religion in Deutschland entschuldigen will), teils zur Reinigung seines eigenen Landes von verderbten Menschen und gehoffter Besserung derselben oder ihrer Nachkommenschaft in einem anderen Weltteile (wie in Neuholland); denn alle diese vermeintlich guten Absichten können doch den Flecken der Ungerechtigkeit in den dazu gebrauchten Mitteln nicht abwaschen.[38]

Indem Kant Gewalt als Mittel zur sittlichen Besserung oder zur kulturellen Höherentwicklung strikt ablehnt, dient das Besuchsrecht auch der Kriegsverhütung.[39]

> Man kann sagen, dass diese allgemeine und fortdauernde Friedensstiftung nicht bloß einen Teil, sondern den ganzen Endzweck der Rechtslehre innerhalb den Grenzen der bloßen Vernunft ausmache; denn der Friedenszustand ist allein der unter *Gesetzen* gesicherte Zustand des Mein und Dein in einer Menge einander benachbarter Menschen, mithin die in einer Verfassung zusammen sind; deren Regel aber nicht von der Erfahrung derjenigen, die sich bisher am besten dabei befunden haben, als einer Norm für andere, sondern die durch die Vernunft *a priori* von dem Ideal einer rechtlichen Verbindung der Menschen unter öffentlichen Gesetzen überhaupt hergenommen werden muss [...]. Die beste Verfassung ist die, wo nicht die Menschen, sondern die Gesetze machthabend sind.[40]

35 Ebd., S. 361.
36 Kant: Metaphysik der Sitten (s. Anm. 24), S. 353 (§62).
37 Kant: Zum ewigen Frieden (s. Anm. 28), S. 355.
38 Kant: Metaphysik der Sitten (s. Anm. 24), S. 353 (§62).
39 Ebd., S. 354.
40 Ebd., S. 355.

Zusammenfassend sollen noch einmal die wichtigsten Bestimmungen herausgehoben werden:

a. Die ursprüngliche Gemeinschaft des Bodens der ›Erdbürger‹: Es besteht zwischen allen Menschen eine Verbundenheit durch einen ursprünglichen gleichen Zugang zum Boden, der von sich aus niemanden privilegiert. Niemand ist hier bevorzugt oder benachteiligt; die Natur steht ihren künftigen Beherrschern indifferent gegenüber. Der Boden als Stück Natur schließt ein und nicht aus.

b. Die rechtliche Gemeinschaft des Besitzes der »Weltbürger«. Erst die rechtliche Gemeinschaft (interessanterweise »communio« genannt) schließt ein und schließt aus. Davon könnte man noch eine dritte Gemeinschaftsform absetzen: die eigentlich weltbürgerliche, welche mit der rechtlichen Vernetzung der Staaten untereinander entsteht. Sie eröffnet die Möglichkeit, in wirksame Rechtsverhältnisse mit ›denen außerhalb‹ kommen zu können.

c. Übel und Gewalttätigkeit kommen vor; sie werden nun im Zustand des wahrgenommenen Weltbürgerrechts an jedem Orte unseres Globus und von allen gefühlt werden können. Von der Gewalt gegen die Menschen ist ein jeder Mensch qua Mensch betroffen. Insofern stiftet auch die erfahrene Gewalt *Einheit*.

d. Das Weltbürgerrecht sieht für den Reisenden nur ein Besuchsrecht vor. Vielleicht nimmt man ihn auf und macht ihn zum Gast, vielleicht schickt man ihn wieder fort. Gast wird man erst durch ein Abkommen, also durch einen von beiden ›Parteien‹ frei abgeschlossenen Vertrag. Kant geht davon aus, dass der Gast irgendwo auf dem Globus sein Land hat. Besucher ist man hingegen bereits allein durch das Betreten des fremden Landes. Ein Leib- und Lebensschutz muss jedem Menschen, der besucht, zuteil zu werden. Es ist richtig, sich zum Kontakt anzubieten, Kant macht keine Pflicht daraus, niemand muss zu fremden Völkern gehen. Man darf sich anbieten, Gast zu werden; der Versuch darf niemandem das Leben kosten.

e. Das Besuchsrecht ist ein universelles Recht, es kommt den Menschen als Menschen zu. Und doch darf man seine Anwendung und Umsetzung nicht davon abhängig machen, ob auch das Heimatland des Besuchers dieses Recht respektiert, denn als Recht von der Qualität eines Menschenrechts darf es auch der genießen, dessen eigener Staat es missbraucht oder verweigert. Das Gastrecht wird als Ergebnis einer unbedingt verpflichtenden Maxime gedacht, nämlich jener, dass Frieden sein soll.

f. Dem Landesherrn steht das Recht zur Begünstigung der Einwanderung und der Aussiedlung zu. Um der Aufnahme eines Gastes willen darf er seinen Landeskindern nicht das Privateigentum verkürzen.[41]

g. Dieser Friede verlangt nicht, dass jeder zu Hause bleibt, verbietet nicht den Besuch bei anderen Völkern, ja, man kann aus der Schrift »Zum ewigen Frieden« schließen, dass solcher Kontakt ja auch verbindet, zum Handeln bringt, und Vorurteile abbaut. Was jedoch untersagt ist, ist die Ansiedlung, welche in den Freiheitsraum der bereits wohnenden Völker einbricht, und die daher ihrer Genehmigung bedarf.

41 Ebd., S. 338 (§50).

3. Michel Leiris – sich als Gast erfahren

Michel Leiris wurde 1901 in Paris als letztes von vier Kindern geboren. Für seine frühen Werke »Simulacres« (1925) und »Le point cardinal« (1927) ist das Getriebensein oder assoziative Dahin-Treiben-Lassen der Gedanken charakteristisch. Von der surrealistischen Bewegung führte ihn sein Weg hin zur Philosophie der Überschreitung, des Exzesses, des Eros und des Todes von Georges Bataille. Im Zeitraum von 1931 bis 1933 nahm er, der sich zunehmend den Mythen und der Ethnologie zugewandt hatte, an der Dakar-Djibouti-Expedition unter Marcel Griaule teil, einer ethnologischen vom Staat geförderten Unternehmung. 1934 verfasste er über seine Beobachtungen und Reflexionen das Werk »L'Afrique Fantôme«. Expeditionsbericht und Autobiographie verbinden sich in diesem Werk aufs engste. Die Erfahrung des Anderen und der Anderen wurde zur täglichen rücksichtslosen Herausforderung an sich selbst, an ihn, den Beobachter.[42] Eine existentielle Erfahrung galt für ihn die gesamte Reise hindurch: Der erste Fremde, dem ich begegne, bin ich selbst. Träume, Erfahrungen mit Suizid und der anschließenden Rettungen gingen in Leiris' Texte ebenso ein wie Kindheitserinnerungen. 1945 folgte eine weitere Reise nach Afrika, zwei Aufenthalte auf den Antillen schlossen sich an; 1955 besuchte er die Volksrepublik China und 1968 Kuba. In aller Begegnung mit dem Fremden suchte er sich zu finden, sich, den bleibend Fremden, ohne dabei in eine narzisstische Selbstbespiegelung zu verfallen, »Neugierde« (curiosité) führt zur Aufmerksamkeit (attente) auf sich selbst. Niederschlag fand sie von 1948 an bis 1976 in den vier Bänden, welche er unter den übergreifenden Titel *»La règle du jeu«* (»Die Spielregel«) stellte: *»Fourbis«* (»Krempel«, 1955); *Biffures* (»Streichungen«, 1948); *»Fibrilles«* (»Fasern«, 1966); *»Frêle Bruit«* (»Zarter Schall«, 1976). Michel Leiris, der sich als Reiseschriftsteller, als Poet und als Ethnologe einen Namen gemacht hatte, verstarb 1990 in Saint-Hilaire (Dép. Essonne).

3.1 Das Gastsein

Dem Gast fehlt das soziale Netz, das ihn abstützt, schützt und ihm den Einsatz seiner Kräfte erlaubt; an dem allen mangelt es in der Fremde. Der Gast vermag seine Kräfte nicht »anzubringen«. Michel Leiris spricht von der »décortication«, der Entrindung.[43]

Zum Gast[44] werden kann nur, wer Gast sein kann, wer also Einladungen anzunehmen und sich mit dem Gastgeber einzulassen vermag.[45] In fremder Umgebung leben, sich zu sprechen bemühen und ständig um sich herum die fremde Sprache zu hören, führt, so Leiris, zu einer »Vermehrung des Bewusstsein; so wie man sich seinem Herzen gegenüber sitzt«.[46] Der Gast vergleicht, versucht er doch Erfahrungen einzu-

42 Werner Petermann: Die Geschichte der Ethnologie. Wuppertal: Edition Trickster im Peter Hammer Verlag 2004, S. 615 und 834–836.

43 Michel Leiris: Fibrilles (La Règle du jeu, III). Paris: Gallimard 1966 (Kapitel: »La fière, la Fière ...!«), S. 14.

44 Ebd., S. 4 und 107.

45 Ebd., S. 11.

ordnen: Dieses Bemühen kennzeichnet »L'Afrique fantôme«. Wer einem Fremden begegnet, trifft immer auf Neues und Bekanntes. Immer besteht also auch eine inhaltliche Gemeinsamkeit. Das Eigene wird zudem deutlicher erkennbar und lässt sich schärfer abgrenzen.[47] Zugleich stufen wir die Andersheiten höher ein als die Gemeinsamkeiten, als wenn wir besonders das Unterschiedliche als störend empfinden würden. Michel Leiris spricht in dem Vorwort (1934) zu »L'Afrique fantôme« von dem Durst nach einer ›plénitude d'existence‹, von der Suche des Menschen, der noch in Teile zerrissen ist, sich kastriert vorkommt und nicht assimilierbar scheint, nach einer heilenden Totalität. Eine Versuchung ist dabei, sich sowohl mit dem Opfer wie mit dem Täter zu identifizieren.[48] Das Gastsein berge die Gefahr, sich ständig neu erfinden zu wollen. Es werde daher möglicherweise die eigene Kontinuität vernachlässigt.[49]

Der Gast vermag allerdings Gesehenes auch einmal und wohl meist zu Beginn seines Aufenthaltes nicht einzuordnen, da er den Horizont des Gastgeberlandes noch nicht genügend kennt und nach seinen eigenen angelernten Kategorien nicht vorzugehen wagt. Damit entgleiten ihm Momente, die er ansonsten festgehalten hätte. Ist, so frage ich mit Leiris, die typische Ausdrucksweise des Gastes die Negation? Der Gast behauptet gerne - weil es ihm wohl ein Bedürfnis ist -, dies und jenes sei nicht so gut, wie er es gewohnt sei, oder jenes Monument sei nicht so schön wie das in seiner Heimat. Die Negation sei, so Leiris, die Distanz, welche in der »hospitalité« liege.[50] Doch gibt es auch die Pflicht und die Chancen zum Umdenken. Nur ein von Leiris angeführtes Beispiel: Während in Europa der Park »bloße Umgebung« und Ornament des Schlosses ist, hinführend zu diesem und zur Stärkung des Eindruckes des Schlosses gedacht, kommt dem Park in der chinesischen Kultur ein Eigenwert zu.[51] Da der Gast - so Leiris - weniger Regeln im Gastland als im Heimatland unterliegt, versucht er sich mit seiner »règle du jeu« zur eigenen Orientierung zu verhelfen sowie dort zur Selbst-Versicherung, wo man ihn in das fremde Regelwerk nicht einbezieht.[52]

Wo das gastgebende Volk selbst aus seiner Normalität ausbricht, a-legal und »unnormal« wird, wie es im exzessiven Fest geschieht, wo man sich und die Welt verfremdet, dort wird der Fremde seine Lebenssituation bei den Gastgebern wiederfinden; er wird sich verstanden, bejaht und integriert wissen. Das Volk steht ihm in dieser Situation nicht mehr als »besitzend« und wie eine abweisende Mauer gegenüber, sondern macht sich selbst, durch eigenes Zutun, fremd in dieser Welt und schwach.[53]

Eine besondere Note erhält die Begegnung des Menschen mit Menschen dadurch, dass unser Bewusstsein Menschen in Rassen einteilt, in höhere und niedrigere Rassen zumal. Diesen Fragen geht Leiris gleichfalls nach.[54] Mit Rasse ist gemeint:

46 Ebd., S. 14 (Eigene Übersetzung: N.B.).

47 Michel Leiris: Cinq Études d'Ethnologie. Le Racisme et le Tiers Monde. (Médiations). Paris: Éditions Gonthier 1969, bes. das Kapitel »Qu'est-ce qu'un homme doit à sa race?«, hier S. 279.

48 Leiris: Fibrilles (s. Anm. 43), S. 63.

49 Ebd., S. 142.

50 Ebd., S. 24f.

51 Ebd., S. 25.

52 Ebd., S. 8.

53 Ebd., S. 17 und 21.

»Eine natürliche Gruppierung von Menschen, welche ein Gesamt physischer erblicher Fähigkeiten auszeichnet. Eine irgendwie sittlich gehaltene Folgerung kann aus diesen Gruppeneigenschaften nicht gezogen werden.«[55] Es mag einvernehmlich Unterschiede geben, so doch keine, aus denen man Höher- oder Unterwertigkeit konstruieren könnte; jedem kommt Vernunftvermögen, Sprach- und Gerechtigkeitsvermögen zu. Es muss möglich sein, dass jeder, aus jeder als unterschiedlich von anderen angesehenen Gruppe, überall hin gehen darf, Besuche machen darf, und er überall auf einen gewissen Standard an Rechten und Pflichten trifft, der ihm Schutz gibt und Überleben garantiert. Es ist nicht nur Unsicherheit, die zur Gewalt führt, es gibt auch eine Selbstsicherheit, welche Gewalt gegenüber Anderen ausschließt.[56]

Michel Leiris erfuhr sich einerseits in Afrika als Gast in fremdem Land, und andererseits als Gastgeber, der den Fremden, Afrika, zu sich geholt hat, und - ausplündert. Den Kontinent erforschen, ist sinngleich mit »ihn ausplündern« (»exploiter«). Marcel Proust erwähnte in »Le côté de Guermantes I«[57] jenes französische Sprichwort, dass, wer den König zu sich einlade, mit der Annahme der Einladung vom Gastgeber zum Gast werde, der König trete nämlich, wo immer er sich befinde, in sein Eigentum ein. Afrika lud ein, Afrika wird besucht, Afrika muss dienen. Unter dem »König« kann man sehr gut die »Expedition« verstehen, die als Gruppe Fremder in fremdes, kolonialisiertes Land kommt, es betritt, und für kurze Zeit in ihr »haust«. Abgesehen davon, dass kein eingeborener Stamm sie einlud, ist die Expedition der Ansicht, in ihr Eigentum zu kommen. Die Afrikaner werden Fremde im eigenen Land, mit Hospitalitätsrecht. Die Bevölkerung, welche von der Kolonialmacht angetroffen wurde, hängt von deren Entscheidungen ab. Sie, die Eingeborenen, werden nun zu Bittstellern, so wie der Besucher in Kants »Zum ewigen Frieden«.

Aber sehen wir uns auch im Inneren von Leiris um, dem unsicheren, zerrissenen, der sein Leben mit Assoziationen mühsam verknüpft, ohne je an ein Ende damit zu gelangen; der mit den zusammengefügten und immer wieder neu kombinierten Erinnerungen der Vergangenheit, der privaten und öffentlichen Gegenwart sein momentanes Leben konstruiert.[58] Sich selbst gewinnen ist schwierig.[59] Diesen Prozess führt allenfalls zu einem glücklichen Ende, wer eine Person, sogar eine verstorbene, gleichsam bei sich aufnimmt, und sich mit ihr auseinandersetzt, und über diese Auseinandersetzung nachdenkt und die Reaktionen und den Gewinn überdenkt, und dann noch einmal sich fragt, weshalb man so und so reagiert habe. Träume sind solche Gäste.[60]

54 Leiris: Cinq Études d'Ethnologie (s. Anm. 47).

55 »Groupement naturel d'hommes présentant un ensemble de caractères physiques héréditaires [...] impossible de tirer la moindre conclusion valable quant au valeur« (ebd., S. 20).

56 Leiris: Fibrilles (s. Anm. 43), S. 45.

57 Marcel Proust: Le côté de Guermantes I. Paris: Gallimards 1954, S. 231.

58 Leiris: Fibrillies (s. Anm. 43), S. 35. – Leiris spricht davon, dass er Metamorphosen durchmache und gerade dadurch er selbst bleibe.

59 Ebd., S. 94.

60 Ebd., S. 55 passim.

Sich selbst erfuhr Leiris als den »dunklen Kontinent«, als »Herz der Finsternis«, um an Joseph Conrads Buchtitel zu erinnern.

4. Schluss

Die Generation, der Michel Leiris zugehört, argumentiert nicht mehr mit dem orbis universalis, mit der universalen Gütergemeinschaft und dem allen gemeinsamen Boden. Diese Generation nimmt die Geschichte, vor allem die Geschichte der Boden- und Machtverteilung, als Tatsache ernst. Eine Argumentation mit der Zeit vor der Geschichte, wie sie sich noch bei Kant fand, gefördert durch den naturrechtlichen Ansatz, ist dem 20. Jahrhundert fremd geworden; die Erde ist in Macht- und Einflusssphären aufgeteilt, und der westliche, europäische Gast holt sich, was er kann.

Bevor man die Frage nach dem Recht und der Würde der anderen stellt, hat man schon Truppen ins Gastland verlegt und Forts errichtet, sich also auf fremdem Boden bereits breit gemacht. Vitoria hat versucht, solches Vorgehen im Nachhinein zu rechtfertigen, Kant geißelte es, Leiris litt an ihm, weil er sich selbst als zu Unrecht betretene Region erfuhr.

Gewalt lauert in den Beziehungen zwischen Gastgeber und Gast, zwischen Gast und Gastgeber. Zuerst schienen die Eingeborenen die bedrohliche »Masse« zu sein; doch bei Vitoria und Kant drohen die Gäste; Furcht flößen nicht die Eingeborenen ein, Furcht müssen die Eingeborenen hingegen vor den Besuchern haben. Vitoria und Kant kämpften und argumentierten dagegen an, Eingeborene für nichts anzusehen, sie »für nichts zu rechnen«.[61] Dem Verdrängten versuchte Leiris Gehör zu verschaffen.

Der Tod ist auch im Werk Vitorias und Kants präsent. Vitoria spricht vom Missionsauftrag und seiner ständigen Gefährdung; da kann es beruhigend sein, eine Militärmacht mit Hellebarden und Musketen im Rücken zu haben. Der Gast oder Besucher - Vitoria unterscheidet nicht - ist immer Lebensgefahren ausgesetzt; er ist auf Wohlwollen angewiesen, im Gegenzug muss er sich zumindest benehmen und Vertrauen schenken. Diese labile Situation verlangte es geradezu, so sahen und sehen es die Zeitgenossen, nach stabilem Schutz der Händler vor dem Tod, nach wirkungsvollem Schutz der Missionare vor dem Tod, und erst spät nach Schutz der Eingeborenen vor dem Tod durch spanische Waffen. Und bei Kant? Auch Kant wusste von der Bedrohung des Besuchers, wenn er forderte, dass ein jeder Besucher im fremden Land nicht um sein Leben fürchten müsse, dass ein starker Schutz der Leibes- und Lebenssicherung sich gleichsam um ihn lege; doch sprach Kant offen von den mordenden, plündernden offiziellen oder inoffiziellen ›Besuchern‹ aus den europäischen Staaten.[62]

61 Siehe Vitoria: De indis, vor allem die »Prima sectio«. In: ders.: Vorlesungen (s. Anm. 1); Kant: Zum ewigen Frieden (s. Anm. 28), S. 358: »[...] denn die Einwohner rechneten sie für nichts.«

62 Ebd., S. 358-360.

Literatur

Aristoteles: Politik. In: Aristoteles. Werke in deutscher Übersetzung. Bd. 9 in vier Teilen: Übersetzt und erläutert von Eckart Schütrumpf. Darmstadt: WBG. Teil I und II: 1991; Teil III: 1996; Teil IV: 2005.

Gillner, Matthias: Bartolomé de Las Casas und die Eroberung des indianischen Kontinents. Das friedensethische Profil eines weltgeschichtlichen Umbruchs aus der Perspektive eines Anwalts der Unterdrückten. Stuttgart: W. Kohlhammer 1997 (Theologie und Frieden, Bd. 12).

Kant, Immanuel: Metaphysik der Sitten. In: Immanuel Kant. Gesammelte Schriften. Bd. VI. Hg. von der Königlich Preußischen Akademie der Wissenschaften. Berlin, Leipzig: Georg Reimer 1907, S. 203–493.

Kant, Immanuel: Zum Ewigen Frieden. In: Immanuel Kant. Gesammelte Schriften. Bd. VIII. Hg. von der Königlich Preußischen Akademie der Wissenschaften. Berlin, Leipzig: Georg Reimer 1923, S. 341–387.

Leiris, Michel: Fibrilles (La Règle du jeu, III). Paris: Gallimard 1966.

Lidle, Wolfgang: Das Die autobiographischen Schriften von Michel Leiris. In: ders.: Das multiple Subjekt. Der historische Wandel von Identität und psycho-sozialer Ausgrenzung in autobiographischen Schriften von Jean Jacques Rousseau, Gustave Flaubert und Michel Leiris. Freiburg i. Br.: Alber 1982.

Petermann, Werner: Die Geschichte der Ethnologie. Wuppertal: Edition Trickster im Peter Hammer Verlag 2004.

Proust, Marcel: Le côté des guermantes I. Paris: Gallimard 1954.

Quinsat, Gilles: Michel Leiris. In: Encyclopaedia Universalis. Corpus. Vol. 13. Paris: Encyclopaedia Universalis France 1990, S. 596 f.

Truyol Serra, Antonio (Hg.): Die Grundsätze des Staats- und Völkerrechts bei Francisco de Vitoria (»Los principios del Derecho Publico en Francisco de Vitoria«. Madrid 1946). Zürich: Thomas Verlag 1947.

Vitoria, Francisco de: Vorlesungen I. Völkerrecht Politik Kirche. Hg. von Ulrich Horst, Heinz-Gerhard Justenhoven und Joachim Stüben. Stuttgart: W. Kohlhammer 1995 (Theologie und Frieden, Bd. 7).

Vitoria, Francisco de: Vorlesungen II. Völkerrecht Politik Kirche. Hg. von Ulrich Horst, Heinz-Gerhard Justenhoven und Joachim Stüben. Stuttgart: W. Kohlhammer 1997 (Theologie und Frieden, Bd. 8).

Manfred Schneider

Der Jude als Gast

1.

Am 28. Juli 1915 schickte Sigmund Freud seinen Entwurf zur Metapsychologie »Übersicht der Übertragungsneurosen«[1] an Sandor Ferenczi. Drei Tage später schrieb er dazu:

> Ich halte darauf, daß man Theorien nicht machen soll - sie müssen einem als ungerufene Gäste ins Haus fallen, während man mit Detailuntersuchungen beschäftig ist; und jetzt wäre es mit dieser Theorie so weit. Aber Sie sollen sie bei Gelegenheit selbst ausarbeiten, ich nehme sie nicht auf, obwohl ich sie annehme.[2]

Die »Übersicht der Übertragungsneurosen«, die Freud nie veröffentlichte, lässt sich als Zeugnis eines solchen Besuchs durch einen »ungerufenen Gast« beschreiben. Es ist eines der eindrucksvollsten Dokumente theoretischer Spekulation und Synthese, die aus Freuds Feder überliefert sind. Warum aber wird dieser Theorie-Gast nur »angenommen«, aber nicht »aufgenommen«? Was verbirgt sich hinter dieser Unterscheidung? Jedenfalls erheischt Freuds Bemerkung Aufmerksamkeit, wonach die Theorie als »ungerufener Gast« ins Haus fallen soll, was ja heißt, dass dieser Gast zwar ungerufen, aber willkommen ist, oder dass er vielmehr willkommen geheißen wird, weil er nicht gerufen wurde. Allerdings erweckt nichts an dieser Wendung den Eindruck einer schwergewichtigen Äußerung zum Thema des Gastes; eher handelt es sich um eine Metaphorisierung des Gastes, um eine spielerische Verschiebung des Sinns, wonach die Theorie nicht häuslich ist, nicht im Zentrum der Arbeit residiert, sondern eher zufällig, laut, aber willkommen oder gar hochwillkommen in die Routine der alltäglichen Untersuchungen einbricht. Solche Metaphorisierungen des Wortes und Begriffs des Gastes sind nicht ungewöhnlich.[3] Aber welche Semantik des Gastes tritt in den Dienst der Metapher? Im Gespräch Freuds und Ferenczis, im Dialog der beiden Juden und Theoretiker, zweier Männer, die überaus intensiv mit Detailuntersuchungen im Feld der Psychoanalyse befasst waren und deren Arbeiten von häufigen

---

1 Sigmund Freud: Übersicht der Übertragungsneurosen. Ein bisher unbekanntes Manuskript. Hg. und mit einem Essay versehen von Ilse Gubrich-Simitis. Frankfurt a.M.: Fischer 1985.

2 Sigmund Freud/Sándor Ferenczi: Briefwechsel. 6 Bde. Hg. von Ernst Falzeder und Eva Brabant. Wien, Köln, Weimar: Böhlau 1993–2005. Bd. II/1, S. 138.

3 Gewiss ist das Wort ›Gast‹ selbst eine Metapher. Vgl. Émile Benveniste: Le vocabulaire des institutions indo-européennes. 1. économie, parenté, société. Paris: Ed. de minuit 1969, S. 87–101. Weiter: Anne Dufourmantelle invite Jacques Derrida à répondre de l'hospitalité. Paris: Calman-Lévy 1997.

Besuchen solcher Gäste Zeugnis ablegen, gibt die Gast-Metapher, die Übertragung der Hospitalitätssemanik auf die Theorie, noch einige weitere Aufschlüsse, über die es sich etwas zu sagen lohnt.

Der Jude als Gast, Titel dieser Bemerkungen hier, und die Theorie als Gast, wie sie Freud vielleicht nur spielerisch aufruft, haben auf den ersten Blick wenig miteinander zu tun. Aber ein solcher Zusammenhang findet sich doch auf dem unvermeidlich kursorischen Weg durch Literatur und Theorie, der hier eingeschlagen wird. Um dann mit der Tür ins Haus zu fallen: Der Jude in der Literatur, die hier interessieren soll, ist selbst eine Gestalt der Theorie, und nicht weniger ist der Gast eine Theoriefigur oder gar ein Theoriegespenst in der jüdischen Theologie. Der Vergleich der Juden mit Gespenstern greift eine im Diskurs der zwanziger Jahre gebräuchliche kritische Formel auf. So sprach Martin Buber 1934 davon, dass die wandernden, herumirrenden, bisweilen als ungerufene Gäste ins Haus anderer Völker fallenden Juden dort als »Gespenster« wahrgenommen und beschrieben wurden.[4] Diese Theoriegestalten des Juden und des Gastes als Gespenster, diese Theoriegespenster des Juden und Gastes, die sowohl in der jüdischen wie in der nichtjüdischen, zumeist christlichen Literatur dem Leser ins Haus fallen, sind Abgesandte der problematischen Stellung, der Problematisierung der Stellung, die die Juden in verschiedenen europäischen Gesellschaften einnahmen und einnehmen. Dort betrachtet man sie nicht selten als fremd, dort betrachten sie sich selbst bisweilen als fremd, und so entwickeln die jüdischen Gäste selbst wie auch ihre oft unwilligen Gastgeber eine starke Theoriebedürftigkeit. Die Frage an die Theorie lautet: Woher kommt diese Fremdheit und Ungerufenheit? Und wie verbindet sie sich mit der messianischen Berufung oder der messianischen Entlassung? In Varianten und Entartungen spielt die Gastmetapher dabei eine tragende, um nicht zu sagen fundamentale Rolle. Der Gast und seine semantische Familie übernahm eine vielgestaltige, bisweilen dogmatische Funktion bei allen Anstrengungen, den Status der Juden in ihrer nichtjüdischen Umgebung zu denken, sprachlich zu fassen oder gar theologisch zu regeln.

2.

Um einen ersten Zugang zur Topik und Dogmatik des Juden als Gast zu gewinnen, folgen zwei Belege aus jüdischer wie christlich-päpstlicher Perspektive: Der erste Beleg entstammt dem eindrucksvollen Lebensbericht Jakob Wassermanns, der 1921 unter dem Titel »Mein Weg als Deutscher und Jude« erschien.[5] Der Autor erfolgreicher Romane wie der »Juden von Zirndorf«, des »Kaspar Hauser«, des »Gänsemännchen« und des »Etzel Andergast« lässt darin sein Leben als Deutscher und Jude, wie er sich

---

4 Martin Buber: Der Jude in der Welt. In: ders.: Der Jude und sein Judentum. Gesammelte Aufsätze und Reden. Mit einer Einleitung von Robert Weltsch. Köln: Melzer 1963, S. 216–220, hier 216f.

5 Jakob Wassermann: Mein Weg als Deutscher und Jude. Mit einem Nachwort von Marcel Reich-Ranicki. Frankfurt a.M.: Jüdischer Verlag 2005.

ausdrückt, in einer langen Folge von »Missverständnissen, Tragik, Widersprüchen, Hader und Leiden« aufgehen.[6] Diese Erfahrung setzt bereits in der Kindheit ein, und so zeichnet Wassermann ein lebhaftes Bild von den Erfahrungen des jüdischen Knaben, der in der umgebenden Welt der christlichen Handwerker und Kleinbürger willkommen zu sein schien, der aber eben doch bei allen Gastgebern weiter das Gefühl der Fremdheit und Wachsamkeit verspürte. Und diese Erfahrung kommentiert Wassermann dann in folgender Weise:

> Nun war aber das Bestreben meiner Natur gerade darauf gerichtet, nicht Gast zu sein, nicht als Gast betrachtet zu werden. Als gerufener nicht, als aus Mitleid und Gutmütigkeit geduldeter noch weniger, als einer, der aufgenommen wird, weil man seine Art und Herkunft zu ignorieren sich entschließt, erst recht nicht. Angeboren war mir das Verlangen, in einer gewissen Fülle des mich umgebenden Menschlichen aufzugehen.[7]

Das ist also der Kern der Erfahrung des deutschen Juden, in der deutschen Umwelt nur Gast zu sein, nicht an dem teilzuhaben, was er die »Fülle des mich umgebenden Menschlichen« nennt. Hier sei gleich darauf hingewiesen, dass *Fülle* gerade in diesem Kontext ein Wort von großem religiösem Gewicht ist. Den Begriff *Fülle* machte zumal die paulinische Theologie prominent, und er heißt dort griechisch πλήρωμα. Von den Aposteln wird dieser Begriff in unterschiedlicher Bedeutung eingesetzt. Allen voran aber deutet Paulus mit der Pleroma-Fülle eine besondere messianische Verheißung an, die die ferne Zukunft der Juden und der Heiden betrifft. Im Römerbrief 11,25 spricht Paulus das πλήρωμα zunächst als ein Geheimnis aus. Gemeint ist mit *Fülle* einmal die numerische Vollzahl von Menschen aus allen nichtjüdischen Stämmen, Völkern und Sprachen, die erst zu Christus bekehrt und in die Gemeinde Gottes eingegangen sein müssen, ehe Israel der gleichen Verheißung teilhaftig werden kann. Bevor diese Vollzahl des πλήρωμα nicht erreicht ist, wird Jesus nicht wiederkommen, und das jüdische Volk muss solange auf den Messias warten, bis der Letzte, der zu dieser Vollzahl der Heiden fehlt, sich zu Jesus als Messias bekannt hat. Zugleich und in gleichem Zusammenhang bezeichnet dieses πλήρωμα, wie etwa der Kolosser-Brief 2, 9–10 nahelegt, die Fülle der göttlichen Macht, die auch in Christus »wohnt«, der das Haupt der Kirche ist. Die Kirche ist die Wohnstätte des göttlichen πλήρωμα.

Wassermann sagt nun von sich, dass diese Sehnsucht nach πλήρωμα-Fülle, ein »angeborenes Verlangen« sei, ein »Bestreben meiner Natur«. Auffällig ist in diesem Zusammenhang, dass er seinen Status als Gast, seine unglückliche Existenz als geduldeten Gast, mit diesem Wunsch nach πλήρωμα-Fülle kontrastiert. In einer gleichen Struktur des aufgehobenen Einschlusses erfasst auch Paulus die Lage der Juden. Das von ihm ausgesprochene Geheimnis besagt: Sie müssten auf diese Fülle warten, bis die Heiden vollständig sind. Es verlangt Wassermann aber exakt nach dieser menschlichen und religiösen Vollständigkeit, die durch die volle Präsenz des Messias für Nichtjuden und Juden bestimmt sein würde. Man darf die Erfahrung des jüdischen Autors Wassermann, der sich in der nicht-jüdischen Umgebung als ungerufenen, nur geduldeten Gast wiederfand, durchaus verallgemeinern. Die Literatur jüdischer Auto-

---

6 Ebd., S. 7.
7 Ebd., S. 19.

ren dieser Zeit bietet noch mehr Belege dafür.[8] Die schlagartige Verwandlung oder Rückverwandlung der Juden in Gäste und Feinde des Hitler-Reichs bildet dann das Korrelat einer christlichen, um genau zu sein: einer päpstlichen Verlautbarung, die der »Osservatore Romano« am 13. August 1938 verbreitete. Sie liefert den zweiten Beleg für den Einsatz der Hospitalitätsformel, um den Status der Juden in einer christlichen Umgebung zu definieren. Im »Osservatore Romano« war zu lesen, dass die kirchlichen Erlasse, die die Juden vor der christlichen Missionierung schützten und die ihnen die Ausübung ihrer Religion sicherten, nicht missverstanden werden durften. Es sei damit nicht beabsichtigt, »den Juden zu erlauben, die Hospitalität der christlichen Länder zu missbrauchen«.[9] Der Gast, dem in dieser Form sein Status als Gast vor Augen geführt wird, ist schon keiner mehr.

Insofern also entspricht die jüdische Erfahrung der reservierten Hospitalität, einer bis ins Messianische aufgeschobenen Gastexistenz, des unabsehbar langen Pleroma-Mangels,[10] ziemlich exakt dem sozialen und theologischen Status, der den Juden mit der Warnung vor Missbrauch zugewiesen wurde. Die messianische Berufung geht an den Juden erst einmal vorbei, ja, sie sind aus der messianischen Aussicht entlassen, bis die Nichtjuden vollzählig sind. Bis dahin sind sie *nur* Gäste.

---

8 In Karl Wolfskehls Gedicht »Wir ziehn«, das aus den dreißiger Jahren stammt, heißt es: »Fragt nicht: wohin? / Wir ziehn. / Wir ziehn, so ward uns aufgetragen / Seit Ur-Urvätertagen. / Abraham zog, Jakob zog, / Alle zogen / [...] Seltsames Wandern zum Rhein vom Nil. / Wandern lange im Bangen, / Bis Quellen sprangen, / Karge Quellen / Für unstet ruhlose Rast / Und doch hatt ich vor jenen Fuss gefasst / Die nun mich jagen, blieb ich doch Gast, / Im Land der Andern Gast. [...].« In: Karl Wolfskehl. Gesammelte Werke. Hg. von Margot Ruben und Claus Victor Bock. 2 Bde. Hamburg: Claassen 1960. Bd. 1, S. 160.

9 Englischer Wortlaut des Artikels aus dem »Osservatore Romano«: »But - in order to set things straight - by this it was not intended that Jews should be allowed to abuse the hospitality of Christian countries. Along with these protective ordinances, there existed restrictive and precautionary decrees with regard to them. The civil power was in accord with the Church in this, since, as Delassus says, ›they both had the same interest in preventing the nations from being invaded by the Jewish element and thereby losing control of society.‹ But if Christians were forbidden to force Jews to embrace the Catholic religion, to disturb their synagogues, their Sabbath and their festivals, the Jews, on the other hand, were forbidden to hold public office, civil or military; and this prohibition extended even to the children of converted Jews. The precautionary decrees concerned the professions, education, and business positions«. Vgl. auch Susan Zuccotti: L'Osservatore Romano and the Holocaust, 1939-1945. In: Holocaust and Genocide Studies 17 (2003), 2, S. 249-277.

10 Zur Interpretation des Pleroma in Hegels früher Religionsphilosophie vgl. Werner Hamacher: pleroma - zur Genesis und Struktur einer dialektischen Hermeneutik. In: Georg Wilhelm Friedrich Hegel: »Der Geist des Christentums«. Schriften 1796-1800. Hg. und eingeleitet von Werner Hamacher. Berlin: Ullstein 1987, S. 7-333.

3.

Um nun Freuds Bemerkung in seinem Brief an Sandór Ferenczi wieder aufzunehmen: Was heißt es, im jüdischen Kontext, im jüdischen Verständnis, dass die Theorie als *ungerufener Gast ins Haus fällt*, während man mit Detailuntersuchungen befasst ist? Was heißt das zumal in einem Dialog zweier jüdischer Theoretiker?[11] Als Referenz für die spezifisch jüdische Semantik dieser Metapher mag eine Talmudstelle dienen, die als Kommentar zu Genesis 18 spricht. Genesis 18 berichtet vom Besuch Gottes und dreier Engel bei Abraham. Es ist ohne Zweifel eine Schlüsselstelle für die jüdische Theologie, aber auch die Gründungsgeschichte für alle jüdischen Erzählungen vom Gast. Abraham, so muss man wissen, ist zu diesem Zeitpunkt, da ihn Gott und die drei Engel besuchen, 99 Jahre alt. Er sitzt in der höchsten Mittagshitze vor seinem Zelt, nachdem er soeben die Prozedur der Beschneidung hinter sich gebracht hat. Alle Knechte, alle Sklaven und zuletzt er selbst haben das Beschneidungssiegel des Gottesvertrages empfangen. Kurz darauf erscheint Jehova selbst, und mit ihm kommen unverhofft die *ungerufenen Gäste*. Abraham kümmert sich nicht weiter um Jehova, sondern er eilt den drei Männern entgegen und verbeugt sich vor ihnen. In wahrem Übereifer ordnet er zunächst an, ihnen Wasser zu bringen, damit sie sich die Füße waschen können, und er lässt sie unter einem schattigen Baum ruhen. Dann befiehlt er Sara an den Herd, um Brot zu backen, ein Knecht erhält den Auftrag, ein Kälbchen zu schlachten, und eigenhändig trägt der Alte Butter und Milch herbei. Von dieser Erzählung, die in keineswegs zufälliger Koinzidenz Gott zugleich mit den drei Engeln als Gäste bei Abraham eintreffen lässt, leitet sich das vielleicht vornehmste Gebot der Gastfreundschaft, die *hachnassat orchim*, in der jüdischen Gesetzlichkeit her. Im Talmud-Traktat »Sabbath«, Fol. 127 heißt es unter Bezug auf Genesis 18 dazu weiter:

> Die Gastfreundschaft ist ebenso bedeutend wie der frühzeitige Besuch des Lehrhauses [...]. R. Dimi aus Nehardea sagte: Sie ist noch bedeutender als der frühzeitige Besuch des Lehrhauses [...]. R. Jehuda sagt im Namen Rabhs: Die Gastfreundschaft ist bedeutender als der Empfang der Göttlichkeit.[12]

Noch deutlicher spricht dies der Talmud-Traktat »Sebuoth« aus. In Fol. 35a liest man: »[...] dass nämlich die Gastfreundschaft bedeutender sei als der Empfang der Göttlichkeit«.[13] Gottes Präsenz bei der Erscheinung von Gästen ist höher zu bewerten und verlangt mehr Aufmerksamkeit als seine mystische Ankunft in der Schechina.

Die Pflicht gegenüber dem Zufallsgast oder auch gegenüber dem ungerufenen Gast nimmt die höchste Stelle ein in der Rangfolge der Tätigkeiten und der Bemühung um die Erfüllung der Gebote: Für den Gast wird ausdrücklich das Studium der Tora unterbrochen. Für den Gast vernachlässigt der Jude auch die Schechina, für den

---

11 Zur Frage, ob die Psychoanalyse eine jüdische Sache sei, verweise ich auf Adélie et Jean-Jacques Rassial (Hg.): La psychanalyse est-elle une histoire juive? Colloque de Montpellier. Paris: Seuil 1981.

12 Der babylonische Talmud. Hg. und übers. von Lazarus Goldschmidt. Darmstadt: WBG 1996. Bd. 1, S. 830.

13 Ebd., Traktat Sebuóth. Bd. IX, S. 347.

Gast muss sogar Gott warten. Das darf man wahrhaft einen Überschwang an Hospitalität nennen. Die Kommentare der Rabbiner zur Abraham-Erzählung im Talmud verweisen auf die große theologische Bedeutung dieser Passage und der aus ihr hergeleiteten Pflichten. Man darf im Hinblick auf diese Kommentierung sagen, dass Hospitalität nicht nur eine erstrangige Pflicht, sondern auch ein eigenes rechtliches Problem in der jüdischen Theologie darstellt. Ein solches höchstes Beispiel religiöser Pflichterfüllung zieht nicht nur materielle, moralische, sondern auch theoretische Kräfte an. Es lässt sich sagen, dass mit dem Thema des Gastes hier ein anderer und doch ganz ähnlicher Typ von Fülle und Gegenwart, von Einwohnung erscheint: die Schechina, als Paradigma des Theoretischen.[14]

Damit deutet sich an, wie die Bemerkung Freuds über das Eintreffen der Theorie zu lesen sei. Sie gibt den Blick frei auf die Zeichen des Subtextes: Die Urszene der überschwänglichen Hospitalität rückt Abraham ins Zentrum. Nach dem Genesisbericht befasst er sich eben mit der Verarbeitung der Paktsignatur,[15] indem er die durch Beschneidung besiegelten Verträge mit Gott abzeichnet, als Gott und die drei Engel, die ungerufenen Gäste, eintreffen. Die Talmud-Szene, die dieses Geschehen aufnimmt und in einem Midrasch-Kommentar zu einem Gebot fortschreibt, lässt in der dogmatischen Miniatur Abraham als Rabbiner wiederkehren. Es ist der Rabbiner, der mit Detailuntersuchungen, mit dem Tora-Studium beschäftigt ist, der diese höchste aller Tätigkeiten ausdrücklich für den Gast unterbricht. Er würde wie Abraham für diesen Gast sogar Gott warten und die von ihm bewohnte Schechina-Wolke vorüberziehen lassen. Er würde dem Gast allen Überfluss, allen Komfort seines Hauses zu Füßen legen. Diese Momente laufen auch durch die Szene, die Freud in seinem Brief aufruft: Wenn der Psychoanalytiker mit »Detailuntersuchungen beschäftigt« ist, dann mag die Theorie in Gestalt ungerufener Gäste erscheinen. Die Theorie ist die Botschaft der Engel.

Vielleicht wird damit auch eine Lesart aktuell, dass diese Anspielung auf das Gesetz der Hospitalität zwischen Freud und Ferenczi doch nicht im Metaphorischen verbleibt; vielmehr trägt sie auch das messianische Moment der Erleuchtung in sich. Dass dies jedenfalls für die jüdische Tradition und religiöse Erzählung gilt, lässt sich nun an einer Reihe von Geschichten demonstrieren, die sich an die theologische Konzeption dieses Gebotes anschließen. Auch hier zwei Belege. Der eine findet sich in Martin Bubers *Geschichten der Chassidim*, die die Szene aus Genesis 18 immer wieder kommentieren. Auch die folgende Geschichte greift die Abraham-Szene auf. Dazu muss ein Detail der Erzählung in Erinnerung gerufen werden: Abraham speist mit den drei Männern, mit den drei Engeln, nicht zusammen. Vielmehr heißt es in der Vulgata: »ipse vero stabat iuxta eos sub arbore«, er selbst indessen blieb bei ihnen unter dem Baum stehen. Auch die von Buber nacherzählte chassidische Geschichte sieht

---

14 Vgl. hierzu Gershom Scholem: *Schechina;* das passiv-weibliche Moment in der Gottheit. In: ders.: Von der mystischen Gestalt der Gottheit. Studien zu Grundbegriffen der Kabbala. Frankfurt a.M.: Suhrkamp 1973, S. 135–191, hier 155f.

15 Zum Vertrag der Beschneidung vgl. Jacques Derrida: Mal d'Archive. Une impression freudienne. Paris: Éditions Galilée 1995. Übers. von J.D.: Dem Archiv verschrieben. Eine Freudsche Impression. Übers. von Hans-Dieter Gondek. Berlin: Brinkmann & Bose 1997.

die Engel sitzen und Abraham stehen; doch der berühmte chassidische Rabbiner Jehudi, der als Kommentator spricht, macht aus dieser unterschiedlichen Position ein Problem. Die Lösung aber ist aufschlussreich:

> Zu dem Vers der Schrift, der von Abraham, den die Engel besuchten, erzählt: »Und er stand über ihnen und sie aßen«, sprach der Jehudi: »Warum sagt uns das die Schrift? Es ist doch nicht die Sitte, daß der Hausherr, wenn er nicht mit dem Gaste ißt, bei dem Essen über ihm steht. Aber dies ist es, was uns die Schrift sagen will: Bei den Engeln ist Vorzug und Mangel zugleich, und bei den Menschen ist Vorzug und Mangel zugleich. Der Vorzug der Engel ist, daß sie nicht verderben können; ihr Mangel ist, daß sie nicht aufsteigen können. Der Mangel des Menschen ist, daß er verderben kann; sein Vorzug ist, daß er aufsteigen kann. Es verhält sich aber so, daß ein Mensch, der die Gastfreundschaft wahrhaft ausübt, die Vorzüge seiner Gäste erwirbt. So erwarb Abraham den Vorzug der Engel, nicht verderben zu können. Nun stand er über ihnen«.[16]

Der Kommentar des Rabbi Jehudi gibt der Vorstellung Raum, dass die Beziehung zwischen Gast und Gastgeber sich keineswegs in Dienstleistungen und Hospitalität erschöpft, sondern dass sich im Geben und Nehmen auch eine Übertragung und mystische Kommunikation vollzieht.

Den zweiten Beleg liefert eine Erzählung, die gleichfalls in den Umkreis der chassidischen Geschichten gehört. Franz Kafka hielt sie in seinem Tagebuch fest. Die Geschichte handelt von dem berühmten Baal Schem Tow (»Meister des göttlichen Namens«). So lautet der Beiname des 1699 geborenen und 1760 gestorbenen Rabbi Israel Ben Elieser aus Miedzyborz, der als Begründer des Chassidismus gilt, einer Erweckungsbewegung, die vor allem die Juden im Osten Europas im 18. und 19. Jahrhunderts ergriff.[17] Diese chassidische Tradition steht in einem Zusammenhang mit der Katastrophe, die das Judentum durch die messianische Bewegung des Sabbatianismus erlebte. Sabbatai Zwi, der von 1626 bis 1676 lebte und aus Smyrna stammte, war mit dem Anspruch aufgetreten, der verheißene Messias zu sein. Seine Wirkung reichte bis nach Europa, wo die jüdischen Gemeinden in wahren Aufruhr gerieten. Auf dem Höhepunkt seiner Wirkung aber trat er zum Islam über, als ihn der Sultan Mohammed IV., dessen Gefangener er war, schmerzhafte Strafen androhte, sofern ihm der Beweis seiner messianischen Eigenschaft misslänge.[18]

Beide Namen, sowohl Baal Schem Tow als auch der des Sabbatai Zwi spielen in Kafkas kleiner Erzählung eine Rolle. Weiter ist voranzuschicken, dass von dem Zaddik die Rede ist, einer Erscheinung, die gleichfalls in die chassidische Welt gehört. Ein

---

16 Martin Buber: Die Erzählungen der Chassidim. Zürich: Manesse 1949, S. 723.

17 Hierzu Heinrich Graetz: Geschichte der Juden von den ältesten Zeiten bis auf die Gegenwart. Leipzig: Leiner 1874. Nachdr. Darmstadt: WBG 1998. Bd. 11: Vom Beginn der Mendelssohnschen Zeit (1750) bis in die neueste Zeit (1848), S. 95–118. – Solomon Schlechter: Studies in Judaism. A Selection. New York: Meridian Books 1960, S. 150 ff.

18 Graetz: Geschichte der Juden (s. Anm. 17), Bd. 10: Von der dauernden Ansiedelung der Marranen in Holland (1618) bis zum Beginne der Mendelssohnschen Zeit (1750), S. 188–236. – Gershom Scholem: Sabbatai Zwi. Der mystische Messias. Übers. von Angelika Schweikhart. Frankfurt a. M.: Jüdischer Verlag 1992.

Zaddik ist nach der Vorstellung von Tora und Talmud ein besonders frommer Mann, der mehr tut, als das Gesetz verlangt.[19] Ihm soll man, wie Kafka seinen Gewährsmann, Georg Mordechai Langer, zitiert, mehr gehorchen als Gott. Im Chassidismus gewann der Zaddik als Wunderheiler noch höhere Autorität. Er erscheint, wie Kafka gleich erzählt, auch nur in Abständen in der Welt:

> Alle hundert Jahre erscheint ein oberster Zaddik, ein Zaddik Hador. Er muß gar nicht bekannt sein, kein Wunderrabbi sein und ist doch der oberste. Baalschem war nicht Zaddik Hador in seiner Zeit, das war vielmehr ein unbekannter Kaufmann in Drohobycz. Dieser hörte, daß Baalschem, wie dies auch andere Zaddiks taten, Amulette schrieb, und hatte den Verdacht, daß er Anhänger des Sabbatai Zwi sei und dessen Name auf die Amulette schreibe. Deshalb nahm er ihm, ohne ihn persönlich zu kennen, von der Ferne aus die Macht, jene Amulette zu geben. Baalschem erkannte bald die Machtlosigkeit seiner Amulette - er hatte aber immer nichts anderes auf die Amulette geschrieben als seinen eigenen Namen - und erfuhr auch nach einiger Zeit, daß der Drohobyczer die Ursache dessen war. Als einmal der Drohobyczer in die Stadt Baalschems kam - es war an einem Montag -, ließ ihn Baalschem, ohne daß er es merkte, einen Tag verschlafen; der Drohobyczer blieb infolgedessen in der Zeitrechnung immer um einen Tag zurück. Freitag abend - er dachte, es wäre Donnerstag - wollte er nach Hause fahren, um die Feiertage zu Hause zu verbringen. Da sieht er die Leute in den Tempel gehen und merkt den Irrtum. Er beschließt, hier zu bleiben und läßt sich zu Baalschem führen. Dieser hat schon am Nachmittag seiner Frau den Auftrag gegeben, ein Mahl für dreißig Personen herzurichten. Als der Drohobyczer kommt, setzt er sich nach den Gebeten gleich zum Essen und ißt in kurzer Zeit das für dreißig Personen bestimmte Essen auf. Aber er wird nicht satt, sondern verlangt weiteres Essen. Baalschem sagt: »Einen Engel ersten Grades habe ich erwartet, auf einen Engel zweiten Grades war ich aber nicht vorbereitet.« Er ließ nun alles Eßbare bringen, was im Hause war, aber auch das genügte nicht.[20]

Auch diese Episode lässt sich leicht vor dem Hintergrund der Urszene in Genesis 18 lesen. Sie gibt aber einen anderen Aspekt der überschwänglichen Hospitalität zu erkennen, die nicht nur die Motive eines Gastgeberexzesses wiederholt, sondern auch dem Gast einen solchen Exzess zuschreibt, der ihn als Engel zweiten Grades ausweist. Der Mann hat sich eben als Zaddik Hador erwiesen, als ein Engel seltener und geradezu messianischer Qualität.

Die Belege für Formen überschwänglicher Hospitalität zeigen nun eine Besonderheit, die im Fortgang dieser Bemerkungen zum Juden als Gast Bedeutung gewinnt. Die Hospitalität gilt exklusiv für Juden. Die in alle Erzählungen eingeschriebene Erwartung auf einen Gott-Gast, der vielleicht als Schechina-Wolke auftauchen könnte, begründet theologisch diese Reserve der Gastlichkeit. Die überschwängliche Gastlichkeit der Juden gilt keineswegs für Nichtjuden, und es ist vielleicht diese Reserve, die jene Umkehrung bewirkt hat, dass die Juden aus der Sicht der Christen zu überschwänglichen Nutznießern der politischen und sozialen Hospitalität ernannt wurden.

---

19 Gershom Scholem: *Zaddik*, der Gerechte. In: ders.: Von der mystischen Gestalt (s. Anm. 14), S. 83-134.

20 Franz Kafka: Tagebücher 1910-1923. In: ders.: Gesammelte Werke. Hg. von Max Brod. Frankfurt a.M.: Fischer 1983, S. 353f.

4.

Die Analyse wichtiger Theorieversuche, die die Stellung der Juden und im Folgenden gilt die Einschränkung: weitgehend aus deutscher Sicht zu fassen suchen, stößt auf ein ganzes System von Entartungen, von negativen Überschwänglichkeiten. Die folgende Revue dieser Versuche soll die Befunde in beide Richtungen abschreiten, einmal die Tradition, die die Gastmetapher im Sinne des Parasitären fortschreibt, und zum anderen die Bildlichkeit, die einem anscheinend egalitären Konzept folgt: der Theorie der Symbiose.

Im vielerlei Hinsicht steht Martin Luther am Anfang einer Rhetorik, einer Theorie des Juden, die das Verbarium der Hospitalität einsetzt und entstellt. Seine berüchtigte Schrift *Von den Juden und ihren Lügen* aus dem Jahr 1543 enthält eine aufschlussreiche Passage. Dort lässt Luther seine Auseinandersetzung mit der jüdischen Auslegung der Schriften des Alten Testamentes in eine wüste Beschimpfung der Juden übergehen, die in die Feststellung mündet: »Sölche feine geste haben wir arme fromen Christen an den Jüden in unserm Lande, die wir doch mit allen trewen meinen, und jnen gern das beste theten, beide an Leibe und Seele, und seer viel grober stück von jnen leiden.«[21]

Der Missbrauch des Gastseins besteht nun zumal darin, dass die Juden ihre Gastgeber aussaugen. Und diese Feststellung schließt mit einer Empfehlung an die Geistlichen:

> In sonderheit, wo jr Prediger seid, da Jüden sind, da halt an mit vleis by ewern Herrn und Regenten, das sie jr Ampt bedencken, wie sie Gott schüldig sind, und die Jüden zur erbeit zwingen, den Wucher verbieten und steuren jrem lestern und fluchen. Denn so sie unter uns Christen die diebe, reuber, mörder, lesterer und ander laster straffen, warumb sollen die Jüden Teufels frey sein, solchs bey und wider uns zu uben? Leiden wir doch mehr von jnen, weder die Walhen von den Spaniolen. Die selbigen nemen dem Hauswirt Küchen, Keller, Kasten, Beutel ein, fluchen jnen dazu und drewen jnen den tod. Also thun uns die Jüden, unsere Geste, auch, wir sind jre Hauswirte. So rauben sie und saugen uns aus, liggen uns auff dem halse, die faulen schelmen und müssigen wenste, sauffen, fressen, haben gute tage in unserm Hause [...]. Dencke doch, wo komen wir armen Christen dazu, das wir solch faul, müssig Volck, solch unnütz, böse, schedlich Volck, solche lesterliche feinde Gottes umb sonst neeren und reich machen [...].[22]

Diese Passage kann man beinahe noch als gemäßigt bezeichnen; sie macht überdeutlich, dass die jüdische Existenz im Auge des Reformators eben durch den Missbrauch und die negative Überschwänglichkeit des Missbrauchs charakterisiert ist. Schlimmer noch als die Spaniolen auf der iberischen Halbinsel missbrauchen die jüdischen Gäste die deutsche Wirtlichkeit, denn sie benehmen sich abscheulich, begehen Verbrechen und drohen mit dem Tode. Dieser Vorwurf, der mit vielen Details des abusiven Gastseins aufwartet, nimmt aber bereits bei Luther jene sprachliche Gestalt an, die

---

21 Martin Luther: Von den Juden und ihren Lügen 1543. In: D. Martin Luthers Werke. Kritische Gesamtausgabe. Weimar: Hermann Böhlau 1883–1956. Nachdruck Weimar: Böhlau 1968. Bd. 53 (1920), S. 412–522, hier 514.

22 Ebd., S. 528f.

diesen Gast zum exzessiven Nutznießer, nämlich zum Sauger, Schmarotzer und Parasiten deklariert. Es ist erstaunlich, dass diese Metapher des Parasiten bereits vierhundert Jahre alt sein wird, wenn sie Adolf Hitler in seiner Kampfschrift breittritt.[23] Es gab also bereits zu Luthers Zeit ein biologisches Wissen von der parasitären Lebensform. Dies weniger von Tieren als von Pflanzen. Die parasitäre Existenz des Juden wird zumal darin gesehen, dass er die Liberalität und Toleranz ausnutzt, dass er als Wucherer von seinem Wirte profitiert, aber selbst in das Tauschverhältnis nichts einbringt.

Es geht nun nicht um den Nachweis, dass und in welchem Maße Luther Antisemit war. Hier liegt vielmehr ein erster Beleg vor für das sprachliche und theoretische Konstrukt, das er mit der Idee der Hospitalität auch ihre metaphorische Entartung ins Spiel bringt. Damit ergänzt sich das traditionelle judenfeindliche Verbarium des Teufels, Antichristen, Hostienschänders, Hexers, Zauberers, Kindermörders.[24] Die Reform des antisemitischen Theorievokabulars kündigt sich an: Jetzt kommen wissenschaftliche Begriffe ins Spiel, und der Parasit, obwohl er nicht der Wissenschaft entstammt, sondern der antiken Komödie entlaufen zu sein scheint, leitet sie ein. Man stößt auf entsprechende Belege in Herders *Ideen zur Philosophie der Geschichte der Menschheit*, die zwischen 1784 und 1791 herauskamen. So im dritten Teil über die Hebräer:

> Das Volk Gottes, dem einst der Himmel selbst sein Vaterland schenkte, ist Jahrtausende her, ja fast seit seiner Entstehung eine parasitische Pflanze auf den Stämmen andrer Nationen; ein Geschlecht schlauer Unterhändler beinah auf der ganzen Erde, das trotz aller Unterdrückung nirgend sich nach eigner Ehre und Wohnung, nirgend nach einem Vaterlande sehnet.[25]

Im vierten Teil, über die »fremden Völker in Europa«, nimmt Herder das Bild wieder auf:

> Die *Juden* betrachten wir hier nur als die parasitische Pflanze, die sich beinah allen europäischen Nationen angehängt und mehr oder minder von ihrem Saft an sich gezogen hat. Nach dem Untergange des alten Roms waren ihrer vergleichungsweise nur noch einige in Europa; durch die Verfolgungen der Araber kamen sie in großen Haufen herüber und haben sich selbst nationenweise verteilet. Daß sie den Aussatz in unsern Weltteil gebracht, ist unwahrscheinlich; ein ärgerer Aussatz wars, daß sie in allen barbarischen Jahrhunderten als Wechsler, Unterhändler und Reichsknechte niederträchtige Werkzeuge des Wuchers wurden und gegen eignen Gewinn die barbarisch stolze Unwissenheit der Europäer im Handel dadurch stärkten. [...] Es wird eine Zeit kommen, da man in Europa nicht mehr fragen wird, wer Jude oder Christ sei; denn auch der Jude wird nach europäischen Gesetzen leben und zum Besten des Staats beitragen.[26]

---

23 Adolf Hitler: Mein Kampf. 68. Aufl., München: Franz Eher 1933, S. 334–337.

24 Hierzu Joshua Trachtenberg: The Devil and the Jews. The Medieval Conception of the Jew and Its Relation to Modern Anti-Semitism. Philadelphia: The Jewish Publication Society 1982.

25 Johann Gottfried Herder: Ideen zur Philosophie der Geschichte der Menschheit. Wiesbaden: Fourier 1985, S. 316 (Dritter Teil, Buch 12, III).

26 Ebd., S. 437 (Vierter Teil, Buch 16, V).

Die Theorie des Juden nutzt auf dem Wege von Luther bis Herder das Anschauungspotenzial eines botanischen Paradigmas, der parasitären saugenden Pflanze. Diese Lebensart der Juden ist für Herder weniger eine Sache ihres Charakters oder gar ihrer Religion; vielmehr kann die Geschichtsphilosophie beitragen, dass das eine Sache der Geschichte ist, die bekanntlich auf bestimmte morphologische Gesetze hört. Die Erscheinung der Juden als Parasiten schreibt sich indessen auch nicht dem wuchernden organologischen Verbarium von Wachsen, Reifen, Blühen, Verfallen zu, das Herders kulturtheoretische Begrifflichkeit beherrscht. Es ist eine Theorieformel, die die kulturelle Invarianz der jüdischen Existenz an den Komplex der Hospitalität anschließt.

5.

Inzwischen haben die beiden Bücher über den Parasiten von Michel Serres und von Ulrich Enzensberger eine unbefangene, um nicht zu sagen totalisierende Konzeption des Parasiten ausgearbeitet.[27] Allerdings gehört hierhin die Erinnerung, dass der griechische Term aus den beiden Elementen παρά-σῖτος gebildet ist und an eine eher archaische Sitte erinnert, da die Opfernden mit den Göttern speisten. Die Götter waren beim Opfer zu Gast und wenn dieses Opfer durch eine Bürgerschaft dargebracht wurde, dann leistete ein Vertreter, nämlich der παρά-σιτος, im Namen der Gemeinde den Göttern Gesellschaft.[28] Den ausführlichsten Bericht über diese Sitte des archaischen Griechenland liefert um das Jahr 200 unserer Zeitrechnung der alexandrinische Schriftsteller Athenaios in seinem umfangreichen Werk »Die Gelehrtenmahlzeit« (Δειπνωσωφισταί). In Form eines Dialogs berichtet der Autor seinem Freund Timokrates vom Gastmahl im Hause des römischen Beamten Publius Livius Larensis und von den dabei geführten Gesprächen. Dabei wird auch im VI. Buch ausführlich über die Parasiten gesprochen. Erinnert wird daran, dass einst im Heiligtum des Herakles in Kynosarges diese Form der der Götterspeisung, die θεοξένια, üblich war. Auf einer Tafel, die Alkibiades hatte anbringen lassen, hieß es über den mitspeisenden Parasiten:

> Der Priester soll die monatlichen Opfer zusammen mit den Parasiten darbringen. Diese sollen aus dem Kreis derjenigen genommen werden, die aus Mischehen stammen, sowie deren Kindern gemäß dem alten Herkommen. Wer aber nicht als Parasit Dienst tun will, den soll man deswegen vor Gericht bringen.[29]

---

27 Michel Serres: Der Parasit. Paris: Grasset 1980. – Ulrich Enzensberger: Parasiten. Ein Sachbuch. Frankfurt a.M.: Eichborn 2001. Erwähnt gehört auch die Arbeit von Claudia Jost: Die Logik des Parasitären. Literarische Texte, Medizinische Diskurse, Schrifttheorien. Stuttgart, Weimar: Metzler 2000. – Alle drei Bücher leiden trotz ihrer ganz unterschiedlichen Perspektive an der totalisierenden Eigendynamik der Parasiten-Metapher, die sie in Bewegung setzen.

28 Vgl. hierzu W. Geoffrey Arnott: Studies in Comedy, I: Alexis and the Parasite's Name. In: Greek-Roman-and-Byzantine-Studies 9 (1968), S. 161–168.

29 Athenaios: Das Gelehrtenmahl. Buch I–VI. Zweiter Teil, Buch IV–VI. Eingeleitet und übers. von Claus Friedrich. Stuttgart: Hiersemann 1998, S. 462.

Die archaische θεοξένια, von der Athenaios berichten lässt, ist also ein anderer Typ von Hospitalität als jene, die Abraham den Engeln gewährt, der an dem Mahle ja selbst nicht teilnimmt, vielmehr stehen bleibt, um - folgt man der chassidischen Erläuterung - die privilegierten Eigenschaften der Engelgäste abzuschöpfen.

Auch dieser Name des παρά-σῖτος erlebte dann eine semantische und auch komödiantische Entartung, als er nämlich in der Tradition der attischen Komödie zum Typus degenerierte. So erzählt ein Parasit bei Diodorus aus Sinope, einem Komödiendichter der jüngeren Zeit, um 300 vor unserer Zeitrechnung, an die Ursprünge und wie das vulgäre Parasitentum entstand:

> Zeus Philios hat es erfunden, *Parasit* zu sein,
> nach aller Meinung doch der Größte in der Götterwelt.
> Denn dieser kommt in alle Häuser und
> Macht keinen Unterschied, ob arm, ob reich,
> Wo er dann eine schön bedeckte Liege sieht,
> wie auch den beigestellten Tisch mit allem drauf,
> was nötig ist, legt er sich gleich mit hin und läßt sich fein
> das Frühstück schmecken. Hat er dann gegessen und gezecht,
> geht er nach Hause, ohne dass er einen Beitrag hinterläßt.
> [...]
> Die Stadt ehrt Herakles mit Glanz und Pracht,
> indem sie ihm in allen Demen Opfer bringt.
> Für diese Opfer hat noch nie sie für den Gott
> Als *Parasiten* irgendwen beliebigen erlost
> Und dazu aufgenommen, sondern hat mit viel Bedacht
> Zwölf Männer aus der Bürgerschaft erwählt,
> vorausgesetzt, sie stammen von zwei Bürgern ab,
> besitzen ein Vermögen und ihr Leben war ganz tadellos.
> Dann haben später - nach der Art des Herakles -
> Die Vornehmen sich *Parasiten* an den Tisch geholt
> Und nicht die Allerbesten eingeladen für das Mahl,
> vielmehr die Leute, die aufs Schmeicheln sich verstanden und
> ein Lob für alles hatten. Rülpst da ihnen ins Gesicht der Wirt,
> nachdem er Kohl und faulen Wels genossen hat,
> dann sagen sie, er habe Veilchen- oder Rosenduft im Bauch.[30]

Der Parasit hat also einen Doppelgänger, den Schmeichler, κόλαξ, der seine Anwesenheit am Tisch der Vornehmen mit schönen Worten bezahlt. Wie diese Schmeichler ihre Rolle sahen, geht aus einer verschollenen Komödie des Dichters Eupolis hervor, die im Jahre 421 vor unserer Zeitrechnung in Athen den ersten Preis errang. Auch hier verdanken wir dem Athenaios, dass ein Fragment erhalten blieb. Der reich gewordene Kallias gibt ein Festessen, zu dem allerlei Prominenz geladen ist, unter anderen der Philosoph Protagoras; aber es tritt auch eine Gruppe von ungerufenen Gästen auf, und das sind die Schmeichler, die die Maske des παρά-σῖτος tragen. Der Chor der Schmeichler zeichnet im Umriss, wie sie leben:

---

30 Ebd., S. 469f.

Nun wollen wir euch schildern, wie die Schmeichler leben.
Hört nur, welch rundum schmucke Männer wir sind.
Zunächst habe ich einen Knaben als Begleiter,
der einem anderen gehört und den ich mit ihm teile.
Ich besitze zwei elegante Mäntel, und einen ziehe ich an,
wenn ich auf den Markt gehe. Dort sehe ich mich nach
einem Mann um, der mehr Geld als Verstand besitzt.
Was immer er zu mir sagt, ich preise es.
Er glaubt, dass ich ganz aus dem Häuschen bin.
Von hier gehen wir zur Mahlzeit, die einen hier, die anderen dort,
jeder zu einem anderen Gastgeber. Dort muss der Schmeichler all
die liebenwürdigen Worte sprechen, sonst fliegt er zur Tür hinaus.
Siehe, das ist dem gezeichneten Akestor widerfahren.
Er riss einen frechen Witz, und schon führte ihn der Knabe zur Tür.[31]

Seitdem sind der Schmeichler und Parasit übel beleumdete Figuren der griechischen und römischen Komödie, und die Überlieferung trug uns jede Menge Stücke zu, die mit diesen Hauptfiguren besetzt sind wie etwa die Plautus-Komödie »Curculio«. Aber wie Theophrasts Beschreibung des Schmeichlers in den »Charakteren« deutlich macht, erschien er auch früh bereits als ein sozialer Typus. Er ist dienstbeflissen, aber aller Dienst und alle Schmeichelei haben den Verzehr zum Ziel: »Er ist der erste von den Gästen, der den Wein lobt, und in einem fort sagt er: ›Du isst ja viel zu wenig!‹ Langt er zu, so ruft er dabei: ›Ein wahrer Leckerbissen!‹«[32] Der Schmeichler ist wie der Parasit ein ungerufener Gast.

Allerdings gingen auch diese Typen und Masken des Parasiten durch die Metaphorisierung. In einem nicht weiter bekannten sprachgeschichtlichen Prozess traten sie ihre Namen und Masken an kleine biologische Systeme ab, die nach Schmeichlerart sich das Leben leicht machen. Davon berichtet die *Pseudodoxia Epidemica* des Engländers Thomas Browne aus dem Jahre 1646. Dieses Werk hat sich ganz im Gefolge Francis Bacons, der auch mehrfach zitiert wird, zum Ziel gesetzt, wissenschaftliche Irrtümer durch Empirie und Experiment aus der Welt zu räumen. Zu diesen Pseudolehrmeinungen der Naturgeschichte zählt, dass Diamanten mit Gänseblut aufgeweicht werden können oder dass der Karbunkelstein im Dunklen leuchtet. So widerlegt der Autor auch die von Plinius und anderen vertretene Ansicht, dass die Mistel aus Samen hervorgehe, den die Drosseln und Ringeltauben auf Bäume fallen ließen. Browne hingegen entwickelt im Anschluss an Lord Verulam die Theorie, dass die Mistel von den Bäumen, die sie bewohnen, selbst hervorgebracht würden, um überflüssige Säfte abzubauen:

> And they surely speak probably who make it an arboreous excrescence, or rather superplant, bred of a viscous and superfluous sap which the tree it self cannot assimilate. And

31 Beleg in: The Fragments of Attic Comedy. Hg. von John Maxwell Edmonds. Bd. 1. Leiden: E.J. Brill 1957, S. 374f.

32 Theophrast: ΧΑΡΑΚΤΗΡΕΣ Characters. Ed. And translated by Jeffey Rusten u.a. Cambridge, London: Harvard Univ. Press 1963, S. 56. Deutsch: Theophrast: Charaktere. Übers. von Horst Rüdiger. Bremen: Schünemann o.J., S. 6f.

therefore sprouteth not forth in boughs and surcles of the same shape, and similary unto the Tree that beareth it; [...] and such as living upon the stock of others, are termed parasitical Plants [...].[33]

Solche Pflanzen, zu denen Browne dann noch Farn und Moos rechnet, heißen parasitär, weil sie von einer fremden Substanz, um nicht zu sagen: von fremdem Kapital [stock] leben. Man muss also sehen, dass Luthers und Herders Juden noch eine botanische Art verkörpern, die sich vom Safte anderer nährt. Zwar ist dieser Parasit noch willkommen und leistet seinem Wirt nützliche Dienste, weil er ihn von einem Säfteüberschuss entlastet, den sein eigener Stoffwechsel nicht abbauen kann. Aber mit dem Namen des Parasiten tritt der Jude das moralische Erbe der Komödienschmeichler an. Ein neuer Typus biologischer, vegetabilischer Hospitalität und natürlicher Entartung trägt künftig die Theorie des Juden.

Dies ist eine umfangreiche Geschichte, die hier pointiert werden muss. Sie kann durchaus in eine reformerische Politik führen, wie sie die Preisschrift des Priesters und späteren republikanischen Deputierten Henri Grégoire »Essai sur la régénération physique, morale et politique des Juifs« von 1788 formuliert. In diesem großen Dokument, das für die soziale und politische Gleichstellung der Juden eintritt, weist auch der Abbé Grégoire auf die Problematik des ökonomischen Parasitismus hin:

[...] comme ils rendent par-tout les cultivateurs tributaires, les objets de consommation première passeront en leurs mains, & leur population continuera d'étendre ses rameaux. Ce sont donc des plantes parasites qui rongent la substance de l'arbre auquel elles s'attachent, & qui pourraient enfin l'épuiser, le détruire.[34]

Daher schlägt Grégoire eine ganze Reihe von Maßnahmen vor, die den Juden den Zugang zu anderen wirtschaftlichen Tätigkeiten erlauben. Die andere Richtung, die die Theorieformel des Parasiten aufnimmt und polemisch verbreitet, vertreten die französischen Sozialisten Proudhon, Fourier, Toussenel im 19. Jahrhundert; aber auch der Anarchist Michail Bakunin bezeichnet die jüdische Welt als »einen einzigen fressenden Parasiten«.[35] Man könnte dies als einen simplen polemischen Topos beschreiben, aber wie theoriebeladen diese Metapher noch im 19. Jahrhundert ist, geht aus einem Artikel des Hegelianers Bruno Bauer hervor. Dieser 1863 erschienene Beitrag zu Herrmann Wagener Conversations=Lexikon trägt den Titel »Das Judentum in der Fremde«. Es ist ein übles, in seinem theoretischen Willen schwer zu überbietendes antisemitisches Traktat, in dem Gershom Scholem mit einem gewissen Recht bereits »ein ganz unverstelltes Dokument des späteren Nazitums« erblickte.[36] Hier soll nur die Passage angeführt werden, die dem Juden in der Fremde die Theoriegestalt des Parasiten verpasst. Ausführlich entwickelt Bauer seinen Gedanken, dass der

---

33 Thomas Browne: Pseudodoxia Epidemica, Books I-VII. In: The Works of Thomas Browne. Bd. 2. Hg. von Geoffrey Keynes. London: Faber & Faber o.J. [1964], S. 146.

34 Henri Grégoire: Essais sur la régénération physique, morale et politique des Juifs. (Metz: Claude Lamort 1789). Neuausgabe Paris: EDHIS 1968.

35 Vgl. hierzu Alexander Bein: ›Der jüdische Parasit‹. Bemerkungen zur Semantik der Judenfrage. In: Vierteljahrshefte für Zeitgeschichte 13 (1965) 2, S. 121-149.

Jude in der Fremde keinen Halt und keinen Boden findet. Er zitiert Herders »Ideen zu einer Philosophie der Geschichte« und unterstreicht die spezifische Seinsweise des Juden als einer in der überschwänglichen Hospitalität grenzenlos schwelgenden und von ihr unendlich profitierenden Erscheinung. Doch damit nicht genug: Der Jude ist nicht nur in der Welt, in der er lebt, heimatlos, grundlos und wurzellos; er ist es auch in sich selbst:

> Die Werthschätzung, mit welcher der Christ den Leib als seine Heimath und den Tempel Gottes behandelt, drückt er auch in der Pflege seiner Kleidung aus; wie seine Seele den Leib durchleuchtet, so soll auch der Bau seines Leibes, dieses Gottes=Kunstwerk, im Kleid sich darstellen. Dem Juden dagegen ist, trotz aller Eitelkeit und Ziererei, die Kleidung nur eine Hülle, ein Schlafrock, *ein Sack* und es ist ein charakteristisches Kennzeichen der Verjüdung der Christen, daß sie von den Juden sich die orientalische saloppe Tracht haben importieren lassen. [...] Drücken wir es nun aber anders und richtiger aus: *fremd*, wie er *unter uns* ist, ist er auch in *seinem Leib* und in seiner Kleidung – sie sind ihm *profan, werthlos, unverständlich*. Er hat nicht nur unter uns und überall, wo er auf der Erde lebt, *keine Heimath*, sondern sie fehlt ihm *auch in sich selber*. Die *weltliche* Heimathlosigkeit dieses Nomaden ist nur die Folge und Ausdruck seiner *innern*. Der unstäte *Parasit*, der er in der ganzen *Welt* ist, ist er auch in seinem Leibe. Er hat nicht einmal eine eigene und heimathliche Sprache.[37]

Diese Passage verdiente einen ausführlichen Kommentar, da sie eine Richtung gesteigerter Entartungsrhetorik anzeigt, die das Jüdische als Hospitalitätsmissbrauch und parasitären Überschwang denunziert. Nur kurz: Der Jude nach Bauer ist nicht nur Parasit seiner Umgebung, er ist nicht nur schmarotzendes Überallsein, sondern seine parasitäre Natur lebt als Parasit seiner selbst. Der Jude bewohnt sich selbst als Fremder, als saugende zweite Pflanze, die ihr eigenes Mark verzehrt. Dies erlaubt es Bauer zu behaupten, dass der Jude wesenlos ist, da er seine eigene Substanz immer schon aufgebraucht hat. Der Jude ist daher besonders theoriebedürftig, denn dieses Wesen ohne Substanz kann alles bedeuten, es kann alle Bedeutungen seiner Umgebung annehmen. Nicht einmal seine Sprache bietet ihm eine Heimstatt. Und alle Sprachen, die er spricht, zumal die deutsche, kleiden ihn nicht, ebenso wenig wie ihn seine eigenen Kleider kleiden und ebenso wenig, wie ihn sein eigener Leib kleidet. Nicht einmal bei sich selbst findet er Gastlichkeit, sich selbst durchwandert er als Nomade, der ewige Jude, er klopft gleichsam an seinen eigenen Leib, um allenthalben auf die eigene Ungastlichkeit zu stoßen.

In Bauers umfangreicher Abhandlung zehrt die Judentheorie nicht nur selbst parasitär vom vegetabilischen Code, sondern sie hat sich mit einer Reihe organologischer Metaphern aufgerüstet. Das ist einmal die Metapher des Blutes, die den Vorläu-

---

36 Gershom Scholem: [Rede zum Thema »Deutsche und Juden – ein ungelöstes Problem«]. In: Deutsche und Juden. Beiträge von Nahum Goldmann, Gershom Scholem, Golo Mann, Salo W. Baron, Eugen Gerstenmaier und Karl Jaspers. Frankfurt a.M.: Suhrkamp 1967, S. 21–48, hier 44.

37 [Bruno Bauer]: Das Judenthum in der Fremde. In: Neues Conversations=Lexikon. Staats- und Gesellschaftslexikon. Hg. von Herrmann Wagener. Bd. 10. Berlin: Heinicke 1862, S. 599–692, hier 621f.

fer des genetischen Codes bildet, dem sich gegenwärtig alle Vorstellungen und Theorien von der unbeeinflussbaren biologischen Prädisposition anvertrauen. Das Blut in der Anthropologie des Jahrhunderts zwischen 1850 und 1945 verfügt über Gedächtnis, Stimme, es ist selbst ein komplexes System innerhalb der völkischen, rassischen Organismen, die seit Mitte des 19. Jahrhunderts die Theorie bereichern. Der Jude, den im Mittelalter der Vorwurf traf, dass er sich auch vom Blute christlicher Säuglinge ernähre, wird bei Bauer mit einem Käfer verglichen, der sich in der blutenden Wunde der christlichen Soldaten einnistet, um mit seinem Saugrüssel deren Blut zu trinken.[38]

6.

Die Blutmetapher als neue Theorieformel verbindet sich mit dem Vokabular des Parasitären, des Parasiten und des Wirtes, der Mimikry, und erfährt dann zu Beginn des 20. Jahrhunderts noch eine Theorievariante, indem die Beziehung von Deutschen und Juden nach dem Modell der Symbiose gedacht wird. Die Symbiose lässt sich als eine entpolemisierte und partiell enthospitalisierte Theoriefigur auffassen. Aber ihr wird kein Erfolg beschieden sein.

Die Theorieformel vom parasitären Juden taucht im 20. Jahrhundert bereits früh in der antisemitischen Propaganda der Nationalsozialisten auf. 1927 erschien das Buch des frühen Hitler-Gefolgsmannes Arno Schickedanz »Sozialparasitismus im Völkerleben«,[39] das dann in Alfred Rosenbergs »Mythus des 20. Jahrhunderts« fortgeschrieben wurde. Der Begriff Sozialparasitismus wurde der Biologie entlehnt und fand dann seinen abscheulichsten Ausdruck in Eberhard Tauberts Propagandafilm DER EWIGE JUDE aus dem Jahre 1940.[40] Aber auch jüdische Autoren fielen den Suggestionen dieser Theorieformel anheim. So erwähnt Alexander Bein in seiner Übersicht zur Semantik des jüdischen Parasiten den jüdischen Sozialisten Jacques Chazoff, der im Vorwort zu George Saint-Bonnets Buch »Le Juif ou l'International du Parasitisme«[41] erklärt, dass der jüdische Parasitismus, den es ohne Zweifel gebe, erst mit dem allgemeinen Parasitismus verschwinden werde.

Aber auch in die Texte gänzlich unverdächtiger jüdischer Autoren drängt sich das Verbarium, das den parasitären Missbrauch der Hospitalität behauptet. So läuft die Rede vom Wirt, der das Korrelat des Parasiten bildet, durchaus auch durch den unpolemischen Sprachgebrauch. Der Schriftsteller Joseph Roth erinnert in seinem 1927 erschienenen Essay »Juden auf Wanderschaft« an den Auftritt der Ostjuden im Westen, nachdem sie im Zuge des Ersten Weltkrieges aus Galizien, Litauen, Russland, Rumänien vertrieben worden waren. Er fährt mit der Bemerkung fort, dass die Juden im Westen mit ihren kriminellen Glaubensbrüdern als »Gäste aus dem Osten« nicht

38 Ebd., S. 652.

39 Arno Schickedanz: Sozialparasitismus im Völkerleben. Leipzig: Lotus 1927.

40 Vgl. Stig Hornshøj-Møller: »Der ewige Jude«. Quellenkritische Analyse eines antisemitischen Propagandafilms. Göttingen: Institut für den wissenschaftlichen Film 1995, S. 88f.

41 Georges Saint-Bonnet: Le Juif, ou: l'International du Parasitisme. Paris: Editions Vita 1932. Zit. nach Bein: ›Der jüdische Parasit‹ (s. Anm. 35), S. 138.

eben freudig begrüßt wurden.[42] Zugleich spricht er unbefangen von den assimilierten Juden, die »die Kultur und Sprache der Wirtsvölker« angenommen hätten, um dann am Ende resigniert festzustellen, dass die Juden erst dann zu vollkommener Gleichberechtigung, Würde und Freiheit gelangen könnten, wenn ihre »Wirtsvölker« selbst ihre innere Freiheit gewonnen hätten, und er fügt an, dass die »Wirtsvölker« nur durch ein Wunder Gottes zu dieser Würde heimfinden würden.[43]

Diese Rede von den Juden, die angeblich oder eben nicht in einer Symbiose[44] mit den »Wirtsvölkern« lebten, nimmt dann auf ähnlich unbefangene Weise Martin Buber auf, der in seinen Vorträgen in den dreißiger Jahren diese Symbiose für gescheitert erklärt. Dabei ist die Theoriefigur der Symbiose erst in den Jahren um 1920 aufgetaucht, und zwar in einem Aufsatz eines heute vergessenen Wilhelm Stapel von 1919, der dann in Stapels Buch »Antisemitismus und Antigermanismus. Über das seelische Problem der Symbiose des deutschen und des jüdischen Volkes« 1927 veröffentlicht wurde.[45] Stapel erklärt, dass die Symbiose der Juden mit den Deutschen eine »geschichtliche Tatsache« sei. Allerdings will er es dabei belassen und die beiden Völker in strikter Trennung nebeneinander leben lassen. Dafür denkt er an »staatliche Radikalkuren«.[46] Stapel erwähnt in seinem Buch, dass einige seiner Aufsätze, die die deutsch-jüdische Symbiose als eine biologische Unvereinbarkeit propagieren, auch in zionistischen Zeitschriften abgedruckt worden sei.[47] Diese Tendenz bestätigte dann ein im Jahre 1939 verfasster Aufsatz von Martin Buber mit dem Titel »Das Ende der deutsch-jüdischen Symbiose«, worin er die Lage so beschrieb, dass das »Wirtsvolk oder vielmehr der Wirtsstaat« Deutschland den organischen Zusammenhang im Zusammenleben, in der Symbiose von Juden und Deutschen zerrissen habe. Noch einmal bietet Buber die alten Formeln auf, um einen unmöglich gewordenen Zustand zu beschreiben:

> Es gibt kein Gebiet deutscher Existenz, in dem in diesem Zeitalter nicht jüdische Menschen führend mitgewirkt hätten, wertend, ordnend, deutend, lehrend, gestaltend. Das war kein parasitäres Dasein; ganzes Menschentum wurde eingesetzt und trug seine Frucht. Aber tiefer noch als durch individuelle Leistung wird die Symbiose durch ein eigentümliches Zusammenwirken deutschen und jüdischen Geistes bewirkt.[48]

Unüberhörbar durchziehen diesen Aufsatz die Theoriefiguren, die in einer unaufhörlichen Bewegung das Modell der überschwänglichen Hospitalität getragen haben und

42 Joseph Roth: Juden auf Wanderschaft [1927]. München: dtv 2006, S. 6.

43 Ebd., S. 10f.

44 Zu diesem Thema in breiter historischer Perspektive Manfred Voigts: Die deutsch-jüdische Symbiose. Zwischen deutschem Sonderweg und Idee Europa. Tübingen: Niemeyer 2006 (Conditio Judaica, 57).

45 Wilhelm Stapel: Antisemitismus und Antigermanismus. Über das seelische Problem der Symbiose des deutschen und des jüdischen Volkes. Hamburg, Berlin, Leipzig: Hanseatische Verlagsanstalt 1927.

46 Ebd., S. 103.

47 Ebd., S. 10.

48 Martin Buber: Das Ende der deutsch-jüdischen Symbiose. In: ders.: Der Jude und sein Judentum (s. Anm. 4), S. 644–647, hier 645f.

es auch immer wieder entarten ließen. Das Ende des Zusammenlebens von Juden und Nichtjuden ist mithin das Ende einer unmöglichen, brüchigen Theoriefigur, ein Ende der Judentheorie überhaupt. Es kann nicht erstaunen, dass Buber in diesen Sätzen, die bereits in Palästina formuliert wurden, eine Lesart des Hospitalitätsparadoxes fortschreibt, das er in seiner Nacherzählung der chassidischen Auslegung von Abrahams überschwänglicher Wirtsfunktion aufgestellt hatte. Allerdings in unvermeidlicher Umkehrung. Während Abraham als der Stehende den Vorzug der Engel erwarb, nicht verderben zu können, so erwarben die nach Palästina geflüchteten Juden die Vorzüge ihrer Wirte, die ihre deutschen Peiniger dann in der Folge eingebüßt haben: »Der Beitrag der deutschen Juden aber muß uns besonders wertvoll und willkommen sein. Denn sie bringen uns, in jüdische Substanz eingegangen, von jenem edlen deutschen Seelenelement mit, das ihre Peiniger verleugnen und ersticken.«[49]

Durch diese Bemerkung schimmert die chassidische Version der Gründungserzählung abendländischer Hospitalität, Abrahams Bewirtung der drei Engel, hindurch. Sie trägt als Subtext das theoretische Modell zur Beschreibung des Transfers von Eigenschaften, die hier in einem mystischen Gegenverkehr vom Wirt auf den Gast übergingen. Immer noch spielt in diesen Gedanken, obgleich der Begriff ja ausdrücklich verneint wird, die parasitäre Biologie hinein. Die vertriebenen Juden haben das edle deutsche Seelenelement ihrer Wirte, die es erstickten, in sich aufgenommen und nach Palästina exportiert. Das ist dann auch eine der letzten Einsatzmöglichkeiten dieser Theoriefigur. Sie kehrt das geläufige Gespensterwort um, nämlich dass die Deutschen, denen das Seelenelement genommen wurde, nur noch als Gespenster ihres einstigen Wesens durch die Geschichte - zumindest bis 1945 - geistern. Buber greift auch eine andere feindliche Antihospitalitätsformel auf: Das ist Bruno Bauers Beschreibung des Juden, der sogar in sich selbst keine Heimstatt hat. Tatsächlich sieht sich dieser exilierte deutsche Jude, den Buber anspricht, auch aus sich selbst vertrieben, er ist in seinem Deutschtum heimatlos, und die Aufkündigung der Symbiose, die von so vielen deutschen Juden bereits um 1933 ausgesprochen wurde,[50] deutet er zur Metempsychose um: Die deutsche Seele ist ins Exil in Palästina vertrieben. Damit wird etwas möglich, dessen Unmöglichkeit noch 1912 der jüdische Schriftsteller Max Goldstein paradox so beschrieben hatte: »Wir Juden verwalten den geistigen Besitz eines Volkes, das uns die Berechtigung und die Fähigkeit dazu abspricht«.[51] Aus der Sicht eines längst in Israel beheimateten Juden, aus der Sicht Gershom Scholems, scheint es so gewesen zu sein: »Die Rede vom ›Wirtsvolk‹, bei dem wir zu Gaste waren, hatte guten Sinn«, sagte er 1966,[52] und er hätte hinzufügen können, dass dieser Sinn die Macht der Theorieformel vom Juden als Gast in einer Welt gespaltener Hospitalität unter Beweis stellte.

49 Ebd., S. 647.

50 Vgl. Gershom Scholem, der gegen die pazifizierende Formel vom »deutsch-jüdischen Gespräch« Einspruch erhob. Gershom Scholem: Wider den Mythos vom deutsch-jüdischen Gespräch. In: ders.: Judaica 2. Frankfurt a.M.: Suhrkamp 1970. - Julius H. Schoeps: Deutsch-jüdische Symbiose oder Die mißglückte Emanzipation. Darmstadt: WBG 1996.

51 Max Goldstein: Deutsch-jüdischer Parnaß [1912]. Zit. nach: Yuri Slezkine: Das jüdische Jahrhundert. Übers. von Michael Andrian, Bettina Engels und Nikolaus Gramm. Göttingen: Vandenhoeck & Ruprecht 2006, S. 88.

Dieser Kursus, um an den Anfang zurückkehren, bildete nicht nur einen Beitrag zu einer Narratologie des Gastes und der Hospitalität, der überschwänglichen Hospitalität und der überschwänglichen Antihospitalität, sondern auch den Versuch eines Kommentars zu dem vielleicht nur *beiläufig* zu Papier gebrachten Wort Sigmund Freuds an die Adresse Sandór Ferenczis, wonach die Theorie als »ungerufener Gast« erscheinen möge. Aber hat nicht die Psychoanalyse eben das Beiläufige zum privilegierten Thema, zum Gegenstand einer ganzen Institution aus Wissenschaft und Therapie erhoben? Ist nicht die Psychoanalyse die Erkenntnis des Beiläufigen, des Traums, der Fehlleistung, des Versprechens, des Vergessens? Ist der Unterschied zwischen »angenommen« und »aufgenommen«, den Freud beiläufig gegenüber dem Theorie-Gast macht, nicht vielleicht ebenso abgründig wie die Wissenschaft des Beiläufigen? Jacques Derrida wies in *Adieu à Emmanuel Levinas* darauf hin, dass »toute la penseé de Levinas est, [...] un enseignement au sujet de ce que ›accueillir‹ ou ›recevoir‹ *devrait* vouloir dire [...].«[53] Damit scheint es bei Levinas eine Ontologie der Hospitalität zu geben, die tiefer, beiläufiger, eindringlicher die Gemütsvermögen der Vernunft oder der Rezeptivität bestimmen *sollte*. Eine ganze Philosophie oder wenigstens eine ganze Lehre hängt an diesem Unterschied, der doch nur auf ungeheure Weise beiläufig sein kann. Es wäre eine tiefgründige Beiläufigkeit. In Dankbarkeit diesen beiden jüdischen Denkern Levinas und Derrida gegenüber ist es vielleicht erlaubt zu sagen, dass der Unterschied zwischen »angenommen« und »aufgenommen«, den die psychoanalytische Theorie in Freuds Haus erfährt, auch das ganze Dilemma des jüdischen Gastes bezeichnet. Dies hängt nun wieder unmittelbar zusammen mit der Frage, ob die Psychoanalyse eine »jüdische Wissenschaft« ist.[54] Die Psychoanalyse scheint umso mehr eine jüdische Wissenschaft zu sein, als ihre Erkenntnis sich auf den einen allegorischen Satz reduzieren lässt, dass das Ich »nicht einmal Herr ist im eigenen Hause«.[55] Bestimmt diese Herrenlosigkeit, diese fundamentale Entmächtigung, dieses Ausgeliefertsein gegenüber allen beiläufigen und ungerufenen Gästen nicht genau den Status des Juden nach Bruno Bauer? »Er hat nicht nur unter uns und überall, wo er auf der Erde lebt, *keine Heimath*, sondern sie fehlt ihm *auch in sich selber*«.[56] In sich selbst ist das jüdische Subjekt ebenso wenig aufgenommen wie das europäische Ich im System des Psychischen. Diese Vertreibung gilt, seit die Psychoanalyse als ungerufener, als ewig ungerufener Gast angenommen worden ist. Man wird nun vielleicht noch schärfer sehen können, dass die jüdische und die deutsch-jüdische Historie von solchen ungerufenen Gästen, die angenommen, aber nicht aufgenommen wurden, wimmeln. Und die Geschichte, die ungerufen in unserem Fleische wohnt, weist selbst ähnliche Züge gespaltener Hospitalität auf: angenommen, aber nicht aufgenommen.

---

52 Scholem: [Rede zum Thema »Deutsche und Juden - ein ungelöstes Problem«] (s. Anm. 36), S. 34.

53 Jacques Derrida: Adieu à Emmanuel Levinas. Paris: Éditions Galilée 1997, S. 153.

54 Neuerlicher Verweis auf Adélie et Jean-Jacques Rassial (Hg.): La psychanalyse estelle une histoire juive? (Anm. 11) sowie Jacques Derrida: Mal d'Archive (Anm. 15).

55 Freud, Sigmund: Vorlesungen zur Einführung in die Psychoanalyse (1916-17 [1915-17]). In: ders.: Studienausgabe. Hg. von Alexander Mitscherlich, Angela Richards, James Strachey. Bd. 1. Frankfurt a.M.: Fischer 1969, S. 34-445, hier 284.

56 [Bruno Bauer]: Das Judenthum in der Fremde (Anm. 37).

Literatur

[Bauer, Bruno]: Das Judenthum in der Fremde. In: Neues Conversations=Lexikon. Staats- und Gesellschaftslexikon. Hg. von Herrmann Wagener. Bd. 10. Berlin: Heinicke 1862, S. 599–692.

Anne Dufourmantelle invite Jacques Derrida à répondre de l'hospitalité. Paris: Calman-Lévy 1997.

Arnott, W. Geoffrey: Studies in Comedy, I: Alexis and the Parasite's Name. In: Greek-Roman-and-Byzantine-Studies 9 (1968), S. 161–168.

Athenaios: Das Gelehrtenmahl. Buch I–VI. Zweiter Teil, Buch IV–VI. Eingeleitet und übersetzt von Claus Friedrich. Stuttgart: Hiersemann 1998.

Bein, Alexander: ›Der jüdische Parasit‹. Bemerkungen zur Semantik der Judenfrage. In: Vierteljahrshefte für Zeitgeschichte 13 (1965) 2, S. 121–149.

Benveniste, Émile: Le vocabulaire des institutions indo-européennes. 1. économie, parenté, société. Paris: Ed. de minuit 1969, S. 87–101.

Browne, Thomas: Pseudodoxia Epidemica, Books I–VII. In: The Works of Thomas Browne. Bd. 2. Hg. von Geoffrey Keynes. London: Faber & Faber o.J. [1964], S. 146.

Buber, Martin: Das Ende der deutsch-jüdischen Symbiose. In: ders.: Der Jude und sein Judentum. Gesammelte Aufsätze und Reden. Mit einer Einleitung von Robert Weltsch. Köln: Melzer 1963, S. 644–647.

Buber, Martin: Der Jude in der Welt. In: ders.: Der Jude und sein Judentum. Gesammelte Aufsätze und Reden. Mit einer Einleitung von Robert Weltsch. Köln: Melzer 1963, S. 216–220.

Buber, Martin: Die Erzählungen der Chassidim. Zürich: Manesse 1949.

Der babylonische Talmud. Hg. und übersetzt von Lazarus Goldschmidt. Darmstadt: WBG 1996.

Derrida, Jacques: Mal d'Archive. Une impression freudienne. Paris: Éditions Galilée 1995. Übersetzung: J.D.: Dem Archiv verschrieben. Eine Freudsche Impression. Übersetzt von Hans-Dieter Gondek. Berlin: Brinkmann & Bose 1997.

Derrida, Jacques: Adieu à Emmanuel Levinas. Paris: Éditions Galilée 1997.

Enzensberger, Ulrich: Parasiten. Ein Sachbuch. Frankfurt a.M.: Eichborn 2001.

Freud, Sigmund/Ferenczi, Sándor: Briefwechsel. 6 Bde. Hg. von Ernst Falzeder und Eva Brabant. Wien, Köln, Weimar: Böhlau 1993–2005, Bd. II/1, S. 138.

Freud, Sigmund: Vorlesungen zur Einführung in die Psychoanalyse (1916–17 [1915–17]). In: ders.: Studienausgabe Hg. von Alexander Mitscherlich, Angela Richards, James Strachey. Bd. 1. Frankfurt a.M.: Fischer 1969, S. 34–445.

Freud, Sigmund: Übersicht der Übertragungsneurosen. Ein bisher unbekanntes Manuskript. Hg. und mit einem Essay versehen von Ilse Gubrich-Simitis. Frankfurt a.M.: Fischer 1985.

Graetz, Heinrich: Geschichte der Juden von den ältesten Zeiten bis auf die Gegenwart. Leipzig: Leiner 1874. Nachdr. Darmstadt: WBG 1998.

Grégoire, Henri: Essais sur la régénération physique, morale et politique des Juifs. (Metz: Claude Lamort 1789). Neuausgabe Paris: EDHIS 1968.

Hamacher, Werner: pleroma – zur Genesis und Struktur einer dialektischen Hermeneutik. In: Georg Wilhelm Friedrich Hegel: »Der Geist des Christentums«. Schriften 1796–1800. Hg. und eingeleitet von Werner Hamacher. Berlin: Ullstein 1987, S. 7–333.

Herder, Johann Gottfried: Ideen zur Philosophie der Geschichte der Menschheit [1784–1791]. Wiesbaden: Fourier 1985.

Hitler, Adolf: Mein Kampf. 68. Aufl., München: Franz Eher 1933.

Hornshøj-Møller, Stig: »Der ewige Jude«. Quellenkritische Analyse eines antisemitischen Propagandafilms. Göttingen: Institut für den wissenschaftlichen Film 1995.

Jost, Claudia: Die Logik des Parasitären. Literarische Texte, Medizinische Diskurse, Schrifttheorien. Stuttgart, Weimar: Metzler 2000.

Kafka, Franz: Tagebücher 1910–1923. In: ders.: Gesammelte Werke. Hg. von Max Brod. Frankfurt a.M.: Fischer 1983.

Luther, Martin: Von den Juden und ihren Lügen 1543. In: D. Martin Luthers Werke. Kritische Gesamtausgabe. Weimar: Hermann Böhlau 1883–1956. Nachdruck Weimar: Böhlau 1968, Bd. 53 (1920), S. 412–522.

Rassial, Adélie et Jean-Jacques (Hg.): La psychanalyse est-elle une histoire juive? Colloque de Montpellier. Paris: Seuil 1981.

Roth, Joseph: Juden auf Wanderschaft [1927]. München: dtv 2006.

Saint-Bonnet, Georges: Le Juif, ou: l'International du Parasitisme. Paris: Editions Vita 1932.

Schickedanz, Arno: Sozialparasitismus im Völkerleben. Leipzig: Lotus 1927.

Schlechter, Solomon: Studies in Judaism. A Selection. New York: Meridian Books 1960.

Schoeps, Julius H.: Deutsch-jüdische Symbiose oder Die mißglückte Emanzipation. Darmstadt: WBG 1996.

Scholem, Gershom: [Rede zum Thema »Deutsche und Juden – ein ungelöstes Problem«]. In: Deutsche und Juden. Beiträge von Nahum Goldmann, Gershom Scholem, Golo Mann, Salo W. Baron, Eugen Gerstenmaier und Karl Jaspers. Frankfurt a.M.: Suhrkamp 1967, S. 21–48.

Scholem, Gershom: Sabbatai Zwi. Der mystische Messias. Übers. von Angelika Schweikhart. Frankfurt a.M.: Jüdischer Verlag 1992.

Scholem, Gershom: *Schechina;* das passiv-weibliche Moment in der Gottheit. In: ders.: Von der mystischen Gestalt der Gottheit. Studien zu Grundbegriffen der Kabbala. Frankfurt a.M.: Suhrkamp 1973, S. 135–191.

Scholem, Gershom: Wider den Mythos vom deutsch-jüdischen Gespräch. In: ders.: Judaica 2. Frankfurt a.M.: Suhrkamp 1970.

Scholem, Gershom: *Zaddik*; der Gerechte. In: ders.: Von der mystischen Gestalt der Gottheit. Studien zu Grundbegriffen der Kabbala. Frankfurt a.M.: Suhrkamp 1973, S. 83–134.

Serres, Michel: Der Parasit. Paris: Grasset 1980.

Slezkine, Yuri: Das jüdische Jahrhundert. Übers. von Michael Andrian, Bettina Engels und Nikolaus Gramm. Göttingen: Vandenhoeck & Ruprecht 2006.

Stapel, Wilhelm: Antisemitismus und Antigermanismus. Über das seelische Problem der Symbiose des deutschen und des jüdischen Volkes. Hamburg, Berlin, Leipzig: Hanseatische Verlagsanstalt 1927.

The Fragments of Attic Comedy. Hg. von John Maxwell Edmonds. Bd. 1. Leiden: E.J. Brill 1957.

Theophrast: ΧΑΡΑΚΤΗΡΕΣ Characters. Ed. and translated by Jeffey Rusten u.a. Cambridge, London: Harvard Univ. Press 1963 (dt.: Theophrast: Charaktere. Übers. von Horst Rüdiger. Bremen: Schünemann o.J.).

Trachtenberg, Joshua: The Devil and the Jews. The Medieval Conception of the Jew and Its Relation to Modern Anti-Semitism. Philadelphia: The Jewish Publication Society 1982.

Voigts, Manfred: Die deutsch-jüdische Symbiose. Zwischen deutschem Sonderweg und Idee Europa. Tübingen: Niemeyer 2006 (Conditio Judaica; 57).

Wassermann, Jakob: Mein Weg als Deutscher und Jude. Mit einem Nachwort von Marcel Reich-Ranicki. Frankfurt a.M.: Jüdischer Verlag 2005.

Wolfskehl, Karl: Wir ziehn. In: Karl Wolfskehl. Gesammelte Werke. Hg. von Margot Ruben und Claus Victor Bock. 2 Bde. Hamburg: Claassen 1960, Bd. 1, S. 160.

Zuccotti, Susan: L'Osservatore Romano and the Holocaust, 1939–1945. In: Holocaust and Genocide Studies 17 (2003), 2, S. 249–277.

Georg Mein

Gäste, Parasiten und andere Schwellenfiguren
Überlegungen zum Verhältnis von Hospitalität und Liminalität

> Man kann einen mikroskopisch kleinen Parasiten in ein pathologisches Milieu, das sich im Gleichgewicht befindet, einführen oder einen Parasiten von gehöriger Größe in ein stabiles ökonomisches Gebilde, oder auch einen lärmenden Parasiten in eine dialogförmige Botschaft - in jedem Falle wird eine Geschichte daraus folgen. Lange hat man geglaubt, diese Geschichten seien sehr verschieden.[1]

> Ebenfalls als »Parasit« ist die Schrift stets von der philosophischen Tradition behandelt worden, und der Vergleich ist hier keineswegs gewagt.[2]

1.

Im Sudelbuch D - also etwa 1774 - notiert Georg Christoph Lichtenberg: »Der Mensch ist vielleicht halb Geist und halb Materie, so wie der Polype halb Pflanze und halb Tier. Auf der Grenze liegen immer die seltsamsten Geschöpfe.«[3] Diese anthropologische Grundbestimmung des Menschen als eines Grenzwesens gehört seit jeher zum festen Bestand des philosophischen Diskurses, aber sie bekommt durch den theoretischen Innovationsschub des Deutschen Idealismus - und hier insbesondere durch Kant - noch einmal eine neue Facette. So leitet Kant sieben Jahre nach Lichtenbergs Sudelbucheintrag, also 1781, in der »Kritik der reinen Vernunft« mit Hilfe der Unterscheidung von sinnlichem und intelligiblem Charakter einen zunächst nur negativ bestimmten Freiheitsbegriff ab.[4] Die Auflösung der dritten Antinomie der reinen Vernunft zeigt, dass eine Kausalität aus Freiheit jedenfalls nicht im Widerstreit steht mit der für die Erfahrungs- und Sinnenwelt notwendig anzunehmenden allge-

---

1 Michel Serres: Der Parasit. Frankfurt a.M.: Suhrkamp 1987, S. 280.

2 Jacques Derrida: Signatur Ereignis Kontext. In: ders.: Randgänge der Philosophie. 2., überarbeitete Aufl. Wien: Passagen 1999, S. 325-351, hier 345.

3 Georg Christoph Lichtenberg: Aus den »Sudelbüchern«. In: ders.: Schriften und Briefe. Hg. von Wolfgang Promies, Bd. 1-3. München: Hanser 1967ff., Bd. 1, S. 254.

4 »Die Form der Negativität des Freiheitsbegriffs ist die Negation von Naturkausalität; Freiheit ist Nichtbestimmtheit nach Gesetzen der Naturkausalität.« Hariolf Oberer: Praxisgeltung und Rechtsgeltung. In: Karl Bärthlein/Gerd Wolandt (Hg.): Lehrstücke der praktischen Philosophie und Ästhetik. Basel, Stuttgart: Schwabe und Co. 1977, S. 87-111, hier 99.

meinen Naturnotwendigkeit. Für das anthropologische Interesse, das Kant im Kontext seiner Erkenntnisphilosophie verfolgt, reicht der Nachweis jedoch aus, dass transzendentale Freiheit dem Prinzip nach zumindest nicht unmöglich ist. Denn die Frage, ob sich der Mensch von anderen Wesen unterscheidet und in seinen »Handlungen frei, oder, wie andere Wesen, an dem Faden der Natur und des Schicksals geleitet sei«,[5] kann somit beantwortet werden. Positive Konturen gewinnt dieser negative Freiheitsbegriff dann erst in der praktischen Philosophie: In der »Metaphysik der Sitten« führt Kant den Zusammenhang zwischen der Doppelnatur des Menschen, dem Freiheitsbegriff und der daraus resultierenden moralischen Konsequenz noch einmal deutlich vor Augen:

> Der Mensch betrachtet sich, in dem Bewußtsein einer Pflicht gegen sich selbst [...] in zwiefacher Qualität: erstlich als *Sinnenwesen*, [...] dann aber auch als *Vernunftwesen* [...]. Der Mensch nun, als vernünftiges *Naturwesen* (homo phaenomenon), ist durch seine Vernunft, als *Ursache*, bestimmbar zu Handlungen in der Sinnenwelt und hiebei kommt der Begriff einer Verbindlichkeit noch nicht in Betrachtung. Eben derselbe aber seiner *Persönlichkeit* nach, d.i. als mit innerer *Freiheit* begabtes Wesen (homo noumenon) gedacht, ist ein der Verpflichtung fähiges Wesen und zwar gegen sich selbst (die Menschheit in seiner Person) betrachtet, so: daß der Mensch [...], ohne in Widerspruch mit sich zu geraten [...], eine Pflicht gegen sich selbst anerkennen kann.[6]

Ganz offensichtlich gehört die Gastfreundschaft zu einer solchen Pflicht gegen sich selbst. Eine Pflicht, die gerade deshalb ihren imperativischen Charakter zu entfalten vermag, weil die moralische Freiheit des Menschen von seiner Fähigkeit abhängt, die Pflicht gegen sich selbst als eine Pflicht gegen die Menschheit in seiner Person zu abstrahieren. Daher kann Kant im dritten Definitivartikel zum ewigen Frieden auch fordern, dass das Weltbürgerrecht auf Bedingungen der allgemeinen Hospitalität eingeschränkt werden soll.[7] Und er definiert *Hospitalität* (Wirtbarkeit) als »das Recht eines Fremdlings, seiner Ankunft auf dem Boden eines andern wegen, von diesem nicht feindselig behandelt zu werden«.[8] Doch ist Pflicht zur Gastfreundschaft auch bei Kant an Bedingungen geknüpft. Bedingungen, die ihren letzten Grund in der Tatsache haben, dass sich die Beziehung zum Gast als einem Fremden auf das Recht gründet. Nicht umsonst, so meint Derrida, expliziert Kant sein berühmtes Lügenverbot in »Über ein vermeintes Recht aus Menschenliebe zu lügen« (1797) anhand einer Situation der Gastfreundschaft.[9] Darf ich, so lautet die Ausgangsfrage, einen Mörder, der mich fragt, ob sich derjenige, den er verfolgt und dem ich in meinem Haus Gastfreundschaft gewähre, belügen? Kants kategorisches Lügenverbot wird selbst in

5 Immanuel Kant: Kritik der reinen Vernunft. Zitiert nach: Werke in zwölf Bänden. Hg. von Wilhelm Weischedel. Frankfurt a.M.: Suhrkamp 1977, Bd. IV, S. 441 (= KdV B 491).
6 Immanuel Kant: Die Metaphysik der Sitten. In: Werke (s. Anm. 5), Bd. VIII, S. 550.
7 Immanuel Kant: Zum ewigen Frieden: In: (s. Anm. 5), Bd. XI, S. 213.
8 Ebd.
9 Zur Geschichte und Diskussion um den bekannten Streit zwischen Kant und Benjamin Constant vgl. Georg Geismann/Hariolf Oberer (Hg.): Kant und das Recht der Lüge. Würzburg: Königshausen & Neumann 1986.

dieser Situation nicht außer Kraft gesetzt. Ob dies allerdings bedeutet, wie Derrida meint, lieber mit der Pflicht zur Gastfreundschaft zu brechen, »als mit der absoluten Pflicht zur Wahrhaftigkeit, der Grundlage der Menschlichkeit und der der menschlichen Sozialität ganz allgemein«, scheint fraglich.[10] Denn das Bejahen der Frage des Mörders bedeutet nicht zwangsläufig die Auslieferung des Gastes, der ja gerade *dadurch*, dass er als Gast des Hauses ausgewiesen wird, einen besonderen Schutz genießt. Mit andern Worten: Der Gastherr übernimmt eine unbedingte Pflicht zum Schutz des Gastes, der unantastbar ist, solange er sich in seinem Haus befindet. (Im alten Orient rangiert der Schutz des Gastes noch vor dem Schutz der eigenen Familienangehörigen.[11])

Gastfreundschaft als Pflicht gegen die Menschheit in der eigenen Person basiert bei Kant letztlich auf der Doppelnatur des Menschen und damit auf einer transzendentalphilosophisch gezogenen Grenze im eigenen Ich, welche die empirische von der intelligiblen Person scheidet. Während man sich der empirischen Seite stets bewusst ist, ist es mit der intelligiblen problematischer bestellt, da diese nie *rein* zu haben ist. Vor allem in der eigentümlichen Lust am Erhabenen werden diese beiden Seiten besonders plastisch und darüber hinaus auch die Grenze, welche sie trennt. Denn kennzeichnend für die Struktur des Erhabenen scheint eine Art Zögern zu sein, ein Aufschub, wie er beim Überschreiten einer Schwelle auftritt. Dem Erhabenen ist gleichsam ein liminatorisches Prinzip eingeschrieben, das aus dem spezifischen Widerspiel von Grenze und Überschreitung resultiert. Kant definiert das Gefühl des Erhabenen als eine Lust, »welche nur indirecte entspringt, nämlich so, daß sie durch das Gefühl einer augenblicklichen Hemmung der Lebenskräfte und darauf sogleich folgenden desto stärkern Ergießung derselben erzeugt wird [...].«[12] Dieses liminatorische Element hat seinen Grund insbesondere darin, dass das Erhabene - anders als das Schöne - keine Übereinstimmung von Rezeptionsmodus und formaler Struktur, wodurch der Gegenstand der Urteilskraft entgegen tritt, für sich reklamieren kann. Das Widerspiel von Grenze und Überschreitung tritt deshalb so deutlich zutage, weil das Erhabene als ein Prinzip aufgefasst wird, durch das die Unmöglichkeit, Vernunftideen angemessen darzustellen, eine sinnliche Repräsentationsform findet. Quasi ex negativo wird das, was sich einer Darstellung entzieht, besonders eindringlich ins Bewusstsein gerufen:

> das eigentliche Erhabene kann in keiner sinnlichen Form enthalten sein, sondern trifft nur Ideen der Vernunft: welche, obgleich keine ihnen angemessene Darstellung möglich ist, eben durch diese Unangemessenheit, welche sich sinnlich darstellen läßt, rege gemacht und ins Gemüt gerufen werden kann.[13]

10 Jacques Derrida: Von der Gastfreundschaft. Wien: Passagen 2001, S. 56.

11 Vgl. dazu Otto Hiltbrunner: Gastfreundschaft in der Antike und im frühen Christentum. Darmstadt: WBG 2005, S. 12.

12 Immanuel Kant: Kritik der Urteilskraft. In: Werke (s. Anm. 5), Bd. X, S. 165 (im Folgenden zitiert als KdU B 75).

13 KdU B 77.

Indem sich im Erhabenen das beständige Scheitern der Versuche verdichtet, jene Schwelle zu überwinden, vor der sich die Sinnlichkeit mit Blick auf das Intelligible zurück staut, tritt eine Reflexionsfigur auf den Plan, die in einer schmucken Umkehr *aus* diesem Scheitern eine positive Bilanz mit Blick auf die eigene Subjektkonstitution ziehen kann. Der diesem Modell implizite Gestus eines liminatorischen Spiels von Aufschub, Umkehr und Überschreitung scheint nachgerade paradigmatisch für die Fragen, die sich im Horizont von Gast und Gastlichkeit zwangsläufig stellen müssen. Dies umso mehr, da die Struktur des ästhetischen Urteils bei Kant zumindest symbolhaft mit der Struktur des moralischen Urteils identifiziert wird.[14] Mit anderen Worten, der Imperativ, Gastfreundschaft zu üben, jemanden also über die eigene Schwelle treten zu lassen, hängt mehr als nur analogisch mit dem Überschreiten eben jener Schwelle zwischen *homo phaenomenon* und *homo noumenon* zusammen, wie sie im Gefühl des Erhabenen evident wird. Denn Kants Ausführungen zum Erhabenen sind im eigentlichen Sinne Reflexionen auf das Versagen eben des Vermögens, das für Begrenzung schlechthin steht: des Verstands. Das für das ästhetische Urteil konstitutive, freie Spiel von Einbildungskraft und Verstand kommt ja nur deshalb zu einem Ergebnis, weil der Verstand die Bewegung der Einbildungskraft hier ohne Umweg über die begrifflichen Abstraktionen des empirischen Denkens zu fixieren vermag. Beim Erhabenen hingegen wird die Frage aufgeworfen, was passiert, wenn das Vermögen, Grenzen zu ziehen, kollabiert und damit zugleich die Fixierung auf den Bereich des Eigenen überschritten werden muss auf das Fremde. So stellt der Gast als das schlechthin Andere in letzter Konsequenz das gleiche Initiationsmoment für die Einbildungskraft dar, wie etwa das schlechthin Große, das Kant zur Verdeutlichung des Gefühls des Erhabenen anführt.[15] Beides ist mit den gängigen Kategorien nicht mehr erfassbar.

> Das Unendliche aber ist schlechthin (nicht bloß komparativ) groß. Mit diesem verglichen ist alles andere (von derselben Art Größen) klein. Aber, was das Vornehmste ist, es als *ein Ganzes* auch nur denken zu können, zeigt ein Vermögen des Gemüts an, welches allen Maßstab der Sinne übertrifft. Denn dazu würde eine Zusammenfassung erfordert werden, welche einen Maßstab als Einheit lieferte, der zum Unendlichen ein bestimmtes, in Zahlen angebliches Verhältnis hätte: welches unmöglich ist. Das *gegebene* Unendliche aber dennoch ohne Widerspruch *auch nur denken zu können*, dazu wird ein Vermögen, das selbst übersinnlich ist, im menschlichen Gemüte erfordert.[16]

---

14 Vgl. KdU §59. Ernst Cassirer ist der Ansicht, dass Kant erst in der »Analytik des Erhabenen« die höchste Synthese zwischen »seinem ethischen und seinem ästhetischen Grundprinzip« erreicht habe. Ernst Cassirer: Kants Leben und Lehre. Darmstadt: WBG 1994, S. 348.

15 Natürlich wird an dieser Stelle quasi mit Kant über Kant hinaus argumentiert, denn das hier entwickelte Verständnis der Gast-Situation ist mit dem oben dargestellten Hospitalitätsbegriff von Kant, der letztlich auf einem *sensus communis* basiert, nicht identisch.

16 KdU B 92.

2.

Die Tatsache, dass Gastfreundschaft als eine moralische Sollensaufforderung an uns herantritt, also nicht notwendig einem Akt der Spontaneität entspringt, resultiert aus der Angst vor der Begegnung mit dem Fremden schlechthin. Vor allem Derrida hat herausgearbeitet, was es eigentlich bedeutet, *absolute Gastfreundschaft* zu üben. Und mit absoluter Gastfreundschaft meint er den Modus jener Bewegung, der der Pflicht zur Gastfreundschaft zu Grunde liegt, der sie aber auch supplementiert. Absolute Gastfreundschaft erfordere, so Derrida, dass ich mein Zuhause (*chez-moi*) öffne und zwar nicht nur dem Fremden, der über einen sozialen Status und einen Namen verfügt, sondern es auch dem unbekannten, anonymen absolut Anderen öffne. Absolute Gastfreundschaft hieße dann, diesem absolut Anderen eine *Statt geben* (*donne lieu*), ihn Statt haben lasse (*avoir lieu*) an dem Ort, den ich ihm anbiete, und dies alles tue, ohne von ihm eine Gegenseitigkeit zu verlangen oder ihn nach seinem Namen zu fragen. (Die Frage nach dem Namen entspringt ja letztlich einem hostilen Verdacht, der bereits Wagners Lohengrin in die Flucht schlug.) Derrida folgert daher, dass das Gesetz der absoluten Gastfreundschaft gebiete, »mit der rechtlich geregelten Gastfreundschaft, mit dem Gesetz oder der Gerechtigkeit als Recht, zu brechen.«[17] Damit stellt sich für Derrida Gastfreundschaft als eine Ausnahmesituation dar, die sich dem Normalitätsdispositiv konsequent entzieht. Auch Otto Hiltbrunner identifiziert gleich zu Beginn seines Buches über »Gastfreundschaft in der Antike« die Begegnung mit dem Fremden als eine Ausnahmesituation.[18] Diese Charakterisierung muss zunächst verwundern, denn in kulturhistorischer Perspektive scheint Gastfreundschaft als spezifischer Modus, dem Fremden zu begegnen, eine anthropologische Konstante zu sein. Schon im Alten Testament kehrt Gott selbst als Gast bei Abraham ein, und auch im Neuen Testament wird beständig auf Gastlichkeit insistiert: »Bleibt fest in der brüderlichen Liebe. Gastfrei zu sein vergeßt nicht; denn dadurch haben einige ohne ihr Wissen Engel beherbergt.« (Hebr. 13,2) Jesus selbst tritt als der Unbehauste auf, als derjenige, der beständig auf Gastfreundschaft angewiesen ist und dem diese als äquivalenter Maßstab individueller Gottesliebe respektive als Indikator der jeweiligen Reue gilt:

> Siehst du diese Frau? Ich bin in dein Haus gekommen; du hast mir kein Wasser für meine Füße gegeben; diese aber hat meine Füße mit Tränen benetzt und mit ihren Haaren getrocknet. Du hast mir keinen Kuß gegeben; diese aber hat, seit ich hereingekommen bin, nicht abgelassen, meine Füße zu küssen. Du hast mein Haupt nicht mit Öl gesalbt; sie aber hat meine Füße mit Salböl gesalbt. Deshalb sage ich dir: Ihre vielen Sünden sind vergeben, denn sie hat viel Liebe gezeigt; wem aber wenig vergeben wird, der liebt wenig. (Luk 7, 44-47)

Weitere Belege, welche Gastlichkeit als anthropologische Urszene mythologisch oder religiös hypostasieren, lassen sich in reicher Fülle finden. Woher also rührt die Angst, das Mahl mit dem Fremden zu teilen, jemanden neben (*para*) sich und der Mahlzeit

---

17 Derrida: Von der Gastfreundschaft (s. Anm. 10), S. 27.

18 Hiltbrunner: Gastfreundschaft in der Antike (s. Anm. 11), S. 9.

(*sitos*) sitzen zu lassen? Eben daher, dass er sitzen bleiben, es sich bequem machen, sich ausbreiten kurz: vom Gast zum Parasiten mutieren könnte. Dabei war die ursprüngliche Bedeutung des griechischen *parasitos* nicht notwendig pejorativ. Als eingeladener Tischgast ist der *parasitos* zunächst ein Mitessender im besten Sinne, und in diesem Sinne wären alle Gäste Parasiten, wie Derrida in seiner »Theorie des Parasiten« listig betont, um fortzufahren:

> [N]ehmen Sie den Propheten Elijah, für den immer ein Platz gedeckt ist. Weil er immer unerwartet ankommen kann. Da man niemals auf ihn wartet, ihn zugleich aber erwartet - ihn immer erwartend - kann man vom Propheten sagen, daß er zum Parasiten bestimmt ist, durch Vorbestimmung. Der Messias ist ein Parasit.[19]

In diesem Argumentationszusammenhang kollabiert das eindeutige Zuschreibungsmuster, das den Parasiten auf eine gute oder böse Rolle festzurrt. Vielmehr erscheint er als eine Übergangs- oder Schwellenfigur, die sich vornehmlich an Bedeutungsgrenzen aufhält, um diese zu subvertieren:

> Dieser Übergang ist enthalten in der Logik des para- und des ›mit‹, was bedeutet, daß die Bedeutung des Parasiten sich selbst parasitiert. Und daß man den guten Parasiten und den schlechten Parasiten nicht in aller Strenge gegenüberstellen oder unterscheiden kann, wie man gerne möchte; noch zwischen Gut und Böse allgemein. Das Schlechte ist nicht das Gegenteil des Guten. Es ist sein supplementärer Parasit.[20]

Situiert man den *parasitos* nunmehr ganz bewusst dort, wo er seiner Logik nach auch entspringt, nämlich in den Zonen des Übergangs, so stellt sich die Frage nach dem Gewinn. Anders formuliert: Worin liegt der Mehrwert einer parasitären Logik? Eine mögliche und nahe liegende Antwort wäre, dass Parasiten irritieren. Systemtheoretisch gesprochen ist eine Irritation aber nichts anderes als eine Information, zumindest wenn die Irritation durch systemeigene Strukturen verarbeitet wird.[21] Irritationen sind somit produktiv und unverzichtbar für die Evolution des Systems - nicht allerdings für die Umwelt, für die der irritierende Umweltzustand durchaus kein Problem sein muss: Das AIDS-Virus ist nicht über sich selbst irritiert - ebenso wenig wie das Ozonloch oder der Klimawandel. Als ungebetene Gäste bzw. als parasitäre Irritationen erscheinen diese Phänomene erst im Horizont von funktional differenzierten Systemen. Hier aber bewirken Parasiten als Auslöser momentaner Inkonsistenzen einen Lernfortschritt im System und können somit die Ursache von (überfälligen) Verhaltensmodifikationen, Richtungswechseln und Neuformierungen sein. In verkrusteten Strukturen wären sie gleichsam das infizierende Initiationsmoment für kathartische Effekte. Mit anderen Worten: Parasiten erzeugen Asymmetrien, und der Trick wäre, diese als Chance zu begreifen, wie Michel Serres betont: »Die neue Ordnung erscheint durch den Parasiten, der die Nachricht stört.«[22] Sein innovatives

---

19 Jacques Derrida: Die Signatur aushöhlen - eine Theorie des Parasiten. In: Hannelore Pfeil/Hans-Peter Jäger (Hg.): Politiken des Anderen. Bd. 1: Eingriffe im Zeitalter der Medien. Bornheim-Roisdorf: Hanseatischer Fachverlag 1995, S. 29–41, hier 32. - Vgl. zum Parasiten auch den Beitrag von Manfred Schneider in diesem Band.

20 Ebd., S. 33.

Potenzial scheint dort auf, wo der Parasit die alte Reihe und die gewohnte Botschaft verwirrt und eine neue komponiert. Gelingt es dem System freilich nicht, die parasitären Irritationen und Asymmetrien produktiv zu verarbeiten, so droht die Gefahr des eigenen Untergangs - in der Computersprache formuliert, in der das Virus eine neue globale Karriere feiert, der Systemabsturz. Es ist dieses Janusgesicht des Parasiten, das ihn gleichermaßen so unverzichtbar wie abschreckend macht, denn der Parasit führt »parallel die Operation der radikalen Neuheit und die der Zerstörung bis auf die Wurzeln aus«.[23]

3.

Ist also die Begegnung mit dem Gast schon eine Ausnahmesituation, so ist es erst Recht die mit dem Parasiten. Zu fragen wäre allerdings, ob sich der produktive Aspekt, der den Parasiten systemtheoretisch als Informationszugewinn codiert, auch auf die Situation absoluter Gastfreundschaft übertragen lässt. Fasst man absolute Gastfreundschaft, wie oben geschehen, im Modus des Erhabenen, dann wäre die parasitäre Irritation dergestalt zu interpretieren, dass das System die Information nicht mehr mit den ihm zur Verfügung stehenden Codes verarbeiten kann. Die Tatsache, überhaupt irritierbar zu sein, würde dann zwar auf etwas *im* System verweisen, aber auf etwas, das jenseits der binären Beobachtungslogik von System/Umwelt angesiedelt ist. Luhmann bemerkt dazu:

> In der Terminologie der traditionellen Logik formuliert, ist die Unterscheidung im Verhältnis zu den Seiten, die sie unterscheidet, das ausgeschlossene Dritte. Wenn man schließlich mit in Betracht zieht, daß Beobachtung immer ein Operieren ist, das durch ein autopoietisches System durchgeführt werde muß, und wenn man den Begriff dieses Systems in dieser Funktion als Beobachter bezeichnet, führt das zu der Aussage: der

---

21 Niklas Luhmann definiert den Begriff der *Irritation* in der letzten und aktuellsten Fassung seiner Systemtheorie wie folgt: »Der moderne Begriff der Irritation [...] hat seinen theoretischen Ort in der These eines Zusammenhangs von operativer Schließung (Autopoiesis) und struktureller Kopplung von System und Umwelt. Umwelteinwirkungen auf das System, die es selbstverständlich in jedem Augenblick in riesigen Ausmaßen gibt, können das System nicht determinieren, weil jede Determination des Systems nur im rekursiven Netzwerk der eigenen Operationen (hier also [d.h. mit Blick auf das Gesellschaftssystem; G.M.]: nur durch Kommunikation) erzeugt werden kann und in diesem Zusammenhang an die systemeigenen Strukturen gebunden bleibt, die solche Rekursionen und entsprechende operative Sequenzen ermöglichen (Strukturdetermination). Irritation ist danach ein Systemzustand, der zur Fortsetzung der autopoietischen Operationen des Systems anregt, dabei aber, als bloße Irritation, zunächst offen läßt, ob dazu Strukturen geändert werden müssen oder nicht; ob also über weitere Irritationen Lernprozesse eingeleitet werden oder ob das System sich darauf verläßt, daß die Irritation mit der Zeit von selbst verschwinden werde, weil sie nur ein einmaliges Ereignis war. Im Offenhalten *beider* Möglichkeiten liegt eine Garantie für die Autopoiesis des Systems und zugleich eine Garantie seiner Evolutionsfähigkeit.« Niklas Luhmann: Die Gesellschaft der Gesellschaft. Frankfurt a.M.: Suhrkamp 1998, S. 790.

22 Michel Serres: Der Parasit (s. Anm. 1), S. 283.

23 Ebd., S. 288.

> Beobachter ist das ausgeschlossene Dritte seines Beobachtens. Er kann sich selbst beim Beobachten nicht sehen. Der Beobachter ist das Nicht-Beobachtbare, heißt es kurz und bündig bei Michel Serres.[24]

Und Serres selbst fährt an der von Luhmann zitierten Stelle fort: »Zumindest ist es nötig, daß er [der Beobachter; G.M.] auf der Kette des Beobachtbaren der letzte sei. Wenn jemand an seine Stelle tritt, so wird er zum Beobachteten. Er ist also in der Position des Parasiten.«[25] Vor dem Hintergrund dieser Bestimmung wäre die durch den Parasiten ausgelöste Irritation eine Irritation über die blinden Flecken, die das System in seiner Funktion als Beobachter notwendig in Kauf nehmen muss. Die spezifische ›Information‹, die aus der Position des Parasiten resultiert, ist diejenige, nicht als Information verarbeitet werden zu können. Sie steht als ›Rede‹ jenseits der systemimmanenten Sprachlogik und markiert jenen dunklen, unabgegoltenen Rest, mit dem immer zu rechnen ist. Damit lässt sich nun auch das *tertium comparationis* von parasitärer Irritation und absoluter Gastlichkeit im Modus des Erhabenen benennen: die Apokalypse.

War die Eindämmung der apokalyptischen Rede durch Desavouierung des eschatologischen Vokabulars eines der zentralen Programme der Moderne,[26] so vermochte dieses Programm allerdings nicht die Ängste stillzulegen, die im apokalyptischen Drama arbeiten. Genau besehen bildet die apokalyptische Grunderfahrung als eine Erfahrung, die das Maß des Menschen in einer nicht mehr zu überbietenden Weise übersteigt, genau den Punkt, an dem Kants Ausführungen über das Erhabene ansetzen. Denn die im Erhabenen angelegte Erfahrung der Entgrenzung würde das Subjekt depotenzieren, und es ist leicht einzusehen, dass Kant diese Erfahrung nicht zulassen kann. Das zentrale Sujet der Ästhetik des Erhabenen wäre somit nichts anderes als »die nackte Angst vor dem Untergang in einer erlösungslosen Welt«.[27] Folgerichtig muss Kant gegenüber dieser schlechthin überwältigenden Macht eine Position der Vernunft konstituieren, die in der Lage ist, dieses apokalyptische Szenario nicht nur auszuhalten, sondern noch zu überbieten. Dies geschieht, wie Hartmut Böhme luzide darlegt, indem das Reale durch einen genialen Trick verwandelt wird zum bloßen Punkt, »von dem aus wie von einem Widerlager das Vernunft-Subjekt sich abstößt in die Sphäre der intelligiblen Selbstbehauptung«.[28] Apokalypse kann so zu einem »Schema«[29] der symbolischen Selbstdarstellung der Vernunft werden – ein Preis, der mit der Opferung des empirischen Ichs nicht zu hoch bezahlt ist: Denn das Erhabene als »das spirituelle Atomkraftwerk der Vernunft [...] entzieht den Sinnen in einer eben diesen Sinnen absolut unvorstellbaren Form deren gesamte Energie«.[30] Die parasitäre

---

24 Luhmann: Die Gesellschaft der Gesellschaft (s. Anm. 21), S. 69.

25 Serres: Der Parasit (s. Anm. 1), S. 365.

26 Vgl. als ein Beispiel von vielen Kants bissige Schrift: Von einem neuerdings erhobenen vornehmen Ton in der Philosophie. In: Werke (s. Anm. 5), Bd. VI.

27 Hartmut Böhme: Natur und Subjekt. Frankfurt a.M.: Suhrkamp 1988, S. 393.

28 Ebd.

29 KdU B 110.

30 Böhme: Natur und Subjekt (s. Anm. 27), S. 394.

Irritation besteht nun genau darin, in solche gleichsam entfleischten Bereiche intelligibler Selbsthypostasierung der Vernunft den Körper wieder einzuführen. Zum Beispiel den biopolitischen Körper im Sinne der *zoé*, dessen Eintritt in die Sphäre der *pólis* nach Agamben das entscheidende Ereignis der Moderne darstellt;[31] oder den Körper der Schrift, dessen entfesselte Zeichen wie Odradek in Kafkas Erzählung *Die Sorge des Hausvaters* der vermeintlich teleologischen Gewissheit ein transitorisches Moment entgegenhalten.

> Er hält sich abwechselnd auf dem Dachboden, im Treppenhaus, auf den Gängen, im Flur auf. Manchmal ist er monatelang nicht zu sehen; da ist er wohl in andere Häuser übersiedelt; doch kehrt er dann unweigerlich wieder in unser Haus zurück. Manchmal, wenn man aus der Tür tritt und er lehnt gerade unten am Treppengeländer, hat man Lust, ihn anzusprechen. Natürlich stellt man an ihn keine schwierigen Fragen, sondern behandelt ihn - schon seine Winzigkeit verführt dazu - wie ein Kind. »Wie heißt du denn?« fragt man ihn. »Odradek«, sagt er. Und wo wohnst du? »Unbestimmter Wohnsitz«, sagt er und lacht; es ist aber nur ein Lachen, wie man es ohne Lungen hervorbringen kann. Es klingt etwa so, wie das Rascheln in gefallenen Blättern. Damit ist die Unterhaltung meist zu Ende.[32]

Angesichts solcher parasitärer Irritationen stellt sich die grundsätzliche Frage, ob die hostile bzw. parasitäre Ausnahmesituation als ein Ausnahmezustand im Sinne von Agamben zu deuten wäre, der sich wiederum auf die bekannte Definition von Carl Schmitt beruft: »Souverän ist, wer über den Ausnahmezustand entscheidet.«[33] Doch wer verfügte eigentlich über diese Situation, wer wäre ihr Souverän? Gast oder Gastgeber? Parasit oder Wirt? Die Antwort fällt nicht immer eindeutig aus, da mitunter überhaupt nicht evident ist, wer in der Situation Parasit und wer Wirt ist. Zumindest dann nicht, wenn man die Rollen mit Blick auf Abhängigkeitsverhältnisse definieren wollte.[34]

Hans-Dieter Bahr hat in seiner luziden Studie »Die Befremdlichkeit des Gastes« hervorgehoben, dass Gastlichkeit die den hierarchischen Sozialbeziehungen impliziten Herrschaftsverhältnisse vorübergehend einseitig verkehrt: »Wie auch immer die Herrschaftsverhältnisse gegenüber Dritten nach außen und innen aufrechterhalten werden, durch die Umwidmung dem Gast gegenüber - ›Mein Haus sei Dein Haus‹ - stellt sich die *Herrschaft* in den *Dienst* des Gastes.«[35]

Diese seltsame Umkehrung der Normalität hat nun tatsächlich vieles von dem gemein, was Schmitt über den Ausnahmezustand formuliert hat. Für ihn ist die Ausnahme das nicht Subsumierbare, das sich der generellen Fassung konsequent entzieht, das aber gleichzeitig die Dezision als ein spezifisch-juristisches Formelement

31 Giorgio Agamben: Homo sacer. Die souveräne Macht und das nackte Leben. Frankfurt a.M.: Suhrkamp 2002, S. 14.

32 Franz Kafka: Die Sorge des Hausvaters. In: Gesammelte Werke in zwölf Bänden. Nach der kritischen Ausgabe hg. von Hans-Gerd Koch. Bd. 1. Frankfurt a.M.: Fischer 2001, S. 222-223, hier 223.

33 Carl Schmitt: Politische Theologie. Vier Kapitel zur Lehre von der Souveränität. Berlin: Duncker & Humblot 2004, S. 13.

in absoluter Reinheit offenbart.[36] Mit den Worten Schmitts: »In seiner absoluten Gestalt ist der Ausnahmefall dann eingetreten, wenn erst die Situation geschaffen werden muß, in der Rechtssätze gelten können.«[37] Da jede Norm für ihre faktische Geltung ein homogenes Medium braucht, da also zunächst einmal eine gewisse Ordnung, eine gewisse Normalität hergestellt sein muss, damit Rechtsordnungen Sinn haben können, bedarf es eines Souveräns, der definitiv darüber entscheidet, ob dieser normale Zustand auch wirklich herrscht: »Der Souverän schafft und garantiert die Situation als Ganzes in ihrer Totalität.«[38] Schmitt ist der Ansicht, mit der souveränen Entscheidung über den Ausnahmezustand den rechtlich unbegründbaren Grund und somit die Geltungsquelle von Recht überhaupt identifiziert zu haben. Die Ausnahmesituation ist demnach eine Gründungssituation, ein Gedanke übrigens, der Agamben erst dazu instand setzte, im Lager das Nomos der Moderne zu erblicken.

Führt man sich diese beiden Aspekte der Schmittschen Souveränitätstheorie vor Augen, nämlich die charakteristische Denormalisierung eines Ordnungszustandes sowie die Spezifizierung dieser Situation als Gründungsakt durch das Wort eines Souveräns, so fallen in der Tat einige Parallelen zur Situation der Gastfreundschaft ins Auge. Denn genauso wie der Ausnahmezustand nicht das Gegenteil von Normalität ist, sondern eben dessen Gründungsmuster, so erweist sich das Zu-Gast-Sein, wie Hans-Dieter Bahr gezeigt hat, als eine existentielle Weise des gegenseitigen Offen-Haltens, ohne die jene konstitutive, weil Kultur erst hervorbringende, Bewegung wechselseitiger Anerkennung schlechterdings unmöglich wäre:

---

34 In dem Film MATRIX klassifiziert das Computerprogramm *Agent Smith* den gefangenen Morpheus wie folgt: »Ich kam zu einer interessanten Entdeckung, seit ich in der Matrix bin. Es fiel mir auf, als ich versuchte, eure Spezies zu klassifizieren. Ihr seid im eigentlichen Sinne keine richtigen Säugetiere. Jedwede Art von Säuger auf diesem Planeten entwickelt instinktiv ein natürliches Gleichgewicht mit der Umgebung. Ihr Menschen aber tut dies nicht. Ihr zieht in ein bestimmtes Gebiet und vermehrt euch, und vermehrt euch, bis alle natürlichen Ressourcen erschöpft sind. Und der einzige Weg zu überleben ist die Ausbreitung auf ein anderes Gebiet. Es gibt noch einen Organismus auf diesem Planeten, der genauso verfährt. Wissen Sie welcher? Das Virus! Der Mensch ist eine Krankheit, das Geschwür dieses Planeten. Ihr seid wie die Pest, und wir sind die Heilung!« (Eigene Transkription) Tatsächlich ist Morpheus in dieser Situation nicht viel mehr als ein Computervirus, der sich in die Matrix gehackt hat. Allerdings ist umgekehrt die Matrix selbst elementarer Bestandteil eines von den Maschinen generierten, parasitären Ausbeutungsprogramms. Wer ist hier also das ›echte‹ Virus? Wer ist Wirt und wer ist Parasit? Diese Frage wird noch komplizierter, verfolgt man die Entwicklung von Smith in den folgenden Teilen der Triologie. Dort nämlich mutiert das Wächter-Programm zu einem Virus *in* der Matrix (also quasi zu einem doppelten Virus), der schließlich die Matrix selbst zum Absturz zu bringen droht. Neo, der Erlöser, der die Menschheit von der Matrix befreien sollte, muss daher im letzten Teil erst die Matrix vom Virus Smith befreien. Vgl.: Andy und Larry Wachowski (Drehbuch und Regie): Matrix (1999), Warner Bros. und Village Roadshow Pictures.

35 Hans-Dieter Bahr: Die Befremdlichkeit des Gastes. Wien: Passagen 2005, S. 29.

36 Vgl. Schmitt: Politische Theologie (s. Anm. 33), S. 19.

37 Ebd.

38 Ebd.

> Da der Leib als Körper immer schon eine Stelle einnimmt und sich eine Strecke bahnt, kann eine Person der anderen, die ihr begegnet, kundtun, daß sie ihr den Weg und den Platz freigeben wird, anstatt diese zu versperren oder besetzt zu halten. Bliebe jedoch solche Bekundung einseitig, würde sich der Freigebige nur als ein Herr präsentieren, der über die Macht verfügt, dem anderen die Möglichkeit, seinen Weg zu wählen, zu gewähren oder zu nehmen. Daran würde sich grundsätzlich auch dann nichts ändern, wenn der Herr gastfreundlich wäre und im Gewähren solcher Freiheit zugleich selbst Freude am Genießen des Anderen empfände. Erst wenn dieser andere seinerseits und zugleich bekundet, seinem Anderen ebenso von sich her Platz und Weg freizugeben, zerfällt alle Macht des Herren dadurch, daß es keine Untergebenen oder zu Unterwerfenden mehr gibt. Die derart einander freigebigen Personen werden in einem eine Grenze wie deren Öffnung markieren, nämlich eine Schwelle, die von ihnen nicht achtlos sondern nur mit Scheu überschritten wird, im Bewußtsein, den Raum des anderen zu verletzen, weshalb sie einander um Verzeihung bitten werden.[39]

Im Schwellenraum der Gastfreundschaft erweist sich Gastlichkeit als ein Existenzial, nämlich als ein offener Raum von Möglichkeiten, der einem selbst wie dem Anderen als *unvordenkliche Vor-Gabe vor aller Gegebenheit zu-steht.*[40] Damit wird zugleich der entscheidende Unterschied dieser Ausnahmesituation zur Souveränitätstheorie Schmitts deutlich: Denn Gastlichkeit als offener Möglichkeitsraum ist zwar ohne Zweifel als eine Gründungssituation zu denken, doch als eine, die durch die Abwesenheit jedes Souveräns gekennzeichnet ist. Ihr Spezifikum liegt gerade in der Unverfügbarkeit, in der Absenz jeder Definitionshoheit. In ihr verdichtet sich kein Gedanke und keine Ideologie, sondern lediglich das Prinzip wechselseitigen Offen-Haltens, das im Gestus der Wiederholung evident wird. Gastfreundschaft erweist sich so im Kern als formaler Modus, der nichts anderes will, als die Bewegung, der er entspringt, auf Dauer zu stellen.

Doch welche Form der Kommunikation ist dazu in der Lage, diesen Gestus wechselseitigen Offenhaltens in eine Iterationsbewegung zu überführen? Spontan fällt sofort Scheherazade aus »Tausendundeine Nacht« ein, die immer neue Geschichten erfindet, um dem Tod auszuweichen, ihre existenzielle Gast-Situation also im Modus beständiger Narration auf Dauer stellt. Doch trifft dies meines Erachtens noch nicht den Kern der Sache. Zurecht fragt Derrida, ob wir von dem Fremden, »bevor und damit wir ihn bei uns aufnehmen können« wirklich verlangen sollen, uns zu verstehen, d.h. unsere Sprache zu sprechen, in allen Bedeutungen dieses Ausdrucks.[41] Denn es liegt auf der Hand, dass derjenige, mit dem man bereits all das teilt, was mit einer Sprache geteilt wird, nicht mehr in dem Sinne als Fremder zu bezeichnen ist, dass man auf ihn bezogen noch von Gastfreundschaft sprechen könnte. Er wäre uns ja bereits vertraut, wäre heimisch und auf eine spezifische Art *lesbar*. Seine Textur würde offen liegen, sein Code wäre entschlüsselt und seine Bedeutung erschöpft. Er hätte aufgehört, uns zu irritieren, und wäre als Gast damit seiner wesentlichsten Eigenschaft beraubt. Die Sprache absoluter Gastfreundschaft müsste somit in der Lage sein, jene

---

39 Bahr: Die Befremdlichkeit des Gastes (s. Anm. 35), S. 26.
40 Ebd.
41 Derrida: Von der Gastfreundschaft (s. Anm. 10), S. 21.

Lücke im Verständnis des Anderen beständig offen zu halten, um ihm so, als dem Anderen, überhaupt gerecht zu werden. Dabei steht, wie Hans Blumenberg in seinem »Ausblick auf eine Theorie der Unbegrifflichkeit« richtig bemerkte, deskriptiv nicht »die Existenz von Korrelaten behaupteter Sprachlosigkeit [...] zur Diskussion, sondern die der Geschichte unseres Bewusstseins zugehörige Anstrengung, die Unsagbarkeit selbst sprachlich darzustellen.«[42] Der Situation absoluter Gastfreundschaft würde demnach auf der Ebene der Narration bzw. Kommunikation das entsprechen, was Blumenberg als absolute Metapher bezeichnet hat, also eine Grundvorstellung menschlicher Weltorientierung, deren Deutungshorizont als organisch gewachsene Einheit eine irreduzible Denkform darstellt, die sich einer Rückübersetzung ins begrifflich Logische verweigert. Nur so könnte ein Bedeutungssurplus offen gehalten werden, ohne das Gastfreundschaft schlechterdings unmöglich wäre. Denn es wäre eben das Surplus, durch das der Andere *als* Anderer anerkannt und dennoch angenommen werden kann. Damit aber erweist sich absolute Gastfreundschaft in ihrem Kern als messianisch.

4.

Mit diesen Überlegungen ist man bei einem emphatischen Lektüremodell angelangt, als das sich Gastfreundschaft letztlich offenbart. So ließe sich etwa die Theoriegeschichte der Literatur auch als eine Geschichte der Gastfreundschaft erzählen, die ihre Entwicklung bzw. ihre Variationen aus dem wechselnden Verhältnis zum Gast, den es lesend zu entziffern gilt, gewinnt. Und dazu muss man nicht zwingend die durchaus einsichtige Bewegung der Dekonstruktion nachvollziehen, welche der Schrift selbst eine parasitäre Struktur zuschreibt. Allerdings kritisiert Derrida zu Recht die Ausschlussbewegung, mit der vor allem die Sprechakttheorie performative Äußerungen als parasitären Sprachgebrauch von konstativen Äußerungen abzugrenzen versucht.[43] Auch wenn diese Abgrenzung nur in methodologischer oder provisorischer Absicht erfolgt sei, stellt sie eine Idealisierung dar, die strukturell unzulässig ist. Denn wer bestimmte Sprachverwendungsmuster als parasitär kennzeichnen will, um auf diese Weise eine ›normale‹ Sprachverwendung theoretisch in den Blick zu nehmen, operiert

42 Hans Blumenberg: Ausblick auf eine Theorie der Unbegrifflichkeit. In: ders.: Schiffbruch mit Zuschauer. Frankfurt a.M.: Suhrkamp 1979, S. 75–93, hier 84.

43 Das bekannte Zitat von Austin, auf das Derrida in *Signatur Ereignis Kontext* reagiert, lautet: »Unsere performativen Äußerungen [sind] als *Äußerungen* gewissen anderen Übeln ausgesetzt, die *alle* Äußerungen befallen können. Auch sie schließen wir für unsere Untersuchung in voller Absicht aus, obwohl eine umfassendere Theorie sie einschließen könnte. Ich meine zum Beispiel folgendes: In einer *ganz besonderen* Weise sind performative Äußerungen unernst oder nichtig, wenn ein Schauspieler sie auf der Bühne tut oder wenn sie in einem Gedicht vorkommen oder wenn jemand sie zu sich selbst sagt. [...] Unter solchen Umständen wird die Sprache auf ganz bestimmte, dabei verständliche und durchschaubare Weise unernst gebraucht, und zwar wird der gewöhnliche Gebrauch parasitär ausgenutzt.« John L. Austin: Zur Theorie der Sprechakte (How to do things with Words). Stuttgart: Reclam 1986, S. 43f.

bereits mit Mustern, welche eine Sprachverwendungstheorie erst zu begründen hätte. Darüber hinaus wäre zu fragen, ob nicht vielmehr das,

> was Austin als Anomalie, Ausnahme, ›unernst‹, das *Zitieren* (auf der Bühne, in einem Gedicht oder in einem Monolog), ausschließt, die bestimmte Modifikation einer allgemeinen Zitathaftigkeit - allgemeinen Iterierbarkeit vielmehr - [ist], ohne die es sogar kein ›geglücktes‹ *performative* gäbe?[44]

Wenn Derrida mit der Iterabilität[45] auf der grundsätzlichen Wiederholbarkeit eines Sprachzeichens (geschrieben oder gesprochen) insistiert, so geht es ihm dabei nicht um die bloße Reproduktion, sondern vor allem darum, Wiederholung mit Veränderung, mit Andersheit zu verbinden. Iterabilität als spezifische Abweichung der bloß stereotypen Wiederholung steht damit im Horizont einer Metaphysikkritik, die schon Kierkegaard mit Blick auf Hegels System anhand des Wiederholungsbegriffs artikuliert hat: »Die Wiederholung ist das Interesse der Metaphysik und zugleich das Interesse, an dem die Metaphysik strandet«.[46] Derrida präzisiert diese subversive Dimension, die in der Wiederholung angelegt ist, indem er dem Zeichen grundsätzlich eine Fähigkeit zuspricht, seinen Kontext zu brechen. Denn aufgrund seiner Iterabilität lässt sich ein schriftliches Syntagma immer aus einer Verkettung herausnehmen und in andere Ketten einschreiben. Iterabilität ist das strukturelle Merkmal *jedes* Zeichens und damit Indiz der dekonstruktiven Selbstreferenzialität von Sprache schlechthin.

Liegt also die parasitäre Struktur des Textes in der Iterierbarkeit seiner Zeichen begründet, so lässt sich analog die Irritation - als zentrale Eigenschaft des Parasiten - als Effekt seines Vermögens zur Iterabilität begreifen. J. Hillis Miller hat in seinem einschlägigen Aufsatz »The critic as host« die Frage nach dem hostilen bzw. parasitären Verhältnis von Text und Interpretation präzisiert:

> What happens when a critical essay extracts a ›passage‹ and ›cites‹ it? Is this different from a citation, echo, or allusion within a poem? Is a citation an alien parasite within the body of its host, the main text, or is it the other way around, the interpretative text the parasite which surrounds and strangles the citation which is its host? The host feeds the parasite and makes its life possible, but at the same time is killed by it, as ›criticism‹ is often said to kill ›literature‹. Or can host and parasite live happily together, in the domicile of the same text, feeding each other or sharing the food?[47]

---

44 Derrida: Signatur Ereignis Kontext (s. Anm. 2), S. 345.

45 »Diese Iterierbarkeit - (iter, ›von neuem‹, kommt von *itara*, *anders* im Sanskrit, und alles Folgende kann als Ausbeutung dieser Logik gelesen werden, die die Wiederholung mit der Andersheit verknüpft) strukturiert das Zeichen der Schrift selbst, welcher Typ von Schrift es im übrigen auch immer sein mag (piktographisch, hieroglyphisch, ideographisch, phonetisch, alphabetisch, um sich dieser alten Kategorien zu bedienen). Eine Schrift, die nicht über den Tod des Empfängers hinaus aus strukturell lesbar - iterierbar - ist, wäre keine Schrift.« Ebd., S. 333.

46 Sören Kierkegaard: Die Wiederholung. Hamburg: Meiner 1991, S. 23.

47 J. Hillis Miller: The critic as host. In: David Lodge (Hg.): Modern Criticism and Theory, 2. Aufl. London, New York: Pearson Longman 2000, S. 254-262, hier 255.

Diese friedliche Koexistenz von Wirt und Parasit lässt sich als literaturtheoretisches Verfahren nur durch eine Lesehaltung entwickeln, die sich dem Anderen in seiner ganzen Fremdheit öffnet, indem sie auf finale Rückübersetzungen, d.h. kausale Abschlussbewegungen *bewusst* verzichtet. Nur dann könnte es gelingen, wie es Kafka in einem Tagebucheintrag formuliert hat, »aus der Todschlägerreihe Tat - Beobachtung« hinauszuspringen.[48] Vor diesem Hintergrund müsste die Sprache des Gastes, wie Hans-Dieter Bahr vorgeschlagen hat, nicht mehr nur als Eigenschaft einer eingeladenen Person begriffen werden, sondern wäre vielmehr »als ein Zu-Gast-Sein der Sprache selbst« aufzufassen, indem ihr ein Raum jenseits eines aktuellen Funktionsablaufs eröffnet wird, ein Raum, der sich der bloßen *Ver-fügung* entzieht.[49] Wäre dies der Raum der Literatur, oder artikuliert sich hier - einmal mehr, möchte man sagen - die romantische Hoffnung auf eine poetische Sprechweise, die sich in und für die Wirklichkeit artikulieren soll?

Argumentiert man von der Idee absoluter Gastfreundschaft als einer Ausnahmesituation her, so ergibt sich jedoch noch eine weitere Alternative; denn dann zeigt sich, dass sich die Überlegungen zu einer adäquaten Sprache der Gastfreundschaft mit dem Modell berühren, das Agamben in »Was von Auschwitz bleibt« für die Sprache des Zeugen entwickelt hat. Nach Agambens Einschätzung reicht es für die Zeugenschaft der Shoah nicht aus, die Sprache bis an ihre Ränder, bis zum Nicht-Sinn zu treiben. Erst wenn der sinnlose Laut selbst als Stimme erkennbar wird, und zwar als Stimme derjenigen, die aus ganz anderen Gründen nicht Zeugnis ablegen können, rückt Sprache in die Nähe eines Modus, der Zeugenschaft ermöglicht. »Die Unmöglichkeit, Zeugnis abzulegen«, schreibt Agamben, »die ›Lücke‹, die die menschliche Sprache konstituiert, muß also in sich zusammenbrechen, damit eine andere Unmöglichkeit der Bezeugung an ihre Stelle treten kann - die desjenigen, das keine Sprache hat«.[50]

Die Stimmigkeit dieses Modells einmal vorausgesetzt, fällt sofort jenes charakteristische Moment unendlicher Aufschiebung von Stimme, Bedeutung und Präsenz auf, ein Moment, das in Derridas Konzept der *différance* seinen sinnbildlichsten Ausdruck fand. Doch für Agamben folgt aus der Unmöglichkeit, die *phoné* und den *lógos* miteinander zu verbinden, kein unendlicher Aufschub der Bedeutung - »vielmehr erlaubt gerade sie das Zeugnis.«[51] Die fehlende Scharnierstelle zwischen dem Menschlichen (*lógos*) und dem Nicht-Menschlichen (*phoné*), in der das Ich schwebt, macht erst das Zeugnis möglich: »Die Intimität, die unser Nicht-Zusammenfallen mit uns selbst verrät, ist der Ort des Zeugnisses«.[52]

Auch wenn das komplexe Modell von Zeugenschaft, das Agamben entwickelt, hier nur andeutungsweise skizzieren werden kann, scheint vieles von dem auf die Sprache des Gastes, die Sprache der absoluten Gastfreundschaft übertragbar zu sein.

---

48 Franz Kafka: Tagebücher. Bd. 3: 1914–1923. Nach der Kritischen Ausgabe hg. von Hans-Gerd Koch. Frankfurt a.M.: Fischer 2001, S. 210.

49 Vgl. Bahr: Die Befremdlichkeit des Gastes (s. Anm. 35), S. 39f.

50 Giorgio Agamben: Was von Auschwitz bleibt. Das Archiv und der Zeuge. Frankfurt a.M.: Suhrkamp 2003, S. 35.

51 Ebd., S. 114.

52 Ebd.

Beiden ist jenes liminatorische Moment gemeinsam, das als ein Gegenmodell zur Linearität des historiographischen Erzählens begriffen werden muss. Hier wie dort geht es um die paradoxe Bewegung, die Sprache als Sprache mit den eigenen Mitteln zu transzendieren, und zwar ohne in das Gestammel vollendeter Sinnlosigkeit abzugleiten. Nach wie vor scheint in diesem Kontext das, was Hans Blumenberg in den »Paradigmen zu einer Metaphorologie« ausgeführt hat - und hier insbesondere die Idee einer absoluten Metapher -, am zielführendsten zu sein. Denn der Nachweis absoluter Metaphern müsste, so Blumenberg, uns wohl überhaupt dazu veranlassen,

> das Verhältnis von Phantasie und Logos neu zu durchdenken, und zwar in dem Sinne, den Bereich der Phantasie nicht nur als Substrat für Transformationen ins Begriffliche zu nehmen [...], sondern als eine katalysatorische Sphäre, an der sich zwar ständig die Begriffswelt bereichert, aber ohne diesen fundierenden Bestand dabei umzuwandeln und aufzuzehren.[53]

Weiterhin muss die Konstitution des Artikulationsraums sowohl von Gastlichkeit wie von Zeugenschaft als ein letztlich ethisches Programm begriffen werden. Nicht umsonst formuliert Agamben die provokante These: »Die Menschen sind Menschen, insofern sie Zeugnis ablegen vom Nicht-Menschen.«[54]

5.

Mit Blick auf die Debatte zwischen Dekonstruktion und Sprechakttheorie, die sich, wie gesehen, vor allem an der Kennzeichnung performativer Sprechakte als parasitärem Sprachgebrauch entzündet, hat Shoshana Felman den interessanten Versuch unternommen, Austins wegweisende Arbeit »How to do things with Words« mit dem Strukturmuster des literarischen Topos des »Don Juan« zu identifizieren.[55] Die Figur des Don Juan verdankt ihre Geburt auf dem Theater der dichterischen Phantasie des Mecedarier-Mönchs Gabriel Tellez, der unter dem Pseudonym Tirso de Molina 1613 das Drama »Der Verführer von Sevilla und der steinerne Gast« auf die Bühne brachte. Erzählt wird die Geschichte eines rastlos-sinnlichen Verführers, eines auf den Augenblick bezogenen Genussmenschen, der lustvoll mit den rigiden Moralvorstellungen des Christentums der Gegenreformation bricht. Kennzeichnendes Merkmal des Don

---

53 Hans Blumenberg: Paradigmen zu einer Metaphorologie. Frankfurt a.M.: Suhrkamp 1999, S. 11.

54 Agamben: Was von Auschwitz bleibt (s. Anm. 50), S. 105. Ich schrecke bislang noch vor dem abgründigen, sich aber auf unheimliche Weise aufdrängenden Gedanken zurück, Zeugenschaft und Gastfreundschaft der Sache nach ineinander zu überführen - hieße dies doch in letzter Konsequenz, die Shoa mit Kategorien der Gastlichkeit zu fassen suchen. Imre Kertész hat nach meiner Wahrnehmung in seinem »Roman eines Schicksallosen« diesen abgründigen Gedanken ein Stück weit literarische Wirklichkeit werden lassen: Imre Kertész: Roman eines Schicksallosen. Reinbek bei Hamburg: Rowohlt 1998.

55 Shoshana Felman: The Scandal of the Speaking Body: Don Juan with J.L. Austin, or Seduction in Two Languages. Stanford: Stanford University Press 2003.

Juan ist, dass er über uneingelöste Heiratsversprechen prozessiert, d.h. seine Opfer verstehen seine Rede konstativ, die von ihm allerdings bloß in performativer Absicht verwendet wird. In analoger Weise, so nun die These von Felman, verspricht auch Austin eine Theorie des Performativen, löst jedoch dieses Versprechen nie ein. Meines Erachtens könnte man diese Beobachtung auch über den Modus der Iterabilität und damit über parasitäre Wiederholungsstrategien organisieren: Denn nur indem Don Juan beständig den Akt des gebrochenen Versprechens wiederholt, kann er den konstativen Akt des Versprechens als bloß performative Geste inszenieren. »Das Versprechen«, schreibt Derrida in seinen »Mémoires für Paul de Man«, »ist unmöglich, aber unvermeidlich«.[56]

Doch der Don Juan-Stoff ist noch in einer weiteren Hinsicht für die hier aufgeworfenen Fragestellungen interessant: Natürlich geht es um die Szene, in welcher der steinerne Gast auftritt, eine Szene, die bis auf wenige Ausnahmen sowohl in der Adaption wie der Reflexion des Stoffes nur eine untergeordnete Bedeutung spielt. Die Geschichte ist ja die, dass Don Juan den Vater einer von ihm Verführten im Duell tötet - bei Molina heißt diese Figur Don Gonzalo, in der auf dem Libretto von Lorenzo da Ponte basierenden Oper »Don Giovanni« von Mozart, um die es im Folgenden geht, ist es der Komtur, der Vater von Donna Anna. Die dem Lebendigen nachempfundene, überlebensgroße Statue, die das Grabmal des toten Komturs ziert, wird von Don Giovanni nun als Gast zum Nachtmahl eingeladen, und die Statue erscheint dort auch tatsächlich. Don Giovanni befiehlt seinem Diener Leporello, noch ein weiteres Gedeck auftragen zu lassen, doch das Standbild des toten Komturs ist an irdischer Speise nicht mehr interessiert, lädt aber nun seinerseits seinen Gastgeber zum Mahl ein. Don Giovanni sagt zu, und der tote Komtur fordert ihn auf, zu bereuen und sein Leben zu ändern. Don Giovanni schleudert ihm ein entschlossenes »*Nein*« entgegen, woraufhin er von den Flammen der Hölle verschlungen wird.[57]

Die Situation ist insofern intrikat, als hier die Rollenverhältnisse und Zuschreibungsmuster auf seltsame Weise verkehrt sind. Don Giovanni, der parasitär von der Liebe seiner weiblichen Opfer zehrt, tritt nun als Wirt auf. In dieser Rolle wird das Ergebnis seines Liebesschmarotzertums, nämlich der Tod, personifiziert durch die steinerne Statue, zum Gast des Parasiten. Gleichzeitig repräsentiert der steinerne Gast das versteinerte Weltbild der bürgerlichen Ordnung, welche die Irritationen des Parasiten nicht länger ignorieren kann. In dieser Doppelfunktion unterbreitet er dem relativ unbeeindruckten Don Giovanni zunächst eine Gegeneinladung. Damit wird

56 Jacques Derrida: Mémoires für Paul de Man. Wien: Passagen 1988, S. 131. Und Derrida fährt fort: »Das Wesentliche ist, daß ein reines Versprechen nicht eigentlich statt haben, keinen eigenen Ort haben kann, daß es aber unvermeidlich ist, sobald man nur den Mund aufmacht, oder besser noch: sobald es Text gibt in einer genau durch diese Situation determinierten Bedeutung«; ebd., S. 132.

57 Mozart hat in seiner Komposition wenig Zweifel daran gelassen, wie fremd die Sprache des Komturs in den Ohren Don Giovannis klingen muss. Seine Melodie ist nahezu eine 12-Ton-Reihe mit nicht nur für die damalige Zeit höchst befremdlich klingenden Intervall-Sprüngen, die dazu noch von einer Bass-Stimme gesungen werden. Mozart transzendiert auf diese Weise nicht nur die Gestalt des lebenden Komturs, sondern markiert sehr deutlich, dass hier ein Gast spricht, der aus einer gänzlich anderen Sphäre kommt.

der Gast des Parasiten zum Wirt und restituiert auf diese Weise symbolisch die ursprüngliche Rolle des Don Giovanni als Parasiten. Es ist somit nur folgerichtig, dass Don Giovanni die Gegeneinladung annimmt, was gleichzeitig die Verneinung einer Rückkehr in die bürgerliche Ordnung bedeutet. Die Entscheidung ist in gewisser Hinsicht bemerkenswert, denn die Konsequenzen sind in dieser mehrfach verschränkten, hostilen Ausnahmesituation für alle Beteiligten evident. Allerdings kann sich Don Giovanni nur auf diese Weise als ebenbürtiger Antipode des Komturs behaupten, als Gegenkraft, »die durch die Absolutheit ihrer im Diesseits gegründeten Existenz fasziniert«.[58] Adorno hat in »Negative Dialektik« angemerkt, dass im italienischen Untertitel des Don Giovanni der Wüstling *il dissoluto* heißt, also der Aufgelöste. Die »Sprache«, so Adorno, »optiert für Moral als die Einheit der Person nach dem abstrakten Vernunftgesetz«,[59] womit wir wieder bei Kant wären. Doch die eindrucksvolle Entscheidung Don Giovannis zeigt, dass diese Einheit das Produkt von Ausschlussmechanismen ist. Er irritiert, weil er auf den Körper setzt, anstatt auf das abstrakte Sittengesetz der Vernunft. Dennoch kann er sich als Person behaupten, indem er den absoluten Gast als das ganz Andere anerkennt, ihn höflich aufnimmt, ihm aber notwendiger Weise die Gefolgschaft versagt und *dadurch* ja erst dessen Fremdheit in letzter Konsequenz bestätigt. Die Sprache des Komturs bleibt ihm fremd, und er will ihr bewusst fremd bleiben, wenn er den immer zwingender werdenden Aufforderungen des Komturs »*Pentiti!*« nur sein ungebeugtes »*No!*« entgegenhält. Die parasitäre Logik muss auf einer Unterbrechung des Gewohnten insistieren, auf einer Verschiebung des Normalitätsdispositivs. Der Komtur hingegen, der ja auch eine Einladung ausspricht, verlangt eben dies, dass Don Giovanni sich seiner Sprache anschließt, und zwar in all ihren Extensionen. Den Gast in seiner Alterität erkennt somit nur Don Giovanni an, während der Komtur bzw. die bürgerliche Ordnung, die er repräsentiert, sich als unfähig erweist, eine Koexistenz mit dem für ihn Fremden zu führen.

Literatur

Adorno, Theodor W.: Negative Dialektik. Darmstadt: WBG 1998.

Agamben, Giorgio: Homo sacer. Die souveräne Macht und das nackte Leben. Frankfurt a. M.: Suhrkamp 2002.

Agamben, Giorgio: Was von Auschwitz bleibt. Das Archiv und der Zeuge. Frankfurt a. M.: Suhrkamp 2003.

Austin, John L.: Zur Theorie der Sprechakte (How to do things with Words). Stuttgart: Reclam 1986.

Bahr, Hans-Dieter: Die Befremdlichkeit des Gastes. Wien: Passagen 2005.

Blumenberg, Hans: Ausblick auf eine Theorie der Unbegrifflichkeit. In: ders.: Schiffbruch mit Zuschauer. Frankfurt a. M.: Suhrkamp 1979, S. 75–93.

Blumenberg, Hans: Paradigmen zu einer Metaphorologie. Frankfurt a. M.: Suhrkamp 1999.

Böhme, Hartmut: Natur und Subjekt. Frankfurt a. M.: Suhrkamp 1988.

58 Hiltrud Gnüg: Don Juan. Ein Mythos der Neuzeit. Bielefeld: Aisthesis 1993, S. 78.

59 Theodor W. Adorno: Negative Dialektik. Darmstadt: WBG 1998, S. 237.

Cassirer, Ernst: Kants Leben und Lehre. Darmstadt: WBG 1994.
Derrida, Jacques: Mémoires für Paul de Man. Wien: Passagen 1988.
Derrida, Jacques: Die Signatur aushöhlen - eine Theorie des Parasiten. In: Hannelore Pfeil/ Hans-Peter Jäger (Hg.): Politiken des Anderen. Bd. 1: Eingriffe im Zeitalter der Medien. Bornheim-Roisdorf: Hanseatischer Fachverlag 1995, S. 29-41.
Derrida, Jacques: Randgänge der Philosophie. 2., überarbeitete Aufl. Wien: Passagen 1999.
Derrida, Jacques: Limited Inc. Wien: Passagen 2001.
Derrida, Jacques: Von der Gastfreundschaft. Wien: Passagen 2001.
Felman, Shoshana: The Scandal of the Speaking Body: Don Juan with J. L. Austin, or Seduction in Two Languages. Stanford: Standford University Press 2003.
Geismann, Georg/Oberer, Hariolf (Hg.): Kant und das Recht der Lüge. Würzburg: Königshausen & Neumann 1986.
Gnüg, Hiltrud: Don Juan. Ein Mythos der Neuzeit. Bielefeld: Aisthesis 1993.
Hiltbrunner, Otto: Gastfreundschaft in der Antike und im frühen Christentum. Darmstadt: WBG 2005.
Kafka, Franz: Gesammelte Werke in zwölf Bänden. Nach der Kritischen Ausgabe hg. von Hans-Gerd Koch. Frankfurt a.M.: Fischer 2001.
Kant, Immanuel: Werke in zwölf Bänden. Hg. von Wilhelm Weischedel. Frankfurt a.M.: Suhrkamp 1977.
Kierkegaard, Sören: Die Wiederholung. Hamburg: Meiner 1991.
Lichtenberg, Georg Christoph: Schriften und Briefe. Hg. von Wolfgang Promies, Bd. 1-3. München: Hanser 1967ff.
Luhmann, Niklas: Die Gesellschaft der Gesellschaft. Frankfurt a.M.: Suhrkamp 1998.
Miller, J. Hillis: The critic as host. In: David Lodge (Hg.): Modern Criticism and Theory. 2. Aufl., London; New York: Pearson Longman 2000, S. 254-262.
Oberer, Hariolf: Praxisgeltung und Rechtsgeltung. In: Karl Bärthlein/Gerd Wolandt (Hg.): Lehrstücke der praktischen Philosophie und Ästhetik. Basel, Stuttgart: Schwabe & Co. 1977, S. 87-111.
Schmitt, Carl: Politische Theologie. Vier Kapitel zur Lehre von der Souveränität. Berlin: Duncker & Humblot 2004.
Serres, Michel: Der Parasit. Frankfurt a.M.: Suhrkamp 1987.

Wolfgang Braungart, Sascha Monhoff

»Wir sind nur Gast auf Erden«
Symbolon, Symbol und die Theo-Poetik der Gastlichkeit

1.

Ein wenig leichtsinnig, aber verführerisch ist es, in kulturellen Fragen zu generalisieren.[1] Und doch wird man sagen dürfen: Gastlichkeit war und ist überall ein grundlegender Typus kultureller Praxis, in der die Begegnung mit dem Anderen, der nicht zum eigenen ›Haus‹ gehört, womöglich mit dem Fremden, vollzogen und *gestaltet* wird. Diese Begegnung mit dem Gast kennt ihre eigenen, kulturspezifischen Regeln.

Gast ist man nie auf Dauer. Von jedem Gast erwartet man, dass er irgendwann, wenn es passend und angemessen ist, auch wieder geht. Mit dieser Erwartung müssen beide, Gast und Gastgeber, umgehen können. Aber solange man Gast ist, möchte man auch *gerne* zu Gast sein. Sonst wird der ganze Aufenthalt schnell sehr ungastlich. Das ist das Eine, das uns für das Folgende wichtig ist.

Das Andere: Gastlichkeit verlangt vom Gast wie vom Gastgeber immer einen gewissen Aufwand, der sich auch darstellen und zeigen muss. Irgendwie muss ja deutlich werden, dass man sich darüber im Klaren ist, dass man zu Gast ist bei jemandem, dessen Gastfreundschaft man - mehr oder weniger - zu schätzen weiß, und dass man sich darüber im Klaren ist, dass man einen Gast hat, der einem - mehr oder weniger - willkommen ist. Der Gast bringt vielleicht etwas mit; man stellt sich auch in seiner Kleidung auf die Rolle als Gast ein; der Gastgeber bereitet sich auf den Gast vor usw. Die verschiedenen Künste sind an dieser präsentativen und performativen Ästhetik der Gastlichkeit häufig beteiligt. Je offizieller und institutionell stärker geregelt die Gastlichkeit ist, desto präziser ist auch die Rolle der Künste dabei festgelegt. Kurz: Gastlichkeit hat immer eine inszenatorische, ästhetische und rhetorische Seite, die ganz offensichtlich besonders wichtig an ihr ist. »Bitte kommen Sie ganz leger, der sommerlichen Jahreszeit entsprechend«: auch das ist bedeutsame, ästhetisch-performative Gestaltung von Gastlichkeit. Gast und Gastgeber müssen zueinander ›passen‹, wenn Gastlichkeit gelingen soll. *Dass* sie aber gelingen soll, ist ihr eigentliches Wesen.

These der folgenden kurzen Bemerkungen ist nun, dass diese große kulturanthropologische Bedeutung der Gastlichkeit, die eine eigentümliche Ästhetik der Gastlichkeit hervorbringt, auch Anregungen für Literatur geben kann: für eine ›Poetik der Gastlichkeit‹, wie wir es behelfsweise einmal nennen wollen - so wie etwa das religiöse Opfer für die Poetik der Tragödie, das sozial konstitutive Lachen und Verlachen für

1 Zur schwierigen Frage kultureller Universalien vgl. jetzt Christoph Antweiler: Was ist den Menschen gemeinsam? Über Kultur und Kulturen. Darmstadt: WBG 2007.

die Poetik der Komödie, rhythmische soziale Praktiken wie z.B. der rituelle Tanz für die Poetik der Lyrik wichtig sind und mit ihnen in einen Zusammenhang gebracht werden können. Die freilich sehr schwierige, allgemeinere Frage, wie solche ›Verhältnisse‹ zwischen lebensweltlicher kultureller Praxis in ihren spezifischen ästhetischen Ausdrucksformen einerseits und literarischer Poetik im engeren Sinne andererseits konzipiert werden könnten, kann uns hier nicht beschäftigen.

Für eine solche literarische Poetik der Gastlichkeit scheint es sinnvoll, sich zunächst an einige Aspekte einer biblischen Theologie der Gastlichkeit zu erinnern. Denn die Bibel ist, neben der griechisch-römischen Mythologie, *der* »great code«[2] der westlichen Literatur. Sie hat die Literatur und den Umgang mit ihr bis in die Gegenwart hinein in ihrer Tiefenstruktur geprägt.

2.

Die alttestamentliche Ethik verpflichtet die Juden, den ›Fremden‹ im Volke freundlich bzw. wenigstens nicht schlecht zu behandeln. Begründet wird das mit der Erfahrung des eigenen ›Fremd-(gewesen-)Seins‹. Die Israeliten befanden sich in Ägypten als Fremde und Gefangene. Diese tiefe Erfahrung, dass man selbst nicht zu Gast gewesen ist, führt zu der Forderung: »Die Fremdlinge sollt ihr nicht unterdrücken; denn ihr wisset um der Fremdlinge Herz, weil auch ihr Fremdlinge in Ägyptenland gewesen seid«.[3]

Das Fremdsein in Ägypten wird so zum großen und leicht verständlichen Sinnbild für das existentielle Gefühl des Gast- und Fremdseins in der Welt und gegenüber Jahwe: »Höre mein Gebet, HERR, und vernimm mein Schreien [...]; denn ich bin ein Gast bei dir, ein Fremdling wie alle meine Väter«.[4] Das Empfinden der Fremdheit ist dabei, im Gegensatz zum Gastsein, allgemein: Man weiß und fühlt als Gast die eigene Fremdheit zwangsläufig. Wer sich dagegen als »Fremdling« empfindet, wird deshalb noch längst nicht gastlich aufgenommen. Deswegen drückt das »Schreien« des Psalmisten nicht allein ein momentanes Befinden aus, sondern, viel existenzieller, ein allgemeines Grundbedürfnis des Menschen nach Aufnahme und freundlichem Empfangenwerden.

Für das Neue Testament steckt hier eine doppelte Herausforderung: Der HERR antwortet mit den Geschichten um Jesus aus dem Neuen Testament auf den Ruf des Fremdlings, des metaphysisch heimatlosen Subjekts des Psalms so, dass es sich seiner Heimat versichert weiß, ohne sich jedoch allzu sicher einrichten zu können. Der HERR tut dies, indem er seinen Sohn zu Gast sein lässt auf dieser irdischen Welt und mitten unter den Menschen. Gott selbst will in Jesus Christus in diese Welt ›passen‹. Die Jesus-Geschichten handeln fast immer in irgendeiner Weise auch vom Zu-Gast-

2 Northrop Frye: The Great Code. The Bible and Literature. London: Routledge 1952.

3 Ex 23,9. – Dieses und alle folgenden Bibelzitate und -stellenverweise sind zitiert nach der Luther-Bibel, 1984, hg. von der Deutschen Bibelgesellschaft Stuttgart.

4 Ps 39,13.

Sein. Gäste auf angemessene Weise aufzunehmen, ist für das abendländische Mönchstum eine heilige Pflicht. Eine Regel des Heiligen Benedikt besagt, jeder solle so aufgenommen werden, als ob Jesus selbst zu Gast wäre.[5] Jesus ist der ›Prototyp‹ des Gastes. In Jesus löst sich die Gastfreundschaft Gottes dialektisch ein: Gott ist, indem er seinen Sohn Mensch werden und bei den Menschen Gast sein lässt, selbst der Gastgeber, der uns Menschen zum Gast-Sein einlädt. Jesus Christus ist insofern also das große ›Symbolon‹ – wir kommen auf die griechische Bedeutung, die für unsere Überlegungen wichtig ist, noch zurück –, als der Mensch, das Ebenbild Gottes in der Welt (das ist die zentrale anthropologische Aussage der Bibel), selbst in diese Welt passt und zugleich doch nicht *auf Dauer* passt, wie es dem Zu-Gast-Sein eigentümlich ist.

Der (Gott-)Mensch Jesus Christus passt aber auch deshalb nicht auf Dauer, weil er immer an einen so schlechten Gastgeber wie die unvollkommene Menschheit gerät. Die alttestamentliche Perspektive auf den Menschen als ruhelos umherwandernder und ungastlich behandelter Fremder wird durch seine Charakterisierung als schlechter Gastgeber ergänzt und damit zugleich das Urteil über ihn gefällt, an der Forderung der Tora gescheitert zu sein: »Ich bin ein Fremder gewesen und ihr habt mich nicht aufgenommen«.[6] Während sich Jesus Christus in jeder Hinsicht sowohl als guter Gastgeber, wie auch als guter Gast erweist, versagt der sündhafte Mensch genau in diesen beiden Funktionen. Tatsächlich scheitert er dabei schon an der *Einsicht* in diese Doppelrolle: Der von den Menschen Ausgestoßene und schließlich Hingerichtete ist doch der eigentliche Herr im Haus seiner Schöpfung. Schon ihn ›nur‹ als Gast zu behandeln, wäre, streng genommen, eine Anmaßung: »Er kam in *sein Eigentum*, und *die Seinen* nahmen ihn nicht auf«.[7]

Nach all den Enttäuschungen im alttestamentlichen Verhältnis zwischen Gott und den Menschen sperren sie sich selbst dann noch gegen die Einsicht in sein wahres Wesen und seine Autorität, als sein vollkommenes *Ebenbild* und der Maßstab alles menschlichen Verhaltens mitten unter sie kommt.[8]

Ausgenommen ist hier allein die kleine Gruppe der Jünger Jesu. Sie nehmen die Herausforderung der alttestamentlichen Geschichte und der Geschichten Christi ernst. Sie verweigern sich nicht der Einsicht in die Unsicherheit ihrer Rolle und nicht dem Verstehen ihrer Konsequenzen. Zwar haben auch sie die größte Mühe, zwischen den Rollen von Gast und Gastgeber zu wechseln: Sie wissen nicht recht, was es für sie bedeutet, in einem ›Haus‹ zu Gast zu sein, in dem der Hausherr selbst die Füße seiner Gäste wäscht.[9] Es fällt ihnen sichtlich schwer, anzuerkennen, dass der König der Welt selbst wie ein Fremder unter ihnen lebt, der wie ein Gast seine Aufnahme mehr anbietet als einfordert.[10] Aber indem sie Jesus als den Herrn, als ihren Rabbi, erken-

5 Kap. 53.1 der Regeln des Hl. Benedikt. – Vgl. Karl Suso Frank: Geschichte des christlichen Mönchstums. Darmstadt: WBG 1988.
6 Mt 25,43.
7 Joh 1,11 (unsere Hervorhebungen).
8 Joh 14,9.
9 Joh 13,3–8.
10 Lk 17,20f.

nen und anerkennen, nehmen sie ihn schon in ihre Mitte auf. Auch für sie sind Gastsein und Gastgeberschaft nun nicht mehr trennbar.

Mit dem Zu-Gast-Sein Jesu unter seinen Jüngern und auf dieser Welt, freilich nur »für eine kleine Weile«,[11] werden Geselligkeit, Essen und Trinken bekanntlich zu großen Gleichnissen für die Theologie-, Religions- und Frömmigkeitsgeschichte, aber auch für die Kunst-, Literatur- und Kulturgeschichte.[12] Diese Geschichten erzählen davon, wie sich das Zu-Gast-Sein gleichsam materialisiert. Diese Geschichten sind immer so angelegt, dass sie beides gelten lassen: das Bedürfnis des Menschen nach einem verstehenden, geborgenen Zu-Gast-Sein in dieser Welt einerseits, und die Offenheit und Spannung im Hinblick auf eine erst noch einzulösende, definitive, transzendente Gastlichkeit andererseits, die die irdische zwar radikal relativiert, aber gerade nicht grundsätzlich verwirft. Diese irdische, ›aisthetische‹, materielle Seite der Gastlichkeit muss also wirklich gelingen, sie muss wirklich überzeugend sein, wenn sie denn ein Gleichnis sein soll.

Das rechte Verstehen des irdischen Zu-Gast-Seins aus dieser ›aisthetischen‹ Erfahrung heraus - Aisthesis in einem umfassenden Sinn und mit Nietzsche verstanden als »Leibvernunft«[13] - kann nicht ortlos herumschweifen. Es muss sich beheimaten. Es muss die Zustimmung zum In-der-Welt-Sein erlauben, indem es die ganze Fülle und Großzügigkeit der Gastfreundschaft erfährt. Die kostbarste Salbe wird an die Füße verschwendet.[14] Der ›verlorene Sohn‹ erhält bei seiner Heimkunft ein Festkleid, und das Mastkalb ist für ihn gerade gut genug.[15] Die Hungrigen und Durstigen werden so im Überfluss gespeist, dass es die reine Verschwendung scheint, weil so viel übrig-

11 Joh 13,33.

12 Selbst wo diese sinnliche Komponente des Gastlichkeitskonzepts fehlt, ist es geistesgeschichtlich noch längst nicht überholt. Nur taugt es dann eben nicht mehr zum Gleichnis, sondern nur noch zum wörtlichen Gebrauch - einschlägig etwa in der politischen Philosophie Kants. Der dritte Definitivartikel seiner Abhandlung »Zum Ewigen Frieden« lautet: »Das Weltbürgerrecht soll auf Bedingungen der allgemeinen Hospitalität eingeschränkt sein« (In: Königlich Preußische Akademie der Wissenschaften [Hg.]: Kant's gesammelte Schriften [Akademie Ausgabe]. Bd. VIII: Abhandlungen nach 1781. Berlin, Leipzig: de Gruyter 1923, S. 357). Die ›Einschränkung‹ besteht dabei darin, dass jeder Mensch in jedem geographischen und politischen Gebiet der Erde lediglich (aber immerhin!) ›akzeptiert‹ werden muss, solang er nur den Anderen ihre Freiheitsrechte auch zugesteht. Interessanterweise ist es gerade der Ausfall des Bezugs auf die Lebenserfahrung wie in Ex 23,9, der eine weitergehende Verpflichtung zur Gastlichkeit - den »Fremdling« mit Entgegenkommen zu behandeln, ihn zu um- und versorgen - ausschließt, da sich in der idealistischen Philosophie Kants eine ethische oder rechtliche Verpflichtung natürlich nicht aus Erfahrungsgrundsätzen ergeben kann. Trotzdem ist Hospitalität, wenn auch nur als »Wirtbarkeit« und nicht als »Gastrecht« (AA, VIII, 357f.), damit zum allgemeinen Menschenrecht erklärt. Doch zusätzlich wird an diesem Beispiel deutlich, wie groß die Bedeutung des Erfahrungsbezugs subjektiv, d.h. im menschlichen Umgang der Einzelnen miteinander, immer noch bleibt. Denn dass niemandem die bloße Akzeptanz seines Vorhandenseins durch andere genügen kann, ist offensichtlich.

13 Friedrich Nietzsche: Also sprach Zarathustra. In: Giorgio Colli/Mazzino Montinari (Hg.): Kritische Studienausgabe in 15 Bänden. Bd. 4. Berlin: de Gruyter 1999, S. 39.

14 Lk 7,38.

15 Lk 15,22f.

bleibt.[16] Die betrunkenen Hochzeitsgäste bekommen den besten Wein noch dazu, obwohl sie ihn kaum mehr zu schätzen wissen und es deshalb ökonomisch höchst unsinnig ist, ihn ihnen überhaupt zu geben.[17] Auf Jesu Haar wird ein Salböl ausgegossen, mit dessen Gegenwert in barer Münze man viele Arme würde speisen können – aber gerade diese Geste der ›Verschwendung‹ soll der Nachwelt als beispielhaft überliefert werden.[18] Schon Abrahams Gastfreundschaft scheint ein wenig überzogen.[19]

Das alles ist für die Beteiligten nicht sehr schwer zu verstehen, weil das Verstehen eben leibhaft vollzogen wird. Wer das Gelingen des Lebens am eigenen Leib erfährt, den muss man nicht erst lange überzeugen. Schon das Alte Testament hielt für den Menschen, den die Sorge um den Sinn seines Lebens plagt, den Ratschlag bereit:

> So geh hin und iß dein Brot mit Freuden, trink deinen Wein mit gutem Mut; denn dies dein Tun hat Gott schon längst gefallen. / Laß deine Kleider immer weiß sein und laß deinem Haupte Salbe nicht mangeln. / Genieße das Leben mit deinem Weibe, das du liebhast, solange du das eitle Leben hast, das dir Gott unter der Sonne gegeben hat; denn das ist dein Teil am Leben und bei deiner Mühe, mit der du dich mühst unter der Sonne.[20]

Für den Autor des Predigerbuches ist dabei also der – freilich maßvolle – Genuss der genannten Güter nicht bloß eine von vielen Möglichkeiten des Lebensvollzugs, sondern Ausdruck der höchsten Weisheit, weil im Genuss der Gaben Gottes seine Liebe für den Menschen leibhaft erfahrbar und so erst recht einsehbar wird. Nicht umsonst stiftet Gott selbst den zentralen Ritus des Passahfestes als Erinnerungshilfe für den gläubigen Juden: das Mahl der ungesäuerten Brote und des Fleisches der Opferlämmer. Im stetig wiederholten Ritual wird das Wissen um die wichtigsten Eigenschaften des höchsten Gottes, gütig, barmherzig und Ursprung alles Lebens zu sein, beständig aktualisiert.

Wenn sich, Jahrhunderte nach Einführung des Passahfestes, Christus symbolisch selbst zum Opferlamm, zum Gegessenen und Getrunkenen erklärt, bekommt die ›Leibvernunft‹ dadurch aber eine neue Qualität:[21] Von nun an bedeutet die Teilnahme am Gastmahl auch den Vollzug der Einsicht in die eigene Gottesebenbildlichkeit und jene menschliche Vollkommenheit, die durch das Selbstopfer Christi erst wiederhergestellt wird.[22] Das Bewusstsein des gläubigen Christen, gerettet zu sein, wird dabei nicht lediglich im Abendmahl ausgedrückt, sondern erst eigentlich erzeugt. Denn

---

16 Mt 14,20; Mk 6,43; Lk 9,17.

17 Joh 2,1–11.

18 Mt 26,6–13; Mk 14,3–9.

19 Gen 18,1–8.

20 Pred 9,7–9. – Vgl. auch Pred 2,24; 3,12; 5,17–19 sowie 8,15.

21 Zur vorchristlichen Tradition desselben Motivs siehe auch Jan Kott: Gott-Essen. Interpretationen griechischer Tragödien. München: Piper 1975. – Das Essen der Gottheit als eines der Grundrituale abendländischer Religiosität wird auch untersucht in einer der ›Gründungsschriften‹ der modernen Anthropologie, Sir James Frazers »The Golden Bough«, die zwischen 1890 und 1915 in zwölf Bänden erschien und 1922 in einer von Frazer selbst gekürzten, einbändigen Ausgabe verlegt wurde: The Golden Bough. A study in magic and religion. Ware: Wordsworth 1993, bes. S. 479–494.

auch für die endgültige Erfüllung des mosaischen Gesetzes durch Jesus gilt, konsequent, das Tallionsprinzip des Alten Testaments: Ein Vergehen verlangt nach einer ihm entsprechenden Strafe und eine Schuld nach einem ihrem ›Wert‹ angemessenen Opfer. Wenn aber die Ursünde des Menschen in einem Akt des Essens (nämlich der verbotenen Frucht) besteht und der Mensch dadurch zu einem gesteigerten Selbstbewusstsein kommt, ist es - im Sinne des typologischen Verhältnisses des Alten Testamentes zum Neuen - nur konsequent, dass die Gleichwertigkeit des Opfers Christi für die verlorengegangene Vollkommenheit des Menschen ebenfalls durch den Vollzug eines Mahls verdeutlicht wird. Aber gerade weil der Vollzug des Abendmahls, als prägend für das Bewusstsein des Menschen, über den bloßen Begriff von der Funktion des Selbstopfers Jesu hinausgeht, kann es von den Menschen nicht ein für allemal vollzogen, sondern muss wiederum als Ritual verstetigt werden: »Das tut zu meinem Gedächtnis«.[23]

3.

Die Allegorese, die sich in den nachchristlichen Jahrhunderten etabliert, sorgt für ein geordnetes Verstehen des biblischen Textes. Sie etabliert die Regeln, nach denen das Verstehen ›passt‹. Im großen Metaphernfeld von Heimat, Gastlichkeit, Fremde, Weg wird in der christlichen Frömmigkeitspraxis dieses Verstehen gleichsam habitualisiert. Das Verstehen ›passt‹ und ›passt sich ein‹. Die Kirchenlieddichtung, auf die wir mit dem Titelzitat anspielen, nimmt hier eine zentrale, aber, wie uns scheint, durchaus ambivalente Rolle ein. Je stärker das Kirchenlied betont, dass wir »*nur* Gast auf Erden« sind (so noch das Kirchenlied Georg Thurmairs von 1935: »Wir sind nur Gast auf Erden / Und wandern ohne Ruh / Mit mancherlei Beschwerden / Der ewigen Heimat zu«[24]), desto stärker hebt es auch hervor, dass dieses letzte Verstehen ein aufgeschobenes ist, dass es hier, innerweltlich, nicht wirklich ankommen kann. Das Temporäre des Zu-Gast-Seins wird forciert. Paul Gerhardts geistliches Lied »Aus dem 119. Psalm Davids« beginnt mit folgender Strophe:

1. Ich bin ein Gast auf Erden
Und hab hier keinen Stand;
Der Himmel soll mir werden,
Da ist mein Vaterland.

---

22 Wie sehr die Funktionen des Selbstopfers auch die neuzeitliche Literatur immer wieder beschäftigt haben, stellt jetzt Katja Malsch dar: Literatur und Selbstopfer. Historisch-systematische Studien zu Gryphius, Lessing, Gotthelf, Storm, Kaiser und Schnitzler. Würzburg: Königshausen & Neumann 2007.

23 Lk 22,19.

24 Zit. nach dem »Gotteslob«, dem derzeit gültigen »katholischen Gebets- und Gesangbuch«, Nr. 656. Georg Thurmair war der Mann der wichtigsten, aber literarisch allenfalls zweitrangigen Kirchenliedschreiberin nach 1945: Maria Luise Thurmair; zu ihr vgl. Wolfgang Braungart/Katja Malsch: Kompromißlyrik. Anmerkungen zu den Kirchenliedern Maria Luise Thurmairs. In: Hermann Kurzke/Andrea Neuhaus (Hg.): Gotteslob-Revision. Probleme, Prozesse und Perspektiven einer Gesangbuchreform. Tübingen, Basel: Francke 2003, S. 29–45.

Hier reis ich aus und abe,
Dort in der ewgen Ruh,
Ist Gottes Gnadengabe,
Die schleußt all Arbeit zu.

Das irdische Leben ist eine einzige *Arbeit*, die innerweltlich zu keinem wirklichen Ziel führt. Das Lied endet darum so:

11. Die Herberg ist zu böse,
Der Trübsal ist zu viel.
Ach komm, mein Gott, und löse
Mein Herz, wann dein Herz will!
Komm, mach ein seligs Ende
An meiner Wanderschaft,
Und was mich kränkt das wende
Durch deinen Arm und Kraft.

12. Wo ich bisher gesessen,
Ist nicht mein rechtes Haus;
Wann mein Ziel ausgemessen,
So tret ich dann hinaus,
Und was ich hier gebrauchet,
Das leg ich alles ab;
Und wann ich ausgehauchet,
So scharrt man mich ins Grab.

13. Du aber, meine Freude,
Du meines Lebens Licht,
Du zeuchst mich, wenn ich scheide,
Hin vor dein Angesicht,
Ins Haus der ewgen Wonne,
Da ich stets freudenvoll
Gleich als die helle Sonne
Nebst andern leuchten soll.

14. Da will ich immer wohnen,
Und nicht nur als ein Gast,
Bei denen, die mit Kronen
Du ausgeschmücket hast;
Da will ich herrlich singen
Von deinem großen Tun
Und frei von schnöden Dingen
In meinem Erbteil ruhn.[25]

Dort aber, wo alles Zu-Gast-Sein definitiv zu Ende ist, dort ist auch das Reich der definitiven Schönheit; des ›Lichtes‹, der ›ewgen Wonne‹, des Schmucks, des herrlichen

25 Paul Gerhardt: Geistliche Lieder. Nachwort von Gerhard Röding. Stuttgart: Reclam 1991, S. 33 und 35f.

Gesangs. Auch das Ästhetische hat dann alles Transitorische abgelegt. Die Sehnsucht nach dem definitiven Ankommen ist eine ästhetische!

Dauerhaft froh ist in dieser irdischen Herberge nicht zu wohnen. Noch Ende des 19. Jahrhunderts heißt es in Friedrich Spittas Danksagungslied »Im Frieden dein, o Herre mein, / Laß ziehn mich meine Straßen« (nach einem Lied von 1530): »Mir armem Gast bereitet hast / Das reiche Mahl der Gnaden. / Das Lebensbrot stillt Hungers Not, / Heilt meiner Seele Schaden«.[26] Auf diese Weise *spiritualisiert* sich die Gastlichkeit, initiiert durch die reformatorischen Prozesse. Damit intensiviert der Protestantismus eine Traditionslinie der existenziellen ›Unbeheimatetheit‹ des Menschen, die schon seit dem Alten Testament immer mitgemeint wurde, wenn von der Gastlichkeit die Rede war.

Im alltäglichen Leben wie im übertragenen, religiösen Sinn der Gastgeberschaft Gottes bedeutet die Einkehr in das Eigentum des Gastgebers auch, an gemeinsamen Vorstellungen vom gelingenden Umgang miteinander teilzuhaben. Einander willkommen zu sein heißt, die Bedingungen des gemeinschaftlichen Umgangs wechselseitig anzuerkennen, weil sonst das bloße Beieinander für beide Parteien zum Risiko würde. Jahwe, der seine völlige Gegenwart den Menschen nicht zumuten kann, ohne sie zu vernichten,[27] muss zunächst, bevor seine Göttlichkeit leibhaftig, als Messias in die Welt kommt, sein Gesetz etablieren. Er muss die Regeln, die Voraussetzung für die Gemeinschaft Gottes mit den Menschen sind, klar darstellen. Danach kann die Einladung zum Abendmahl, in das Reich Gottes, auch zur Einladung in eine höhere Ordnung und in eine Wertsphäre werden, die für immer stabil und unstrittig ist, wo der, der aus dem Leben in sie ›hinüberwandert‹, dadurch dauerhaft Sicherheit und Schutz erfährt, und darum dort »immer wohnen [will]«.

Diese Traditionslinie lässt sich weiterziehen bis in die Moderne und bis hin zum Konzept des Dichters als eines Meisters (›Rabbi‹), als Quasi-Messias. Der Meister zu Gast im Kreis seiner Jünger: das ist ein ganz wichtiges poetisches und soziales Modell auch für die Literatur der Moderne. George ist zunächst bei Meister Mallarmé in der Rue de Rôme zu Gast, später, nun selbst ›der Meister‹, ständig unter seinen Jüngern in seinem Kreis. Die Auffassung vom Schriftsteller als postfigurativ gestalteter Mittler erlebt in der Zeit nach der Jahrhundertwende bis nach dem Ersten Weltkrieg eine neue Konjunktur, etwa in der Dichtung Rilkes: »Ich habe keine Geliebte, kein Haus, / keine Stelle auf der ich lebe.«[28] Man darf sich bei diesen Versen aus dem Gedicht »Der Dichter« durchaus an Mt 8,20 bzw. Lk 9,58 erinnert fühlen: »Die Füchse haben Gruben, und die Vögel unter dem Himmel haben Nester; aber der Menschensohn hat nichts, wo er sein Haupt hinlege.« Christus ist nicht nur eine große thematische und stofflich-motivische Herausforderung für die Literatur. Auch die christologischen Selbstauslegungen des modernen Dichters kann man vielfach nachweisen.[29] Der Dichter der Moderne wandert ruhelos in der Welt umher, wie Jesus; er versteht sich in der Moderne oft als ›Wanderprediger‹. Sein ›höheres‹ Verständnis aber verwehrt

26 »Gotteslob« (s. Anm. 24), Nr. 473.

27 Z.B. Ex 19,10–25.

28 Rainer Maria Rilke: Der Dichter. In: ders.: Werke in vier Bänden. Hg. von Manfred Engel u.a. Bd. II. 2. Aufl., Darmstadt: WBG 2001, S. 474.

ihm die freundliche Aufnahme in einer Welt, für deren mangelnde Einsicht in die Schönheit der Dinge er sich, mit messianischer Hingabe, aufopfert. In Rilkes Gedicht heißt es weiter: »Alle Dinge, an die ich mich gebe, / werden reich und geben mich aus.«[30] Wenn die Dinge auf diese Weise »reich« geworden sind, kann sich der Leser in der Welt wieder ein kleines Stück beheimaten; die Welt hat ihm wieder ›etwas zu bieten‹. Das Verstehen erfährt ein gewissermaßen gastfreundliches Empfangenwerden, weil es einen Vermittler zwischen sich und der Welt gefunden hat, wie auch Jesus Mittler zwischen Gott und den Menschen war. Diese Vermittlung kann andererseits nur geschehen, wenn sich der Mensch etwas vermitteln lassen will. Davon sprechen etwa Rilkes Elegien: Die »Kreatur« sieht das »Offene« (Duineser Elegien); der Mensch aber ist von Bedeutungsordnungen umstellt, und er umstellt sich selbst mit ihnen. Wenn er sich ein wenig beheimaten will, muss sich der Mensch von den ihn umstellenden Bedeutungsordnungen lösen. Das ist das moderne ästhetische Paradoxon, nicht nur das Rilkes.

Selbst der größte Lehrer der Menschheit ist noch auf das Entgegenkommen seiner Zuhörer, auf ihre wirkliche Offenheit angewiesen, um sich begreiflich zu machen. »Wer Ohren hat zu hören, der höre!«[31] Wer nicht (hin-)hört, verpasst die große Gelegenheit, den Messias als das zu erfahren, was er ist: Das Wort, der Logos selbst.[32] Das ist im neutestamentlichen Kontext weit mehr, als nur eine originelle Metapher. Es ist das Verständnis von Jesus als Manifestation der Wahrheit. Alle Wahrheit des Wortes ist aber nutzlos, wenn es nicht gehört wird. Darum ist nicht Marta, sondern Maria diejenige, die Jesus wirklich gastfreundlich behandelt.[33] Marta nimmt den Menschen, den ›Rabbi‹ auf; Maria das Wort. Wenn ein Gastfreund, wie überhaupt ein Freund, jemand ist, der, wie wir heute sagen, ›einen versteht‹ bzw. verstehen will, dann ist Maria dies im allerwörtlichsten Sinne. »Maria hat das gute Teil erwählt«[34]– aber nicht nur für sich, sondern auch für Christus. Denn ein ungehörtes Wort ist zu überhaupt nichts gut. Maria repräsentiert in ihrem Zuhören gewissermaßen die spirituelle Daseinssorge, den geistigen Sinn des Wortes, Marta den materiellen. »Marta, Marta, du machst dir viele Sorgen und Mühen«, sagt Jesus, als Marta sich darüber beklagt, ihre Schwester Maria lasse sie alle Arbeit der Gastfreundschaft alleine machen. Jesus relativiert hier die leibliche Seite der Gastfreundschaft, die von ihm anson-

---

29 Vgl. Karl-Josef Kuschel: Jesus in der deutschsprachigen Gegenwartsliteratur. München: Piper 1987; ders.: Im Spiegel der Dichter. Mensch, Gott und Jesus in der Literatur des 20. Jahrhunderts. Düsseldorf: Patmos 1997; Georg Langenhorst: Jesus ging nach Hollywood. Die Wiederentdeckung Jesu in Literatur und Film der Gegenwart. Düsseldorf: Patmos 1998; Gerhard Kaiser: Christus im Spiegel der Dichtung. Exemplarische Interpretationen vom Barock bis zur Gegenwart. 2. Aufl., Freiburg: Herder 1999; als präzise Fallstudie: Friedhelm Marx: »Ich aber sage Ihnen ...«. Christusfigurationen im Werk Thomas Manns. Frankfurt a.M.: Klostermann 2002.

30 Rilke: Der Dichter (s. Anm. 28).

31 Mk 4,9; Lk 8,8.

32 Joh 1,1-11.

33 Lk 10,38-42.

34 Lk 10,42.

sten so hoch geschätzt wird, dass sie, wie angedeutet, immer wieder zum großen Gleichnis dienen kann.

Dem Wort des Dichters fehlt diese letzte, unantastbare Autorität, die der Leser auch in der Moderne ihm doch so gerne zubilligen möchte. Der Dichter aber erfährt die ganze Spannung seiner Doppelrolle: Er sucht die Wahrheit und die Zuhörer, einen Gastgeber und Gäste. Sein Wort macht die Welt nicht mehr völlig verstehbar, aber ›passt‹ - nun selbst Symbolon - insofern nur umso besser in seine Zeit: Es ist als Ausdruck eines existenziellen Unverständnisses wahr. Der Komplexität und Rastlosigkeit der modernen Welt kann es nie mehr völlig gerecht werden, aber es findet für diesen Mangel immerhin - z.B. in Gedichten wie dem Rilkes - einen passenden Ausdruck und den, mehr als nur gut gemeinten, Versuch eines Entgegenkommens.

Damit ist eine für die Moderne grundlegende, im Neuen Testament jedoch schon angelegte Ambivalenz skizziert: zwischen einer gelingenden Gastlichkeit, in der der aktuale leibliche Vollzug des Gast-Seins wirklich zählt und der Gast so erfährt, dass er in die Welt passt, und einem höheren, spirituellen Sinn der Gastlichkeit, die das ganze Verstehen und das ganze Gelingen des Lebens immer nur aufschiebt. Mit der reformatorischen Kritik der Werkgerechtigkeit und des gesamten damit zusammenhängenden theologischen Konzepts, die bewusstseins- und mentalitätsgeschichtlich grundlegende Bedeutung hatte,[35] wird diese Figur des Aufschubs forciert. Schon - z.B. - die religiöse Lyrik der Frühen Neuzeit arbeitet einem modernen Verständnis des Zeichens zu, je stärker sie die Möglichkeit des gelingenden Ankommens des Menschen-Gastes in dieser Welt relativiert. Paul Gerhardts Lied deutet das an. Wegen dieser grundlegenden Bedeutung der Reformation für ein modernes Verständnis des Zeichens macht es Sinn, die Anfänge der Moderne in der Reformation zu sehen. Sie hatte einschneidende Konsequenzen auch für die Kunst.[36] Und gerade deshalb sind das Verstehen des Leiblichen und das Verstehen durch das Leibliche für die Moderne eine große Verlockung.[37] Wer jedoch die reale, sich materialisierende, leibhaft vollzogene Gastlichkeit in der Welt vergisst, weil er z.B.- theologisch - nur auf Sünde und Schuld, Leid und Tod setzt, wer z.B. - semiotisch-ästhetisch - darauf besteht, dass kein gelingendes In-der-Welt-Sein möglich ist, weil es kein gültiges Verstehen der Zeichen geben kann, der missversteht die entscheidende Doppelstruktur des ›Symbolon‹ der Gastlichkeit im Neuen Testament. Die Leibvernunft überzeugt hier mit einer einfachen Formel: Keine Maria ohne Marta. Wer Brot und Wein nur allein und der Sättigung halber genießt, hört auf das Knurren seines eigenen Magens, nicht auf das Wort des lebendigen Gottes, der das Gastmahl als Ritual für eine *Gemeinschaft* eingesetzt hat. Aber das Umgekehrte gilt ebenso: Wer die Leib-Haftigkeit des Menschen spirituell vereinseitigt, verfehlt auch den ›ganzen Menschen‹. Der ›ganze Mensch‹: das ist dann die Leitidee der späten Aufklärung.[38]

---

35 Jacques LeGoff: Die Geburt des Fegefeuers. Stuttgart: Klett-Cotta 1984.

36 Vgl. Werner Hofmann (Hg.): Luther und die Folgen für die Kunst. München: Prestel 1983 (Ausstellungskatalog der Hamburger Kunsthalle); dort bes. den einführenden Essay Hofmanns selbst: Die Geburt der Moderne aus dem Geist der Religion, S. 23-71.

37 Vgl. zu diesem Problem Georg Braungart: Leibhafter Sinn. Der andere Diskurs der Moderne. Tübingen: Niemeyer 1995.

Nur dies wollten wir hier also betonen: Im Ausgang von den biblischen Geschichten und Konstellationen erscheint das gelingende In-der-Welt-Sein, das ›Passen‹ in die Welt, als eine große theologische, existenziell-anthropologische und ästhetisch-hermeneutische Herausforderung.

4.

Bekanntlich kennt die antike Rhetorik noch nicht den Begriff des Symbols im modernen Sinne, sondern nur den des ›Symbolon‹. Das Symbolische ist, sozusagen, im Allegorischen angesiedelt: in einer der je konkreten Symbolerfahrung vorausliegenden, sie übergreifenden Bedeutungsordnung.[39] Das ›Symbolon‹ meint im Griechischen eine Eintritts- und Erkennungsmarke, ein Erkennungszeichen, bei dem zusammenpasst, was zusammengefügt wird. Das Verstehen des Symbolon ist also geregelt. Es gibt keine Unsicherheiten und Unbestimmtheiten. Das Verstehen des Symbolon bedeutet in der griechischen Antike, dass das, was der Gast mitbringt, der den einen Teil des Symbolon besitzt, zu dem Teil passt, den der Gastgeber selbst schon hat. Das Symbolon wird erkannt und so am Symbolon der Gast. Das Passen des Symbolon ist identitätsstiftend. Platon zum Beispiel »verwendet den Begriff des Symbolon als ›Zusammengefügtes‹ einer ursprünglichen Einheit von Mann und Frau.«[40] Indem die beiden Teile des Symbolon zusammenkommen, verbindet sich, was von jeher als zusammengehörig gedacht ist. In der zentralen Kategorie des aptum formuliert die antike Rhetorik die Idee, dass das, was der Redner mit- und in die soziale Situation einbringt, das Passende und Angemessene sei. In diesem Sinne hat er ›symbolonisch‹ zu reden; und der, an den sich das sprachliche Mitbringsel richtet, versteht es auch so.

Peter-André Alt hat vor einigen Jahren den Prozess, den die Allegorie als dominante Textstruktur im 17. und 18. Jahrhundert durchläuft, bis sie ihren paradigmatischen Status verliert, detailliert rekonstruiert.[41] Die Etablierung eines symbolischen Kunstverständnisses, wie es sich im letzten Drittel des 18. Jahrhunderts, wirkungsmächtig bis heute, vollzieht, lässt das Verstehen nun *konzeptionell* nicht mehr ankommen. Aus dem Symbolon wird das Symbol im modernen hermeneutischen Sinne. Das läuft auf eine Poetik der Ungastlichkeit hinaus. Zwar sagt Kant noch, dass die schönen Dinge anzeigen, dass wir in die Welt passen. Sie sind also auch für ihn noch ein Symbolon. Das Schöne zeichnet sich bei Kant und Moritz dadurch aus, dass die es konstituierenden Teile zusammenpassen. Aber nur für unsere ästhetische *Erfahrung*, an der sich der

---

38 Vgl. Hans-Jürgen Schings (Hg.): Der ganze Mensch. Anthropologie und Literatur im 18. Jahrhundert. DFG-Symposion 1992. Stuttgart: Metzler 1994 (Germanistische Symposien-Berichtsbände, Bd. 15).

39 Zur Einführung vgl. Gerhard Kurz: Metapher, Allegorie, Symbol. 5., durchges. Aufl., Göttingen: Vandenhoeck & Ruprecht 2004.

40 Vgl. dazu auch Roger W. Müller Farguell: Symbol. In: Jan-Dirk Müller/Georg Braungart u. a. (Hg.): Reallexikon der deutschen Literaturwissenschaft. Bd. III. Berlin, New York: de Gruyter 2003, S. 551–555.

41 Peter-André Alt: Begriffsbilder. Studien zur literarischen Allegorie zwischen Opitz und Schiller. Tübingen: Niemeyer 1995.

Begriff vergeblich abarbeitet. Der Klassizismus ist dazu das ›passende‹ ästhetische System, das, kaum etabliert, freilich sogleich ›romantisch‹ bezweifelt wird. Fragment und Ironie sind deshalb die Grundfiguren der Romantik. Bewegliche, elastische und dynamische Urbanität ist ihr ästhetisch-sozialer Modus.[42] Der moderne Künstler lebt gerne im Hotel.[43] Aber selbst im romantischen Fragment lebt die Idee des Ganzen, Zusammenpassenden noch fort.

Für den modernen Begriff des Symbols bleibt das letzte Verstehen des Ästhetischen immer nur aufgeschoben. Bei Moritz, Kant und Schiller wird ein modernes ›symbolisches‹ Kunstverständnis begründet (andere Stationen könnte man leicht nennen, z.B. Hamann), das nun die konzeptuelle Vieldeutigkeit, Deutungsoffenheit, ja Undeutbarkeit dieses modernen ›Symbolon‹ Kunst betont[44] und mit dem antiken Symbolon nun nichts mehr zu tun hat. Das Symbol bleibt gleichsam unerlöst. Ihm entspricht die Struktur moderner Subjektivität. Von nun an scheint im Ästhetischen und auch im Sozialen der modernen Welt - und wer erlebte das nicht täglich am eigenen Leib? - das Zu-Gast-Sein, das so Ankommen, dass es auch zu einem selbst und zu dem passt, wo und bei wem man ankommt, das ungleich Anstrengendere. Rilkes Poetik zielt auf die Bejahung, auf das Rühmen. Aber das ist dem Elegischen unter größten Anstrengungen und unter Verzicht auf ein Verhältnis des Haben-Wollens und Besitzen-Wollens der Welt abgerungen. Mindestens drei ästhetisch-soziale Modi, durch die der unendliche Aufschub symbolischen Sinns nicht kompensiert, aber wenigstens ertragen werden kann, hat die Moderne entwickelt: einen der Freundschaft und Geselligkeit; einen, der auf Ordnung, Struktur, Schönheit und Charisma setzt; und einen des Soldatischen, des Aushaltens und Ertragens. Die Moderne sagt: Das Symbolon passt nicht. Dass es passt, sagt nur der Kitsch. Gerade er ist deshalb ein so ›passender‹ Ausdruck der Moderne in ihrer geheimen Sehnsucht.[45]

---

42 Vgl. Wolfgang Braungart: Ironie als urbane Kommunikations- und Lebensform. In: Neue Beiträge zur Germanistik. Internationale Ausgabe von »Doitsu Bungaku« (Jahrbuch der japanischen Gesellschaft für Germanistik) Nr. 3 (2004), H. 5, S. 9-24 (eine englische Fassung erscheint demnächst unter dem Titel »Eironeia Urbana« in einem von Armin Burkhardt hg. Sammelband mit dem Titel »Tropical Truth«).

43 Vgl. Peter Friedrichs Beitrag zu Joseph Roth in diesem Band.

44 Vgl. dazu Bernd Brunemeier: Vieldeutigkeit und Rätselhaftigkeit. Die semantische Qualität und Kommunikativitätsfunktion des Kunstwerks in Poetik und Ästhetik der Goethezeit. Amsterdam: Grüner 1983; Christoph Bode: Ästhetik der Ambiguität. Zur Funktion und Bedeutung der Mehrdeutigkeit in der Literatur der Moderne. Tübingen: Niemeyer 1988 (Konzepte der Sprach- und Literaturwissenschaft, Bd. 43); Gerhard Kurz: Vieldeutigkeit. Überlegungen zu einem literaturwissenschaftlichen Paradigma. In: Lutz Danneberg/Friedrich Vollhardt (Hg.): Vom Umgang mit Literatur und Literaturgeschichte. Positionen und Perspektiven nach der ›Theoriedebatte‹. Stuttgart: Metzler 1992, S. 315-333.

45 Vgl. Wolfgang Braungart (Hg.): Kitsch. Faszination und Herauforderung des Banalen und Trivialen. Tübingen: Niemeyer 2002, hier bes. die Einleitung des Hg.; ders.: Tabu, Tabus. Anmerkungen zum Tabu ›ästhetischer Affirmation‹. In: Wolfgang Braungart/Klaus Ridder/Friedmar Apel (Hg.): Wahrnehmen und Handeln. Perspektiven einer Literaturanthropologie. Bielefeld: Aisthesis 2004, S. 297-327.

Literatur

Alt, Peter-André: Begriffsbilder. Studien zur literarischen Allegorie zwischen Opitz und Schiller. Tübingen: Niemeyer 1995.

Antweiler, Christoph: Was ist den Menschen gemeinsam? Über Kultur und Kulturen. Darmstadt: WBG 2007.

Bode, Christoph: Ästhetik der Ambiguität. Zur Funktion und Bedeutung der Mehrdeutigkeit in der Literatur der Moderne. Tübingen: Niemeyer 1988 (Konzepte der Sprach- und Literaturwissenschaft, Bd. 43).

Braungart, Georg: Leibhafter Sinn. Der andere Diskurs der Moderne. Tübingen: Niemeyer 1995.

Braungart, Wolfgang (Hg.): Kitsch. Faszination und Herauforderung des Banalen und Trivialen. Tübingen: Niemeyer 2002.

Braungart, Wolfgang/Malsch, Katja: Kompromißlyrik. Anmerkungen zu den Kirchenliedern Maria Luise Thurmairs. In: Hermann Kurzke/Andrea Neuhaus (Hg.): Gotteslob-Revision. Probleme, Prozesse und Perspektiven einer Gesangbuchreform. Tübingen, Basel: Francke 2003, S. 29-45.

Braungart, Wolfgang: Tabu, Tabus. Anmerkungen zum Tabu ›ästhetischer Affirmation‹. In: Wolfgang Braungart/Klaus Ridder/Friedmar Apel (Hg.): Wahrnehmen und Handeln. Perspektiven einer Literaturanthropologie. Bielefeld: Aisthesis 2004, S. 297-327.

Braungart, Wolfgang: Ironie als urbane Kommunikations- und Lebensform. In: Neue Beiträge zur Germanistik. Internationale Ausgabe von »Doitsu Bungaku« (Jahrbuch der japanischen Gesellschaft für Germanistik) Nr. 3, H. 5 (2004), S. 9-24.

Brunemeier, Bernd: Vieldeutigkeit und Rätselhaftigkeit. Die semantische Qualität und Kommunikativitätsfunktion des Kunstwerks in Poetik und Ästhetik der Goethezeit. Amsterdam: Grüner 1983.

Frazer, Sir James: The Golden Bough. A study in magic and religion. Ware: Wordsworth 1993.

Frye, Northrop: The Great Code. The Bible and Literature. London: Routledge 1952.

Gerhardt, Paul: Geistliche Lieder. Nachwort von Gerhard Röding. Stuttgart: Reclam 1991.

Hofmann, Werner (Hg.): Luther und die Folgen für die Kunst. München: Prestel 1983 (Ausstellungskatalog der Hamburger Kunsthalle).

Kaiser, Gerhard: Christus im Spiegel der Dichtung. Exemplarische Interpretationen vom Barock bis zur Gegenwart. 2. Aufl., Freiburg: Herder 1999.

Kant, Immanuel: Zum ewigen Frieden. In: Königlich Preußische Akademie der Wissenschaften (Hg.): Kant's gesammelte Schriften (Akademie Ausgabe). Bd. VIII: Abhandlungen nach 1781. Berlin, Leipzig: de Gruyter 1923, S. 341-386.

Kott, Jan: Gott-Essen. Interpretationen griechischer Tragödien. München: Piper 1975.

Kurz, Gerhard: Vieldeutigkeit. Überlegungen zu einem literaturwissenschaftlichen Paradigma. In: Lutz Danneberg/Friedrich Vollhardt (Hg.): Vom Umgang mit Literatur und Literaturgeschichte. Positionen und Perspektiven nach der ›Theoriedebatte‹. Stuttgart: Metzler 1992, S. 315-333.

Kurz, Gerhard: Metapher, Allegorie, Symbol. 5. durchges. Aufl., Göttingen: Vandenhoeck & Ruprecht 2004.

Kuschel, Karl-Josef: Jesus in der deutschsprachigen Gegenwartsliteratur. München: Piper 1987.

Kuschel, Karl-Josef: Im Spiegel der Dichter. Mensch, Gott und Jesus in der Literatur des 20. Jahrhunderts. Düsseldorf: Patmos 1997.

Langenhorst, Georg: Jesus ging nach Hollywood. Die Wiederentdeckung Jesu in Literatur und Film der Gegenwart. Düsseldorf: Patmos 1998.

LeGoff, Jacques: Die Geburt des Fegefeuers. Stuttgart: Klett-Cotta 1984.

Malsch, Katja: Literatur und Selbstopfer. Historisch-systematische Studien zu Gryphius, Lessing, Gotthelf, Storm, Kaiser und Schnitzler. Würzburg: Königshausen & Neumann 2007.

Marx, Friedhelm: »Ich aber sage Ihnen ...«. Christusfigurationen im Werk Thomas Manns. Frankfurt a.M.: Klostermann 2002.

Müller Farguell, Roger W.: Art. Symbol. In: Jan-Dirk Müller/Georg Braungart u.a. (Hg.): Reallexikon der deutschen Literaturwissenschaft. Bd. III. Berlin, New York: de Gruyter 2003, S. 551–555.

Nietzsche, Friedrich: Also sprach Zarathustra. In: Giorgio Colli/Mazzino Montinari (Hg.): Kritische Studienausgabe in 15 Bänden. Bd. 4. Berlin: de Gruyter 1999.

Rilke, Rainer Maria: Werke in vier Bänden. Hg. von Manfred Engel u.a. Bd. II. 2. Aufl., Darmstadt: WBG 2001.

Schings, Hans-Jürgen (Hg.): Der ganze Mensch. Anthropologie und Literatur im 18. Jahrhundert. DFG-Symposion 1992. Stuttgart: Metzler 1994 (Germanistische Symposien-Berichtsbände, Bd. 15).

Suso Frank, Karl: Geschichte des christlichen Mönchstums. Darmstadt: WBG 1988.

II. Historische und literarische Räume der Gastlichkeit

Meinolf Schumacher

Gast, Wirt und Wirtin
Konstellationen von Gastlichkeit in der Literatur des Mittelalters

1.

In seinem bekannten mittelhochdeutschen Lied »Frô Welt, ir sult dem wirte sagen« spricht Walther von der Vogelweide in der Rolle eines Mannes, der seiner langjährigen Geliebten - der personifizierten Welt - den Laufpass gibt:

Frô Welt, ir sult dem wirte sagen,
daz ich im gar vergolden habe:
min grœste gülte ist abe geslagen,
daz er mich von dem briefe schabe.
Swer im iht sol, der mac wol sorgen,
ê ich im lange schuldic wære,
ich wolt ez zeinem juden borgen.
er swîget unz an einen tac,
sô wil er danne ein wette hân,
sô jener niht vergelten mac.[1]

Frau Welt, sagen Sie dem ›Wirt‹, dass ich ihm alles bezahlt habe. Meine sehr große Schuld ist getilgt; er solle mich von der (Pergament-)Urkunde abschaben. Wer ihm etwas schuldet, der hat wirklich Grund zur Sorge. Bevor ich ihm lange etwas schuldig wäre, wollte ich lieber bei einem Juden borgen. Er (doch wohl: der Wirt) fordert nichts bis zu einem (bestimmten) Tag: Dann will er, wenn man nicht bezahlen kann, ein Pfand dafür haben.

Soweit die erste Strophe dieses Liedes, bei der man sogleich fragt: Was ist das für ein ›Wirt‹? Trotz des energischen Einspruchs von Dieter Kartschoke[2] wird man ein religiöses Verständnis auch weiterhin vertreten können: Danach bezeichnet dieser ›Wirt‹ den Teufel. Mit Hilfe der verlockenden Welt bringt er den Menschen in seine Schuld, die er schriftlich dokumentiert, aber erst am Ende, also wohl beim Gericht, einfordern

1 Walther von der Vogelweide: Leich, Lieder, Sangsprüche. Hg. von Karl Lachmann/Christoph Cormeau. 14. Aufl., Berlin, New York: de Gruyter 1996, Nr. 70; dazu u.a. Meinolf Schumacher: Die Welt im Dialog mit dem ›alternden Sänger‹? Walthers Absagelied »Frô Welt, ir sult dem wirte sagen« (L. 100,24). In: Wirkendes Wort, Jg. 50 (2000), S. 169-188.

2 Dieter Kartschoke: »gedenke an mangen liehten tac.« Walthers Abschied von Frau Welt L 100, 24ff. In: Volker Mertens/Ulrich Müller (Hg.): Walther lesen. Interpretationen und Überlegungen zu Walther von der Vogelweide. Göppingen: Kümmerle 2001, S. 147-166.

wird, wenn sie nicht mehr als Buße zurückgezahlt werden kann. Dann bekommt er als Ersatz dafür dasjenige, auf das es ihm ankommt: die Seele des Menschen. Das wäre mein Vorschlag einer geistlichen Deutung. Doch auch wenn man sie akzeptiert, bleibt die Frage nach diesem merkwürdigen Wirt, der zugleich ein alle guten Geschäftssitten auf den Kopf stellender Gläubiger ist. Metaphorologisch gesprochen: Was ist hier der Bildspender für den Bildempfänger ›Teufel‹? Weshalb wissen wir nicht auf Anhieb, was ein Wirt ist? Es lohnt also, ein wenig die Historische Semantik zu bemühen, um notwendige Begriffsklärungen vornehmen zu können.

2.

Das Nomen ›Wirt‹ hat im Mittelhochdeutschen ein relativ breites Bedeutungsspektrum. Es meint wohl immer einen Hausherrn bzw. dem Haushalt vorstehenden Ehemann, allerdings sehr häufig im Hinblick auf einen Gast oder auf mehrere Gäste. ›Wirt‹ und ›Gast‹ sind offenbar relationale Begriffe, die einen klaren Gegensinn formulieren. ›Wirt‹ ist vor allem derjenige, der fremde Menschen beherbergt, sie rechtlich schützt und speist (eben be›wirtet‹), unabhängig davon, weshalb er das tut und ob er sich dafür bezahlen lässt oder nicht. Eine klare Tendenz von der privaten zur professionellen Gastung, wie sie sich realhistorisch beobachten lässt,[3] ist sprachgeschichtlich im Mittelhochdeutschen nicht nachzuweisen. Beides kann nebeneinander stehen und ist nicht immer leicht zu unterscheiden. Das macht die zitierte Stelle in dem Walther-Lied so schwierig und reizvoll zugleich. Handelt es sich um ein privates Verhältnis zum teuflischen Wirt, dann wäre Frau Welt dessen Gattin, es ginge also um Ehebruch. Ist der Teufel hingegen ein professioneller Wirt, wofür der Hinweis auf die Schuld sprechen könnte, dann schlösse dies wohl sexuelle Dienstleitungen ein, die vom Hurenwirt in Rechnung gestellt werden.[4] Beides, Ehebruch wie Prostitution, sind traditionelle Metaphern für die Sünde und gäben in dem Zusammenhang von Welt und Teufel einen theologisch nachvollziehbaren Sinn.

Bezieht sich im Mittelhochdeutschen der Begriff ›Wirt‹ auf den ganzen Bereich menschlicher Gastlichkeit, so ist im Neuhochdeutschen eine starke Reduktion auf Beherbergung und Speisung als Wirtschaftsfaktor zu beobachten: vom Gast- und Schankwirt bis hin zum Hauswirt als einem Vermieter von Wohnungen. Ähnlich gilt das für die weibliche Form ›Wirtin‹ (heute wohl nur noch in ›Gastwirtin‹, ›Zimmerwirtin‹ usw.). Die leere Stelle des Wortschatzes, die durch die Bedeutungsverengung von

---

3 Dazu u.a. Hans Conrad Peyer: Gastfreundschaft und kommerzielle Gastlichkeit im Mittelalter. In: Historische Zeitschrift, Bd. 235 (1982), S. 265–288; ders. (Hg.): Gastfreundschaft, Taverne und Gasthaus im Mittelalter. München, Wien: Oldenbourg 1983; ders.: Von der Gastfreundschaft zum Gasthaus. Studien zur Gastlichkeit im Mittelalter. Hannover: Hahn 1987. Vgl. neuerdings die Arbeiten von Beat Kümin, besonders seinen Beitrag in diesem Band.

4 Vgl. Anke Poppen: Von »hüpschen schmollerein«, »buhlern« und »riffions«. Prostitution in deutschsprachiger fiktionaler Literatur des 15. und 16. Jahrhunderts. Magisterarbeit: Universität Bielefeld 2007, Kap. III.3: »Der Frauenwirt«.

›Wirt‹ im nichtprofessionellen Bereich entstanden ist, füllen wir in der Regel mit der Verlegenheitsbildung ›Gastgeber‹ aus (die hoffentlich nicht den ›Gastnehmer‹ nach sich ziehen wird). Die pathetisch-antikisierende Rede vom ›Gastfreund‹ konnte im Deutschen nie recht heimisch werden. Denn als »vriunde« bezeichnet man traditionell die Angehörigen, »mâge unde man«, alle diejenigen, die aus verwandtschaftlichen, rechtlichen oder emotionalen Gründen zum Hause hinzugehören. Eine gründliche sprachhistorische Untersuchung hierzu steht noch aus. Immerhin hat Theodor Nolte begriffsgeschichtliche Vorstudien zum ›Freund‹ vorgelegt, und eine kommende Bielefelder Dissertation von Kerstin Panhorst zu den »Gesten der Freundschaft« verspricht reiche literatur- und kommunikationswissenschaftliche Aufschlüsse über das Mittelalter.[5] Soviel lässt sich zur Unterscheidung bereits jetzt sagen: Ist ein Freund im Haus, dann ist er kein Gast, denn er ist dort zu Hause oder er kann sich dort zu Hause fühlen. Der Unterschied zeigt sich schon bei der Verbindlichkeit höfischer Verhaltensregeln, die im Grunde als allgemeine Höflichkeit bis heute gelten. Unter Freunden kann man vielleicht die Füße auf den Tisch legen; sind Gäste da, wäre das ein Fauxpas, sowohl beim Gast wie beim Gastgeber. Auch an zeitliche Beschränkungen (»Fisch und Gast stinken nach drei Tagen«)[6] muss ein Freund sich nicht halten. Und im mittelalterlichen Freundschaftsdiskurs (etwa in den Traktaten »De amicitia«) spielen Fragen von Bewirtung und Herberge keine Rolle; sie verstehen sich einfach von selbst. Allenfalls kann man einen Gast empfangen *wie* einen ›Freund‹; in Hartmanns von Aue erstem Artusroman »Erec« wird Ritter Iders von Herzog Imain auf eine Weise begrüßt, »sô man ze vriundes hûse sol / und als dem wirte wol gezam«.[7] Einen Fremden so aufnehmen, als ob es sich um einen ›Freund‹ handelte, das ›ziemt‹ einem Hausherrn und mehrt offenbar seine Ehre. Zumindest für die älteren Sprachstufen des Deutschen bleibt sonst zu konstatieren, dass Gastlichkeit und Freundschaft auseinander zu halten sind. Als Mediävist vermeide ich deshalb weitgehend das Kompositum ›Gast-Freundschaft‹ als problematisch und zumindest den älteren Quellen nicht angemessen. Auf das Neuhochdeutsche bezogen muss man das dann nicht mehr ganz so streng sehen. Hat das Wort ›Wirt‹ eine Bedeutungsverengung erfahren, so ist der korrelierende Begriff ›Gast‹ offenbar semantisch erweitert worden: Heute kann man schon eher einen ›Freund‹ als ›Gast‹ empfangen oder von ihm als solcher eingeladen werden. In der Vormoderne jedoch hätte man nur verständnislos den Kopf geschüttelt über das (deutsche) Motto der Fußball-Weltmeisterschaft 2006: »Die Welt zu Gast bei Freunden.«[8]

---

5 Theodor Nolte: Der Begriff und das Motiv des Freundes in der Geschichte der deutschen Sprache und älteren Literatur. In: Frühmittelalterliche Studien, Jg. 24 (1990), S. 126-144; vgl. Kerstin Panhorst: »Sweeter than women's love«. Männerfreundschaften im höfischen Roman. Magisterarbeit: Universität Bielefeld 2006.

6 Dazu u.a. Harald Weinrich: Knappe Zeit. Kunst und Ökonomie des befristeten Lebens. 3. Aufl., München: Beck 2005, S. 119-123: »Freundschaft auf drei Tage: Gastfreundschaft (Homer, Knigge)«.

7 Hartmann von Aue: Erec. Hg. von Manfred Günter Scholz. Frankfurt a.M.: Deutscher Klassiker Verlag 2004, S. 24 (V. 179f.).

3.

Für den traditionellen Wortschatz des Deutschen gilt: Der Gast ist kein Freund, und der Wirt ist es erst recht nicht. Es geht bei der Aufnahme von Gästen gerade um solche Menschen, denen man anderweitig nicht verpflichtet ist. Ein ›Gast‹ ist, so das »Lexikon des Mittelalters«, »der (ins Haus) aufgenommene Fremde«.[9] Weshalb aber sollte man einen Fremden aufnehmen in sein Haus angesichts der Risiken, die damit verbunden sein können?

Da sind zum einen alte rechtlich-religiöse Verpflichtungen (›Gastrecht‹), deren Verbindlichkeit umstritten bleiben muss.[10] Dann ist zu fragen, was man sich von einer Gastaufnahme versprach. Im Falle professioneller Gastlichkeit ist es die Bezahlung, in bar oder ›angeschrieben‹ (worauf in dem Walther-Gedicht der »brief« verweist, von dem der Sprecher »geschabt« werden möchte). Eine oft wichtigere Prämie war das, was man als transzendente Bezahlung bezeichnen könnte. Fremde zu beherbergen, galt im Christentum stets als gutes Werk und wird - im Anschluss an die Gerichtsrede Mt 25,35 »ich war fremd, und ihr habt mich nicht aufgenommen« - in allen Katalogen der Werke der Barmherzigkeit aufgeführt.[11] Auch die mittelalterlichen Orden, die nach der Regel des hl. Benedikt verpflichtet waren, alle zum Kloster kommenden Gäste »wie Christus« aufzunehmen,[12] haben ihren Fremdendienst in diesem Rahmen gesehen.[13] Das hat nichts mit ideellen Leistungen zu tun, man hat sich - trotz des Einspruchs mancher Mystiker - die Verdienstlichkeit der Werke meist recht konkret vorgestellt und auch sehr ernst genommen: Mit solchen Werken tilgt man zeitliche Sündenstrafen und verkürzt sich (und eventuell auch anderen) die Zeit der Buße im Fegefeuer. Auf eine recht irdische Zeitverkürzung durch Gäste hat jüngst Harald Weinrich verwiesen: Der Gast darf sich nicht still in die Ecke setzen, er ist geradezu verpflichtet, von seinen Erfahrungen und Reisen zu erzählen und damit die Bewohner des gastgebenden Hauses zu unterhalten. Das Erzählen des Gastes wäre somit die angemessene Gegengabe für die Gabe der Aufnahme als Gast.[14] Doch es ist nicht nur das Erzählen, das man vom Gast erwartet. Er sollte überhaupt die gute

---

8 In den fremdsprachigen Fassungen fehlt diese Bedeutungsspannung von ›Gast‹ und ›Freund‹: »A time to make friends«, »Le rendez-vous de l'amitié« bzw. »El mundo entre amigos«; vgl. http://de.wikipedia.org/wiki/Die_Welt_zu_Gast_bei_Freunden, geöffnet am 30.8.2007.

9 Jürgen Weitzel: Gast, -recht, -gericht. In: Lexikon des Mittelalters. Bd. 4. München, Zürich: Artemis 1989, Sp. 1130f., hier 1130.

10 Vgl. z.B. Leopold Hellmuth: Gastfreundschaft und Gastrecht bei den Germanen. Wien: Verlag der Österreichischen Akademie der Wissenschaften 1984.

11 Dazu u.a. Michaela Puzicha: Christus peregrinus. Die Fremdenaufnahme (Mt 25,35) als Werk der privaten Wohltätigkeit im Urteil der Alten Kirche. Münster: Aschendorff 1980.

12 Vgl. Die Benedictusregel. Hg. von Basilius Steidle. 4. Aufl., Beuron: Beuroner Kunstverlag 1980, S. 150 (53,1): »Omnes supervenientes hospites tamquam Christus suscipiantur.«

13 Dazu exemplarisch Jutta Maria Berger: Die Geschichte der Gastfreundschaft im hochmittelalterlichen Mönchtum. Die Cistercienser. Berlin: Akademie Verlag 1999.

14 Vgl. Weinrich: Knappe Zeit (s. Anm. 6), S. 121: »Das ist nicht ein Handel und Tauschverkehr nach den Regeln der Ökonomie, sondern ein Gabentausch im Sinne von Marcel Mauss, wodurch nun, wie mir scheint, urbildlich und vorbildlich zwischen Gastfreundschaft und Literatur ein Zusammenhang hergestellt wird, der in der Geschichte weiterwirken wird.«

Stimmung im Hause fördern. Noch heute bekommt man auf die Frage, was als Gastgeschenk willkommen wäre, gern die Antwort: »Hauptsache, ihr bringt gute Laune mit!« In der höfischen Literatur des Mittelalters wird »vreude« geradezu zum ethischen Gebot.[15] Der Gast revanchiert sich, indem er zur »vreude« des Hauses oder Hofes seinen Beitrag leistet.

Hierbei gilt, wie wohl in allen Bereichen der Gastlichkeit, der Grundsatz der Reziprozität: Auch der Gastgeber darf die Stimmung des Gastes nicht zerstören. Er sollte ihn unter gar keinen Umständen spüren lassen, dass er ihm vielleicht etwas lästig fällt. Kaum jemand hat das so schön formuliert wie der ideale Ritter Gawein. In Hartmanns zweitem Artusroman warnt er Iwein davor, in denselben Fehler zu verfallen wie sein Vorgänger Erec – mit dem bekannten Ergebnis, dass Iwein in den genau entgegen gesetzten Fehler verfällt: Während sich Erec nur noch um seine Gattin kümmert, wird Iwein ignorieren, dass er inzwischen eine Gattin hat. Zur Abschreckung zeichnet Gawein das Zerrbild eines verheirateten Ritters. Kommt zu diesem einmal ein Gast, dann empfängt er ihn in warmen Wämschen und Pantoffeln, kämmt sich nicht einmal (»mit strûbendem hâre«)[16] und jammert gegenüber dem Gast sogleich über die hohen Kosten der Haushaltsführung (und damit auch der Bewirtung):

> Sus beginnet er trûren unde clagen
> unde sîme gaste sagen
> sô manec armez mære
> daz im lieber wære
> wærer nie komen dar.[17]

Wer von einem solchen Wirt aufgenommen wird, der bereut es bald, dessen Haus je betreten zu haben. Die Frau des Hauses kommt in diesem Zusammenhang nur als Beweggrund für die Ungastlichkeit des Ritters vor, von dem es heißt, dass er zu stark liebe: »der minnete ze sêre«.[18]

4.

Dort hingegen, wo die Frau des Hauses aktiv beteiligt ist an der Aufnahme und der Betreuung des Gastes, ist sie die Wirtin. Mit der Ausnahme allein stehender Herrscherinnen wird es in der Regel die Ehefrau des Wirtes sein; da macht auch wohl die Frage nach privater oder professioneller Gastlichkeit keinen Unterschied: Es dürfte sich auch bei Gasthäusern um Familienbetriebe gehandelt haben, in denen die Frau des Chefs die Chefin ist. Hier wird jetzt gefragt nach der besonderen Konstellation von

15 Vgl. Hans-Werner Eroms: »Vreude« bei Hartmann von Aue. München: Fink 1970.

16 Hartmann von Aue: Gregorius – Der arme Heinrich – Iwein. Hg. von Volker Mertens. Frankfurt a.M.: Deutscher Klassiker Verlag 2004, S. 470 (V. 2820).

17 Ebd., S. 472 (V. 2845–2849).

18 Ebd., S. 468 (V. 2798).

Gast, Wirt und Wirtin, und zwar anhand von drei Beispielen aus der mittelalterlichen Epik.[19]

Besonders nahe an der in Walthers Gedicht evozierten Situation scheint ein Stück aus der mittelhochdeutschen Kleinepik zu sein. Eine der vielen Bîspel-Reden des Strickers wird traditionell überschrieben als »Der Gast und die Wirtin«. Um diesen Text soll es gehen: Ein Gast kommt zu einem »lîtgebe«, Leitgeber (von »lît« ›Obstwein‹, eine oberdeutsche Bezeichnung für einen Schankwirt). Und dieser Gast gibt seine Bestellung bei der »husfrowe« auf, der Hausherrin, die sich sogleich um entsprechenden Service kümmert. Ehefrau und Bedienerin sind auch hier identisch. Sie schätzt den neuen Gast nach seinem Äußeren ab, und behandelt ihn entsprechend: »si sach an sime libe / vil guter cleider genuoc. / daz beste chusse si im truoc, / daz si in ir gwalt vant, / und ein trinchen wines zehant«.[20] An der Qualität des Kissens, das man dem Gast unterschiebt, lässt sich erkennen, wie hoch man ihn einschätzt, und wie viel er zahlen soll. Der prasserische Abend im Wirtshaus wird ausführlich erzählt, es scheint selbstverständlich zu sein, dass die Wirtin auf Kosten des Gastes kräftig mit isst und mit trinkt, sie ist gleichsam von Amts wegen eingeladen, eine Art von Animierdame. Knapp am Vollrausch provoziert man ihn dann zu einem Glücksspiel, bei dem er nicht nur sein ganzes Geld, sondern auch seine Kleider verspielt. Als er nichts mehr hat, ist Schluss. »do schuf der vrowen gebot, / daz man im daz chusse nam«.[21] Auf Anweisung der Herrin nahm man ihm das Kissen weg. Mit dem Verlust des Kissens verliert er die Berechtigung, im Gasthaus zu sitzen. Er wird nun aufgefordert, die Zeche zu zahlen; da er alles verspielt hat, kann er das nicht. Zwei Söhne der Wirtin prügeln ihn kräftig durch und werfen ihn bewusstlos in eine Wassergrube vor dem Haus. Der Erzähler kommentiert das sarkastisch: »do was diu friuntschaft elliu fur, / die er des abendes da vant«.[22] Da war's aus mit der Freundschaft, die er am Abend da gefunden hatte. Nur in dieser zynischen Bemerkung fällt ein Ausdruck aus dem Wortfeld der Freundschaft. Das war weder Freundschaft noch Gastlichkeit, es scheint eher eine Form geschickt inszenierten Raubüberfalls gewesen zu sein - ganz ähnlich wie in dem Walther-Lied von Frau Welt, in dem der Wirt die Rechnung erst dann präsentiert, wenn er sicher ist, dass der Gast sie nicht mehr begleichen kann. Solche Vorwürfe an professionelle Gastwirte und ihre weiblichen Helfer scheinen nicht so selten zu sein, und in diesem Zusammenhang ist der Prostitutionsvorwurf oft nicht weit. Wie bei Walther findet auch diese Strickergeschichte eine Auslegung; es handelt sich ja nicht um ein Märe, sondern um ein Bîspel - wie die Fabel ein zweigliedriges Genre. Mit ›Ihr‹ werden die Leser wie die Hörer einer Predigt angesprochen: »nu sult ir merchen da bi, / waz den beiden vil glich si / dem gaste und der litgeben.«[23] Die Allegorie ist eindeutig: Der Gast bezeichnet selbstverständlich den

19 Vgl. Ulrich Jänecke: Gastaufnahme in der mittelhochdeutschen Dichtung um 1200. Diss.: Ruhr-Universität Bochum 1980; allgemeiner Elfriede Moser-Rath: Gast. In: Enzyklopädie des Märchens. Bd. 5. Berlin, New York: de Gruyter 1987, Sp. 718–727.

20 Der Stricker: Die Kleindichtung. Hg. von Wolfgang Wilfried Moelleken. Bd. 4. Göppingen: Kümmerle 1977, S. 293–301, S. 293f. (V. 8-12).

21 Ebd., S. 296f. (V. 66f.).

22 Ebd., S. 298 (V. 98f.).

Menschen auf Erden, der sich von den süßen Verlockungen der Welt verführen lässt, um dann letztlich im Pfuhl der Hölle zu landen. Was hatte Walther viel anderes gesagt?

Solcher Art von ausgelegter Kurzepik, wie sie vor allem die lateinische Exempelliteratur à la »Gesta Romanorum« kennt, ist es eigen, dass die Geschichten bereits auf die Auslegung hin erzählt werden. Die Handlung des narrativen Teils wird dabei so angeordnet, dass die Auslegung dann auch passt. Es scheint sinnvoll zu sein, als zweites Beispiel eine Textstelle zu wählen, die wohl nie im Zusammenhang einer solchen allegorisch-moralischen Deutung gestanden hat und deshalb dadurch auch nicht beeinflusst werden konnte. Gemeint ist eine Episode aus dem »Ruodlieb«, einem leider nur in Fragmenten erhaltenen Versroman aus dem 11. Jahrhundert, welcher der Bildungssituation der Zeit entsprechend nicht in deutscher, sondern in mittellateinischer Sprache verfasst wurde. Während der frühe höfische Roman des nachfolgenden Jahrhunderts die Optionen guten und schlechten Handelns oft in den - sagen wir mal modern - Lernprozess eines einzigen Helden verlegt (in der Altgermanistik sprach man meist vom ›Doppelweg‹), sind sie im »Ruodlieb« auf zwei Figuren verteilt, die sich in keiner Weise fortentwickeln können oder sollen. Sie sind und bleiben der Gute und der Schlechte, und das sieht man ihnen auch an: Gemäß der traditionellen Stereotypik der Farben hat Ruodliebs schlechter Kumpan *rote* Haare![24] Und natürlich heißt er auch so, ›Rufus‹, der Rotschopf. Die Unterschiede zeigen sich deutlich im Hinblick auf das Verhalten als Gast. Beide kommen abends in ein Dorf; es stellt sich die Frage, wo zu übernachten sei. Es wird ihnen ein sehr gastfreies Haus empfohlen, in dem eine alte Frau mit einem jungen Mann lebe, die eine sehr glückliche Ehe führen. Und in der Tat, Ruodlieb wird sehr zuvorkommend von dem jungen Mann empfangen und bewirtet; und der junge Ehemann und Wirt gibt gleich die theologische Begründung für seine Großzügigkeit: »cum Christus quem mihi mittit, / Tunc est pascha meum mihi velque meis celebrandum.«[25] Wenn Christus ihm jemand schicke, dann sei das sein ›Ostertag‹, den er und die Seinen feiern müssten. So sollte ein Gastgeber sein, und so auch sein Gast! Denn Ruodlieb gibt der Wirtin, die als alte Frau keinen Risikofaktor darstellt, als Gastgeschenk einige seiner Tücher, mit denen sie sich schmücken kann - natürlich nur, wenn sie in die Kirche geht (»Tandem matronae, dederat sua pallia prompte, / Possit ut ecclesiam sic compta revisere sanctam«.[26]) Außer als Empfängerin dieses Gastgeschenks tritt die Wirtin hier nicht in Erscheinung. Ganz anders im Fall der rotschöpfigen Negativfigur. Das angesprochene Thema altersungleicher Paare bringt den Rufus auf eine Idee: Er erkundigt sich danach, ob nicht vielleicht auch ein Haus am Ort sei, in dem ein alter Mann mit einer jungen und hübschen Frau zusammenlebe. Das scheint ihm doch erheblich attraktiver zu sein. Ein solches Haus gibt es, doch es ist nicht sehr gastfrei, und der Hausherr hat guten Grund dazu, es vor jüngeren Männern verschlossen zu halten. Doch der Rotschopf weiß sich mit einem

23 Ebd., S. 299 (V. 107-109).

24 Vgl. dazu immer noch Hans Niedermeier: Die Rothaarigen in volkskundlicher Sicht. In: Bayerisches Jahrbuch für Volkskunde (1963), S. 76-106.

25 Ruodlieb. Hg. von Fritz Peter Knapp. Stuttgart: Reclam 1977, S. 86 (V. VII, 4f.).

26 Ebd., S. 86 (V. VII, 24f.).

Lügengespinst Einlass zu verschaffen und sich von der jungen Wirtin rundum verwöhnen zu lassen. Als der betrogene Ehemann die beiden in flagranti erwischt, tötet er sie nicht – die Kräfte des Alten reichen leider nicht aus, er ist kein zweiter Gesualdo – sondern er wird vom Rotschopf getötet. Ein Gericht verurteilt Rufus zum Tode, aber wohl nicht wegen Missbrauch des Gastrechts, sondern wegen Mordes in Tateinheit mit Ehebruch. Die junge Wirtin hingegen, die einen äußerst aktiven Part in dieser Gast-Wirt-Wirtin-Konstellation gespielt hat, bleibt letztlich straffrei.

Noch eine weitere Szene sei genannt, die ebenfalls nicht auf eine allegorische Auslegung hin erzählt wird. Noch einmal Hartmann von Aue; diesmal seine geistliche Erzählung »Gregorius«. Nach dem Aufdecken des zweiten Inzests verlässt dieser mittelalterliche Ödipus die Mutter, die seine Frau geworden war, um beider Sünde zu büßen (»ze buoze stân«).[27] Gregorius blendet sich nicht – Selbstverstümmelung ist im Mittelalter Sünde –, sondern er wählt den Bußweg der freiwilligen Armut um Christi willen. Offensichtlich wird dies in der Geste des Kleiderwechsels (»hin tet er diu rîchen kleit / und schiet sich von dem lande / mit dürftigen gewande«),[28] sowie in der schönen Paradoxie von »dem rîchen dürftigen«,[29] dem ›reichen Armen‹. Trotz seines Reichtums als Fürst führt Gregorius – außer seiner Identitätstafel – nichts mit sich, vor allem natürlich kein Geld. Als er abends an das »hiuselîn«[30] eines Fischers kommt, bittet er diesen deshalb »der herberge durch got«,[31] er bittet also um Übernachtung für Gotteslohn. Der Wirt lehnt ab, was bei einer solchen Herbergssuche zu erwarten ist, aber erstaunlich ist doch die Argumentation. Der Fischer sagt nicht etwa, er selbst sei viel zu arm, um arme Pilger kostenlos versorgen zu können, was ja wahrscheinlich stimmen würde. Und er sagt auch nicht, er habe kein Gasthaus. Wenn siebzehn Jahre später die römischen Legaten kommen, um den neuen Papst zu suchen, kann der Fischer sich gar nicht genug beeilen, »die wol berâten geste«[32] in sein Häuschen zu bitten und ihnen nicht nur das erbetene Obdach zu gewähren, sondern ihnen auch ein opulentes Fischmahl anzubieten, obwohl es ausdrücklich heißt, sie seien mit genügend Proviant versorgt gewesen.[33] Der Erzähler deutet dies als Habgier des Fischers: »daz tet er mêre umbe ir guot / dan durch sînen milten muot.«[34] Für uns ist das ein Beleg mehr für die These, dass die Grenzen zwischen privater und professioneller Gastlichkeit im (hohen) Mittelalter so streng nicht zu ziehen sind: Kommen zahlkräftige Gäste, dann wird wohl jedes Haus zum Gasthaus. Der büßende Gregorius selbst kam jedoch als Bettler, und an der Paradoxie vom ›reichen Armen‹ setzt der Fischer in seiner Ablehnung der Gastaufnahme an. Schauen wir uns die Stelle genauer an:

27 Hartmann von Aue: Gregorius (s. Anm. 16), S. 158 (V. 2736).
28 Ebd., S. 158 (V. 2748–2750).
29 Ebd., S. 158 (V. 2751).
30 Ebd., S. 160 (V. 2775).
31 Ebd., S. 160 (V. 2781).
32 Ebd., S. 186 (V. 3263).
33 Vgl. ebd., S. 186 (V. 3255–3260).
34 Ebd., S. 186 (V. 3269f.).

als im der vischære
sînen schœnen lîp gesach,
er wegete daz houbet unde sprach:
›jâ dû starker trügenære!
ob ez nû sô wære
daz ich der tôrheit wielte
daz ich dich vrâz behielte,
sô næme dich, grôz gebûre,
der rede vil untûre,
so ich hînte entsliefe und mîn wîp,
daz dû uns beiden den lîp
næmest umbe unser guot.‹[35]

Als der Fischer seine schöne Gestalt gesehen hatte, schüttelte er den Kopf und sagte: ›Ach, du dreister Betrüger! So dumm bin ich doch nicht, dich Vielfraß aufzunehmen, damit du, dicker Kerl, dich nicht an deine Worte hältst und heute Nacht, wenn ich und meine Frau eingeschlafen sind, uns beide umbringst, um uns auszurauben.‹

Und so weiter mit heftigen Beschimpfungen, die in der klaren Aufforderung münden: »rûme daz hûs vil drâte.«[36] Verlasse sofort das Haus! Was wirft der Fischer ihm vor? Sich als Armen auszugeben, obwohl er von seiner Erscheinung her gar nicht arm sein kann. Damit passt er nicht ins Weltbild des einfachen Fischers, der Hartmanns feines Oxymoron vom »rîchen dürftigen« nicht verstehen kann. Dass man Arme beherbergt, war als Werk der Barmherzigkeit akzeptiert, denn dafür bekam man den Lohn im Jenseits; und Reiche zu beherbergen war ohnehin lukrativ, bekam man doch den Lohn in der Regel sofort. Auch die mittelalterlichen Klöster hatten diese Unterscheidung eingeführt, indem sie zwischen einem Haus für die wohlhabenden und einem für die bedürftigen Gäste unterschieden.[37] Was aber, wenn ein Reicher Bedürftigkeit nur vortäuscht? Dann ist jedenfalls Vorsicht geboten, und man kann schon verstehen, dass der Fischer Gregorius nicht ohne weiteres als Gast aufnimmt. So sieht kein Büßer aus, als der er sich ausgibt. Der Fischer kann ja nicht wissen, dass Gregorius erst seit wenigen Stunden büßt. Er geht mit beinahe kriminalistischem Spürsinn an den Fall heran. Vor allem die sauberen Fingernägel machen ihn stutzig (»dîn nagel lûter unde blanc«).[38] Der Verdacht des Betruges steht damit in der Tat im Raum, wogegen die Unterstellung eines beabsichtigten Raubmords wohl etwas übertrieben sein dürfte. Aber in der Einöde am See weiß man ja nie ... Es werden jedenfalls Gefahren der Gastlichkeit in abgelegenen Gegenden benannt. Dass der Fischer als Hauswächter und mögliche Opfer neben sich auch seine Gattin nennt, verweist auf die weitere Handlung. Denn das letzte Wort hat auch in dieser (literarischen) Ehe nicht der Mann. Der Frau des Fischers tut Gregorius leid, wohl zunächst, wie wir heute sagen

35 Ebd., S. 160 (V. 2784–2795).

36 Ebd., S. 162 (V. 2811).

37 Dazu u.a. Otto Hiltbrunner: Gastfreundschaft in der Antike und im frühen Christentum. Darmstadt: WBG 2005, S. 208.

38 Hartmann von Aue: Gregorius (s. Anm. 16), S. 168 (V. 2916).

würden, aus dem Bauchgefühl heraus, dass er doch kein Betrüger sei (»si bedûhte des daz er wære / niht ein trügenære«).[39] Dann holt sie - mit Tränen wirksam unterstützt (»des ervolleten ir diu ougen«)[40] - zu einer Argumentation aus, die sie in theologischer Hinsicht gebildeter erscheinen lässt als ihren Mann. Erstens könnte es sein, dass es sich bei diesem Gast um einen Engel des Herrn handelt, und zweitens sei es ohnehin der erste Arme, der sich an diesen See verirrt habe, seit sie dort wohnten, und diese einmalige Gelegenheit, ein Werk der Barmherzigkeit zu vollbringen, sollten sie doch nicht ungenutzt vergehen lassen. Der Hinweis auf den Engel des Herrn, um den es sich bei dem Fremden handeln könnte (»swenne dich unser herre / dîner sælden ermande / und dir sînen boten sande«),[41] zielt wohl auf eine der Urszenen jüdisch-christlicher Gastlichkeitstheologie: die ›Philoxenie‹ des Patriarchen Abraham, der sich vorbildlich drei göttlichen Boten gegenüber verhielt (Gn 18, 1-8).[42] Die Frau des Fischers im »Gregorius« setzt sich durch, sie darf dem Fremdling hinterherlaufen in eben den Wald, den sie ihrem Mann gegenüber gerade noch als von Wölfen so bedroht dargestellt hat. Allerdings erhebt der von seiner Frau dazu gedrängte Wirt Einsspruch dagegen, dass die Wirtin dem Gast das beste Essen vorsetzt, das sie zur Verfügung hat. Brot und Wasser werden gerade noch genehmigt. Und trotz aller Überredungskünste der Frau wird Gregorius aus dem Haus gejagt wie ein Hund (»er wart in hundes wîs ûz getriben / an den hof vür die tür«).[43] Er muss in einem zerfallenen Schuppen übernachten (»in ein sô armez hiuselîn, / daz ez niht armer enmöhte sîn: / daz was zevallen, âne dach«).[44] Der formalen Gastaufnahme entspricht hier nicht einmal die Bedingung, einem Fremden Obdach zu gewähren. Die Fischersfrau erweist zwar den Dienst, den verschlafenen Helden am Morgen zu wecken, damit er noch pünktlich mit dem Fischer auf seinen Bußfelsen kommt, doch genau das ist ein Akt, der eigentlich den sicheren Tod bedeuten müsste. Weiß sie überhaupt, was sie da tut? Oder ist für sie des Gastes Wille sein Himmelreich? Beim Fischer hingegen ist die Sache klar. Für ihn ist das Eingehen auf den Wunsch des Gastes, ihn zu einer angemessenen Stelle der Buße zu bringen, eine günstige Gelegenheit, sich seiner ein für allemal zu entledigen.[45] Ausgerechnet in diesem Zusammenhang des - letztlich - beabsichtigten Mordes spricht er ihn als »vriunt« an.[46] Und für Lesende, die das nicht selbst gleich gemerkt haben sollten, weist Hartmann darauf hin, dies habe er höhnisch (»mit hônschaft«)[47] gesagt.

---

39 Ebd., S. 162 (V. 2837f.).

40 Ebd., S. 162 (V. 2841).

41 Ebd., S. 164 (V. 2850-2852).

42 Zur Auslegungsgeschichte u.a. Otto Hiltbrunner/Denys Gorce/Hans Wehr: Gastfreundschaft. In: Reallexikon für Antike und Christentum. Bd. 8. Stuttgart: Hiersemann 1972, Sp. 1061-1123, bes. 1112-1114.

43 Hartmann von Aue: Gregorius (s. Anm. 16), S. 174 (V. 3028f.).

44 Ebd., S. 174 (V. 3033-3035).

45 Ebd., S. 172 (V. 3011-3014).

46 Ebd., S. 170 (V. 2976): »sît dû des gerst, vriunt, sô wis vrô.«

47 Ebd., S. 172 (V. 3015).

5.

Um am Schluss dieser Skizze einige vorläufige Ergebnisse zu sichern: Das Begriffspaar von ›Gast‹ und ›Wirt‹ bezieht sich ausschließlich auf das Verhalten gegenüber Fremden. Der Begriff des ›Freundes‹ taucht in diesem Zusammenhang höchstens in ironischer Verwendung auf. Ein Freund ist gerade kein Fremder, und niemand wäre je auf die Idee gekommen, einen Verwandten übernachten zu lassen oder einen guten Freund zu bekochen sei ein Werk der Barmherzigkeit, mit dem sich Sündenstrafen tilgen ließen, wie das bei der Aufnahme von Fremden möglich ist. Unter Angehörigen oder Vertrauten gelten andere Spielregeln als diejenigen, die jeder akzeptieren muss, der sich auf eine Wirt-Gast-Situation einlässt, unabhängig davon, wie weit diese bereits ›professionalisiert‹ ist. Dazu zählen vor allem auch Regeln im Hinblick auf die Frauen im Hause des Wirtes, in der Regel auf seine Ehefrau, die damit die ›Wirtin‹ ist. Missbrauch ist dabei immer möglich und ein dankbares literarisches Sujet. In der mittelalterlichen Epik scheint die Wirtin jedoch weniger passives Opfer von Übergriffen männlicher Gäste zu sein. Vielmehr rückt ihre aktive Tätigkeit in den Mittelpunkt des Erzählens, und zwar in negativer wie auch in positiver Funktion, wobei die positive - als gut gemeinte - recht gefährlich werden kann für den Gast - wenn Gott ihn nicht wie Gregorius als Erwählten aus dieser Situation durch ein Wunder befreit.

Literatur

Die Benedictusregel. Hg. von Basilius Steidle. 4. Aufl., Beuron: Beuroner Kunstverlag 1980.

Berger, Jutta Maria: Die Geschichte der Gastfreundschaft im hochmittelalterlichen Mönchtum. Die Cistercienser. Berlin: Akademie Verlag 1999.

Eroms, Hans-Werner: »Vreude« bei Hartmann von Aue. München: Fink 1970.

Hartmann von Aue: Erec. Hg. von Manfred Günter Scholz. Frankfurt a.M.: Deutscher Klassiker Verlag 2004.

Hartmann von Aue: Gregorius - Der arme Heinrich - Iwein. Hg. von Volker Mertens. Frankfurt a.M.: Deutscher Klassiker Verlag 2004.

Hellmuth, Leopold: Gastfreundschaft und Gastrecht bei den Germanen. Wien: Verlag der Österreichischen Akademie der Wissenschaften 1984.

Hiltbrunner, Otto: Gastfreundschaft in der Antike und im frühen Christentum. Darmstadt: WBG 2005.

Hiltbrunner, Otto/Gorce, Denys/Wehr, Hans: Gastfreundschaft. In: Reallexikon für Antike und Christentum. Bd. 8. Stuttgart: Hiersemann 1972, Sp. 1061–1123.

Jänecke, Ulrich: Gastaufnahme in der mittelhochdeutschen Dichtung um 1200. Dissertation Bochum: Ruhr-Universität 1980.

Kartschoke, Dieter: »gedenke an mangen liehten tac.« Walthers Abschied von Frau Welt L 100,24ff. In: Volker Mertens/Ulrich Müller (Hg.): Walther lesen. Interpretationen und Überlegungen zu Walther von der Vogelweide. Göppingen: Kümmerle 2001, S. 147–166.

Moser-Rath, Elfriede: Gast. In: Enzyklopädie des Märchens. Bd. 5. Berlin, New York: de Gruyter 1987, Sp. 718–727.

Niedermeier, Hans: Die Rothaarigen in volkskundlicher Sicht. In: Bayerisches Jahrbuch für Volkskunde (1963), S. 76–106.

Nolte, Theodor: Der Begriff und das Motiv des Freundes in der Geschichte der deutschen Sprache und älteren Literatur. In: Frühmittelalterliche Studien, Jg. 24 (1990), S. 126–144.

Panhorst, Kerstin: »Sweeter than women's love«. Männerfreundschaften im höfischen Roman. Magisterarbeit: Universität Bielefeld 2006.

Peyer, Hans Conrad: Gastfreundschaft und kommerzielle Gastlichkeit im Mittelalter. In: Historische Zeitschrift, Bd. 235 (1982), S. 265–288.

Peyer, Hans Conrad (Hg.): Gastfreundschaft, Taverne und Gasthaus im Mittelalter. München, Wien: Oldenbourg 1983.

Peyer, Hans Conrad: Von der Gastfreundschaft zum Gasthaus. Studien zur Gastlichkeit im Mittelalter. Hannover: Hahn 1987.

Poppen, Anke: Von »hüpschen schmollerein«, »buhlern« und »riffions«. Prostitution in deutschsprachiger fiktionaler Literatur des 15. und 16. Jahrhunderts. Magisterarbeit: Universität Bielefeld 2007.

Puzicha, Michaela: Christus peregrinus. Die Fremdenaufnahme (Mt 25,35) als Werk der privaten Wohltätigkeit im Urteil der Alten Kirche. Münster: Aschendorff 1980.

Ruodlieb. Hg. von Fritz Peter Knapp. Stuttgart: Reclam 1977.

Schumacher, Meinolf: Die Welt im Dialog mit dem ›alternden Sänger‹? Walthers Absagelied »Frô Welt, ir sult dem wirte sagen« (L. 100,24). In: Wirkendes Wort, Jg. 50 (2000), S. 169–188.

Der Stricker: Die Kleindichtung. Hg. von Wolfgang Wilfried Moelleken. Bd. 4. Göppingen: Kümmerle 1977.

Walther von der Vogelweide: Leich, Lieder, Sangsprüche. Hg. von Karl Lachmann/Christoph Cormeau. 14. Aufl., Berlin, New York: de Gruyter 1996.

Weinrich, Harald: Knappe Zeit. Kunst und Ökonomie des befristeten Lebens. 3. Aufl., München: Beck 2005.

Weitzel, Jürgen: Gast, -recht, -gericht. In: Lexikon des Mittelalters. Bd. 4. München, Zürich: Artemis 1989, Sp. 1130f.

Beat Kümin

Wirtshausgeschichte

Das Gastgewerbe in der historischen Frühneuzeitforschung

Wie die Philosophie, Soziologie, Literatur- und Medienwissenschaft beschäftigt sich auch die Frühneuzeitforschung seit geraumer Zeit mit der Thematik dieses Bandes. Sowohl zur privaten Gastfreundschaft wie auch der gewerblichen Gastlichkeit liegen mittlerweile erste Überblicksdarstellungen vor.[1] In diesem Beitrag soll versucht werden, Entwicklungslinien und Formen der Wirtetätigkeit für die Jahrhunderte zwischen Spätmittelalter und Moderne in knapper Form zu skizzieren und damit eine historische Brücke zwischen den von Meinolf Schumacher untersuchten Anfängen und der bei Alexander Honold beleuchteten Blütezeit des alteuropäischen Gasthauses zu schlagen.[2] Nach einleitenden Bemerkungen zu Quellenbasis und Forschungstendenzen wird die Vielfalt der gastgewerblichen Einrichtungen aus zwei Perspektiven beleuchtet, nämlich den für Historiker grundlegenden Variablen von Zeit und Raum. Im Vordergrund stehen dabei weniger Einzelbeispiele und spezifische Begegnungen, sondern die sozio-kulturellen Funktionen der Institution ›Wirtshaus‹ für die vorindustrielle Gesellschaft allgemein.

1. Quellen und Literatur

Die Materialbasis für eine derartige Untersuchung ist breit. Die Reichhaltigkeit der literarischen Überlieferung braucht hier nicht besonders betont zu werden.[3] Dazu stehen eine Reihe weiterer Gattungen zur Verfügung: Gesetzgebung und Verwaltungsakten - insbesondere periodisch erstellte Wirtshausverzeichnisse und Steuerregister

1 Felicity Heal: Hospitality in Early Modern England. Oxford: Clarendon 1990 (Oxford Studies in Social History); Hans Conrad Peyer: Von der Gastfreundschaft zum Gasthaus. Studien zur Gastlichkeit im Mittelalter. Hannover: Hahn 1987 (Monumenta Germaniae Historica. Schriften 31); Beat Kümin: Drinking Matters. Public Houses and Social Exchange in Early Modern Central Europe. Basingstoke: Palgrave Macmillan 2007 (Early Modern History. Society and Culture).

2 Zum langen 18. Jahrhundert als ›Goldenes Zeitalter‹ traditioneller Herbergen vgl. John Chartres: The Eighteenth-Century English Inn. A Transient ›Golden Age‹? In: Beat Kümin/ B. Ann Tlusty (Hg.): The World of the Tavern. Public Houses in Early Modern Europe. Aldershot: Ashgate 2002, S. 205–226.

3 Überblicksartig Bettina Kaemena: Studien zum Wirtshaus in der deutschen Literatur. Frankfurt a.M.: Peter Lang 1999 und Steven Earnshaw: The Pub in Literature. England's Altered State. Manchester: University Press 2000.

der jeweiligen Obrigkeiten (Gastwirte hatten mit dem *Um-* oder *Ohmgeld* Abgaben auf alkoholische Getränke zu leisten),[4] Gerichtsmaterialien - kirchlicher wie weltlicher Provenienz[5] - und gelegentlich gar Dokumentationen einzelner Gasthäuser - Wirtetestamente, Besitzinventare und Rechnungsbücher.[6] Jenseits der Schriftmedien kann im interdisziplinären Dialog mit Archäologen, Kunst- und Architekturhistorikern auf Bildquellen - etwa Wirtshausszenen in Holzschnitten aus der Reformationszeit (Barthel Beham, Erhard Schön) oder der niederländischen Malerei des 17. Jahrhunderts (Adriaen Brouwer, Jan Steen, Adriaen van Ostade) - sowie auf materielle Überreste von Bausubstanz, Konsumgütern und Lebensmitteln zurück gegriffen werden.[7]

Dominierten in der Forschung anfangs Fragestellungen der älteren Kulturgeschichte, die sich vor allem für die Schilderung von Dienstleistungen und Begegnungen in (auto-)biographischen und literarischen Quellen interessierte, sowie der Rechtshistorik, wie im noch immer vorbildlichen Überblickswerk von Johanna Kachel,[8] so sah das ausgehende 20. Jahrhundert den Aufstieg der Sozial- und (neuen) Kulturgeschichte. Zu den herausragenden Vertretern der Ersteren gehören Peter Clark, Hans Conrad Peyer und Thomas Brennan, die sich um ein präziseres sozio-ökonomisches Profil von Wirten, Gästen und Einrichtungen bemühten; zur Letzteren, methodisch stärker von der historischen Anthropologie und den *gender studies* beeinflussten Richtung insbesondere die Arbeiten von Gunther Hirschfelder und B. Ann Tlusty, bei denen die Geschlechterbeziehungen und rituell-symbolischen Dimensionen der Soziabilität in den Vordergrund rückten.[9] Eine Konstante des Forschungsfeldes bildet

4 Die intensive gesetzgeberische Tätigkeit erschließt die Reihe Klaus Härter/Michael Stolleis (Hg.): Repertorium der Policeyordnungen der frühen Neuzeit. Frankfurt a.M.: Klostermann 1996ff. (siehe Registereinträge ›Gaststätten‹, ›Gastwirte‹ etc.). Exemplarisch zum Verwaltungsschriftgut Bayerisches Hauptstaatsarchiv, Staatsverwaltung 1853 (Wirtshausregister von 1580) und Richard W. Unger: Beer in the Middle Ages and the Renaissance. Philadelphia: University of Pennsylvania Press 2004, S. 197 (Umgelderhebung).

5 Besonders bequem ist der Zugriff auf »The Proceedings of the Old Bailey, London, 1674 to 1834« (http://www.oldbaileyonline.org/; geöffnet am 10.8.2007); kirchliche Chorgerichtstätigkeit illustriert die Reihe Robert M. Kingdon (Hg.): Registres du Consistoire de Genève au temps de Calvin. Genève: Droz 1996ff.

6 Zu Ersteren Judith Pennington: Inns and Taverns of Western Sussex, England, 1550-1700. A Documentary and Architectural Investigation. In: Kümin/Tlusty: World of the Tavern (s. Anm. 2), S. 116-135; Vinzenz Bartlome: Die Rechnungsbücher des Wirtes Hans von Herblingen als Quelle zur Wirtschaftsgeschichte Thuns um 1400. Bern: Stämpfli 1988 (Archiv des Historischen Vereins des Kantons Bern, Bd. 72).

7 Alison Stewart: Taverns in Nuremberg Prints at the Time of the German Reformation. In: Kümin/Tlusty: World of the Tavern (s. Anm. 2), S. 95-115; William A. Pantin: Medieval Inns. In: E.M. Jope (Hg.): Studies in Building History. London: Odhams Press 1961, S. 166-191; Andreas Boos (Hg.): Wirtshauskultur. Archäologie, Geschichte und Hinterlassenschaft einer alten Regensburger Schänke. Regensburg: Museen 2002.

8 Theodor von Liebenau: Das Gasthof- und Wirtshauswesen der Schweiz in älterer Zeit. Zürich: J.A. Preuss 1891; Ossip D. Potthoff/Georg Kossenhaschen: Kulturgeschichte der deutschen Gaststätte, umfassend Deutschland, Österreich, die Schweiz und Deutschböhmen. Berlin: W. Glass 1933 [Nachdruck Hildesheim: Olms 1996]; Johanna Kachel: Herberge und Gastwirtschaft in Deutschland bis zum 17. Jahrhundert. Stuttgart: Kohlhammer 1924 (Vierteljahrschrift für Sozial- und Wirtschaftsgeschichte, Beiheft 3).

zudem der stetige Strom von Einzel- und Regionalstudien, jüngst etwa über das Wirtshauswesen des Landes Tirol im Allgemeinen und die Geschichte des Brixener Gasthofes »Zum Elephanten« im Besonderen.[10]

2. Chronologische Entwicklung

Laut den grundlegenden Studien von Peyer kam es im Verlauf des Hoch- und Spätmittelalters in weiten Teilen Europas zu einer graduellen Überlagerung der traditionellen privaten und kirchlichen Gastfreundschaft durch die kommerzielle Gastlichkeit. Seit der ersten Jahrtausendwende finden sich in den Quellen Belege für die grundherrliche bzw. kommunale Privilegierung spezifischer Grundstücke oder Personen mit dem Alkoholschank- und Beherbergungsrecht. Im Zuge der Städtegründungen und des zunehmenden Handelsverkehrs erhöhte sich die Betriebsdichte, so dass die gewerbliche Gastlichkeit den ›Markt‹ ab etwa 1300 zu dominieren begann. Das Wirtshaus wurde zu einer aus der europäischen Kulturlandschaft nicht mehr wegzudenkenden Grundinstitution. In der wohl bekanntesten literarischen Stilisierung aus dem frühen 16. Jahrhundert kontrastiert Erasmus von Rotterdam ›deutsche‹ Herbergen, wo profitversessene Wirte die farbigsten Besuchergruppen an standardisierten Gasttafeln abfertigen, mit den viel gehobeneren und zivilisierteren Verhältnissen in Frankreich.[11] Die ersten nördlich der Alpen erhaltenen Wirtshausregister (Zürcher Landschaft 1530, Herzogtum Bayern 1580) bestätigen die Tatsache einer flächendeckenden Versorgung. Im Verlaufe der Frühen Neuzeit expandierte das Gastgewerbe – trotz energischer Kontrollbemühungen der entstehenden Territorialstaaten – weiter, sowohl in absoluten Betriebszahlen wie auch relativ zur wachsenden Bevölkerung. Für das 18. Jahrhundert kann in Mitteleuropa von einer typischen Versorgung von 1 Wirtshaus pro 100 Einwohner in den Städten und 1:200–300 Einwohner auf dem Land ausgegangen werden.[12]

---

9 Peter Clark: The English Alehouse. A Social History 1200–1830. London, New York: Longman 1983; Peyer: Gasthaus (s. Anm. 1); Thomas Brennan: Public Drinking and Popular Culture in Eighteenth-Century Paris. Princeton: University Press 1988; Gunther Hirschfelder, Alkoholkonsum am Beginn des Industriezeitalters (1700–1850). Vergleichende Studien zum gesellschaftlichen und kulturellen Wandel. 2 Bde. Köln: Böhlau 2003–2004; B. Ann Tlusty: Bacchus und die bürgerliche Ordnung. Die Kultur des Trinkens im frühneuzeitlichen Augsburg. Aus dem Englischen übertragen von Helmut Graser. Augsburg: Wißner-Verlag 2005 (Studien zur Geschichte des Bayerischen Schwaben, Bd. 34). Eine Anthologie jüngerer Ansätze in Kümin/Tlusty: World of the Tavern (s. Anm. 2).

10 Hans Heiss: The Pre-Modern Hospitality Trade in the Central Alpine Region: The Example of Tyrol. In: ebd., S. 159–176; ders.: Der Weg des »Elephanten«. Geschichte eines großen Gasthofs seit 1551. Wien, Bozen: Folio 2002.

11 Gasthäuser [Diversoria]. In: Kurt Steinmann (Hg.): Vertrauliche Gespräche. Zürich: Diogenes 2000, S. 95–105.

12 Detailliertere Ausführungen und Belege in Peyer: Gasthaus (s. Anm. 1), S. 281 und passim; Kümin: Drinking Matters (s. Anm. 1), Kap. 1.

Zu unterscheiden sind zwei Haupttypen von Einrichtungen: die auf Wein- oder Bierverkauf beschränkten Schenken und die voll privilegierten, also zusätzlich zum Anbieten von warmen Mahlzeiten, Banketten, Stallungen und Übernachtungen berechtigten Tafern (je nach Region auch Tavernen, Krüge, Kretscham usw. genannt). Was beide - laut normativen Quellen - von der privaten Gastfreundschaft scheidet, ist das Monopol auf *kommerzielle* Bewirtung, die Auszeichnung durch Busch/Schild/Konzession und die ›öffentlich-rechtliche‹, oft durch einen Eid bekräftigte Verpflichtung der Gastgeber auf das Einhalten bestimmter Betriebsregeln (u.a. saisonal schwankende Öffnungszeiten, allgemeine Bewirtungspflicht, Minimalangebot an Speisen und Getränken, Leistung von Abgaben, Friedensgebot und Anzeigepflicht für Vergehen).[13] Was private und gewerbliche Gastgeber dagegen verbindet sind Elemente wie die Öffnung des eigenen Hauses für Fremde, die Erwartung eines zeitlich beschränkten Aufenthalts, das wechselseitige Erzählpotenzial (effektiv als Austausch von Neuigkeiten aus der weiten Welt gegen Informationen über lokale Verhältnisse) und die rituelle Überformung der Interaktion (Willkomm, Trinksitten, Gastmahl, Abschied).[14]

Zu den Erträgen der jüngsten Forschung gehört die klarere Konturierung des Gästeprofils. Wie auch bei den Wirten, finden sich unter den Besuchern Vertreter aller gesellschaftlichen Gruppen, jedoch mit einer deutlichen Konzentration auf das mittlere Segment. Das typische Wirtshaus war kein Refugium für untere und marginale Schichten, sondern die zentrale Begegnungsstätte ›normaler‹ Bürger und Bauern. Der Gasthausbesuch gehörte zum öffentlichen Leben in Stadt und Land, weil dort Geschäftsabschlüsse bekräftigt, *rites of passage* wie Hochzeiten markiert und Gemeindeversammlungen abgehalten wurden. Galten Wirtsstuben lange als exklusiv männliche Soziabilitätsorte, so ist es jetzt unstrittig, dass es legitime Kontexte für Frauenpräsenz gab: Der Feierabendtrunk mit dem Ehemann, die Partnersuche heiratsfähiger Mädchen, die Teilnahme an der lokalen Festkultur sowie die Suche nach Kundschaft durch Kleinunternehmerinnen. Wer allerdings allein, nachts, in abgelegenen Einrichtungen und in Gesellschaft unbekannter Männer trank, wurde unweigerlich als moralisch suspekt eingestuft.[15]

Der Multifunktionalität der Gaststätten entsprach die Rollenvielfalt der Gäste. Alle waren zwar in erster Linie ›Kunden‹, d.h. sie trugen zum Lebensunterhalt von Wirten, Wirtsfamilien und Gesinde bei (selbst in mittleren Territorien bot das Gastgewerbe als größte Branche des noch rudimentären Dienstleistungssektors Tausende von Arbeitsplätzen), ›den‹ oder ›die‹ Fremde gab es jedoch nicht, sondern nur Indivi-

---

13 Siehe etwa den Bernischen Wirteeid von 1617 in Hermann Rennefahrt (Hg.): Sammlung Schweizerischer Rechtsquellen. Abt. II: Die Rechtsquellen des Kantons Bern. 1. Teil: Stadtrechte, Bd. VIII/1: Wirtschaftsrecht. Aarau: Sauerländer 1966, S. 206f.

14 Zur rituellen Qualität von Wirtshausgeselligkeit siehe Katja Hürlimann: Öffentlicher Konsum in Wirtshäusern: Soziale Funktion des Konsums in den Zürcher Landvogteien Greifensee und Kyburg im 15./16. Jahrhundert. In: Jakob Tanner u.a. (Hg.): Geschichte der Konsumgesellschaft: Märkte, Kultur und Identität (15.-20. Jahrhundert). Zürich: Chronos 1998, S. 147-163.

15 Tlusty: Bacchus (s. Anm. 9), Kap. 8-9; Beat Kümin: Public Houses and their Patrons in Early Modern Europe. In: ders./Tlusty (Hg.): World of the Tavern (wie Anm. 2), S. 44-62.

duen mit spezifischen Statusmerkmalen, Bedürfnissen und Ansprüchen. In Reichsstädten wie Augsburg konnten Ratsherren an den Tischen sitzen und in zahllosen Landgemeinden war die Obrigkeit in den Gerichtsstuben der Tavernen präsent. Im Berner Oberland dagegen wurde der Kunde buchstäblich zum ›König‹, weil die Wirte periodisch von der Talgemeinde bestellt wurden und deren Mitglieder daher durch entgegenkommendes Verhalten günstig zu stimmen suchten.[16] Umgekehrt bestand eine hohe Korrelation zwischen Kriminalität und Wirtshausbesuch. Ins Gewicht fielen nicht so sehr organisierte Verbrechen und offene Rebellion (obschon auch dies zu finden ist), sondern das durch Alkoholkonsum und Publikumspräsenz massiv gesteigerte Potenzial für Injurien. In der *face-to-face* Gesellschaft der Frühen Neuzeit war das soziale Kapital der Ehre von unüberschätzbarer Bedeutung, so dass öffentlich vorgetragene Angriffe auf die Rechtschaffenheit und Verlässlichkeit (bei Männern) und sexuelle Reinheit (bei Frauen) nicht hingenommen werden durften. Stark ritualisierte Konfliktmuster, die gemeinhin von verbaler Konfrontation über Handgreiflichkeiten zu Gewaltausübung führten, dank informeller sozialer Kontrolle und dem Eingreifen von Wirten/Zeugen jedoch selten mit schlimmen Verletzungen endeten, füllen die Akten fast aller lokaler Gerichtsinstanzen.[17]

Das Gastgewerbe interagierte mit allen historischen Makroprozessen des untersuchten Zeitraumes. Die bereits im Spätmittelalter einsetzende Staatsbildung manifestierte sich in der oben erwähnten Flut territorialer Mandate und Dekrete, in denen von der Feuersicherheit bis zum Geldspiel alle Bereiche unter verstärkte obrigkeitliche Kontrolle gerieten, sowie in der Ertragsabschöpfung durch indirekte Steuern (in Bayern gar doppelt, d.h. über den landständischen Aufschlag und das fürstliche Umgeld).[18] Das Zeitalter der Glaubensspaltung führte zu einer konfessionellen Markierung des Wirtshauswesens, indem z.B. Massenwallfahrten die Nachfrage in katholischen Gebieten stimulierten, in reformiert geprägten Regionen dagegen klösterliche Brauereien und Gasthöfe verschwanden. Das von Kirche und Staat in allen Glaubenskontexten energisch verfolgte Ziel der Sozialdisziplinierung, also die verstärkte Verhaltenskontrolle mit Blick auf Gottesgunst, allgemeine Wohlfahrt und wirtschaftliche Prosperität (letzteres vor allem im Zuge der Aufklärung) reflektieren zahllose Sittenvorschriften. Die zwinglianische Stadtrepublik Bern erließ etwa ein bis ins 18. Jahr-

---

16 Ludwig S. von Tscharner (Hg.): Sammlung Schweizerischer Rechtsquellen. Abt. II: Die Rechtsquellen des Kantons Bern. 2. Teil: Rechte der Landschaft, Bd. I/2: Niedersimmental. Aarau: Sauerländer 1914, S. 124.

17 Martin Dinges: Ehre und Geschlecht in der Frühen Neuzeit. In: Sybille Backmann u.a. (Hg.): Ehrkonzepte in der frühen Neuzeit. Berlin 1998, S. 123–147; spezifisch zum Wirtshaus Peter Wettmann-Jungblut: Gewalt und Gegen-Gewalt. Gewalthandeln, Alkoholkonsum und die Dynamik von Konflikten anhand eines Fallbeispiels aus dem frühneuzeitlichen Schwarzwald. In: Magnus Eriksson/Barbara Krug-Richter (Hg.): Streitkulturen. Gewalt, Konflikt und Kommunikation in der ländlichen Gesellschaft der frühen Neuzeit (16.–19. Jahrhundert). Köln: Böhlau 2003, S. 17–58, und Beat Kümin: Friede, Gewalt und öffentliche Räume. Grenzziehungen im alteuropäischen Wirtshaus. In: Claudia Ulbrich u.a. (Hg.): Gewalt in der Frühen Neuzeit. Berlin: Duncker & Humblot 2005, S. 130–139.

18 Helmut Rankl: Staatshaushalt, Stände und ›Gemeiner Nutzen‹ in Bayern 1500–1516. München 1976 (Studien zur bayerischen Verfassungs- und Sozialgeschichte, Bd. 7), S. 37f.

hundert gültiges Verbot öffentlicher Tanzveranstaltungen, katholische Fürsten ihrerseit insistierten auf der Einhaltung von Fastenzeiten. Dass allzu drastische Eingriffe in die Geselligkeitspraktiken allerdings kaum durchzusetzen waren, erklärt die Forschung mit der auch noch im Absolutismus permanent zu beobachtenden Aushandlung von politischen und kulturellen Leitlinien zwischen Obrigkeit und Untertanen.[19]

Auf die entstehende Konsumgesellschaft verweisen einerseits steigende Gästeansprüche bezüglich Ausstattung und Komfort - der Trend verlief von Schlafsälen zu kleineren Kammern, von gemeinsamen Essschüsseln zu individuellen Gedecken und generell zu einer besseren Versorgung mit Utensilien wie Keramikgeschirr und Tabakgefäßen[20] - andererseits die zunehmende typologische Differenzierung. In Bayern etwa erweiterte sich das gastgewerbliche Angebot ab dem späten 16. Jahrhundert durch fürstlich konzessionierte Weißbierzäpfler, mit der Söldnermobilität im Dreißigjährigen Krieg verbreiteten sich Branntweinschenken übers gesamte Reichsgebiet und ab dem späten 17. Jahrhundert waren in einigen Städten bereits Warmgetränke erhältlich, für bescheidenere Kunden über Straßenhändler, für die lokalen Eliten in modisch ausgestatteten Kaffeehäusern. Der wohl wichtigste Transformationsprozess war aber die frühneuzeitliche ›Kommunikationsrevolution‹, die in der Einführung regelmässiger und verlässlicher Postverbindungen - für Briefe ab dem 16., für Personentransporte ab dem späteren 17. Jahrhundert - wurzelte. Organisatorische Maßnahmen wie die konsequente Portionierung der Etappen (die sich am existierenden Netz von Herbergen orientierte), territoriale bzw. reichsweite Koordination von Transportmitteln (oft über als Posthalter agierende Gastwirte) und stetige Frequenzerweiterungen ermöglichten nicht nur ein schnelleres und kostengünstigeres Fortkommen für immer mehr Reisende, sondern letztlich auch die Medienrevolution der periodischen Zeitschrift.[21] In der Epoche zwischen der Einrichtung von Postkursen und den Umwälzungen des Eisenbahnbaus erlebte das alteuropäische Gasthaus zweifellos eine Blütezeit. Die aristokratische *Grand Tour* und der noch vor 1800 einsetzende alpine Proto-Tourismus trugen im gehobenen Gästesegment das ihre dazu bei.

Immer differenzierter wird nun auch die literarische Auseinandersetzung mit dem Phänomen. Insbesondere die Gattung der Reiseberichte thematisiert das ›zu-Gast-sein‹

19 Peter Hersche: Devotion, Volksbrauch oder Massenprotest? Ein Literaturbericht aus sozialgeschichtlicher Sicht zum Thema Wallfahrtsforschung. In: Das achtzehnte Jahrhundert und Österreich, Bd. 9 (1994), S. 7-34, hier 22; Walter Salmen: Der ›Bauerntanz‹ im Urteil von Reformatoren und Reformierten. In: Beat Kümin (Hg.): Landgemeinde und Kirche im Zeitalter der Konfessionen. Zürich: Chronos 2004, S. 91-110; Heinrich R. Schmidt: Sozialdisziplinierung? Ein Plädoyer für das Ende des Etatismus in der Konfessionalisierungsforschung. In: Historische Zeitschrift, Bd. 265 (1997), S. 639-682.

20 Ein Musterbeispiel für diese Entwicklungslinien bespricht Margrit Rageth-Fritz: Der Goldene Falken. Der berühmteste Gasthof im alten Bern. Bern: Francke 1987. Selbst abgelegene Gasthöfe besaßen im 18. Jahrhundert ein beachtliches Spektrum von Konsumgütern: Staatsarchiv Bern, HA Spiez [Depot Haller], 8c (Taverne Spiezwiler bei Thun im Berner Oberland).

21 Wolfgang Behringer: Im Zeichen des Merkur. Reichspost und Kommunikationsrevolution in der Frühen Neuzeit. Göttingen: Vandenhoeck & Ruprecht 2003 (Veröffentlichungen des Max-Planck-Instituts für Geschichte, Bd. 189).

in komplexen Mischformen aus Egodokumenten, Belletristik und Fremdenführern.[22] Als eigentlicher *poet laureate* der Wirtshauskultur kann der englische Fährmann John Taylor (gest. 1653) gelten, eine schillernde Figur, die sich in einem auf unüblich niederer sozialer Stufe angesetzten Akt von *self-fashioning* zum versatilen Kommentator und Satiriker der populären Lebenswelt erhob.[23] Sein Œuvre beleuchtet Gasthäuser aus allen möglichen Blickwinkeln: neben poetischen Skizzen des dort erhältlichen Getränkespektrums (»Drinke and welcome: or the Famous Historie of the most part of Drinks«, 1637) finden sich zahlreiche Berichte von in- und ausländischen Reisen. Letztere enthalten das übliche Spektrum von sehr schlechten bis exzellenten Gästeerfahrungen, gelegentlich aber auch idiosynkratische Einblicke in den Wirtshausalltag. Im ›Stern‹ des Ortes Rye in der Grafschaft Sussex ließ sich Taylor von der multimedialen Umgebung einer mit Bildern und Sinnsprüchen geschmückten Schlafkammer inspirieren:

> And as upon a bed I musing lay,
> The chamber hang'd with painted cloth, I found
> my selfe with sentences beleaguered round.
> There was Philosophy and History,
> Poetry AEnigmatick mystery.
> I know not what the Town in wealth may be,
> But sure, I on that chambers walls did see
> More wit than al the town had, and more worth
> Then my unlearned Muse can well set forth.[24]

Darüber hinaus profilierte sich Taylor als Verfasser von Manualen für das expandierende Transportgewerbe. Als Stütz- und Etappenpunkte von Verzeichnissen wie »The Carriers Cosmographie. Or, A Briefe Ralation, of The Innes, Ordinaries, Hosteries, and other lodgings in, and neere London« (1637) fungierten wiederum Gasthäuser. So kann es kaum verwundern, dass sich Taylor schliesslich selbst dem Wirtsberuf zuwandte, zuerst in einer Oxforder Weinschenke und dann in der ›Krone‹ von Londons Covent Garden.

3. Räumliche Zugänge

Als Kontextvariable hat der Raum in der Wirtshausgeschichte immer schon eine wichtige Rolle gespielt. Je nach Lage konnte die Betriebszahl beträchtlich schwanken (sehr geringe Dichte an der europäischen Peripherie und im Gebirge, sehr hohe

22 Antoni Mączak: Travel in Early Modern Europe. Cambridge: Polity Press 1995; Michael Maurer (Hg.): Neue Impulse der Reiseforschung. Berlin: Akademie Verlag 1999.

23 Zu Person und Werk Bernard Capp: The World of John Taylor the Water Poet, 1578-1653. Oxford: Clarendon 1994.

24 Works of John Taylor, the Water Poet, not Included in the Folio Volume of 1630 (First-Fourth Collection). Nachdruck New York: Burt Franklin 1967, S. 17.

Konzentration an Transitrouten, Pilgerstätten und Marktorten), in Städten war die Auswahl spezialisierter Einrichtungen generell größer als auf dem Land und auch gastronomisch machte es einen Unterschied, ob sich Gasthäuser in Wein- oder Bier- bzw. Butter- oder Ölregionen befanden.[25] Im Verbund mit anderen Geistes- und Sozialwissenschaften erlebt die Geschichte gegenwärtig jedoch einen eigentlichen *spatial turn*. Im Lichte neuer theoretischer Konzeptionen wird ›Raum‹ nicht mehr als bloßer Handlungsrahmen bzw. Behälter verstanden, sondern als relationales Konstrukt, das durch einen dynamischen Interaktionsprozess von Akteuren, Objekten und atmosphärischen Elementen entsteht.[26] Je nach ihren spezifischen Beziehungsgeflechten entwickeln Menschen an identischen Orten - z.B. Wirtshäusern - unterschiedliche Raumvorstellungen, seien es auf Durchreise befindliche Kaufleute mit überregionalen Handelskontakten oder ortsansässige, zum Feierabendtrunk versammelte Bauern. Das *spacing* oder Platzieren von materiellen Elementen seinerseits vermag Lokalitäten atmosphärisch zu verändern, etwa durch die religiöse bzw. obrigkeitliche Aufladung von Gaststuben durch das Anbringen von Devotionalien oder herrschaftlichen Insignien. Auch die jeweilige Konstellation von Wirten, Gästen und Bedienten - punktuell erweitert um Beamte, Nachbarn, Geistliche usw. - prägte das Raumkonstrukt ›Gaststube‹ in höchst spezifischer Weise. Die methodische Herausforderung besteht somit darin, Örtlichkeiten, Situationen und Akteure in ihrem Zusammenspiel zu verknüpfen, um die Pluralität wie Versatilität zeitgenössischer Raumvorstellungen zu erfassen.[27]

Einen möglichen Zugang bietet die analytische Trennung von Makro- und Mikroebene. Aus der Perspektive von Wirtshausgästen seien für Erstere zwei Themenkomplexe angesprochen: vormoderne *(Groß-)Raumvorstellungen* an sich und die Entstehung von *Öffentlichkeit*. Aus der eben skizzierten Genese des frühneuzeitlichen Postsystems lässt sich unschwer erkennen, dass an Hauptverkehrswegen gelegene Herbergen zu immer prominenteren Strukturelementen im Makroraum wurden.[28] So bildeten sie - wie schon im Falle des *Tabard Inn* von Southwark für die berühmte Pilgergruppe aus Chaucers »Canterbury Tales« - Ausgangspunkte von Fernreisen. Transportmittel wie auch Weginformationen waren hier am einfachsten zu erhalten. Gasthausstandorte determinierten auch die weitere Routenplanung, so dass Reisende räumliche Mobilität effektiv als Punkt-zu-Punkt Bewegung innerhalb eines Herbergsnetzes wahrnah-

25 Gertrud Benker: Der Gasthof: Von der Karawanserei zum Motel. München: Callwey 1974, S. 69–76 (vorteilhafte Lagen); Stephen Mennell: Divergences and Convergences in the Development of Culinary Cultures. In: Hans-Jürgen Teuteberg (Hg.): European Food History. Leicester: University Press 1992, S. 278–288.

26 Martina Löw: Raumsoziologie. Frankfurt a.M.: Suhrkamp 2001 (stw 1506), S. 271–273.

27 Erste Ansätze in Susanne Rau/Gerd Schwerhoff (Hg.): Zwischen Gotteshaus und Taverne: Öffentliche Räume in Spätmittelalter und Früher Neuzeit. Köln: Böhlau 2004 (Norm und Struktur, Bd. 21); Renate Dürr/Gerd Schwerhoff (Hg.): Kirchen, Märkte und Tavernen. Erfahrungs- und Handlungsräume in der Frühen Neuzeit. Frankfurt a.M.: Klostermann 2005 (Zeitsprünge, Bd. 9).

28 Im Zusammenspiel mit weiteren Elementen wie Brücken und Geleiten: Heinz-Dieter Heimann: Räume und Routen in der Mitte Europas. In: Peter Moraw (Hg.): Raumerfassung und Raumbewusstsein im späteren Mittelalter. Stuttgart: Thorbecke 2002, S. 203–231, hier 228.

men und sich die jeweilige Stadt- oder Dorfgesellschaft buchstäblich aus den Fenstern ihrer Gaststuben und Schlafkammern erschlossen.[29] In einer Zeit ohne Straßen- und Hausnummern dienten Wirtshausschilder zudem Einheimischen wie Fremden als Orientierungshilfen, da sie sich neben Kirchtürmen am besten zur topographischen Lokalisierung spezifischer Örtlichkeiten eigneten.[30] Wenn also - wie unlängst argumentiert - historische Räume ihre Kohärenz und Grenzen auch über Kommunikationsstrukturen erlangen, müssten Faktoren wie die zeitliche Entstehung und topographische Verteilung gastgewerblicher Einrichtungen in die Analyse der entsprechenden Konstitutionsprozesse mit einbezogen werden.[31]

Dasselbe lässt sich auch für den Strukturwandel der Öffentlichkeit in der Frühen Neuzeit postulieren. Wurde er in der einflussreichen Konzeption von Jürgen Habermas mit dem kritischen Räsonnement des aufsteigenden Bürgertums in einer autonomen politischen Sphäre in Verbindung gebracht, letztlich also sozial exklusiv und abstrakt-diskursiv fundiert, so verfolgen neuere Studien räumliche Ansätze. Wie Kirchen, Rathäuser und Marktplätze können Wirtshäuser, so Susanne Rau und Gerd Schwerhoff, idealtypisch als Räume verstanden werden, »die für Menschen unterschiedlicher regionaler Herkunft, sozialer Zugehörigkeit und unterschiedlichen Geschlechts prinzipiell zugänglich«, »kommunikativ und interaktiv profiliert und für die frühneuzeitlichen Gesellschaften relevant« waren. Hier traten Menschen in komplexe soziale Austauschbeziehungen, hier wurden Meinungen gebildet, Konflikte ausgetragen und Entscheidungen getroffen, kurz: Öffentlichkeit hergestellt.[32] In Krisenzeiten wie der Reformation des 16. oder der englischen Revolution des 17. Jahrhunderts stützten sich zumindest ›temporäre‹ oder ›thematische‹ Öffentlichkeiten ganz wesentlich auf Wirtshäuser, wo die Zirkulation von Schrift- und Bildmedien wie Holzschnitten, Balladen und Pamphleten kirchliche und politische Debatten beeinflusste (und später auch die Sozietätenbewegung des ›geselligen‹ 18. Jahrhunderts eine institutionelle Verankerung finden sollte).[33]

Auf der Mikroebene kann das Potenzial raumhistorischer Zugänge für die Gasthausgeschichte am Beispiel des Verhältnisses zwischen ›privaten‹ und ›öffentlichen‹ Bereichen sowie *front* und *back regions* erhellt werden. Stärker noch als vormoderne Hausvorstände generell übernahmen Wirte über ihre eidlich beschworenen Verpflichtungen zum Friedensgebot und der Anzeige policeylich-sittlicher Vergehen quasiöffentliche Aufgaben. Je nach Bedarf und Situation entschieden sie auch flexibel über

---

29 Laut Earnshaw begann die englische Literatur recht eigentlich im *Tabard Inn*: Pub in Literature (s. Anm. 3), S. 2. Dietrich Denecke: Vor und während der Reise. Informationen und Planungen zum Weg, zur Fahrt und zur Rast in historischer Zeit. In: Rainer Aurig u. a. (Hg.): Im Dienste der historischen Landeskunde. Beucha: Sax-Verlag 2002, S. 459–469.

30 Hierzu James R. Brown: The Landscape of Drink. Inns, Taverns and Alehouses in Southampton, c. 1550–1700. PhD University of Warwick 2007, Kap. 2.

31 Rolf Kiessling: Kommunikation und Region in der Vormoderne. Eine Einführung. In: ders./ Carl A. Hoffmann (Hg.): Kommunikation und Region. Konstanz: UVK 2001, S. 11–39.

32 Susanne Rau/Gerd Schwerhoff: Öffentliche Räume in der Frühen Neuzeit. Überlegungen zu Leitbegriffen und Themen eines Forschungsfeldes. In: dies. (Hg.): Öffentliche Räume (s. Anm. 27), S. 11–52, hier 48.

33 Kümin: Drinking Matters (s. Anm. 1), Kap. 6.

diejenigen Teile ihrer Liegenschaften, die gastgewerblicher Nutzung geöffnet und diejenigen, die Familienmitgliedern vorbehalten wurden. Es konnte bei großem Andrang also vorkommen, dass Reisenden Übernachtungsmöglichkeiten in den Schlafkammern der Gastgeber angeboten wurden.[34] Noch komplexere Mischformen finden sich in Gegenden mit Reihebraurecht (wie z.B. der westfälischen Herrschaft Canstein), wo das Schankprivileg unter einer Gruppe von Haushalten rotierte. In periodischer Abfolge evolvierten die jeweiligen Anwesen zu temporären Trinkstuben, was die Grenze zwischen öffentlichem und privatem Grund für eine bestimmte Zeit von der Türschwelle in die Häuser hinein verlegte. Unter den gegebenen Umständen dürften sowohl Wirte wie Gäste diese Räume als sehr viel intimer und ›privater‹ als in regulären Schankbetrieben empfunden haben.[35]

Mit Erving Goffman lassen sich *front regions* als diejenigen Bereiche eines Raumkomplexes definieren, in denen Akteure sich beobachtet wissen und demzufolge gesellschaftlich vorgegebenen Verhaltensnormen folgen, während sie in uneinsehbaren *back regions* ungezwungener agieren und ihre jeweiligen Stimmungen und Bedürfnisse viel direkter ausdrücken. Gerade auch für den Gasthauskontext besteht somit ein methodisches Instrumentarium, Hinweise auf Aktionen und Interaktionen in historischen wie literarischen Quellen mit Blick auf ihre konkrete Situierung zu interpretieren. Die räumliche Analyse von Verhaltensmustern in einem (modernen) Hotel auf den Shetland Inseln ergab zum Beispiel, dass der jeweilige Aufenthaltsort Ausdrucksformen und Betragen stark beeinflusste. In der Küche dominierte die lokale *crofter* Kultur mit alltagssprachlichen Formulierungen, zwanglosem Umgang und geringer sozialer Distanz zwischen Wirt und Belegschaft, während die Arbeit im Speisesaal - wo sich Gäste aus aller Welt einfanden - formellere Ausdrucksformen, gepflegtere Tischsitten und ausgeprägtere Hierarchiesignale zu verlangen schien.[36]

4. Bilanz

Angesichts seiner Verbreitung, Multifunktionalität und Besucherfrequenz kann das Wirtshaus als wichtigster Kommunikationsraum der frühneuzeitlichen Gesellschaft gelten. Seine sozio-kulturelle Signifikanz spiegelt sich in einer enzyklopädische, literarische, utilitaristische und viele weitere Textgattungen mit einschliessenden Quellenüberlieferung.[37] Auf den ersten Blick dominieren kritische Stimmen von Moralapos-

34 B. Ann Tlusty: ›Privat‹ oder ›öffentlich‹? Das Wirtshaus in der deutschen Stadt des 16. und 17. Jahrhunderts. In: Rau/Schwerhoff: Öffentliche Räume (s. Anm. 27), S. 53-73.

35 Barbara Krug-Richter: Das Privathaus als Wirtshaus. Zur Öffentlichkeit des Hauses in Regionen mit Reihebraurecht. In: ebd., S. 99-117.

36 Erving Goffman: The Presentation of Self in Everyday Life. London: Allen Lane 1969, hier S. 100-103. Ausführlicher zu räumlichen Ansätzen in der Wirtshausgeschichte Beat Kümin: Wirtshaus, Reiseverkehr und Raumerfahrung am Ausgang des Mittelalters. In: Rainer C. Schwinges (Hg.): Straßen- und Verkehrswesen im hohen und späten Mittelalter. Sigmaringen: Jan Thorbecke 2007 (Vorträge und Forschungen, Bd. LXVI 2007), S. 331-352.

teln wie Hippolytus Guarinonius, der das Gastgewerbe ursächlich für den Sittenverfall seiner Zeit verantwortlich machte: »Wilt du das Hauß der Vbertrettung der Gebott GOTTES / vnd der Christlichen Catholischen Kirchen sehen? Sihe an das wirtshauß«.[38] Schon etwas differenzierter argumentierten die Diskutanten in Johann Heinrich Tschudis Gasthausgespräch von 1719:

> *Philaretus*: Gewüß / es sind zu vil derer / welche mit Wirtschafft reich werden wollen. Eben diß ist das Mittel / wordurch sie oft / so wol sich selbst / als andere arm machen / und ins Verderben bringen. [...] wie mancher ist / der an statt in seine Werck=Stätte / oder sonsten ehrliche Hand=Arbeit zugehen / sich in jene Orte begibet / und darin von einem Morgen biß wider zum anderen sitzet? [...]
>
> *Alander*: [Es gibt unter den Gastwirten auch] ehrliche und billiche Männer [...] bey welchen die Gäste versorget sind; allein diese sind etwas rar / und weit mehr derjenigen / welchen der Gast ein Last wäre / wann sie nicht so grosse Lust zu seinem Geld hätten [...] Man muß auch nicht fragen / warum sie Bären / Löwen / Greiffen / und andere frässige und gefährliche Thiere / an ihren aufgehenckten Schilden sehen lassen [...] Mancher hengt zwar etwann einen Engel aus / kommet man aber hinein / so findet man einen listigen und betrieglichen Teüfel; zum Lamm trifft man einen Wolff an / der wol den Gast / mit samt seinem Pferd auffressen möchte. [...]
>
> *Timotheus*: [...] Die Welt ist ein grosses Wirts=Hauß / darinn der Teuffel der Wirt / und vil gottlose Menschen die Gäste sind.[39]

Trotz oft ähnlicher Rhetorik wusste aber selbst die Obrigkeit nur zu gut, dass ohne dichtes Herbergsnetz weder intensiver Handelsverkehr noch Massenwallfahrten möglich waren und der gesellige Trunk auf lokaler Ebene manche Spannungen entschärfte. Entwaffnend bilanzierte etwa ein bayerischer Amtsträger um 1800: »Man ist beglaubt, daß sämtl. auf den Dörfern des Landgerichts Aichach dermal ausgeübt werdende Wirthschaften wohlthätig für den Unterthan seÿen, und sieht keinen Vortheil, wenn selbe eingezogen werden sollten.«[40] Auch qualitativ konnte das Gastgewerbe hohe Ansprüche erfüllen. Der Göttinger Professor Christoph Meiners, der sich, wie viele Kommentatoren, an einer Art Proto-Gastrodiskurs beteiligte, fand ausgangs des Ancien Régime:

37 Nicht weniger als 27 Kolumnen widmet dem Artikel ›Wirtshaus‹ Johann Heinrich Zedler: Großes vollständiges Universal-Lexicon aller Wissenschafften und Künste, welche bishero durch menschlichen Verstand und Witz erfunden und verbessert worden. Halle, Leipzig: Johann Heinrich Zedler 1732–50, Bd. 57, Kol. 1190–1217; eine frühe Gasthauskonversationsanleitung aus dem frühen 15. Jahrhundert diskutiert Julian Munby: Zacharias's: A medieval Oxford inn at 26–8 Cornmarket. In: Oxoniensia, Bd. 57 (1992), S. 245–309, hier S. 305f.

38 Die Grewel der Verwüstung Menschlichen Geschlechts [1610], hg. v. Elmar Locher. Faksimileausgabe Bozen: Edition Sturzflüge 1993, S. 828.

39 Johann Heinrich Tschudi: Das VII. Gespräch. Von Gast-Höfen, oder Wirts-Häuseren. In: Monatliche Gespräch / Einiger guter Freunden / Von Allerhand geist= und weltlichen Dingen, Zürich: Johann Jacob Lindinner (April 1719), S. 118–28, hier S. 124–127.

40 Bayerisches Hauptstaatsarchiv München: GR 878/186, S. 396 (Wirtshausverzeichnis von 1806).

den besten Tisch, und die niedlichsten Gerichte in der ganzen Schweiz [...] in Bex an den Gränzen von Wallis [...]. Jch kenne nichts schmackhafteres, als junge Cartoffeln und Castanien à la crême, und die Karpfen aus dem Genfer=See, von dem Wirth selbst nach einer eigenthümlichen Manier zubereitet. Gerne hätte ich von eben dieser Meisterhand auch Seeforellen gegessen, allein für diese großen und kostbaren Fische war unsere Gesellschaft zu klein.[41]

Das Gasthaus der Frühen Neuzeit gab es also nicht und seine komplexe Phänomenologie darf bei der Interpretation von Quellen nicht unberücksichtigt bleiben. In der historischen ›Realität‹ waren Wirtsstuben und Schlafkammern keine bloßen Behälter oder Bühnen, die Romanschreibern und Dramatikern als plausible - aber neutrale - Umrahmungselemente für Dialoge und Begegnungen dienten, sondern über Raumkonstitutionsprozesse direkt an sozialer Interaktion beteiligte Faktoren. Die bewusstere Reflektion ihrer zeitlichen und räumlichen Variabilität verspricht gerade für unser Verständnis vom ›Gast in der Moderne‹ noch beträchtlichen Gewinn.

Literatur

Bartlome, Vinzenz: Die Rechnungsbücher des Wirtes Hans von Herblingen als Quelle zur Wirtschaftsgeschichte Thuns um 1400. Bern: Stämpfli 1988 (Archiv des Historischen Vereins des Kantons Bern, Bd. 72).

Bayerisches Hauptstaatsarchiv München: GR 878/186 (Wirtshausverzeichnis von 1806).

Behringer, Wolfgang: Im Zeichen des Merkur. Reichspost und Kommunikationsrevolution in der Frühen Neuzeit. Göttingen: Vandenhoeck & Ruprecht 2003 (Veröffentlichungen des Max-Planck-Instituts für Geschichte, Bd. 189).

Benker, Gertrud: Der Gasthof: Von der Karawanserei zum Motel. München: Callwey 1974.

Boos, Andreas (Hg.): Wirtshauskultur. Archäologie, Geschichte und Hinterlassenschaft einer alten Regensburger Schänke. Regensburg: Museen 2002.

Brennan, Thomas: Public Drinking and Popular Culture in Eighteenth-Century Paris. Princeton: University Press 1988.

Brown, James R.: The Landscape of Drink. Inns, Taverns and Alehouses in Southampton, c. 1550-1700. PhD University of Warwick 2007.

Capp, Bernard: The World of John Taylor the Water Poet, 1578-1653. Oxford: Clarendon 1994.

Casanova, Giacomo: Voyages romanesques à travers la Suisse [1760]. Hg. von Marie-Françoise Luna. Grenoble: Presses Universitaires 1980.

Chartres, John: The Eighteenth-Century English Inn. A Transient ›Golden Age‹? In: Beat Kümin/B. Ann Tlusty (Hg.): The World of the Tavern. Public Houses in Early Modern Europe. Aldershot: Ashgate 2002, S. 205-226.

41 Briefe über die Schweiz. 4 Teile, 2. Aufl., Berlin: C. Spener 1788-90, hier Teil 2, S. 258. In seinen Reiseberichten verpasste es auch Giacomo Casanova nicht, »en effet de noter certaines curiosités touristiques, des coutumes locales, et en particulier les spécialités gastronomiques qui passionnent toujours le grand mangeur qu'il est.«: Voyages romanesques à travers la Suisse [1760], hg. Marie-Françoise Luna. Grenoble: Presses Universitaires 1980, S. 14.

Clark, Peter: The English Alehouse. A Social History 1200-1830. London, New York: Longman 1983.

Denecke, Dietrich: Vor und während der Reise. Informationen und Planungen zum Weg, zur Fahrt und zur Rast in historischer Zeit. In: Rainer Aurig u.a. (Hg.): Im Dienste der historischen Landeskunde. Beucha: Sax-Verlag 2002, S. 459-469.

Dinges, Martin: Ehre und Geschlecht in der Frühen Neuzeit. In: Sybille Backmann u.a. (Hg.): Ehrkonzepte in der frühen Neuzeit. Berlin 1998, S. 123-147.

Dürr, Renate/Schwerhoff, Gerd (Hg.): Kirchen, Märkte und Tavernen. Erfahrungs- und Handlungsräume in der Frühen Neuzeit. Frankfurt a.M.: Klostermann 2005 (Zeitsprünge, Bd. 9).

Earnshaw, Steven: The Pub in Literature. England's Altered State. Manchester: University Press 2000.

Erasmus, Desiderius: Gasthäuser [Diversoria]. In: Kurt Steinmann (Hg.): Vertrauliche Gespräche. Zürich: Diogenes 2000, S. 95-105.

Goffman, Erving: The Presentation of Self in Everyday Life. London: Allen Lane 1969.

Guarinonius, Hippolytus: Die Grewel der Verwüstung Menschlichen Geschlechts [1610]. Hg. von Elmar Locher. Faksimileausgabe Bozen: Edition Sturzflüge 1993.

Heal, Felicity: Hositality in Early Modern England. Oxford: Clarendon 1990 (Oxford Studies in Social History)

Heimann, Heinz-Dieter: Räume und Routen in der Mitte Europas. In: Peter Moraw (Hg.): Raumerfassung und Raumbewusstsein im späteren Mittelalter. Stuttgart: Thorbecke 2002, S. 203-231.

Heiss, Hans: Der Weg des »Elephanten«. Geschichte eines großen Gasthofs seit 1551. Wien, Bozen: Folio 2002.

Heiss, Hans: The Pre-Modern Hospitality Trade in the Central Alpine Region: The Example of Tyrol. In: Beat Kümin/B. Ann Tlusty (Hg.): The World of the Tavern. Public Houses in Early Modern Europe. Aldershot: Ashgate 2002, S. 159-176.

Hersche, Peter: Devotion, Volksbrauch oder Massenprotest? Ein Literaturbericht aus sozialgeschichtlicher Sicht zum Thema Wallfahrtsforschung. In: Das achtzehnte Jahrhundert und Österreich, Bd. 9 (1994), S. 7-34.

Hirschfelder, Gunther: Alkoholkonsum am Beginn des Industriezeitalters (1700-1850). Vergleichende Studien zum gesellschaftlichen und kulturellen Wandel. 2 Bde. Köln: Böhlau 2003-2004.

Hürlimann, Kaja: Öffentlicher Konsum in Wirtshäusern: Soziale Funktion des Konsums in den Zürcher Landvogteien Greifensee und Kyburg im 15./16. Jahrhundert. In: Jakob Tanner u.a. (Hg.): Geschichte der Konsumgesellschaft: Märkte, Kultur und Identität (15.-20. Jahrhundert). Zürich: Chronos 1998, S. 147-163.

Kachel, Johanna: Herberge und Gastwirtschaft in Deutschland bis zum 17. Jahrhundert. Stuttgart: Kohlhammer 1924 (Vierteljahrsschrift für Sozial- und Wirtschaftsgeschichte, Beih. 3).

Kaemena, Bettina: Studien zum Wirtshaus in der deutschen Literatur. Frankfurt a.M.: Lang 1999.

Kiessling, Rolf: Kommunikation und Region in der Vormoderne. Eine Einführung. In: ders./ Carl A. Hoffmann (Hg.): Kommunikation und Region. Konstanz: UVK 2001, S. 11-39.

Kingdon, Robert M. (Hg.): Registres du Consistoire de Genève au temps de Calvin. Genève: Droz 1996ff.

Klaus Härter/Michael Stolleis (Hg.): Repertorium der Policeyordnungen der frühen Neuzeit. Frankfurt a.M.: Klostermann 1996ff.

Krug-Richter, Barbara: Das Privathaus als Wirtshaus. Zur Öffentlichkeit des Hauses in Regionen mit Reihebraurecht. In: Susanne Rau/Gerd Schwerhoff (Hg.): Zwischen Gotteshaus und Taverne: Öffentliche Räume in Spätmittelalter und Früher Neuzeit. Köln: Böhlau 2004 (Norm und Struktur, Bd. 21), S. 99-117.

Kümin, Beat: Drinking Matters. Public Houses and Social Exchange in Early Modern Central Europe. Basingstoke: Palgrave Macmillan 2007 (Early Modern History. Society and Culture).

Kümin, Beat: Friede, Gewalt und öffentliche Räume. Grenzziehungen im alteuropäischen Wirtshaus. In: Claudia Ulbrich u.a. (Hg.): Gewalt in der Frühen Neuzeit. Berlin: Duncker & Humblot 2005, S. 130-139.

Kümin, Beat: Public Houses and their Patrons in Early Modern Europe. In: ders./B. Ann Tlusty (Hg.): The World of the Tavern. Public Houses in Early Modern Europe. Aldershot: Ashgate 2002, S. 44-62.

Kümin, Beat: Wirtshaus, Reiseverkehr und Raumerfahrung am Ausgang des Mittelalters. In: Rainer C. Schwinges (Hg.): Straßen- und Verkehrswesen im hohen und späten Mittelalter. Sigmaringen: Jan Thorbecke 2007 (Vorträge und Forschungen, Bd. LXVI), S. 331-352.

Liebenau, Theodor von: Das Gasthof- und Wirtshauswesen der Schweiz in älterer Zeit. Zürich: J.A. Preuss 1891.

Löw, Martina: Raumsoziologie. Frankfurt a.M.: Suhrkamp 2001 (stw 1506).

Mączak, Antoni: Travel in Early Modern Europe. Cambridge: Polity Press 1995.

Maurer, Michael (Hg.): Neue Impulse der Reiseforschung. Berlin: Akademie Verlag 1999.

Meiners, Christoph: Briefe über die Schweiz. 4 Teile, 2. Aufl., Berlin: C. Spener 1788-90.

Mennell, Stephen: Divergences and Convergences in the Development of Culinary Cultures. In: Hans-Jürgen Teuteberg (Hg.): European Food History. Leicester: University Press 1992, S. 278-288.

Munby, Julian: Zacharias's: A medieval Oxford inn at 26-8 Cornmarket. In: Oxoniensia, Bd. 57 (1992), S. 245-309.

Pantin, William A.: Medieval Inns. In: E.M. Jope (Hg.): Studies in Building History. London: Odhams Press 1961, S. 166-191.

Pennington, Judith: Inns and Taverns of Western Sussex, England, 1550-1700. A Documentary and Architectural Investigation. In: Beat Kümin/B. Ann Tlusty (Hg.): The World of the Tavern. Public Houses in Early Modern Europe. Aldershot: Ashgate 2002, S. 116-135.

Peyer, Hans Conrad: Von der Gastfreundschaft zum Gasthaus. Studien zur Gastlichkeit im Mittelalter. Hannover: Hahn 1987 (Monumenta Germaniae Historica, Schriften 31).

Potthoff, Ossip D./Kossenhaschen, Georg: Kulturgeschichte der deutschen Gaststätte, umfassend Deutschland, Österreich, die Schweiz und Deutschböhmen. Berlin: W. Glass 1933 [Nachdruck Hildesheim: Olms 1996].

Rageth-Fritz, Margrit: Der Goldene Falken. Der berühmteste Gasthof im alten Bern. Bern: Francke 1987.

Rankl, Helmut: Staatshaushalt, Stände und ›Gemeiner Nutzen‹ in Bayern 1500-1516. München 1976 (Studien zur bayerischen Verfassungs- und Sozialgeschichte, Bd. 7).

Rau, Susanne/Schwerhoff, Gerd (Hg.): Zwischen Gotteshaus und Taverne: Öffentliche Räume in Spätmittelalter und Früher Neuzeit. Köln: Böhlau 2004 (Norm und Struktur, Bd. 21).

Rau, Susanne/Schwerhoff, Gerd: Öffentliche Räume in der Frühen Neuzeit. Überlegungen zu Leitbegriffen und Themen eines Forschungsfeldes. In: dies. (Hg.): Zwischen Gotteshaus und Taverne: Öffentliche Räume in Spätmittelalter und Früher Neuzeit. Köln: Böhlau 2004 (Norm und Struktur, Bd. 21), S. 11-52.

Rennefahrt, Hermann (Hg.): Sammlung Schweizerischer Rechtsquellen. Abt. II: Die Rechtsquellen des Kantons Bern. 1. Teil: Stadtrechte, Bd. VIII/1: Wirtschaftsrecht. Aarau: Sauerländer 1966.

Salmen, Walter: Der ›Bauerntanz‹ im Urteil von Reformatoren und Reformierten. In: Beat Kümin (Hg.): Landgemeinde und Kirche im Zeitalter der Konfessionen. Zürich: Chronos 2004, S. 91-110.

Schmidt, Heinrich R.: Sozialdisziplinierung? Ein Plädoyer für das Ende des Etatismus in der Konfessionalisierungsforschung. In: Historische Zeitschrift, Bd. 265 (1997), S. 639-682.

Stewart, Alison: Taverns in Nuremberg Prints at the Time of the German Reformation. In: Beat Kümin/B. Ann Tlusty (Hg.): The World of the Tavern. Public Houses in Early Modern Europe. Aldershot: Ashgate 2002, S. 95-115.

Taylor, John: Works of John Taylor, the Water Poet, not Included in the Folio Volume of 1630 (First-Fourth Collection). Nachdruck New York: Burt Franklin 1967.

Tlusty, Ann: Bacchus und die bürgerliche Ordnung. Die Kultur des Trinkens im frühneuzeitlichen Augsburg. Aus dem Englischen übertragen von Helmut Graser. Augsburg: Wißner-Verlag 2005 (Studien zur Geschichte des Bayerischen Schwaben, Bd. 34).

Tlusty, B. Ann: ›Privat‹ oder ›öffentlich‹? Das Wirtshaus in der deutschen Stadt des 16. und 17. Jahrhunderts. In: Susanne Rau/Gerd Schwerhoff (Hg.): Zwischen Gotteshaus und Taverne: Öffentliche Räume in Spätmittelalter und Früher Neuzeit. Köln: Böhlau 2004 (Norm und Struktur, Bd. 21), S. 53-73.

Tscharner, Ludwig S. von (Hg.): Sammlung Schweizerischer Rechtsquellen. Abt. II: Die Rechtsquellen des Kantons Bern. 2. Teil: Rechte der Landschaft, Bd. I/2: Niedersimmental. Aarau: Sauerländer 1914.

Tschudi, Johann Heinrich: Das VII. Gespräch. Von Gast-Höfen, oder Wirts-Häuseren. In: Monatliche Gespräch / Einiger guter Freunden / Von Allerhand geist= und weltlichen Dingen, Zürich: Johann Jacob Lindinner (April 1719), S. 118-28.

Unger, Richard W.: Beer in the Middle Ages and the Renaissance. Philadelphia: University of Pennsylvania Press 2004.

Wettmann-Jungblut, Peter: Gewalt und Gegen-Gewalt. Gewalthandeln, Alkoholkonsum und die Dynamik von Konflikten anhand eines Fallbeispiels aus dem frühneuzeitlichen Schwarzwald. In: Magnus Eriksson/Barbara Krug-Richter (Hg.): Streitkulturen. Gewalt, Konflikt und Kommunikation in der ländlichen Gesellschaft der frühen Neuzeit (16.-19. Jahrhundert). Köln: Böhlau 2003, S. 17-58.

Wirtshaus. In: Johann Heinrich Zedler: Großes vollständiges Universal-Lexicon aller Wissenschafften und Künste, welche bishero durch menschlichen Verstand und Witz erfunden und verbessert worden. Halle, Leipzig: Johann Heinrich Zedler 1732-50, Bd. 57, Kol. 1190-1217.

Alexander Honold

Im Gasthaus
Spielräume der Gast-Wirtschaft zwischen Theologie und Ökonomie

Der Wirt: Wenige Gäste kehren jetzt bei mir ein, und wenn das so fortwährt, so werde ich am Ende das Schild noch gar einziehen müssen. – Ja sonst waren noch gute Zeiten, da wurde kaum ein Stück gegeben, in welchem nicht ein Wirtshaus mit seinem Wirte vorkam.
(Ludwig Tieck: »Die verkehrte Welt«, II/4)[1]

1.

Heinrich von Kleist schreibt am 20. September 1800 von seiner zusammen mit Ludwig von Brockes unternommenen Würzburger Reise an die Verlobte, Wilhelmine von Zenge:

> Zuerst muß ich Dir sagen, daß ich nicht während dieser ganzen Zeit in dem Gasthofe gewohnt habe, der mich bei meiner Ankunft empfieng. [...] Denn ob ich gleich im Ganzen die Kosten dieser Reise nicht gescheut habe, ja selbst 10mal so viel, und noch mehr, ihrem Zwecke aufgeopfert haben würde, so suchen wir doch im Einzelnen unsre Absicht so wohlfeil als möglich zu erkaufen. Indessen ob wir gleich beide die Absicht haben, zu sparen, so verstehen wir es doch eigentlich nicht, weder Brokes noch ich. Dazu gehört ein ewiges Abwägen des Vortheils, eine ewige Aufmerksamkeit auf das geprägte Metall, die jungen Leuten mit warmem Blut meistens fehlt, besonders wenn sie auf Reisen das große Gepräge der Natur vor sich sehen.

Kleist fährt fort: »Wir sind also aus unserem prächtigen Gasthofe ausgezogen, in ein kleines, verstecktes Häuschen«. Und nach weiteren Digressionen zu diversen Würzburger Eindrücken setzt er, abermals auf die Frage des Logis zurückkommend, hinzu: »Unser Wirth heißt übrigens Wirth, und wir befinden uns in diesem doppelten Wirtshause recht wohl.«[2]

Wie so viele der Kleistschen Episteln steckt auch diese kurze Briefstelle voll kalkulierter Inszenierung, gepaart freilich mit ungestümster Didaktik. Der erziehungsbe-

1 Ludwig Tieck: Die verkehrte Welt. In: Märchen aus dem Phantasus. Dramen. Hg. von Marianne Thalmann. München: Winkler 1964, S. 293.

2 Heinrich von Kleist. Sämtliche Briefe. Hg. von Dieter Heimböckel. Stuttgart: Reclam 1999, S. 139; die folgenden Zitate S. 140f.

dürftigen Braut zeigt Kleist: So siehst Du, wie man sparen kann! Er lässt sich nicht nachsagen, im Wirtshause das Geld zu verschleudern. Ebenso sorgsam aber meidet der Briefschreiber den Eindruck, er sei ein Pfennigfuchser, der nicht weiß, wie man lebt und es sich wohl sein lässt. Der Enthusiasmus eines reisenden Jünglings vergoldet die Eindrücke, die Landschaften und Städte ihm bereiten. Freigiebig spendet Kleist der theatralen Lage des ins Maintal hingebreiteten Würzburg höchste rhetorische Komplimente, die er Monate später freilich in identischem Wortlaut dann auch an die Städte Dresden und Mainz weiterreichen wird.[3] Sind die überschwenglichen Erlebnisse als durchgestaltete poetische Versatzstücke erst einmal in sein »Ideenmagazin« eingegangen, so gilt es, ökonomisch effizient mit ihnen umzugehen. In diesem Falle meint das gerade nicht sparsam, sondern mit promisker Mehrfach-Verwertung. Gefühlswärme steht dem Kalkül guten Wirtschaftens nicht entgegen, es bedarf der Lenkung und Dosierung sogar. Wenn der Würzburger Wirt zum Gegenstand eines erheiternden Namensspiels werden kann, dann deshalb, weil das Wirten und Wirtschaften längst jedermanns Sache geworden ist. Zwischen Gasthaus und Wirtshaus besteht der Sache nach eine kleine, bedeutsame Differenz, wofern das zweite sich auf den gewerblichen Umschlag von Speis und Trank konzentriert, dieweil das zusätzliche Element der Gastlichkeit auf weit zurückreichende, nämlich antike Traditionen der Hospitalität verweist, die den Verkehrsformen kultureller Fremdheit eine normative Grundlage gaben.

Das Begriffsfeld von Gast und Gastlichkeit gehört zu den ältesten kulturellen Konzepten, in denen menschliche Verkehrsformen ihren Ausdruck finden. Auch der deutsche Ausdruck »Gasthaus« ist, wie Grimms Wörterbuch feststellt, »ein Wort von höchstem alter zugleich und noch jetzt in voller geltung«.[4] Gastlichkeit und Gastfreundschaft sind überall dort erforderlich, wo Fremde aufeinander treffen, wo Reisende von ihren gewohnten Versorgungsquellen getrennt sind, wo sie kulinarische Bewirtung und ein Dach über dem Kopf brauchen. Das Gastmahl der antiken Literatur war von umfassenderer Bedeutung. Es diente vorrangig nicht der Bewirtung von Ortsfremden, sondern der Kommunion; den gemeinsamen Ritualen der Hygiene, des Speisens und Zechens, dem Austausch von Meinungen und Geschichten beim Tischgespräch. Katalysator der Geselligkeit ist die umfassende und großzügige Bewirtung, die unter den Symposianten eine über den Anlaß hinausreichende Gemeinschaft stiftet.[5]

---

3 Die insgesamt sieben »ready-mades«, aus denen jene Tal-, Stadt- und Flußbeschreibung mit wechselnden geographischen Referenzen und postalischen Adressaten jeweils zusammengefügt und rekombiniert werden, hat Bernhard Siegert detailliert aufgelistet und auch Kleists Distribution dieser Topoi nachgezeichnet (Bernhard Siegert: Relais. Geschicke der Literatur als Epoche der Post. Berlin: Brinkmann und Bose 1993, S. 92–101).

4 Jacob und Wilhelm Grimm. Deutsches Wörterbuch, Art. »Gasthaus«. Bd. 4, Leipzig 1878, Sp. 1479 (Reprint: München: dtv 1984).

5 Vgl. Art. »Gastmahl«. In: Der neue Pauly. Enzyklopädie der Antike. Hg. von Hubert Cancik und Helmuth Schneider. Bd. 4. Stuttgart, Weimar: Metzler 1998, Sp. 797–806. Ferner: William J. Slater (Hg.): Dining in a Classical Context. Ann Arbor: University of Michigan 1991, S. 149–155; Elke Stein-Hölkeskamp: Das römische Gastmahl. Eine Kulturgeschichte. München: Beck 2005.

In der Neuzeit nahm die Bedeutung des Reisens, damit auch der Beherbergung und Bewirtung, deutlich zu. Nicht mehr die Polis war die Bezugsgröße der erwartbaren Besuche und Gegenbesuche, sondern das europäische Wegenetz. Pilgerrouten und Achsen des Fernhandels ließen Orte verdichteten Fremdenverkehrs entstehen. Das Gebot der Gastlichkeit und dasjenige der Wirtschaftlichkeit überschneiden sich und irritieren einander, indem sie im Topos des Gasthauses aufeinandertreffen.[6] Wenn man, wie Kleist, auch im Wirtshause zu Gast sein kann, so zeigt dies, dass es bei der Dualität der beiden Begriffe nicht um eine funktionale Trennung zweier gastronomischer Einrichtungen geht, sondern dass die im Gasthaus konfligierenden Leitwerte von Gastlichkeit und Wirtschaftlichkeit dazu führen, dass sich die Semantik beider Konzepte von ihren je konkreten soziokulturellen Objekten gelöst hat und zum Gegenstand eines kulturellen Deutungs- und Umgestaltungsprozesses geworden ist.

Gasthaus und Wirtschaft werden *false friends*; sie bedeuten nahezu dasselbe und sind himmelweit voneinander entfernt. Kleist hat bei seinem Würzburger Aufenthalt etwas gefunden, was sparsamen Gästen kaum weiterhilft, aber einem Poeten wohlfeilen Mehrwert verspricht: einen Wirt, der trefflicherweise auch noch so heißt, den Wirt aller Wirte. Die Semantisierung von Eigennamen, die als singuläre Termini eigentlich auf reale Referenz ohne semantische Denotation abzielen, ist ein immer wieder beliebtes Sprachspiel, nicht nur bei Kleist. Sein Dichterkollege Jean Paul etwa kokettiert mit der Differenz, die darin liegt, Richter zu heißen oder ein solcher zu sein. Kleist und Brockes waren nach ihrer Ankunft in Würzburg zunächst im Gasthof »Zum Fränkischen Hof« abgestiegen, zogen wenige Tage später dann in das Haus des Stadtchirurgen Joseph Wirth um.[7] Eine erste, natürliche Neigung (für das Haus, in dem man den Schreibenden, so wörtlich, »empfieng«) wird gegen eine zweite, selbstgetroffene Wahl getauscht. Die Veränderung ist Ergebnis einer vernünftigen Kosten-Abwägung und spricht insofern für Kleists Bereitschaft zur Selbstkorrektur.

Kleists neuer Wirt heißt zwar Wirt, er bewirtet die Gäste aber nicht, er beherbergt sie nur. Das und die weniger repräsentative Lage der Unterkunft macht die Sache für die Reisenden billiger und spart ihnen auf längere Sicht ein erhebliches Sümmchen Geldes. Der Herr Wirt ist nun gerade kein solcher mehr, sondern praktiziert im richtigen Leben als Mediziner. Namen und Schildern ist zu mißtrauen, sofern sie die Real-Existenz des von ihnen Bezeichneten behaupten. Sören Kierkegaard etwa warnt seine Leser davor, philosophische Gedanken dort zu suchen, wo an Universitäten eine philosophische Profession ausgeschildert ist. Das, so scherzt Kierkegaard, erinnere ihn an ein vom Trödler an die Straße gestelltes Schild: »Hier wird gemangelt«, von

6 Als literarischer Schauplatz ist das Gasthaus respektive Wirtshaus in der germanistischen Forschung Gegenstand einer motivgeschichtlichen Untersuchung von Bettina Kaemena: Studien zum Wirtshaus in der deutschen Literatur. Frankfurt a.M. u.a.: Peter Lang 1998. Kaemena zeichnet die Präsenz des Motivs von der mittelalterlichen Literatur bis in die Gegenwart nach; sie arbeitet »Motivstränge« heraus wie die Situation des »Übergangs« und den Gegensatz zur christlich-katholischen Morallehre (das Gasthaus »als Ort der sieben Todsünden oder der Sündhaftgkeit/Unkeuschheit«, S. 208). Die semantischen oder diskursiven Aufladungen des Topos treten in ihrer Studie indes nicht in den Blick.

7 Vgl. den Kommentar des Herausgebers Dieter Heimböckel in: Kleist, Sämtliche Briefe, S. 568.

dem sich ja auch nur ein Narr dazu verleiten lassen würde, deshalb seine Wäsche zum Trödler zu bringen.[8] Schelmisch und narrenklug zugleich zeigte sich auch jener Gastwirt, den Immanuel Kant in der Einleitung seiner programmatischen Schrift »Zum ewigen Frieden« anführt.

»Zum ewigen Frieden«, der Titel seines ernsthaften und weitsichtigen Traktats, ist dem Hinweisschild jenes gedachten Wirtshauses entlehnt. Es war, wie Kant zu Beginn einbekennt, »die satirische Überschrift auf dem Schilde jenes holländischen Gastwirtes, worauf ein Kirchhof gemalt war«.[9] Ewiger Frieden, so die Konsequenz dieser satirischen Entlehnung, ist auf Erden nur dort zu haben, wo nicht das Wirtshaus, sondern ein Gräberfeld die Menschen beherbergt. Wer mit Kants Programmschrift zu lesen fortfährt, kennt also den linguistischen Unterschied zwischen der metasprachlichen Erwähnung eines Zeichens und seinem pragmatischen Gebrauch, er kennt ferner die Differenz zwischen einer endlichen, auf Verträgen und Konventionen beruhenden Friedensstiftung unter Menschen und dem idealen Ziel einer allumfassenden Harmonie. Die endlichen praktischen Vorschläge Kants erfolgen im Bewußtsein, gegenüber der Ewigkeit im Wortsinne impertinent, nämlich unzulänglich, zu sein. Ebenso wird, wer ins Wirtshaus »Zum ewigen Frieden« einkehrt, es als ironische Brechung in Kauf nehmen, durch den Namen des Etablissements zuvor darauf hingewiesen worden zu sein, dass hier durch Zeit- und Geldverschwendung der menschlichen Vergänglichkeit Tribut gezollt wird. Als Ort des Fremdenverkehrs und Tummelplatz von allerlei Sprachen, Herkünften, Profit- und Genuß-Erwartungen ist das Wirtshaus prädestiniert dafür, kulturelle Zeichen in lockeren Umlauf zu bringen. Wer im Gasthaus sitzt und verzehrt, fühlt und benimmt sich wie daheim, er tut, als wäre er hier zuhause und macht von den ihm offerierten Gütern einen quasi-naturalen Gebrauch. Obwohl man weiß, das man einmal für all das wird bezahlen müssen, fühlt man sich gastfreundlich behandelt, ja geradezu beschenkt.

Nicht nur die Wirte, die Wirt heißen, sind um 1800 keine mehr. Die Bewirtung im Sinne einer gastfreien Hilfeleistung, eines religiös und traditionell verankerten Gebots der Hospitalität, macht im modernen Gastgewerbe - in dem sich schon Kleist bewegt - dem Kalkül von Preis-Leistungs-Relationen Platz. Diesem Befund widerspricht nicht, dass Hospitalität im Laufe der Neuzeit einen immer stärker karitativen Beiklang erhielt. Die historischen Wörterbücher kennen das Gasthaus als einen Ort, »worinnen Schwache und Kranke sind«, als Anlaufstelle für »Frembdlinge« und Hilfsbedürftige, sogar explizit als »gasthaus der bettler«.[10] Solche karitativen Funktionen übernimmt das Konzept »Gasthaus«, während und weil die bezeichnete Sache eine massive Ökonomisierung erlebt und das Gastgewerbe sich vollständig aus dem Netz religiöser und ethischer Bindungen löst. Das Hospitalitäts-Gebot der Antike hingegen war nicht karitativ auf Mitleid und patrimoniale Herablassung gegründet, sondern auf zwei

8 Sören Kierkegaard: Entweder - Oder. Hg. von Hermann Diem und Walter Rest. München: dtv 1975, S. 42.

9 Immanuel Kant: Zum ewigen Frieden. Ein philosophischer Entwurf. In: Schriften zur Anthropologie, Geschichtsphilosophie, Politik und Pädagogik 1. Werkausgabe. Hg. von Wilhelm Weischedel. Bd. 11. Frankfurt a.M.: Suhrkamp 1977, S. 191–251, hier S. 195.

10 Grimm: Deutsches Wörterbuch (s. Anm. 4), Sp. 1480.

anderen Säulen. Einerseits auf dem Prinzip der sozialen Synthesis zur Reziprozität: gastfreundlich sein, heißt Fremde so behandeln, wie man selbst gegebenenfalls als Fremder behandelt werden möchte. Das zweite Prinzip besteht, diesem Äquivalenzdenken kontrastierend, im Wissen darum, dass die elementaren Gaben der Gastlichkeit - Wohnung, Nahrung, Bleiberecht - dem Gemachtsein, der kulturellen Verfügbarkeit strukturell entzogen sind. Sie sind für alle Erdenbewohner natürliche Ressourcen und somit nicht erwerblich, sondern nur auf dem Gnadenweg zu erlangen. Gast sein, hieße als conditio humana: beschenkt zu werden und sich auch beschenken lassen zu können.

Damit soll nun allerdings nicht suggeriert werden, der Fremdenverkehr sei jemals ohne Geldverkehr ausgekommen. Selbstverständlich ist es auch möglich, für etwas zu bezahlen, was man zwar Mitmenschen gegenüber nicht schuldig bleiben möchte, gleichwohl aber der Natur oder den Göttern schuldig bleiben muß. Die entscheidende Differenz, die mit der spezifisch modernen Form des Gasthauses in das Thema der Hospitalität einzieht, besteht indes darin, dass dieser institutionalisierte Umschlagplatz des Fremdenverkehrs nun fast durchgängig gemäß einer dominant ökonomischen Leitmetaphorik ausgestaltet wird. Und zwar dergestalt, dass die ökonomische Grundlage des Verkehrs unter Menschen am Gasthaus wie am Marktplatz eines ihrer zentralen Handlungsmodelle gewinnt. Während aber der Topos des Marktplatzes die Rollen-Dramaturgie von Angebot und Nachfrage als explizites Spiel in Szene setzt, werden die finanziellen Aspekte im Aufeinandertreffen von Wirt und Gast geradezu systematisch entnannt.

Je besser die Geschäftsgrundlagen camoufliert werden, desto mehr kann die Gastlichkeit als Geschäft florieren. Von Seiten des Bewirtenden bedeutet das, möglichst störungsfrei die Suggestion aufrecht zu erhalten, der Gast werde mit den offerierten Gaben aus reiner Gastfreundlichkeit überhäuft, ohne Ansehung der Frage, ob und wie für das Genossene ein Gegenwert zu erbringen sei. Das gastliche Angebot stellt sich allein in seinem Gebrauchs-, ja Genußwert dar und blendet den Umstand der geschäftlichen Transaktion vollständig aus - ein Musterfall des von der Kapitalismuskritik so genannten »Warenfetischs«. Seitens des Gastes ist die vertragliche Bindung klarer ausgeprägt, und das ist auch notwendig, da er seinen Teil des Kontrakts ja erst als zweiter erfüllt. Schon mit dem Eintritt ins Gasthaus anerkennt der Gast den kommerziellen Charakter der Bewirtung und Beherbergung, auch ohne dies explizit deklarieren zu müssen. Das Aufsuchen des Hauses, die Auswahl und Bestellung in Anbetracht der damit verbundenen Kosten sind bewußte Handlungsschritte, durch die das entsteht, was die Juristen ein konkludentes Verhalten nennen. Und wer konkludent im Gasthaus zecht, anerkennt, am Ende dem Wirt den verlangten Gegenwert entrichten zu müssen.

Die Kontraktform der Bewirtung vollzieht sich in einer Art Rollenspiel, bei dem beide Seiten die Fiktion der reinen Gastfreundschaft pflegen, ohne ihr zu verfallen. Damit ist die Situation im Gasthaus paradigmatisch dafür, dass bei den Tauschmechanismen des Marktes eine mehr oder minder bewußt gehandhabte, ironische Ebene der Simulation und Dissimulation mit im Spiele ist. Das Äquivalenzgesetz operiert, wenn es ins Große und Abstrakte verallgemeinert wird, mit nur mehr virtuellen Werten. Den Extrempol des fingierenden Rollenspiels bilden deshalb Felix Krull und andere Hochstapler-Existenzen, die den naiven Kindertraum von der freien Verfügbarkeit aller Lebens- und Liebesgaben in angemaßter Wunscherfüllung weiterträumen. Solche Erschleichungen machen sich den Umstand zunutze, dass die Warengesellschaft in ihrer gehobenen Form ungeheuer diskret ist. Die Beweisführung in Mark Twains »Million Dollar-Bill« folgt einem ähnlichen Muster: sie nimmt die Fiktionalität des Papiergeldes als einer bloß virtuellen Wertverkörperung so sehr beim Wort, dass sie es beim Beutezug durch die Reichtümer der Warenwelt mit fiktiven Zahlungsgesten bewenden lässt. Am Gegenpol zur fingierten altruistischen Gastfreundschaft steht das Simulakrum des zahlungsfähigen Kunden; ließen die Fiktionen beiderseits des Gleichungszeichens sich restlos aus der Tauschbeziehung zwischen Gast und Wirt herauskürzen, so hätten wir entweder - nämlich diesseits der Marktökonomie - rationierte Lebensmittelscheine, oder jenseits davon - paradiesische Verhältnisse.

In der »Ethik der Gastlichkeit« waltet eine Aporie zwischen konditionierter und unkonditionierter Gastfreundschaft, die in Jacques Derridas Perspektive geradezu metaphysische Abgründigkeit gewinnt.[11] Ein Wirtshausbesuch stünde angesichts der dekonstruktiven Sistierung gastgeberischer Gesten vor derart vielen ungeklärten Fragen, dass bis zur einverständigen Beanspruchung real existierender Gasthäuser längst die Sperrstunde gezählt wäre. Die hier vorgelegte Skizze versteht das Paradoxon der Gastwirtschaft nicht so sehr als systematisch bedingt, sondern vor allem als Ausdruck eines speziellen historischen Übergangszeitraums. Der epochale Rahmen für die knappen literarischen Stichproben zur kulturellen Semantik des Gasthauses in der Moderne wäre also zunächst im Kontrast zu gewinnen zu den geschichtlich in ihrer kulturellen Logik differenten Gesetzen der Gastfreundschaft etwa in Antike, Mittelalter und Früher Neuzeit.

Für sehr lange Zeiträume geben Kult, Religion und Theologie das Wertfundament einer Handlungsethik des Gasthauses vor. Das 18. Jahrhundert mit seinen frühbürgerlichen Ökonomisierungsprozessen gewinnt an diesem zentralen Schauplatz freigesetzter Verkehrsformen ein Muster der allgemeinen Tauschbeziehungen, während die ethischen Maximen der Hospitalität eher auf ein karitatives Nebenfeld abgedrängt scheinen. An den Dramen Lessings (und auch bei Goethe) ist der skizzierte Ökonomisierungsprozeß sehr deutlich zu belegen, während in einem zweiten Schritt dann, in Hölderlins Feier des Gasthauses (dem ein Gedicht Uhlands zur Seite gestellt wird), wieder ein quasi theologisches Argument Platz greift. Der genauere Blick wird zeigen: es liegt hier eine Art Öko-Theologie des Gasthauses vor. Gerade, dass sie für die gastronomische Wirklichkeit der entwickelten modernen Gesellschaften nicht hand-

11 »Es gäbe da eine Antinomie, eine unauflösbare, nicht dialektisierbare Antinomie zwischen *dem* Gesetz der Gastfreundschaft, dem unbedingten Gesetz der uneingeschränkten Gastfreundschaft [...] auf der einen und *den* Gesetzen der Gastfreundschaft auf der anderen Seite, jenen stets bedingten und konditionalen Rechten und Pflichten, wie die griechisch-lateinische, ja jüdisch-christliche Tradition, wie alles Recht und alle Rechtsphilosophie bis Kant und insbesondere Hegel sie [...] definieren« (Jacques Derrida: Das Wort zum Empfang. In: Adieu. Nachruf auf Emmanuel Levinas. Übersetzt von Reinhold Werner. München: Fink 1999, S. 92. Vgl. auch ders.: Von der Gastfreundschaft. Übersetzt von Markus Sedlaczek. Wien: Passagen 2001).

lungsleitend geworden ist, macht diese romantische Öko-Theologie des Gastseins und des Gasthauses für unsere Belange relevant.

2.

In den Lust- und Trauerspielen Gotthold Ephraim Lessings kommt dem Gastwirt die Rolle eines mustergültigen Protagonisten des berechnenden Kaufmannsgeistes zu. Der Wirt ist die ökonomisch denkende und handelnde Figur par excellence. Er ist keinem anderen Gebot, keinem Gewissen sonst unterworfen als den Gesetzen der Zahlungsmoral.

Voraussetzung für die steigende Bedeutung des Gasthauses als Handlungsraum sind Menschen, die unterwegs sind. Aus den Wegen und Begegnungen leiten sich unzählige Möglichkeiten der Interaktion ab. Menschen, die reisen, sind dabei, sich zu verändern; sie scheinen vielleicht anderes, als sie sind. Ohne den sie je schon definierenden Kontext von Herkunft und Status sind, wie man an Lessings Figuren besonders schön zeigen kann, die Reisenden ganz auf ihre Menschlichkeit gestellt. Während also die steigende Mobilität der bürgerlichen Verkehrsformen einerseits Phänomene der Fremdheit produziert, des Mutmaßens, Vorspiegelns und Verkennens, schält sie andererseits dasjenige an den Menschen heraus, was sie einander rein als Personen begegnen lässt. Aus dieser spannungsreichen Dualität von vorurteilsgeladener Fremdheit und kontextloser Menschlichkeit gewinnt schon Lessings jugendliches Drama »Die Juden« (1749) seine lehrstückhafte Dramaturgie, und auch die Handlungs- und Argumentationsstränge des »Nathan« (1779) leben vom Gegensatz phänomenaler kultureller Fremdheit und durch Bewegung freigesetzter universaler Menschlichkeit.

Zu Lessings Zeit ist das Gasthaus ein Schauplatz, der aus dramaturgischer Sicht ganz besondere Reize bietet. Das »bürgerliche Trauerspiel« »Miß Sara Sampson« (1755), es hätte – wären die Figuren an ihrem Herkunftsorte verblieben – den Raum gar nicht, um seinen handlungskonstitutiven Knoten zu schürzen. Es steht freilich nicht im Zentrum der sozialen Ordnung, dieses Gasthaus, sondern ausdrücklich an dessen Randzone. Der gewesene Lüstling Mellefont und die entführte Unschuld Sara Sampson: Wo sollte dieses fliehende Liebespaar wohl sonst unterkommen, wenn nicht in einer billigen Absteige, deren Betreiber nicht lange fragt, wenn es etwas zu verdienen gibt. Wer für Zimmer und Verzehr bezahlen kann, den erwarten im Gasthaus diskrete Freiheiten, die es sonst im engmaschigen Netz sozialer Kontrollen kaum irgendwo gibt: Freiheiten für das Liebesleben, Freiheiten für konspirative Treffen und Geschäfte. Im Trauerspiel ergibt die Besichtigung dieser Stätte heimlicher Freiheiten ein einziges Jammerbild des Sittenverfalls. Das von Mellefont gewählte Gasthaus ist »das allerelendeste im ganzen Städtchen«.[12] Dort hat die arme Sara Sampson ihren »Fehltritt« begangen, dort wartet ihr Verführer im Verborgenen auf dubiose Gelder, dort stellt ein verzweifelter Vater heimlich der eigenen Tochter nach, und ebendort greift die ausrangierte Geliebte zum melodramatischen Mittel des Giftmords. Bei

12 Gotthold Ephraim Lessing: Miss Sara Sampson. Werke. Hg. von Herbert G. Göpfert. München: Hanser 1971. Bd. 2, S. 11 (I/1).

alledem drückt der Gastwirt beide Augen zu, solange ihm das gute Geschäft erhalten bleibt. »Ein Wirt nimmt sein Geld, und läßt seine Gäste machen, was ihnen gut dünkt.«[13] Wenn überhaupt er seinen Gästen Auflagen macht, dann die, ihm bitteschön keinen Ärger zu machen und etwa auf moralische Grundsätze zu pochen. Den Vater Sara Sampsons warnt der Gastwirt, er möge dem »fremden Herrn [...] mit seinem jungen Weibchen« nur »keinen Verdruß verursachen«. »Sie würden mein Haus in einen üblen Ruf bringen, und gewisse Leute würden sich scheuen, bei mir abzutreten. Unser einer muß von allen Sorten Menschen leben.«

Lessings Gastwirt ist nicht etwa als Individuum ein schlechter Mensch, er ist von Berufs wegen die typische Verkörperung einer Charaktermaske (nach dem Begriff von Jean Paul und Karl Marx). Er handelt, wie es den Interessen eines knapp kalkulierenden Kleinunternehmers entspricht, dessen Gastwirtschaft vom Zuspruch und Vertrauen seiner wechselnden Gäste lebt. Diese genießen den Schutz der Diskretion, solange sie dafür bezahlen können. Da es sich um eine fluktuierende Klientel handelt, ist für den Wirt die Frage nach Herkunft und Zukunft seiner Gäste gegenstandslos. Welche Folgen der Aufenthalt unter seinem Dache später zeitigt, liegt außerhalb seines Interessenhorizontes, sobald das Kontraktverhältnis erfüllt und aufgelöst ist.

Im Gasthaus wird offenbar, wie weitgehend ökonomische Kriterien die interpersonalen Beziehungen regulieren.[14] Schuld und Verschuldung sind im Trauerspiel von solcher Tragweite, dass die Spielregeln des Tausches nicht mehr greifen, sondern zur negativen Eskalation entgleisen: Rache und Opfer sind Figuren des Scheiterns der Zirkulationsökonomie. Auch die sexuelle Verfehlung, sie vor allem, trägt die Züge eines Eigentumsdeliktes. Am deutlichsten bei Marwood, die gegen das Wertgesetz verstößt, indem sie die Preise verdirbt, wie Mellefont ihr vorhält. Ihr, die er als »wollüstige, eigennützige, schändliche Buhlerin«[15] bezeichnet - aber was heißt das genau, abgesehen von der eindeutig gegen die Figur laufenden Sympathielenkung? Eine Liebesbeziehung zu der jetzt verstoßenen Geliebten lag seiner Meinung nach gar nicht vor, weil ihr je schon die Geschäftsgrundlage gefehlt hatte, die Anerkennung bürgerlichen Privateigentums. »Ich habe mir«, so Mellefont an Marwood, »mit Ihnen nichts vorzuwerfen, als daß ich dasjenige genossen, was Sie ohne mich vielleicht die ganze Welt hätten genießen lassen.« Der Vorwurf sexueller Maßlosigkeit (die klassische Todsünde der Gier) transformiert sich, fast paradox, in denjenigen der bedenkenlosen Verschwendung von Liebesgunst. Alle Welt etwas genießen zu lassen, das wäre geradezu der Inbegriff unbeschränkter Gastfreundschaft. Im Gegenzug trägt das Gasthaus als Schauplatz tauschbasierter Verkehrsformen damit zugleich alle Merkmale eines Vehikels sexueller Kuppelei.

Da ein Ausstieg aus dem ökonomischen Rahmen bürgerlicher Verkehrsformen undenkbar ist, wird jedes abweichende Handeln zum Skandalon, sei es die allzu voreilig geopferte Unschuld Saras, für die der Verführer hernach den vereinbarten

---

13 Ebd., (I/2), S. 13; das nachfolgende Zitat ebd.

14 Zur Verklammerung von Tugendlehre und Wirtschaftsabläufen im Stück vgl. Wolfram Mauser: Lessings »Miss Sara Sampson«. Bürgerliches Trauerspiel als Ausdruck innerbürgerlichen Konflikts. In: Lessing Yearbook 7 (1975), S. 7-27, bes. S. 24.

15 Lessing: Miss Sara Sampson (II/7), S. 39; das nachfolgende Zitat ebd.

Preis schuldig bleibt, oder die unterstellte Promiskuität Marwoods, mit der sie ihr Angebot durch Vervielfältigung selbst entwertet. Unverkennbar sind vor allem Frauen die Opfer dieser Art von Ökonomisierung sexueller Gunst. Jedes Liebesverhältnis wandelt auf äußerst schmalem Grat, denn der bürgerliche Wertkodex lässt hier weder Verschwendung noch Bedürftigkeit zu – genau jene aber sind bekanntlich (d.h. seit Platons »Symposion«) die beiden Spannungspole, die den Eros zeugen. Die Geschicke von Mellefont und Marwood bezeichnen nichts anderes als die wechselnden Amplituden der Liebesqual auf der Achse von Armut und Überfluß; und das Gasthaus notiert gleichsam ihre jeweiligen Kursstände. Im Trauerspiel ist die wirtschaftende Vernunft des mittleren Maßes nur ex negativo präsent, vordergründig viel präsenter sind die Vermeidungsbeispiele. Vermieden werden muss vor allem, dass aus der Darstellung maßloser sexueller Beziehungen ein ästhetischer Lustgewinn gezogen werde.

Das Gasthaus ist Schauplatz von alledem und zugleich interessierte Partei, denn es gedeiht dann, wenn Menschen und Verhältnisse in Bewegung geraten.[16] Kulturhistorisch bezeichnen Lessings Dramen diejenige Phase, wo sich das Ethos der Gastlichkeit religiöser Vorgaben weitgehend entledigt, um sich denjenigen der Wirtschaftlichkeit zu verschreiben. Eine Passage aus »Miß Sara Sampson« benennt diese epochale Dualität ganz explizit. Es geht dabei um Mellefonts Trennungsbrief an Marwood, der, wie sie ihm zurecht einwendet, unaufrichtig moralische mit finanziellen Argumenten vermischt. »Den Anfang desselben, in welchem Sie mir, ich weiß nicht was für Summen vorrechneten, die Sie mit mir wollen verschwendet haben, mußte ein Gastwirt, so wie den übrigen theologischen Rest ein Quäker geschrieben haben.«[17] Die Botschaft dieser karikierenden Stilanalyse ist klar. So strikt und einseitig ein Quäker den religiösen Verhaltenskodex auslegt, so konsequent verfolgt ein Gastwirt das Kalkül finanziellen Nutzens.

Im Lustspiel »Minna von Barnhelm« (1767) liegt dieselbe Dominanz des ökonomischen Handlungskalküls vor, nun aber ganz ins Leichte und Ungefährliche gewendet. Wiederum steht im Dreh- und Angelpunkt des Geschehens ein Gastwirt, der vor Geiz und Gewinnstreben keine gute Figur macht. »Schurke von einem Wirte!«[18] so eröffnet die Komödie mit einem Fluch des Bedienten Just, der die Ausquartierung seiner Herrschaft hinnehmen musste und soeben aus einem wüsten Traum erwacht, in welchem er mit derben Hieben an dem herzlosen Gastwirt Rache nahm. Auch hier ist das Gasthaus der Ort, an dem die Schicksale sich wenden, an dem Lebenskurven sich in ihrem Auf- und Niedergange kreuzen. Major von Tellheim, aus glänzender Offizierslaufbahn ungnädig verabschiedet, gibt über weite Strecken des Spiels die Figur des Deklassierten, Verarmten und Glücklosen, der nun auch seiner Liebe zum hochstehenden und vermögenden Fräulein von Barnhelm entsagen zu müssen

16 Die transitorische Funktion des Gasthauses in »Miss Sara Sampson« betont auch Kaemena: Studien zum Wirtshaus (s. Anm. 6), S. 135.

17 Lessing: Miss Sara Sampson (II/3), S. 31f.

18 Lessing: Minna von Barnhelm oder Das Soldatenglück. In: Werke. Hg. von Herbert G. Göpfert. München 1971, Bd. 1, S. 607 (I/1).

glaubt. Auch er wartet, wie einst Mellefont, im Gasthaus erst einmal ab, ob sich sein Kasus wenden, die ihm verweigerten Gelder doch noch fließen werden.

Die unverschuldete Verschuldung des Offiziers wird in einer komplexen, mehrstufigen Exposition entfaltet, die erst nur den Geldmangel und abweisenden Stolz des Protagonisten zu erkennen gibt, im vierten Akt jedoch zu einer ausführlicheren Anamnese der Vorgeschichte ausholt. Tellheim habe in den Wirren des Krieges aus Mitgefühl und Großmut Kontributionszahlungen aus eigener Tasche vorgestreckt und sei, weil er den Hergang nicht mehr lückenlos nachweisen konnte, nach Kriegsende in den Verdacht der Unterschlagung geraten. Nicht also, wie Zuschauer und Mitspieler glauben, durch einen Verlust an Fortüne und Vermögen sieht sich Tellheim in seinem *point d'honneur* getroffen, sondern durch die Gefährdung seiner moralischen und rechtlichen Integrität. Diese merkwürdig spät plazierte Motivierung des Tellheimschen Unglücks hat bei den Interpreten des Dramas gegensätzliche Bewertungen hervorgebracht. Beurteilt man Tellheim aufgrund jener reduzierten Indizienlage, wie sie in den ersten drei Akten vorliegt, so befindet man seine selbstgewählte Isolation als unangemessenes Schmollen und goutiert die scherzhafte Zurechtweisung, die er zuerst durch Fräulein von Barnhelms Neckereien und sodann durch ihr vorgespieltes Unglück erfährt. Die Komödie erscheint dann als lustvoller Erziehungsprozeß eines allzu sehr auf Standes- und Mannesehre fixierten Helden alter Schule, dem es an Witz und Geschmeidigkeit fehlt.[19] Wird hingegen die tiefere und ernsthaftere Modellierung des Tellheimschen Unglückes retrospektiv an das ihr vorausgehende Komödienhandeln angelegt, so mutet an diesem Maßstab gemessen die Gegenkur Minna von Barnhelms in ihren Mitteln frivol und oberflächlich an, im Ergebnis wirkungslos und auch unnütz.[20] Denn längst schon war die fällige Rehabilitierung Tellheims als königliche Botschaft unterwegs; allein ihre Verzögerung ist es, die jenen tragischen und komischen Amplituden der Figurengeschicke Raum gibt, die sich im Nachhinein als scheinhaft und folgenlos entpuppen.

Vor dem Hintergrund divergenter Lesarten und widerstreitender Befunde hat Peter Michelsen die Frage aufgeworfen, »warum« Lessing das »wesentliche Expositionselement« der »Motivierung für Tellheims Verhalten« derart spät im Handlungsgang angebracht habe.[21] Seine Vermutung: Um die Zuschauer das Geschehen unter den Bedingungen der Komödienhandlung erleben zu lassen, und um auch die Figuren selbst, gleichsam unter Vorbehalt, die Existenz von Komödienfiguren spielen zu lassen. Die Aufklärung über Tellheims schwerwiegende Gründe, so das Argument

---

19 Diese Lesart verfochten haben u.a. Richard Alewyn (Tellheims Erziehung. In: ders.: Probleme und Gestalten. Essays. Frankfurt a.M.: Suhrkamp 1974, S. 247–250, und Hinrich Seeba: Die Liebe zur Sache. Öffentliches und privates Interesse in Lessings Dramen. Tübingen: Niemeyer 1973, bes. S. 65–85).

20 Vgl. Horst Steinmetz: »Minna von Barnhelm« oder die Schwierigkeit, ein Lustspiel zu verstehen. In: Wissen aus Erfahrungen. Festschrift für Herman Meyer. Hg. von Alexander von Bormann. Tübingen: Niemeyer 1976, S. 135–153, hier S. 148; Ulrich Gaier: Das Lachen des Aufklärers. Über Lessings »Minna von Barnhelm«. In: Der Deutschunterricht 43 (1991), H. 6, S. 42–56, bes. S. 54.

21 Peter Michelsen: Die Verbergung der Kunst. Über die Exposition in Lessings »Minna von Barnhelm«. In: Jahrbuch der deutschen Schillergesellschaft 17 (1973), S. 192–252, hier S. 200.

Michelsens, erfolge zu spät, um die gespielte Komödie im Nachhinein ungeschehen zu machen. »Es triumphiert [...] die Scheinwelt, in der das Lustspielhafte seinen Platz hat«, und Minna ist seine Agentin.[22] Zu Recht firmiere sie als Titelfigur, weil sie »die Triebfeder des Spiels ist, des *Lust*spiels; weil sie es ist, die jene dem Zuschauer präsentierte Schein-Sicht einnimmt und sie auch nach Kenntnis der wahren Verhältnisse mit bewußtem Optimismus weiter beibehält.«[23] Bemerkenswert an dieser Analyse ist nicht allein die methodische Einsicht, daß nicht immer die spätere Position obsiegt bzw. das Ende das letzte Wort behält,[24] sondern mehr noch, daß sowohl Tellheims Unglück wie Minnas ›Therapie‹ als Einsätze und Krisen-Szenarien gattungspoetischer Deutungsmuster aufgefasst werden können.

Ist Tellheims Klage übertrieben tragisch? Respondiert seine Braut mit unangemessener Scherzhaftigkeit? Das Verhalten Minna von Barnhelms beschränkt sich nicht darauf, überkommene komödiantische Kniffe (etwa der Satire und der Verwechslungskomödie) aufzubieten; ihr Haupteinfall besteht vielmehr darin, die unfreiwillige Komik des Tragikers Tellheim mit einer schelmisch vorgespielten Tragödie zu neutralisieren.[25] Indem der Autor an *beiden* Figuren die Reichweite und Verhandelbarkeit impliziter dramaturgischer Modelle erprobt, stiftet die Komplementarität von Weinen und Lachen den Strukturzusammenhang beider Handlungslinien.[26] Kernpunkt für deren dialektische Zusammengehörigkeit wiederum ist das Gebot sozialer Reziprozität, welches vor allem der topische Schauplatz des Gasthauses versinnbildlicht. Tellheims Problem ist keine individuelle Marotte und beschränkt sich auch nicht darauf, an einem formalen Ehrbegriff festzuhalten; Tellheim stellt, genau auf bürgerliche Verhältnisse bezogen, die Machtfrage. Sein »Soldatenglück«, von welchem laut Untertitel dieses Lustspiel ausdrücklich handelt, kann zustande kommen nur unter den Rahmenbedingungen einer sowohl politischen wie ökonomischen Abhängigkeit. Seiner Offizierslaufbahn strukturell vorgezeichnet ist das Spannungsfeld von Dienst und Sold, oder von »Ehre« und »Geld«.[27]

Der männliche Protagonist leistet Dienst und bekommt Sold, ist demnach kein selbständig agierender Marktteilnehmer. Wogegen Tellheim aufbegehrt, ist die ihn physisch wie psychisch verstümmelnde Ordnung eines vormodernen, asymmetri-

22 Ebd., S. 249.

23 Ebd., S. 251.

24 Vgl. dagegen Ingrid Strohschneider-Kohrs: Die überwundene Komödiantin in Lessings Lustspiel. In: Wolfenbütteler Studien zur Aufklärung 2 (1975), S. 182–199.

25 Ich folge hierin der Analyse Joseph Vogls, der betont, dass sich Lessings Drama »weder als Trauerspiel noch als ein Lustspiel präsentiert, sondern beides zugleich und damit die Unvereinbarkeit von Perspektiven und Lösungen vorführt« (Joseph Vogl: Kalkül und Leidenschaft. Poetik des ökonomischen Menschen. 2. Aufl., Zürich: Diaphanes 2004, S. 112).

26 Vor dem Hintergrund seiner früheren poetologischen Ausführungen liest Kornbacher-Meyer Lessings »letztes Lustspiel« als sein »nachhaltigstes Plädoyer für die notwendige Verbindung von Lachen und Weinen bzw. Mitleiden und für die Verbindung der Gattungen Tragödie und Komödie« (Agnes Kornbacher-Meyer: Komödientheorie und Komödienschaffen Gotthold Ephraim Lessings. Berlin: Duncker und Humblot 2003, S. 301f.).

27 Heinz Schlaffer: Tragödie und Komödie, Ehre und Geld. Lessings »Minna von Barnhelm«. In: ders.: Der Bürger als Held. Frankfurt a.M.: Suhrkamp 1973, S. 86–125.

schen Tauschverhältnisses. Nicht bezahlen zu können, ist in einer auf wirtschaftlichen Erfolg gegründeten Gesellschaft die größte menschliche Schwäche. Anderen nichts schuldig zu bleiben, die Basis der eigenen Selbstachtung und der darauf gegründeten sozialen Reputation. Bei Tellheim klaffen die äußere Geltung und der innere Wert dieses Menschen so manifest auseinander, dass die schnöde Verkennung seines Ranges - primär durch den als Indikator fungierenden Gastwirt, vor allem aber durch den politischen Offizialdiskurs und die allgemeine Meinung - zu einem tragenden ästhetischen Effekt des Stückes werden kann. Weil aber für den Text und folglich auch für das Publikum Tellheims Geltung unangefochten ist, gerät seine schiefe Behandlung zum wirkungsvollen Quell fortwährender Diskrepanz-Effekte, und die Komik dieser Diskrepanzen ist es dann, welche Lust bereitet. Freilich ist schwer zu sagen, woher der Text und das Publikum ihr Wissen nehmen, dass um diese Figur nicht zu fürchten ist. Möglicherweise liegt dies daran, daß zwar die nach Statusfragen taxierenden Personen allesamt an ihm irre werden, nicht aber die Protagonistin, welche einzig für sein Liebesglück verantwortlich ist.

Indem Minna von Barnhelm die konjunkturelle Talsohle ihres Geliebten gleichsam nachahmt, und fälschlich ihr eigenes Vermögen ebenfalls für verloren erklärt, provoziert sie in einem fast magischen Konnex zweierlei: erstens die Bereitschaft Tellheims, weiterhin bzw. wiederum mit ihr die Ehe einzugehen, und zweitens die so lange erwartete juristische und finanzielle Wendung seines Falles, die ihn auch äußerlich zur alten Stärke zurückversetzt. Tellheim und Barnhelm sind nicht nur durchs Schicksal symmetriestiftend ineinander verwoben, auch die inversen Klangfolgen ihrer Namen beziehen sich in anagrammatischer Spiegelung aufeinander. Die Ausgangs-Diskrepanz von Schein und Sein erweist sich als Motor ihres kontrapunktischen Paarlaufes durch das ganze Drama. Aus einer dissonanten und instabilen Schwingungskurve - Rang und Vermögen verloren, Liebe behalten - versuchen Tellheim und Barnhelm - in je unterschiedliche Richtung freilich - eine konsonante und gleichlaufende Bewegung zu machen: Tellheim, indem er die Liebesbeziehung an seinen gesunkenen Status angleichen und beenden will, Barnhelm, indem sie - à la longue erfolgreich - seiner ökonomischen Misere abhelfen will, um Tellheims äußeren Status wieder auf die Höhe des ersehnten Liebesglücks zu bringen.

Das wichtigste Geschehen im Stück sind die echoartig verdoppelten Motive und Handlungselemente. Zwischen Barnhelm und Tellheim bildet sich, getrieben vom Gegensinn ihrer Lagen, Namen und Gender-Positionen, eine phasenverschobene Konsonanz heraus, die auf der grundsätzlichen Beweglichkeit und Tauschbarkeit von Gütern und sozialen Attributen bei gleichzeitiger Konstanz moralisch-menschlicher Eigenschaften beruht.[28] Barnhelm und Tellheim als Paar wiederum finden ihr Echo im Buffopaar zwischen Franziska und dem Wachtmeister. Das *match-making* als gattungsspezifisches Anliegen der Komödie kommt hier letztlich mit geradezu ironisch wirkender Direktheit, ja Dreistigkeit an sein Ziel. Entscheidend - und für die ökonomischen Imperative wegweisend - ist dabei, daß es sich nicht um den Bund fürs Leben, um flexible und dynamische Paarbildungen handelt. Ein Soldatenglück, daran

28 Vgl. Vogl: Kalkül und Leidenschaft (s. Anm. 25), S. 126, 131 u.ö.

lässt der Schluß keinen Zweifel, macht die Geehelichte »binnen zehn Jahr« entweder zur »Frau Generalin« oder zur »Witwe«.[29] Das Militärische aber ist hierbei nur Staffage; mit den beiden diametralen Zukunftsaussichten sind die Extrempole bürgerlicher Wirtschaftstätigkeit bezeichnet, Profit und Bankrott, mit welchen ein risikoorientiertes unternehmerisches Handeln zu rechnen hat.

In der Person des Gastwirts liegt nun gerade kein solcher visionärer Wagemut vor, sondern die kleinliche Krämerseele, die bei Liquiditätsproblemen des Gastes nicht über den Ist-Zustand hinauszusehen vermag. Tellheims Zimmer geht an Barnhelm, sie bilden ein Logierpaar in konsekutiver Linie. Diese ins Diachrone gekippte gemeinsame Zimmerbelegung des Noch-nicht-Liebespaars ist ein Musterfall der von Jakobson modellhaft beschriebenen poetischen Sprachfunktion. Die Projektion paradigmatischer Analogie- und Differenzbeziehungen (zwischen Figuren und von Motiven) auf den syntagmatischen Fortgang der Handlung und des dramatischen Diskurses ist in diesem Lessingschen Lustspiel besonders intensiv ausgearbeitet. Das gilt für die vielen konfigurativen Symmetriebildungen ebenso wie für das rhetorische Sprachverhalten, in dem Selbst- und mehr noch: Fremdzitate eine auffällige Rolle spielen.

Zur Lust dieses Lustspiels gehört untrennbar die Ebene seiner Sprachperformanz; die schlagfertigen Dialoge mit ihren Antithesen und Chiasmen, und eben auch die parodistische Doppelverwendung von fast wortgleichen Argumenten durch unterschiedliche Personen; was an erster Stelle noch verblüffen konnte, wirkt beim zweiten Auftritt meist schräg und etwas deplaziert - manchmal auch umgekehrt. So repliziert Minna fast wortgetreu die Klage Tellheims, entzieht seinen Worten damit die Wirkung. Sprachliche Versatzstücke wandern zwischen den Akteuren, sie werden getauscht wie die beiden einander zum Verwechseln ähnlichen Ringe. Der Ring hat symbolische Modellfunktion für die zirkulative Einheit dieser repetitiven Konversationen im Gasthaus. Doch sind in dieser Welt im Kleinen die Tauschvorgänge gerade noch nicht an abstrakte und entfremdete Instanzen wie den imaginären Markt delegiert, sie erfolgen noch in paarweise symmetrisierten Transaktionen. Zum Strukturgesetz einer Spielhandlung kann das Prinzip des Äquivalententauschs hier nur darum werden, weil nicht das abstrakte Wertgesetz einer Waren- und Geldzirkulation dargestellt ist, sondern die Bildung von tauschenden Paaren.

Das Gasthaus ist für diese tauschenden Paare ein Schwellenraum sozialer und temporaler Art. Die Personen befinden sich in einem Moratorium, das ihre künftigen Entwicklungen zwar andeutet, aber noch nicht determiniert. Zugleich ermöglichen die fluktuierenden Auf- und Abwertungen ein ökonomisches Probehandeln, das soziale Krisenprozesse einigermaßen schadlos durchzuspielen erlaubt. Oberflächlich betrachtet, ist es der Krieg, welcher die sozialen Ränge erhöht oder zum Absturz bringt. Ein Ausnahmezustand, in dem beiderlei Formen der Mobilität an der Tagesordnung sind, befördert den Gedanken der prinzipiellen Gleichheit von Schicksalen, Handlungsoptionen und Vermögenschancen. Ihm folgt indes eine Phase neuerlicher Verfestigung von Hierarchien, wie der Gastwirt feststellt. »Aber so lebten die Herren, während des Krieges, als ob ewig Krieg bleiben würde; als ob das Dein und Mein ewig

29 Lessing: Minna von Barnhelm (s. Anm. 18), (V/15), S. 704.

aufgehoben sein würde. Jetzt liegen alle Wirtshäuser und Gasthöfe von ihnen voll«.[30] Aufgabe der Gasthäuser ist es folglich gerade nicht, die Illusion gastfreier Gemeinschaft zu schüren, sondern - einmal mehr - Lektionen des Privateigentums zu erteilen.

Die Soldaten-Kulisse ist ein Vorwand nur, um eine Gesellschaft im Übergang zu entfalten; der Handlungsraum ist vorzustellen als ein Tummelplatz von gewisser Urbanität, der einen gesteigerten Umlauf an menschlichen Geschäften und Schicksalen passieren sieht. »Wer kann in den verzweifelten großen Städten schlafen? Die Karossen, die Nachtwächter, die Trommeln, die Katzen, die Korporals - das hört nicht auf zu rasseln, zu schreien, zu wirbeln, zu mauen, zu fluchen; gerade, als ob die Nacht zu nichts weniger wäre, als zur Ruhe.«[31] So klagt die Zofe Franziska ihrem Fräulein. Es ist die einzige Stelle, wo sich in Lessings Drama ein sozialhistorisches Fenster zu den sich formierenden Zentren des Wirtschaftslebens auftut.[32]

Solche exponierten Schauplätze der Unruhe und der gesellschaftlichen Umwälzung sind, auf deutsche Verhältnisse bezogen, nicht oder nicht nur an die großen Städte gebunden, von denen es ohnehin nur vergleichsweise wenige von herausragender Bedeutung gibt. Einen sozialen Brennpunkt anderer Art bildet am Ende des Jahrhunderts die zugleich geographische und politische Grenze zum benachbarten Frankreich. Die Antwort der deutschen Literatur auf die Französische Revolution war überwiegend nicht minder defensiv als jene der Politik; zu den häufig angeführten Gewährsleuten einer kulturellen Verteidigungshaltung zählt auch Goethe, nicht zuletzt mit seinem Hexameteridyll »Hermann und Dorothea«, in dessen Zentrum ebenfalls ein Gasthaus und der Sohn einer Gastwirtsfamilie stehen.

Goethes Versdichtung »Herrmann und Dorothea« inszeniert ein bürgerliches Idyll, sie plaziert es mitten hinein in die dramatischen Verwerfungen der Zeit. Die Liebe zwischen den Hauptfiguren erhebt sich als zartes und edles Pflänzchen aus einer Geschichtslandschaft, die in hellen Aufruhr geraten und in der unendliches Leid an der Tagesordnung ist. Aus Frankreich kommend nimmt ein Flüchtlingstreck Kurs auf das Grenzgebiet am Rhein. Die Szene spielt in einer kleinen rechtsrheinischen Winzergemeinde; genießerisch genannt werden Rebsorten wie Gutedel und Muskateller. Beschaulichkeit und Wohlstand bilden einen markanten Gegensatz zur Bedürftigkeit der rastlosen Flüchtlinge. Da entsinnt man sich im Dorfe in angenehmem Schrecken, selbst vor Jahrzehnten ein ähnliches Unglück erlebt zu haben, eine alles vernichtende Brandkatastrophe. Es war, wie Herrmanns Eltern sich erinnern, just dieses um sich fressende Feuer, das sie beide damals als junge Liebesleute zueinander gebracht und ihre Ehe gestiftet hatte. Nun betreiben sie den Gasthof des Ortes. Wenn sie ihren Sohn betrachten, so sehen sie vor sich die Geburt ihres häuslichen und wirtschaftlichen Glückes aus dem Geiste der Not und Entbehrung. Schon das sollte diese Gastwirtsfamilie dazu bewegen, jetzt auch den ins Elend gestürzten Opfern der Revolution zu helfen und sie als ihresgleichen zu begrüßen.

---

30 Ebd., (II/2) S. 631.

31 Ebd., (II/1), S. 624.

32 Vgl. Kaemena: Studien zum Wirtshaus (s. Anm. 6), S. 141, die aus diesen Details den Schluss zieht, »daß es sich hierbei um Berlin handelt« (ebd., S. 142).

Unter den Auspizien der Muse Kalliope und mit dem programmatischen Untertitel »Schicksal und Anteil« versehen, setzt der erste Gesang folgendermaßen ein.

> Hab' ich den Markt und die Straßen doch nie so einsam gesehen!
> Ist doch die Stadt wie gekehrt! wie ausgestorben! [...]
> So rennt und läuft nun ein jeder,
> Um den traurigen Zug der armen Vertriebnen zu sehen.
> Bis zum Dammweg, welchen sie ziehn, ists immer ein Stündchen,
> Und da läuft man hinab, im heißen Sande des Mittags.
> Möcht' ich mich doch nicht rühren vom Platz, um zu sehen das Elend
> Guter fliehender Menschen, die nun, mit geretteter Habe,
> Leider, das überrheinische Land, das schöne, verlassend,
> Zu uns herüber kommen, und durch den glücklichen Winkel
> Dieses fruchtbaren Tals und seiner Krümmungen wandern.[33]

Statt mit dem klassischen Musenanruf zu eröffnen, springt der Sänger mitten hinein ins Geschehen. Die Mitte, das sind in diesem Falle die Straßen rund um den Marktplatz des kleinen Städtchens, die in dieser Ausnahmesituation wie leergefegt scheinen. Der Markt, ein mehrdeutiger Begriff schon zu jener Zeit, ist Treffpunkt und Kreuzungsort der sozialen Beziehungen, Inbegriff bürgerlicher Geschäftigkeit. Ist der Markt aber leer und verwaist, so lässt dies auf eine ganz außergewöhnliche Herausforderung der sozialen Ordnung schließen. Und der Flüchtlingszug, der die Rheingrenze überquert und auf das nahe und immer näher rückende Übel in Frankreich hindeutet, er ist ein solches Ausnahme-Ereignis. In diesen erregten, erschütterten Zeiten gewinnt auch der Rhein, landschaftlicher Mittelpunkt der geschilderten Region, einen ungewohnten politischen Aspekt, er wird plötzlich zur Demarkationslinie und zum Schutzwall. Es ist der Gastwirt, Herrmanns Vater, der dieses ausspricht. Das Gasthaus ist - als ein Ort der Begegnung und des Austausches - dem Schauplatz und Prinzip des Marktes in besonderer Weise verbunden; die Geschäfte leiden auch hier, wenn anstelle des friedlichen Hin und Her die Wogen des Krieges das Geschehen bestimmen.

> Da versetzte der Wirt, mit männlichen klugen Gedanken:
> Wie begrüßt' ich so oft mit Staunen die Fluten des Rheinstroms,
> Wenn ich, reisend nach meinem Geschäft, ihm wieder mich nahte!
> Immer schien er mir groß, und erhob mir Sinn und Gemüte;
> Aber ich konnte nicht denken, daß bald sein liebliches Ufer
> Sollte werden ein Wall, um abzuwehren den Franken,
> Und sein verbreitetes Bett ein allverhindernder Graben.[34]

Der Rhein muß fließen, das ist seine Natur. Und ebenso wie das Wasser soll sich auch das menschliche Leben in steter Bewegung befinden, sich in Geschäften zwischen nah und fern betätigen können, in Verkehrsformen, für die es weder politische noch

33 Johann Wolfgang Goethe: Herrmann und Dorothea. In: Sämtliche Werke nach Epochen seines Schaffens. Hg. von Karl Richter. Bd. 4.1: Wirkungen der Französischen Revolution I. München: Hanser 1988, S. 551; Kalliope, V. 1-12.

34 Ebd., S. 558; Kalliope, V. 189-195.

landschaftliche bzw. natürliche Hemmnisse durch Grenzziehungen geben möge. Das ist der erwünschte und als Maßstab vorausgesetzte Normalzustand, den nun die Not und der Aufruhr außer Kraft gesetzt haben.

Wirt, Pfarrer und Apotheker lassen sich durch den allgemeinen Tumult nicht abhalten, die Lage bei einem guten Glase Wein in Ruhe und Bedächtigkeit zu erörtern. Herrmann indes ist besonders einer jungen Frau zugetan, die in der Ausnahmesituation beherztes Handeln an den Tag legt und mit dem Stock ein Ochsengespann antreibt. Als es später daran geht, um Dorothea liebend zu werben, wählt Herrmann seine Worte so ungeschickt, dass sie ihn nur so verstehen kann, als wolle er sie für den heimischen Haushalt und die Gastwirtschaft als Magd anwerben, nicht aber als Braut heimführen. Ihm ist es nicht gegeben, von Liebe zu reden, weil er sie stark und aufrichtig fühlt und das ihm genug dünkt. So behilft er sich, in dem er rein praktische Erwägungen in den Vordergrund stellt.

> Und er faßte sich schnell, und sagte traulich dem Mädchen:
> Laß mich reden, mein Kind, und deine Fragen erwiedern.
> Deinetwegen kam ich hierher! was soll ichs verbergen?
> Denn ich lebe beglückt mit beiden liebenden Eltern,
> Denen ich treulich das Haus und die Güter helfe verwalten,
> Als der einzige Sohn, und unsre Geschäfte sind vielfach.
> Alle Felder besorg' ich; der Vater waltet im Hause
> Fleißig; die tätige Mutter belebt im Ganzen die Wirtschaft.
> Aber du hast gewiß auch erfahren, wie sehr das Gesinde
> Bald durch Leichtsinn und bald durch Untreu plaget die Hausfrau,
> Immer sie nötigt zu wechseln und Fehler um Fehler zu tauschen.
> Lange wünschte daher sich die Mutter ein Mädchen im Hause,
> Das mit der Hand nicht allein, das auch mit dem Herzen ihr hülfe,
> An der Tochter Statt, der leider frühe verlornen.[35]

Im prosperierenden Rheinland und als Gastwirts-Betrieb trägt man andere Sorgen als die Empörten, die in Frankreich auf die Straßen drängten. In Herrmanns Familie gibt es Ärger mit den Domestiken, man wäre dankbar für eine verlässliche, ordnende Hand. Dorothea glaubt nun, Herrmann habe aus Mitleid ihr eine Arbeit als Haushaltshilfe angeboten, und willigt, mit leiser Enttäuschung freilich, in den Vorschlag ein. Herrmann wiederum ist entzückt und erleichtert, dass ihm die Brautwerbung so rasch und umstandslos glückte. Erst im letzten der neun Gesänge, unter dem schützenden Patronat der Himmelsmuse Urania, klären sich die Missverständnisse und die beiden werden endlich ein Paar. Dem Idyll verhelfen solche kleinen Umwege und Beeinträchtigungen zu einem besonders rührenden Ton. Sie zeigen aber auch, als wie unzulänglich sich die Konventionen der Gastfreundschaft in der Extremsituation erweisen. Ein Wirtsbetrieb kann die Fremde, wenn sie kein zahlungsfähiger und vorübergehender Gast mehr ist, nur betriebswirtschaftlich integrieren. Das Ausbleiben bedingungsloser Hospitalität eröffnet ein Vakuum, welches nur die Liebe zu füllen vermag, auch sie freilich nicht ganz frei von Erwägungen der Nützlichkeit. Herrmann

---

35 Ebd., S. 606; Erato, V. 53-66.

weiß Güter und Besitztum, weiß stabile Verhältnisse sehr zu schätzen, und darum führt er als Retter die glückliche Braut ins sichere Heim.

3.

Weniger komplex als die vielfach verbundenen Schicksalsfäden in Lessings Dramen, schlichter im Tone als Goethes Idyll, zeigt sich Ludwig Uhlands Gedicht »Einkehr« (1811). Es ist ein Bild- und Rätselgedicht in offener, leicht zu entziffernder Emblematik:

Einkehr

Bei einem Wirte, wundermild,
Da war ich jüngst zu Gaste;
Ein goldner Apfel war sein Schild
An einem langen Aste.

Es war der gute Apfelbaum,
bei dem ich eingekehret;
Mit süßer Kost und frischem Schaum
Hat er mich wohl genähret.

Es kamen in sein grünes Haus
Viel leichtbeschwingte Gäste;
Sie sprangen frei und hielten Schmaus
Und sangen auf das beste.

Ich fand ein Bett zu süßer Ruh'
Auf weichen, grünen Matten;
Der Wirt, er deckte selbst mich zu
Mit seinem kühlen Schatten.

Nun fragt' ich nach der Schuldigkeit,
Da schüttelt' er den Wipfel.
Gesegnet sei er allezeit
Von der Wurzel bis zum Gipfel![36]

Uhlands Strophenlied nimmt das Sujet der Einkehr im Wirtshause in denkbar naiver Form auf. Die Institution des gastronomischen Gewerbebetriebs ist sämtlicher ökonomischer Kennzeichen entledigt, es geht um Einkehr, um spontane Rast, Geselligkeit, Verpflegung und Bettruhe. Die Aspekte von Gast- und Wirtshaus sind nicht unterschieden, die Aspekte des Fremdenverkehrs fehlen ebenso wie die Sphäre des kulturellen Austauschs. Vor allem aber fehlt – die Artifizialität, die jeder menschengemachte Gastbetrieb an sich hat. Gleichwohl stellt dieses Gasthaus ein Bewirtungsunternehmen dar, von dem sämtliche Funktionen einer gutgeführten Gastronomie vorbildlich ausgefüllt werden. Das Gedicht macht sich einen Spaß daraus, den auf der

36 Ludwig Uhland: Einkehr. In: Werke. Hg. von Hans-Rüdiger Schwab. Frankfurt a.M.: Insel 1983. Bd. 1, S. 40f.

Bildebene entworfenen Apfelbaum als den Wirt eines Gasthauses zu deuten und diese Gleichung in bemerkenswerter Vollständigkeit auf alle Bestandteile der Piktura auszudehnen.

Wie in Kants Gasthaus »Zum Ewigen Frieden« beginnt die Einkehr mit einem Wirtshausschild, nun jedoch herrscht statt des ironischen Hiats zwischen Zeichen und Bedeutung die Realsignifikanz eines indexikalischen Zeichens vor, der goldene Apfel am Ast beschildert metonymisch den Baum, seine Früchte und die ihn umgebende naturale Situation, mit den Singvögeln als Gästen, dem moosigen Untergrund und dem Schatten, die dem lyrischen Ich als Bett und Zudecke dienen. Den Nachweis über das Angebot an Speis und Trank zu führen, ist dem Gedicht ein Leichtes, lockt der Apfelwirt doch mit »süßer Kost und frischem Schaum«. Auch die gesellige Runde fröhlicher Mitzecher und sogar das Nachtquartier bietet der Baum dem Gast zuvorkommend auf. Erst als sich, weit, weit hinausgeschoben, schließlich dann doch die Frage nach der Bezahlung stellt, wird's offenbar, dass dem gastlichen Baum die wichtigste Tugend eines Wirtes abgeht, nämlich das auf kommerziellen Nutzen bedachte Wirtschaften. Die »Schuldigkeit«, die vom einkehrenden Gast erfragt wird, ist durch keine Bezahlung abzustatten. Sie wird einem Gegenüber verdankt, das nicht als Geschäftspartner einer symmetrischen Vertragsbeziehung auftritt. Gegenüber der Natur und den von ihr gespendeten Gaben waltet strukturell eine unaufhebbare Asymmetrie. Es ist die nämliche Asymmetrie, wie sie die abendländischen Religionen zwischen Sterblichen und Himmelsmächten in Geltung sehen.

Der Apfelbaum-Wirt führt sein Gasthaus, wie auf Erden sonst kein Gastwirtschaftsbetrieb überleben könnte, für Gotteslohn. Uhlands wohlfeile Äpfel erinnern daran, was die Menschheit entwicklungsgeschichtlich seit dem Sündenfall gewonnen und verloren hat. Der phylogenetische Weg aus dem Paradies bis zu Uhlands naturalem Gasthausschild überspannt eine dramatische Differenz: Von einer unschuldigen Zuhandenheit genussbereiter Früchte bis zu den Deformationen der Warengesellschaft, die selbst einen Obstbaum nur mehr als Wirtschaftszweig wahrzunehmen in der Lage ist. Solche expliziten Gewinn- und Verlustrechnungen, womöglich in modernisierungstheoretischer Perspektive, sind Uhland fern; er begnügt sich mit der zarten Andeutung, dass es fürderhin Bereiche des alltäglichen Lebens und der Lebenserhaltung gibt, die der Warenform entzogen bleiben. Und zwar selbst dann, wenn der Apfelbaum auf einem abgezäunten Grundstück steht. Die »Einkehr«, zu der sein Liedgedicht auffordert, erheischt die meditative Betrachtung und Auslegung eines emblematischen Denkbilds. Dessen tragende Figur ist die Natur selbst in ihrer wahllos und freigiebig lebensspendenden Kraft. Ein Gastverhältnis, das sich der Regulierung durch Äquivalenzbeziehungen per definitionem entzieht.

Das Bedürfnis, auch dort zu tauschen bzw. eigene Schuldigkeit abzutragen, wo das Gegenüber nicht als personaler Adressat oder gar als bürgerlicher Vertragspartner auftritt, ist seit jeher eine der stärksten Triebfedern von religiösen Kulten und Ritualen. Im Sinne eines solchen ›unmöglichen‹ Tauschverkehrs mit der göttlichen Natur hat Friedrich Hölderlin, hierin den religionsphilosophischen Spuren seines Tübinger Freundes Hegel folgend, das abendländisch-christliche Ritual des Abendmahls gedeutet. In Hölderlins Poetik rückt die Feier von Brot und Wein in den größeren Zusammenhang dankender Fruchtbarkeits- und Vegetationsfeiern, wie sie etwa aus der griechischen Antike überliefert sind. In periodischen Abständen, die vom Vegetationszyklus und vom astronomischen Kalenderjahr vorgegeben sind, begehen Mysterienkulte die verlässlich wiederkehrenden Wunder des Wachstums und der Ernte.

Wie für Hegel beginnt auch für Hölderlin die philosophische Standortbestimmung der eigenen Gegenwart mit der historisch-epistemischen Voraussetzung der Getrenntheit von Göttern und Menschen.

> Aber Freund! wir kommen zu spät; zwar leben die Götter
> Aber über dem Haupt droben in anderer Welt.[37]

Weil die Götter *droben* leben, sind asymmetrische Dankeskulte nötig, um mit ihnen zu kommunizieren; weil sie aber droben *leben*, sind diese Formen des Austauschs mit den Himmlischen möglich und sogar erfolgversprechend.

Brot und Wein sind die Früchte längerer Wachstums- und Reifungsprozesse, und sie treten beim feierlichen Mahl, metonymisch für Speis und Trank überhaupt, in den menschlichen Metabolismus ein. Dank dieser mehrfachen, überdeterminierten Symbolik sind Brot und Wein prädestiniert, das Band zwischen der Vergänglichkeit des Körpers und der Verlässlichkeit natürlicher Zyklen zu knüpfen und zu bewahren. In seiner kultischen Funktion ist das eucharistische Abendmahl dem altgriechischen Erntefest der Mysterien von Eleusis verwandt, den herbstlichen Feiern zu Ehren des Dionysos und der Demeter in der Nähe Athens.

Empedokles, der die Einsamkeit des Ätna wie einen zweiten Garten Gethsemane sucht, weist seinen Begleiter Pausanias an, ihm ein letztes Abendmahl von Brot und Wein zu kredenzen:

> Bereit ein Mahl, daß ich des Halmes Frucht
> Noch Einmal koste, und der Rebe Kraft,
> und dankesfroh mein Abschied sei [...].[38]

Die betonte und feierliche Anrufung beider Elemente des Kultmahls (»des Halmes Frucht«, »der Rebe Kraft«) ist bezeichnend für Hölderlins Werk um 1800, sie begegnet vor allem in den Elegien.[39] In seiner formelhaften Rede gleicht der Auftrag des Empedokles der neutestamentlichen Einführung des letzten Abendmahls.[40] Charakteristisch hierfür ist die auch von Empedokles inszenierte ›Zeremonie des Abschieds‹, die nach einer bleibenden memorialen Geste verlangt, und ihre Begleitumstände: die räumliche Absonderung, die Tischgemeinschaft mit den engsten Vertrauten, die Bedeutung der Kommunikation bzw. Kommunion mit den Jüngern bzw. dem Schüler,

37 Friedrich Hölderlin: Der Weingott. In: Sämtliche Werke und Briefe. Hg. von Michael Knaupp. 3 Bde. München: Hanser 1992f. Bd. 1, S. 317, V. 109f.

38 Hölderlin: Der Tod des Empedokles. Erster Entwurf. In: Sämtliche Werke und Briefe, Bd. I, S. 832, V. 1761ff.

39 Vgl. die Wiederkehr dieser Formel als: »der Erde Frucht« und »Freude des Weins« (Hölderlin: Der Weingott, S. 318, V. 137f.; Brod und Wein, S. 380, 381, V. 137f.).

40 Vgl. Mk 14, 22–25; Mt 26, 26–29; Lk 22, 14–20. Eine komparative Lektüre der biblischen Quellen, in welchen die Stiftung des Abendmahls überliefert ist, unternimmt Jochen Hörisch: Brot und Wein. Die Poesie des Abendmahls. Frankfurt a. M.: Suhrkamp 1992, S. 41–56.

und nicht zuletzt die Ausdeutung des Genusses von Brot und Wein als einer Form des Dankes.

In der Eucharistie fallen der Empfang der Gaben und der Akt des Dankes im »dankesfrohen« Mahl in eins, was zunächst überraschend erscheinen mag. Dieser Dank huldigt den Göttern, indem er ihre Gaben feiert, die Cerealien ebenso wie die dionysische Frucht; im Ritual aber geht es um die Form ihres Zusammenspiels. Genährt von den Energien des himmlischen Feuers und den Stoffen des irdischen Bodens, sind die im Herbst zu erntenden Früchte des vegetativen Jahreslaufs Real-Symbole eines versöhnten, ausgeglichenen Ganzen der Zeit. Sie zu feiern, in einem Weinfest und Erntedank, ist eine weltliche Form des Abendmahls und wie dieses ein Dankesritual.

Hölderlins Elegien sind eine Frucht des Herbstes und Winters von 1800 auf 1801,[41] ein Produkt auch der Rückkehr in den Stuttgarter Freundeskreis und in eine vertraute, landwirtschaftlich prosperierende Region. Drei der sechs Elegien sind ausdrücklich der Feier des Frühjahrs oder Herbstes gewidmet: Von »Feiertagen des Frühlings« spricht »Das Gasthaus/Der Gang aufs Land«,[42] die Elegie »Stutgard« imaginiert ein herbstliches Erntefest, und der saisonale Kontext des Rituals von »Brot und Wein« wurde bereits dargelegt. Alle drei Elegien verherrlichen explizit die kulturstiftende Funktion des Weines und seines gemeinschaftlichen Genusses; für alle drei hat Hölderlin in Vorfassungen oder Überarbeitungen alternative Titel erwogen, die auf die Eingliederung der Naturgaben in die kulturelle Ordnung verweisen. »Der Gang aufs Land« trägt in der von Sattler und Knaupp favorisierten Lesart den Titel »Das Gasthaus«,[43] die Elegie »Stutgard« erschien in Leo von Seckendorfs »Musenalmanach für das Jahr 1807« unter dem Titel »Die Herbstfeier«, von »Brod und Wein« existiert eine frühe Fassung unter dem Titel »Der Weingott«.

In dieser Serie zweimaliger Benennungen zeichnet sich die kulturelle Schwellenfunktion der jahreszeitlichen Feste ab; sie vermitteln zwischen Landpartie und Gasthaus, zwischen städtischem Gepräge und herbstlicher Ernte, zwischen eucharistischem Ritual und paganem Wirken des Weingotts. Erst in der vollständigen Erfassung der drei Titel wird diese Vermittlungsfunktion vollends deutlich, denn zu ihr gehört auch die Adressierung des poetischen Sprechens an eine ausgewählte Schar gleichgesinnter Freunde, durch die eine den geschilderten Festen konkordante ästhetische Gemeinschaft konstituiert oder zumindest imaginiert werden soll.[44] »Das Gasthaus« führt die Widmung *An Landauer*, »Stutgard« richtet sich *An Siegfried Schmidt*, wie bereits die Vorläuferversion »Der Weingott« wendet sich »Brod und Wein«, zumindest in der ersten Fassung,[45] *An Heinze*. All diese Widmungen bilden jeweils einen integralen Bestandteil des Gedichttitels selbst.

41 Vgl. Stefan Wackwitz: Friedrich Hölderlin. Stuttgart: Metzler 1985, S. 105.

42 Hölderlin: Das Gasthaus (s. Anm. 37), S. 309, V. 35.

43 Der seit Hellingrath eingeführte Titel »Der Gang aufs Land« findet sich lediglich als Notiz in einer Übersicht mit Plänen zu Elegien, die dem vorliegenden Gedicht nicht zweifelsfrei zugeordnet werden kann. Im reinschriftlichen Überlieferungsträger des Textes selbst ist die Titelzeile abgerissen, »die Unterlängen der Buchstaben lassen aber die Deutung ›Das Gasthaus‹ zu« (Michael Knaupp in Hölderlin: Sämtliche Werke und Briefe [s. Anm. 37], Bd. III, S. 175).

Die vielzitierte adhortative Wendung: »Komm! ins Offene, Freund!«, mit der die erste dieser zusammengehörigen Elegien anhebt, lässt - gerade *nicht* in elegischem Tone eröffnend - das Pathos des hymnischen Freundschaftsbegriffs aus Tübinger Zeit anklingen.

> Komm! ins Offene, Freund! zwar glänzt ein Weniges heute
> Nur herunter und eng schließt der Himmel uns ein.
> Weder die Berge sind noch aufgegangen des Waldes
> Gipfel nach Wunsch und leer ruht von Gesange die Luft.
> Trüb ists heut, es schlummern die Gäng' und die Gassen und fast will
> Mir es scheinen, es sei, als in der bleiernen Zeit.
> (Hölderlin: »Das Gasthaus. An Landauer.«)[46]

Der Himmel lastet von tiefhängenden Wolken; das Bild erinnert an die von Hesiod als Ära der Götterferne beschriebene Zeit. Götterfern ist die entworfene Situation, da die weitgehend geschlossene Wolkendecke keine Orientierung an den Himmelskörpern gestattet.

Vom Blick ins offene All abgeschnitten zu sein, setzt die gewählte Stunde - auf der hier mit dem Vorsatz der Einweihung des neu errichteten Gasthauses besondere Erwartungen ruhen - dem Verdacht aus, unter einem ›Unstern‹ zu stehen. »Dennoch« muß auch unter grauem Himmel auf das Wirken der Himmlischen Verlass sein, so dass am geplanten feierlichen Zusammensein hoffnungsvoll festgehalten wird: »Rechtglaubige zweifeln an Einer / Stunde nicht und der Lust bleibe geweihet der Tag.« (V. 7f.) Eigentlich richtet sich die Erwartung nun sogar darauf, mit dem eigenen Feiern und der Bewirtung von Gästen die Mit-Anwesenheit der himmlischen Mächte förmlich herbeilocken zu können.

> Darum hoff ich sogar, es werde, wenn das Gewünschte
> Wir beginnen und erst unsere Zunge gelöst,
> Und gefunden das Wort, und aufgegangen das Herz ist,
> Und von trunkener Stirn' höher Besinnen entspringt,

44 Für die Elegie »Das Gasthaus/Der Gang aufs Land« hat Wolfgang Braungart gezeigt, wie durch Widmung und Adressierung ein »lebensweltlicher Bezug« signalisiert wird, der die festliche Gemeinschaft, die im Gedicht zum Thema wird, im Vollzug dichterischen Sprechens sowohl herstellt als auch voraussetzt. (Wolfgang Braungart: »Komm! ins Offene, Freund!« Zum Verhältnis von Ritual und Literatur, lebensweltlicher Verbindlichkeit und textueller Offenheit. Am Beispiel von Hölderlins Elegie »Der Gang aufs Land. An Landauer.« In: Iris Denneler (Hg.): Die Formel und das Unverwechselbare. Interdisziplinäre Beiträge zu Topik, Rhetorik und Individualität. Frankfurt a.M. u.a.: Peter Lang 1999, S. 96-114, hier 97, vgl. auch 105.)

45 Im Zuge der grundlegenden Umarbeitung habe Hölderlin, so Bernhard Böschenstein, den über das Wein-Motiv geführten »Dialog mit Heinse [...] restlos ausgemerzt«, es fehle nunmehr »jeglicher persönliche Bezug [...] auf einen konkreten Adressaten« (Böschenstein: »Brod und Wein«. Von der ›klassischen‹ Reinschrift zur späten Überarbeitung. In: Turm-Vorträge 1989-1991. Hölderlin: Christentum und Antike. Hg. von Valérie Lawitschka. Tübingen 1991, S. 173-200, hier 185).

46 Hölderlin: Das Gasthaus. An Landauer (s. Anm. 37), S. 308, V. 1-6.

Mit der unsern zugleich des Himmels Blüthe beginnen,
Und dem offenen Blik offen der Leuchtende seyn.[47]

Auf ein »zugleich« mit dem Erblühen menschlicher Geselligkeit einsetzendes Aufheitern des Himmels zu hoffen, verleiht dem geplanten festlichen Gastmahl den Charakter einer gottesdienstlichen Handlung. Sobald die ländliche Feier vor den Toren Stuttgarts mit »Mahl und Tanz und Gesang« (V. 27) erst einmal anhebt, werden sich die Zungen lösen und die Herzen öffnen. Dann richtet ein »höher Besinnen« die vom ätherischen Geist erfüllten, trunkenen Stirnen nach oben aus, zum Zeichen, dass sie dem Leuchten der Himmlischen nun empfangsbereit gegenüberstehen.

»Aber fraget mich eins, was sollen Götter im Gasthaus?«[48] Hier knüpft Hölderlin an das antike, etwa in Pindars Epinikien mehrfach evozierte Motiv der *theoxenia* an: des Gastmahls, zu welchem die Götter geladen sind, bei den Menschen einkehren und ihre Tischgemeinschaft teilen. Diese (so wörtlich) ›Götterbewirtung‹ hat Pindar insbesondere in der 3. Olympie gestaltet, die in den Handschriften die Überschrift »theoxenia« trägt.[49] Von dieser Erwartung einer »Einkehr« der Götter, die im Schwäbischen durchaus den profanen Nebensinn eines Wirtshausbesuches mit sich führt, ist das von Hölderlin beschriebene Gastmahl erfüllt. Dass in dieser Elegie rituelle Handlungsformen gestaltet werden, die durchaus ihren Sitz im Leben haben, darauf hat Wolfgang Braungart in seiner Interpretation des Gedichts hingewiesen. Hierzu gehört nicht nur der einem Richtfest geziemende »Spruch« (V. 33) des Zimmermannes (»Wir, so gut es gelang, haben das Unsre getan«; V. 34), sondern auch die betonte und umständliche Vorbereitung der festlichen Prozedur und die besondere Aufmerksamkeit, die ihrer atmosphärischen Übereinstimmung mit den himmlischen Zeichen gewidmet wird. All dies macht den »festlich erhöhten Tag«[50] zu einem Kairos, der auf die Korrespondenz irdischer (Gasthaus) und himmlischer (Götter) »Besinnung« ausgerichtet ist.

In welcher Gestalt aber die Götter beim Gastmahl anwesend sein sollen, ist eine Frage, welche Hölderlin und seine Öko-Theologie von zeitgenössischen Positionen der Religionskritiker und Agnostiker ebenso trennt wie von der Buchstabenfrömmigkeit schwäbischer Pietisten. »Das Gasthaus« ist ihm Sinnbild eines radikal diesseitigen Gottesdienstes, der auf vollständig natürlichem Grund steht. Der Rhythmus und Einklang der Jahreszeiten gibt zu dieser Göttereinkehr den Takt, ein Rhythmus, den Kalenderordnung und Lyrik gleichermaßen nachmodellieren. Dies wird deutlich, wenn man bedenkt, dass es jahreszeitlich spezifische Festtermine sind, welchen die einkehrenden Götter assistieren. Kann in den »Feiertagen des Frühlings« (V. 35), die nur das Richtfest des Gasthauses erleben, vom Weinstock gesagt werden, dass er »Dämmert und wächst und erwarmt unter dem sonnigen Duft« (V. 40), so wäre zur Fertigstellung des Hauses wohl mit seiner Ernte zu rechnen.

47 Ebd., S. 308, V. 13–18.
48 Ebd., S. 309, V. 44.
49 Albrecht Seifert: Untersuchungen zu Hölderlins Pindar-Rezeption. München: Fink 1982, S. 448.
50 Wolfgang Braungart: Ritual und Literatur. Tübingen: Niemeyer 1996, S. 30.

Das Gasthaus wächst dem Gedicht *nach*, wie dieses wird es von der Sommerwärme, vom sonnigen Duft und den emportreibenden Früchten des Weinstocks regelrecht ›erzogen‹. Hölderlins Gasthaus ist ein Gottesraum postreligiöser Zeiten, ein Dankgebet in der anökonomischen Form des Gabenverzehrs. Im Gasthaus mehr zu erwarten als einen Verkehrsort zahlungsfähiger Bedürfnisse, nämlich eine Ausnahme-Stätte zum Empfang unverdienbarer Gnadengeschenke, eine *Schenke* also, dies ist und bleibt ein letztes Residuum an gastronomischer Metaphysik, dessen Hoffnungsfunken frohgemute Zecher wohl niemals ganz preisgegeben werden. Auch im elektronischen Zeitalter ist die Verführungskraft dieser Vision eines gastfreien Hauses nicht verstummt, sie singt dann eben von der »next whiskey bar«, vom »next little dollar« und vom »next little girl«. Das Gasthaus *ist* und ist zugleich *nicht* von dieser Welt.

Literatur

Alewyn, Richard: Tellheims Erziehung. In: ders.: Probleme und Gestalten. Essays. Frankfurt a.M.: Suhrkamp 1974, S. 247-250.

Böschenstein, Bernhard: »Brod und Wein«. Von der ›klassischen‹ Reinschrift zur späten Überarbeitung. In: Turm-Vorträge 1989-1991. Hölderlin: Christentum und Antike. Hg. von Valérie Lawitschka. Tübingen 1991, S. 173-200.

Braungart, Wolfgang: Ritual und Literatur. Tübingen: Niemeyer 1996.

Braungart, Wolfgang: »Komm! ins Offene, Freund!« Zum Verhältnis von Ritual und Literatur, lebensweltlicher Verbindlichkeit und textueller Offenheit. Am Beispiel von Hölderlins Elegie »Der Gang aufs Land. An Landauer.« In: Iris Denneler (Hg.): Die Formel und das Unverwechselbare. Interdisziplinäre Beiträge zu Topik, Rhetorik und Individualität. Frankfurt a.M. u.a.: Peter Lang 1999, S. 96-114.

Cancik, Hubert/Schneider, Helmuth (Hg.): Der neue Pauly. Enzyklopädie der Antike. Bd. 4. Stuttgart, Weimar: Metzler 1998.

Derrida, Jacques: Das Wort zum Empfang. In: Adieu. Nachruf auf Emmanuel Levinas. Übersetzt von Reinhold Werner. München: Fink 1999.

Derrida, Jacques: Von der Gastfreundschaft. Übersetzt von Markus Sedlaczek. Wien: Passagen 2001.

Gaier, Ulrich: Das Lachen des Aufklärers. Über Lessings »Minna von Barnhelm«. In: Der Deutschunterricht 43 (1991, H. 6), S. 42-56.

Goethe, Johann Wolfgang: Herrmann und Dorothea. In: Sämtliche Werke nach Epochen seines Schaffens. Hg. von Karl Richter. Bd. 4.1: Wirkungen der Französischen Revolution I. München: Hanser 1988.

Grimm, Jacob und Wilhelm: Deutsches Wörterbuch. Bd. 4, Leipzig 1878 (Reprint München 1984: dtv).

Hölderlin, Friedrich: Sämtliche Werke und Briefe. Hg. von Michael Knaupp. 3 Bde. München: Hanser 1992f.

Hörisch, Jochen: Brot und Wein. Die Poesie des Abendmahls. Frankfurt a.M.: Suhrkamp 1992.

Kaemena, Bettina: Studien zum Wirtshaus in der deutschen Literatur. Frankfurt a.M. u.a.: Peter Lang 1998.

Kant, Immanuel: Zum ewigen Frieden. Ein philosophischer Entwurf. In: Schriften zur Anthropologie, Geschichtsphilosophie, Politik und Pädagogik 1. Werkausgabe. Hg. von Wilhelm Weischedel. Bd. 11. Frankfurt a.M.: Suhrkamp 1977.

Kierkegaard, Sören: Entweder - Oder. Hg. von Hermann Diem und Walter Rest. München: dtv 1975.
Kleist, Heinrich von: Sämtliche Briefe. Hg. von Dieter Heimböckel. Stuttgart: Reclam 1999.
Kornbacher-Meyer, Agnes: Komödientheorie und Komödienschaffen Gotthold Ephraim Lessings. Berlin: Duncker und Humblot 2003.
Lessing, Gotthold Ephraim: Minna von Barnhelm oder Das Soldatenglück. In: Werke. Hg. von Herbert G. Göpfert. Bd. 1. München: Hanser 1971.
Lessing, Gotthold Ephraim: Miss Sara Sampson. Werke. Hg. von Herbert G. Göpfert. Bd. 2. München: Hanser 1971.
Mauser, Wolfram: Lessings »Miss Sara Sampson«. Bürgerliches Trauerspiel als Ausdruck innerbürgerlichen Konflikts. In: Lessing Yearbook 7 (1975), S. 7-27.
Michelsen, Peter: Die Verbergung der Kunst. Über die Exposition in Lessings »Minna von Barnhelm«. In: Jahrbuch der deutschen Schillergesellschaft 17 (1973), S. 192-252.
Schlaffer, Heinz: Tragödie und Komödie, Ehre und Geld. Lessings »Minna von Barnhelm«. In: ders.: Der Bürger als Held. Frankfurt a.M.: Suhrkamp 1973, S. 86-125.
Seeba, Hinrich: Die Liebe zur Sache. Öffentliches und privates Interesse in Lessings Dramen. Tübingen: Niemeyer 1973.
Seifert, Albrecht: Untersuchungen zu Hölderlins Pindar-Rezeption. München: Fink 1982.
Siegert, Bernhard: Relais. Geschicke der Literatur als Epoche der Post. Berlin: Brinkmann und Bose 1993.
Slater, William J. (Hg.): Dining in a Classical Context. Ann Arbor: University of Michigan 1991.
Stein-Hölkeskamp, Elke: Das römische Gastmahl. Eine Kulturgeschichte. München: Beck 2005.
Steinmetz, Horst: »Minna von Barnhelm« oder die Schwierigkeit, ein Lustspiel zu verstehen. In: Wissen aus Erfahrungen. Festschrift für Herman Meyer. Hg. von Alexander von Bormann. Tübingen: Niemeyer 1976, S. 135-153.
Strohschneider-Kohrs, Ingrid: Die überwundene Komödiantin in Lessings Lustspiel. In: Wolfenbütteler Studien zur Aufklärung 2 (1975), S. 182-199.
Tieck, Ludwig: Die verkehrte Welt. In: Die Märchen aus dem Phantasus. Dramen. Hg. von Marianne Thalmann. München: Winkler 1964.
Uhland, Ludwig: Einkehr. In: Werke. Hg. von Hans-Rüdiger Schwab. Frankfurt a.M.: Insel 1983.
Vogl, Joseph: Kalkül und Leidenschaft. Poetik des ökonomischen Menschen. 2. Aufl., Zürich: Diaphanes 2004.
Wackwitz, Stefan: Friedrich Hölderlin. Stuttgart: Metzler 1985.

PETER FRIEDRICH

Ortlose Heimat - Gäste, Gastgeber und Gasträume bei Joseph Roth

1. Vaterhaus und Gasthaus

Die Orte eines provisorischen Aufenthalts der Menschen spielen in Joseph Roths Romanen und Erzählungen sowie in seinen Reise- und Feuilletonartikeln eine zentrale Rolle. Gast- und Kaffeehäuser, Hotels und Grenzschenken sind dabei nicht nur Handlungsumgebungen, sondern symbolisch aufgeladene Umwelten. Es findet sich etwa die Wirtsstube als Ort der Erzählung unerhörter Lebensgeschichten - wie in der Erzählung »Beichte eines Mörders«, die zunächst den Titel »Der Stammgast« trug. In der »Stumme Prophet« und im »Leviathan« begegnet uns die Grenzschenke als zwielichtiger Ort, der die Flucht vor dem herannahenden Tod in die - meist zum Scheitern verurteilte - Hoffnung auf ein Leben im Irgendwo ermöglichen soll.[1] Hotels oder Pensionen tauchen in nahezu jedem Rothschen Erzähltext auf, entweder als vieldeutiges Symbol in der Exposition, wie in dem Roman »Perlefter«, oder als zentraler Raum der Handlung und Abbreviatur der Gesellschaft, wie in »Hotel Savoy« oder in »Tarabas. Ein Gast auf dieser Erde«. Diese Heterotopien der kommerziellen Gastlichkeit thematisieren in vielfältigster Weise das Phänomen des Transitorischen oder Schwellenhaften bzw. die Grenze zwischen Heimkehr und Aufbruch, Willkommen und Abschied, Innen und Außen, Vergangenheit und Zukunft, Leben und Tod. Vor allem aber stehen die Gast-Räume in einem Spannungsverhältnis zum Vaterhaus; man könnte sagen, sie konkurrieren mit der nur schwer zu überbietenden semantischen Fülle der Lexeme *Haus* und *wohnen*. Besonders relevant erscheint in diesem Zusammenhang das Motiv der Verwandlung des Vaterhauses, des ›Ganzen Hauses‹, in den kommerziellen Gastraum. Einen derartigen Transformationsprozess schildert Roth exemplarisch in der »Kapuzinergruft«. Er stellt die Verwandlung des Elternhauses von Franz Ferdinand von Trotta in eine Pension, in der die Freunde als zahlende Gäste logieren, als symptomatischen Vorgang dar.[2]

Für die Zeitschrift »Das Tagebuch« hat Roth 1930 einen Essay mit dem Titel »Das Vaterhaus« verfasst und hier die in der »Kapuzinergruft« parabolisch erzählte Trans-

---

1 Vgl. Joachim Beug: Die Grenzschenke. Zu einem literarischen Topos. In: Helen Chambers (Hg.): Co-Existent Contradictions: Joseph Roth in retrospect. Paper of the 1989 Joseph Roth Symposion at Leeds University to commemorate the 50th anniversary of his death. Riverside: Ariadne Press 1991, S. 148-165.

2 Joseph Roth: Die Kapuzinergruft. Roman. In: Joseph Roth. Werke. Bd. 6. Romane und Erzählungen 1936-1940. Hg. und mit einem Nachwort von Fritz Hackert: Köln: Kiepenheuer & Witsch 1989, S. 329.

formation bereits theoretisch vorweggenommen. Roth bezeichnet das ›Vaterhaus‹ als wandelbare Einrichtung, die es freilich längst nicht mehr gäbe. Lediglich in abgeschiedenen Dörfern, fänden sich noch bäuerliche Häuser, über die sich das Dach noch so selbstverständlich wölbe wie der Himmel über der Erde. Diese verwehten Vaterhäuser hätten – so Roth – aus dem haltbaren Kitt des Sentiments und den Balken der Autorität bestanden; Städte, Dörfer und Vaterländer hätten sich aus solchen Häusern zusammengesetzt, unterbrochen allein von Waisenhäusern. Seit dem »großen Kriege« freilich seien Vaterhäuser nur noch »windige Wortgerüste«; die Kinder kämen nurmehr als Kollektive in Kreißsälen zur Welt, an ihren Wiegen stünde keine Fee, sondern die weiße karbolduftende Schutzgöttin Hygiene; das Leben dieser Kinder ende regelmäßig im Kollektivtod in Generalkatastrophen und im Giftgas, und zwar als »logischer Abschluß einer Existenz, die mit der Kollektivgeburt begonnen hat«.[3] Dann heißt es:

> Allmählich verwandelten sich die Vaterhäuser in Gasthäuser, in denen Gleichgültige nebeneinander schlafen, trinken und essen. Ja, in vielen solcher Häuser bezahlt jeder seinen Tribut, es fehlt nicht viel, und alle Glieder einer Familie erhalten Wochenrechnungen und müssen sie pünktlich begleichen. Schweigsam und eingefangen in ihre eigenen Sorgen und Wünsche, sitzen sie noch zuweilen an einem gemeinsamen Tisch, einer vom andern getrennt durch eine gläserne Wand aus Fremdheit.[4]

Deutlich entfaltet Roth hier kommerzielles Gasthaus und Vaterhaus als konkurrierende Modelle, das eine als Resultat der Bedeutungsentleerung des anderen. Die pejorative Konnotation des Gasthauses – sein semantischer und existentieller Schwundcharakter – folgt hier aus der Behauptung, dass sich Familienmitglieder habituell in zahlende Gäste kommerzieller Betriebe verwandeln: Dieser Wandel kennzeichnet zugleich den Unterschied zwischen Tradition und Moderne. Derartigen Darstellungen verdankt Roth den zweifelhaften Ruf eines Zivilisationsapokalyptikers bzw. den des unerbittlichen Chronisten zerfallender patriarchalischer Familienverhältnisse, der sogar vor der literarischen Feier eines vormodernen »Bauernkultes« nicht zurückschreckte.[5] Es ist aber andererseits auch bekannt, dass Roth als ruheloser Hotelnomade gelebt hat. Eine Äußerung Stefan Zweigs über Hölderlin, Kleist und Nietzsche hat Roths Biograph David Bronsen zutreffend auch auf diesen selbst bezogen. Zweig zählt die genannten Autoren zu den »Gequälten, Gejagten und Getriebenen« und fährt dann fort:

> Sie sind nomadische Naturen, Vaganten in der Welt, Außenseiter, Sonderbare, Mißachtete und leben eine vollkommen anonyme Existenz. Sie besitzen nichts im Irdischen und haben niemals ein eigenes Bett gehabt, nichts ist ihnen zu eigen, sie sitzen auf gemiete-

3 Joseph Roth: Das Vaterhaus. In: Joseph Roth. Werke. Bd. 3. Das journalistische Werk 1929–1939. Hg. und mit einem Nachwort von Klaus Westermann. Köln: Kiepenheuer & Witsch 1989, S. 193–195, hier 193.

4 Ebd., S. 194.

5 Wolf R. Marchand: Joseph Roth und völkisch-nationalistische Wertbegriffe. Untersuchungen zur politisch-weltanschaulichen Entwicklung Roths und ihre Auswirkung auf sein Werk. Bonn: Bouvier 1974, S. 207.

> tem Sessel und schreiben an gemietetem Tisch und wandern von einem fremden Zimmer in ein anderes.[6]

Kombiniert man diese nomadische Existenzform der Obdach- oder Heimatlosigkeit mit der oben zitierten Beschreibung des Gasthauses als Resultat des verlorenen Vaterhauses, dann drängt sich tatsächlich der Schluss auf, Roths zentrales Schreibmotiv sei die Trauer über den Verlust der Larenwerte des Vaterhauses.

Roths leidenschaftliche Erkundung der Heimatlosigkeit und der Problematik des Gastseins, seine äußerst gekonnten Darstellungen der Fremde, der Entfremdung vom Hause sowie der (misslungenen) Heimkehr wurden dementsprechend auch zumeist als Sehnsucht nach den Intimitätswerten des Hauses und der Obhut des väterlichen Daches gedeutet. Claudio Magris möchte Roths bemerkenswertes Erzählwerk und seine private Existenz als Dauergast als »ein zähes und zuversichtliches Bemühen, sich einen Zufluchtsort im Sturm der Geschichte zu bauen« auffassen; Roths Haltung sei ein »bewegter, konservativer Blick zurück zu den oft zerstörten Hauslaren«.[7] Während der westliche Bürger für den gallizischen Juden Roth ein »Nicht-Mensch« sei, fährt Magris fort, kennzeichne Roths Schreiben die Sehnsucht nach der ostjüdischen Welt:

> Die von Roth bestätigten Larenwerte sind keineswegs archaische Prototypen eines bäuerlichen Lebens, sondern Archetypen eines bürgerlichen Familienidylls. Die Familie, der Mittelpunkt der von Roth ersehnten Ordnung, ist keine Stammesgemeinschaft, sondern eine Familie, die auf persönliche Bindung zwischen Vater und Kindern [...] gegründet ist.[8]

Es ist in der Tat offensichtlich, dass Roths oben zitierter Gegensatz zwischen Vater- und Gasthaus - wonach das familiär-verwandtschaftliche System des Hauses der monetären Logik einer kommerziellen Gastbeziehung Platz macht - den antithetischen Nomina *Gemeinschaft* und *Gesellschaft* nachgebildet ist, die im literarisch-politischen Interdiskurs der Vorkriegszeit und der Weimarer Republik einen wirklich heißen symbolischen Komplex darstellten.[9] Die semantisch enorm expansionsfähige, bild-

---

6 Zit. nach David Bronsen: Joseph Roth. Eine Biographie. München: dtv 1981, S. 364.

7 Claudio Magris: Der ostjüdische Odysseus - Roth zwischen Kaisertum und Golus. In: David Bronsen (Hg.): Joseph Roth und die Tradition. Darmstadt: Agora 1975, S. 181-226, hier 193.

8 Ebd., S. 195.

9 Der Soziologe Theodor Geiger schrieb 1931: »Im öffentlichen und populären Denken spielt der Begriff der Gemeinschaft etwa seit der Jahrhundertwende eine bedeutende, nicht immer glückliche Rolle. In jener Zeit setzte, in der bürgerlichen Jugendbewegung spontan zum Ausdruck kommend, eine kultur- und gesellschaftskritische Bewegung im Bürgertum ein [...], die sich gegen die ›Mechanisierung‹ und ›Atomisierung‹ des sozialen Lebens auflehnte [...] und sich in jeher Wendung dem Irrationalismus und der Fühlsamkeit hingab. ›Seele‹ und ›Blut‹ werden gegen Verstand und Sache aufgerufen. [...] Die gleiche Bewegung ließ Tönnies' Werk in einem dem durchaus unromantischen Urheber fremden Sinne aktuell werden; sie bemächtigte sich der Antithese Gemeinschaft - Gesellschaft in der bei Tönnies vorgefundenen Bedeutung als Ur- und Endtypus, prägte sie pragmatisch um und erhob ›Zurück zur Gemeinschaft!‹ zum Programm«. Theodor Geiger: Gemeinschaft. In: Alfred Vierkandt (Hg.): Handwörterbuch der Soziologie. Stuttgart: Enke 1931, S. 173-180, hier 175. Vgl. auch Marchand: Joseph Roth (s. Anm. 5), S. 216-222 und 265-271.

kräftige Spannung zwischen dem mythisch-juridischen Konstrukt *des ganzen Vaterhauses in der Gemeinschaft* und dem symbolisch-kommerziellen Konstrukt *des Gasthauses in der Gesellschaft* emergierte zu einem wirkmächtigen binär-axiologischen Schematismus, den – wie selbst Ferdinand Tönnies 1930 mit Bitterkeit eingeräumt hat[10] – auch die völkisch-rassistischen Pamphlete erfolgreich zu Denunziation der technisch-industrialisierten Großstadt und der urbanen Massengesellschaft verwenden konnten. Wir treffen im Deutschland der 10er und 20er Jahre auf eine breit angelegte Rede der Gemeinschaftseuphorie und der Gesellschaftsverachtung, die die gemeinschaftliche Lebensform zu einem Sehnsuchtsort der Entdifferenzierung der Welt und einer Beheimatung der Menschen in nicht-entfremdeten Räumen und Beziehungen, deren zentrales Symbol das Haus wäre, aufwertete.[11]

Ferdinand Tönnies beschreibt das Haus als idealtypischen Ort des generationenübergreifenden Zusammenwohnens einer Gemeinschaft aus Verwandten:

> Verwandtschaft hat das Haus als ihre Stätte und gleichsam als ihren Leib; hier ist Zusammenwohnen unter einem schützenden Dache; gemeinsamer Besitz und Genuß der guten Dinge, insonderheit Ernährung aus demselben Vorrate, Zusammensitzen an demselben Tische; hier werden die Toten als unsichtbare Geister verehrt, als ob sie noch mächtig wären und über den Häuptern der Ihrigen schützend walteten. [...] Darum findet sich der gewöhnliche Mensch [...] am wohlsten und heitersten, wenn er von seiner Familie, seinen Angehörigen umgeben ist. Er ist bei sich (chez soi).[12]

Das larenbeschützte Haus ist die Bleibe, die die Verwandtschaft als Einheit der Speisenden und Genießenden ermöglicht und zugleich jener paradigmatische Ort an dem das Selbst sich im Wohnen, *chez soi*, zusammenfasst. Tönnies schildert die traditionelle Familiengemeinschaft des Hauses als klar konsolidierte Intensität des durch Genuss und Teilhabe gesättigten und beschützten Selbst. Im *chez soi* ereignet sich das harmonische Moment der Versöhnung der Innerlichkeit des Ich mit dem Nicht-Ich, das als innere Sättigung und äußerer Schutzwert, also als Körpersensation, innerhalb eines Besitzraumes, den der Geschlechterverband bewohnt, unmittelbar erfahren werden kann. Auch Emmanuel Levinas hat die Bedeutung des Hauses für eine Versöhnung des Ich mit dem Nicht-Ich in der extraterritorialen Erfahrung des *chez soi* herausgestellt und existenziell verallgemeinert:

> Der Mensch taucht ins Elementale ein vom Wohnsitz aus, der Wohnsitz ist die erste Aneignung [...]. Der Mensch ist *innerhalb* dessen, was er besitzt, dergestalt, daß wir sagen können: Der Wohnsitz, Bedingung allen Eigentums, macht das innere Leben möglich. Auf dieser Weise ist das Ich bei sich zu Hause [chez soi].[13]

---

10 Vgl. Dirk Käsler: Erfolg eines Mißverständnisses? Zur Wirkungsgeschichte von »Gemeinschaft und Gesellschaft« in der frühen deutschen Soziologie. In: Lars Clausen/Carsten Schlüter (Hg.): Hundert Jahre »Gemeinschaft und Gesellschaft«. Ferdinand Tönnies in der internationalen Diskussion. Opladen: Leske + Budrich 1991, S. 517–526, hier 526.

11 »Das Studium des Hauses ist das Studium der Gemeinschaft, wie das Studium der organischen Zelle Studium des Lebens ist«. Ferdinand Tönnies: Gemeinschaft und Gesellschaft. Grundbegriffe der reinen Soziologie. 3., durchges. Aufl., Berlin: Karl Curtius 1920, S. 21.

12 Ebd., S. 12.

Roth erwähnt Ferdinand Tönnies nirgends, aber es gibt - abgesehen von der zitierten Transformation des Vaterhauses in ein Gasthaus - zahlreiche Äußerungen, die mit den Variablen und Konstanten der Axiologie von Gemeinschaft und Gesellschaft ostentativ operieren.[14] Nimmt man diese Passagen in den Blick, dann lässt sich allerdings feststellen, dass das Vaterhaus für Roth zumindest eine zweideutige Angelegenheit darstellt und dass er den sensationellen und extraordinären Status des *chez soi* und die Intimitäts-, Laren- oder Penatenwerte des Hauses viel mehr politisch verdächtigt. Dieser Verdacht konstituiert sich von der Beziehung des Hauses *zum Gast* her. Roth inkriminiert das wertgesättigte Vaterhaus als einen zutiefst gefährdeten Ort, insofern er dem Gast *eo ipso* nur einen befristeten Aufenthalt gewähren kann oder ihn zwangsläufig zum Objekt erniedrigen muss. Da die »Gemeinschaft des Blutes« das Wesen der »Gemeinschaft des Ortes« ausmacht,[15] so hatte Ferdinand Tönnies die Ankunft des Gastes im Vaterhaus kommentiert, könnten Fremde dauerhaft Zugang zur Intimität der häuslichen Genussgemeinschaft nur gewährt bekommen, »insofern sie durch den gemeinsamen Geist und Willen der Verwandten assimiliert werden und mit ihrem eigenen Willen sich darein fügen« oder den Status von Knechten annehmen:

---

13 Emmanuel Levinas: Totalität und Unendlichkeit. Versuch über die Exteriorität. Übersetzt von Wolfgang N. Krewani. Freiburg, München: Alber 1987, S. 186. Folgt man Gaston Bachelard, dann gehört die Haussymbolik des *chez soi* in das Sujet einer *topophilen* »Poetik des Raumes«. Bachelard charakterisiert das Wohnen in einem Haus als prägende Lebenserfahrung, die sich aus realen Schutzerlebnissen durch Räume und imaginierten Raumwerten, die vor allem in der dichterischen Einbildungskraft ihren Ausdruck finden können, zusammensetzt, und er fragt nach Typen und Formen der Konzentration »des Seins im Innern der Grenzen, die es beschützen.« (Gaston Bachelard: Poetik des Raumes. Aus dem Französischen von Kurt Leonhard. Frankfurt a.M.: Fischer 1987, S. 25). Bachelard versucht, »die Werte des bewohnten Raumes« als phantasie- und bilderzeugende Erfahrung greifbar zu machen. Das Bewohnen eines Hauses bleibt demnach als Grundgefühl, wonach das »Nicht-Ich das Ich beschützt« (S. 31), in jeder Erinnerung erhalten (etwa als Erfahrung des Schlupfwinkels und der Höhle) und vermittelt elementare Zufluchtswerte eines akosmischen Selbsterlebens (S. 26).

14 Ein aussagekräftiges Beispiel stellt Roths 1933 anlässlich der nationalsozialistischen Bücherverbrennung in der Pariser Zeitschrift »Cahiers Juifs« veröffentlichter Artikel »Autodafé des Geistes« dar. Roth versucht darin zu umreißen, welches literarische Sujet mit den Büchern der jüdischen Autoren der Vernichtung zugeführt wurde. Er behauptet, die deutschsprachige Literatur nicht-jüdischer Autoren sei »eine auf Regionen, Landschaften, Stämme verteilte ›Heimatliteratur‹« (Joseph Roth: Das Autodafé des Geistes. In: Werke. Bd. 3. Das journalistische Werk 1929-1939. Hg. und mit einem Nachwort von Klaus Westermann. Köln: Kiepenheuer & Witsch 1989, S. 494-503, hier 501). Demgegenüber habe man mit den kosmopolitischen Büchern der jüdischen Schriftsteller deutscher Sprache die »literarische Auswertung des Urbanismus«, d.h. die künstlerische Analytik moderner städtischer Sozialformen verbrannt. »Die Juden haben die Stadtlandschaft und die Seelenlandschaft des Stadtbewohners entdeckt und geschildert. Sie haben die ganze Vielschichtigkeit der städtischen Zivilisation entschleiert. Sie haben das Kaffeehaus und die Fabrik entdeckt, die Bar und das Hotel, die Bank und das Kleinbürgertum der Hauptstadt, [...] den städtischen Tag und die städtische Nacht, den Charakter des Bewohners der großen Städte« (ebd.).

15 Tönnies: Gemeinschaft und Gesellschaft (s. Anm. 11), S. 12.

> Hier bleibt immer für den vollkommenen Anteil und Genuß an gemeinem Eigentum und Gerechtsamen, ursprüngliche Blutsverwandtschaft und ererbtes Los wesentliche oder doch wichtigste Bedingung; Fremde mögen als dienende Glieder oder als Gäste für Zeit oder Dauer aufgenommen und beschützt werden, und also als Objekte, aber nicht leicht als Träger und Faktoren, dieser Gemeinschaft angehören [...]. Das sind weder Gäste noch Knechte, weder im Haus noch in der Gemeinde. Aber Gäste können als willkommene, geehrte, der Stellung von Kindern nahe kommen, wie sie als Adoptivkinder oder mit Bürgerrecht Beschenkte darin übergehen und Erbrechte genießen.[16]

Der Gast, der nicht frühzeitig geht, kann nur durch die Aufhebung seiner Andersheit, durch seine rechtliche Infantilisierung in die Genealogie des Hauses eingehen oder er kann durch objektive Verdinglichung, die den Dauergast *de jure* als instrumentellen Aspekt fingiert, der vorgegebenen Hausordnung nutzbar gemacht werden. Es finden sich in Roths Texten Passagen, in denen er die Ankunft des Ungeladenen, die elementare Gastszene, in Gewaltverhältnissen spiegelt. So etwa 1927 in einer Artikelserie über eine Reise nach Albanien. In diesen Texten für die »Frankfurter Zeitung« stellt er mehrfach eine verstörende Beziehung zwischen mittelalterlicher Rechtsordnung, Bluts- bzw. Stammesgemeinschaft, Haus, Heimatliteratur und Gastfreundschaft her. Diese Berichte denunzieren, vom Gesichtspunkt der Gastfreundschaft aus, die Extraterritorialität des Hauses mit ungewöhnlicher Schärfe. In einem Reisebericht, der am 27.6.1927 in der Frankfurter Zeitung unter dem Titel »Das Albanische Volk« veröffentlicht wurde, heißt es:

> In den Dörfern lebt das Volk heute noch wie vor zweitausend Jahren. Es baut seine primitiven Häuser [...], es bearbeitet das Feld mit hölzernem Pflug [...], das Verhältnis zwischen Herrn und Knecht ist ein patriarchalisches, die Schaf- und Ziegenhirten sind die Autoren des größten Teils der albanischen Volksliteratur [...]. Das Rechtsleben hat zum größten Teil mittelalterliche Formen, die Bevölkerung teilt sich in Stämme, die ängstlich jede Blutmischung meiden, die Blutrache ist ebenso lebendig wie das Lösegeld und die Unverletzlichkeit eines Gastes - auch wenn er ein Mörder ist.[17]

In einem weiteren sehr ungastlichen Text, in dem Roth Gast und Gastgeber gewissermaßen die Tür vor der Nase zuschlägt, handelt er davon, dass ihm das Haus unheimlich ist, indem er unterstellt, dass das Haus die Idee des Gastrechts als eine Möglichkeit Unrecht zu tun verwirklicht. Unter der Überschrift »Artikel über Albanien (*Geschrieben an einem heißen Tag*)« heißt es:

> Ein paar Häuser, fensterlos, ringsum geschlossen, taube und blinde Würfel aus Stein, plump, rätselhaft und tragisch, trächtig von Schicksalen und geheimnisvoll verflucht. Auf jedem der Häuser, die so angelegt werden, daß sie einem Mörder Rast, einem Verfolgten Zuflucht, einer ganzen Sippe Sicherheit bieten, liegt der sogenannte Zauber der Unheimlichkeit, dem ich lieber nicht nahe komme. Ohne die Erlaubnis des Hausherrn darf man hier nicht die elendste Hütte betreten. Hat man aber die Erlaubnis

---

16 Ebd., S. 204 und 22.

17 Joseph Roth: Das albanische Volk. In: Joseph Roth. Werke. Bd. 2. Das journalistische Werk 1924-1928. Hg. und mit einem Nachwort von Klaus Westermann. Köln: Kiepenheuer & Witsch 1989, S. 724-728, hier 724f.

> erbeten, so ist die Gastfreundschaft herzlich und unter eigener Lebensgefahr ausgeübt. Sie ist eine schöne Sitte, die Gastfreundschaft, sie führt auch zu den edelsten Beweisen der Menschlichkeit. Aber sie hat freilich ihre guten Gründe in der egoistischen Überlegung der Menschen, die statt einer Gerichtsbarkeit die Blutrache haben, daß man sich irgendwo ausruhen muß, wenn man verfolgt wird, und daß schließlich jeder einmal verfolgt wird. Wenn man konsequent skeptisch denkt, kommt man zu der Überzeugung, daß eine gute Polizei besser ist als Gastfreundschaft. Mögen mir Albaner und andere Nationen nicht übelnehmen, daß ich einen unproduktiven Konservatismus zu schätzen nicht genug begabt bin.[18]

Die Häuser als Zufluchtsstätten sind von einer Ambivalenz geprägt, die Roth im Begriff der Unheimlichkeit als Hinweis auf das im Heimischen Verborgene, Heimliche zusammen fasst. Die albanischen Gemeinschaftshäuser stehen im Zeichen eines Rechtsverständnisses, wonach das Opfer dem Täter nachstellen muss, um zu seinem Recht zu kommen; innerhalb dieser vorrechtlichen Logik des Rechts hat die Unverletzlichkeit des Gastes, die an die Existenz des Hauses als Zufluchtsstätte gebunden ist, dann die Funktion, den Täter vor dem Recht des Opfers zu schützen. Die Politik des Hauses als Zufluchtsstätte ist es, den Mörder zu beheimaten und das nach talionischer Gerechtigkeit dürstende Opfer bzw. seine Rächer zu binden. Das Haus firmiert hier für Roth als Stätte, die die Gastfreundschaft als kruden Utilitarismus aus sich hervorbringt. Emmanuel Levinas hat den Asylstätten, die den unabsichtlichen Mörder vor dem Bluträcher schützen, eine Abhandlung gewidmet und die Thora-Formeln Numeri XXXV, die derartige Schutzeinrichtungen vorsehen, als göttlichen Auftrag überhaupt erst ein Recht zu schaffen interpretiert und darauf hingewiesen, dass auch das Recht des Gastes hier von Ambiguität gekennzeichnet ist. Indem die Zufluchtsstätte den Täter vor dem Bluträcher schützt, verwandele sie das gewährte Asyl in ein Exil und dadurch die Gastlichkeit in Bestrafung.[19]

In Roths »Antichrist« sitzt das predigende Ich, das sich gelegentlich im Text selbst Joseph Roth nennt, »in einem der Häuser, die man Hotels nennt« und empfängt Gäste, die eine Beschwerde zu führen haben.[20] Auch hier thematisiert Roth die Doppeldeutigkeit des Verhältnisses Haus und Gastfreundschaft unter dem Gesichtspunkt der Möglichkeit Unrecht zu tun bzw. das formale Recht durch ein archaisches Recht zu beugen, indem es segregative, gewalttätige Sätze plausibilisiert. Der »Jude« wirft in seiner Beschwerde die Frage auf, ob es überhaupt Gäste und Wirte gibt und ob nicht das Gastrecht ein Hohn auf die Menschlichkeit sei, weil die Juden selbst kein Haus hätten und die Hausbesitzer, die selbst noch die Prinzipien des Gastrechts von den Juden gelernt hätten, jetzt sagten, »wir seien ihrer Häuser nicht wert«[21].

---

18 Joseph Roth: Artikel über Albanien (*Geschrieben an einem heißen Tag*). In: Joseph Roth. Werke. Bd. 2. Das journalistische Werk 1924–1928. Hg. und mit einem Nachwort von Klaus Westermann. Köln: Kiepenheuer & Witsch 1989, S. 736–741, hier 736–737.

19 Vgl. die anregende Darstellung bei Jacques Derrida: Adieu. Nachruf auf Emmanuel Levinas. München, Wien: Hanser 1999, S. 136–139.

20 Joseph Roth: Der Antichrist. In: Joseph Roth. Werke. Bd. 3. Das journalistische Werk 1929–1939. Hg. und mit einem Nachwort von Klaus Westermann. Köln: Kiepenheuer & Witsch 1989, S. 563–665, hier 650.

Das Haus ist für Roth, etwa im Unterschied zu Levinas' Ethik des Empfangs, nicht von vornherein der Ort der Öffnung des *chez soi* auf den (absoluten) Anderen, auf das Antlitz des Menschen hin.[22] Vielmehr ist das Haus fensterlos und unheimlich und dies strahlt ab auf den zwielichtigen Sinn der Gastsituation, insofern von hier aus auch der Satz gesagt werden könnte: ›Sie sind unserer Häuser nicht wert‹. Den Wohnraum schildert der Erzähler in dem frühen Roman »Rechts und Links« etwa als ungastlichen und bedrohlichen Ort: »Die Häuser erinnerten an gelüftete Grüfte und die Menschen, die ans Fenster kamen, an gelbe freundliche Leichen.«[23] Und noch in der »Kapuzinergruft« heißt es: »Die Häuser, in denen wir wohnten, erschienen uns wie Grüfte oder bestenfalls Asyle.«[24] Häuser firmieren daher bei Roth nicht vornehmlich als Bleibe, sondern als gastfeindliche Orte der Unmöglichkeit des Empfangs und als Aufenthaltsorte abgestorbener Lebender bzw. lebender Toter. Roth profaniert das Haus und eskamotiert damit die quasi-sakrale Emphase, die die Rede über das Haus oft begleitet. Häuser, so heißt es im »Antichrist«, empfangen nicht den Gast, sondern nötigen die Heimatlosen sich in sie einzuschleichen: »Nicht die Armen wird der Herr richten. Auch wird er zum Unterschied von den irdischen Gesetzgebern keineswegs die Armen richten, die sich in die Häuser einschleichen, in die fremden Häuser.«[25] »Unsere wahre Heimat«, schreibt Roth wenig später, »ist nämlich der Himmel - und Gäste nur sind wir auf Erden«.[26] Ein weiterer Hinweis darauf, dass die genealogische Lebensdramaturgie des Vaterhauses für Roth auch Gegenstand einer Problematisierung ist und nicht vornehmlich Sehnsuchtsort, findet sich in einem Artikel, in dem er den Stammgast des Kaffeehauses verteidigt: »Ich verstehe die Verachtung der mit häuslichem Herd Versehenen für penatenlose Existenzen nicht.«[27]

Eben diese penatenlose Existenz deutet - wie die Polizei im Albanien-Artikel - auf den zweiten Tönniesschen Begriff, den der *Gesellschaft*. Der Unterschied zwischen dem Zeitalter der Gemeinschaft und dem der Gesellschaft lässt sich - auch im Sinne des Tönniesschen Sprachgebrauchs - geradezu vom Gast oder Fremden her denken, und zwar insofern hier der Fremde verschwindet und alle Menschen sich permanent

21 Ebd., S. 657.

22 Wenn man so will, dann ist Levinas Bestimmung der Gastlichkeit vom Haus her, die idealisierende Umkehrung des Tönniesschen Konstrukts: »Die Sammlung in einem Haus, das dem anderen offensteht - die Gastlichkeit -, ist der konkrete und ursprüngliche Tatbestand der menschlichen Sammlung und der Trennung; dieser Tatbestand fällt zusammen mit dem Begehren des absolut transzendenten Anderen. Das Haus, das man gewählt hat, ist das ganze Gegenteil einer Verwurzelung«. Levinas: Totalität (s. Anm. 13), S. 250. Vgl. hierzu auch Derrida: Adieu (s. Anm. 19), S. 120.

23 Joseph Roth: Rechts und Links. Roman. In: Joseph Roth. Werke. Bd. 4. Romane und Erzählungen 1916-1929. Hg. von Fritz Hackert. Köln: Kiepenheuer & Witsch 1989, S. 683.

24 Joseph Roth: Die Kapuzinergruft (s. Anm. 2), S. 341.

25 Joseph Roth: Der Antichrist. In: Joseph Roth. Werke. Bd. 2. Das journalistische Werk 1924–1928. Hg. und mit einem Nachwort von Klaus Westermann. Köln: Kiepenheuer & Witsch 1989, S. 619.

26 Ebd., S. 623. Zu diesem biblischen Topos vgl. den Beitrag von Wolfgang Braungart und Sascha Monhoff in diesem Band.

27 Joseph Roth: Das Ende. In: Joseph Roth. Werke. Bd. 1. Das journalistische Werk 1915-1923. Hg. von Klaus Westermann. Köln: Kiepenheuer & Witsch 1989, S. 601.

wechselseitig zu Gast sind. Zur ausdifferenzierten Gesellschaft schreibt Tönnies: »Der Unterschied von Einheimischen und Fremden wird gleichgültig. Jeder ist, was er ist, durch seine persönliche Freiheit, durch sein Vermögen und durch seine Kontrakte.«[28] Durch diesen berühmten Übergang von *status to contract*, wie der Rechtshistoriker Henry Maine, Tönnies' wichtiger Gewährsmann, diesen Hiatus zwischen Tradition und Moderne bestimmt hat, gerät nach Tönnies in der Groß-, Haupt- und zumal der Weltstadt »das Familienwesen in Verfall«[29]. Vielmehr verortet die Theorie der Gesellschaft »einen Kreis von Menschen, welche, wie in Gemeinschaft, auf friedliche Art nebeneinander leben und wohnen, aber nicht wesentlich verbunden, sondern wesentlich getrennt sind, und während dort verbunden bleibend trotz aller Trennungen, hier getrennt bleiben trotz aller Verbundenheiten«[30]. Diese ungesellige Geselligkeit der Menschen in der Gesellschaft, ihr Zusammenleben im juxtapositionalen Gefüge, die den Organismus als Leitmetapher der Gemeinschaft ablöst, ist an die reziproke Logik des Tausches gebunden. Die nicht durch Blut und Haus sondern durch Tausch Verbundenen sind Urheber einer wechselseitigen Entäußerung von etwas, durch das sie sich aufeinander beziehen: »die Annahme ist gleich der Hingabe eines angenommenen Ersatzes; so das der Tausch selber, als vereinigter und einziger Akt, Inhalt des fingierten Sozialwillens ist«[31].

Hierdurch ersetzt die Gesellschaft die Konstituenten der Gemeinschaft Wesenwillen - Selbst/Ich - Besitz - Grund und Boden - Familienrecht durch die Reihe Kürwillen - Person - Vermögen - Geld - Obligationenrecht. Und, so müsste man aus der Perspektive Roths hinzufügen, das symbolische Raumgebilde der Gemeinschaft, die Extraterritorialität des Hauses, das dem Acker benachbart ist, räumt dem symbolischen Raumgebilde des Hotels das Feld. Gaston Bachelard hat in seiner Poetik des Raumes davon gesprochen, dass das Traumhaus des Menschen die Krypta des Elternhauses sei, denn hier habe sich erstmals die Erfahrung des *chez soi* zu Traumwerten verdichtet.[32] Das Traumhaus Roths ist das Hotel, und zwar als Ort, der eine penatenfreie Existenz ermöglicht und der die dichterische Phantasie in Gang setzt. Zum schwellenlosen oder öffentlichen Gast in der Gesellschaft schreibt Hans-Dieter Bahr:

> Man hat als hervorragenden Platz dieser Öffentlichkeit weder das Land noch das Haus, sondern die Stadt bezeichnet, die zugleich als ›polis‹ das Band zwischen ›physis/natio‹ und ›oikos‹ knüpfen soll. Und während der Gast auf dem Land oder im Haus stets auffiel, verschwindet er in der Stadt im Überall und Nirgends. Und zumal die Weltstadt wird zum paradox erinnerungslosen Archiv des ›verwußten‹ Gastes. Sie ist der Ort, wo sich niemand mehr um den öffentlichen Gast kümmert, weil er der x-beliebige Mitgast ist, auf den es nicht ankommt und der doch als Publikum nie fehlt.[33]

28 Tönnies: Gemeinschaft und Gesellschaft (s. Anm. 11), S. 205.

29 Ebd.; zu Maine vgl. ebd., S. 152f.

30 Ebd., S. 33.

31 Ebd., S. 35.

32 Bachelard: Poetik des Raumes (s. Anm. 13), S. 41.

33 Hans-Dieter Bahr: Die Sprache des Gastes. Eine Metaethik. Leipzig: Reclam 1994, S. 304.

Das monarchitektonische Hotel ist eine »Art Stadt unter einem Dach« und ist von Siegfried Kracauer als die »leerste Hülse einer verschwundenen sakralen Gemeinschaft«[34] bezeichnet worden. Man könnte auch sagen, im Hotel als Ort des Nebeneinanderlebens der Unverwandten wird das heiße Medium des Blutes, das im häuslichen Zusammenleben pulsiert, abgekühlt - und hier scheint ein für Roth wesentliches Moment zu liegen.

2. Hotelwelt

Tatsächlich hat Roth in diesem Sinne ausführlich über das Hotel nachgedacht und geschrieben. Es handelt sich um sieben Feuilletonartikel aus dem Jahre 1929, die unter der Überschrift »Hotelwelt« veröffentlicht wurden. Die ersten Sätze über die »Ankunft im Hotel« lauten:

> Das Hotel, das ich wie ein Vaterland liebe, liegt in einer der großen europäischen Hafenstädte [...]. Wie andere Männer zu Heim und Herd, zu Weib und Kind heimkehren, so komme ich zurück zu Licht und Halle, Zimmermädchen und Portier - und es gelingt mir immer, die Zeremonie der Heimkehr so vollendet abrollen zu lassen, daß die einer förmlichen Einkehr ins Hotel gar nicht beginnen kann. Der Blick, mit dem mich der Portier begrüßt, ist mehr als eine väterliche Umarmung. Und als wäre er wirklich mein Vater, bezahlt er aus eigener Westentasche den Chauffeur.[35]

Die Begrüßung eines Hotelportiers ist nicht die Umarmung eines Vaters und die Ankunft im Hotel ist eine Einkehr und keine Heimkehr. Roth parodiert die Heimkehr in das Vaterhaus und benutzt entsprechende Mittel der Stilisierung und Übertreibung, aber die entsprechenden Formeln geben eine allgemeine theoretisch-thematische Richtung an, die Licht auf die Vorstellung des Raumes als Möglichkeit der Einkehr in eine spezifische Form der Gastlichkeit wirft: »Hier in der Halle bleibe ich sitzen. Sie ist die Heimat und die Welt, die Fremde und die Nähe, meine ahnenlose Galerie! Hier beginne ich, über das Hotelpersonal, meine Freunde, zu schreiben.«[36] Es geht Roth ersichtlich um die Marginalisierung der Paternität, um die Freude an der Entgenealogisierung der menschlichen Bleibe, um die Transformation der Verwandtschaft in Freundschaft, die freilich eine Schreibszene ist. Als ließe sich Verwandtschaft simulieren, drückt das Auge des Empfangschefs aus: »Sie sind unser Gast und unser Kind! Sie bleiben es!«[37] Aus dieser Fiktion, der Gast könne das Kind ersetzen, speist sich dann auch der bereits eingangs von Roth unterstrichene Patriotismus, der gleichfalls nur das Als-Ob eines genealogischen Versprechens und Anspruchs umfasst:

---

34 Ebd., S. 324 und S. 327. Vgl. auch die Beiträge von Julia Bertschik und Alexander Honold in diesem Band.

35 Joseph Roth: Hotelwelt. In: Joseph Roth. Werke. Bd. 3. Das journalistische Werk 1929–1939. Hg. und mit einem Nachwort von Klaus Westermann. Köln: Kiepenheuer & Witsch 1989, S. 3–31, hier 3.

36 Ebd., S. 6.

37 Ebd., S. 5.

»Mein Interesse hinwiederum gilt allem, was das Hotel betrifft, als hätte ich wirklich einmal Anteile zu erben. [...] Ich bin ein Hotelbürger, ein Hotelpatriot.«[38] Diesem Aspekt gesellt sich auch der bereits erwähnte des Lebens im Nebeneinander bzw. der unverwandten Juxtaposition hinzu. Roth leugnet die Relevanz der Intimitätswerte des heimischen Zimmers und ersetzt sie durch deterritorialisierende Öffnungswerte des unpersönlichen Hotelzimmers, das eben gerade dadurch zum Ort des (Welt-)Empfangs wird:

> Ich liebe das »Unpersönliche« dieses Zimmers, wie ein Mönch seine Zelle lieben mag. [...] Mein Fenster geht natürlich nie in den Hof. Es ist das Fenster eines Stammgastes, es hat kein Visavis und führt dennoch in eine Straße. [...]. Aber es ist immerhin nicht so entlegen, daß nicht die summarische Melodie des großen, benachbarten Platzes als ein Echo der lieben Welt an meine Wände heranschlüge; dermaßen, daß ich einsam bin und nicht vereinsamt, allein und nicht verlassen, abgesondert und nicht getrennt. Wenn ich das Fenster öffne, ist die Welt bei mir zu Gast.[39]

Roth poetisiert und idealisiert das penatenfreie Hotelzimmer; er liest den Raum als die Möglichkeit einer gastlichen offenen Heimat, die zielsicher an das Tönniessche Gesellschaftsaxiom eines in Trennung-Verbunden-Seins anknüpft. Aber er geht noch einen Schritt weiter und thematisiert die Anwesenheit der Larenwerte des Hauses als lebendige Personengegenwart des Anderen/Fremden. Im Porträt des »Alten Kellners« schreibt Roth: »Wenn man ihn manchmal eine Stunde lang an einer der dicken Säulen in der Hotelhalle lehnen sieht [...] - so könnte man glauben, der Kellner wäre ein Standbild, ein Hausgott des Hotels und des Fremdenverkehrs, und man könnte ohne eine kleine Verbeugung keineswegs an ihm vorbeigehn.«[40] Der »Alte Kellner« liefert Roth auch den Anlass zu einer letzten und wie ich finde sehr präzisen Darstellung, die sich mit dem Motiv der substituierten oder verschobenen Paternität sowie mit dem der Ahnenlosigkeit deckt. Zum Verhältnis des alten Kellners zu seinen Gästen heißt es:

> Es besteht eine uralte Beziehung zwischen ihnen und ihm, sie und er stammen aus einer ganz bestimmten Zeit, [...] die wichtiger und teurer sein kann als ein Vaterland, weil die Zeiten schnell verschwinden und die Vaterländer gewöhnlich bleiben, weil man diese wechseln und verlieren kann und jene uns festhalten. Die Gäste und der Alte: sie sprechen alle die Muttersprache ihrer vergangenen Epoche. Deshalb verstehen sie einander, deshalb warten sie aufeinander.[41]

Der Hoteltopos erhält hier eine präzise Definition als *unverwandte Zeitgenossenschaft*, die die Landsmannschaft des Vaterlandes substituiert. In dem Aufsatz »Unser Vaterland, unsere Epoche« wiederholt Roth den Gedanken, wonach Menschen gemeinschaftlich ihre Lebenszeit bewohnen können und als Fremde in einem kommemorativen Erlebnisraum verbunden sind:

---

38 Ebd., S. 5f.
39 Ebd., S. 4.
40 Ebd., S. 12.
41 Ebd., S. 13.

> Die Zeitgenossenschaft, muß man sagen, ist bindender, charakteristischer als eine beliebige Landsmannschaft. Entgegen allem Anschein liegt mehr Schicksalhaftigkeit im Zeitpunkt als im Ort der Geburt, und kein Vaterland gibt seinen Kindern so viele nachweisbare gemeinsame Merkmale wie eine Epoche den ihrigen. [...] und nicht umsonst spricht man von »Zeiträumen« - als sei der menschliche Geist auf der Suche, einen Begriff für jene Vaterländer zu finden, die nicht von Raum, sondern von Zeitgrenzen umgeben sind.[42]

Der Grund für die Abreise aus dem Hotel liegt aber nun darin, dass der Ich-Erzähler befürchtet des Glücks, ein Fremder zu sein, »unwürdig« zu werden.

> Ich könnte dieses Hotel zu einem Heim degradieren, wenn ich es nicht ohne Not verließe. Ich will hier heimisch sein, aber nicht zu Hause. Ich möchte kommen und gehen, kommen und gehen. [...] Ich weiß schon, daß auch dies eine Sentimentalität ist und daß ich aus Angst vor der überlieferten einer Original-Sentimentalität erliege. Aber so beschaffen ist das menschliche Herz.[43]

Zweifellos kann man Roths »Hotelleben« als literarische Idylle charakterisieren, in der er die Gefühlswerte der Heimkehr ins Vaterhaus auf die Einkehr ins Hotel überträgt und dabei durch die Verwendung poetischer Sprachmittel einen atopischen Idealort konstruiert. Auf diese Idealisierung der kommerziellen Gastsituation, die doch wohl dem Zweck dient, das Vaterhaus und seine Semantik ostentativ zu relativieren, verweist Roth auch selbst, indem er das Hotel ideal jenseits des gesellschaftlichen Rechtsraumes ansiedelt:

> Ich werde heute schon meine Abreise dem Portier ankündigen. Oh, nicht etwa, weil es hier ein Vorschrift erforderte! In diesem Hotel gibt es keine »Avisos« in den Zimmern, keinen »Auszug aus den Polizeiverordnungen, betreffend das Gastgewerbe aus dem Jahre 1891, A IV, §§18 und 22ff.«[44]

Gleichwohl impliziert die soziale Logik dieses rechtsfernen Idealortes keine bukolische Vorstellung von Gemeinschaft, sondern es handelt sich um das Gesellschaftsparadox der ungeselligen Geselligkeit, des in der Verbindung-getrennt-Bleibens, um eine auf Dauer gestellte Befremdlichkeit des Gastes als Form des Zusammenlebens. Im Frankreich-Reisebericht »Die weißen Städte« beschreibt Roth das Gesellschaftsparadox als Gemeinschaftsideal am Beispiel der Stadt Avignon:

---

42 Joseph Roth: Unser Vaterland, unsere Epoche. In: Joseph Roth. Werke. Bd. 3. Das journalistische Werk 1929-1939. Hg. und mit einem Nachwort von Klaus Westermann. Köln: Kiepenheuer & Witsch 1989, S. 877-880, hier 878.

43 Joseph Roth: Hotelwelt (s. Anm. 35), S. 28.

44 Ebd. - Roth blendet damit einen wesentlichen Aspekt der kommerziellen Gastlichkeit der modernen Gesellschaft spielerisch aus, nämlich die von Bahr so genannte »Verabschieb/dung des Gastes«, d.h. die im 17. Jahrhundert einsetzende Überführung der traditionellen Gesetze der Gastfreundschaft in ein Polizei- und Fremdenrecht. Vgl. Bahr: Die Sprache des Gastes (s. Anm. 33), S. 252-258.

> Jeder versteht jeden, und die Gemeinschaft ist frei, sie zwängt niemanden in eine bestimmte Haltung. Der höchste Grad von Assimilation: gerade so fremd, wie einer ist, soll er bleiben, um heimisch zu werden.[45]

3. »Hotel Savoy« und die Soziologik des Nebeneinander

Die Soziologik des Hotels oder Gasthauses dient Roth aber nicht nur als Möglichkeit, eine Abwesenheit des Vaterhauses zu konstruieren, sondern sie dient in verschiedenen Romanen und Erzählungen als Denkraum bzw. Folie des Schreibens. Im frühen Roman »Hotel Savoy« (1924) liefert die Soziologik des Hotels gewissermaßen die Möglichkeit eines modernen gesellschaftskritischen Romans. Im Unterschied zu den Texten aus »Hotelwelt« oder zu späteren Texten wie »Tarabas. Ein Gast auf dieser Erde« firmiert in »Hotel Savoy« die Sprache selbst als ungastlicher Ort.

Roths frühe Romane sind Heimkehrer-Romane, also Berichte über die völkerrechtlich geregelte Rückkunft aus den Kriegsgefangenenlagern, die die Unmöglichkeit einer Heimkehr in das Vaterhaus oder - wenn man so will - die Transformation der *Söhne in Gäste* zum Thema haben. Dabei ist in »Hotel Savoy« freilich nicht der Einzug in das Hotel das eigentliche Thema, sondern eher die Frage: Wer ist hier der Gastgeber?

Grabriel Dan, Spross einer jüdischen Familie und Heimkehrer, steigt allein deshalb im Hotel Savoy ab, um sich bei Verwandten das Geld für seine Heimkehr nach Wien zu borgen. Bei seiner Einkehr ins Hotel, sagt der Ich-Erzähler:

> Zum erstenmal nach fünf Jahren stehe ich wieder an den Toren Europas. Europäischer als alle anderen Gasthöfe des Ostens scheint mir das Hotel Savoy mit seinen sieben Etagen [...]. Im Hotel Savoy könnte ich mit einem Hemd anlangen und es verlassen als der Gebieter von zwanzig Koffern - und immer noch Gabriel Dan sein. [...] Ein Lift nimmt mich auf [...]. Ich genieße das Schweben [...] und werfe Bitterkeit, Armut, Wanderung, Heimatlosigkeit, Hunger, Vergangenheit des Bettlers hinunter - tief, woher es mich, den Emporschwebenden, nimmermehr erreichen kann.[46]

Das Himmelwärts in der Vertikalität des Raumes erweist sich aber sehr schnell als Bewegung in einer auf den Kopf gestellten Gesellschaft; das Schweben offenbart sich als Sturz in die Gruft und das Wohnen als Beerdigung:

> Wie die Welt war dieses Hotel Savoy, mächtigen Glanz strahlte es nach außen, Pracht sprühte aus sieben Stockwerken, aber Armut wohnte drin in Gottesnähe, was oben stand, lag unten, begraben in luftigen Gräbern, und die Gräber schichteten sich auf den behaglichen Zimmern der Satten, die unten saßen, in Ruhe und Wohligkeit, unbeschwert von

45 Joseph Roth: Die weißen Städte. In: Joseph Roth. Werke. Bd. 2. Das journalistische Werk 1924-1928. Hg. und mit einem Nachwort von Klaus Westermann. Köln: Kiepenheuer & Witsch 1989, S. 451-506, hier 481.

46 Joseph Roth: Hotel Savoy. Ein Roman. In: Joseph Roth. Werke. Bd. 4. Romane und Erzählungen 1916-1929. Hg. von Fritz Hackert. Köln: Kiepenheuer & Witsch 1989, S. 149f.

> den leichtgezimmerten Särgen. Ich gehörte zu den hoch Begrabenen. Wohne ich nicht im sechsten Stockwerke nur? [...] Wie hoch kann man noch fallen?[47]

Zweifellos firmiert hier die Monarchitektur des Hotels als Symbol der Gesellschaft, als Bild der abwesenden Gemeinschaft: »›Ein herrliches Hotel‹, sagt Zwonimir und fühlt nicht das Geheimnisvolle dieses Hauses, in dem fremde Menschen, nur durch papierdünne Wände und Decken geschieden, nebeneinander leben, essen, hungern.«[48] Hier und auch an anderen Stellen des Textes wird immer wieder die Struktur des Hotels als Realisationsform des Nebeneinander, wenn man so will der *Apposition*, *Juxtaposition* oder der *parataktischen Ordnung*, die dem genealogisch-familiären System des Vaterhauses entgegengesetzt ist, ausgewiesen. Als theoretischer Ordnungsbegriff firmiert die Organisation von Vielheit *per appositionem*, d.h. die bloße Anlagerung oder Aufhäufung des Vorhandenen, bereits bei Kant als defizitäres »Aggregat« und ist dem »System«, also dem organischen Wachstum *per intus susceptionem*, dem der Textordnungsbegriff des hypotaktischen Satzverbundes entsprechen soll, entgegengesetzt.[49] Im Hinblick auf Hölderlins späte Lyrik hat Adorno das »parataktische Formprinzip«, das bei Kant ein fehlgeschlagenes, vorkritisches Denken indiziert, beispielhaft als künstlerisches »Antiprinzip« charakterisiert.[50] Nach Adorno bilden die Hölderlinschen Parataxen »kunstvolle Störungen« gegenüber der subordinierenden Syntax der Sprache philosophischer Systeme: Urteil, Synthesis und Identität setze das parataktische Verfahren einen ganz eigenen Typus von Korrespondenzen entgegen, indem es Zeiten durcheinanderschüttele, Entlegenes und Unverbundenes verbinde.[51] Tatsächlich hat auch Gotthard Wunberg »Hotel Savoy« als Aufenthalt auf einer Simultanbühne, als Aufriss im Sinne des Gutzkowschen Konzepts des »Romans des Nebeneinanders« analysiert.[52] Wenn man so will hatte der berühmte Programmatiker des Jungen Deutschlands das Konzept des »Romans des Nebeneinander« bereits in Analogie zur Soziologik des Gasthauses oder Hotels als Symbol der modernen Gesellschaft konzipiert, etwa wenn er formuliert:

> Wie hier das nebeneinander existirende Leben von hundert Kammern und Kämmerchen, die eine von der anderen keine Einsicht haben, doch zu einer überschauten Einheit sichtbar wird, so glaubt der Aufsteller jenes Begriffs im Roman des Nebeneinander den

---

47 Ebd., S. 168.

48 Ebd., S. 199.

49 Immanuel Kant: Kritik der reinen Vernunft 2. In: Immanuel Kant. Werkausgabe. Bd. IV. Hg. von Wilhelm Weischedel. Frankfurt a.M.: Suhrkamp 1974, B 861.

50 Theodor W. Adorno: Parataxis. Zur späten Lyrik Hölderlins. In: Theodor W. Adorno. Gesammelte Schriften. Bd. II. Noten zur Literatur. Frankfurt a.M.: Suhrkamp 1974, S. 447–491, hier 481. Vgl. den Exkurs zu Roths parataktischer Lakonie in Thomas Düllo: Zufall und Melancholie. Untersuchungen zur Kontingenzsemantik in Texten von Joseph Roth. Münster, Hamburg: LIT 1991, S. 167–177.

51 Adorno: Parataxis (s. Anm. 50), S. 479.

52 Gotthart Wunberg: Joseph Roths Roman »Hotel Savoy« (1924) im Kontext der Zwanziger Jahre. In: Michael Kessler/Fritz Hackert (Hg.): Joseph Roth. Interpretation – Kritik – Rezeption. Akten des internationalen, interdisziplinären Symposions 1989. Akademie der Diözese Rottenburg-Stuttgart. Tübingen: Stauffenburg 1990, S. 449–462, hier 454.

> Versuch gemacht zu haben, den Einblick zu gewähren in hundert sich kaum sichtlich berührende und doch von einem einzigen Pulsschlag des Lebens ergriffene Existenzen.[53]

Wunberg hat auch auf ein Scheitern der allusiven Techniken des Schreibens sowie des Metapherngebrauchs in »Hotel Savoy« hingewiesen.[54] Metaphern sind im Text oft derart nebeneinandergestellt, dass sich zwei gegebene Bilder wechselseitig durchkreuzen. Beispielsweise heißt es: »Das Hotel Savoy [...] ist ein reicher Palast und ein Gefängnis.«[55] Die Gleichzeitigkeit zweier sich ausschließender Bedeutungskonzepte, die die metaphorische Plausibilisierung des Fremden durch ein Bild des Vertrauten oder umgekehrt stört, ist ein wesentliches Element der Schreibweise des Romans. Die in diese Sprache eingelassene Frage, die eigentliche Frage des Romans, ist die nach dem Gastgeber. Es ließe sich unter Umständen sogar formulieren, dass Roths »Hotel Savoy« die Befremdlichkeit des X - wie Xenos der Gast - auf die Befremdlichkeit des X - wie Xenos der Gastgeber - verschiebt.[56] Die Befremdlichkeit des Gastgebers, die Unmöglichkeit ihn anders als Leerstelle oder Unbekannte zu begreifen, findet sich gleich nach Ankunft und Einkehr des Heimkehrers. Zu Dans Zimmer berichtet der Ich-Erzähler:

> Alles heimisch, wie in einer Stube, in der man eine Kindheit verbracht, alles beruhigend, Wärme verschüttend, wie nach einem lieben Wiedersehn. Neu war nur der Zettel an der Tür, auf dem zu lesen stand: »Nach zehn Uhr abends wird um Ruhe gebeten. Für abhanden gekommene Schmuckstücke keine Haftung. Tresor im Hause. Hochachtungsvoll Kaleguropulos, Hotelwirt.« Der Name war fremd, ein griechischer Name, ich bekam Lust, ihn zu deklinieren: Kaleguropulos, Kaleguropulu, Kaleguropulo.[57]

Die Gegenwart des Wirts allein als Nomen und als grammatikalische Kategorie, als Gegenstand einer Formenbeugung, die zugleich seine Abwesenheit markiert, wird im weiteren Verlauf des Romans immer stärker in Richtung Unheimlichkeit verschoben. Das ganze Hotel wartet unablässig auf seine Ankunft, die sich freilich nie ereignet, obwohl das Haus um seiner Ankunft willen komplexen Säuberungsritualen unterzogen wird und die Menschen in freudige Erwartung, aber auch - etwa die säumigen Schuldner - in Angst und Schrecken versetzt werden. Kaleguropulos ist ebenso amorph und ungreifbar wie die konturlose Masse der anflutenden Heimkehrer, der Juden und der streikenden Arbeiter, die die Welt außerhalb des Hotels bevölkern und die das Hotel schließlich in Brand setzen und damit den abwesenden Gastgeber

---

53 Karl Gutzkow: Vom Deutschen Parnaß II (1854). Zit. nach Irene Schröder: Experimente des Erzählens. Joseph Roths frühe Prosa 1916–1925. Bern: Lang 1998, S. 136.

54 »Es bauen sich Bedeutungen auf, die nicht einzulösen sind, Bedeutungen, die sich nicht halten lassen; nicht durchgespielte Allusionen bestimmen die Darstellung. Immer wieder zerreißt das Bedeutungsgeflecht.« Gotthart Wunberg: Joseph Roths Roman »Hotel Savoy« (s. Anm. 52), S. 450.

55 Roth: Hotel Savoy (s. Anm. 46), S. 236.

56 Vgl. Bahr: Die Sprache des Gastes (s. Anm. 33), S. 116.

57 Roth: Hotel Savoy (s. Anm. 46), S.151.

Kaleguropulos als permanent Anwesenden, nämlich als den alten Liftknaben Ignatz, im Feuertod sichtbar machen.

Der Gastwirt ist in »Hotel Savoy« ein rein sprachliches Phänomen und andererseits das Motiv, das Gabriel Dan bindet, ihn hindert seine Reise fortzusetzen, ihn veranlasst seine Heimkehr aufzuschieben: Dieser Aufschub der Heimkehr dient dazu, das Geheimnis der Möglichkeit der kommerziellen Einkehr bei einem grammatikalischen Phänomen als Existenzform zu lüften:

> Da war dieses Hotel Savoy - ein prachtvolles Hotel, mit einem livrierten Portier, mit goldenen Schildern, es versprach Lift, reinliche Stubenmädchen in weiß gestärkten Nonnenhauben. Da war Ignatz, der alte Liftknabe, mit höhnischen, biergelben Augen [...]. Da war Kaleguropulos, gewiß der Übelsten einer - den kannte ich noch nicht, den kannte niemand. Dieses einzigen Kaleguropulos wegen hätte es sich gelohnt hierzubleiben - Geheimnisse haben mich immer gelockt, und es ergab sich bei längerem Aufenthalt gewiß Gelegenheit, Kaleguropulos, dem Unsichtbaren, auf die Spur zu kommen. Gewiß, es war besser zu bleiben.[58]

Gabriel Dans Versuch einer Spurenlektüre, einer Hermeneutik des abwesenden Wirts ist das Motiv für sein Verweilen als Gast und vermittelt ihm zum ersten Mal ein Gemeinschaftserlebnis in der Fiktion der Anwesenheit eines unmöglichen Dritten:

> Lange war ich einsam unter Tausenden gewesen. Jetzt gibt es tausend Dinge, die ich teilen kann: den Anblick eines krummen Giebels, ein Schwalbennest im Klosett des Hotels Savoy, das irritierende, biergelbe Aug' des alten Liftknaben, die Bitterkeit des siebenten Stockwerks, die Unheimlichkeit eines griechischen Namens, eines plötzlich lebendigen grammatikalischen Begriffs, die traurige Erinnerung an einen boshaften Aorist.[59]

Der Aorist - wörtlich übersetzt der Unbestimmt oder Unbegrenzte - kennzeichnet im Altgriechischen einen Aspekt des Verbs; auch hier scheitert wiederum im Sinne Wunbergs die Allusion, weil ein Verbaspekt zur Charakterisierung eines Eigennamens verwendet wird. Der Aorist steht im Gegensatz zum Imperfekt, der eine nicht abgeschlossene Handlung in der Vergangenheit ausdrückt, ohne dass etwas über Anfang und Ende des Geschehens ausgesagt wird. Der Aorist bezeichnet demgegenüber eine momentane oder klar beendete nicht andauernde Handlung und ist im Griechischen die erzählende Zeitform, die es so im Deutschen nicht gibt. Er kennzeichnet ein geschichtliches Ereignis, eine in der Vergangenheit tatsächlich erfolgte Handlung, die nur noch als Erinnerung fortleben kann und der Erfahrung unzugänglich bleibt. In diesem Sinne hat etwa Rudolf Bultmann davon gesprochen, dass die geschichtliche Sendung Jesu als ein zweideutiges Faktum aufzufassen wäre, weil sie einerseits als rein geschichtliches Ereignis ausgesagt werden könne, dann könne man im Aorist von ihr reden, und man könne im Perfektum von ihr reden, d.h. als von einer Gegenwart. Bultmann formuliert zur theologischen Bedeutung des Aorist in den Evangelien: »Dadurch das Jesus gekommen ist, ist er da. Aber dieses perfektische Präsenz seines

58 Ebd., S. 186.
59 Ebd., S. 160.

Da-Seins wird vom Unglauben zum Präteritum des Vergangenseins, des Vorhandenseins in der Vergangenheit, gemacht« und damit würde das eschatologische Ereignis verstellt.[60]

Neben der Tatsache, das es sich bei der Schreibweise in Roths »Hotel Savoy« in signifikanter Weise um nebengeordnete Parataxen handelt, dass sich wechselseitig aufhebende Bilder oder logische Beziehungen nebeneinander stehen, die wiederum ihre Entsprechung im architektonischen Aufriss des Nebeneinanders der Zimmer im Hotel haben, was sich wiederum in der asyndetischen Reihung von Einzelepisoden niederschlägt, findet sich in Roths Roman als Besonderheit der Erzählform die Simultaneität von Präsenz und Präteritum. In ihrer Untersuchung zu Erzählstrategien der frühen Prosa Roths schätzt Irene Schroeder, dass mindestes zweimal auf jeder Seite ein Tempuswechsel stattfindet. Dies gilt nicht allein für den Unterschied von Erzählzeit und erzählter Zeit, sondern auch innerhalb einer abgeschlossenen Episode wird die Szene im Präsenz eingeführt und geht, scheinbar willkürlich, ins Präteritum über. »Durch die Mischung von Präsens und Präteritum verlieren beide ihren temporalen Charakter und werden so zu gleichwertigen epischen Tempora.«[61] Vergangenheit und Gegenwart existieren nebeneinander, sie stehen keineswegs mehr in einem chronologischen Abhängigkeitsverhältnis, etwa im Sinne einer Verzeitlichung von Ursache und Wirkungsbeziehungen, sondern es *sind Mitgäste im Hotel.* Die Gleichzeitigkeit von Vergangenheit und Gegenwart hat auch ihre verwirrende Entsprechung in der Gleichzeitigkeit zweier Gastgeber, dem Aorist Kaleguropulos und dem Liftknaben Ignatz, der sich gegen Ende des Romans als die maskierte permanente Gegenwart des Kaleguropulos herausstellt. Die Hotelgäste geraten also in den Zustand des permanenten Wartens, das eigentliche Motiv ihres Zusammenseins, infolge eines Bluffs oder einer Fiktion bezüglich des Wirts als den Empfangenden, als des ökonomisch-juristischen Ermöglichungsgrundes ihres Zusammenseins. Ignatz personifiziert folglich die permanente Gegenwart des Wirtsprinzips als Gegenwärtigkeit einer abgeschlossenen Handlung, die aber selbst eine Figur ist, die nach dem parataktisch-paradoxen Antiprinzip konstruiert ist. »Ignatz«, so wird er an einer Stelle charakterisiert, »war ein lebendiges Gesetz dieses Hauses, Tod und Liftknabe«.[62] Der Wirt ist aus nebengeordneten Gegensätzen zusammengesetzte Kopräsenz des Unvereinbaren: Er ist alt und Knabe, Geschichte und Gegenwart, Anwesenheit und Abwesenheit, Leben und Tod zugleich. Ersichtlich verfinstert sich die Idee der eschatologischen Parusie zum Motiv des ›lebenden Toten‹. Ignatz, der sich im Bluff des abwesenden Dritten Macht verschafft, und sein Gefährt, der Lift, sind in der Gegenwart des Romanhotels die einzigen verbindenden Elemente; Ignatz bindet die Gäste, die das monetäre Äquivalent ihres Aufenthaltes nicht erbringen können, durch die Fesselung ihres Gepäcks mit einem

---

60 Rudolf Bultmann: Die Eschatologie des Johannes-Evangeliums. In: Glauben und Verstehen. Gesammelte Aufsätze. Bd. 1. Tübingen: Mohr 1967, S. 134–152, hier 146. Vgl. Michael Moxter: Erzählung und Ereignis. Über den Spielraum historischer Repräsentation. In: Jens Schröter (Hg.): Der historische Jesus. Tendenzen und Perspektiven der gegenwärtigen Forschung. Berlin, New York: de Gruyter 2002, S. 67–88.

61 Irene Schröder: Experimente des Erzählens (s. Anm. 53), S. 162.

62 Hotel Savoy (s. Anm. 46), S. 183.

selbst erfundenen Patentschloss, und zwar derart, als fessele er die Körper der Gäste selbst.[63]

Neben dem vergeblichen Warten auf die Ankunft des Aorists, der zugleich in einer spähenden, lauernden Polzeiexistenz unerkannt gegenwärtig ist, alludiert Roth auch in der Figur des Henry Bloomfield jüdischen Messianismus und christliche Eschatologie.[64] Die trügerische Sehnsucht der Menschen des Romans nach der vertikalen Ankunft des Anderen, Gastgeber des Zufluchtsortes, in den die Heimatlosen einkehren könnten, wird durch die Trivialität des Geschehens um Bloomfield gelöscht.

4. Ein Gast auf dieser Erde

Roth hat sich ab 1930, dem Erscheinungsjahr des »Hiob«, den einfachen Formen zugewandt.[65] Zur Arbeit am »Tarabas. Ein Gast auf dieser Erde« schreibt er 1933 an Stefan Zweig:

> Glänzender Stoff, fern von Dtschl., aber mit deutlicher Beziehung dazu, spielt im östlichen Grenzland. PAR DISCRETION: St. Julien l' hospitalier auf modern, statt der Tiere: Juden, und zum Schluß die Entführung. Sehr katholisch. Ich habe den ganzen Stoff in einer ukrainischen Zeitung gefunden. Er ist ganz vollendet.[66]

Roth lehnt seinen Roman an Flauberts berühmte »Legende von Sankt Julian dem Gastfreien«[67] an und hat den Stoff zugleich vollendet in einer ukrainischen Zeitung gefunden, so als ginge es darum neusachliche Reportage mit religionsdidaktischer Erzählform zu verbinden. Flauberts berühmte Erzählung, die 1877 erschienen ist, knüpft an den Stoff dreier mittelalterlicher Legenden an; er übernimmt zentrale Handlungselemente und den legendentypischen triadischen Aufbau, der Julianus erst als Sünder, dann als Büßer und schließlich als Heiligen darstellt. Julian, der in einem gastlichen Elternhaus groß wird, erweist sich bereist als Kind als jagdwütig, entwickelt

---

63 Ebd., S. 168.

64 Zwei Jahre nach dem Erscheinen von Hotel Savoy erwähnt Roth das Hotel erneut, und zwar in dem Essay »Der liebe Gott in Russland« (1926). Roth lässt Gott als Gast des postrevolutionären Russlands im Lande spazieren gehen und sich mit den Menschen unterhalten; gegen Ende der Darstellung wird Gott nach seinen Aufgaben gefragt und er antwortet: »Ich wohne im ›Savoy‹, zahle zwanzig Rubel täglich und lasse Mich verleugnen.« In: Joseph Roth. Werke. Bd. 2. Das journalistische Werk 1924-1928. Hg. und mit einem Nachwort von Klaus Westermann. Köln: Kiepenheuer & Witsch 1989, S. 683.

65 Vgl. Fritz Hackert: Kulturpessimismus und Erzählform. Studien zu Joseph Roths Leben und Werk. Bern: Lang 1967, S. 85.

66 Joseph Roth: Briefe 1911-1939. Hg. und eingeleitet von Hermann Kesten. Köln, Berlin: Kiepenheuer & Witsch 1970, S. 265.

67 Gustave Flaubert: Die Legende von Sankt Julian dem Gastfreien. In: Gustave Flaubert: Das schlichte Herz. Novellen. Wien: Wiener Verlag 1975, S. 110-145.

sich zu einem blutrünstigen Schlächter der Tiere und zeigt sich damit als von der Schöpfung und seinem Status als Gast in dieser Schöpfung entfremdet.

An dieses Motiv knüpft Roth an und ersetzt die Tiere in der zentralen Pogromszene seines »Tarabas« durch Juden. Roths Text ist abermals über dem antithetischen Paradigma von Vaterhaus und Gasthaus errichtet. Tarabas war als junger Mann, wegen revolutionärer Umtriebe, aus dem Vaterhaus verwiesen worden und er wandert nach New York aus. Seither lebt er als Dauergast, der von einer Heimkehr träumt. Er durchlebt nach und nach die unterschiedlichen Bedeutungen des Wortes Gast bzw. die unterschiedlichen Formen des Gastseins: Er ist Stammgast in einer Bar in New York, er ist als Soldat einquartierter Gast beim jüdischen Wirt Kristianpoller, er ist reuiger Gast beim Juden Schemarjah, er ist der sterbende Gast der Mönche des Ordens, die ihn als Kranken bis zu seinem Tode pflegen, und er ist schließlich Verkörperung des biblischen ›Gasts auf dieser Erde‹. Nachdem Tarabas, wegen eines vermeintlichen Verbrechens, aus Amerika fliehen musste, beschließt er in seine »große, blutige Heimat«, den Krieg, heimzukehren.[68] Doch zunächst kehrt er in sein Elternhaus zurück und diese *Heimkehr des verlorenen Sohnes* inszeniert Roth als skurriles Scheitern. Der Sohn schleicht sich durch die Sümpfe von hinten an das Haus, klettert in das Fenster seines Jugendzimmers, legt seine Uniform an und betritt erst dann den Raum, in dem sich die Familie zum Mittagessen eingefunden hat. Als erstes begrüßte er den Duft der Speisen und während der Umarmung durch den Vater beginnt sich der Sohn, vor den Essensresten in dessen Bart zu ekeln und begehrt statt dessen den Körper seiner Cousine Maria, über deren verführerischem Busen ein Kreuz an einer Kette baumelt.[69] Die Türschwelle ist - im Unterschied zur asymmetrischen Funktion des Fensters - die offene Grenze eines Hauses; sie trennt und verbindet das Öffentliche und das Private, Welt und Ich sowie das Fremde und das Vertraute. Tarabas verkörpert eine jener penatenlosen Existenzen, der Tür und Schwelle des Hauses als Voraussetzung der Heimkehr und des Empfangs gleichgültig sind und der die ökonomische Genussgemeinschaft des Hauses, jenes Tönniessche Speisen aus einem Vorrat an der gemeinsamen Tafel, auf Fraß und sexuelle Gier reduziert. Aber auch der Empfang durch die Eltern gehorcht keineswegs den sentimentalen Gesetzen des religiösen Gleichnisses, wonach das an die Welt verlorene Kind, eine Heimkehr in die religiöse Einkehr findet: »Tarabas war enttäuscht. Daß sie ihn als heimgekehrten verlorenen Sohn begrüßen würden [...] so hatte er es sich ausgemalt.«[70] Dass an die Logik des Hauses die Isolierung gebunden sein kann, ja dass das Vaterhaus die Möglichkeit der Abkehr, der Trennung und des Vergessens des Anderen, des möglichen Gastes, folglich die Verhinderung des Empfangs ist, wird dann schließlich im Roman wörtlich ausgesprochen. Als der inzwischen bekehrte Tarabas als wandernder Bettler ein zweites Mal versucht, in sein Vaterhaus heimzukehren, wird er nicht erkannt und als Bettler vom ungastlichen Hof vertrieben; er wird zum Objekt der Allergie des um

---

68 Joseph Roth: Tarabas. Ein Gast auf dieser Erde. In: Joseph Roth. Werke. Bd. 5. Romane und Erzählungen 1930–1936. Hg. und mit einem Nachwort versehen von Fritz Hackert. Köln: Kiepenheuer & Witsch 1989, S. 501.

69 Ebd., S. 494–496.

70 Ebd., S. 497.

häuslichen Frieden bemühten Vaters, der dabei übrigens am Fenster steht. Diese Episode wird durch Gedanken Tarabas' abgeschlossen, in denen erneut das Wohnen in einer Bleibe als Beerdigung erscheint und mit dem Motiv der lebenden Toten verbunden wird:

> Auch wenn er gesagt hätte: Ich bin euer Sohn - sie hätten ihn nicht mehr in ihre versteinerten Herzen aufnehmen können. Wären sie gestorben und hätte er nur noch ihre Gräber angetroffen, er hätte sie mit seiner wärmenden Erinnerung lebendig machen können, sie und das Haus. Sie aber lebten noch, sie gingen, standen, schliefen [...]: bewegliche Mumien, in denen sie selbst begraben waren; jedes von ihnen sein eigener wandelnder Sarg. [...] Der Regen bildete einen dichten, grauen, fließenden Schleier zwischen dem Haus und Tarabas.[71]

Tarabas bewährt sich schließlich in seiner blutigen Heimat als heroischer Schlächter - wie Flauberts Julianus als Jäger der Tiere. Er verwirklicht die Sohnrolle als vaterländischer Held bzw. als soldatischer Mann, der, im Sinne Klaus Theweleits, sein soziales Außenseitertum sowie seinen Status als Dauergast der existenziellen Unsicherheit im uniformierten Männerbunderlebnis kompensiert.[72] Da Tarabas den Tod, als Antwort auf die Frage nach seiner obdachlosen Existenz, sucht, kann er ihn im Blutrausch umso effektiver verteilen, und so wird er zum Oberst befördert und nach Kriegsende beauftragt, in dem Städtchen Koropta ein Regiment aufzubauen. In Koropta tritt er abermals als Gast auf, und zwar quartiert er sich als nichtzahlender Kunde in den Gasthof »Zum Weißen Adler« ein. Dies hat zur Folge, dass der jüdische Gastwirt Kristianpoller Geisel in seinem eigenen Hause wird. Er schafft aus Furcht vor Tarabas seine Familie fort und schläft selbst auf dem Küchenfußboden, um sich im Falle einer Gefahr schneller in den geheimen zweiten Stock seines Schnaps- und Weinkellers retten zu können. Der jüdische Wirt Kristianpoller hasst die soldatischen Gäste und »wünscht im stillen jedem Gast, ohne Ausnahme, einen qualvollen Tod«,[73] und er fühlt sich als »Fremder in seinem eigenen Hause«[74]. Kristianpoller hatte das Haus von seinem Urgroßvater geerbt, und er trägt ein bitteres Geheimnis in seinem Herzen: Bei einem der Gebäude seines Anwesens, das nun als Abstellraum dient, handelt es sich um eine ehemalige Kapelle, die bereits vor Jahrhunderten, anlässlich der Christianisierung der Slawen, gegründet wurde.[75] Als der betrunkene Deserteur Ramsin eine Wand der profanierten Kapelle mit Zeichnungen von Tieren und nackten Frauen bedeckt, um sie anschließend mit Pistole und Gewehr zu beschießen, ereignet sich das so genannte ›Wunder von Koropta‹: Der blau getünchte Kalk fällt von der Wand und sichtbar wird eine farbiges Wandgemälde, das »das selige, süße Angesicht der Mutter Gottes«[76] sichtbar werden lässt.

71 Ebd., S. 615.

72 Vgl. Fritz Hackert: Die Erlösung vom Feindbild durch das Gnadenbild. Eine ostjüdische Wirtshauslegende. Nachwort. In: Joseph Roth. Tarabas. Ein Gast auf dieser Erde. Monheim: Büchergilde Gutenberg 1987, S. 233-284, hier 257.

73 Roth: Tarabas (s. Anm. 68), S. 519.

74 Ebd., S. 524.

75 Ebd., S. 518.

Die Entdeckung der sakralen Herkunft des Gebäudes ›entlarvt‹ den gastgebenden Wirt als ›unverschämten Gast‹ und als illegitimen Bewohner eines fremden, religiösen *chez soi*. Die entstehende Atmosphäre wird von Ramsin zur Inszenierung eines Pogroms gegen die Juden missbraucht. Trotz einer verhängten Ausgangssperre befindet sich der närrische und rothaarige Jude Schemarjah auf der Straße, weil er die Thorarollen aus dem abgebrannten Gebetshaus retten wollte, denn sie müssen nach religiösem Gesetz beigesetzt werden. Vom Zorn überwältigt reißt Tarabas Schemarjah den Bart aus.[77] Tarabas bezieht wenig später ein neues Zimmer im Gasthaus Kristianpollers, da in seinem alten der beim Pogrom erschossene Feldwebel Konzew aufgebahrt wurde. In diesem Zimmer des Großvaters Kristianpollers ereignet sich schließlich die legendentypische Umkehr, die Verwandlung des heimatlosen Kriegers in einen gottesfürchtigen und bettelnden Erden-Wanderer, der die Zeichen des Heils und der Gnade sucht. Von den herausgerissenen Haarbüscheln, die er noch bei sich trägt, überwältigt, entdeckt er an der Wand einen billigen Kupferstich des Moses Montefiore.

> Tarabas machte Licht. Er hob die Kerze hoch und las die Unterschrift unter dem Bild. Sie lautete: »Moses Montefiore«. Es war ein billiger Stich, wie er zu hunderten in vielen jüdischen Häusern des Ostens verbreitet ist. Der Name bedeutete Tarabas gar nichts. Der Bart aber erschreckte in gewaltig. [...] Auf dem Kopf trug Montefiore ein rundes Käppchen, genau wie der Gastwirt Kristianpoller [...]. Der halbverhängte dunkle Blick zielte in eine bestimmte, nicht zu erahnende Ferne.[78]

Auf Tarabas' Frage, wer Montefiore war, antwortet der jüdische Gastwirt später: »›Das ist [...] ein Jude aus England. Er war der erste jüdische Bürgermeister von London. Wenn er bei der Königin eingeladen war, bereitete man ihm ein Essen, ihm allein, wie es die jüdische Religion vorschreibt. Es war ein großer gelehrter und ein frommer Jude.‹«[79]

Bereits in »Juden auf Wanderschaft« hat Roth Montefiore erwähnt; er schreibt, das Montefiore am englischen Königshof als Gast rituell gespeist wurde und das alle Juden des Ostens sein Porträt in ihren Häusern hängen haben.[80] Seine Funktion in Roths Legende lässt sich am besten aus seiner doppelten Existenz als philanthropischer Spätaufklärer und frommer Jude bestimmen. Er verkörpert die Möglichkeit Gegensätze in sich zu vereinen. In Montefiore fallen pragmatische Vernunftexistenz der Gesellschaft des 19. Jahrhunderts und Frömmigkeit – versinnbildlicht in seinem

---

76 Ebd., S. 551.

77 Ebd., S. 581f.

78 Ebd., S. 585.

79 Ebd., S. 586. Roths Plan, über Montefiore eine Erzählung zu schreiben, hat ihm offensichtlich Stefan Zweig ausgeredet. Vgl. Brief an Stefan Zweig vom 12. Nov. 1935. In: Joseph Roth: Briefe (s. Anm. 66), S. 435 und 437. Moses Montefiore (1784 – 1885) wurde als erster Jude Englands als Sheriff of London geadelt und bereiste 1845, auf Einladung des Zaren, Polen; er besuchte die ostjüdischen Ghettos und unterbreitete Vorschläge, die die soziale Lage der Juden tatsächlich verbesserten, was ihm die Verehrung der Ostjuden einbrachte.

80 Joseph Roth: Juden auf Wanderschaft (1927). In: Joseph Roth. Werke. Bd. 2. Das journalistische Werk 1924–1928. Hg. und mit einem Nachwort von Klaus Westermann. Köln: Kiepenheuer & Witsch 1989, S. 829.

religiösen Speiseverhalten - zusammen. Er ist Gast an der Tafel des westlichen Hauses, *ohne* im engeren Sinne Mitglied der Genussgemeinschaft, die aus einem Vorrate speist, zu sein. Vielmehr ist die gastliche Situation so definiert, dass ihm eigens (koschere) Speisen zubereitet werden, die ihn als den Anderen/Fremden der Gastszene markieren und zugleich anerkennen. Auf diese Kopräsenz des sich Ausschließenden im Speiseverhalten hat Roth übrigens auch dadurch hingewiesen, das der Gastwirt und fromme Jude Nathan Kristianpoller unablässig Teller voller Sauerkraut auf denen »rosa leuchtende« Schweinerippen liegen, serviert.[81] Canetti hat das gemeinsame Mahl, die gemeinschaftliche Einverleibung, die er Kommunion nennt, als eine der sinnfälligsten und elementarsten Formen der sozialen Verbindung definiert: »Etwas von einem Leibe geht in sie alle ein. [...] Alle, die davon genossen haben sind nun durch ein Tier verbunden; es ist in ihnen allen zusammen enthalten.«[82] Diese Exklusivität der Speisegemeinschaft sowie die mit ihr zelebrierte Erfahrung der Gemeinschaft des kollektiven Genusses und der Körpersensation der gemeinschaftlichen Sattheit aus dem Gleichen sind identitätsstiftend und ausschließend zugleich. Die Assimilation der Speise ist eindringlicher Ausdruck der unerbittlichen Logik der Identität und ihrer Selbsterhaltung. Insofern sie Aufhebung des Anderen im Selbst und für das Selbst ist, ist sie in ihrer formalen Struktur immer auch die Umkehrung der Logik der Gastlichkeit. Ekel als Angst vor Vergiftung sowie die Furcht, selber zur Speise zu werden, sind demgegenüber Dissoziationserlebnisse, die zur Anheizung von Pogromen instrumentalisiert werden können.[83] Die rituelle Speisung Moses Montefiores im englischen Königshaus zeigt hingegen den Gast, der in der Gemeinschaft speist, ohne mit den übrigen durch die einverleibt Substanz verbunden zu sein, so wie man in einem *Hotelrestaurant* oder in einer Gaststube gemeinsam speist und dennoch Verschiedenes zu sich nimmt. Es ist daher auch gewiss nicht zufällig, dass Tönnies gerade in der Individualisierung und Pluralisierung der Speisen in der Hotelküche (»wie die Küche des Hotels die Stoffe zum Essen und Trinken in beliebigen Formen und beliebigen Mengen vorsetzt«[84]), also in der Aufhebung der häuslichen Tafel, eine Analogie zur Öffentlichkeit der pluralistischen Gesellschaft sah.

---

81 Tarabas (s. Anm. 68), S. 521.

82 Elias Canetti: Masse und Macht. Frankfurt a.M.: Fischer 1981, S. 125.

83 Moses Montefiore war an der Beendigung einer derartigen antisemitischen Verfolgung in Damaskus beteiligt. Nach dem Verschwinden eines christlichen Mönchs im Damaskus des Jahres 1840 macht sich eine gefährliche Pogromstimmung gegen Juden breit. Es kam das Gerücht auf, diese hätten den Christen geschlachtet, weil sie christliches Blut in die Matzen für ihre Passahfeier einbacken müssten. Es kommt schließlich zur so genannten »Blutanklage von Damaskus« und zu schlimmen Übergriffen gegen die jüdische Bevölkerung. Montefiore und weiteren berühmten europäischen Juden gelingt es schließlich, durch Intervention bei europäischen Höfen und durch eine Reise nach Alexandria, die Haltlosigkeit dieser Anschuldigungen zu beweisen (vgl. Heinrich Graetz: Volkstümliche Geschichte der Juden in drei Bänden. Bd. 3. 2. Aufl., Leipzig: Leiner 1906, S. 609-639). Heinrich Heine hat übrigens zu diesen Ereignissen zahlreiche Zeitungsartikel publiziert und unter dem Eindruck der Geschehnisse die Arbeit an seinem Romanfragment »Der Rabbi von Bacherach« wieder aufgenommen.

84 Tönnies: Gemeinschaft und Gesellschaft (s. Anm. 11), S. 194.

Der Narr in Christo Tarabas besucht in einer hoch symbolischen Szene, in der das Speisemotiv erneut aufgegriffen wird, den närrisch gewordenen Schemarjah; er will bei ihm zu Gast sein und Vergebung für seinen Übergriff erlangen:

> »Ich bin ein Bettler!« sagte Tarabas. »Hab nur keine Furcht!« – Dann setzte er hinzu: »Ich möchte eine Stück Brot!« [...] Unter dem Kissen zog er [Schemarjah] ein trockenes Stück Brot hervor, legte es auf den Tisch und zeigte mit dem Finger darauf. [...] Tarabas senkte die Augen, nahm das Brot und sagte: »Ich danke dir!« [...] Das Brot schmeckte nach Schemarjahs Schweiß und Bett.[85]

Ersichtlich feiert Tarabas mit Schemarjah Kommunion, und das mit dem Geruch des Juden getränkte Brot deutet auf eine Gemeinschaftsbildung, eine sakrale Verständigung und vorbehaltlose Verinnerlichung des Anderen im Kultus des Speisens, den Fritz Hackert wohl zu Recht in die Nähe religiöser Trivialliteratur gerückt hat.[86]

Roths viel diskutiertes späteres Bekenntnis zum Katholizismus und die damit einhergehende Verwendung religionsdidaktischer einfacher Formen sind in erster Linie interdiskurstaktische Manöver. Sie können als Ausdruck seiner großen Verzweiflung über die bevorstehende Katastrophe gelten, die er hellsichtig heraufziehen sah. Roth verwendet entsprechende Formen und Motive in der Hoffnung, dass sich die wirkmächtigen Plausibilisierungseffekte der großen Erzählung von Rasse, Nation und Vaterland (und die damit eng verbundene Kodierung des Juden als parasitärer Gast) durch die Utopie einer »*civitas humana* von Juden und Christen«[87] symbolisch überbieten ließen. Angesicht der drohenden Katastrophe sucht er nach »irreduziblen Gemeinsamkeiten« der Religionen. Die entscheidende Gemeinsamkeit meinte Roth in der eschatologischen Vorstellung von der »Vorläufigkeit der menschlichen Existenz«, ihrem ontologischen *Gaststatus*, gefunden zu haben.[88] Nach Tarabas' Tod heißt es gegen Ende des Romans:

> »Er war Ihr Gast!« bemerkte der Notar. »Er war lange Zeit mein Gast!« antwortete der Jude Kristianpoller. »Er war immerhin ein merkwürdiger Gast im Wirtshof Kristianpollers!« »Er war«, sagte der Notar, »immerhin ein merkwürdiger Gast auf Erden.« Hier horchte der Bruder Eustachius auf. Er beschloß, auf den Grabstein Tarabas' die Inschrift zu setzten: Oberst Nikolaus Tarabas,/ein Gast auf dieser Erde. Gerecht, bescheiden und angemessen erschien ihm diese Inschrift.[89]

Der Dauergast Roth literarisiert die menschliche Existenz als unentwegten Akt des Unterwegsseins, als Erfahrung der Entbehrlichkeit der Verwurzelung in der Scholle, als die irdische Wanderschaft des Weltgastes. Eine Reterritorialisierung der Raumes als Heimat, also das Ende das Gastseins, ereignet sich allein im Moment des Abschieds:

---

85 Roth: Tarabas (s. Anm. 68), S. 620.

86 Hackert: Erlösung vom Feindbild (s. Anm. 72), S. 237.

87 Frank Eggers: »Ich bin ein Katholik mit jüdischem Gehirn«. Modernitätskritik und Religion bei Joseph Roth und Franz Werfel. Frankfurt a.M.: Lang 1996, S. 128.

88 Ebd.

89 Roth: Tarabas (s. Anm. 68), S. 626.

»Denn ein teures Grab ist wahrlich soviel, wie einen Acker besitzen.«[90] Erst in Grab und Epitaph finden die Weltgäste eine Heimat.

Literatur

Adorno, Theodor W: Parataxis. Zur späten Lyrik Hölderlins. In: Gesammelte Schriften, Bd. II. Noten zur Literatur. Frankfurt a.M.: Suhrkamp 1974, S. 447-491.

Bachelard, Gaston: Poetik des Raumes. Aus dem Französischen von Kurt Leonhard. Frankfurt a.M.: Fischer 1987.

Bahr, Hans-Dieter: Die Sprache des Gastes. Eine Metaethik. Leipzig: Reclam 1994.

Beug, Joachim: Die Grenzschenke. Zu einem literarischen Topos. In: Helen Chambers (Hg.): Co-Existent Contradictions: Joseph Roth in retrospect. Paper of the 1989 Joseph Roth Symposion at Leeds University to commemorate th 50th anniversary of his death. Riverside: Ariadne Press 1991, S. 148-165.

Bultmann, Rudolf: Die Eschatologie des Johannes-Evangeliums. In: Rudolf Bultmann: Glauben und Verstehen. Gesammelte Aufsätze. Bd. 1. Tübingen: Mohr 1967, S. 134-152.

Canetti, Elias: Masse und Macht. Frankfurt a.M.: Fischer 1981.

Derrida, Jacques: Adieu. Nachruf auf Emmanuel Levinas. München, Wien: Hanser 1999.

Düllo, Thomas: Zufall und Melancholie. Untersuchungen zur Kontingenzsemantik in Texten von Joseph Roth. Münster, Hamburg: LIT 1991.

Eggers, Frank: »Ich bin ein Katholik mit jüdischem Gehirn«. Modernitätskritik und Religion bei Joseph Roth und Franz Werfel. Frankfurt a.M.: Lang 1996.

Flaubert, Gustave: Die Legende von Sankt Julian dem Gastfreien. In: Gustave Flaubert: Das schlichte Herz. Novellen. Wien: Wiener Verlag 1975, S. 110-145.

Geiger, Theodor: Gemeinschaft. In: Alfred Vierkandt (Hg.): Handwörterbuch der Soziologie. Stuttgart: Enke 1931, S. 173-180.

Graetz, Heinrich: Volkstümliche Geschichte der Juden in drei Bänden. Bd. 3, zweite Auflage Leipzig: Leiner 1906.

Hackert, Fritz: Kulturpessimismus und Erzählform. Studien zu Joseph Roths Leben und Werk. Bern: Lang 1967.

Hackert, Fritz: Die Erlösung vom Feindbild durch das Gnadenbild. Eine ostjüdische Wirtshauslegende. Nachwort in: Jospeh Roth: Tarabas. Ein Gast auf dieser Erde. Monheim: Büchergilde Gutenberg 1987, S. 233-284.

Käsler, Dirk: Erfolg eines Mißverständnisses? Zur Wirkungsgeschichte von »Gemeinschaft und Gesellschaft« in der frühen deutschen Soziologie. In: Lars Clausen/Carsten Schlüter (Hg.): Hundert Jahre »Gemeinschaft und Gesellschaft«. Ferdinand Tönnies in der internationalen Diskussion. Opladen: Leske + Budrich 1991, S. 517-526.

Kant, Immanuel: Kritik der reinen Vernunft 2. In: Immanuel Kant. Werkausgabe. Bd. IV. Hg. von Wilhelm Weischedel. Frankfurt a.M.: Suhrkamp 1974.

Levinas, Emmanuel: Totalität und Unendlichkeit. Versuch über die Exteriorität. Übersetzt von Wolfgang N. Krewani. Freiburg, München: Alber 1987.

Magris, Claudio: Der ostjüdische Odysseus - Roth zwischen Kaisertum und Golus. In: David Bronsen (Hg.): Joseph Roth und die Tradition. Darmstadt: Agora 1975, S. 181-226.

90 Joseph Roth: Die Scholle. In: Joseph Roth. Werke. Bd. 3. Das journalistische Werk 1929-1939. Hg. und mit einem Nachwort von Klaus Westermann. Köln: Kiepenheuer & Witsch 1989, S. 167-169, hier 169.

Marchand, Wolf R.: Joseph Roth und völkisch-nationalistische Wertbegriffe. Untersuchungen zur politisch-weltanschaulichen Entwicklung Roths und ihre Auswirkung auf sein Werk. Bonn: Bouvier 1974.

Moxter, Michael: Erzählung und Ereignis. Über den Spielraum historischer Repräsentation. In: Jens Schröter (Hg.): Der historische Jesus. Tendenzen und Perspektiven der gegenwärtigen Forschung. Berlin, New York: de Gruyter 2002, S. 67-88.

Roth, Joseph: Briefe 1911-1939. Hg. und eingeleitet von Hermann Kesten. Köln, Berlin: Kiepenheuer & Witsch 1970.

Roth, Joseph: Werke 1-6. Hg. von Fritz Hackert und Klaus Westermann. Köln: Kiepenheuer & Witsch 1989-1991.

Schröder, Irene: Experimente des Erzählens. Joseph Roths frühe Prosa 1916-1925. Bern: Lang 1998.

Tönnies. Ferdinand: Gemeinschaft und Gesellschaft. Grundbegriffe der reinen Soziologie. 3., durchges. Aufl., Berlin: Karl Curtius 1920.

Wunberg, Gotthard: Joseph Roths Roman »Hotel Savoy« (1924) im Kontext der Zwanziger Jahre. In: Michael Kessler/Fritz Hackert (Hg.): Joseph Roth. Interpretation - Kritik - Rezeption. Akten des internationalen, interdisziplinären Symposions 1989. Akademie der Diözese Rottenburg-Stuttgart. Tübingen: Stauffenburg 1990, S. 449-462.

III. Gastlichkeit in der Literatur – zwischen Irritation und Eskalation

Beate Czapla

Narratologie versus Soziologie
Zur Betrachtung von Gastgebern, Gästen und Erzählern im homerischen Epos

1. Die homerische Gesellschaft

Die homerischen Epen »Ilias« und »Odyssee« sind im 8./7. Jahrhundert vor Christus entstanden und bilden damit die ältesten überlieferten Zeugnisse nicht nur der narrativen Gattung schlechthin, sondern der europäischen Literatur überhaupt. Thema der »Ilias« ist der vor Troja/Ilion ausgetragene zehnjährige Krieg zwischen Griechen und Trojanern, der sich am Raub der Griechin Helena durch den Trojanerprinzen Paris entzündete, bzw. derjenige Abschnitt des Krieges, in dem Achill sich zornig aus dem Kampf zurückzieht und in dem das gesamte Kriegsgeschehen konzentriert wird, das der »Odyssee« die ebenfalls zehn Jahr währende Heimfahrt des Griechen Odysseus. Sie führen in eine dem Menschen des 21. Jahrhunderts ausgesprochen fremde Welt, in eine illiterate Gesellschaft von fast ausschließlich adligen Männern, besser gesagt: Kriegern. Doch bis heute ist die Forschung uneins, ob diese Adelsgesellschaft, die uns in den Erzählungen entgegentritt, eine reale Gesellschaft spiegelt oder in ihr soziale Welten mehrerer Jahrhunderte und mehrerer Regionen durch literarische Fiktion verschmolzen bzw. geschichtet sind. In Frage kommen hier die Gesellschaften des 14.-12. Jahrhunderts, der mykenischen Zeit, deren durch nicht-alphabetschriftliche (Linear B, ägyptisch, hethitisch) Quellen rekonstruierbare Machtverhältnisse den in der »Ilias« beschriebenen nach Latacz in etwa entsprechen und in der die beschriebenen - fiktiven oder historischen - Ereignisse dementsprechend anzusiedeln seien,[1] des 10./9. Jahrhunderts, der Eisenzeit, aus der wir wenig außerhomerisches Material besitzen und in der diese Ereignisse durch Sänger mündlich verbreitet worden sein sollen, und des 8./7. Jahrhunderts, als »Ilias« und »Odyssee« durch einen oder mehrere Dichter auf der Grundlage mündlichen Materials schriftlich konzipiert wurden. Als Welt des Odysseus sieht Finley diejenige des 10./9. Jahrhunderts mit ihren einfachen sozialen Strukturen an, allerdings bleibt für ihn manche sozialhistorische Frage im Geschehen der »Odyssee« ungelöst: Warum herrscht Odysseus' alter Vater Laertes

1 Vgl. Joachim Latacz: Troja und Homer - Neue Erkenntnisse und Hypothesen. In: Hannes D. Galter (Hg.): Troia. Mythen und Archäologie. Graz: RM-Druck- & Verlags-Gesellschaft 1997 (Grazer Morgenländische Studien, Bd. 4), S. 1-42, hier 19-23; vgl. dagegen Peter W. Haider: Troia zwischen Hethitern, Mykenern und Mysern. Besitzt der Trojanische Krieg einen historischen Hintergrund?, ebd., S. 97-140, der Elemente eines historischen Hintergrundes für die »Ilias« erst in der frühen Eisenzeit sieht. Überhaupt gelten die Thesen von Latacz heute als überholt.

nicht auf Ithaka, wie es der alte Nestor in Pylos, Priamos in Troja, Achills Vater Peleus in Phthia tun? Wurde er zu Lebzeiten von seinem Sohn abgelöst? Auf welcher Grundlage ruht die Macht von Odysseus' Gattin Penelope - in einer patriarchalischen Gesellschaft -, mit ihrer Entscheidung für einen der Freier auch die Wahl eines neuen Königs zu entscheiden?[2] Ein differenzierteres Bild homerischer historischer Realität entwirft van Wees und und verankert dies chronologisch in der archaischen Zeit, die auch Hesiod beschreibt.[3] Bryant rechnet die Figuren und die Geschichte des Trojanischen Krieges der mykenischen Zeit zu, die in den Epen repräsentierten Einrichtungen des Lebens aber den sogenannten dunklen Jahrhunderten (11.-9. Jh.) nach dem Zusammenbruch der mykenischem Palastkultur mit geringen Überbleibseln der mykenischen Zeit und gelegentlichen Projektionen von Homers eigener Zeit.[4] In der »Ilias«, d.h. in der Geschichte vom Zorn des Achill, sieht Latacz die Darstellung eines Oberschichtproblems des 8. Jahrhunderts, d.h. der Gegenwart des Dichters, die ein Segment aus einer als bekannt vorausgesetzten Großerzählung über einen trojanischen Krieg bilde.[5] Während er die Historizität dieses Krieges für wahrscheinlich und eine mündliche Überlieferung der Großerzählung über die dunklen Jahrhunderte hinweg für möglich hält,[6] geht Kullmann wie andere[7] von der Theorie der ›floating gaps‹ aus und liest die Darstellung des Trojanischen Krieges und somit auch der Adelsgesellschaft als sekundäre Konstruktion aus der Zeit des Dichters um 700, die aus wenigen Überbleibseln extrapoliert, ansonsten aber im Verfahren der Homöostase erfunden sei.[8] Für die Literarizität der homerischen Gesellschaft plädieren außerdem Hooker und Patzer,[9] sowie Lloyd-Jones, der die Funktion der Epen vorrangig darin sieht, ein Publikum zu unterhalten, möglicherweise auch vorbildhaftes Verhalten oder sein Gegenteil zu präsentieren (mit »Rühme« der Männer wird der Inhalt der Rhapsodenlieder, d.h. der Epen bezeichnet),[10] nicht aber ein Abbild der Gesellschaft zu geben.[11] So lässt sich z.B. das Problem von Penelopes zweiter Ehe und die damit

2 Vgl. Moses I. Finley: Die Welt des Odysseus. Darmstadt: WBG 1968 (Übersetzung der amerikanischen Originalausgabe: The World of Odysseus. New York: Viking Press 1954), S. 41 und 87-89.

3 Vgl. Hans van Wees: Status Warriors. War, Violence and Society in Homer and History. Amsterdam: Gieben 1992 (Dutch Monographs on Ancient History and Archaeology, Bd. 9), S. 57f.

4 Vgl. Joseph M. Bryant: Moral Codes and Social Structure in Ancient Greece. A Sociology of Greek Ethics from Homer to the Epicureans and Stoics. Albany, New York: State University of New York Press 1996 (Diss. Toronto 1987), S. 15.

5 Vgl. Latacz: Troja (s. Anm. 1), S. 9-18.

6 Vgl. ebd., S. 24-33.

7 Vgl. ebd., S. 23.

8 Vgl. Wolfgang Kullmann: Η Ιλιάδα του Ομήρου και η ιστορική παράδοση. In: Machi Païsi-Apostolopoulou (Hg.): ΟΜΗΡΙΚΑ. Από τα Πρακτικά του Η' Συνεδρίου για την Οδύσσεια (1-5 Σεπτεμβρίου 1996). Ithaka: Κέντρο Οδυσσειακών Σπουδών 1998, S. 43-55 (mit dt. Zusammenfassung, S. 54).

9 Vgl. James Thomas Hooker: Gifts in Homer. In: Bulletin of the Institute of Classical Studies, Nr. 36 (1989), S. 79-90, hier 87; Barbara Patzer: Rez. zu van Wees: Status Warriors (s. Anm. 3). In: Gnomon, Nr. 67 (1995), S. 97-99, hier 98f.

10 Vgl. Odyssee V. 8,73.

verbundene Wahl eines neuen Königs von Ithaka auf plausible Weise aus der Welt schaffen, wenn man dieses Junktim als erzähltechnisches, spannungschaffendes Element interpretiert, als Ansporn der Freier und drohende Alternative, wenn Odysseus nicht heimkehrt.[12] Vor diesem Hintergrund gestaltet es sich freilich noch schwieriger, als es bei einem literarischen Text in der Regel ohnehin ist, »Ilias« und »Odyssee« als sozialhistorische Quelle zu lesen.

Hinzu kommt, dass abstrakte Wertbegriffe noch nicht ausgebildet sind, moralische und soziale Werte also aus konkreten Taten und Aussagen der handelnden Personen - Erzählerkommentare in dieser Hinsicht gibt es nur wenige - extrapoliert werden müssen. Beispielsweise gibt es keinen Beleg für das Wort für Gerechtigkeit (δικαιοσύνη), sondern nur solche für θέμις und δίκη, von denen ersteres mit ›Satzung‹ oder ›Brauch‹ wiederzugeben ist, wobei es in einer illiteraten Gesellschaft natürlich kein kodifiziertes Recht gibt, letzteres oft mit ›Rechtsspruch‹. Nur an wenigen Stellen scheint δίκη die Haltung zu bezeichnen, die zu einem gerechten Spruch oder auch zum rechten Handeln führt.[13]

In den folgenden Ausführungen gehe ich von der Prämisse der Fiktionalität der Texte aus und will versuchen zu zeigen, dass sich manche sozialhistorische Ungereimtheit als erzähltechnischer Kunstgriff aus der Welt schaffen lässt. Diesen Versuch möchte ich jedoch mit demjenigen verbinden, den dargestellten Schwierigkeiten zum Trotz und mit den entsprechenden Einschränkungen das Bild von der homerischen Gesellschaft und ihrer speziellen Gastlichkeit zu zeichnen, das sich in der Forschung innerhalb von etwa fünfzig Jahren herauskristallisiert hat.

Die homerische Gesellschaft wird meist als Schamkultur beschrieben, treffender wäre allerdings vielleicht der Begriff Ehrkultur, die bei böswilliger Betrachtung ein wenig an den Ehrenkodex von Cowboys im Western der 50er und 60er Jahre oder an den der Klingonen in der Serie RAUMSCHIFF ENTERPRISE bzw. den STARTREK-Filmen erinnert. Denn die Stellung eines Menschen - hier ist immer an einen Fürsten zu denken - wie auch die eines Gottes - die Götter sind gewissermaßen als unsterbliche sowie überaus starke und mächtige, aber nicht allmächtige Menschen gezeichnet -, definiert sich über seine Ehre (τιμή). Diese bemisst sich wiederum nach seiner Macht

11 Vgl. Hugh Lloyd-Jones: Ehre und Schande in der griechischen Kultur. In: Antike & Abendland, Nr. 33 (1987), S. 1-28, hier 2.

12 Vgl. Fanis I. Karkidis: O δεύτερος γάμος της Πηνελόπης. In: Païsi-Apostolopoulou: OMHPIKA (s. Anm. 8), S. 263-275 (mit engl. Zusammenfassung, S. 275).

13 Ilias V. 16,387f.; 18,508; Odyssee V. 11,570. Zur Bedeutung von δίκη vgl. Carlo Gioffredi: Su i concetti di θέμις e δίκη in Omero. In: Bulletino dell' Istituto di Diritto Romano, Nr. 65 (1962), S. 69-77, hier 74-76; Michael Gagarin: Dike in the Works and Days. In: Classical Philology, Nr. 68 (1973), S. 81-94, hier 81-87; Early Greek Law, Berkeley/Los Angeles: University of California Press 1986, S. 30f.; Matthew Dickie: Δίκη as a Moral Term in Homer and Hesiod. In: Classical Philology, Nr. 73 (1978), S. 91-101, hier. 97f. und Anm. 27; Eric A. Havelock: The Greek Concept of Justice. Cambridge, Massachusetts: Harvard University Press 1978, 192; Lloyd-Jones: Ehre und Schande (s. Anm. 11), 5f.; Albin Lesky †: Grundzüge griechischen Rechtsdenkens I. In: Wiener Studien N.F., Nr. 19 (1985), S. 5-35, hier 8 und 18-21; kurzgefasst: Ada Neschke: Gerechtigkeit/Recht. In: Der Neue Pauly. Enzyklopädie der Antike. Bd. 4, Stuttgart, Weimar: Metzler 1998, Sp. 951-953, hier 951.

auf Grund von Abstammung, Aussehen, Position in der Erbfolge, Kampfkraft, die sich in Wettkämpfen und im Krieg zeigt, und den Fähigkeiten, sich in Ratsversammlungen als Redner durchzusetzen und denjenigen Schutz zu gewähren, die zu seinem Machtbereich gehören. Zum inneren Machtbereich des Hauses oder Palastes (οἶκος) gehören dabei in erster Linie die Familienangehörigen einschließlich der Sklaven, dann diejenigen, die sich der Macht des Fürsten unterstellt haben, d.h. Schutzflehende und Gäste, zum erweiterten alle Untertanen. Als »Paradigma des aristokratischen Ethos«,[14] in dem das ethische Ideal die sozio-politische Struktur widerspiegele, gilt eine Rede des Lykierkönigs Sarpedon an Glaukos,[15] in der dieser die Tatsache, dass sie als Könige unter den Lykiern am meisten geehrt sind, was sich in einem Ehrenplatz beim Mahl, reichlichem Essen und Trinken sowie großem Landbesitz ausdrückt, als Gegenleistung dafür ansieht, dass sie für ihr Volk in der ersten Schlachtreihe kämpfen und dort Ruhm erwerben auf Grund ihrer »trefflichen Kraft«. Die Bedeutung des Aussehens ergibt sich daraus, dass der kampfstärkste Grieche, Achilleus, auch der schönste ist, das Gegenbild des homerischen Edlen, Thersites, aber der hässlichste. Schönheit ohne Kampfkraft freilich gilt als weibisch.[16]

Wer sich in den genannten Disziplinen auszeichnet, erwirbt Ruhm (κλέος, κῦδος), Schande aber (αἶσχος, αἰδώς, ἐλεγχείη u.a.) derjenige, der die Erwartungen an heldenhaftes Verhalten untererfüllt, also versagt oder sich feige zeigt, oder derjenige, der sie übererfüllt, d.h. dem Übermut (ὕβρις) verfällt. Letzterer fällt oft der Rache von Menschen und Göttern anheim. Klassisches Beispiel für die Untererfüllung des Heldenideals ist Paris, dem sowohl seine Frau Helena als auch sein Bruder Hektor aus diesem Grund Vorwürfe machen, die beide unter den Schmähungen (αἴσχεα) leiden, die sie über Hektors Verhalten zu hören bekommen, d.h. sich schämen. Als Übermut wird z.B. das Verhalten des Agamemnon gegenüber dem Apollonpriester und Achill bezeichnet (s.u.). Instanz über Ruhm und Schande jedoch ist, wie man sieht, das Urteil der anderen. Wie sehr das mögliche Urteil der anderen das Handeln der Helden vor Troja bestimmt, lässt sich außerdem an den Überlegungen des Diomedes und des Hektor ablesen, welche Reaktionen sie hervorriefen, wenn sie sich aus dem Kampf zurückzögen bzw. sich ihm stellten.[17] Bezeichnend ist aber besonders die Antwort des Hektor an seine Frau Andromache, die ihn gebeten hatte, aus Rücksicht auf seine Familie, die ohne ihn nicht bestehen könne, nicht am Kampf selbst teilzunehmen, sondern ihn von einem Turm aus zu leiten:

> Aber ganz furchtbar schäme ich mich vor den Trojanern und den Trojanerinnen mit ihren schleppenden Gewändern, wenn ich mich wie ein Schlechter vom Kampf fernhalte. Auch befiehlt mir dies nicht mein Mut, da ich lernte, immer ein Edler zu sein und unter den ersten Trojanern zu kämpfen und mir den Ruhm des Vaters und meinen eigenen zu erwerben.[18]

---

14 Theo Reucher: Die situative Weltsicht Homers. Eine Interpretation der »Ilias«. Darmstadt: WBG 1983, S. 252.

15 Vgl. Ilias V. 12,310–321.

16 Vgl. Ilias V. 2,216–219. 673f.; 3,39–57 (Hektors Tadel gegen Paris).

17 Vgl. Ilias V. 6,351.441–446.524; 8,147–150; 22,104–110.

In der »Ilias« bezieht sich die Furcht vor Schande ausschließlich auf Fälle von Untererfüllung des Heldenideals. Entsprechende Furcht besteht in der »Odyssee« vor »übler Nachrede des Volkes«. Doch hier spricht Penelope auch von dem Hohn, der diejenigen trifft, die sich durch die Misshandlung schutzwürdiger Personen, d.h. unbillige Härte, der Übererfüllung schuldig machen, während diejenigen, die auf diesem Gebiet richtig handeln, Ruhm erwerben.[19] Freilich erscheint es kaum möglich, das Maß zwischen Zuviel und Zuwenig zu finden, ohne ein Bewusstsein für Gerechtigkeit oder Angemessenheit zu besitzen bzw. über ethische Maßstäbe zu verfügen.[20] Doch ist über die Frage einer homerischen Ethik lange Zeit - ohne definitives Ergebnis - gestritten worden.

Als Schamkultur wird die homerische Gesellschaft u.a. von Adkins, Dodds, Finley, Gagarin, Bryant, van Wees beschrieben.[21] Adkins, dessen zahlreiche Studien auf diesem Gebiet zu den meistzitierten gehören, geht so weit, zu behaupten, dass erfolgreiches Handeln im Kontext von *competitive values* (Kampfkraft, Machtdurchsetzung usw.) grundsätzlich als gut betrachtet werde und zur Ehre beitrage, während *quiet* oder *co-operative values* (Anständigkeit usw.) unerheblich seien. Für den Fall von Agamemnons hybridem Verhalten im ersten Buch der »Ilias« (s.u.) bedeutete dies z.B., dass es

18 Ilias 6,441-446. Dieses wie alle folgenden Zitate aus Homer wurde von der Verf.in neu und möglichst wortgetreu übersetzt.

19 Vgl. Odyssee V. 14,239; 19,328-334.

20 Vgl. Lloyd-Jones: Ehre und Schande (s. Anm. 11), S. 1-9. Zur homerischen Begrifflichkeit in diesem Zusammenhang s.o.

21 Vgl. Arthur W.H. Adkins: Merit and Responsibility. Oxford: Clarendon Press 1960; ders.: »Honour« and »Punishment« in the Homeric Poems. In: Bulletin of the Institute of Classical Studies, Nr. 7 (1960), S. 23-32; ders.: »Friendship« and »Self-Sufficiency« in Homer and Aristotle. In: The Classical Quarterly, Nr. 13 (1963), S. 30-45; ders.: Homeric Values and Homeric Society. In: The Journal of Hellenic Studies, Nr. 91 (1971), S. 1-14; ders.: Homeric Gods and the Values of the Homeric Society. In: The Journal of Hellenic Studies, Nr. 92 (1972), S. 1-19; ders.: Moral Values and Political Behaviour in Ancient Greece. From Homer to the End of the Fifth Century. New York: Norton 1972, bes. Kapitel 2: The World of the Homeric Poems, S. 10-21; ders.: Art, Belief, and Values in the Later Books of the »Iliad«. In: Classical Philology, Nr. 70 (1975), S. 239-254; ders.: Problems in Greek Popular Morality. In: Classical Philology, Nr. 73 (1978), S. 143-158; ders.: Values, Goals, and Emotions in the »Iliad«. In: Classical Philology, Nr. 77 (1982), S. 292-326; ders.: Gagarin and the »Morality« in Homer. In: Classical Philology, Nr. 82 (1987), S. 311-322; Eric R. Dodds: The Greeks and the Irrational. Berkeley, Los Angeles: University of California Press 1951 (Sather Classical Lectures, Bd. 25); Finley: The World (s. Anm. 2); Michael Gagarin: Morality in Homer. In: Classical Philology, Nr. 82 (1987), S. 285-306; Bryant: Moral Codes (s. Anm. 4); van Wees: Status Warriors (s. Anm. 3). Völlig unhaltbar ist freilich Walter Huebers (Gerechtigkeitskonzeptionen bei Homer und Hesiod, Diss. München 1986, S. 15-44 und 109-130) von der philologischen Forschung zu Recht unbeachtete Gegenüberstellung von Agamemnon als Vertreter des »alten Rechts« der Hybris und Achill als Vertreter des »neuen Rechts« der Gerechtigkeit (δίκη), der letztendlich den Sieg davontrage. Abgesehen davon, dass Achill kein Untertan des Agamemnon ist usw., kann nach griechischem Verständnis Hybris niemals eine Norm darstellen, sondern immer nur die Verletzung einer Norm (δίκη). Außerdem ignoriert Hueber zum größeren Teil die wissenschaftliche Literatur zum griechischen Rechtsdenken im Allgemeinen und bei Homer im Besonderen.

gut gewesen wäre, wenn er sich damit hätte durchsetzen können. Zumindest werden Lüge zum eigenen Vorteil und Tötung eines Menschen auch außerhalb der Kampfes nicht diskreditiert. Im Gegenteil lobt Athene den Odysseus für eine geschickte Lügenerzählung. Patroklos, der einen Gefährten beim Knöchelspiel getötet, und Theoklymenos, der einen Menschen erschlagen hat, müssen zwar aus der Heimat fliehen, um der Blutrache zu entgehen, werden aber in keiner Weise als moralisch verwerfliche Menschen charakterisiert. Allerdings werden in beiden Epen alle Figuren, die sich des Übermutes schuldig machen, von Göttern oder Menschen bestraft.[22] Darüber hinaus lässt der Dichter Zeus am Ende der »Ilias« es dem Achill als Ruhm (κῦδος) zuteilen, dem alten Priamos die Leiche des Hektor gegen ein Lösegeld herauszugeben, d.h. eine mitleidige Tat zu tun, nachdem er zuvor Erbarmen (ἔλεος) und Scheu (αἰδώς) verloren hatte.[23] Die Gegenposition zu Adkins u.a., dass Tugenden des Zusammenlebens ebenso wichtig waren wie Tugenden des Wettkampfs und Schande und Ehre durchaus auf einem Bewusstsein für Gerechtigkeit und Schuld ruhten, vertreten Lloyd-Jones und Cairns;[24] Cairns hält sogar den Begriff der Schamkultur für inadäquat.[25] Diese sozialhistorische Diskussion wurde 1954 durch Moses Israel Finleys auf ethnologischen und anthropologischen Erkenntnissen beruhende und damit zu dieser Zeit bahnbrechende Studie »The World of Odysseus« in Gang gesetzt. Adkins, Gagarin und Lloyd-Jones hatten 1987 in »Classical Philology« noch lebhaft über die Frage von Scham und Schuld, das Vorhandensein eines Bewusstseins von Gut und Böse diskutiert, Cairns sich zu diesem Thema 2001 noch einmal zu Wort gemeldet, doch inzwischen scheint die Debatte, die vor allem im angelsächsischen Sprachraum geführt wurde, zu einem Ende gekommen und das Interesse an ihr weitgehend verloren gegangen zu sein. Stattdessen werden die Texte wieder stärker als Literatur wahrgenommen und mit dem Instrumentarium der Narratologie untersucht.

Besonders schön ist das - durchaus problematische - Funktionieren des Ehrenkodexes an den Ereignissen abzulesen,[26] die zum Zorn des Achill führten, der das eigentliche Thema der »Ilias« bildet:[27] Der mächtigste unter den Griechen, die auszogen, um die schöne Helena den Trojanern wieder abzunehmen, der König von Myke-

---

22 Vgl. Ilias V. 23,85-88; Odyssee V. 13,292f.; 15,272-278.

23 Vgl. Ilias V. 24,44f. 107-119, bes. 110.

24 Vgl. Lloyd-Jones: Ehre und Schande (s. Anm. 11); ders.: Hugh Lloyd-Jones: A Note on Homeric Morality. In: Classical Philology, Nr. 82 (1987), S. 307-310; Douglas L. Cairns: Aidōs. The Psychology and Ethics of Honour and Shame in Ancient Greek Literature. Oxford: Clarendon Press 1993 (Diss. Glasgow 1987), bes. Introduction, S. 1-47, Kapitel 1: Aidōs in Homer, S. 48-146; ders.: Affronts and Quarrels in the »Iliad«. In: Douglas L. Cairns (Hg.): Oxford Readings in Homer's »Iliad«. Oxford: University Press 2001, S. 203-219.

25 Vgl. z.B. Cairns: Affronts (s. Anm. 24), S. 217.

26 Zur Bedeutung der Ehre in sozialhistorischer Sicht bes. im Fall von Agamemnon und Achill vgl. Beate Wagner-Hasel: Der Stoff der Gaben. Kultur und Politik des Schenkens und Tauschens im archaischen Griechenland. Frankfurt, New York: 2000 (Campus Historische Studien, Bd. 28), Kapitel 4,1: Der Kampf um die *time* des Agamemnon und der Streit um das *geras* des Achilleus: Die Sichtbarkeit der Ehre und ihr sozialer und ökonomischer Wert, S. 171-196.

27 Vgl. Ilias V. 1,1.

ne Agamemnon, hat die Ehre des Apollonpriesters Chryses verletzt, und zwar hatte er sich geweigert, die Tochter des Priesters, Chryseis, die ihm aus einem Beutezug als Ehrengeschenk zugefallen war, ihrem Vater gegen ein reichliches Lösegeld zurückzugeben. Der Priester wendet sich an Apoll, der in Zorn gerät - schließlich ist mit der Missachtung seines Priesters auch seine göttliche Ehre verletzt - und das ganze griechische Heer durch eine Seuche straft. In einer von Achill, dem kampfstärksten Helden, einberufenen Heeresversammlung gibt der Seher Auskunft über den Grund der Seuche und die Möglichkeit, sie zu beenden, nämlich das Mädchen ohne Lösegeld zurückzugeben und zusätzlich Apoll zu opfern. Daraufhin wird Agamemnon zornig, fordert Ausgleich, wenn ihm sein Ehrengeschenk genommen werde, und droht, ihn sich selbst zu nehmen. Achill kritisiert dieses Verhalten und droht seinerseits heimzufahren, statt dem Agamemnon ohne entsprechende Ehre (ἄτιμος) Reichtum aufzuhäufen. Denn obwohl er den größten Anteil am Kampf habe, erhalte er nicht das gleiche Ehrengeschenk wie Agamemnon.[28] Als dieser ankündigt, er werde sich Achills Ehrengeschenk aus der Beute holen, entzündet sich der Zorn des Achill, der nur von Athene daran gehindert wird, Agamemnon auf der Stelle zu erschlagen, und sich in der Folge vom Kampf fernhält, bis seine Ehre wiederhergestellt ist.[29] Das Fehlverhalten des Agamemnon gegenüber dem Priester, das von Achill und Athene als Übermut (ὑπεροπλίη, ὕβρις) bezeichnet wird und das er selbst später durch Verblendung (ἄτη) erklärt, hat eine Kette von Zorn, Vergeltung zur Wahrung von Ehre und Gesicht und wiederum von Ehrverletzung in Gang gesetzt und überdies durch den Rückzug des Achill vom Kampf den Erfolg der Griechen bei der Belagerung Trojas gefährdet.[30] Es hat aber auch eine Exposition geliefert, die dazu geeignet ist, den Hörer/Leser mit Spannung auf die Fortführung warten zu lassen, wie der eigentlich unlösbare Konflikt zwischen dem mächtigsten und dem stärksten Griechen einer Lösung zugeführt wird und wie er den Kampf zwischen Griechen und Trojanern beeinflussen wird. Dies gilt, obwohl der Mythos als bekannt vorausgesetzt wird bzw. jeder weiß, dass Troja fallen wird. Auch wenn dieser Ehrenkodex ebenso in der »Odyssee«, dem sehr wahrscheinlich jüngeren Epos, im wesentlichen gültig ist - dies wird gerade im Zusammenhang des Gastrechtes deutlich werden -, lässt sich doch ein deutlicher Unterschied zwischen den beiden zentralen Heldenfiguren ausmachen. Während Achill, der überragende Held der »Ilias«, für Ehre und Rache in den Tod geht - eine Entscheidung, die er im Leben anlässlich seiner Ent-Ehrung durch Agamemnon in Frage stellt und deren Tragweite sein Schattenbild im Hades deutlich macht -,[31] ist Odysseus der Held des Duldens und Überlebens. Um sein Leben zu erhalten und am Ende über seine Gegner zu triumphieren, vermag er sich als Schutz-

28 Eine Beschreibung des schwierigen Verhältnisses zwischen Achill und Agamemnon wird dem alten weisen Nestor in den Mund gelegt (Ilias 1,280f.): »Wenn du (Achill) auch stärker bist und dich eine göttliche Mutter gebar, ist dieser (Agamemnon) doch mächtiger, da er über mehr Menschen gebietet.« Zu Achill vgl. außerdem Ilias V. 1,146. 244; 9,110, zu Agamemnon Ilias V. 1,91; 2,577f.; 9,38-40.

29 Vgl. Ilias V. 1,11-218.

30 Zur Interpretation dieses Geschehens als Darstellung eines Oberschichtproblems des 8. Jahrhunderts im mythischen Gewand s.o.; zu einer Bewertung des Streites vgl. Cairns: Affronts (s. Anm. 24), S. 211f.

suchender an einen fremden Herd zu flüchten und sich sogar zum Bettler zu erniedrigen.[32]

2. Das homerische Gastrecht

Kehrseite bzw. Komplement der »Ehren«-Medaille ist ein Gastrecht, das weit umfassender ist als das moderner westlicher sogenannter Schuldkulturen. Doch auch hier ist eine Debatte geführt worden, ob die ursprüngliche Fremdenangst aus Einsicht in ökonomische Interessen und im Hinblick auf eine Reziprozität der Gastfreundschaft überwunden wurde oder ein Fortschritt von der Rechtlosigkeit des Fremden zu einer Rechtssicherheit errungen, d.h. eine Moral ausgebildet wurde und so altruistische Motive in der Gastfreundschaft eine Rolle spielten.[33] Jedenfalls steht das Gastrecht unter dem Schutz des höchsten Gottes Zeus, der in dieser Funktion den Beinamen ›Xenios‹ trägt, der ›Gastliche‹ oder ›Schützer der Fremden bzw. Gäste‹, der von dem das Bedeutungsspektrum ›Fremder‹, ›Gast‹ und ›Gastfreund‹ umfassenden Wort ξένος bzw. ξεῖνος abgeleitet ist.[34] In der »Odyssee« ist Gastfreundschaft entsprechend eng an die Frömmigkeit gebunden, wie sich aus den folgenden Worten des Odysseus ergibt, die überdies darauf hindeuten, dass die Beachtung des Gastrechtes als Zeichen von Zivilisation angesehen wird:

> Weh mir, in das Land welcher Menschen bin ich wieder gekommen? Sind sie übermütig (ὑβρισταί), wild (ἄγριοι) und ohne Recht (οὐδὲ δίκαιοι) oder gastfreundlich (φιλόξεινοι) und haben eine gottesfürchtige Gesinnung (νόος θεουδής)?[35]

---

31 Vgl. Ilias V. 9,401–416; Odyssee V. 11,488–491. Zum Verhältnis von Tod, ehrenvollem Tod und Leben in Achills Feststellung, er wolle lieber Diener eines armen Mannes sein als König der Toten, vgl. Robert Schmiel: Achilles in Hades. In: Classical Philology, Nr. 82 (1987), S. 35–37. Zur Liebe der homerischen Helden zum Leben, dem Erwerb von Ehre durch Siege (nicht durch heroischen Tod) und ihrem beispielsweise im Vergleich zu den Spartanern bei den Thermopylen oder irischen Freiheitskämpfern nicht trotzig gesuchten und daher weniger heroischen Tod sowie dem in der »Ilias« ausgesparten Tod des Achill vgl. Robert Renehan: The ›Heldentod‹ in Homer. One Heroic Ideal. In: Classical Philology, Nr. 82 (1987), S. 99–116.

32 Allein 37 Mal heißt Odysseus in der »Odyssee« der »vielduldende« (πολύτλας: V. 5,171.354.486; 6,1.249; 7,1.133.139.177.329.344; 8,199.446; 13,250.353; 14,148; 15,340; 16, 90.186.225.258.266; 17,28.560; 18,90.281; 19,102; 21,414; 22,191.261; 23,111; 24,176.232. 348.490.504.537), 11 Mal »mit duldsamem Sinn« (ταλασίφρων: V. 1,87.129; 3,84; 4,241.270; 5,31; 17,34.114.292.510; 18,311). Seinem Sohn Telemach gibt er explizit die Anweisung, seine Misshandlung durch die Freier zu dulden (V. 16,272–280). Zum bewussten und scharfen Kontrast zwischen dem bedingungslosen Heroismus und Rachewillen des Achill und dem Realismus des Odysseus auch in »Ilias« V. 19,145–172, als Achill zur Schlacht drängt, Odysseus aber auf der Notwendigkeit besteht, das Heer müsse vorher gegessen haben, vgl. Malcolm Davies: Feasting and Food in Homer. Realim and Stylisation. In: Prometheus, Nr. 23 (1997), S. 97–107, hier 98.

33 Vgl. den kurzen Forschungsbericht bei Wagner-Hasel: Stoff (s. Anm. 26), S. 79–81.

Zum einen ist die Rede von Gastfreundschaften, die meist schon seit Generationen zwischen einzelnen Familien bestehen und durch gegenseitige Geschenke (ξεινήια) dokumentiert, also geregelt sind, wobei der Austausch von Geschenken auch außerhalb der jeweiligen Häuser erfolgen kann. So begründen Odysseus und Iphitos ihre Gastfreundschaft im Haus des Ortilochos durch den Tausch ihrer Waffen, Odysseus' Schwert und Lanze gegen den Bogen des Iphitos, und ebenso tauschen in der »Ilias« Glaukos und Diomedes während des Kampfes als Zeichen ihrer Gastfreundschaft die Rüstungen.[36] Aus dieser Begegnung des auf trojanischer Seite kämpfenden Lykiers Glaukos und des Griechen Diomedes, die nicht die Waffen gegeneinander erheben, sondern sich gegenseitig umständlich vorstellen, als Gastfreunde von den Vätern her erkennen und durch den Rüstungstausch diese Verbindung erneuern, hat man in der Forschung geschlossen, dass solche Gastfreundschaften stärker binden als Kampfbündnisse.[37] Adkins definiert daher die Gastfreundschaft als Verhältnis der φιλότης, der *co-operation* im Gegensatz zur feindlichen Umwelt, und damit als Beinahe-Verwandtschaft.[38] Tatsächlich ist φιλότης von dem Adjektiv φίλος abgeleitet, das häufig

34 Das vollständige Bedeutungsspektrum von ξεῖνος lässt sich im 1. Gesang der »Odyssee« in einem Textabschnitt von etwa 200 Versen ablesen, in dem Athene in der Gestalt des - Telemach fremden - väterlichen Gastfreundes Mentes an den Hof von Ithaka kommt, von Telemach gastlich aufgenommen wird, sich als väterlicher Gastfreund (175.187: ξεῖνος πατρώιος) vorstellt und Telemach Anweisungen für sein Verhalten gegenüber den Freiern gibt. Während die Figur von Mentes/Athene im Griechischen sowohl vom Erzähler als auch von der Figur des Telemach als auch von ihr selbst konsequent als ξεῖνος bezeichnet wird (V. 105.120.123.158.175.187.214.231.307), changieren die Übersetzungen (z.B. Homer: Ilias und Odyssee. In der Übertragung von Johann Heinrich Voß. Hg. von Peter Von der Mühll, Wiesbaden: Löwit [1972]; Homer: Die Odyssee. Deutsch von Wolfgang Schadewaldt. Hamburg: Rowohlt 1958; Homer: Odyssee, griechisch und deutsch. Übertragung von Anton Weiher. Mit Urtext, Anhang und Registern, Einführung von Alfred Heubeck. 8. Aufl., Darmstadt: WBG 1986.) im Verlauf der Begegnung von Mentes/Athene und Telemach zwischen »Fremder«, »Gast«, »Gastfreund« und »Freund«. Weshalb ausgerechnet Schadewaldt (S. 14), der im Gegensatz zu Voß und Weiher nicht durch das Metrum gebunden ist, ganz am Ende der Begegnung völlig unpassenderweise Telemach den Mentes als »Fremden« anreden lässt, ist nicht erklärlich.

35 Odyssee V. 6,119-121, vgl. auch 8,575f.

36 Vgl. Ilias V. 6,119-236; Odyssee V. 21,11-41. Zu Geschenken als Freundschaftssymbolen vgl. van Wees: Status Warriors (s. Anm. 3), S. 228; zum ungleichen Wert der Rüstungen von Glaukos und Diomedes vgl. ebd. und Otto Hiltbrunner: Gastfreundschaft in der Antike und im frühen Christentum. Darmstadt: WBG 2005, S. 29. Gegen die Theorie vom agonistischen Charakter des Schenkens und von einem in mykenischer Zeit noch praktizierten, von Homer aber nicht mehr verstandenen ›potlatch‹ argumentiert Wagner-Hasel: Stoff (s. Anm. 26), S. 92-98. Ihrer Ansicht nach betont die Tatsache, dass der genealogisch niedriger stehende Diomedes, der Sohn des Tydeus und Enkels des mythischen Königs von Kalydon Oineus (V. 6,216-223), ein deutlich wertvolleres Geschenk erhält als der genealogisch höher stehende Glaukos, der seine Herkunft auf den Windgott Aiolos zurückführen kann (V. 6,153-206), die zuvor geschilderte Aristie des Diomedes.

37 Vgl. Finley: Die Welt (s. Anm. 2), S. 103f.; Heinz-Günther Nesselrath: Xenoi und Hiketai bei Herodot. In: Ulrike Riemer/Peter Riemer (Hg.): Xenophobie - Philoxenie. Vom Umgang mit Fremden in der Antike. Stuttgart: Steiner 2005, S. 91-101, hier 92.

38 Vgl. Adkins: Friendship (s. Anm. 21), S. 36f.

das Possessivum vertritt und Verwandtschaftsbezeichnungen beigefügt wird (z.B. φίλος υἱός ›lieber Sohn, eigener Sohn‹), und es wird gar in der »Odyssee« der Fremde und der Bittflehende mit dem Bruder auf eine Stufe gestellt.[39] Doch gibt es im Text keinen Hinweis auf eine irgendwie geartete Verpflichtung für Glaukos und Diomedes, nicht gegeneinander zu kämpfen.[40] Vielmehr fordert Diomedes den Glaukos nur unverbindlich auf: »Aber lass uns die Lanzen voneinander auch im Getümmel vermeiden!« und begründet dies damit, dass sie beide genug andere Feinde zu erlegen haben.[41] Allerdings steht dieser Verzicht auf den Kampf als menschliche Geste wohl in kalkuliertem Kontrast zu der um die beiden tobenden blutigen Schlacht. Auch die Geschichte darüber, wie Odysseus und Iphitos Gastfreundschaft schlossen, hat in erster Linie erzähltechnische Funktion. Sie dient nämlich dazu zu erklären, weshalb Odysseus, der als Trojakämpfer ein Mann des Schwertes ist, einen so außergewöhnlichen Bogen besitzt, dass dieser sich für die berühmte Bogenprobe eignet, und weshalb er einen solchen Bogen zu Hause gelassen hat. Denn ein Gastgeschenk verlässt den Palast natürlich nicht.[42]

Freilich ist das deutsche Wort Gastfreundschaft irreführend, da es sich in keinem Fall um eine wirkliche Freundschaft handelt, wie überhaupt weder in der »Ilias« noch in der »Odyssee« von Freundschaften unter den Männern die Rede ist. Sie sind nur Gefährten (ἑταῖροι). Selbst das Bild von dem berühmten Freundespaar Achill und Patroklos ist eine Stilisierung späterer Literatur. Patroklos, der, wie gesagt, wegen einer Blutrache den Hof seines Vaters verlassen musste, wird wie ein Bruder des Achill aufgezogen, von dessen Vater aber als θεράπων bezeichnet, was ebenso ›Gefährte‹ wie ›Diener‹ bedeuten kann,[43] und aufgefordert, dem jüngeren, aber von Geburt über ihm stehenden und stärkeren Achill, vor Troja mit Rat zur Seite zu stehen. Allein auf Grund Achills unmäßig blutiger Rache für den Tod des Patroklos konnte den beiden ein homoerotisches Verhältnis unterstellt werden.[44] Wenn das Wort φιλότης, das Freundschaft oder Liebe bedeuten kann,[45] im Zusammenhang mit der Gastlichkeit verwendet wird, werden konkrete Handlungen bezeichnet (z.B. φιλότητα παρασχεῖν ›freundlich behandeln‹ im Gegensatz zu κακὰ ῥέξαι ›Schlimmes antun‹).[46]

Auch außerhalb von geregelten Gastfreundschaften aber konnte jeder Adlige, wenn er sich auf Reisen begab, erwarten, gastliche Aufnahme im Haus eines anderen Adligen zu finden, wie umgekehrt von ihm in entsprechendem Fall ebenso Gastlichkeit erwartet wurde.[47] Allerdings scheint es außerdem die Alternative gegeben zu

39 Vgl. Odyssee V. 8,546.

40 Vgl. Hooker: Gifts (s. Anm. 9), S. 88–90, der den Austausch von Geschenken bei Homer mit dem wesentlich stärker institutionalisierten und verpflichtenden in der mittelalterlichen Epik vergleicht; vgl. Wagner-Hasel: Stoff (s. Anm. 26), S. 98–104.

41 Ilias 6,226–229.

42 Vgl. Hooker: Gifts (s. Anm. 9), S. 82.

43 Vgl. Ilias V. 23,80.94.

44 Vgl. Platon, Symposion 179d7–180a4.

45 Vgl. Heinrich Ebeling (Hg.): Lexicon Homericum. 2 Bde., Leipzig: Teubner 1880, Bd. 1, S. 436.

46 Vgl. Ilias V. 3,354.

47 Zur Gegenseitigkeit vgl. Hiltbrunner: Gastfreundschaft (s. Anm. 36), S. 26.

haben, Gäste nicht selbst aufzunehmen, sondern an einen anderen zu verweisen. Hiervon wird jedoch nur in der »Odyssee« Gebrauch gemacht, als Telemach einen mitgereisten Seher vorläufig bei einem Gefährten unterbringt, solange er selbst nicht in der Stadt ist.[48] Ein Risiko gingen grundsätzlich beide Seiten ein: Während der Gastgeber nicht wissen konnte, ob er sich, besonders mit einem unbekannten Gast, nicht einen Spion, Attentäter oder - wie z.B. mit Paris - einen Ehebrecher ins Haus holte, jemanden, der seinen Machtbereich (οἶκος) und damit seine Ehre verletzte, war ein Gast in der Fremde per se eine schutzlose Person, dem Bettler gleichgestellt und daher göttlichem Schutz unterstellt: »Fremder, es steht mir nicht zu, auch wenn ein Schlechterer (κακίων, im Hinblick auf die gesellschaftliche Stellung) käme als du, einen Fremden nicht zu ehren. Denn von Zeus sind alle, sowohl die Fremden als auch die Bettler.«[49] Wir lesen von fahrendem Volk (ἀλαλήμενοι, ἄνδρες ἀλῆται), das für die Weitergabe von - wahren und falschen - Nachrichten Aufnahme fand und Lebensunterhalt z.B. in Form von Kleidung erhielt und das mit den Bettlern auf eine Stufe gestellt wird.[50] Im Fall eines Gastes, der zumindest dem äußeren Anschein nach nicht der adligen Gesellschaftsschicht angehört, d.h. des Odysseus als Schiffbrüchigen bei den Phaiaken und wiederum als Bettler am Hof von Ithaka, wird überdies die Möglichkeit erwogen, es könne sich um einen Gott in menschlicher Gestalt handeln.[51] Vor diesem Hintergrund wird das rüpelhafte Verhalten des Freiers Antinoos getadelt, der einen Schemel nach dem Bettler geworfen hatte:

> Antinoos, es war nicht anständig (οὐ καλά), dass du nach dem unglücklichen Bettler geworfen hast, du Verfluchter. Was ist, wenn er ein Gott vom Himmel ist? Denn Götter wandern auch Fremden aus dem Ausland gleichend in mancherlei Gestalt durch die Städte und beobachten den Übermut (ὕβρις) und die Rechtlichkeit (εὐνομίη) der Menschen.[52]

So gilt das Misshandeln von Fremden (ξεῖνους στυφελίζειν) als schändliches Tun (ἀείκεα ἔργα) und jemandem gastliche Bewirtung (ξείνια) zu gewähren, später aber, wenn auch zu recht, zu töten als das Gegenteil von Ruhm (ἐϋκλείη) und Tüchtigkeit (ἀρετή).[53] In dieser Bindung an Ehrenkodex und Religion ist aber auch das Gastrecht gegen den Unbekannten - die Frage nach der Identität wird meist erst nach der Aufnahme als Gast gestellt (s.u.) - gewissermaßen geregelt und daher nicht als absolu-

48 Vgl. Odyssee V. 4,26–29; 15,539–546.

49 Odyssee V. 14,56–58. Es spricht der Schweinehirt Eumaios zu dem als Bettler verkleideten Odysseus.

50 Vgl. Odyssee V. 14,122–132; 19,74: »so sind die Bettler [πτωχοί] und fahrenden Männer [ἀλήμονες] ›sc. dass sie betteln‹«.

51 Vgl. Odyssee V. 7,199. Zum Motiv der göttlichen Einkehr und zur Herstellung von irdischer Gerechtigkeit durch einen göttlichen Gast vgl. Daniela Flückinger-Guggenheim: Göttliche Gäste. Die Einkehr von Göttern und Heroen in der griechischen Mythologie. Bern u.a.: Peter Lang 1984 (Europäische Hochschulschriften, Reihe 3: Geschichte und ihre Hilfswissenschaften, Bd. 237), S. 11–21 und 153.

52 Odyssee V. 17,483–487.

53 Vgl. Odyssee V. 14, 402–405; 16,107f. Vgl. Wagner-Hasel: Stoff (s. Anm. 26), S. 84; zur Schutz gewährenden Aufnahme des Gastes durch die gemeinsame Mahlzeit s.u.

te, von jeder Pflichterfüllung freie Gastfreundschaft anzusehen.[54] Auch lassen sich aus den verschiedenen Fällen, in denen Gäste aufgenommen werden, gewisse Riten ableiten, die in der Welt des Epos befolgt werden.[55] Zunächst gehört es anscheinend zur Höflichkeit eines Gastgebers, den Gast von sich aus zu bemerken, sich zu erheben und auf ihn zuzugehen, ihm dann einen Platz anzubieten, schließlich für Wasser zur Handwaschung, Wein und Essen zu sorgen sowie für ein Bad.[56] Erst danach ist eine Frage nach der Identität und/oder nach dem Grund des Kommens angebracht, wie Menelaos sie bei der Bewirtung von Telemach und Peisistratos ankündigt: »Nehmt von dem Brot und erfreut euch daran. Wenn ihr aber von der Mahlzeit gegessen habt, werde ich euch fragen, wer von den Männern ihr seid.«[57] In der »Ilias« wird ein entsprechendes Vorgehen des Gastgebers Achill als Brauch oder Recht gegenüber Fremden bezeichnet: »Staunend aber erhob sich Achilleus, nahm uns bei der Hand und führte uns hinein, ließ uns niedersitzen und setzte uns ein gastliches Mahl (ξείνια) vor, was Brauch/Recht (θέμις) für die Fremden (ξεῖνοι) ist.«[58] Gästen wird also üblicherweise eine Mahlzeit vorgesetzt bzw. sie werden zur Teilnahme an einer Mahlzeit aufgefordert und dadurch gewissermaßen in die Hausgemeinschaft und, weil bei der Mahlzeit den Göttern geopfert wurde, auch in eine sakrale Gemeinschaft aufgenommen.[59] Da die Mahlzeit außerdem die Gelegenheit ist, zu reden, Informati-

---

54 Vgl. Jacques Derrida: Von der Gastfreundschaft. Mit einer »Einladung« von Anne Dufourmantelle. Übertragung ins Deutsche von Markus Sedlaczek. Hg. von Peter Engelmann. Wien: Passagen 2001 (Übersetzung der französischen Orginalausgabe: De l'hospitalité. Paris: Calman-Lévy 1997), S. 26–29 und 64; Sascha Bischof: Gerechtigkeit - Verantwortung - Gastfreundschaft. Ethikansätze nach Jacques Derrida. Freiburg, Wien: Academic Press Fribourg 2004 (Studien zur theologischen Ethik, Bd. 106), S. 442–444.

55 Vgl. John Procopé: Höflichkeit. In: Reallexikon für Antike und Christentum. Bd. 15, Stuttgart: Hiersemann 1991, S. 930–986 (Übersetzung von Karl Hoheisel), hier 942; Wagner-Hasel: Stoff (s. Anm. 26), S. 112–117. Die Einladung zur Mahlzeit erwähnt Procopé nicht. Der von ihm für das Anbieten eines Getränks angeführte Beleg »Ilias« 11,624 gehört nicht hierher, da der Wein nicht für einen Gast gemischt wird, sondern für den in die Hütte zurückkehrenden Herrn, Nestor, der den verwundeten Machaon mit sich führt. Vgl. auch Victoria Pedrick: The Hospitality of Noble Women in the »Odyssey«. In: Helios N.S., Nr. 15 (1988), S. 85–101, hier 86f., die zwischen Pflichten des Hausherrn und der Hausfrau in einem »stabilen« Haus, d.h. in einem Haus, in dem der Hausherr anwesend ist, und einem »instabilen« wie dem Hof von Ithaka unterscheidet, während nach Wagner-Hasel (ebd., S. 796) die Riten von Männern und Frauen vollzogen wurden. Nach den gleichen Riten wie die Menschen empfangen sich im wesentlichen auch die Götter gegenseitig in ihren Häusern (Ilias 18,382–409: Empfang der Thetis durch Hephaistos und seine Gattin Charis; Odyssee 5,85–91: Empfang des Hermes durch Kalypso; Kalypso fragt Hermes zwar nach dem Grund seines Kommens, bevor sie ihn bewirtet, erwartet die Antwort aber nicht, bevor er gegessen hat).

56 Vgl. Ilias V. 9,193.200.206–221; 11,64f.; Odyssee V. 1,113–120.130f.136–143; 3,34f.40.65f. 464–469; 4,22f.48–56.77f.; 14, 49–51.73–76.

57 Odyssee V. 4,60–63.

58 Ilias V. 11,777–779.

59 Zum Zusammenhang von Gastfreundschaft, Mahlzeit und Götteropfer vgl. Finley: Die Welt (s. Anm. 2), S. 135; Flückinger-Guggenheim: Göttliche Gäste (s. Anm. 51), S. 19; zur Eingliederung des Fremden in die Gemeinschaft des Hauses Wagner-Hasel: Stoff (s. Anm. 26), S. 116f.

onen auszutauschen, zu erzählen oder sich von der Erzählung eines professionellen Erzählers, eines Sängers bzw. Rhapsoden, unterhalten zu lassen, ergeben sich mehrfach im Epos Situationen, in denen der Dichter Gäste oder Gastgeber das Wort ergreifen lässt, d.h. sie zu Erzählern macht. Das Problem einer Sprachbarriere zwischen einem Fremden und einem Gastgeber[60] wird im Epos bzw. überhaupt im Mythos ausgeblendet, obwohl wir wissen, dass in der Realität der Sprachraum des Mittelmeeres, in dem die Handlung der »Ilias« wie der »Odyssee« angesiedelt ist, im 2. Jahrtausend und zu Beginn des 1. Jahrtausends v.Chr. keineswegs homogen war.[61]

Auch im Gastrecht außerhalb bestehender Gastfreundschaften spielen überdies Geschenke eine Rolle. Denn normalerweise erhält ein Gast vom Gastgeber ein Abschiedsgeschenk. Hinsichtlich der Gastgeschenke vertrat nun Finley die These, dass der Akt des Gebens grundsätzlich die erste Hälfte einer wechselseitigen Handlung war, deren andere die Gegengabe bildete, und dass das ›Einsammeln‹ von Geschenken neben dem gewalttätigen Erwerb, d.h. Beutezügen o.ä., gewissermaßen eine wirtschaftliche Basis des Hausstandes bildete.[62] Dass die Erwiderung eines Abschiedsgeschenks intendiert und erwartet wurde, belegt er mit Worten des Laertes, des greisen Vaters des Odysseus. Als Laertes nämlich von einem Fremden, d.i. dem verkleideten Odysseus selbst, erfährt, dass dieser seinen Sohn vor Jahren bewirtet und mit reichen Geschenken verabschiedet habe,[63] äußert er folgende Worte:

> Die Geschenke aber hast du vergeblich gegeben, auch wenn du zehntausend mitgegeben hast. Denn wenn du ihn lebend hier im Volk von Ithaka anträfest, dann würde er sich mit Geschenken und guter Bewirtung revanchieren und dich dann entlassen. Denn so ist es recht, wenn einer den Beginn der ›Gastfreundschaft‹ macht.[64]

Tatsächlich lädt Menelaos den Telemach gewissermaßen zu einer ›guided tour‹ durch Hellas und Argos ein, auf der jeder, bei dem sie einkehren, wenigstens ein bescheidenes Geschenk geben wird.[65] Unter Berufung auf andere Textstellen ist Finleys These jedoch inzwischen modifiziert worden.[66] Denn zum einen führte unter konsequenter Annahme der Wechselseitigkeit die Verpflichtung zu einem adäquaten Gegengeschenk bei einem Gegenbesuch zumindest zu einem Null-Summen-Spiel.[67] Zum anderen erhält Odysseus auf seinen Irrfahrten ohne begründete Erwartung auf Gegenga-

---

60 Vgl. zu diesem Problem Derrida: Von der Gastfreundschaft (s. Anm. 54), S. 20.

61 Zur Verbreitung des Griechischen im Mittelmeerraum im 2. Jahrtausend und zu Beginn des 1. Jahrtausends sowie zu den konkurrierenden Sprachen vgl. Francisco R. Adrados: Geschichte der griechischen Sprache. Von den Anfängen bis heute. Tübingen/Basel: Francke 2001 (Übersetzung der Originalausgabe: Historia de la lengua griega. De los orígines a nuestros días. Madrid: Gredos 1999), S. 33-36 und 58-62.

62 Vgl. Finley: Die Welt (s. Anm. 2), S. 59f.; differenzierter van Wees: Status Warriors (s. Anm. 3), S. 230-234.

63 Vgl. Odyssee V. 24,264-279.

64 Odyssee V. 24,283-286.

65 Vgl. Odyssee V. 15,80-85.

66 Vgl. Hooker: Gifts (s. Anm. 9), S. 82-86, bes. 82; van Wees: Status Warriors (s. Anm. 3), S. 228-237.

67 Vgl. van Wees: Status Warriors (s. Anm. 3), S. 233.

ben kostbarste Geschenke vom Herrscher der Winde Aiolos und dem Phaiakenkönig Alkinoos sowie sein Sohn Telemach auf seiner Erkundungsfahrt von Menelaos und Helena. Allerdings dürfte ein Gastgeber dadurch, dass er sich generös zeigt, auf die Erhöhung seiner eigenen Ehre abzielen. Die Kostbarkeit der Geschenke repräsentiert also einerseits Macht und Reichtum, d.h. die Ehre, des Schenkenden. Auch dient das Geschenk dazu, die Erinnerung an die erwiesene Gastfreundschaft wach zu halten, wird also zum Andenken (μνῆμα).[68] Andererseits aber verleiht sein Wert der Wertschätzung, d.h. wiederum der Ehre, des Beschenkten, Ausdruck.[69] So mag man vermuten, dass ein höher Stehender ein - seinem Status entsprechend - kostbareres Geschenk erhielt, als er seinem unter ihm stehenden Gastgeber bei dessen Gegenbesuch machte, und so tatsächlich einen Gewinn erzielte.[70] Letzterer wiederum mag sich durch das Geschenk eines bedeutenden Mannes, eines mächtigen Königs, tapferen Kämpfers o.ä., erhöht gefühlt haben. Außerdem war bei Reisen zu abgelegenen Völkern wie zu den Phaiaken oder zu den Ägyptern, Phöniziern, Sidoniern, von denen Menelaos Teile seines Reichtums hat,[71] das Risiko eines Gegenbesuchs vergleichsweise gering.[72]

3. Gastliches Verhalten in der »Ilias«

Obwohl die in der »Ilias« geschilderten, um den einen Ort Troja bzw. Ilion zentrierten Ereignisse keinem der griechischen Helden die Gelegenheit geben, einen anderen in seinem Haus bzw. Palast als Gast zu empfangen, finden wir dennoch Situationen, in denen Gäste und Bittsteller, sogar solche, die eigentlich Feinde sind, mit ausgesuchter Höflichkeit innerhalb des Heerlagers in der Hütte empfangen werden.[73] Zunächst empfängt Agamemnon, dem dies auf Grund seiner Stellung zukommt, als die Lage der Griechen ohne die Kampfkraft des Achill bedrohlich wird, auf Vorschlag des Nestor die Ältesten zu Gastmahl (δαίς) und Beratung in seiner Hütte. Da das Hauptgewicht auf der Beratung liegt, wird nur mit wenigen formelhaften Versen das gemeinsame Essen, Handwaschung und Trinken beschrieben.[74] Weit ausführlicher wird der freundliche Empfang der bei dieser Beratung beschlossenen Versöhnungsgesandtschaft durch Achill dargestellt, der nach den beschriebenen Riten erfolgt.[75] Erst nach-

---

68 Vgl. Odyssee V. 8,430–432; 15,54f.126. Zur Erinnerungsfunktion vgl. Wagner-Hasel: Stoff (s. Anm. 26), S. 108f., die bei den ξεινήια zwischen Naturalien bzw. Mahlzeit, Waffen und Erinnerungs- bzw. Abgaben in Form von Dreifüßen, Kesseln, Mischkrügen, Tuchen u.a. unterscheidet.

69 Vgl. van Wees: Status Warriors (s. Anm. 3), S. 234.

70 Vgl. ebd., S. 234–237.

71 Vgl. Odyssee V. 4,80–89.

72 Vgl. van Wees: Status Warriors (s. Anm. 3), S. 234.

73 Darüber hinaus berichtet Nestor vom Empfang einer Gesandtschaft, die Achill zum Kampf in Troja abholt, durch Achill und Peleus und wird Thetis durch Hephaistos und Charis empfangen (siehe dazu Anm. 55).

74 Vgl. Ilias V. 9,69–178.

75 Vgl. ebd., V. 9,196–657.

dem die Männer - die gerade noch bei Agamemnon gespeist haben - eine üppige Mahlzeit verzehrt haben, kommt Odysseus auf ihr eigentliches Anliegen zu sprechen, Agamemnons Angebot einer Versöhnung mit reichlichen Geschenken. Selbst als Patroklos nur für eine Erkundigung in Nestors Hütte stürmt, während draußen die Schlacht tobt, wird er mit aller Höflichkeit wie ein Gast begrüßt, schlägt aber den angebotenen Platz wegen seiner Eile aus.[76] Scheinbar dem Ritus zuwider verläuft im 24. Gesang der Empfang des greisen Königs von Troja Priamos, der als Bittsteller (ἱκέτης) um die Herausgabe der Leiche seines Sohnes Hektor in die Hütte des Achill kommt.[77] Gleich nach seinem Eintritt umarmt er in der typischen Geste der Bittflehenden die Knie des Mannes, der täglich die Leiche seines Sohnes um das Grab des von ihm getöteten Patroklos schleift, bietet reiches Lösegeld für die Herausgabe des Leichnams und küsst Achill die Hände. Gemeinsam klagen die beiden, Achill empfindet Mitleid für den alten Mann und erklärt sich zur Annahme des Lösegeldes und zur Herausgabe der Leiche bereit. Erst dann nehmen sie ein gemeinsames Nachtmahl ein, auf Bitten des Priamos lässt Achill ihm ein Nachtlager bereiten und verspricht, für die Zeit des Begräbnisses für einen Waffenstillstand zu sorgen.[78] Hier überlagert das procedere der Hikesie den Ritus des Gastrechtes. Außerdem wird mit dem überaus taktvollen und rücksichtsvollen Verhalten des Achill in dieser heiklen Situation wiederum ein bewusster Gegensatz zu seinem letztendlich übermäßigen Zorn und seinem rauschhaften Wüten in der Schlacht zuvor geschaffen.

Zuletzt darf nicht vergessen werden, dass der Anlass des Trojanischen Krieges auch ein Bruch des Gastrechtes ist. Schließlich war Paris Gast im Haus des Menelaos, als er Helena raubte. So betet Menelaos vor dem Zweikampf mit Paris:

> Herrscher Zeus, gib, dass ich mich an dem räche, der mir zuerst Schlimmes tat, an dem göttlichen Alexander [griechischer Name des Paris], und ihn unter meinen Händen bezwinge, damit man sich noch unter den spätgeborenen Menschen scheut, einem Gastgeber (ξεινόδοκος) Schlimmes zu tun, der ihn freundlich behandelte (φιλότητα παράσχῃ)![79]

---

76 Vgl. ebd., V. 11,644-648.

77 Vgl. ebd., V. 24,477-676.

78 Zur Hikesie des Priamos vgl. Nesselrath: Xenoi (s. Anm. 37), S. 93.

79 Ilias V. 3,351-354. Vgl. Nesselrath: Xenoi (s. Anm. 37), S. 91. Deutliche und harte Worte über den Bruch des Gastrechtes durch Paris und die Bestrafung dieser Tat durch Zeus Xenios fanden in der frühen griechischen Literatur u.a. auch der Lyriker Alkaios (frg. 283 Lobel/Page) und Aischylos in seiner Tragödie »Agamemnon« (60-67.362-366.399-402.699-708). Eine besonders bemerkenswerte Bewertung von Paris' Tat aber findet sich bei Herodot (2,112-120), der eine ägyptische Version des Trojanischen Krieges erzählt, nach der Helena gar nicht nach Troja gelangte, sondern dem Paris vom ägyptischen König Proteus, bei dem die Trojaner nach einem Seesturm landeten, abgenommen und für Menelaos bewahrt wurde. Die Griechen glaubten den Trojanern nicht, dass sie Helena nicht besaßen, und zerstörten die Stadt. Menelaos holte dann Helena in Ägypten ab, allerdings nicht, ohne seinerseits das Gastrecht gebrochen zu haben. Herodot schließt sich dieser Version an, den Unglauben der Griechen aber begründet er mit dem Wunsch einer Gottheit, die Trojaner in ihrer Gesamtheit für das große Verbrechen des Paris zu bestrafen. (Zur Interpretation der Herodotstelle vgl. ebd., S. 99-101).

4. Gute und schlechte Gastgeber in der »Odyssee«

In der »Odyssee«, in der wir die Helden auf der Reise erleben, bestimmt das Gastrecht, vor allem das Gastrecht ohne begründete Gastfreundschaft über weite Strecken das Geschehen.[80] Zwei Reisen sind es vor allem, die das Thema der »Odyssee« bilden, zum einen die größere, die Heimfahrt des Odysseus von Troja nach Ithaka, die eigentliche »Odyssee« in den Gesängen 5 bis 14, zum anderen die Erkundungsreise nach Pylos und Sparta, die Telemach unternimmt, um etwas über den Verbleib des Odysseus zu erfahren, die sogenannte »Telemachie« in den Gesängen 2 bis 4. Bereits im 1. Gesang aber kommt Athene in Gestalt des dem Telemach unbekannten Gastfreundes Mentes an den Hof von Ithaka, der sich weitgehend in der Hand der um Penelope werbenden Freier befindet. Es charakterisiert Telemach als noch jungen und unerfahrenen, aber doch wohlerzogenen Adligen, dass er den Gast zwar ziemlich spät, doch immerhin weit vor den Freiern bemerkt und nach den beschriebenen Riten bewirtet.[81] Er selbst wird, durch sein Schiff, seine Begleitung, Kleidung und Auftreten als Adliger erkennbar,[82] zuerst von Nestor in Pylos und dann von Menelaos in Sparta als solcher nach den Geboten der Höflichkeit gastfreundlich aufgenommen, obgleich er ersterem in eine Opferzeremonie und letzterem in eine Hochzeit platzt.[83] Er wird gebadet und zur Teilnahme am Mahl eingeladen, erst danach nach seiner Identität und dem Grund seiner Reise befragt bzw. in Sparta von Helena wegen der Ähnlichkeit mit Odysseus erkannt.[84] Die Frage nach dem Verbleib des Odysseus beantworten ihm beide Könige ausführlich,[85] nicht weil sie genau Bescheid wissen - Nestor weiß eigentlich gar nichts und schickt ihn deshalb weiter zu Menelaos, der wiederum kann ihm nur sagen, dass Odysseus wohl auf der Insel der Kalypso gefangen gehalten wird -, sondern weil zum einen der alte geschwätzige Nestor in den homerischen Epen niemals kurze Antworten gibt, zum anderen die erzählerische Breite eben Kennzeichen des archaischen Epos ist und sich hier die schöne Gelegenheit bietet, von den - teilweise gelungenen, teilweise gescheiterten - Heimfahrten der anderen Griechen zu erzählen, vom schändlichen Mord des Aigisth an Agamemnon nach dessen Heimkehr, der Rache des Orest, der Irrfahrt des Menelaos und seiner Begegnung mit dem weissagenden Meeresgott Proteus usw. Als Gastgeschenk bietet Menelaos dem Telemach zunächst Pferde und Wagen an. Da Pferde aber auf Ithaka schlecht zu halten sind, bittet Telemach um eine »Kostbarkeit, die man verstauen kann« (κειμήλιον),[86] und erhält einen kunstvoll gefertigten Mischkrug, »die schönste und wertvollste Kostbarkeit«[87] aus dem Besitz des Menelaos, der auf seiner Fahrt unermesslichen Reichtum erworben hat[88] und

80 Vgl. Hans Haberer: Gastfreundschaft - ein Menschheitsproblem. Überlegungen zu einer »Theologie der Gastfreundschaft«. Aachen: Shaker 1997, S. 110; Nesselrath: Xenoi (s. Anm. 37), S. 91f.

81 Vgl. Odyssee V. 1,96-143.

82 Vgl. ebd., V. 4,63f.

83 Vgl. ebd., V. 3,32-66; 4,1-36.

84 Vgl. ebd., V. 3,35-74.464-469, 4,36-62. 138-146.

85 Vgl. ebd., V. 3,102-328; 4,332-586.

86 Ebd., V. 4,600.

87 Ebd., V. 4,614.

deutlich seiner Möglichkeit Ausdruck verleiht, jedwedes Geschenk zu machen (»Ich kann es.«),[89] mit anderen Worten auf diese Form seiner Ehre pocht, sowie von Helena ein Gewand für eine künftige Braut.[90] Auch bei Zwischenaufenthalten in Pherai bei Diokles auf Hin- und Rückreise erhält Telemach Gastgeschenke.[91] Für ein Geschenk des Nestor hingegen gibt es keine Gelegenheit. Da Telemach von Pylos mit einem Wagen des Nestor und in Begleitung von dessen Sohn Peisistratos nach Sparta weitergereist ist, also auf dem Rückweg eigentlich wieder bei Nestor Station machen musste, hätte Nestor ihn sicherlich bei dieser Gelegenheit großzügig beschenkt. Doch Telemach kehrt nicht noch einmal bei dem Alten ein. Das ist eigenlich ein Affront, aber er kann dem Peisistratos seine große Eile plausibel machen und fährt sofort zum Schiff.[92] Jedenfalls hatte auch Nestor bei Telemachs Aufenthalt nachdrücklich auf seine Möglichkeiten gepocht, Gästen ein behagliches Unterkommen zu gewähren, und war recht beleidigt gewesen, als Telemach auf seinem Schiff übernachten wollte, bevor er am nächsten Morgen nach Sparta weiterfuhr:

> Das mögen Zeus und die anderen unsterblichen Götter verhüten, dass ihr von mir weg auf das schnelle Schiff geht wie von einem, der überhaupt kein Gewand besitzt oder ein Bettler ist, der nicht viele Mäntel und Decken im Haus hat, so dass weder er noch seine Gäste darin weich schlafen können. Bei mir aber sind tatsächlich Mäntel und schöne Decken vorhanden. Deshalb wird sich der eigene Sohn dieses Mannes, des Odysseus, nicht auf dem Verdeck des Schiffes niederlegen, solange ich lebe und in Zukunft meine Söhne in den Hallen bleiben, um Gäste gastlich zu bewirten, wer immer in meine Häuser kommt.[93]

Odysseus selbst erfährt auf seiner zehnjährigen Reise Gastfreundschaft in recht unterschiedlichen Situationen und unterschiedlicher Qualität bei göttlichen Wesen oder solchen, die den Göttern zumindest nahestehen. So findet er zweimal gastliche Aufnahme bei göttlichen Frauen, bei der Zauberin Kirke, der Tochter des Sonnengottes, auf Aiaia und bei der Nymphe Kalypso, der Tochter des Atlas, auf Ogygia.[94] Doch während er bei Kirke mit seinem letzten Schiff und einer trotz herber Verluste noch vorzeigbaren Mannschaft anlandet, wird er als Schiffbrüchiger auf die Insel Ogygia geworfen, nachdem er alles verloren hat. Nichtsdestoweniger gewähren ihm beide Göttinnen nicht nur den Gaststatus, sondern machen ihn darüber hinaus gleich zu ihrem Haus- und Bettgenossen[95] und bieten ihm bzw. ihm und seinen Gefährten ein rechtes Wohlleben. Kirke tut dies allerdings erst, nachdem sie seine Gefährten in Schweine verwandelt – und wieder zurückverwandelt hat, weil sie den von Hermes mit einem Wunderkraut immunisierten Odysseus ihrer Zaubermacht nicht unterwerfen

88 Vgl. ebd., 4,71-91.
89 Ebd., V. 4,612.
90 Vgl. ebd., V. 4,587-619; 15,99-140.
91 Vgl. ebd., V. 3,488-490; 15,186-188.
92 Vgl. ebd., V. 15,195-221.
93 Ebd., V. 3,346-355.
94 Vgl. ebd., V. 10,135-574; 12,447-453.
95 Vgl. ebd., V. 5,154f.; 10,347.480.

kann. Dementsprechend dauern diese Aufenthalte erheblich länger als gewöhnliche Beherbergungen von Gästen.[96] Bei Kirke bleibt Odysseus ein ganzes Jahr und reißt sich erst auf Druck seiner Gefährten los, bei Kalypso sieben Jahre, obwohl er sich längst fortsehnt. Diesen Aufenthalt, der einer Gefangenschaft gleicht, kann erst göttliches Eingreifen beenden. In beiden Fällen wird keine Erzählsituation geschaffen. Von Kalypso erhält Odysseus nur in wenigen Worten die Prophezeihung, dass er vor seiner Heimkehr noch viele Leiden zu erdulden habe, von Kirke wird ihm - um einiges ausführlicher, mit Wegbeschreibung und Handlungsanweisung - eröffnet, dass er vor der Weiterfahrt den Seher Teiresias in der Unterwelt aufsuchen müsse, um von ihm über den Heimweg unterrichtet zu werden.[97] Acht der zehn Jahre seiner Wanderschaft hat also der große Dulder zumindest ohne physisches Leid verbracht, wenn man einmal die Liebesdienste ausnimmt, die er wenigstens Kalypso zunehmend unwilliger leistete. Doch gerade der lange Aufenthalt auf Ogygia dient zur Etablierung eines konstitutiven Motivs der »Odyssee«, der Sehnsucht des Menschen Odysseus nach seiner Heimat und nach seiner sterblichen Gemahlin trotz des verlockenden Angebots, als Unsterblicher mit einer Unsterblichen in einer Art Paradies zu leben.[98]

Auch bei zwei männlichen Wesen, die göttliche Funktion erfüllen oder wenigstens göttlichen Ursprungs sind, kehrt Odysseus ein: bei Aiolos, dem Beherrscher der Winde, und dem Sohn des Meeresgottes Poseidon Polyphem.[99] Bei Aiolos, der sich alles über den Trojanischen Krieg und die Heimfahrten der Griechen erzählen lässt, verweilt Odysseus einen Monat.[100] Bei der Abfahrt erhält er von ihm ein überaus nützliches Geschenk, einen Sack, in dem alle widrigen Winde eingesperrt sind. Doch kurz vor dem Ziel beweisen die Gefährten - nicht das einzige Mal in der »Odyssee« - ihre Unverständigkeit, die sie ins Verderben führen wird,[101] und öffnen den Sack, so dass die Griechen in einem heftigen Sturm zurück zur Aiolos-Insel verschlagen werden. Eine weitere Hilfe verweigert Aiolos, weil er den Odysseus als von den Göttern Verhassten erkennt, und tatsächlich wird Odysseus von der Rache des Poseidon verfolgt, die er sich bei der Begegnung mit dessen Sohn Polyphem zugezogen hat. Jedoch hat Odysseus bei dem Kyklopen Polyphem, einem völlig gesetzlosen und unsozialen Wesen, das keine Götter anerkennt,[102] das krasse Gegenteil von Gast-

96 Eine wirkliche Zeitangabe zur üblichen Verweildauer von Gästen findet sich in den homerischen Epen selbstverständlich nicht. Doch dem Menelaos sind die folgenden Worte über das angemessene Verhalten des Gastgebers in dieser Hinsicht in den Mund gelegt: »Telemach, ich werde dich keinesfalls lange Zeit hier festhalten, da du die Heimkehr wünschst. Ich ärgere mich auch über einen anderen Gastgeber, wenn er mir zuviel Freundschaft oder zuviel Hass entgegenbringt. Alles Angemessene (πάντα αἴσιμα) ist besser. Wahrlich ist der dasselbe Übel, der einen Gast, wenn der noch nicht will, treibt heimzukehren, wie der, welcher ihn, wenn er in Eile ist, zurückhält. Man muss dem Gast, solange er da ist, Freundschaft entgegenbringen, ihn aber, wenn er es will, ziehen lassen.« (Odyssee V. 15,68-74).

97 Vgl. Odyssee V. 5,206-210; 10,487-540.

98 Vgl. ebd., V. 5,151-158.203-224.

99 Vgl. ebd., V. 9,105-566; 10,1-76.

100 Vgl. ebd., V. 10,14f.

101 Bereits im Proömium der »Odyssee« wird der Untergang der Gefährten damit begründet, dass sie unverständig (1,8: νήπιοι) seien.

freundschaft erlebt. Als Polyphem Odysseus und einige seiner Gefährten in seiner Höhle vorfindet, in die sie aus Neugierde eingedrungen sind, tötet und verschlingt er mehrere Gefährten und verspricht Odysseus als Gastgeschenk, ihn als letzten zu fressen. Harmloseres Zeichen seiner Ungastlichkeit ist seine direkte Frage nach der Identität der Ankömmlinge.[103] Nur durch eine List des Odysseus, indem sie den Kyklopen betrunken machen, ihn blenden und sich unter den Bäuchen von Schafen verstecken, können die Griechen bekanntermaßen entkommen. Die Rache des Poseidon trifft den Odysseus aber wohlgemerkt nicht wegen der Blendung des Polyphem, sondern, weil er, als die Griechen außerhalb unmittelbarer Gefahr sind, in seiner Überheblichkeit seine Identität preisgibt - zuvor hatte er sich Polyphem gegenüber »Keiner« genannt - und die Macht des Meeresgottes anzweifelt, den Sohn heilen zu können.[104] Diese Episode der völligen Ungastlichkeit ist ein erzählerisches Highlight im Epos, was allein daran abzulesen ist, dass sie in der nachfolgenden antiken wie modernen Literatur zahllose Bearbeitungen erfahren hat. Sie dient überdies dazu, den Zorn des Poseidon zu begründen.

Als Gegenbild des Polyphem gilt das außergewöhnliche Völkchen der Phaiaken, die auf dem Meer »allen Geleit geben ohne Gefahr«, die den Göttern ebenso nahe stehen wie die Kyklopen und direkt mit ihnen verkehren können und die abseits von den »erwerbenden« (ἀλφησταί) Menschen leben.[105] Das in seiner Bedeutung nicht leicht fassbare entsprechende griechische Adjektiv steht wahrscheinlich in Opposition zu dem Epitheton, das manchmal den Göttern beigegeben wird: »leicht lebend« (ῥεῖα ζώοντες).[106] Tatsächlich sind die Phaiaken götterähnliche (ἀντίθεοι) Wesen, die sich um nichts zu bemühen brauchen.[107] Denn wie im paradiesischen Garten ihres Königs Alkinoos wächst alles von selbst. Dementsprechend zeichnet der Dichter sie als einigermaßen unheroische Wesen, indem er Alkinoos entgegen einer Ankündigung, sie seien überlegen im Ringen, Springen und Laufen, zugeben lässt, sie seien keine Meister im Ringen und Faustkampf, aber gute Läufer und Seefahrer und hätten ein Faible für gutes Essen, Musik, Tanz, Wechsel der Kleider, warme Bäder und Betten. Schließlich hatte Odysseus noch nicht einmal den Mantel ausziehen müssen, um alle Phaiaken im Diskuswurf zu übertreffen.[108] Selbst in ihrer Paradedisziplin der Seefahrt haben die Phaiaken keine Anstrengung nötig. Es ist ein Geschenk des Poseidon, von dem König und Königin abstammen, dass ihre Schiffe das Meer sicher und gedankenschnell befahren.[109]

Die Abgelegenheit der Phaiakeninsel Scheria lässt eine Fremdenfeindlichkeit ihrer Bewohner plausibel erscheinen. So bezeichnet die Königstochter Nausikaa einige

---

102 Vgl. Odyssee V. 9,106–115.273–278. Zur Verbindung von Gastfreundschaft, Zivilisation und Frömmigkeit s.o.
103 Vgl. Odyssee V. 9,252–255.369f.
104 Vgl. ebd., V. 9,366f.500–542.
105 Ebd., V. 6,8; 7,201-206; 8,566.
106 Z.B. ebd., V. 4,805; 5,122.
107 Vgl. ebd., V. 6,241; 7,112-132.
108 Vgl. ebd., V: 8, 102f. 186–198.246–248.
109 Vgl. ebd., V. 7,34f. 49–68.

ihrer Untertanen mit dem gleichen Attribut als »anmaßend« (ὑπερφίαλοι), das auch für die jedes Maß verletzenden Freier der Penelope Verwendung finden wird,[110] Athene hüllt Odysseus auf dem Weg in den Königpalast in eine Wolke, damit kein Phaiake ihn verspottet oder nach seinem Namen fragt, und warnt ihn in Gestalt eines phaiakischen Mädchens explizit von der Fremdenfeindlichkeit der Bewohner.[111] Zwar kommt es tatsächlich in Alkinoos Palast zu Friktionen zwischen Odysseus und einigen jungen Adligen, jedoch handelt es sich um harmlose Wortgefechte, und auch die Wettkämpfe (ἄεθλοι), mit denen die Phaiaken, wie der Dichter ankündigt, den Odysseus auf die Probe stellen, beschränken sich auf den einen erwähnten Diskuswurf.[112] Vielmehr wird der nackte schiffbrüchige Odysseus am Strand von Scheria zunächst von Nausikaa, die dort mit anderen Mädchen zusammen Wäsche gewaschen hat, mit Essen und Kleidern versorgt. Das Königspaar Alkinoos und Arete nimmt dann den Unbekannten, der bittflehend die Knie der Königin umfasst und sich daraufhin an den Herd setzt, wie es ihm sowohl Nausikaa als auch Athene als Phaiakerin geraten haben, nicht nur in seinem Palast auf, gibt ihm einen Platz am Tisch und einen Schlafplatz, badet und kleidet ihn, sondern rüstet auch ein Schiff für seine Heimfahrt aus und versieht ihn aus eigenem Besitz und aus dem adliger Untertanen großzügig mit kostbaren Geschenken, die sogar den Beuteanteil des Odysseus aus Troja übertreffen, und Alkinoos bietet ihm seine Tochter zur Frau an, ohne noch zu wissen, wer er ist.[113] Dass die Königin Arete auf die Hikesie des Odysseus nicht unmittelbar reagiert, sondern ihn erst, als er bereits von Alkinoos als Gast aufgenommen ist und die anderen phaiakischen Edlen gegangen sind, auf seine ihr wohlbekannten Kleider anspricht,[114] wird soziologisch als angemessenes Verhalten einer adligen Frau in der homerischen Gesellschaft erklärt.[115] Doch gelingt dem Dichter mit dem Aufschub von Aretes Reaktion eine doppelte Verblüffung des Rezipienten, zuerst durch ihr überraschendes Schweigen, wo man eine Reaktion erwartet, dann durch ihre unerwartete Frage, die Odysseus nötigt, die Herkunft der Kleider zu erklären.[116] Auch dass Alkinoos dem bittflehenden Odysseus nicht sofort einen Platz anbietet, sondern von einem alten und wissenden Mann dazu ermahnt werden muss,[117] ist wohl weniger ein Zeichen von unvollständiger Befolgung der Höflichkeitsregeln,[118] sondern kennzeich-

110 Vgl. ebd., V. 6,274; 17,565; 21,401; 23,31.

111 Vgl. ebd., V. 7,16f.32f. Zu Parallelen zwischen der Warnung der Nausikaa und derjenigen Athenes vgl. Irene de Jong: A Narratological Commentary on the Odyssey. Cambridge: University Press 2001, S. 174.

112 Vgl. Odyssee V. 8,22.131-233.

113 Vgl. ebd., V. 6; 7,142-154.309-316; 8,385-445; 13,135-138.

114 Vgl. ebd., V. 7,233-239.

115 Vgl. Pedrick: Hospitality (s. Anm. 55), S. 86f.; Hans van Wees: Princes at Diner. Social Event and Social Structure in Homer. In: Jan P. Crielaard (Hg.): Homeric Questions. Essays in Philology, Ancient History and Archaeology. Including the Papers of a Conference Organized by the Netherlands Institute at Athens (15 May 1993). Amsterdam: Gieben 1995, S. 147-182, hier 161f.

116 Vgl. Irene de Jong: Homer as Literature. Some Current Areas of Research. In: Crielaard: Homeric Questions (s. Anm. 115), S. 127-146, hier 134-138.

117 Vgl. Odyssee V. 7,154-171.

118 So Procopé: Höflichkeit (s. Anm. 55), S. 942.

net die Überraschung des ganzen Phaiakenhofes beim plötzlichen Erscheinen des Odysseus. Schließlich findet selbst der als wortgewandt gezeichnete Alte erst spät seine mahnenden Worte, die das weitere Geschehen in Gang setzen, und Alkinoos erweist sich am zweiten Tag von Odysseus' Aufenthalt als überaus taktvoll, wenn er bei einem Fest den Gesang über den trojanischen Krieg, der den Gast zu Tränen rührt, abbricht und zu sportlichen Wettkämpfen einlädt sowie diese wiederum beendet, als es Streitigkeiten gibt, und Tanz und Gesang von neuem beginnen lässt. Erst als Odysseus anlässlich eines Gesanges über die Einnahme Trojas mit Hilfe des hölzernen Pferdes, d.h. über sein eigenes Schicksal neuerlich Tränen vergießt, stellt Alkinoos die Frage nach dem Grund seines Schmerzes und seiner Identität, woraufhin der Gast seinen Namen nennt und selbst die Abenteuer seiner Irrfahrt erzählt.[119]

Drei Gesänge umfasst die Darstellung von der ersten Begegnung des nackten schiffbrüchigen Odysseus mit Nausikaa vor der Stadt, von der offiziellen Aufnahme als Gast durch Alkinoos und Arete und von der erwähnten Festlichkeit. Allein am Umfang lässt sich die Bedeutung ermessen, die diese sogenannte »Phaiakis« für die gesamte Erzählung besitzt. Lange Zeit wurde ihre Interpretation als reine Idylle im Gegensatz zum Verhalten des Polyphem und zum Hof von Ithaka mit dem schändlichen Treiben der Freier vertreteten,[120] obwohl diese Idylle, wie gesehen, nicht ungetrübt ist. Doch auch die von der Warnung des Mädchens/Athenes vor der Fremdenfeindlichkeit der Phaiaken ausgehende Gegenthese, Odysseus' Aufenthalt auf Scheria sei ein diplomatischer Kampf um seine Anerkennung und als solcher unter die Abenteuer zu rechnen,[121] ist nach den bisherigen Ausführungen nicht haltbar. Vielmehr kontrastieren zum einen die Leichtlebigkeit der Phaiaken mit den Leiden und vielleicht auch mit dem durch die Warnung vor der angeblichen Fremdenfeindlichkeit verursachten Misstrauen den Odysseus, der immer wieder um die Heimfahrt bittet, und zwar obwohl sie von Nausikaa, Alkinoos, seinem Sohn Laodamas und sogar allen Phaiaken gemeinsam längst versprochen ist und ganz leicht erfolgen wird.[122] Zum anderen kontrastieren sein Heimweh und die Sehnsucht nach Penelope mit der neuerlichen Versuchung, nicht nach Ithaka zurückzukehren (und den mühevollen Kampf mit den Freiern aufzunehmen), sondern stattdessen die schöne junge Phaiakenprinzessin Nausikaa zu heiraten und als Schwiegersohn des Alkinoos ein sorgen- und leidloses Leben zu führen.[123] Vor allem aber geben die angebliche Fremdenfeindlichkeit, das Verbergen des Odysseus in einer Wolke u.a. dem Dichter die narrativen Mittel, die Enthüllung von Odysseus' Identität über drei Gesänge zu verzögern.

---

119 Vgl. Odyssee V. 8,94–103.236–255.487–520.521–531.536–586.

120 Vgl. Gerrit J. van Vries: Phaeacian Manners. In: Mnemosyne 4. Ser., Nr. 30 (1977), S. 113–121, hier 113.

121 Vgl. Gilbert P. Rose: The Unfriendly Phaeacians. In: Transactions and Proceedings of the American Philological Association, Nr. 100 (1969), S. 387–406.

122 V. 6,290; 7,191–196.226f.317f.; 8,26–36; 150f.; 13,70–92. Vgl. hierzu auch die Auseinandersetzung zwischen Rose und van Vries (s. Anm. 120), der aufzeigt, dass sich hieraus im Sinne einer poetischen Ökonomie die erzähltechnische Möglichkeit zu interessanten Szenen ergibt.

123 Vgl. Odyssee V. 7,309–316.

Selbst nachdem Odysseus in seiner Heimat Ithaka angekommen ist, muss er noch zweimal das Gastrecht in Anspruch nehmen, beide Male bei Menschen, und zwar in der Verkleidung eines Bettlers, eines Mannes von niedrigstem sozialen Rang, um zu prüfen, wer ihm, dem König, über die zwanzigjährige Abwesenheit die Treue gehalten hat. Zunächst kehrt der vermeindliche Bettler bei einem Sklaven ein, der tatsächlich ein Adliger ist, bei seinem Schweinehirten Eumaios. In dieser kuriosen Situation gilt für die beiden der gleiche Ehrenkodex wie für alle Edlen: Es hätte für Eumaios Schande (ἐλεγχείη) bedeutet, hätte er den Fremden nicht vor dem Angriff seiner Hunde schützen können.[124] Auch sonst erweist sich Eumaios als vollendeter Gastgeber. So bewirtet er den Bettler zwar zunächst mit einem Ferkel, dem Essen der Diener, dann aber mit einem ausgewachsenen Eber und brät, teilt und opfert das Fleisch ganz in der vorgeschriebenen Form. Außerdem versorgt er ihn mit einem Mantel für die Nacht. Hier unterscheidet er sich nur dadurch von einem freien Adligen mit entsprechendem finanziellen Hintergrund, dass er den Mantel am nächsten Morgen zurückfordern muss, weil die Diener jeweils nur einen besitzen.[125] Auch nutzen die beiden zwei gemeinsam verbrachte Abende zu ausführlichen Gesprächen. Am ersten erzählt Odysseus eine lange Geschichte über seine angebliche Abstammung von einem kretischen Adligen und die Geschehnisse, die ihn aus einer glücklichen Lage in die gegenwärtige Not gebracht haben, wobei er Wahrheit und Lüge geschickt mischt,[126] am nächsten Abend revanchiert sich Eumaios mit einem Bericht über die Verhältnisse auf Ithaka und erzählt von seiner Abstammung aus einem königlichen Haus, wie er in der Kindheit entführt und schließlich von Odysseus' Vater Laertes gekauft wurde.[127]

Schließlich wird Odysseus in seiner Bettlerverkleidung Gast seiner Frau und seines Sohnes in seinem eigenen Palast, wobei Telemach über seine Identität Bescheid weiß, Penelope nicht. Ihr muss er - erlogene - Angaben über Identität und Herkunft machen, soll aber, nachdem er ihr Auskunft über den Verbleib des Odysseus gegeben hat, gebadet und gesalbt werden, am nächsten Tag einen Platz im Saal neben Telemach erhalten sowie einen Schlafplatz mit warmen Decken.[128] Dass Odysseus hiervon nur die Fußwaschung durch seine alte Amme Eurykleia akzeptiert und an einer Narbe von ihr erkannt wird, eröffnet die Möglichkeit zu erzählen, wie er zu dieser Narbe kam, was wiederum die eigentliche Erzählung retardiert und Spannung schafft.[129] Problematisch wird jedoch die nach Telemachs und Penelopes Verständnis angemessene Behandlung des Bettlers durch die Anwesenheit der Freier. Hatte Telemach sich bereits vorab unsicher gezeigt, seiner Verpflichtung, den Bettler vor ihnen zu schützen, nachkommen zu können, so wirft Penelope ihm explizit vor, die Miss-

124 Vgl. ebd., 14,29-38.

125 Vgl. ebd., 14,80f.414f.418-438.507-522.

126 Vgl. Elfriede Fuchs: Pseudologia. Formen und Funktionen fiktionaler Trugrede in der griechischen Literatur der Antike. Heidelberg: Winter 1993, S. 29-31.

127 Vgl. Odyssee 14,192-359; 15,340-379.

128 Vgl. ebd., 19,96-360; weiterhin 20,129-143.

129 Vgl. ebd., 19,361-502. Dass Odysseus Bad und Kleider wegen deren geradezu magischen Kraft ablehnt, da sie ihn vorzeitig zu mehr als nur Penelopes Gast machen würden so wie er schon durch Bad und Kleider von Kalypso und Kirke zu deren Bettgenossen geworden sei, wie Pedrick (Hospitality [s. Anm. 55], S. 86-95), postuliert, findet keine Stütze im Text.

handlung des Fremden durch die Freier bedeute für ihn Schande (αἶσχος λώβη τε). Es zeugt von Telemachs Annäherung an das von ihm erwartete heroische Verhalten, dass er kurz darauf droht, denjenigen zu töten, der wagt, Hand an den Fremdling zu legen.[130] Das Verhalten der Freier nun stellt in jeder Hinsicht einen eklatanten Fall von Übermut, von Übererfüllung des Heldenideals dar. Zum einen misshandeln sie, wie gesehen, den Schwachen, d.h. den Fremdling und Bettler, zum anderen dringen sie in ungebührlicher Weise in den Machtbereich des abwesenden Odysseus ein. Gäste im Sinne von ξεῖνοι sind sie nicht, da sie die Nacht nicht in Odysseus' Palast verbringen, sondern erst im Laufe des Morgens kommen, den Tag und den Abend essend, trinkend und feiernd dort verbringen und sich dann zum Schlafen in ihre eigenen Häuser zurückziehen. Vielmehr pervertiert ihr Tun eine Festkultur, wie sie in homerischen Oberschicht-Gesellschaften üblich gewesen zu sein scheint, dass sich nämlich deren männliche Mitglieder wechselseitig einluden, wobei der Gastgeber jeweils das Fest ausrichtete (εἰλαπίνη), oder jeder einen Beitrag zum Mahl beim König leistete (ἔρανος).[131] In diese Kategorie fällt auch die Einladung des Agamemnon zur Beratung (s.o.). Die Freier werden »übermütig«, »übermännlich«, »anmaßend« (ὑπερφίαλοι, ὑπερηνορέοντες, ὑπερμενέοντες, ὑβρισταί, ἀτάσθαλοι) genannt,[132] wobei das Präfix über- (ὑπερ-) entscheidender Bestandteil einiger dieser Benennungen ist. Ihr Tun wird sowohl intradiegetisch als auch vom heterodiegetischen, extradiegetischen Erzähler als »Unvernunft« (ἀφροσύνη), »Übeltaten« (κακὰ ἔργα), »grausame/rücksichtslose Taten« (σχέτλια ἔργα), »Gewalt« (βίη, ὑπερβασίη), »Frevel« (ἀτασθαλίη, ἀτάσθαλα) und »Übermut« (ὕβρις, ὑβρίζειν) oder gar »frevelhafter« (ἀτάσθαλος ὕβρις) oder »gewalttätiger Übermut« (ὑπέρβιος ὕβρις) gewertet,[133] als ein Tun, das Odysseus in seinem Machtbereich (οἶκος), seine Gattin und seinen Sohn entehrt (ἀτιμᾶν, ἀτιμάζειν).[134] Insofern ist der sogenannte Freiermord, den Odysseus im 22. Gesang mit Hilfe seines Sohnes, des Schweinehirten Eumaios, des Rinderhirten Philoitios und nicht zuletzt der Göttin Athene verübt, durchaus keine Grausamkeit, sondern eine gerechte, eine angemessene Bestrafung. Denn in offenbar kalkuliertem Gegensatz zu Eumaios, der hinsichtlich seiner gesellschaftlichen Stellung ein Schlechter (κακός) ist, sich aber mit seiner gastlichen Aufnahme des Bettlers als ein moralisch Guter (ἀγαθός) erweist, sind die Freier, obwohl sie als Adlige per se Gute (ἀγαθοί) sind, u.a. in ihrem rücksichtslosen und gewalttätigen Verhalten gegenüber dem schutzwürdigen Fremden als moralisch wahrhaft Schlechte (κακοί) gezeichnet.

---

130 Vgl. Odyssee 16,68–89; 18,222–225; 20,262–67.304–319.

131 Vgl. zu diesem Phänomen Wees: Princes (s. Anm. 115), der ausführt, wie soziale Grenzen sowie Geschlechtergrenzen in Beteiligung und Rolle bei solchen Festen widergespiegelt wurden; zum Spiegel sozialer Verhältnisse innerhalb der Männergesellschaft durch die Festkultur einer Gesellschaft vgl. bes. S. 164–177. Vgl. auch die Frage von Mentes/Athene, um welche Art von Mahl (δαίς) und Zusammenkunft (ὅμιλος) es sich bei dem Treiben der Freier handle, εἰλαπίνη, Hochzeit (γάμος) oder ἔρανος (Odyssee V. 1,265f.). Teilnehmer einer εἰλαπίνη ist ein εἰλαπιναστής (Ilias 17,577).

132 Vgl. Odyssee 14,27; 15,315; 17,565; 18,167; 19,62; 21,401; 23,31; 24,282.

133 Vgl. ebd., 16,410; 17,169.540.565.581.588; 18,144; 22,64.414; 20,170.370; 23,64; 24,170.352. 370.457f.

Schon dem spätantiken Redner und Philosophen Dion von Prusa, genannt Chrysostomos, dient das Verhalten des Eumaios im Bereich der Gastfreundschaft als Beweis dafür, dass ein Armer den Reichen durch seine Armut (πενία) nicht darin unterlegen sei, mit Anstand (εὐσχημόνως) zu leben.[135] Eumaios wird hier nicht nur den Freiern gegenübergestellt, deren Ungastlichkeit ihrer allgemeinen Schlechtigkeit (πονηρία) entspreche, sondern auch der klugen Penelope, die dem Bettler/Odysseus neue Kleidung zweimal nur verspreche, und zwar das zweite Mal für das Bestehen der Bogenprobe, dann aber auch dem Telemach, der den Bettler/Odysseus mit harschen Worten anweise, er solle nicht mehr bei den Herden, sondern in der Stadt betteln, schließlich allen Reichen, die nur ihresgleichen reiche Gastgeschenke machten, weil sie eine entsprechende Gegengabe erwarteten. Schließlich wertet Dion es als Nachteil des Menelaos, dass er über ausreichende Mittel verfügte, einen besonders reichen Mann, den trojanischen Prinzen Paris, bewirten zu können, da von diesem Gast seine Frau entführt und seine Tochter zur Waise gemacht wurde, er genötigt wurde, seinen Bruder um Waffenhilfe zu bitten, dieser wiederum, seine Tochter opfern usw. Diese Argumentation stellt zwar nicht das Gastrecht in Frage, jedoch den Ehrenkodex, demzufolge die soziale Stellung in einem nicht unerheblichen Maß die Ehre eines Mannes bestimmte. Dem stellt Dion explizit moralisches Verhalten gegenüber.

5. Erzählungen von Gästen und Gastgebern

Mit den Stationen Kikonen, Lotophagen, Polyphem, Aiolos, Laistrygonen, Kirke, Unterwelt, Sirenen, Skylla und Charybdis, Insel des Helios und Kalypso macht Odysseus' Bericht über seine Irrfahrten vier (9 bis 12) der insgesamt vierundzwanzig Gesänge aus, so dass ein Sechstel des gesamten Epos einem autodiegetischen, intradiegetischen Erzähler als umfangreiche Analepse in den Mund gelegt ist. Durch die Anachronie dieser Analepse wird eine Synchronie der Telemach-Handlung in den Gesängen 1 bis 4 und der Odysseus-Handlung in den Gesängen 5 bis 16 bis zur Begegnung der beiden im 16. Gesang erzeugt. Weiterhin ist Odysseus' Erzählung eine späte und somit wohl gespannt erwartete Präzisierung seiner im 1. Gesang angedeuteten Leiden

134 Vgl. ebd., 14,164; 16,431; 18,145; 20,99; 21,332; 23,28; 24,459. Freilich überwiegen die Urteile von Figuren. Überdies ist innerhalb des Erzählertextes zu berücksichtigen, ob es sich um einfachen Erzähltext oder um eine sogenannte embedded focalisation handelt, wie z.B. in Odyssee V. 16,409f., wo das Verhalten der Freier zwar im Erzählertext als »gewalttätiger Übermut« (410) bezeichnet wird, die Textumgebung (»Die umsichtige Penelope aber dachte an etwas anderes, nämlich sich den Freiern, die sich durch gewalttätigen Übermut auszeichneten, zu zeigen.«) aber zeigt, dass Gedanken der Penelope in den Vordergrund gebracht bzw. fokalisiert werden. Vgl. de Jong: Homer (s. Anm. 116), S. 139f. Zum Kontrast zwischen der Perversion des Festes durch die Freier in der »Odyssee« und dem anscheinend sakrosankten Charakter des Festmahls in der »Ilias«, wo ein Streit zwischen den Göttern Zeus und Hera in der gemeinsamen Mahlzeit der Götter zur Ruhe kommt (1,536–611), vgl. Davies: Feasting (s. Anm. 32), S. 102–107; zur Umkehrung der Logik der Gastfreundschaft durch Polyphem, Laistrygonen und Freier vgl. Wagner-Hasel: Stoff (s. Anm. 26), S. 85.

135 Vgl. Dio, 7. Rede, 81–96.

und des Grundes für den Zorn des Poseidon. Darüber hinaus wird dadurch, dass der Faden der Telemach-Handlung am Ende des 4. Gesanges mit der beunruhigenden Information über den Hinterhalt der mordlustigen Freier für den Odysseus-Sohn für zehn Gesänge beiseite gelegt wird, ein sehr langer Spannungsbogen erzeugt, der erst im 15. Gesang gelöst wird, als wir erfahren, dass Telemach außerhalb der Stadt von den Freiern unbehelligt an Land geht.[136]

Es ist bemerkenswert, dass, obwohl die Homerischen Epen als Prototypen die mittelbaren oder unmittelbaren Referenztexte für die gesamte antike Epik darstellen, in denjenigen Epen, deren Geschichte eine lange Fahrt bildet, eine entsprechende Situation zur Einbettung einer solchen Anachronie nur noch in einem Fall herbeigeführt wird: In der »Äneis« des römischen Dichters Vergil, der freilich Homer gleich in der Weise verpflichtet ist, dass er eine römische »Ilias« und eine römische »Odyssee« in einem Epos präsentiert, landet der trojanische Held Äneas mit seinen Mannen beinahe am Ende seiner Irrfahrten von Troja nach Italien nach einem Seesturm bei der karthagischen Königin Dido. Er wird gastlich aufgenommen und erzählt bei einem festlichen Essen in einem Gesang, dem 2., von der Eroberung und Zerstörung Trojas durch die Griechen und in einem weiteren, dem 3., von seinen Irrfahrten auf der Suche nach einer neuen Heimat. Wiederum machen diese zwei Gesänge (von zwölf) etwa ein Sechstel des Epos aus, der gesamte Aufenthalt der Trojaner in Karthago vier Gesänge, d.h. ein Drittel. Stoff der beiden anderen Fahrten-Epen bildet die Fahrt der Argonauten vom griechischen Jolkos nach Kolchis und wieder zurück. Diese Fahrt lassen sowohl der Grieche Apollonios von Rhodos als auch der Römer Valerius Flaccus im wesentlichen in ihrem linearen Verlauf von einem heterodiegetischen, extradiegetischen Erzähler berichten. Auch die Argonauten werden unterwegs sowie zunächst in Kolchis, gastlich aufgenommen[137] - das spätere Verhalten des Aietes, der Bruch seines Eides usw. sind eine andere Geschichte -, geben einmal einen kurzen Bericht über ihre bisherige Fahrt oder erhalten in Form eines Orakels eine Vorausschau über ihre Weiterfahrt.[138] Doch die Gelegenheit zu einer metadiegetischen Erzählung wird nicht gesucht. Im Gegenteil, Apollonios lässt den Aietes mögliche Auslassungen des Jason über Anlass und Art der Argonauten-Mission, die göttliche Abstammung der Helden und ein Angebot zur Waffenhilfe unterdrücken.[139]

Wie die lange Erzählung des Odysseus bei den Phaiaken haben auch die kürzeren des Odysseus und Eumaios im Gehöft des letzteren jeweils ihre spezifische narrative Funktion. Den Bettler Odysseus lässt der Dichter in seiner Lügengeschichte ein mög-

---

136 Vgl. Odyssee V. 1, 68-75; 15, 495-557.

137 Apollonios von Rhodos: 1,609-909: Aufenthalt bei den männerlosen Lemnierinnen; 2,178-536: Aufenthalt bei Phineus, Rettung des Phineus vor den Harpyen, spätere Bewirtung der Argonauten durch die Thyner, Prophezeihung des Phineus; 2,252-898: Aufenthalt bei Lykos; 3,299-301: Bad und Mahl für die Argonauten in Kolchis; 4,982-1222: Aufnahme durch die Phaiaken (1220: großzügige Gastgeschenke von Alkinoos). Valerius Flaccus: 2,311-427: Aufenthalt bei den Lemnierinnen, Abschiedsgeschenk der Hypsipyle für Jason (410-418); 2,627-3,13: Erster Aufenthalt bei König Cyzicus; 4,422-636: Phineus, Prophezeihung; 4,733-572: Aufenthalt bei den Mariandynern; 5,570-617: Gastmahl im Palast von Kolchis.

138 Vgl. Apollonios 2,311-407.762-773; Valerius Flaccus 4,553-624.

139 Vgl. Apollonios 3,401.

lichst positives Bild von sich selbst entwerfen, sich durch versteckte Warnungen und Appelle eine gute Behandlung sichern und eine künftige Wahrheit verkünden, die von der ersehnten Heimkehr des Odysseus.[140] Den Eumaios lässt er nicht nur eine ganz gewöhnliche Geschichte erzählen, die eines jungen Adligen, der auf Grund unglücklicher Umstände seine soziale Stellung verliert, wie sie Odysseus seiner Erzählung ebenfalls eingewoben und auf diese Weise sein vorgebliches Schicksal dem seines Gastgebers angeglichen hatte, sondern auch eine Geschichte, die Odysseus als sein Herr aller Wahrscheinlichkeit nach kennt.[141] Für den Zuhörer/Leser, der glauben muss, dass Odysseus sich in eine ironische Situation begeben hat, in der er sozial unter seinem Schweinehirten zu stehen scheint, nun aber erfährt, dass sich Gleichrangige gegenübersitzen, ist diese Information überraschend.[142] Unversehens sieht er sich in der gleichen Situation wie Eumaios (und auch Telemach, Philoitios, Eurykleia, Penelope, die Freier usw.) vor der Enthüllung von Odysseus' Identität, dass er nicht über all die Information verfügt, die der Erzähler und Odysseus besitzen.[143] Erzähltechnische Belange wie die Charakterisierung von Personen, Schaffung von Kontrasten, das Arrangement von Informationen scheinen also insgesamt die Gestaltung erzählter Gastlichkeit in den homerischen Epen wesentlich bestimmt zu haben.

Bibliographie

Textausgaben und Übersetzungen Homers

Homer: Ilias und Odyssee. In der Übertragung von Johann Heinrich Voß. Hg. von Peter Von der Mühll. Wiesbaden: Löwit 1972.

Homer: Die Odyssee. Deutsch von Wolfgang Schadewaldt. Hamburg: Rowohlt 1958.

Homer: Odyssee, griechisch und deutsch. Übertragung von Anton Weiher. Mit Urtext, Anhang und Registern, Einführung von Alfred Heubeck. 8. Aufl. Darmstadt: WBG 1986.

Homer: Ilias, griechisch und deutsch. Übertragen von Hans Rupé. Mit Urtext, Anhang und Registern. 12. Aufl., Düsseldorf/Zürich: Artemis & Winkler 2004.

140 Vgl. Fuchs: Pseudologia (s. Anm. 126), S. 29-31.

141 Vgl. Elizabeth Minchin: Homer Springs a Surprise. Eumaios' Tale at o 403-484. In: Hermes, Nr. 120 (1992), S. 259-266, hier 263 (s. Anm. 16).

142 Zur Diskrepanz zwischen den für Heroen angemessenen Epitheta des Schweinehirten und seinem sozialen Status sowie der überraschenden Auflösung dieser Diskrepenz durch die Enthüllung seiner Herkunft und seine heroische Teilnahme am Kampf gegen die Freier vgl. Ruth Scodel: Listening to Homer. Tradition, Narrative, and Audience. Ann Arbor, Michigan: University of Michigan Press 2002, S. 155-160.

143 Vgl. Minchin: Homer (s. Anm. 141), S. 263-265.

Forschungsliteratur

Adkins, Arthur W.H.: Merit and Responsibility, Oxford: Clarendon Press 1960.

Adkins, Arthur W.H.: »Honour« and »Punishment« in the Homeric Poems. In: Bulletin of the Institute of Classical Studies, Nr. 7 (1960), S. 23-32.

Adkins, Arthur W.H.: »Friendship« and »Self-Sufficiency« in Homer and Aristotle. In: The Classical Quarterly, Nr. 13 (1963), S. 30-45.

Adkins, Arthur W.H.: Homeric Values and Homeric Society. In: The Journal of Hellenic Studies, Nr. 91 (1971), S. 1-14.

Adkins, Arthur W.H.: Homeric Gods and the Values of the Homeric Society. In: The Journal of Hellenic Studies, Nr. 92 (1972), S. 1-19.

Adkins, Arthur W.H.: Moral Values and Political Behaviour in Ancient Greece. From Homer to the End of the Fifth Century. New York: Norton 1972, bes. Kapitel 2: The World of the Homeric Poems, S. 10-21.

Adkins, Arthur W.H.: Art, Belief, and Values in the Later Books of the *Iliad*. In: Classical Philology, Nr. 70 (1975), S. 239-254.

Adkins, Arthur W.H.: Problems in Greek Popular Morality. In: Classical Philology, Nr. 73 (1978), S. 143-158.

Adkins, Arthur W.H.: Values, Goals, and Emotions in the *Iliad*. In: Classical Philology, Nr. 77 (1982), S. 292-326.

Adkins, Arthur W.H.: Gagarin and the »Morality« in Homer. In: Classical Philology, Nr. 82 (1987), S. 311-322.

Adrados, Francisco R.: Geschichte der griechischen Sprache. Von den Anfängen bis heute. Tübingen/Basel: Francke 2001 (Übersetzung der Originalausgabe: Historia de la lengua griega. De los orígines a nuestros días. Madrid: Gredos 1999).

Bischof, Sascha: Gerechtigkeit - Verantwortung - Gastfreundschaft. Ethikansätze nach Jacques Derrida. Freiburg, Wien: Academic Press Fribourg 2004 (Studien zur theologischen Ethik, Bd. 106).

Bryant, Joseph M.: Moral Codes and Social Structure in Ancient Greece. A Sociology of Greek Ethics from Homer to the Epicureans and Stoics. Albany, New York: State University of New York Press 1996 (Diss. Toronto 1987), bes. Kapitel 1: The End of the Bronze Age, S. 9-14, und Kapitel 2: Norms and Values: The Ethos of the Warrior Aristocracy, S. 15-39.

Cairns, Douglas L.: Aidōs. The Psychology and Ethics of Honour and Shame in Ancient Greek Literature. Oxford: Clarendon Press 1993 (Diss. Glasgow 1987), bes. Introduction, S. 1-47, Kapitel 1: Aidōs in Homer, S. 48-146.

Cairns, Douglas L.: Affronts and Quarrels in the »Iliad«. In: Cairns, Douglas L. (Hg.): Oxford Readings in Homer's »Iliad«. Oxford: University Press 2001, S. 203-219.

Crielaard, Jan P. (Hg.): Homeric Questions. Essays in Philology, Ancient History and Archaeology. Including the Papers of a Conference Organized by the Netherlands Institute at Athens (15 May 1993). Amsterdam: Gieben 1995.

Davies, Malcolm: Feasting and Food in Homer. Realim and Stylisation. In: Prometheus, Nr. 23 (1997), S. 97-107.

Derrida, Jacques: Von der Gastfreundschaft. Mit einer »Einladung« von Anne Dufourmantelle. Übertragung ins Deutsche von Markus Sedlaczek. Hg. von Peter Engelmann. Wien: Passagen 2001 (Übersetzung der französischen Orginalausgabe: De l'hospitalité. Paris: Calman-Lévy 1997).

Dickie, Matthew: Δίκη as a Moral Term in Homer and Hesiod. In: Classical Philology, Nr. 73 (1978), S. 91-101.

Dodds, Eric R.: The Greeks and the Irrational. Berkeley, Los Angeles: University of California Press 1951 (Sather Classical Lectures, Bd. 25).
Ebeling, Heinrich (Hg.): Lexicon Homericum: 2 Bde., Leipzig: Teubner 1880.
Finley, Moses I.: Die Welt des Odysseus. Darmstadt: WBG 1968 (Übersetzung der amerikanischen Originalausgabe: The World of Odysseus. New York: Viking Press 1954).
Flückinger-Guggenheim, Daniela: Göttliche Gäste. Die Einkehr von Göttern und Heroen in der griechischen Mythologie. Bern u.a.: Peter Lang 1984 (Europäische Hochschulschriften, Reihe 3: Geschichte und ihre Hilfswissenschaften, Bd. 237).
Fuchs, Elfriede: Pseudologia. Formen und Funktionen fiktionaler Trugrede in der griechischen Literatur der Antike. Heidelberg: Winter 1993.
Gagarin, Michael: Dike in the Works and Days. In: Classical Philology, Nr. 68 (1973), S. 81-94.
Gagarin, Michael: Early Greek Law. Berkeley, Los Angeles: University of California Press 1986.
Gagarin, Michael: Morality in Homer. In: Classical Philology, Nr. 82 (1987), S. 285-306.
Galter, Hannes D. (Hg.): Troia. Mythen und Archäologie. Graz: RM-Druck- & Verlags-Gesellschaft 1997 (Grazer Morgenländische Studien, Bd. 4).
Gioffredi, Carlo: Su i concetti di θέμις e δίκη in Omero. In: Bulletino dell' Istituto di Diritto Romano, Nr. 65 (1962), S. 69-77.
Haberer, Hans: Gastfreundschaft - ein Menschheitsproblem. Überlegungen zu einer »Theologie der Gastfreundschaft«. Aachen: Shaker 1997.
Haider, Peter W.: Troia zwischen Hethitern, Mykenern und Mysern. Besitzt der Trojanische Krieg einen historischen Hintergrund? In: Galter: Troia, S. 97-140.
Havelock, Eric A.: The Greek Concept of Justice. Cambridge, Massachusetts: Harvard University Press 1978.
Hiltbrunner, Otto: Gastfreundschaft in der Antike und im frühen Christentum. Darmstadt: WBG 2005.
Hooker, James Thomas: Gifts in Homer. In: Bulletin of the Institute of Classical Studies, Nr. 36 (1989), S. 79-90.
Hueber, Walter: Gerechtigkeitskonzeptionen bei Homer und Hesiod, Diss. München 1986.
Jong, Irene de: Homer as Literature. Some Current Areas of Research. In: Crielaard: Homeric Questions, S. 127-146.
Jong, Irene de: A Narratological Commentary on the Odyssey. Cambridge: University Press 2001.
Karkidis, Fanis I.: O δεύτερος γάμος της Πηνελόπης. In: Païsi-Apostolopoulou: OMHPIKA, S. 263-275 (mit engl. Zusammenfassung, S. 275).
Kullmann, Wolfgang: H Ιλιάδα του Ομήρου και η ιστορική παράδοση. In: Païsi-Apostolopoulou: OMHPIKA, S. 43-55 (mit dt. Zusammenfassung, S. 54).
Latacz, Joachim: Troja und Homer - Neue Erkenntnisse und Hypothesen. In: Galter: Troia, S. 1-42.
Lesky, Albin †: Grundzüge griechischen Rechtsdenkens I. In: Wiener Studien N.F., Nr. 19 (1985), S. 5-35.
Lloyd-Jones, Hugh: A Note on Homeric Morality. In: Classical Philology, Nr. 82 (1987), S. 307-310.
Lloyd-Jones, Hugh: Ehre und Schande in der griechischen Kultur. In: Antike & Abendland, Nr. 33 (1987), S. 1-28.
Minchin, Elizabeth: Homer Springs a Surprise. Eumaios' Tale at o 403-484. In: Hermes, Nr. 120 (1992), S. 259-266.

Neschke, Ada: Gerechtigkeit/Recht. In: Der Neue Pauly. Enzyklopädie der Antike. Bd. 4, Stuttgart, Weimar: Metzler 1998, S. 951-953.

Nesselrath, Heinz-Günther: Xenoi und Hiketai bei Herodot. In: Riemer: Xenophobie, S. 91-101.

Païsi-Apostolopoulou, Machi (Hg.): ΟΜΗΡΙΚΑ. Από τα Πρακτικά του Η' Συνεδρίου για την Οδύσσεια (1-5 Σεπτεμβρίου 1996). Ithaka: Κέντρο Οδυσσειακών Σπουδών 1998.

Patzer, Barbara: Rez. zu van Wees 1992. In: Gnomon, Nr. 67 (1995), S. 97-99.

Pedrick, Victoria: The Hospitality of Noble Women in the »Odyssey«. In: Helios N.S., Nr. 15 (1988), S. 85-101.

Procopé, John: Höflichkeit. In: Reallexikon für Antike und Christentum, Bd. 15. Stuttgart: Hiersemann 1991, S. 930-986 (Übersetzung von Karl Hoheisel).

Renehan, Robert: The ›Heldentod‹ in Homer. One Heroic Ideal. In: Classical Philology, Nr. 82 (1987), S. 99-116.

Reucher, Theo: Die situative Weltsicht Homers. Eine Interpretation der »Ilias«. Darmstadt: WBG 1983.

Riemer, Ulrike und Peter (Hg.): Xenophobie - Philoxenie. Vom Umgang mit Fremden in der Antike. Stuttgart: Steiner 2005.

Rose, Gilbert P.: The Unfriendly Phaeacians. In: Transactions and Proceedings of the American Philological Association, Nr. 100 (1969), S. 387-406.

Schmiel, Robert: Achilles in Hades. In: Classical Philology, Nr. 82 (1987), S. 35-37.

Scodel, Ruth: Listening to Homer. Tradition, Narrative, and Audience. Ann Arbor, Michigan: University of Michigan Press 2002.

Vries, Gerrit J. van: Phaeacian Manners. In: Mnemosyne 4. Ser., Nr. 30 (1977), S. 113-121.

Wagner-Hasel, Beate: Der Stoff der Gaben. Kultur und Politik des Schenkens und Tauschens im archaischen Griechenland. Frankfurt, New York: 2000 (Campus Historische Studien, Bd. 28).

Wees, Hans van: Status Warriors. War, Violence and Society in Homer and History. Amsterdam: Gieben 1992 (Dutch Monographs on Ancient History and Archaeology, Bd. 9).

Wees, Hans van: Princes at Diner. Social Event and Social Structure in Homer. In: Crielaard: Homeric Questions, S. 147-182.

Torsten Voss

Das verlogene Gastmahl und die Rezepte der Rache
Inszenierungsformen eines Missbrauchs der Gastfreundschaft bei Seneca, Shakespeare und Felix Dahn

Vorab

> Der Hausherr, der keine dringendere Sorge hat, als jeden, der des Abends kommt, um sich an seinen Tisch zu setzen und sich unter seinem Dach von den Mühen der Reise auszuruhen, seiner Freuden teilhaftig werden zu lassen, erwartet auf der Schwelle seines Hauses ängstlich den Fremden, den er am Horizont als Befreier auftauchen sieht. Und wenn er ihn nur vom weiten erblickt, wird der Hausherr ihm eiligst zurufen: »Tritt rasch ein, denn ich fürchte mich vor meinem Glück.« Deshalb weiß der Hausherr im voraus jedem Dank, der weit entfernt ist, zu glauben, die Gastfreundschaft sei ein Akzidens in der Seele desjenigen oder derjenigen, die anbieten, der sie vielmehr für die Essenz des Gastgebers oder der Gastgeberin halten wird und der erkennt, daß er, der Fremde als Dritter, weil er Gast ist, teilhat an dieser Essenz.[1]

Vereinfacht und weniger metaphysisch ausgedrückt bedeuten diese Maximen der Gastlichkeit des Juraprofessors Octave in Pierre Klossowskis Roman »Les Lois de Hospitalité« von 1965 folgendes: Gastfreundschaft steht in seiner kulturhistorischen Semantik seit Urzeiten nicht nur für ein offenes Haus, welches der Gastgeber seinem Gast entbietet, sondern auch für Sicherheit unter einem fremden Dach. Name und Haus des gastfreundlichen Besitzers bürgen für den Schutz des Fremden, der zum Beispiel auf einer langen Reise Station und Rast sucht. Der Gast vertraut sich und sein Leben der Obhut des Gastgebers an und sucht in dem fremden Haus quasi einen Schutzraum, eine Enklave vor der feindlichen Außenwelt.[2] Wände und fest verschlossene Türen sorgen dafür, dass das Unheil nicht die Schwelle des Hauses überschreiten kann. Auch der Gastgeber steht somit als Inkarnation der Sicherheit vor dem Drau-

1 Pierre Klossowski: Die Gesetze der Gastfreundschaft. Übersetzt aus dem Französischen von Sigrid von Massenbach. Berlin: Kulturverlag Kadmos 2002, S. 141. Erläuterungen zu diesem und anderen Werken Klossowskis finden sich in: Pierre Klossowski, Georges Bataille, Maurice Blanchot, Gilles Deleuze, Michel Foucault u.a.: Sprachen des Körpers. Marginalien zum Werk von Pierre Klossowski. Aus dem Französischen übersetzt von Gabriele Ricke u.a. Berlin: Merve 1979. Zu den Motivkomplexen Gast und Fremdheit, die auch in meinem Beitrag eine Rolle spielen, vgl. für die Strömung des deutschen Realismus die Arbeit von Renate Bürner-Kotzam: Vertraute Gäste – befremdende Begegnungen in Texten des Bürgerlichen Realismus. Heidelberg: Winter 2001.

2 Dass Häuser im allgemeinen derlei Konnotationen hervorrufen können wird auch behandelt im ersten Kapitel des bekannten Buches von Gaston Bachelard: Poetik des Raumes. Aus dem Französischen von Kurt Leonhard. Frankfurt a.M.: Fischer 1987.

ßen dar, und der Besucher begibt sich vertrauensvoll in seine Hände und wird zum Segment seines Haushalts. Mit dem Eintritt in das schützende Haus schließen beide Parteien eine Art ethischen und quasi unausgesprochenen Vertrag ab, welcher beinhaltet, dass die Person und der Besitz des Gastes unantastbar sind, sich dieser jedoch auch an gewisse Bestimmungen des Gastgebers zu halten hat. So steht es ihm nicht zu, die Aufenthaltsfristen, die ihm der Gastgeber setzt, zu überschreiten, oder sich ungefragt an seinem Hausstand zu bedienen.[3] Zwischen beiden entsteht ein Vertrauensverhältnis von hohem ethischen und existentiellen Stellenwert, bei dem Verantwortung und Hingabe eine nicht unerhebliche Rolle einnehmen. Auch Klossowski erkennt das, indem er Octaves Regelwerk ausführen lässt:

> Aber da hier der Hausherr den Fremden einlädt, bis an die Quelle der Substanzen über jedes Akzidens hinaus zu dringen, schafft er eben dadurch zwischen sich und den Fremden eine substantielle Beziehung, die in Wahrheit eine nicht mehr relative, sondern eine absolute Beziehung sein wird.[4]

Das rührt vor allem aus der Situation des Ausgeliefertseins, in welcher sich sowohl der Gast als auch der Gastgeber befinden, wenn sie sich mit ihrem Vertrag der Gastfreundschaft dermaßen aneinander binden.[5] Ein typischer Verstoß gegen diesen nonverbalen Vertrag wäre zum Beispiel die Aufhebung des Status der Fremdheit, welcher an die Gastrolle gebunden ist.[6] Durch ein vertrautes Stelldichein des Gastes mit der Hausherrin wechselt der Gast beispielsweise seine Rolle, was von Klossowskis Manifest der Gastlichkeit ganz phänomenologisch, das heisst, ohne jegliche Wertung beschrieben wird:

---

3 Auch kann er nicht einfach unerlaubt die gastliche Domäne in Beschlag nehmen, so wie es zum Beispiel der Grieche Phryxus im Land der Kolcher in Franz Grillparzers »Der Gastfreund« vollzieht, dem ersten Teil der Trilogie »Das goldene Vliess«. Dass ihm vom Kolcherkönig und unfreiwilligen Gastgeber später das goldene Vlies mit Gewalt entrissen wird, verstößt zwar auch gegen das Gastrecht, ist jedoch synchron auch als direkte (Abwehr-)Reaktion auf den ungefragten – fast die Dimension einer Annexion annehmenden – Einbruch des Fremden in seine Heimat zu bewerten. So ist es unter anderem ein Affront für die Kolcher, dass Phryxus deren Götter und Heiligtümer auch als die seinen betrachtet. Vgl. Franz Grillparzer: Das goldene Vliess. In: ders.: Sämtliche Werke. Ausgewählte Briefe, Gespräche, Berichte in vier Bänden. Hg. von Peter Frank und Karl Pörnbacher. Bd. 2. München: Hanser 1960–1965, S. 793–971. Vgl. hierzu auch den Beitrag von Michael Niehaus in diesem Band.

4 Klossowski: Gastfreundschaft (s. Anm. 1), S. 142.

5 Zur Anthropologie des Gastes vgl. auch Hans-Dieter Bahr: Die Sprache des Gastes. Eine Metaethik. Leipzig: Reclam 1996; Jacques Derrida: Von der Gastfreundschaft. Aus dem Französischen von Markus Sedlaczek. 2. Aufl., Wien: Passagen 2007.

6 Hinsichtlich dieser historischen Semantik ist es auch ziemlich problematisch, von Gästen zu sprechen, wenn es sich dabei um Familienangehörige handelt, wie in den hier zur Diskussion stehenden Texten von Seneca: »Thyestes«, Shakespeare: »Titus Andronicus« und Felix Dahn: »Ein Kampf um Rom«. Dass dennoch die Struktureigentümlichkeiten der Gastfreundschaft (und ihrer Pervertierung) vorhanden sein können und sich gerade innerhalb von Verwandtschaftsverhältnissen gut artikulieren lassen, wird im folgenden genauer erörtert werden müssen.

> Damit die Neugier des Gastgebers sich nicht in Eifersucht oder Argwohn entwürdige, ist es deine Aufgabe, Gast, die Essenz der Gastgeberin in der Hausherrin zu erkennen, es ist deine Aufgabe, sie in die Existenz hineinzustürzen: entweder bleibt die Gastgeberin nur ein Schattenbild, und du bleibst ein Fremder in diesem Hause, wenn du dem Gastgeber die unverwirklichte Essenz der Gastgeberin hinterläßt, oder aber du [...] gibst durch deine Gegenwart der Gastgeberin Aktualität: Du hast volle Macht über sie wie über den Gastgeber. [...] Dann erst wird der Gastgeber aufhören, Herr in seinem Haus zu sein: er hat seine Mission erfüllt. Er wird seinerseits zum Gast.[7]

Klossowski, welcher mit seinem Roman eine Metaphysik der Erotik offerieren wollte, benennt mit diesem Annektionsprozess eine Veränderung der Rollen. Durch die Kultivierung einer erotischen Sozialbeziehung mit der Partnerin des Wirts, welche außerhalb des Gaststatus angesiedelt ist, wird der Gast zum Hausherrn und schließt den Hausherrn aus dieser neuen Gemeinschaft aus.[8] Er hört auf, Gast zu sein, weil er sich nicht mehr als einer verhalten hat, oder den ungeschriebenen Vertrag abgeändert hat. Inwieweit der Besucher seine Gastrolle lediglich instrumentalisiert haben könnte, um sich die Hausherrin und damit die Rolle als Herr anzueignen, steht hier nicht zur Debatte. Allein entscheidend ist vielmehr das Vollziehen einer Handlung, die eigentlich dem Gastgeber zukommt, wodurch die oben beschriebenen Verhältnisse eine Diffusion bzw. Verlagerung erfahren. Anders formuliert: Der Gast verstößt gegen die ihm auferlegten (sozialen) Parameter. Letzteres vermag jedoch auch der Gastgeber. Gerade der von Klossowski beschriebene Status der Symbiose zwischen Gast, Gastgeber und Gasthaus, welche eben den Gast zu einem einbezogenen Dritten macht und Vertrauen und Sicherheit symbolisiert, wird nur allzuoft in der Literaturgeschichte für andere Zwecke verwendet, um durch den Modus der Täuschung unliebsame Feinde los zu werden, welche die Rolle des Gastes lediglich nur eine Zeit lang spielen dürfen. Die mit der Gastfreundschaft transportierte Obhut wechselt in ihr unbarmherziges Gegenteil und das Gefühl, absolut sicher zu sein, erfährt eine bewusste, den Gast demütigende, meist tödlich endende Verkehrung.

Sowohl in Senecas Tragödie »Thyestes« und Shakespeares Römerdrama »Titus Andronicus« als auch in Felix Dahns megalomanen Historienepos »Ein Kampf um Rom« von 1876 finden sich Episoden, in denen Gäste bewusst getäuscht werden und auch Gastfreundschaft bewusst angeboten wird, um den im Kontext von Klossowskis Roman genannten (für den blutrünstigen Gastgeber ausgesprochen relevanten) Zustand des Ausgeliefertseins zu erreichen und diesen schamlos auszunutzen und in der

---

7 Klossowski: Gastfreundschaft (s. Anm. 1) S. 144f.

8 Unter anderem ein Thema in Peter Weiss' dem Kasperle-Theater nachempfundener und auch mit der Ästhetik Brechts und Artauds verzahnter Moritat »Nacht mit Gästen«. Der Raubmörder dringt in das Haus einer Familie ein, zwingt den Gastgeber unter Drohungen dieses zu verlassen und annektiert dessen Position, bis er sogar von dessen Kindern mit Vater angesprochen wird. Damit geht der Besucher weit über den Status des Gastes hinaus, verdreht die Rollen und lässt den entmachteten, entweibten und entrechteten früheren Wirt zum Gast mutieren. Die Gesetze der Gastfreundschaft werden also in der Moritat übertreten und die Rollen vertauscht. Vgl. Peter Weiss: Nacht mit Gästen. In: ders.: Werke in sechs Bänden. Hg. vom Suhrkamp Verlag in Zusammenarbeit mit Gunilla Palmstierna-Weiss. Bd. 4. Frankfurt a.M.: Suhrkamp 1991, S. 89–111.

Täuschung (über die Ermordung hinaus) einen zusätzlichen Akt der Rache an dem sogenannten Gast vollführen zu können. Senecas mythologisierende Tragödie speist sich zum Beispiel nahezu allein aus diesem Sachverhalt. Aber auch bei Shakespeare trägt die heuchlerische Einladung der blutrünstigen Gotenkönigin Tamora durch den sinistren Titus diesen eklatanten Regelverstoß in sich, welchen ich in unmittelbarem Zusammenhang sehe mit einem auf Transgression ausgerichteten, soziale und moralische Schranken über Bord werfenden, Theater der Grausamkeit.[9] Das heißt, das, im Sinne Antonin Artauds subversive, Theater des Schreckens und der Angst profitiert von der Aufhebung der Gesetze der Gastfreundschaft, indem es diese verzehrt, ja als Schrecken für Gast und Rezipient erfahrbar werden lässt. So ergeht es auch der Figur des Thyestes in Senecas gleichnamigem Stück, welches den Untergang des Geschlechts des Tantalus an einem Gastmahl festmacht.

Das Gastmahl des Atreus als Theater der Grausamkeit

Der blutige Rächer Atreus erkennt in Senecas Blutdrama »Thyestes«,[10] dass sein geplantes - hier noch genauer zu behandelndes - Gemetzel an der Familie seines Bruders weit über das talionische Prinzip der Revanche hinausgeht und muß vielleicht gerade deshalb gegen etwas quasi Heiliges wie die Gesetze der Gastfreundschaft verstoßen. Denn der beinahe kultisch zu nennende Ritus der Gastlichkeit soll ja gerade soziale und ethische Schranken wie Feindschaft oder Rivalität nivellieren. Ihre Gesetze stehen wie ein transzendentes Etwas über den Dingen, das heißt:

> Nicht nur auf dem Platz eines neutralen Dritten, sondern sogar auf dem Gebiet des jeweiligen Gegners können Rivalen und Feinde einander zu Gast laden. Welche Interessen sie damit auch verfolgen, sie lassen sich nur realisieren, sofern die gewalttätige Auseinandersetzung suspendiert ist. Und die Gesetze der Gastlichkeit können so bedingungslos eingehalten werden, daß ein Gastgeber sogar den Mörder, der seine Frau zu Tode gequält hat, unangetastet als Gast beherbergen kann.[11]

---

9 Ich verwende hier ganz bewusst diesen auf die Dramentheorie Antonin Artauds zurückgehenden Begriff, welcher ein gegen die Sprachen des Diskurses und der Vernunft gerichtetes, atavistisches Theater fordert; und Gastlichkeit bildet ja einen Diskurs, der hier durch dessen Instrumentalisierung über Täuschung des Gastes nicht nur pervertiert, sondern sogar geleugnet wird, weil dieser Vorgang ganz bewusst eine anthropologische Grundkonstante und eine (metaphysisch und moralisch legitimierte) soziale Praxis, auf der sich ja Gesellschaften gründen, dekonstruiert. Vgl. Antonin Artaud: Das Theater und sein Double. Aus dem Französischen übersetzt von Gerd Henniger, ergänzt und mit einem Nachwort versehen von Bernd Mattheus. München: Matthes & Seitz 1996. Da die Ausführungen zu Senecas Drama relativ grundlegend für den gesamten Aufsatz sind, werde ich diese ausführlicher gestalten als die eher ergänzenden Bemerkungen zu Shakespeare und Dahn.

10 Seneca: Thyestes. In: ders.: Sämtliche Tragödien. Lateinisch und Deutsch. Übersetzt und erläutert von Theodor Thomann. Bd. II. Stuttgart. Zürich: Artemis Verlag 1969, S. 105-181.

11 Hans-Dieter Bahr: Die Befremdlichkeit des Gastes. In: ders.: Die Befremdlichkeit des Gastes. Wien: Passagen 2005, S. 15-31, hier 29.

Eben genau diese Suspendierung der Begleitumstände wird von den Gastgebern Atreus und Titus bei Seneca und Shakespeare nur vorgetäuscht. Sie lassen ihre Gäste Thyestes und Tamora in dem Glauben, dass die Gesetze der Gastfreundschaft über diesen Belangen angesiedelt sind und vermitteln ihnen damit ein Gefühl von Sicherheit, selbst im Haus und an der Tafel des Feindes. Anders formuliert: Die beiden Getäuschten glauben fest an den Stellenwert der Gesetze der Gastfreundschaft und dieser Glaube an eine kultische, rituelle, soziale und anthropologische Konstante wird von den Gastgebern ausgenutzt und ermöglicht gleichzeitig eine Verdeutlichung ihrer alles beherrschenden Rachsucht.

Gerade durch die pervertierte Instrumentalisierung der Gastlichkeit - den Gegner als vertrauten Gast zu empfangen, das sogenannte Gastmahl als Versöhnung zu propagieren, nur um dann den sich in Sicherheit wiegenden Gast auf barbarische Weise zu ermorden - wird diese unverhältnismäßige Grausamkeit, jene alles beherrschende Kraft des Zorns auf Seiten des Schlächters Atreus überzeugend visualisiert. So verkündet er als seine Leitmaxime:

> Wohlan, mein Mut, verübe, was keine Nachwelt billigen, keine indes verschweigen mag. Ein Frevel ist zu wagen, ein greulicher, blutiger, einer, den mein Bruder lieber hätte selbst tun wollen. Verbrechen rächst du nicht, du übertriffst sie denn.[12]

Atreus ist sich der mangelnden Legitimation seiner Verbrechen bewusst, die jedoch auf diese Weise zu einer unmotivierten und damit autonomen sprachlichen Größe innerhalb des Dramas werden, zur reinen und unkommentierten Gewalt an sich, wie auch Jahrhunderte später in Shakespeares »Titus Andronicus«. Atreus erkennt auch den Selbstzweck der blutigen Tat. Ein übergeordneter Sinn ist ihm völlig gleichgültig. Er bedarf seiner auch gar nicht. Deshalb kommt man mit psychologischen Erklärungsmodellen auch nicht an Deklamationen heran wie: »Vom Ziel der Strafe sprichst du, ich will die Strafe als solche.«[13] Wenn man bedenkt, dass sich die späteren Greuel gegenüber Thyestes nur ereignen, weil dieser dem Atreus seine Gemahlin Aerope ausgespannt hat, wird doch eine gewisse Asymmetrie gegenüber der Rache und ihrer eigentlichen Ausgangslage, also dem Motiv erkennbar. Aber dieses Ungleichgewicht ist geradezu konstitutiv für die maßlose Rache in den Dramen Senecas und des frühen Shakespeares,[14] wo Motivation und Zweck hinter die Brachialität des Gewaltaktes zurücktreten.

Der grausame Atreus verweist in Senecas »Thyestes« auf die konstitutive Grundstruktur der Rachetragödie, wenn er vom »wechselseitigen Verderben«[15] spricht. Die

---

12 Seneca: Thyestes (s. Anm. 10), S. 119, V. 191-196.

13 Ebd., S. 123, V. 246-247.

14 Und auch noch für zahlreiche anderen Dramen der jakobäisch-elisabethanischen Rachetragödie, als da wären John Fords »Tis Pity She's a Whore«, Thomas Kyds »The Spanish Tragedy«, Christopher Marlowes »The Jew of Malta«, »The Massacre of Paris« oder John Websters »The White Devil«. Shakespeare wird zitiert nach: William Shakespeare: Titus Andronicus. In: ders.: Sämtliche Werke in vier Bänden. Hg. von Anselm Schlösser. Bd. 4. 5. Aufl., Berlin, Weimar: Aufbau-Verlag 1994, S. 5-82. Vgl. als englische Originalausgabe: William Shakespeare: Titus Andronicus. In: ders.: The Complete Works, edited by Peter Alexander. London: Collins 1991, S. 416-429.

beiden Racheparteien spielen sich gegenseitig die Bälle zu, wobei der eigentliche Beweggrund, sei es Eifersucht oder verletzte Eitelkeit, immer mehr in den Hintergrund tritt und sich letztendlich nur noch ein inhaltlich entleerter Automatismus von Rache und Gegenrache manifestiert, dessen Aktanten nur noch von dem Wunsch nach Überbietung des Schreckens angespornt werden. Mitunter betrachten sie ihre Bluttaten sogar als unzureichend, um ihrem gewaltigen Zorn Gestalt zu verleihen. So bekennt Atreus nachdem sein Bruder Thyestes bei einem Gastmahl unwissend die eigenen drei Söhne verspeist hat:

> Verbrechen gebührt Maß, wenn du Verbrechen begehst, nicht, wenn du sie vergiltst. Auch dies wiegt mir zu leicht. Aus der Wunde selbst hätte ich das noch warme Blut in deinen Mund gießen sollen, daß du der noch Lebenden Blut trinkst - doch vor Eile sind Worte nur noch meinem Zorn gegeben.[16]

Die Worte scheinen der Unauslöschlichkeit des Hasses gegenüber unangemessen zu sein. Das verhält sich kompatibel zur Sprachkritik in Antonin Artauds Theater der Grausamkeit. Worte drücken auch seiner Meinung nach die menschlichen Urkräfte und Triebe nur unzureichend aus. Das große abendländische Dialogtheater hat das vielmehr verdrängt. Statt der Eindeutigkeit der Handlungsakte an sich, trat ihre verharmlosende Kommentierung und Erläuterung in den Mittelpunkt. In seinem »Ersten Brief über die Sprache« erklärt Artaud:

> Wenn wir uns heute dermaßen unfähig erweisen, von Äschylos, Sophokles oder Shakespeare eine adäquate Vorstellung zu vermitteln, so liegt das höchstwahrscheinlich daran, daß wir kein Gespür mehr haben für das Körperliche ihres Theaters. Daß uns die unmittelbar menschliche, lebendige Seite einer Sprechweise, eines Gebärdenspiels, eines ganzen szenischen Rhythmus entgeht.[17]

Ziel ist es daher für den modernen Regisseur und Dramaturgen, die »tiefe Menschlichkeit ihres Theaters wiederzufinden«.[18] Bei Senecas »Thyestes«, dessen Handlung übrigens eine Generation vor dem Tod des Agamemnon zu verorten ist, findet sich die Kultivierung von Angst als das vorherrschende Prinzip. Hier ist es der Schatten des zu ewiger Pein verdammten Stammvaters Tantalus, welcher vor der Königsburg des Atreus in Mykene eine Prophezeiung des Schreckens und damit Furcht vor den kommenden Ereignissen herbeibeschwört und damit aus Mykene einen ungastlich gestimmten Ort macht. Er fragt sich, angesichts der bevorstehenden Atreus-Greuel, mit welchen Untaten das Atriden-Geschlecht sich immer mehr verdammt:

---

15 Seneca: Thyestes (s. Anm. 10), S. 123, V. 236.

16 Ebd., S. 177, V. 1053-1057.

17 Antonin Artaud, zit. nach Monique Borie: Zwei Theatermodelle der Ursprünge. Die antike Tragödie und das elisabethanische Theater. In: Antonin Artaud: Die Cenci. Materialien und Briefe. Hg. und übersetzt von Bernd Mattheus. München: Matthes & Seitz 2002, S. 141-149, hier 148.

18 Ebd. Menschlichkeit bedeutet hier nicht unbedingt Humanität, was für den nach Vorreflexivität strebenden Artaud bereits wieder eine systematische Konzeptionalität bedeuten würde.

> Wer unter den Göttern zeigt Tantalus sein zum Unheil erblicktes Haus von neuem? Wurde Schlimmeres erfunden als dörrender Durst inmitten der Wellen, Schlimmeres als immer gähnender Hunger? Kommt wohl des Sisyphus Fels ihm entgleitend daher als Bürde für meine Schultern oder, die Glieder in rasendem Umlauf auseinanderreißend, das Rad oder des Tityus Pein, der, in wüster Schrunde klaffend, die garstigen Vögel an seinen durchwühlten Gedärmen weidet und, über Nacht ersetzend, was er am Tage verlor, als ungeschmälerter Fraß für ein neues Ungeheuer darliegt? Welcher Marter werde ich überwiesen?[19]

Hier wird nicht nur auf das Unheil und den Schrecken verwiesen, unter deren Einfluss das gesamte Stück steht, und damit wieder die auch von Karl Heinz Bohrer benannte Erwartungsangst geschürt,[20] sondern auch auf einen Schrecken und eine Gewalt jenseits aller Benennbarkeit verwiesen. Im Kontext der Rachetragödie heißt das, es wird bereits in den ersten Versen angespielt auf eine Rache, die maßlos und durch nichts mehr zu steigern sein wird und deshalb außerhalb von herkömmlichen Erklärungsmodellen steht und deswegen auch juristische und moralische Instanzen wie das Gastrecht pervertieren und den scheinbaren Schutz, unter den sich der Gast begibt, als Instrument der Rache missbrauchen kann. Das liegt auch an der Tatsache, dass Seneca hier nicht wie in Aischylos' Atriden-Tetralogie und später bei Shakespeare die dialogische Oppositionsstruktur von Rache und Gegenrache konstruiert.[21] Dieser binäre Schematismus fällt hier weg. Der Rezipient erfährt zwar einiges über Atreus Beweggründe gegenüber seinem Bruder Thyestes - dieser verführte Atreus' Gemahlin Aerope - sie sind aber nicht mehr Bestandteil der Handlung. Das gesamte Drama gehorcht einzig und allein der Inszenierung des Zornes und der blutigen Rache des Atreus', welcher den Bruder als Gast in Sicherheit wiegt, um ihn danach umso gezielter vernichten zu können. Folgt man den Ausführungen des stoischen Philosophen über die gewaltige, die Mimik und Gestalt des Menschen verzerrende und entstellende Kraft des Zorns, die er in seinem Dialog »De Ira«, wenngleich negativ bewertet, dargetan hat, wird es auch nachvollziehbar, warum sich der Zorn die Bühne nicht mit anderen Gefühlen oder gar Charakteren teilen und die überzeitlichen Gesetze der

---

19 Seneca: Thyestes (s. Anm. 10), S. 107–109, V. 3–13.

20 Vgl. Karl Heinz Bohrer: Erscheinungsschrecken und Erwartungsangst. Die griechische Tragödie als moderne Epiphanie. In: ders.: Das absolute Präsens. Die Semantik ästhetischer Zeit. Frankfurt a.M.: Suhrkamp 1994, S. 32–62. Diese Differenz deckt sich semantisch mit den englischen Begriffen »tention« und »suspense«. Von einer unerträglichen Erwartungsangst wird übrigens auch die entmachtete Gotenkönigin Amalaswintha in Felix Dahns »Ein Kampf um Rom« gepeinigt, als sie ihren früheren Palast in Ravenna an ihre Rivalin Gothelindis und deren Gatten Theodahad verloren hat und quasi zum Gast in ihrem einstigen Heim geworden ist und diesen Aufenthalt nur noch als Bedrohung oder Entfremdung erfahren kann, da sie nun nicht mehr als »diejenige zu erscheinen« vermag, um mit Bahr zu sprechen, die »›bei sich selbst‹, in ihrem eigenen Element ist.« Vgl. Hans-Dieter Bahr: Der Gast. In: ders.: Die Befremdlichkeit des Gastes (s. Anm. 11), S. 63–76, S. 71. Auf diese Inszenierung einer gefühlten Ungastlichkeit bei der ehemaligen Gotenkönigin durch Dahn werde ich im Laufe des Essays noch ausführlich zu sprechen kommen.

21 Obgleich ja auch dort Unverhältnismäßigkeit und damit ein Aufsprengen logisch nachvollziehbarer Strukturen attestiert werden kann.

Gastfreundschaft lediglich verzwecklichen und damit substituieren kann.[22] Begreift man wie Bahr die verschiedenen Stadien, die ein Gast annehmen kann, als eine Art Zivilisationsprozess, entsteht der Eindruck, dass der vom Zorn getriebene Atreus eine atavistische Regression durchmacht[23] und hinter die von Bahr referierte Prozessualität und deren Höhepunkt weit zurückfällt:

> Man kann aber in der Geschichte etymologischer Deutungen auch Versuchen begegnen, das Etymon ›Gast‹ auf Bedeutungen zurückzuführen wie ›Gefressen-‹ oder ›Geschlagen-Werden‹ oder auf den Sinn ›Mitessender‹ oder ›Gehender‹. Von da aus deutete man den ›Gast‹ als ›Feind, Fremder, Freund, Vorübergehender‹ – nicht selten in dieser Reihenfolge als ›Prozeß einer menschlichen Zivilisierung oder Humanisierung überhaupt‹.[24]

Die Figuren bei Felix Dahn, Shakespeare und Seneca bleiben nicht nur irgendwo auf dieser Leiter der ansteigenden Humanität stehen, sie rutschen sie wieder bis zu ihrer ersten Sprosse herab. Atreus kommt in seinem Hass gegenüber dem Bruder Thyestes auf die Ausgangsposition des Feindes zurück und vernichtet diesen als Gast. Er benutzt nämlich eine im Zivilisationsprozess höher angesiedelte Position des Gaststatus, um auf die ursprüngliche zurückzukommen, die seinen prärationalen Gefühlen entspricht, welche auch Artauds Theater der Grausamkeit mit seinem vorzivilisatorischen und anti-diskursiven Impetus zum Vorschein bringen will, so dass die Bewunderung des französischen Dramatikers gegenüber Senecas Bühnenwerk nicht weiter verwundert.[25]

Die Inszenierung der Gastfreundschaft gegenüber Thyestes wird folgendermaßen betrieben: Atreus betrachtet seinen von ihm willkommen geheißenen Bruder und dessen Kinder nicht als Gäste, sondern als Beute und degradiert damit den Besucher zum Besitz, über den er willkürlich verfügen kann, wenn er triumphierend deklamiert:

> In den ausgelegten Netzen ist das Wild gefangen: ich erkenne ihn selbst und, ihrem Vater vereint, zugleich der verhaßten Sippe Brut. Schon bewegt sich auf sicherem Grund mein

22 Vgl. Lucius Annaeus Seneca: Der Zorn. In: ders.: Meisterdialoge. Hg. und übersetzt von Gerhard Fink. Düsseldorf, Zürich: Patmos 2006, S. 52–158.

23 Das verhält sich äquivalent zu Senecas Ekphrase einer Physiognomie des Jähzorns im Dialog »De Ira«, den er als Gefahr betrachtet, denn »er will sich nicht zurechtweisen lassen, und er ist selbst auf die Wahrheit wütend, wenn sie gegen seinen Willen ans Licht kommt. Unter Gebrüll und Erregung, zitternd am ganzen Leib, geht er auf seine Opfer los und überhäuft sie dazu noch mit Schimpf und Schande. Dergleichen tut die Vernunft nicht.« Seneca: Der Zorn (s. Anm. 22), S. 71. Dadurch, dass Seneca immer wieder das Oppositionspaar Wahnsinn vs. Vernunft in seine Argumentation integriert, wird deutlich, dass die Verletzung des Gastrechts durch Atreus und seine weiteren Bluttaten eine eindeutig negative Wertung als präzivilisatorisch erfahren und auf der untersten Sprosse der von Bahr skizzierten Evolutionslinie des Gastes stehen.

24 Hans-Dieter Bahr: Der Gast (s. Anm. 20), S. 64.

25 Obgleich Artaud die moralphilosophischen Intentionen der Stücke, die Seneca stets als Warnung vor der Unvernunft und dem Affekt konzipiert hatte, kaum beachtet hat. Ihn interessierte eher die Eruptivität der Emotion, die sämtliche sozialen oder diskursiven Belange beiseitefegt, so auch – und das ist im Kontext der Fragestellung relevant – auch die Institution des Gastrechts.

> Hassen. In meine Hände ist endlich Thyestes geraten, hineingeraten ist er, und zwar ganz.[26]

Um dieses Stadium der Ausgeliefertheit zu erreichen, sind von Seiten Atreus einige rhetorische Formeln notwendig gewesen, die voll und ganz den Riten und Gesetzen der Gastlichkeit entsprechen und gerade aufgrund ihrer allgemeinen Gültigkeit von Thyestes geglaubt werden. So empfängt Atreus den verhassten Bruder mit Worten wie:

> Mich freut, den Bruder wiederzusehen. Gewähre mir die ersehnten Umarmungen. Laß allen Zorn vergangen sein. Von diesem Tage an wollen wir Blutbrüderschaft [sic] und Zuneigung pflegen, aus unseren Herzen schwinde der verdammenswerte Haß.[27]

Thyestes ist aufgrund seiner zuvor begangenen Frevel gegenüber Atreus verwirrt über dessen Gastfreundschaft und nimmt voller Reue sein Angebot an. Zugleich glaubt er, in des Bruders Haus tatsächlich einen Hort der Sicherheit zu erkennen und empfiehlt sich ihm als Schutzbedürftiger, wenn er ausführt: »Zu Tränen muß ich Zuflucht nehmen: als Schutzflehender siehst du mich zuerst.«[28] Eine unbedingte, auch von Bahr immer wieder referierte Gastfreundschaft würde ein solches Flehen auch beantworten und den ungeliebten Bruder beherbergen. Sie würde sämtliche Begleitumstände beiseite fegen und die Gastlichkeit als eigene Entität begreifen. Es ist zu vermuten, dass Thyestes auch an diese ultimative Gastfreundschaft glaubt und sich deshalb mitsamt seinen Kindern in Atreus Obhut begibt. Jacques Derrida kommt auf dieses absolute Gesetz der Gastfreundschaft jenseits aller Gesetze auch zu sprechen, wenn er diagnostiziert:

> Es ist, als wäre Gastfreundschaft unmöglich: als würde das Gesetz der Gastfreundschaft diese Unmöglichkeit selbst definieren, als könnte man es nur übertreten, als würde *das* Gesetz der absoluten, *unbedingten*, hyperbolischen Gastfreundschaft, als würde der kategorische Imperativ der Gastfreundschaft erfordern, all *die* Gesetze der Gastfreundschaft zu übertreten, das heißt die Bedingungen, Normen, Rechte und Pflichten, die sich sowohl Gastgebern und Gastgeberinnen als Gästen, denen, die Aufnahme gewähren, wie denen, die Aufnahme finden, auferlegen. Es ist, als würden *die* Gesetze der Gastfreundschaft, indem sie Grenzen, Befugnisse, Rechte und Pflichten markieren, darin bestehen, *das* Gesetz der Gastfreundschaft herauszufordern und zu übertreten, jenes Gesetz, das fordert, dem *Ankömmling* bedingungslos Aufnahme zu gewähren.[29]

Durch die großmütigen Gesten des Verzeihens inszeniert Atreus genau diesen von Derrida benannten Kantschen kategorischen Imperativ der Gastfreundschaft, obgleich er eigentlich nur *den* Gesetzen und nicht *dem* Gesetzt dient. Für ihn zählen die Begleitumstände sehr wohl. Sie motivieren ihn zu seinen Taten, die letztendlich –

---

26 Seneca: Thyestes (s. Anm. 10), S. 141, V. 491–496.
27 Ebd., V. 507–512.
28 Ebd., S. 143, V. 517–518.
29 Jacques Derrida: Von der Gastfreundschaft. Aus dem Französischen von Markus Sedlaczek. 2. Aufl., Wien: Passagen 2007, S. 59–110, 59f.

durch den perfiden Racheplan – in der Ungastlichkeit enden, da er seinem zu vernichtenden Bruder durch die Täuschung die absolute Gastfreundschaft verweigert. Insofern behandelt das Stück einen unversöhnlichen Konflikt, oder, um mit Derrida zu sprechen:

> Es gäbe da eine *Antinomie*, eine unauflösbare, nicht dialektisierbare Antinomie zwischen *dem* Gesetz der Gastfreundschaft, dem unbedingten Gesetz der uneingeschränkten Gastfreundschaft [dem Ankömmling sein ganzes Zuhause und sein Selbst zu geben, ihm sein Eigenes, unser Eigenes zu geben, ohne ihn nach seinem Namen zu fragen, ohne eine Gegenleistung oder die Erfüllung auch nur der geringsten Bedingung zu verlangen] auf der einen und *den* Gesetzen der Gastfreundschaft auf der anderen Seite, jenen stetes bedingten und konditionalen Rechten und Pflichten, wie die griechisch-lateinische, ja jüdisch-christliche Tradition, wie alles Recht und alle Rechtsphilosophie bis Kant und insbesondere Hegel sie über die Familie, die bürgerliche Gesellschaft und den Staat definieren.[30]

Senecas Blutdrama verdeutlicht die Unmöglichkeit dieser absoluten Gastfreundschaft. Sie scheitert an eben diesen traditionellen Rechten und Pflichten, an ethischen Prinzipien und an individuellen Interessen und Begierden, wie dem Wunsch nach Rache bei Atreus. Deshalb ist der Mißbrauch des Gastrechts so radikal, da Atreus dem Thyestes genau diesen von Derrida beschriebenen kategorischen Imperativ der Gastfreundschaft vorgaukelt und ihm sogar einen Teil des Eigenen, nämlich seiner Herrschaft, als Willkommensgruß darbietet und ihn und seine Familie als absolut gleichwertig bezeichnet:

> Ziehe weg von meinen Knien deine Hand und suche eher meine Umarmungen. Ihr auch, der Greise Schutz, ihr Jünglinge alle, hängt euch an meinen Hals. Ziehe das schmutzige Kleid aus, schone mein Auge, empfange standesgemäße, den meinen ebenbürtige Gewänder und nimm dir freudig deinen Anteil an des Bruders Herrschaft. Mein ist dieser größere Ruhm, dem ungekränkten Bruder die angestammte Würde zurückzugeben.[31]

»Credat hoc quisquam?«, also »Soll dies einer glauben?«[32] kann sich der alles kommentierende Chor da nur fragen. Er zweifelt damit nicht nur die Möglichkeit der absoluten Gastfreundschaft an, sondern er decouvriert auch Atreus' verlogene Einladung. Zudem ist das Publikum aufgrund der vorherigen Monologe über die wahren Pläne des Rächers bereits bestens informiert und erkennt den Missbrauch einer überzeitlichen Kategorie. Auch während des weiteren Dramenverlaufs demaskiert Atreus seine eigentliche Motivation, zelebriert sozusagen genussvoll die Pervertierung der Gastfreundschaft, während er als Beobachter das Gastmahl seines Bruders, welcher ahnungslos die eigenen Kinder verschlingt, folgendermaßen beschreibt:

30 Ebd., S. 60f. Zur Traditionsgeschichte vgl. auch Otto Hiltbrunner: Gastfreundschaft in der Antike und im frühen Christentum. Darmstadt: WBG 2005.
31 Seneca: Thyestes (s. Anm. 10), S. 143, V. 522–529.
32 Ebd., S. 144f., V. 546.

> Allzu lange liegst du zu Tisch als Geladener mit sorgloser und heiterer Miene; schon ist genug den Gerichten gefrönt worden, dem Bacchus genug: ein nüchterner Thyestes ist zu so großen Leiden vonnöten. Du Schar der Diener, schließe die Tore des Tempels auf, es öffne sich das festliche Haus. Mich verlangt zu sehen, welche Farbe er zeigt, schaut er die Häupter seiner Söhne, welche Worte sein Schmerz lallen wird oder wie er röchelnd vor Entsetzen erstarrt. Dies ist meiner Mühe Frucht. Elend will ich ihn nicht sehen, vielmehr wie er elend wird.[33]

Auf diese Weise wird das Gasthaus zum Schlachthaus, das Gastmahl zum Instrument der Rache. Dem Vater, der sich die eigenen Söhne einverleibt hatte, wurde im Sinne Derridas *das* Gesetz der Gastfreundschaft vorgegaukelt von einem Betrüger, welcher sich lediglich an *die* Gesetze hält und damit keine bedingungslose Gastlichkeit gewähren kann oder will. Insofern liegt die Radikalität des Verstosses in der Kultivierung eines anscheinend bedingungslosen Entgegenkommens, welches den gutgläubigen, nach Versöhnung sich sehnenden Thyestes in einen Zustand des Ausgeliefertseins versetzt. In Thyestes »Falle ist es also stets der Unterlegene, der eine Macht zu Gast bittet, damit sie ihre tödliche Gewalt in den Hintergrund treten lasse, um so als diejenige zu erscheinen, die nicht ›bei sich selbst‹, in ihrem eigenen Element ist«.[34] Genau das wurde dem Ankömmling Thyestes vom scheinbaren Gastgeber Atreus suggeriert bzw. es wurde simuliert. Für Atreus liegt in dieser ungeheuren Verletzung durch Verstellung die eigentliche Möglichkeit, seinen Zorn zu verbalisieren, den er selbst als maßlos begreift.[35] Ein absolutes Konzept von Gastfreundschaft wurde von Atreus instrumentalisiert und missbraucht, um eine absolute Rache zu transportieren. Zwei Extreme treffen also bei Seneca zusammen und gerade die Pervertierung dieser bedingungslosen Ethik des Gastes, dieser höchsten Stufe von Humanität ist notwendig, um den Zorn des Atreus begreifbar zu machen, um ihn - alle Diskurse negierend - hervortreten zu lassen. Dadurch gehorcht Seneca auch den avantgardistischen dramaturgischen Vorgaben Antonin Artauds, der ein Theater jenseits der Diskurse und der Zivilisation sowohl in anthropologischer als auch in ästhetischer Hinsicht propagierte. Shakespeare wird diese Tradition, zumindest mit Blick auf die Umgestaltung des Gastmahls als Racheakt, mit seinem »Titus Andronicus« fortsetzen.

Titus' Rezept der Rache

> Hört, Buben, welche Qual ich euch ersann: / Die Hand blieb, euch die Gurgel durchzuschneiden, / Indes Lavinia mit den Stümpfen hält / Dies Becken, das eu'r schuldig Blut empfängt. / Die Kaiserin, wißt ihr, will zum Schmaus mir kommen, / Und nennt sich Rache, wähnt, ich sei verrückt: / Nun hört mich! Eu'r Gebein reib ich zu Staub / Und knet'es ein zu Teig mit euerm Blut; / Und aus dem Teige bild' ich eine Rinde, / Drin einzubacken eure Schurkenhäupter; / Dann soll die Metze, eure hünd'sche Mutter, /

33 Ebd., S. 167, V. 897-907.

34 Bahr: Der Gast (s. Anm. 20), S. 71.

35 Vgl. Seneca: Thyestes (s. Anm. 10), S. 177, V. 1053-1056.

> Der Erde gleich die eigne Brut verschlingen: / Dies ist das Mahl, zu dem ich sie beschied, / Und dies der Schmaus, an dem sie schwelgen soll. / Denn mehr als Philomel' erlitt mein Kind, / Und mehr als Prokne nehm' ich Rach' an euch. / Jetzt reicht die Gurgeln her! - Lavinia, komm, / Fang' auf den Strahl; und wenn ich sie entseelt, / Zerstampf' ich ihr Gebein in feinen Staub, / Und feucht' es an mit dem verhaßten Blut, / Die Häupter einzubacken in den Teig. / Kommt, seid mir alle jetzt zur Hand, dies Mahl / Zu rüsten, das viel grimmer werden soll / Und blutiger als der Centauren Schmaus. [...] Nun tragt sie hin, ich mache selbst den Koch, / Sie anzurichten, bis die Mutter kommt. - [36]

Dieses Kochrezept für zwei Pasteten ist für das oben genannte Thema in mehrfacher Hinsicht aufschlussreich. Der ganze Vorgang - gespickt mit zahlreichen mythologischen Anspielungen aus Ovids »Metamorphosen« und intertextuellen Verweisen auf Senecas »Thyestes«[37] - steht nicht nur im Zeichen der Rache. Er enthält ganz offensichtlich Angaben zum Verfahren der Einladung zu einem Gastmahl. Eingeladen ist die Gotenkönigin Tamora, welche die Schändung und Verstümmelung von Titus' Tochter Lavinia durch ihre lüsternen Söhne Chiron und Demetrius zu verantworten hat. Durch die Ladung zum Gastmahl wird ihr Versöhnung, ja geradezu Unterwerfung von Seiten des Gastgebers und einstigen Rivalen Titus vorgegaukelt und sie liefert sich ihm als Gast aus, gemeinsam mit ihrem Gatten, dem römischen Kaiser Saturnius. Beide werden von Titus' - in den Racheplan eingeweihten - Bruder Marcus einschmeichelnd mit allen Riten der Gastlichkeit zum Mahl geladen: »Das Mahl ist fertig, welches Titus sorglich / Geordnet hat zu ehrenwertem Zweck, / Für Frieden, Lieb' und Bündnis, Rom zum Heil! - / So tretet denn heran und nehmet Platz!«[38]

Ein Interesse an der Staatsräson wird als Legitimation für die Einladung angeführt und die Machtpolitiker Tamora und Saturnius lassen sich darauf ein, da Titus sich als ein Gastgeber präsentiert, der sich den Mächtigen anscheinend ausliefert und nicht mehr bei sich selbst ist. Allzu großzügig und damit ebenfalls die unbedingte Gastfreundschaft vorspielend, präsentiert er sich seinen Feinden, wenn er - als Koch verkleidet und damit bewusst eine servile und bewirtende Rolle annehmend - ausruft: »Willkommen, Herr! Willkommen, Kaiserin! - / Willkommen, tapfere Goten; willkommen, Lucius! / Willkommen all'! Ist gleich das Mahl gering, / Doch wird's den Hunger stillen. Wollt ihr essen?«[39]

Wie bei Seneca weiß auch hier das Publikum mehr als die Gäste und erkennt damit die Verwendung des Gastrechts und all seiner Riten als Modi der Rache. Aufgrund der Unbedingtheit des Gastrechts ist dieser Akt für den gedemütigten Titus auch die einzige Möglichkeit, seiner Feinde habhaft zu werden, sie mit ihren Taten zu konfrontieren und ihnen, wie Atreus, im nachhinein die wahren Beweggründe für die Einladung zu präsentieren.[40] Das Gastmahl wird zur Henkersmahlzeit für Tamora, wenn Titus die Anwesenden über den Verbleib von Chiron und Demetrius unterrich-

---

36 Shakespeare: Titus Andronicus (s. Anm. 14), S. 76.

37 Vgl. dazu den informativen Aufsatz von Werner von Koppenfels: Lust in Action: Über einige Metamorphosen Ovids in der elisabethanischen Literatur. In: Jahrbuch Deutsche Shakespeare-Gesellschaft West (1989), S. 242-265.

38 Shakespeare: Titus Andronicus (s. Anm. 14), S. 77.

39 Ebd., S. 77f.

tet: »Nun wohl! hier sind sie schon, zerhackt zu Teig, / Von dem die Mutter lüstern hat genossen, / Verzehrend, was dem eignen Blut entsprossen. / 's ist wahr! 's ist wahr! Bezeug's mein scharfer Dolch!«[41]

Tamora stirbt in dem Bewusstsein getäuscht worden zu sein und sich dem vermeintlich schwächeren Titus, der die Rolle des demütigen Gastgebers spielte, ausgeliefert zu haben, weil sie auf die Unumstößlichkeit des Gastrechts vertraute. Dass hier in der Tat ein eklatanter Bruch zu verzeichnen ist, wird auch durch die Reaktion des Kaisers Saturnius dokumentiert, der in seiner Empörung Andronicus niedersticht mit den Worten: »Wahnwitz'ger, stirb! Nimm das für deinen Hohn!«[42] Durch die Bezeichnungen »Wahnwitz« und »Hohn« wird deutlich, dass der Kaiser hier einen Verstoß ahndet. Etwas Unfassbares bzw. undenkbares ist geschehen: Das Gastrecht wurde mit Füßen getreten. Ein Ort, welcher Sicherheit bieten sollte, wurde zum Ort persönlicher Rache und die Gäste wurden in ihrem Status des Gast-seins getäuscht, ja dieser Status wurde ausgenutzt. Der frühneuzeitliche Dramatiker Shakespeare hat damit ein Skandalon inszeniert, auch wenn sein Titelheld Feinde offiziell beherbergt. So berichtet Hans-Dieter Bahr, dass »noch in der mittelalterlichen Literatur des Rittertums oft auch davon die Rede ist, daß man - etwa im Zweikampf - im feindlichen Sinne einander zu Gast sein könne.«[43] Doch das setzte die Einhaltung verschiedener Regeln voraus, so etwa die Akzeptanz des Gastrechts jenseits aller Fehdegedanken, oder: »Das wurde dann eingeschränkter als sittliche Forderung gedeutet, auf Hinterlist oder auf zufällige Vorteile zu verzichten, um dem Gegner die gleichen Chancen einzuräumen.«[44] Diese Chancengleichheit bekommen jedoch die Gäste des Atreus und des Andronicus nicht gewährt. Aus ihnen werden ausgelieferte Opfer, die den Zustand des Ausgeliefertseins unglücklicherweise eben genau ihrem Gaststatus verdanken, eine bittere Erfahrung übrigens, die auch die abgesetzte Gotenkönigin und Tochter des Theoderich, Amalaswintha, in Felix Dahns Roman »Ein Kampf um Rom« machen muss.

---

40 Für Harold Bloom, der Shakespeares Rachetragödie in bester anglistischer Manier ausgesprochen kritisch liest, ist »Titus ein fast ebenso scheußliches Ungeheuer wie Aaron und Tamora.« Harold Bloom: Titus Andronicus. In: ders.: Shakespeare. Die Erfindung des Menschlichen. Aus dem Englischen von Peter Knecht. Berlin: Berlin Verlag 2000, S. 129–142, hier 133. Der nicht unironisch gehaltene Text mokiert sich vor allem über die motivlosen Grausamkeiten und die rhetorische, zur Denarration führende, Ausschmückung von Gewalt in diesem Stück, übersieht jedoch den Zusammenhang dieser Verfahren mit so eklatanten Regelverstößen wie der Verletzung des Gastrechts. Beides reicht sich einander die Hand, um das jeweilige Sakrileg zu illuminieren.

41 Shakespeare: Titus Andronicus (s. Anm. 14), S. 78f.

42 Ebd., S. 79.

43 Bahr: Die Befremdlichkeit des Gastes (s. Anm. 11), S. 29.

44 Ebd.

Ungastliche Orte und die tödliche Erfahrung der Fremdheit

Felix Dahns opulentes Historienepos »Ein Kampf um Rom«,[45] welches zur Zeit der Gotenkriege und Völkerwanderung spielt,[46] ist an Intrigen, Täuschungsmanövern und Komplotten nicht gerade arm. Eines verdient jedoch besondere Beachtung: Der Tod der heimatlos gewordenen und um Asyl bittenden Gotenfürstin Amalaswintha. Obgleich sich hier keinerlei Einladungen zum Gastmahl und auch keine delikaten Rezeptvorschläge für eine kulinarische Rache auffinden lassen, steht bei Dahn sowohl die Erfahrung der Ungastlichkeit als auch der arglistigen Täuschung durch einen vermeintlichen Gastgeber im Vordergrund, die schlussendlich zum Tod der geladenen Herrscherin führt. Wie wird so etwas erfahren?

Eine etwas bedrückend, ja sogar bedrohlich anmutende und deswegen auf Erfahrungen des Unbehagens und des Unheimlichen verweisende Vorstellung des Zu-Gast-Seins formuliert Hans-Dieter Bahr, wenn er sich fragt: »Ist zu Gast nicht einzig derjenige, der nicht bei sich ist, weder bei sich zu Hause oder bei seinem Eigentum noch auf sich selbst bezogen?«[47] Diese Erfahrung macht Amalaswintha eigenartigerweise bei sich zu Hause nach ihrer Exthronisierung. Durch den Verlust der Herrschaft an den schwächlichen Theodahad und seine ehrgeizige Gattin Gothelindis – Amalaswinthas Feindin von Kindheit an – ist ihr auch der heimische Palast als Hort der Sicherheit verlorengegangen und sie ist zum Gast geworden, allerdings ohne das wichtige Gefühl des Angenommen-Seins von Seiten der neuen Gastgeber zu spüren. Eindrucksvoll und sich in die Psyche der Geängstigten hineinversetzend gibt Dahn diese Situation von Theoderichs Tochter wieder, die zwischen starkem Verfolgungswahn und tatsächlich begründeter Angst angesiedelt ist. Gerade dieser Schwebezustand ist es, welcher die Erfahrung des Fremd-Geworden-Seins in einem einst vertrauten Umfeld suggeriert:

> Zwei Tage nach der nächtlichen Begegnung mit Theodahad und Petros verbrachte Amalaswintha in einer Art von wirklicher oder vermeintlicher Gefangenschaft. Sooft sie ihre Gemächer verließ, sooft sie einbog in einen Gang des Palastes, jedes Mal glaubte sie hinter oder neben sich Gestalten auftauchen, hingleiten, verschwinden zu sehen, welche ebensoeifrig bedacht schienen, all ihre Schritte zu beobachten, als sich selbst ihren Blicken zu entziehen: kaum zu dem Grabe ihres Sohnes konnte sie unbewacht niedersteigen.[48]

Diese von Dahn geschürte Erwartungsangst der abgesetzten Königin, welche auch den Leser ein Unheil ahnen lässt, evoziert eine Atmosphäre des Nicht-Willkommen-

45 Felix Dahn: Ein Kampf um Rom. Historischer Roman. Mit einem Nachwort von Hans-Rüdiger Schwab. München: dtv 2003.

46 Zur (ideologischen) Bedeutung des Schriftstellers Felix Dahn in der Literatur des Wilhelminismus vgl. die Dissertation von Hans Rudolf Wahl: Die Religion des deutschen Nationalismus – Eine mentalitätsgeschichtliche Studie zur Literatur des Kaiserreichs: Felix Dahn, Ernst von Widdenbruch, Walter Flex. Heidelberg: Winter 2002.

47 Hans-Dieter Bahr: Die Befremdlichkeit des Gastes (s. Anm. 11), S. 21.

48 Dahn: Kampf (s. Anm. 45), S. 283.

Seins. Der eigenen Wohnstatt entfremdet, muss Amalaswintha erkennen, dass sie den neuen Machthabern des Gotenreiches und Bewohnern des Palastes ein Ungast ist, dem dennoch die weitere Aufnahme nicht verweigert wird, um - wie es sich später herausstellen wird - ihre Angstzustände bis hin zur wirklichen Ermordung zu emphatisieren. In pseudoromantischer Manier lässt Dahn auch die Natur bei der Ekphrase einer Morgenstimmung in Ravenna durch Amalaswinthas Perspektive als düsteres Praesagium der tödlichen Gefahr erscheinen:

> Schwer und düster hingen am Morgen des dritten Tages die herbstlichen Regenwolken auf Ravenna herab, als sich Amalaswintha von dem schlummerlosen Lager erhob. *Unheimlich* [Hervorhebung von mir, T.V.] berührte es sie, daß, als sie an das Fenster trat, ein Rabe krächzend von dem Marmorsims aufstieg und mit heiserem Schrei und schwerem Flügelschlag langsam über die Gärten dahinflog. Die Fürstin fühlte schon daran, wie geknickt ihre Seele war durch diese Tage von Schmerz, Furcht und Reue, daß sie sich des finstern Eindrucks nicht erwehren konnte, den ihr die trüben Herbstnebel, aus den Lagunen der Seestadt aufsteigend, brachten.[49]

So klischeehaft die Symbolfunktion des Raben schon zu Dahns Zeiten gewesen ist, so treffsicher bezeichnet sie den Zustand des Unbehagens und kreiert zudem die düstere Vorahnung, welche der Gast spürt, wenn er das Gasthaus als Falle wahrnehmen muss, jenen Ort, an den er sich total ausgeliefert hat. Die weiteren Passagen dieser Romanepisode setzen das fort, enthalten jedoch ein für die Gast-Thematik aufschlussreiches retardierendes Moment. Amalaswintha erhält von ihrem ehemaligen Minister und Berater Cassiodor eine schriftliche Einladung, Asyl in dessen Villa im Bolsenersee zu finden. An einem fremden Ort wird ihr (zum Schein) das gewährt, was ihr in der einstigen Residenz durch die neuen Herrscher verweigert wurde, Sicherheit und Schutz:

> »In Schmerz, nicht in Zorn, schied ich von dir. Ich will nicht, daß du unbußfertig abgerufen werdest und deine unsterbliche Seele verlorengehe. Flieh aus diesem Palast, aus dieser Stadt: dein Leben ist keine Stunde mehr sicher. Du kennst Gothelindis und ihren Haß. Traue niemand als meinem Schreiber, und finde dich, um Sonnenuntergang bei dem Venustempel im Garten ein. Dort wird dich meine Sänfte erwarten und in Sicherheit bringen, nach meiner Villa im Bolsenersee. Folge und vertraue.«[50]

Dieser Imperativ enthält geradezu die ultimative Aufforderung an die Fürstin, zum Gast zu werden und sich einer schützenden Obhut anzuvertrauen, die ihr als Fluchtmöglichkeit, als Sanctuarium aus der Fremde und Gefahr erscheint. Mit genau diesen Konnotationen und Assoziationen ist die Villa am Bolsenersee auch in den Gedanken Amalaswinthas besetzt: »Erinnerung und Hoffnung malten ihr um die Wette das Eiland im Bolsenersee als ein teures Asyl: dort hoffte sie, Ruhe und Frieden zu finden.«[51] Genau dieser Sanctuariums-Gedanke erfährt jedoch eine Pervertierung, die umso skandalöser ist, da die Fürstin in der Tat an dessen fast schon heilige Unum-

49 Ebd., S. 283f.
50 Ebd., S. 284.
51 Ebd., S. 285.

stößlichkeit glaubt und als Alternative lediglich ein ihr entfremdetes (Un-) Heim vorweisen kann, welches sämtliche seiner Eigenschaften im Sinne Bachelards verloren hat:

> Die Fürstin fröstelte, der kalte Abendwind zerrte an ihrem Schleier und Mantel: einen Blick warf sie noch auf die düstern, lastenden Steinmassen des Palastes hinter sich, in welchem sie so stolz gewaltet und geherrscht, und aus welchem sie nun einsam, scheu, verfolgt wie eine Verbrecherin, flüchtete. [...] Und einen Augenblick drohte der Schmerz die Verlassene zu überwältigen: sie wankte, mühsam hielt sie sich aufrecht an dem breiten Marmorgeländer der Terrasse: ein Fieberschauer rüttelte an ihrem Leibe wie das Grauen der Verlassenheit an ihrer Seele.[52]

Die vergangene Bedeutung des Palastes für Amalaswintha steht in direkter Opposition zu seinem jetzigen Stellenwert des ungastlichen Hauses, welcher gerade durch die von der Fürstin memorierten Funktionen noch in seiner Drastik erhöht wird, wozu auch die im ersten Satz verwendeten Naturbilder der Kälte und des Windes, der ihre Kleidung, also ihren Schutz in Unordnung bringt, einen Beitrag leisten. Durch den Verlust ihrer Macht, die repräsentativ an den heimatlichen Palast gebunden war, hat die einstige Gotenkönigin auch sich selbst verloren, da sie sich über eben diese Macht und dieses Haus definierte. So hofft sie, dass sie ihr Selbst in der vermeintlichen Sicherheit von Cassiodors Villa wieder restituieren kann. Die vermeintliche Gewissheit, überleben zu können und das Gewahrwerden eines vermeintlichen Gastgebers, der ihr – trotz ihrer Exthronisierung – Aufnahme gestattet, ist geradezu konstitutiv für die Reanimation ihres Selbstwertgefühls, dass sich vor allem im Stolz ausdrückt:

> Die Fürstin wiegte sich in Gefühlen des Dankes, der Freiheit, der Sicherheit. Sie baute schöne Entwürfe der Sühne. Schon sah sie ihr Volk durch ihre warnende Stimme gerettet vor Byzanz, vor dem Verrat des eignen Königs [gemeint ist Theodahad, ihr Nachfolger, T.V.]: schon hörte sie den begeisterten Ruf des tapferen Heeres, der den Feinden Verderben, ihr aber Verzeihung verkündete. In solchen Träumen verflogen ihr die Stunden, die Tage und Nächte.[53]

Entscheidend ist in der Tat, dass die Restituierung des Selbstbewusstseins Amalaswinthas und die Rückgewinnung eines königlichen Selbstverständnisses unmittelbar gekoppelt sind an das Gastangebot von Seiten Cassiodors. Durch die Abwendung der Lebensgefahr, das Verlassen des ihr entfremdeten Palastes und die Aussicht auf ein Asyl wird der Exklusionsstatus wieder negiert. Umso frevelhafter mutet daher auch der spätere Verstoß gegen das Gastrecht an, der gerade darin besteht, genau diese neuen Gefühle der Selbstsicherheit bewusst suggeriert zu haben, nur um sie radikal zu destruieren. Dass die Fürstin sich unwissentlich für einen höchst ungastlichen, weil lebensgefährlichen, Ort entschieden hat, wird dem Rezipienten bereits durch Dahns unheilschwangere Deskription der Reise Amalaswinthas zum Bolsenersee verraten.

So bricht während der Flucht ein Rad der Kutsche und die Königin glaubt verfolgt zu werden. Außerdem tritt der Verfolgungswahn aufgrund verschiedener un-

---

52 Ebd., S. 286.
53 Ebd., S. 287.

heimlicher Begebenheiten erneut auf und raubt Amalaswintha erneut alle Sicherheit. Eine stürmische Nacht trägt ebenso dazu bei Erwartungsangst und Heimatlosigkeit zu schüren, wie der Königin Eindruck, eine dunkle Gestalt würde sie beobachten. Alles sind Versuche, der neuen Gotenkönigin und unversöhnlichen Rivalin Gothelindis, Amalaswintha schon vor ihrem Tod ihr Ende ahnen zu lassen. Die Evokation von Ungastlichkeit und die Erfahrung des Nicht-Willkommen-Seins, die nach Bahr ja auch die Reduktion des Selbst-Seins impliziert, die Amalaswintha bereits in ihrem einstigen Palast empfunden hatte, gehört zum Rezept der Rache Gothelindis, weshalb der Erzähler die Situation der entmachteten Herrscherin nur wie folgt benennen kann und sich dabei merklich an der Suggestion von ›terror‹ in der englischen Gothic Novel[54] zu orientieren scheint:

> So saß die Tochter des großen Theoderich einsam und todesflüchtig, auf der Heerstraße in unheimlicher Nacht; der Sturm riß an ihrem Mantel und Schleier, der feine kalte Regen durchnäßte sie, in den Cypressen hinter dem Grabmal seufzte melancholisch der Wind, oben am Himmel jagte zerfetztes Gewölk und ließ nur manchmal einen flüchtigen Mondstrahl durch, der die gleich wieder folgende Dunkelheit noch düsterer machte. Banges Grauen durchschlich fröstelnd ihr Herz.[55]

Auch die Überfahrt zu der auf einer Insel gelegenen Behausung wird von der Fürstin als Fahrt über den Styx ins Totenreich und der Fährmann, aufgrund seiner Blindheit, als Charon aufgefasst. Mit dem Blinden tritt ihr nun ein absoluter Gastgeber gegenüber, der sie vollkommen vereinnahmt und ihr das Recht auf ihr Selbst-Sein verweigert, dafür aber eine ewige Gastfreundschaft ex negativo anbietet. Ihre Repräsentantin findet dieses Modell in Gothelindis, die sich als die eigentliche Herrin der Villa entpuppt, während sich der vermeintliche Gastgeber als ihr Sklave, ihr Eigentum, herausstellt und dessen Einladung sich als fingiert erweist. Angebotene Gastfreundschaft und Kultivierung von Gastrecht werden zu Modi von Gothelindis Rache, welche – wie bei Seneca und Shakespeare – ihre Ungeheuerlichkeit in der fatalen Simulation von Schutz und Asyl zeigen sowie in der kalkulierten Täuschung des Gastes. Um diese ethische Grenzüberschreitung visualisieren zu können, inszeniert der Erzähler die Entdeckung der Täuschung durch Amalaswintha und deren Ermordung recht pompös.

Nachdem die Fürstin, nach weiteren Angstträumen, die Badehäuser der Villa betreten hat, wird sie nämlich von einer Sklavin, die, wie das gesamte Personal der Villa, Gothelindis treu ergeben ist, im Bad eingeschlossen und muss nun erkennen, »daß sie furchtbar getäuscht, daß hier ein verderbliches Geheimnis verborgen sei: Angst, unsägliche Angst fiel auf ihr Herz«.[56] Vorher hat sie allerdings durch die Sklavin noch den Namen der eigentlichen Gastgeberin erfahren, wodurch sich paral-

---

54 Gerade in Romanen wie Walpoles »The Castle of Otranto«, Ann Radcliffs »The Mysteries of Udolpho« oder Lewis' »The Monk« verschmilzt die Empfindung der Angst mit den Erfahrungen des Alleinseins, der Heimatlosigkeit, der Ausgeschlossenheit und des Nicht-Angenommen-Werdens.

55 Dahn: Kampf (s. Anm. 45), S. 289.

56 Ebd., S. 296.

lel die Gastfreundschaft als Betrug herauskristallisierte. Die neue Gotenkönigin konfrontiert Amalaswintha mit der Wahrheit[57] und lässt das Gasthaus zur Exekutionsstätte werden, indem sie ihm sämtliche Parameter der Gastlichkeit entzieht:

> »Ja, Amelungenweib, ich bin hier und dein Verderben! Mein ist dies Eiland, mein das Haus - es wird dein Grab -, mein Dolios und alle Sklaven Cassiodors, an mich verkauft seit acht Tagen. Ich habe dich hierhergelockt: ich bin dir hierher nachgeschlichen wie dein Schatten: lange Tage, lange Nächte hab' ich den brennenden Haß getragen, endlich hier die volle Rache zu kosten. Stundenlang will ich mich weiden an deiner Todesfurcht, will es schauen, wie die erbärmliche, winselnde Furcht diese stolze Gestalt wie Fieber schüttelt und durch diese hochmütigen Züge zuckt - o ein Meer von Rache will ich trinken.«[58]

Kein Gleichgewicht zwischen Gast und Gastgeber ist hier mehr zu konstatieren. Gewiss liefert sich der Gast auch immer seinem Gastgeber aus,[59] wenn er schutzsuchend dessen Haus betritt, aber die perfekte Gastlichkeit resultiert nun einmal aus der unumstößlichen Tatsache, dass diese nicht ausgenutzt wird zwecks Vernichtung des Gastes, aber genau das wird in den sadistisch-voyeuristischen Ausführungen Gothelindis bis ins letzte durchexerziert. Es wird sogar fortgeführt bis zur Verweigerung des sogenannten letzten Wunsches/Willens des Opfergastes, was als Klimax von Rache, Missbrauch und instrumentell bedingter Pervertierung[60] zu begreifen ist und selbstverständlich auch als explizite Unterdrückung von Amalaswinthas ontologischen Bedürfnissen, was aber auch mit der Privatisierung der Gastlichkeit zusammenhängt, die ihre institutionellen und kulturellen Diskurse lediglich nur noch als leeres Ritual praktiziert.

---

57 Und selbstverständlich auch mit ihrer Schuld, also der eigentlichen Motivation für den Missbrauch der Gastfreundschaft: In jungen Jahren wurde ihr von Amalaswintha aus Eitelkeit - sie unterlag Gothelindis in einem kindlichem Schönheitswettbewerb - die rechte Gesichtshälfte mit einer Gartenschere durchbohrt, was ihr nicht nur die Schönheit, sondern auch die Zuneigung des Amalers Eutharich raubte, welcher dann prompt die nun schönere Amalaswintha zur Gemahlin wählte. Vgl. dazu Dahn: Kampf (s. Anm. 45), S. 297f. Durch die Verknüpfung eines überzeitlichen ethischen und anthropologischen Prinzips mit einer privat-subjektiven Fehde, wird ersteres seiner Eigenständigkeit beraubt, ja kann eigentlich nicht mehr in der Weise bestehen, wie sie von Bahr, Derrida und Levinas und dessen metaphysischer und moralphilosophischer Kategorie des »Anderen« vertreten wird. Vgl. auch Emmanuel Levinas: Humanismus des anderen Menschen. Mit einem Gespräch zwischen Emmanuel Levinas und Christoph von Wolzogen als Anhang: »Intention, Ereignis und der Andere«. Hamburg: Meiner 1989. Derlei erfährt bei keinem der Gastgeber die notwendige Akzeptanz in seiner Andersartigkeit, welche erfordern würde, das (!) Gesetz der Gastlichkeit als Metaprinzip zu verstehen.

58 Dahn: Kampf (s. Anm. 45), S. 296f.

59 Signifikant tritt das auch in Gothelindis Äußerungen gegenüber Amalaswinthas vergeblichem Hilfeschrei hervor: »Ja, rufe nur, hier hört dich niemand als der Gott der Rache.« Dahn: Kampf (s. Anm. 45), S. 298. Die Einsamkeit und Erfahrung der Fremdheit der Fürstin wird hier ebenso deutlich, wie die totale Abhängigkeit ihres Daseins vom Willen der mörderischen Gastgeberin, die als einzige die Wünsche ihres Gastes wahrnimmt, sie jedoch - wieder ein Verstoß - in keinerlei Weise erfüllen wird bzw. will.

Auch Hans-Dieter Bahr sieht in der Gewährung des letzten Willens eine fundamentale Realisierung der Gastlichkeit begründet, denn »selbst der Besiegte, der zum Tode verurteilt war, wurde noch insofern zu Gast geladen, als man ihm einen letzten Wunsch gewährte, eine Sitte, die man sogar Verbrechern gegenüber einhielt, indem man ihnen eine Henkersmahlzeit reichte«.[61] Bei Gothelindis überwiegt der private Anteil dermaßen gegenüber den ethischen und allgemeinen Verpflichtungen, dass sie Amalaswintha, der ein Tod durch Ertrinken vorherbestimmt ist, diese letzte und zugleich ultimative Geste der Gastlichkeit vorenthält. Weder verzeiht sie der einstigen Rivalin im Moment des Todes, noch gestattet sie ihr den letzten Wunsch, welcher der Rettung des Gotenvolkes gilt: »Ja, ich wußte, dieses Reich ist die letzte Sorge deiner Seele! Verzweifle! Es ist verloren! Diese törichten Goten, welche jahrhundertelang den Balten die Amaler vorgezogen, sie sind verkauft und verraten von dem Haus der Amaler.«[62] Auch dies trägt zur Verneinung von Amalaswinthas Selbst-Sein mit bei. Der drohende Untergang verläuft zeitgleich mit ihrem baldigen Tod und soll die Qual des letzteren und das Gefühl des Ausgeliefertseins gegenüber der Gastgeberin noch verstärken. Amalaswinthas Eigenständigkeit wird bewusst von Gothelindis demontiert, eine Machtposition, die ihr übrigens nur durch den Status des Hauseigentümers und des Gastgebers ermöglicht wurde, die sie aber eben dadurch missbraucht und verraten hat. Durch die Integration subjektiver und privater Belange in eine objektiv-öffentliche, ethische und - im Sinne Kants und Derridas - allgemeingültige Angelegenheit, zerstört Gothelindis wie ihre Vorgänger Titus und Atreus die Gastfreundschaft. Zugleich ist aber genau das Credo ihrer Unumstößlichkeit notwendig gewesen, um die Gäste zu täuschen und damit die konstitutive Voraussetzung für ein Gelingen der Rache.

Da capo

Laut Horst Brandstätter bezeichnet der Lyriker Nikolaus Lenau den ärztlichen Direktor der Nervenheilanstalt Winnenthal, Albert Zeller, als einen »Wirth«, ohne dessen Zustimmung er »nichts bestimmen«[63] kann. Der den Dichter permanent beobachtende Irrenarzt erscheint hier als ein absoluter Gastgeber, der seinem Gast weder Bewegungsfreiheit, noch das Recht zugesteht, das gastliche Haus wieder zu verlassen.

---

60 Diese Umformulierung und Nutzung der entscheidenden Formel der Kulturkritik Horkheimers und Adornos benutze ich, um den Bedeutungsverlust der Gastlichkeit durch Gothelindis Tat zu veranschaulichen, sowohl für den ontologischen Status Amalaswinthas als auch für den ethischen Stellenwert des Gastrechts an sich. Er wird radikal verzwecklicht, einem persönlichem Interesse subsumiert und dient der Befriedigung der rachsüchtigen Gothelindis.

61 Bahr: Der Gast (s. Anm. 20), S. 70f. Auf makabere Weise hält Titus in Shakespeares »Titus Andronicus« diese Verpflichtung ja noch ein, indem er vor Tamoras Ermordung durch seine eigene Hand ihr die eigenen Söhne, in einer schmackhaften Pastete gebacken, vorsetzt.

62 Dahn: Kampf (s. Anm. 45), S. 300.

63 Zit. nach Horst Brandstätter: Einführung. In: Nikolaus Lenau: Notizbuch aus Winnenthal. Berlin: Friedenauer Presse 1986, S. 1-6, hier 5.

Brandstätter erwähnt auch eine Zelle als Lenaus Lebensbereich, »wo man ihn durch in die Decke eingebaute Beobachtungsschlitze observiert«.[64] Damit ist Lenau seinem Gastgeber ebenso ausgeliefert wie die Gotenkönigin Amalaswintha ihrer Rivalin Gothelindis. Das Gasthaus wird als Gefängnis wahrgenommen, was sich unter anderem auch in der Fetzenhaftigkeit der Lenauschen Notizen aus der Anstalt ausdrückt, ohne dass damit einer biographistischen Deutung allzu viel Raum eingeräumt werden soll. Charakteristisch ist jedoch nicht nur der erzwungene Aufenthalt, sondern die Erfahrung der Allmacht des Gastgebers Zeller, welche die mit der anthropologischen Konstante der Gastlichkeit verbundene Sicherheit zerstört, indem sie aus ihr erzwungene Verwahrung macht. Ein Wirt, ohne dessen Blick keine Handlungen funktionieren, mutiert zum Kerkermeister und der Aufenthalt in seinem Gasthaus beruht nicht mehr auf einem freiwilligen Besuch oder einem Vertrag. Vielmehr gehört Zellers Gastfreundschaft zu den diskursiven Parametern einer »totalen Institution«.[65]

Durch die diskursive Gebundenheit dieses Gasthauses »Anstalt« kann dort das überzeitliche Prinzip einer Gastfreundschaft im Derridaschen Sinne nicht zum Ausdruck kommen und der arretierte Lenau kann sich ebenso wenig angenommen fühlen wie Amalaswintha in Felix Dahns Historienepos. Auch dort wurde die Gastfreundschaft von anderen Interessen bestimmt als dem der (!) Gastfreundschaft. Ein Skandalon, welches sich auch schon in den Einladungen des Atreus und des Titus in Senecas und Shakespeares Dramen zu einem ganz und gar unplatonischen Gastmahl niederschlägt.

Beide Missbrauchsversionen der Gastfreundschaft nehmen sogar einen traditionellen Anfang, wie ihn auch Bahr beschreibt: »Soweit Personen einander zu Gast werden, tauschen sie zumeist anfänglich Zeichen der Friedfertigkeit, vielleicht auch der Achtung voreinander aus, zumeist aber auch Zeichen dafür, daß sie eine weitergehende Beziehung zueinander eingehen wollen oder nicht.«[66] Dieses Ritual und jene Rhetorik sind die Voraussetzungen für die Einleitung von Gastlichkeit und Gastfreundschaft. Werden sie bis zur letzten Konsequenz vollzogen, kann der Besuchende mit einer Aufnahme und mit Schutz rechnen. Bei Seneca und Shakespeare wird das jedoch zu einer instrumentell bedingten leeren Hülse, in welcher der anthropologische Stellenwert der Gastlichkeit geschickt ausgespielt und eine Einladung ausgesprochen wird, um eine private Rache vollziehen zu können. Ähnlich verhält es sich bei Cassiodors vermeintlichem Brief, der Amalaswintha zu ihrer Exekution einlädt. Auf diese Weise kann Gastfreundschaft nicht funktionieren. Der Gast als das »Andere« im Sinne der Ethik von Emmanuel Levinas, wird weder in seiner Andersartigkeit akzeptiert, was ein Zurückstellen aller privaten und subjektiven Belange gegenüber dem Gastgeber implizieren würde, noch erscheint die Gastfreundschaft selbst als ein autonomes Konzept, wie es Derrida proklamiert:

---

64 Ebd., S. 4.

65 Der Begriff wurde ursprünglich von Erving Goffman für klausurierte, von speziellen Reglements bestimmte Lebensbereiche entwickelt (vgl. ders.: Asyle. Über die soziale Situation psychiatrischer Patienten und anderer Insassen. Aus dem Englischen von Nils Lindquist. Frankfurt a.M.: Suhrkamp 1973).

66 Bahr: Die Befremdlichkeit des Gastes (s. Anm. 11), S. 20.

> Denn um zu sein, was sie sein »soll«, darf die Gastfreundschaft weder eine Schuld begleichen noch von einer Pflicht geleitet sein: als freundlich, freiwillig und unentgeltlich »soll« sie sich nicht dem Gast [dem Eingeladenen oder Besucher] öffnen, auch nicht »pflichtgemäß« oder, um die Kantische Unterscheidung aufzugreifen, »aus Pflicht«. Dieses unbedingte Gesetz der Gastfreundschaft wäre also, so man dies denken kann, ein Gesetz ohne Imperativ, ohne Befehl und ohne Pflicht. Kurzum: ein Gesetz ohne Gesetz. Ein Appell, der herbeiruft [*mande*], ohne zu befehlen [*commander*]. Denn wenn ich Gastfreundschaft *aus* Pflicht übe [und nicht nur der Pflicht *gemäß*], ist diese Gastfreundschaft-aus-Pflichterfüllung keine absolute Gastfreundschaft mehr, wird sie nicht mehr jenseits von Pflicht und Ökonomie freundlich, freiwillig und unentgeltlich gewährt, wird sie nicht mehr dem Anderen geschenkt, ist sie keine Gastfreundschaft mehr, die für die Singularität des Ankömmlings, des unerwarteten Besuchers erfunden wurde.[67]

Keine dieser Bedingungen wird von den hier zur Diskussion stehenden Gastgebern erreicht. Vielleicht wird damit aber auch die utopische Dimension von Derridas Meta-Gesetz der Gastfreundschaft, von Levinas Sozialethik und ähnlichen Modellen à la Klossowski deutlich. Sie sollen zwar auf der einen Seite eine anthropologische Konstante gewährleisten, eine Möglichkeit zur Gewahrwerdung des Selbst-Seins des Menschen, garantiert durch das freundliche und uneigennützige Entgegenkommen des Gastgebers, scheitern jedoch auf der anderen Seite an urmenschlichen Belangen, die immer wieder durch diese fast schon transzendenten Modelle durchbrechen und auf viel primärere Bedürfnisse verweisen, nämlich mit der Einladung für sich etwas zu gewinnen, sei es Anerkennung, Selbstbestätigung oder auch Rache durch arglistige Täuschung des Gastes. Vielleicht begeisterte sich deshalb der schwarze Aufklärer und Anthropologe Antonin Artaud auch so sehr für die blutigen Dramen Senecas und Shakespeares. Sie lassen die Metaethiken zusammenbrechen und führen den Menschen auf den Boden der Tatsachen zurück.

Die arglistigen Täuschungen und brutalen Ermordungen der Gäste bei Seneca, Shakespeare und Felix Dahn sind damit lediglich Zuspitzungen dieses Scheiterns der Gastlichkeitsprogrammatik aufgrund der menschlichen Motive von Gastgeber und mitunter auch Gast, welche die Gastfreundschaft stets schon als intendiert, motiviert, institutionalisiert und diskursiviert und damit als vorbelastet erscheinen lassen. Einen kategorischen Imperativ der Gastfreundschaft ohne Befehl wird es nicht geben, solange es Gäste und Gastgeber gibt.

67 Derrida: Gastfreundschaft (s. Anm. 29), S. 64.

Literatur

Artaud, Antonin: Das Theater und sein Double. Aus dem Französischen übersetzt von Gerd Henniger, ergänzt und mit einem Nachwort versehen von Bernd Mattheus. München: Matthes & Seitz 1996.

Bachelard, Gaston: Poetik des Raumes. Aus dem Französischen von Kurt Leonhard. Frankfurt a.M.: Fischer 1987.

Bahr, Hans-Dieter: Die Sprache des Gastes. Eine Metaethik, Leipzig: Reclam 1996.

Bahr, Hans-Dieter: Die Befremdlichkeit des Gastes. Wien: Passagen 2005.

Bloom, Harold: Titus Andronicus. In: ders.: Shakespeare. Die Erfindung des Menschlichen. Aus dem Englischen von Peter Knecht. Berlin: Berlin Verlag 2000, S. 129-142.

Bohrer, Karl Heinz: Erscheinungsschrecken und Erwartungsangst. Die griechische Tragödie als moderne Epiphanie. In: ders.: Das absolute Präsens. Die Semantik ästhetischer Zeit. Frankfurt a.M.: Suhrkamp 1994, S. 32-62.

Borie, Monique: Zwei Theatermodelle der Ursprünge. Die antike Tragödie und das elisabethanische Theater. In: Antonin Artaud: Die Cenci. Materialien und Briefe. Hg. und übersetzt von Bernd Mattheus. München: Matthes & Seitz 2002, S. 141-149.

Brandstätter, Horst: Einführung. In: Nikolaus Lenau: Notizbuch aus Winnenthal, Berlin: Friedenauer Presse 1986, S. 1-6.

Bürner-Kotzam, Renate: Vertraute Gäste - befremdende Begegnungen in Texten des bürgerlichen Realismus. Heidelberg: Winter 2001.

Dahn, Felix: Ein Kampf um Rom. Historischer Roman. Mit einem Nachwort von Hans-Rüdiger Schwab. München: dtv 2003.

Derrida, Jacques: Von der Gastfreundschaft. Aus dem Französischen von Markus Sedlaczek. 2. Aufl., Wien: Verlag 2007.

Goffman, Erving: Asyle. Über die soziale Situation psychiatrischer Patienten und anderer Insassen. Aus dem Englischen von Nils Lindquist. Frankfurt a.M.: Suhrkamp 1973.

Grillparzer, Franz: Das goldene Vliess. In: ders.: Sämtliche Werke, Ausgewählte Briefe, Gespräche, Berichte in vier Bänden. Hg. von Peter Frank und Karl Pörnbacher. Bd. 2. München: Hanser 1960-1965, S. 793-971.

Hiltbrunner, Otto: Gastfreundschaft in der Antike und im frühen Christentum. Darmstadt: WBG 2005.

Klossowski, Pierre: Die Gesetze der Gastfreundschaft. Übersetzt aus dem Französischen von Sigrid von Massenbach. Berlin: Kulturverlag Kadmos 2002.

Klossowski, Pierre, Georges Bataille, Maurice Blanchot, Gilles Deleuze, Michel Foucault u.a.: Sprachen des Körpers. Marginalien zum Werk von Pierre Klossowski. Aus dem Französischen übersetzt von Gabriele Ricke u.a. Berlin: Merve 1979.

Koppenfels, Werner von: Lust in Action. Über einige Metamorphosen Ovids in der elisabethanischen Literatur. In: Jahrbuch Deutsche Shakespeare-Gesellschaft West (1989), S. 242-265.

Levinas, Emmanuel: Humanismus des anderen Menschen. Mit einem Gespräch zwischen Emmanuel Levinas und Christoph von Wolzogen als Anhang: »Intention, Ereignis und der Andere«. Hamburg: Meiner 1989.

Seneca: Thyestes. In: ders.: Sämtliche Tragödien. Lateinisch und Deutsch. Übersetzt und erläutert von Theodor Thomann. Stuttgart, Zürich: Artemis Verlag 1969. Bd. II, S. 105-191.

Seneca, Lucius Annaeus: Der Zorn. In: ders.: Meisterdialoge. Hg. und übersetzt von Gerhard Fink. Düsseldorf, Zürich: Patmos 2006, S. 52-158.

Shakespeare, William: Titus Andronicus. In: ders.: Sämtliche Werke in vier Bänden. Hg. von Anselm Schlösser. Bd. 4. 5. Aufl., Berlin, Weimar: Aufbau-Verlag 1994, S. 5-82.

Wahl, Hans Rudolf: Die Religion des deutschen Nationalismus. Eine mentalitätsgeschichtliche Studie zur Literatur des Kaiserreichs: Felix Dahn, Ernst von Widdenbruch, Walter Flex. Heidelberg: Winter 2002.

Weiss, Peter: Nacht mit Gästen. In: ders.: Werke in sechs Bänden. Hg. vom Suhrkamp Verlag in Zusammenarbeit mit Gunilla Palmstierna-Weiss. Bd. 4. Frankfurt a.M.: Suhrkamp 1991, S. 89–111.

Michael Niehaus

»Den Gastfreund tötet er und hat sein Gut!« Voraussetzungen und Folgen einer Untat bei Franz Grillparzer, George Lillo, Karl Philipp Moritz und Zacharias Werner

Wer wollte bestreiten, dass es ruchlos ist, den Gastfreund zu töten? Aber warum sollte man betonen, dass es ruchlos ist? Es ist ja überhaupt verboten zu töten. Ist die Ermordung des Gastes ruchloser als ein Totschlag? Als ein Raubmord? Als die Ermordung des eigenen Kindes? Gewiss ist die Ermordung des Gastes besonders ruchlos, weil ihr so wenig entgegenzustehen scheint. Was verbindet mich mit diesem Fremden? Was habe ich zu befürchten, wenn ich ihn verschwinden lasse, bevor er von selbst wieder verschwindet? Niemand wird ihn vermissen, niemand wird ihn rächen. In dem Moment, in dem der Fremde mein - und der Meinen - Gast geworden ist, in dem er meine *Schwelle* überschritten hat, hat er sich in meine *Gewalt* begeben, hat er sich mir ausgeliefert.

So stelle ich mir das vor. Dabei denke ich natürlich nicht an meinen Nachbarn, den ich zu mir hinein bitte, oder an ein befreundetes Paar, das wir bewirten. Meine Phantasie wendet sich zurück in ferne Zeiten, in denen ein einsamer Wanderer an die Tür meines Hauses klopft und um ein Nachtlager bittet - ein Mann, den ich nicht kenne, der kein Empfehlungsschreiben an mich in der Tasche hat, mit dem mich nichts verbindet. Es mag sein, dass der Wortlaut des Gesetzes auch diesen schlechthin anderen schützt, aber es wird kein Kläger gegen mich auftreten, wenn ich ihn töte und mit Hilfe der Meinen beiseite schaffe. Ja, mit Hilfe der Meinen, denn es ist - wenn auch oft unerwähnt - im Grunde eine Mehrzahl bei der Ermordung des Gastes impliziert. Wenn es nicht die Sanktionen sind, dann können es also nur die natürlichen Gesetze sein, die mich von dieser Untat - diesem *Meuchelmord* - abhalten. Wenn der Fremde meine Schwelle überschritten hat - wenn er Gast geworden ist und ich Gastgeber -, so wird damit ein Vertrauensverhältnis unterstellt. Ich habe ihm damit ein stillschweigendes *Versprechen* gegeben (und er mir).[1]

Und welchen guten *Grund* könnte es auch dafür geben, diesen Fremden zu töten? Wenn es einfach darum ginge, ihn loszuwerden, hätte ich ihn nur nicht über meine Schwelle treten lassen brauchen. Freilich kann der Gast lästig werden. Er kann die Gastfreundschaft missbrauchen. Er kann sich als Parasit einnisten. All dies kann er aber nur tun auf der Grundlage des Vertrauensverhältnisses, das die Gastbeziehung gewährt. Insofern der Gastgeber Herr im eigenen Hause ist, kann das Verhalten des Gastes keinen Grund dafür abgeben, ihn zu töten, sondern nur, ihn aus diesem Haus zu weisen, ihn auszustoßen, die Gastbeziehung zu beenden. Allenfalls kann das eine

1 Es versteht sich von selbst, dass auch der Gast den Gastgeber ermorden kann. Das ist aber nicht Thema dieses Aufsatzes.

mit dem anderen zusammenfallen, wenn es etwa außerhalb meines Hauses keinen Lebensraum für denjenigen gibt, den ich beherbergt habe, oder wenn ich ihn verrate, nachdem ich festgestellt habe, wem ich *Unterschlupf* gewährt habe. Aber auch hier werde ich - und das ist der entscheidende Punkt - nicht *tätlich*. Ich habe den Gast nicht *als Gast* ums Leben gebracht. Den Tod hat er erst gefunden, als er nicht mehr Gast war.

Wenn der Grund für die Ermordung des Gastes nicht in seinem Verhalten bestehen kann, ist es dann nicht möglich, dass dieser Grund aus einer Zeit datiert, *bevor* er zum Gast wurde? Hat nicht vielleicht der Gast eine Vorgeschichte, die mich mit ihm verbindet? Dort, wo es so ist, können freilich die stärksten Impulse zur Ermordung des Gastes geweckt werden, wie es in der berühmten Ballade »Die Füße im Feuer« von Conrad Ferdinand Meyer der Fall ist. Hier erkennt der Gast, der im Dienste des Königs unterwegs ist, im Nachhinein, dass er vor Jahren schon einmal im Hause seines Gastgebers war - und dass er damals auf »Hugenottenjagd« dessen Frau zu Tode gefoltert hat. Und er spricht zu sich: »Wer hieß dich hier zu Gaste gehen, dummer Narr? / Hat er nur einen Tropfen Bluts, erwürgt er dich.«[2] Aber die Tat bleibt aus. Zum Zeichen der übermenschlichen Anstrengung, unter dieser ungeahnten Voraussetzung an der Unantastbarkeit des Gastes festzuhalten, ergraut dem Schlossherrn über Nacht das Haar. Hätte er vorher gewusst, wen er vor sich hat, er hätte ihn nicht über die Schwelle gelassen. Töten kann er ihn nur anderswo. Wenn es eine Beziehung zwischen dem Gastgeber und dem Gast gibt, die ein Motiv für seine Ermordung abgeben kann, so *überlagert* sich diese der reinen Gastbeziehung. Deswegen sind die persönlichen, aus der Vergangenheit gespeisten Motive, die in dieser Ballade die Ermordung des Gastes zumindest in dessen eigenen Augen so wahrscheinlich machen, in besonderer Weise dazu geeignet, die Ausnahmestellung der Ermordung des Gastes hervorzuheben: Der Schlossherr bringt alle persönlichen Motive zum Schweigen, gerade weil es sich um einen Gast handelt.

Was also auf dem Spiel steht, wenn nach der Ermordung des Gastes gefragt wird, sind die *Subjektpositionen* des Gastgebers und des Gastes in Bezug auf das *Gesetz*, das diese besondere Beziehung einrichtet. Es ist die Voraussetzung für all das, was man dann nachfolgend die ›Gesetze der Gastfreundschaft‹ nennen mag, für das Brauchtum zur Ehrung des Gastes und die Zeremonien der Höflichkeit, die um die Gastbeziehung aufgebaut worden sind. Was bei der Ermordung des Gastes außer Kraft gesetzt scheint, sind nicht die Gesetze der Gastfreundschaft, sondern *das* Gesetz. Die Gesetztheit des Gesetzes zeigt sich in seiner Anwendung auf den Gast. Es ist nicht einfach ein natürliches Gesetz, sondern hat Gesetzes*form*.

In reiner Form sieht man das zur Schau gestellt in Buster Keatons Film OUR HOSPITALITY aus dem Jahre 1923. Der junge, von Buster Keaton gespielte William McKay ist als vermeintlich harmloser Verlobter in das Haus der geschworenen Feinde seiner Familie geraten. Sie brennen darauf, ihn ins Jenseits zu befördern. Doch er steht unter dem Schutz *des* Gesetzes der Gastfreundschaft. Sie können ihn nicht umbringen, solange er im Haus ist. Sobald er aber die Schwelle in umgekehrter

2 Conrad Ferdinand Meyer: Die Füße im Feuer. In: Werke in zwei Bänden. Hg. von Hermann Engelhard. Stuttgart: Cotta 1960, S. 216.

Richtung überschreiten wird, ist es um ihn geschehen. Hier *sieht* man also in Form einer willkürlichen Grenze, wie das Gesetz der Form nach in Kraft ist (woraus der Film seine komische Grundstruktur bezieht). Umgekehrt sieht man bei den Geschichten, in denen der Gast ermordet wird, *ohne* dass die Beziehung einen Anhaltspunkt dafür böte, das Aussetzen des Gesetzes als solches.

Der Beweggrund für eine solche Tat kann vernünftiger Weise nur in dem liegen, was der Gast *mit sich führt*, in seinem *Gut*. Denn der Gast mag zwar hilfsbedürftig und verletzlich sein, aber das heißt nicht, dass er nicht etwas besitzt, worauf sich das Begehren anderer richten kann. Und der Gastgeber wiederum vermag mit den Seinen zwar ein Obdach zu gewähren, kann aber gleichwohl gänzlich bedürftig sein. In dem Moment, in dem das mitgeführte Gut den begehrlichen Blicken preisgegeben wird, wird der Gast selbst dem Gastgeber möglicherweise nurmehr als bloßes Anhängsel des mitgeführten Gutes erscheinen. Und das ist gewiss der zweite Grund für die besondere Ruchlosigkeit dieser Tat: Sie erfolgt nicht nur als Meuchelmord auf ruchlose Weise gegen einen Arglosen, sie erfolgt zugleich als eine Art Raubmord aus niederen Beweggründen. Es liegt daher nahe, dass sie - *wenn* sie begangen wird - bei der ersten sich bietenden Gelegenheit begangen wird: wenn das Opfer zwar schon die Schwelle übertreten hat und sich als Gast betrachtet, aber noch nicht aufgehört hat, als ein Fremder angesehen werden zu können.

1. Wer ist ein Gast?

»Der Gastfreund«, so lautet der Titel eines Trauerspiels in einem Aufzuge von Franz Grillparzer. Es bildet den Auftakt zu der Trilogie »Das goldene Vließ« und wurde zusammen mit dem zweiten Teil, »Die Argonauten«, im Jahre 1821 uraufgeführt. In dem heillosen Geschehen, dessen Zeuge wir in diesem Stück werden, wird derjenige, den der Titel als Gastfreund bezeichnet, ohne Gegenwehr erschlagen. Dass er allerdings *als Gastfreund* erschlagen wird, verdankt sich dem Ausgang eines Kampfes, auf den das Drama zuläuft.

Von Anfang an scheint alles anders und zweideutig. Dies sind nicht die fernen Zeiten, die ich mir vorgestellt habe, sondern eine Vorzeit. In der Frage nach dem Gast tut sich eine politische Dimension auf: die Unterscheidung von Freund und Feind, wie sie in der bekannten Doppelbedeutung des lateinischen *hostis* als ›Gast‹ und ›Feind‹ greifbar ist.[3] Ort des Geschehens ist nicht die *Schwelle eines Hauses*, sondern das

---

3 Diese Doppelbedeutung ist, wenn man Emile Benveniste glauben will, nichts Ursprüngliches. Er zeigt ausführlich, dass die aus diesem Wortstamm gebildeten Wörter (*hostus, hostire, hostia*) auf eine Sphäre des Ausgleichs und der Gegenseitigkeit verweisen. Und auch *hostis* hat erst nachträglich die Bedeutung ›Feind‹ bekommen, während damit zunächst ein Fremder gemeint ist, der die gleichen Rechte hat wie ein römischer Bürger, und der verpflichtet ist, »eine Leistung, in deren Genuß er gekommen ist, zu vergelten« (Emile Benveniste: Indoeuropäische Institutionen. Wortschatz, Geschichte, Funktionen. Frankfurt a.M. u.a.: Campus 1993, S. 77; zur Gastfreundschaft insgesamt vgl. S. 71-83).

Gestade einer Insel - Kolchis im Schwarzen Meer. Der Fremde, der Grieche Phryxus, hat das Land mitsamt seinem Gefolge schon betreten. Vor jedem Sprechakt sind Tatsachen geschaffen. Bevor aber Aietes, der König der Kolcher, und seine Tochter Medea Kunde von der Ankunft des Fremden haben, ist dem Mordopfer schon der Platz bereitet. »Das Opfer blutet!«[4] lautet der erste Satz des Dramas, als die Jungfrauen das von Medea geschossene Reh untersuchen, das zu Füßen eben jenes Altars ins Herz getroffen wurde, an dem auch Phryxus durchbohrt werden wird. Allerdings nicht geopfert.

Für Medea bedeutet die Ankunft des fremden Schiffes zunächst nur die leidige Unterbrechung der Jagdlust. Oder ihre Umlenkung auf ein anderes Ziel: »Allein, was tut's! Bringt lange Speere her / Und nahet ein Kühner, zahl' er's mit Blut!«[5] Ihr Vater hingegen hat bereits der Fremden *Gut* im Sinn: »Angekommen Männer / Aus fernem Land / Bringen Gold, bringen Schätze, / Reiche Beute.«[6] So spricht der König »mit gedämpfter Stimme« zu seiner Tochter. Denn diese soll ihm »Helfen! Raten!«[7]

Mit der Tötung der Ankömmlinge befasst sich Aietes unter der Voraussetzung, dass man diesen einerseits zuvorkommen müsse - »'S sind Fremde, sind Feinde, / Kommen zu verwüsten unser Land«[8] -, dass es jedoch andererseits schon zu spät dazu ist, da sich die Fremden unter Waffen nahen, während die Kolcher noch unbewehrt sind. Doch Phryxus wählt nicht die Waffengewalt, sondern schickt einen Boten und »bittet um Gehör«[9]. Er will als Gast anerkannt werden: »In dein Haus will er treten, / Sitzen an deinem Tische, / Essen von deinem Brot«[10]. Im Grunde will Phryxus - mit der Waffengewalt in der Hinterhand - den *Status* als Gast geltend machen, um mit den Seinen einzudringen und sich festzusetzen. Nur deshalb kann der Zweck des Treffens mit den Worten umrissen werden: »Freundlich mit dir sich zu besprechen / Zu stiften friedlichen Vergleich«.[11] Was kann der Fremdling für einen Vergleich anderes zu bieten haben als den Verzicht auf die Ausübung von Gewalt, auf die er kein anderes Recht haben kann als das des Stärkeren?

Unterhalb einer aufgezwungenen Gastbeziehung geht es daher um Eroberung oder um Landnahme.[12] Phryxus ist auf Kolchis als einer »Rettungsküste« gelandet,

---

4 Franz Grillparzer: Das goldene Vließ/Der Gastfreund. In: Werke in sechs Bänden. Hg. von Helmut Bachmaier. Frankfurt a.M.: Deutscher Klassiker Verlag 1986, Bd. 2, S. 207–228, V. 1.

5 Ebd., V. 84f.

6 Ebd., V. 97–100. Wenn man das Gastrecht der alten Kulturen gerne mit einem »ursprünglichen Ethos der Menschlichkeit« erklärt, muss man umgekehrt auch anerkennen, dass es gegenüber dem Fremden in denselben Kulturen zunächst ein »Beuteverhalten« gibt (Hans-Dieter Bahr: Die Sprache des Gastes. Eine Metaethik. Leipzig: Reclam 1994, S. 238f.).

7 Grillparzer: Vließ (s. Anm. 4), V. 113.

8 Ebd., V. 103f.

9 Ebd., V. 164.

10 Ebd., V. 170–172.

11 Ebd., V. 165f.

12 Der »historische Kern« des Geschehens »ist die griechische Kolonisation an den Küsten Kleinasiens und des Schwarzen Meeres (750–550 v. Chr.)« (Helmut Bachmaier: Grillparzers Geschichtsauffassung. In: Hilde Haider-Pregler/Evelyn Deutsch-Schreiner: Stichwort: Grillparzer. Wien, Köln, Weimar: Böhlau 1994, S. 87–96, hier 91).

»Die vor mir noch kein griech'scher Fuß betrat«.[13] Diese Perspektive lässt die Kolcher unversehens als Ureinwohner oder gar Eingeborene erscheinen. Das »bittend Flehn« des Phryxus, »Nimm auf mich und die Meinen in dein Land«, wird daher sofort ergänzt durch den Hinweis, »Wo nicht so fass' ich selber Sitz und Stätte / Vertrauend auf der Götter Beistand«.[14] Noch bevor unser Held den Anspruch formuliert, dass er gekommen ist, um zu bleiben, fasst Aietes die angebotene Gastbeziehung jedoch als die Gewährung einer Frist auf, in der er einen Hinterhalt legen kann: »Er komme, er komme. / Hält er Friede nur zwei Stunden, / Später fürcht' ich ihn nicht mehr«.[15] Das sind unvermittelbare Positionen. Denn es müsste schon eine Gastbeziehung eingerichtet sein, um sie vermitteln zu können. Aber kommt Phryxus nicht als Gast?

Für Aietes, der die Lage rein aus der Perspektive eines auf den eigenen Vorteil bedachten Spielers betrachtet, ist Phryxus ein Narr, ein »Tor«, weil er um etwas bittet, wo er doch »die Macht in Händen«[16] hat. Er weiß nicht, dass Phryxus eine andere Perspektive mitgebracht hat, in der die Handelnden Teil einer symbolischen Verflechtung sind, die immer schon impliziert ist, wo es um die Gastbeziehung geht (deren Minimalform das Wissen wäre, dass es so etwas wie eine Gastbeziehung gibt, dass es sich dabei um eine Institution handelt). Phryxus hat nicht nur so manches »an reichem Schmuck und köstlichen Gefäßen«[17] im Gepäck, er trägt auch ein Widderfell in Gestalt eines Panieres - eben jenes goldene Vlies, das der Trilogie den Titel gibt. Als er die Bühne betritt, wird er des Altars gewahr, der den Kolchergott Peronto als kolossale Bildsäule mit einem Widderfell um die Schultern zeigt. Er erweist ihm zur Überraschung der Kolcher seine Verehrung und stößt wenig später sogar das Panier mit dem goldenen Vlies als »Weihegeschenk«[18] vor dem Altar in den Boden. Die Erklärung für dieses merkwürdige Tun lässt nicht lange auf sich warten. Denn in auffälligem Kontrast zu der verbreiteten Sitte, den Gast nicht nach seinem Herkommen zu fragen, drängt Phryxus den Kolchern seine Herkunft und seine Geschichte gewissermaßen triumphierend auf. Er ist nicht nur »ein Grieche, reinen Bluts«, es lebt auch »niemand, der sich höhrer Abkunft« rühmen kann, »Denn Hellas' Götter nenn' ich meine Väter«.[19] Athamas allerdings, der unmittelbare Vater, »Erkor' zur zweiten Eh' ein niedrig Weib«, und Phryxus, seines Lebens nicht mehr sicher, wandte sich »aus der Väter Haus und floh / In fremden Land zu suchen heimisch Glück«.[20] Auch wenn Phryxus nicht schon erkennbar ein Auge auf Medea geworfen hätte, ist dies ein deutlicher Wink, dass er sich auf Kolchis nicht nur als Gast einnisten möchte, sondern genealogische Ambitionen verfolgt.

---

13 Grillparzer: Vließ (s. Anm. 4), V. 328.

14 Ebd., V. 329-332. Vgl. zu dieser Seite des Phryxus auch Matthias Brauckmann/Andrea Everwien: Sehnsucht nach Integrität oder Wie die Seele wächst im Verzicht. »Das goldene Vließ«. In: Bernhard Budde/Ulrich Schmidt (Hg.): Gerettete Ordnung. Grillparzers Dramen. Frankfurt a.M. u.a.: Lang 1987, S. 58-105, hier 67f.

15 Grillparzer: Vließ (s. Anm. 4), V. 175-177.

16 Ebd., V. 167.

17 Ebd., V. 345.

18 Ebd., V. 237.

19 Ebd., V. 263-267.

20 Ebd., V. 280f.

Der griechischen Mythologie zufolge hat Nephele, die unsterbliche Mutter des Phryxus ihm und seiner Schwester Helle einen (vom Götterboten Hermes bereitgestellten) Widder mit goldenem Vlies geschickt, um sie zu retten.[21] Grillparzer hingegen konstruiert im wortreichen Bericht des Phryxus eine ganz andere Herkunft des goldenen Vlieses. Der Verfolgte hat im Phoibus-Tempel zu Delphi einen Traum, in dem ihm ein Mann in »nackter Kraft« sein Widderfell umhängt und die Worte spricht »*Nimm Sieg und Rache hin!*«[22] Aus dem Traum erwacht, gewahrt Phryxus, vom »Morgenstrahl beleuchtet«[23], in der Halle seine Traumgestalt als Standbild des Kolchergottes mit ebenjenem Vlies als goldenem Schmuck. Er deutet all dies als »des Gottes Rat«, dieses »Goldpanier« an sich zu nehmen und sich nach Kolchis zu begeben. Das gelingt ihm, weil er, das Vlies vor sich her »auf der Lanze tragend«, durch »tausend Feinde bis an Meer« kommt und weil er, »das Vließ am sturmumtobten Mast«, gegen »Meer und Wind und Hölle« gefeit ist.[24] So muss ihm nun seine glückliche Ankunft nicht nur als Beweis für die Rechtmäßigkeit seiner Deutung erscheinen, sondern auch als eine Art Rechtsgrund für eine gastliche Aufnahme. Durch seine glückliche Ankunft *ist* Phryxus gewissermaßen schon geladener Gast - vom Kolchergott geschickt, was er in der Gabe des goldenen Vlieses als Weihegeschenk zum Ausdruck bringt. Das goldene Vlies ist das *symbolische Gut*, in dem die Positionen des Gastes und des Gastgebers schon vorab ins Spiel gebracht und miteinander verflochten sind.

Das Geschehen, von dem Phryxus berichtet, ist gewiss bedeutsam. Aber es legt mehr als nur die vorgetragene Deutung nahe, und es stellt sich die Frage, in welchem Verhältnis das Hoheitsgebiet, auf das Phryxus seinen Fuß nach Maßgabe dieser Deutung gesetzt hat, zur *Deutungshoheit* bezüglich des goldenen Vlieses steht, das er in ihm aufgepflanzt hat. Für Aietes jedenfalls ist die Sache klar. Er bevorzugt eine Deutung, die seinem Begehren entgegenkommt: Phryxus »ist ein Bösewicht, / Ein Gottverächter, ein Tempelräuber! / Ich töt' ihn!«[25] Und genauer deklariert Aietes die geplante Tat als *Opfer*: »Ich will ihn dir schlachten Peronto!«[26] Den Einwurf seiner Tochter Medea, »Vater! Peronto rächet den Mord!«[27], beantwortet er mit der exakten Umdeutung des Geschehens - Peronto *gebietet* im Gegenteil diese Tat: »Führt der Erzürnte ihn nicht selbst her / Daß ich ihn strafe, daß ich räche / Des Gottes Schmach und meine?«[28]

Im einen Fall ist das goldene Vlies der Talisman für die glückliche Fahrt in die zukünftige Heimat, das Unterpfand gastlichen Empfangs; im anderen Fall ist es das Todesurteil seines Trägers, das bei seiner Ankunft zu vollstrecken ist, das Unterpfand strafloser Tötung. Entsprechend dieser Komplementarität wird auch die geträumte

---

21 Helle stürzte bei dieser Flucht an einer Stelle ins Meer, die danach den Namen Hellespont erhielt, Phryxus gelangte nach Kolchis, ohne dort von Aietes ums Leben gebracht worden zu sein. Nach dem später dort gestorbenen Widder wurde das Sternbild benannt.

22 Ebd., V. 295 u. 299.

23 Ebd, V. 302.

24 Ebd., V. 320-324.

25 Ebd., V. 368-370.

26 Ebd., V. 377.

27 Ebd., V. 386.

28 Ebd., V. 390-392.

Devise in Anspruch genommen. Für den Träumer Phryxus ist ihm »*Sieg und Rache* durch dieses Pfand verliehn!«; für Aietes ist »*Sieg und Rache* geknüpft an dies Pfand«, das ihm der Gott sendet.[29] Die widersprechende Autorisierung, die beide Seiten durch ihre Deutung des goldenen Vlieses erfahren, macht sie blind für die Vieldeutigkeit dieser *Devise*. ›Devise‹ meint ein (konvertierbares) Gut, das man ausführt, weil man auch in der Fremde damit zahlen kann. So ist das goldene Vlies als symbolisches Gut in Delphi wie in Kolchis eine gleichsam gültige Währung, die sich freilich in einer Heimzahlung auszahlen wird. Und ›Devise‹ meint einen Spruch, mit dem man in die Welt zieht, weil er auch dort seine Gültigkeit unter Beweis stellen wird. Das Gemeinsame beider kontrahierender Deutungen des zur Devise genommenen Orakelspruches besteht darin, dass ›Sieg‹ und ›Rache‹ ohne weiteres miteinander identifiziert werden. Erst die Voraussetzung, es handle sich um ein und dieselbe Sache, macht den Spruch tauglich zur Devise, zum Kampfspruch, obwohl schon das von Grillparzer gewählte Verb ›hinnehmen‹ hätte bedenklich stimmen müssen.[30] Vor allem aber ließe sich das Vorhaben des Phryxus im Falle des Gelingens zwar als Sieg begreifen, aber gerade nicht als Rache, während umgekehrt die Tat des Aietes zwar als Rache ausgewiesen werden kann, aber gerade nicht als Sieg.

Der Gemeinsamkeit dieser Fehldeutung entspricht eine verfehlte Inanspruchnahme des goldenen Vlieses, des symbolischen Gutes – wobei eine dritte Deutung (eine Deutung des *Dritten*) unter den Bedingungen der Freund-Feind-Unterscheidung unzugänglich bleibt. Das goldene Vlies lässt sich als das Gegenteil einer antiken Einrichtung auffassen, die seit längerem als »Gastmarke« bezeichnet wird.[31] Damit sind absichtlich in zwei Scherben zerbrochene Plaketten gemeint, deren eine Hälfte der Gastgeber offenbar den Gastfreunden beim Abschied mit auf den Weg gab. Diese Scherbe konnte dann an andere weitergegeben werden, die sich auf diese Weise beim Gastgeber durch Zusammenfügen der beiden Teile ausweisen konnten. Dieses Zusammenfügen der ›halben Zeichen‹ macht die Gastmarke zum *Symbolon* im Wortsinne, das zwei einander unbekannte Subjekte vorab (zu ihrem Heil oder zu ihrem Unheil) in die Beziehung von Gastgeber und Gastfreund einzurücken imstande sind. Phryxus will das goldene Vlies wie ein solches Erkennungszeichen, wie eine Gastmarke benutzen. Dieses symbolische *Gut* ist aber kein *halbes* Zeichen, sondern ein *Ganzes*. Seine Bedeutung ergibt sich daher nicht aus einem Zusammenfügen auseinandergebrochener Hälften, sondern aus dem Raub und der bemächtigenden Deutung. Insofern erweist sich das symbolische Gut als *diabolisch*, als Symbol der Entzweiung.[32]

---

29 Ebd., V. 322 u. 397.

30 Die Hintersinnigkeit des Spruches bedürfte einer genaueren Analyse. Horst Turk spricht von »zweideutiger Devise« (Horst Turk: Translatio imperii oder Revanche de Dieu? Zum Problem kultureller Grenzziehungen. In: Trans. Internet-Zeitschrift für Kulturwissenschaften, Nr. 4 [1998], geöffnet am 17.6.2007), Heinz Politzer von einem Satz »zwischen Platitüde und Doppelzüngigkeit« (Heinz Politzer: Grillparzer oder das abgründige Biedermeier. Wien, München, Zürich: Molden 1972, S. 131). Solche Bestimmungen sind unzureichend. Festzustellen wäre zunächst, dass man gemeinhin einen *Sieg* keineswegs ›hinnimmt‹, wohl aber eine *Niederlage*.

31 Vgl. etwa Bahr: Die Sprache des Gastes (s. Anm. 6), S. 221–236.

Nachdem Phryxus das Panier mit dem goldenen Vlies als »Weihgeschenk« vor der Götterstatue Perontos in den Boden gestoßen hat, bekundet er: »Jetzt tret' ich leicht erst in dein gastlich Haus!«[33] Immerhin münzt er diese unterstellte Gastbeziehung nach seiner resonanzlos bleibenden Erzählung in eine Frage um: »Gewährst du mir ein Dach, ein gastlich Haus?« Aietes gibt ihm eine Antwort, mit der er vermeiden will, Phryxus willkommen zu heißen: »Tritt ein, wenn dir's gutdünkt, Vorrat ist / Von Speis' und Trank genug. Dort nimm und iß!« Phryxus bemerkt dies und thematisiert es auf eine Weise, die weiterhin das Bestehen einer Gastbeziehung unterstellt: »So rauh übst du des Wortes gastlich Amt?«[34] Dieser Einschätzung zufolge ist Aietes zwar unfreundlich, hat aber gleichwohl das ›gastliche Amt‹ schon übernommen. Wäre diese Unterstellung falsch, müsste Aietes dieser explizit gemachten Unterstellung widersprechen. Er antwortet aber: »Wie du dich gibst so nehm' ich dich. / Wer in des Krieges Kleidung Gabe heischt / Erwarte sie nicht aus des Friedens Hand.«[35] Dies ist nun offenbar doppelzüngig, da es darauf zielt, Phryxus auch zur Abgabe seines Schwertes zu bewegen, nachdem er Schild und Lanze schon abgelegt hat. Möglich ist dieser strategische Zug freilich nur, weil Phryxus mit der Unterstellung der Gastbeziehung ebenfalls strategisch verfährt. Aietes erklärt nun in seiner Reaktion nicht explizit, dass die Gastbeziehung mit der Abgabe der Waffe besiegelt wäre. Phryxus unterstellt dies aber wiederum, wenn er Medea schließlich sein Schwert mit den Worten übergibt: »Und jetzo in dein Haus, mein edler Wirt!« Aietes' Antwort bleibt ausweichend: »Geht nur, ich folg' euch bald!«[36]

Das ganze Trauerspiel siedelt in einer Zwischenzone, auf einer Schwelle. In der Unentschiedenheit, ob Phryxus als Gast anzusprechen ist oder nicht, bleibt die Frage offen, was überhaupt ein Gast ist. Nachdem er ins Innere des Hauses getreten ist, bleiben Aietes und Medea allein auf der Szene und sprechen über diese Frage. Medea unterstellt nämlich ihrerseits, dass Phryxus (dessen Gebaren sie abstoßend findet), den Schutz des Gastes beanspruchen kann: »Töten willst du, den Fremden, den Gast?«[37] Ein Gast ist für sie nicht nur, wer *in aller Form* als Gast angesprochen wird, sondern auch, wer *informell* (und vorläufig) die Unterstellung aufrecht erhalten kann, in einer Gastbeziehung zu stehen. Aietes hingegen zieht sich darauf zurück, dass es für die Form kein *Äquivalent* geben kann:

> Gast?
> Hab' ich ihn geladen in mein Haus?
> Ihm beim Eintritt Brot und Salz gereicht
> Und geheißen sitzen auf meinem Stuhl?

---

32 Vgl. zur »Einheit von Symbol und Diabol« Joseph Vogl: Scherben des Gerichts. Skizze zu einem Theater der Ermittlung. In: Rüdiger Campe/Michael Niehaus (Hg.): Gesetz. Ironie. Heidelberg: Synchron 2004, S. 109–122, hier 113.

33 Grillparzer: Vließ (s. Anm. 4), V. 237 u. 240.

34 Ebd., V. 335–338.

35 Ebd., V. 339–341.

36 Ebd., V. 361 f.

37 Ebd., V. 379.

Ich hab' ihm nicht Gastrecht geboten,
Er *nahm* sich's, büß' er's der Tor![38]

Darin liegt natürlich die Anerkennung der Gastfreundschaft als Institution. Aietes kann Phryxus nur töten, weil er in ihm keinen Gast zu töten behauptet. Nachdem das Gefolge des Phryxus bereits im Innern des Hauses gemeuchelt worden ist, flüchtet sich der verratene Phryxus mit den Worten »Bist du ein Gott, so schirme deinen Schützling!«[39] zur Statue des Kolchergottes. In der Gewissheit, sterben zu müssen, reißt er das Panier mit dem goldenen Vlies wieder aus der Erde. Aietes bekräftigt auch ihm gegenüber das Nichtbestehen der formellen Gastbeziehung:

Mein Gast? Mein Feind.
Was suchtest du, Fremder, in meinem Land? Tempelräuber!
Hab' ich dir Gastrecht gelobt? Dich geladen in mein Haus?
Nichts versprach ich, Törichter![40]

Phryxus muss jetzt erkennen, dass seine Deutung der Devise zuschanden geworden ist. Er versucht es nun mit einer zweiten Deutung und ruft die »unbekannte Macht« an, diese Deutung wahr zu machen:

Höre mich!
Hab' ich den *Sieg* durch eigne Schuld verwirkt,
Das Haupt darbietend dem Verräternetz
Und blind dem Schicksal trauend statt mir selber
So laß doch *Rache* wenigstens ergehn
Und halte deines Wortes zweite Hälfte![41]

Der Spruch war also, so erweist sich jetzt, kein kompaktes Ganzes, sondern - wie die Gastmarke - eine Sache mit *zwei Hälften*. Und diese Hälften werden sich bruchlos ineinander fügen. Hätte Phryxus sein Haupt nicht dem Verräternetz dargeboten, hätte er also den Sieg errungen, hätte sich nur die erste Hälfte der Devise bewahrheiten können. Nun, da sich der Sieg in die Niederlage verkehrt hat (die im Gegensatz zum Sieg tatsächlich ›hinzunehmen‹ ist), kann sich nur die zweite bewahrheiten. Die Bewerkstelligung dieser Rache ist der Höhepunkt des Dramas, ihr unauflöslicher intersubjektiver Knoten. Phryxus hält Aietes das Banner mit dem goldenen Vlies vor, sein »letztes Gut«, und fragt ihn: »Begehrst du's?« Aietes streckt die Hand danach aus: »Gib mir es!«[42] Am entscheidenden Punkt dieser Aufforderung ist Aietes zweifellos von der Vorstellung getragen, dass er das goldene Vlies in einem mit sprachlichen oder physischen Mitteln geführten Kampf *erbeuten* wird. Phryxus aber definiert die Situation um, indem er sein letztes Gut nicht nur gibt, sondern *übergibt* - und zwar als das symbolische Gut, das den Gastfreund und den Gastgeber miteinander verbindet:

38 Ebd., V. 380-385.
39 Ebd., V. 425.
40 Ebd., V. 458-461.
41 Ebd., V. 445-450.
42 Ebd., V. 463-467.

»Nimm's hin des Gastes Gut du edler Wirt / Sieh ich vertrau' dir's an, bewahre mir's«, und mit »erhöhter Stimme« fährt er fort:

> Und gibst du's nicht zurücke, Unbeschädigt
> Nicht mir dem Unbeschädigten zurück
> So treffe dich der Götter Donnerfluch
> Der über dem rollt, der die Treue bricht.
> Nun ist mir leicht! Nun Rache, Rache, Rache!
> Er hat mein Gut. Verwahre mir's getreu![43]

Aietes empfängt, was er begehrt, aus der Hand seines Feindes. Aber er empfängt es nicht als Gabe, sondern zu treuen Händen. Er empfängt das Gut als Gastgeber; denn durch dessen Annahme wird er zum Gastgeber. In Bezug auf das *bewegliche* Gut des Gastes kommt der Gastgeber zunächst einmal nur als jemand in Betracht, dessen Gut *unbeweglich* ist. Das Gut des Gastgebers ist ein *Ort*, der mit dem Gast auch dessen Gut beherbergen muss. Das Gut des Gastes befindet sich dann unter den etwaigen Gütern des Gastgebers, ohne zu diesen Gütern zu gehören. Da das Gut des Gastes im strengen Sinne das Einzige ist, was der Gastgeber vom Gast begehren kann, betrifft die Aufbewahrung des Gutes den Kern der Gastbeziehung. Indem der Gast das Gut aus den Händen gibt, ohne den Eigentumsanspruch daran aufzugeben, *symbolisiert* dessen Übergabe das Vertrauensverhältnis, das die Gastbeziehung begründet. Die Übergabe des Gutes ist also nicht nur kein Geschenk, sie impliziert auch – auf dieser Ebene – keine Tauschbeziehung.[44] Gerade deshalb tritt mit der Annahme des Gutes das Gastrecht *in aller Form* in Kraft, da es nur im Vertrauen auf die Gastbeziehung aus den Händen gegeben wird. Die Interpretation, dass sich Phryxus ein ihm nicht angebotenes Gastrecht einfach ›genommen‹ habe, kann Aietes jetzt nicht mehr aufrecht erhalten. Zuvor hatte Aietes das Bestehen eines Gastrechtes mit dem Hinweis auf die Abwesenheit der Form abgelehnt – die intentionalen Akte und Unterstellungen des Phryxus könnten nicht ausschlaggebend dafür sein, ob er ein Gast ist. Daher kann er sich nun – da die Form gegeben ist – nicht umgekehrt auf seine eigenen intentionalen Akte und Unterstellungen berufen, dass es keineswegs in seiner Absicht lag, das angenommene Gut zu verwahren und dem Gast dereinst zurückzugeben. Mit der Annahme des goldenen Vlieses hat sich Aietes einer symbolischen Ordnung jenseits strategischer Interaktion unterstellt.

Phryxus greift für den – der Form nach konsensuellen – Akt der Übergabe auf das zweideutige Verb der Devise zurück: »Nimm's hin des Gastes Gut«. Aietes wird das goldene Vlies hinnehmen wie er Sieg und Rache hinnehmen wird, die dem Vlies *mit auf den Weg* gegeben sind. Wie das zu verstehen ist, wird im weiteren Verlauf der Szene deutlich, in der das Verb ›nehmen‹ Hochkonjunktur hat. Aietes versucht die symbolische Verpflichtung wieder los zu werden. »Nimm es zurück!«, »Nimm's!«[45] ruft er

---

43 Ebd., V. 468–473.

44 Von der Logik der Tauschbeziehungen aus betrachtet ist der Gast ein *Parasit*. Die Bezahlung erfolgt mit Worten: »Wein mit Worten, Substanz mit Information zu bezahlen ist so billig, daß es mir nie an Geld mangeln wird« (Michel Serres: Der Parasit. Frankfurt a. M.: Suhrkamp 1987, S. 151).

immer wieder und versucht dem zurückweichenden Phryxus das goldene Vlies aufzudrängen (was nur bei einem symbolischen Gut sinnvoll ist), um die in der Übergabe implizierte Anerkennung als Gast rückgängig zu machen. Phryxus nimmt freilich nichts zurück, sondern ruft immer wieder »Rache, Rache, Rache!«[46] auf Aietes hinab für den Fall, dass er seiner Verpflichtung zuwiderhandelt. Angesichts dieser äußersten Provokation stößt der außer sich geratene Aietes seinem Gastfreund schließlich mit den Worten »Nun so nimm dies!«[47] das Schwert in die Brust - nicht als ein Entschluss, sondern als ein *Geschehnis*.[48]

Am Ende kommen die Deutungen der Devise zur Deckung. Zunächst hatte Phryxus Sieg und Rache naiv in eins gesetzt; dann hatte er eingesehen, dass ihm nicht der Sieg zuteil werden könne, und sich darum die Rache vorbehalten; die Rache kann ihm aber nur gelingen, weil er den Sieg über seinen Gegner insofern erringt, als er ihn dazu bringt, ihn als seinen Gastfreund zu ermorden; diesen Sieg muss er freilich hinnehmen als seinen Tod. Diese letzte Deutung muss sich auf Aietes übertragen, der anfangs ebenfalls Sieg und Rache für sich in Anspruch genommen hatte; für ihn verkehrt sich der Sieg über seinen Gegner erst recht in eine hinzunehmende Niederlage; und die Rache, die er mit seiner Tat für den Raub des goldenen Vlieses übt,[49] lässt umgekehrt auch ihn selbst als unrechtmäßigen Besitzer des Gutes zurück - als einen Räuber, der die Rache hinnehmen muss. Aber *diese* Rache wird freilich im Ausgang des Duells jenem steinernen Dritten übertragen werden, den Phryxus mit seinen letzten Worten, die Augen »zur Bildsäule empor« gerichtet, für sich in Anspruch nimmt:

45 Grillparzer: Vließ (s. Anm. 4), V. 473 u. 482f.

46 Ebd., V. 477.

47 Ebd., V. 483.

48 Man könnte in etwa sagen: Aietes vollzieht genau jene Tat, die er tun wollte, aber zum Zeitpunkt der Tat nicht mehr wollen kann. Insofern er sich gleichsam selbst auf diese Tat programmiert hat, wird sie zu einem Geschehnis; vgl. zur zentralen Kategorie des »Geschehnisses« bei Grillparzer Ulrich Fülleborn: Das dramatische Geschehen im Werk Franz Grillparzers. Ein Beitrag zur Epochenbestimmung der deutschen Dichtung im 19. Jahrhundert. München: Fink 1966, besonders S. 43f.

49 Genau besehen raubt Phryxus das goldene Vlies zweimal. Nachdem er es nach seiner Ankunft als »Weihgeschenk« in den Boden gepflanzt hatte, reißt er es wieder heraus, um es Aietes ›anzudrehen‹. Das zeigt nur noch einmal, dass er es keineswegs als rechtmäßiger Träger, geschweige denn als rechtmäßiger Eigentümer übergibt - das goldene Vlies ist eben kein ›Gut‹, das jemand sein eigen nennen kann. Insofern ist es eine Verkennung, wenn Phryxus es als »mein letztes Gut« (V. 460) bezeichnet, bloß weil er es in seinen Händen hält. Natürlich unterliegt Aietes der gleichen Verkennung, wenn er etwa ausruft: »Mein ist's, mein! Mir sendet's der Gott« (V. 396). Diese Verkennung ist die Voraussetzung der Transaktion, die so aussieht, als wechselte das Ding, in dem es von einer Hand in die andere übergeht, seinen Eigentümer, während es in Wahrheit von Anfang bis Ende einem Dritten zugehört und nur als geraubtes Gut zirkulieren kann, bis es wieder an seinen Platz zurückkehrt. Dies stellt das Ende der Trilogie in Aussicht, wo Medea erklärt: »Nach Delphi geh' ich. An des Gottes Altar / Von wo das Vließ einst Phryxus weggenommen / Häng' ich, dem dunkeln Gott das Seine gebend, / Es auf« (Medea, V. 2354–2357).

Siehst du`s, siehst du's!
Den Gastfreund tötet er und hat sein Gut!
Der du des Gastfreunds heilig Haupt beschützest
O räche mich! Fluch dem treulosen Mann!
Ihm muß kein Freund sein und kein Kind, kein Bruder
Kein frohes Mahl - kein Labetrunk -
Was er am liebsten liebt - verderb' ihn! -
Und dieses Vließ, das jetzt in seiner Hand
Soll niederschaun auf seiner Kinder Tod![50]

Natürlich - dieser Fluch, der nicht umsonst den »Verlust von Gemeinschaft«[51] und die genealogische Katastrophe auf Aietes und die Seinen herabruft, wird sich erfüllen.

2. Wer der Gast ist

Das Geschehen in Grillparzers »Der Gastfreund« ist in der Vorzeit der Kolonialisierung und der Landnahme angesiedelt. Aber zugleich handelt es sich um eine Familiengeschichte, die in andere Zeiten verweist - in die fernen Zeiten, die ich mir vorgestellt habe. Was in »Medea«, dem letzten Teil der Trilogie, mit der bekannten Ermordung der eigenen Kinder endet, ist auf einer gewissen Ebene bereits hier angelegt. Die Familie ist der Ort, wo das Tätlichwerden stets eine Vorgeschichte und Vorboten hat.

Aietes ist ein Tyrann nicht nur im antiken, politischen Sinne. Er ist auch ein Haustyrann, despotisch und schwach zugleich. Ausführlich entfaltet das Drama die entregelte und darum unheilvolle Familienkommunikation zwischen dem Witwer und seiner Tochter. Sie kondensiert sich an der Frage, wie man den unerwünschten Gast oder die willkommene Beute zu empfangen habe. Gleich zu Beginn buhlt der Vater um den Rat und die Hilfe der Tochter. Diese weist ihn im Gegenzug darauf hin, wie wenig er sie sonst achtet. Er versucht ihr seine eigene Gier nach fremdem Gut unterzuschieben. Als sie ihm auf seine Frage, warum sie ihm »starr ins Angesicht« schaue, nur mit »Ich höre, Vater!« antwortet, bricht sein Unwille hervor: »Willst du den Vater meistern, Ungeratne? / *Ich* entscheide was gut, was nicht. / Du *gehorchst*. Aus meinen Augen Verhaßte!«[52] Aber als Medea sich daraufhin zum Gehen wendet, lenkt er sogleich wieder ein.

Zusammen, aber nicht gemeinsam werden Aietes und Medea folglich ihren Gast ums Leben bringen. Sie stecken unter einer Decke, aber sie ziehen nicht an einem Strang. Zur Unzeit gehorcht Medea ihrem Vater, zur Unzeit handelt sie ihm zuwider, zur Unzeit versteht sie ihren Vater nur allzu gut, zur Unzeit schützt sie Ahnungslosigkeit vor. Insbesondere bringt sie Phryxus auf Drängen des Vaters dazu, ihr sein Schwert zu geben, um ihm nachher, als er sie des Verrats bezichtigt, wieder ein Schwert zu reichen (das ihr der Vater sogleich entreißt). Auf dieser Ebene erscheint

50 Grillparzer: Vließ (s. Anm. 4), V. 484–492.
51 Brauckmann/Everwien: Sehnsucht nach Integrität (s. Anm. 14), S. 72.
52 Grillparzer: Vließ (s. Anm. 4), V. 144–149.

der Gast als der Katalysator, durch den die trüben Wasser der Familie nach oben gespült werden. Dazu gehören zum Beispiel die ambivalenten Gefühle, die der eloquente und selbstgefällige Grieche bei Medea hervorruft, auch wenn sie ihrem Vater nur die Einschätzung »Er spricht und spricht; / Mir widert's!«[53] kundtut.

Die Ermordung des Gastes findet statt in einem zerrütteten Haus. Die Zerrüttung ist die Voraussetzung und der Untergang die Folge dieser Untat. Denn die Ermordung des Gastes ist zwar eine Einzeltat, aber sie hat - von Haus aus - keinen Einzeltäter. Insofern es die Familie, und genauer ein *Paar* ist, das die Tat begeht, muss die Ermordung des Gastes durch den Engpass sprachlicher Legitimierungsversuche gehen. Sie wird *ausgebrütet*. Während in Grillparzers *Gastfreund* die familiale Dimension von der strukturellen Frage nach dem *Status* des Gastes in den Hintergrund gerückt wird, lassen sich in einigen bürgerlichen Dramen die familialen Voraussetzungen und Folgen der Untat unmittelbar studieren. In ihnen tritt der Gast auf, wie ich ihn mir vorstelle, wenn es um seine Ermordung gehen soll - er tritt auf als jemand, dessen *Status* in den Hintergrund gerückt ist. *Statt dessen* - statt dem Gast einen Status zuzuerkennen - legen sie dar, *wer der Gast ist*, der ermordet wird: Es ist der *Sohn*.

Der unerkannt als Gast zurückkehrende Sohn wird von den eigenen Eltern ermordet.[54] Dies ist die häusliche Tragödie, die *domestic tragedy*, als deren frühes Musterbeispiel das Drama »Fatal Curiosity« des Engländers George Lillo aus dem Jahre 1736 gilt. Hauptschauplatz ist das zerrüttete Haus des Ehepaars Wilmot, das im Glauben ist, ihr einziger Sohn »Young Wilmot«, der vor Jahren sein und seiner Verlobten überseeisches Glück machen wollte, habe bei einem Schiffsunglück sein Leben lassen müssen. Die vereinsamten Eltern leben in einer bleiernen Zeit. Zu der familiären Katastrophe kommt der sich nunmehr zuspitzende wirtschaftliche Niedergang. Dem Ehepaar ist es, als sei ihr Haus von einem Fluch heimgesucht - gleich jenem, den die Ermordung des Gastfreundes bei Grillparzer über das Haus des Aietes verhängt. Er schlägt sich in Schuldzuweisungen und Unterstellungen des aneinander geketteten Ehepaars nieder. Agnes, die gänzlich auf ihren tot geglaubten Sohn fixierte Mutter, wirft ihrem Mann vor, den Sohn durch seine Verschwendung aus dem Haus getrieben zu haben. »Old Wilmot«, klagt darüber, dass ihn seine Frau vom Selbstmord abhält.

Das breit ausgemalte Stimmungsbild bringt den bürgerlichen Familienraum als ein geschlossenes System heilloser Kommunikationen auf die Bühne, das jederzeit von innen und von außen bedroht ist, weil sich der Druck der Umwelt in einer latenten Destrukturierung der familialen Ordnung niederschlägt. Die Ankunft des Gastes setzt das Potenzial dieser Destrukturierung frei. Der zurückgekehrte Sohn gibt sich bei seinen Eltern als Fremder aus »to improve / their pleasure by surprise«.[55]

53 Ebd., V. 367f.

54 Vgl. ausführlich Michael Niehaus: Die Ironie des Schicksals. Mordeltern. In: Rüdiger Campe/Michael Niehaus (Hg.): Gesetz. Ironie. Heidelberg: Synchron 2004, S. 122–140. Für die Verbreitung des Motivs in der Volksdichtung des 18. Jahrhunderts vgl. Leander Petzoldt: Märchen - Mythos - Sage. Beiträge zur Literatur und Volksdichtung. Marburg: Elwert 1989, S. 194–204.

55 George Lillo: Fatal Curiosity. In: Elizabeth Inchbald (Hg.): British Theatre. London 1808. Neudruck. Hildesheim: Olms 1970. Vol. 11, S. 29.

Young Wilmot will also - das ist die erste titelgebende fatale Neugierde - beobachten, wie er als Erlöser ankommt. Er will erleben, wie er den Fluch von seinem Elternhaus nimmt.

Als unbekannter Fremder wird der Gast nicht *erkannt*. Insofern kann der Gast *alles* sein - ein Gott, der bei Philemon und Baucis eingekehrt, der Teufel, der Abrahams Gastfreundlichkeit widerlegen möchte. Der eigene Sohn kann freilich nur unerkannt als Gast ins eigene Haus zurückkehren, wenn er zuvor gründlich daraus verschwunden ist. Die Umstände dieses Verschwindens bleiben zwar im Ungefähren, sind aber jedenfalls schon Symptom einer Destabilisierung. Demgegenüber nimmt die Rückkehr die Form umstandsloser Regression an. Sie wird verbildlicht durch die Bitte des ermüdeten Gastes, sich ein wenig zu Bett legen zu dürfen, um zu schlafen. Der Sohn begibt sich in die Position des *Arglosen*. Die Eltern halten den Gast für einen schlechthin Unvertrauten, während ihnen der Sohn rückhaltlos vertrauen zu können meint. Indem die *domestic tragedy* das Fernste - den unbekannten Fremdling - mit dem Nächsten - dem eigen Fleisch und Blut - zur Deckung bringt, lässt sie in der Ermordung des schlafenden Gastes den *Parrizid*, den Verwandtenmord aufscheinen. Der unbekannte Gast, der in *keiner Beziehung* zu seinen Gastgebern steht, rückt ohne weiteres ein in den ihm zugewiesenen Platz, ob er nun im Bett des Sohnes schläft oder nicht.[56] Seine Arglosigkeit entspricht der Arglosigkeit des Kindes. Seinen Gastgebern ausgeliefert wie das Kind den Eltern, schützt ihn keine Rücksicht außer dem Tötungsverbot als solchem. Seine Arglosigkeit ist daher die Probe aufs Exempel, wie tief dieses Tötungsverbot in die Eltern versenkt ist. Indem das Drama nun dessen Demontage vorführt, gibt es Auskunft über die *Position* des Gastes in den Zeiten (oder Regionen), in denen das Gesetz, das ihn schützt, nicht mehr *in aller Form* präsent ist. Die Stimme des Gesetzes muss in den heillosen Reden des Ehepaars zum Schweigen gebracht werden. Daraus steigt das Phantom der *Allmacht* hervor, das die Fundamente des Verbotes und die Ordnung der Filiation angreift.[57]

Das Motiv für die Ermordung des Gastes muss auch hier in dessen mitgeführtem Gut liegen. Bevor sich Young Wilmot am Ende des zweiten Aktes zu Bett begibt, vertraut er in einem zweiten Beweis der Arglosigkeit seiner Mutter ein Kästchen mit wertvollem Inhalt an - »If you please / To take the charge of it till I awake«[58] -, das sie zu Beginn des finalen dritten Aktes nach einigem Zögern öffnet: die zweite fatale Neugierde.

Begründet wird dieser erste Fehltritt mit dem Erstaunen über die Arglosigkeit des Gastes - »His confidence amazes me«[59] -, gefolgt von der Erwägung, dass das Käst-

56 Der Hausvater kann den Gast wie den Sohn jederzeit aus dem Haus weisen, und er kann den Gast an Sohnes Statt im Haus behalten. Darüber hinaus ist der Sohn, bevor ins Elternhaus zurückgekehrt, überall dort, wo man ihn aufgenommen hat, nur Gast gewesen. Und er konnte nur zurückkehren, weil ihm nirgendwo das widerfahren ist, was ihm dann im Elternhaus zustößt.

57 Vgl. Pierre Legendre: Das Verbrechen des Gefreiten Lortie. Abhandlung über den Vater. Freiburg i. Br.: Rombach 1998.

58 Lillo: Fatal Curiosity (s. Anm. 55), S. 34.

59 Ebd., S. 35.

chen deshalb in Wahrheit vielleicht nichts Wertvolles enthält. Es ist also nicht das Begehren des Gutes, sondern die Ungewissheit über den Gast, der Agnes dann die Edelsteine vor Augen führt. Das Gut des Gastes ist schon deshalb von einer besonderen Beschaffenheit, weil es dem Gastgeber anvertraut ist. Er kann es in die Hand nehmen, als ob es ihm gehörte. »'Tis here - 'tis mine - I have it possession - / Must I resign it? Must I give it back?«.[60] Darüber hinaus steht das reichhaltige Gut des Gastes in mehr als nur einem bloß quantitativen Gegensatz zur Armut der Gastgeber in ihrem entblößten Haus: Es *symbolisiert* die Möglichkeit, dieses Haus überhaupt zu *erhalten*. In äußerster Zuspitzung scheint die Unterschlagung des Gutes in den Augen von Agnes die Zukunft zu sichern, während sie sich mit dessen Rückgabe der Zukunft selbst beraubt: »Am I in love with misery and want? - / To rob myself, and court so vast a loss?«[61] Das Gut des Gastes wird damit gewissermaßen zum *Äquivalent* für das Haus des Gastgebers.

Auf einer anderen Ebene gilt dies auch für den Vater, Old Wilmot. Denn dieser will mit seinem Haus ein Ende machen, indem er mit sich selbst ein Ende macht. Zurückgehalten wird er von seiner Frau nur mit dem Hinweis darauf, dass der Selbstmord nach positiven und natürlichen Gesetzen verboten sei. Als es darum geht, den Ehemann für die Ermordung des Gastes zu gewinnen, argumentiert sie daher, der nun als einzige Alternative präsentierte »detested suicide« sei etwas, was »by a crime much less, we may avoid«. Warum soll der Selbstmord weniger sträflich sein als die Ermordung des Gastes? »'Tis less impiety, less against nature, / To take another's life, than end your own.«[62] Agnes sieht sich also in ihrem eigenen Haus im Naturzustand, wo die Gesetze - die den Gast schützen wie jeden anderen auch - etwas bloß Äußerliches sind, während das Naturrecht die Selbsterhaltung befiehlt.[63]

Zum Gast gibt es also kein Rechtsverhältnis, sondern ein Gewaltverhältnis. Der Gast befindet sich in der Gewalt seiner Gastgeber wie das Kind in der Gewalt des *pater familias*. Darin liegt das Gespenstische dieser langen Szene: Sie breitet die trübe Rede der Gastgeber aus, die über Leben und Tod des im Nebenzimmer schlafenden Gastes entscheidet. Dessen Arglosigkeit verkehrt sich in Verfügbarkeit. In den Erwägungen, die seinen Tod betreffen, kommt er eigentlich nicht vor. Das hängt mit der logischen Besonderheit dieser Mordtat zusammen - als Unbekannter bietet der Gast kein Motiv für seine Ermordung, das mit seiner Person zusammenhinge. Ebenso wenig kommt der Schlafende als ein Subjekt in Betracht, das sich gegen seine Beraubung wehrt, wie es beim Raubmord der Fall ist. Die Mordeltern halten das Gut ja bereits in ihren Händen. Sie müssen nur einen Überzähligen aus dem Weg räumen, über den sie - in dieser *Situation* - eine absolute Verfügungsgewalt ausüben. Man kann deshalb sagen, dass - jenseits der Gesetzeskraft - auch die Gastbeziehung von jener Figur der einschließenden Ausschließung betroffen ist, für die Giorgio Agamben den *homo sacer* als Paradigma vorgestellt hat.

---

60 Ebd., S. 36.
61 Ebd.
62 Ebd., S. 37.
63 Hier besteht ein wesentlicher Unterschied zwischen dem *ius naturae* und dem *ius gentium*.

Dem entspricht die Argumentation, mit der sich vor allem der Vater die *vitae necisque potestas* zuzusprechen sucht, die im Römischen Recht ursprünglich das Verhältnis von Vater und Sohn charakterisiert.[64] Wenn Old Wilmot sein Recht auf den Freitod damit begründet, »That power to die implies a right to do so«[65], so braucht man diese souveränitätstheoretische Figur bloß auf den schlafenden Gast anzuwenden, um bei einer Tat anzukommen, deren Eigenschaften er in einer ahnungsvollen Reihung dessen zusammenfasst, wozu »flatt'ring opportunity« einlädt: »Theft, sacrilege, treason, and parricide«.[66] Das Gegenstück hierzu findet sich in der Argumentationslinie angedeutet, dass die Macht über Leben und Tod zum Besten des Betroffenen ausgeübt wird (wie es ja bei Vater und Sohn unterstellt wird). Unter der Prämisse »He'll never know the loss« räsoniert Old Wilmot: »To die well pleas'd / Is the happiest of mankind can hope for.«[67]

Mit der Feststellung »He's to be envy'd, if compar'd with me!«[68] wird der Entscheidungsprozess abgeschlossen. Zu Anfang der Szene waren noch die »great humanity« des jungen Mannes und sein gefühlvolles Auftreten - »his eyes, that swam in tears, / he wrung my hand, and press'd it to his lips«[69] - hervorgehoben worden. Die gemeinschaftlich begangene Tat wird vorbereitet durch ein Gebräu von Vorwänden und Zuschreibungen. Der Mann wirft seiner Frau vor, wie »remorseless and impatient« sie die Tat plane, während diese ihm entgegenhält, er sei ein »cruel husband« und »unnat'ral father«[70], weil er mit seinen »wasteful riots« den noch blutjungen Sohn aus dem Haus getrieben habe. Die heillose Familienkommunikation ist dadurch geprägt, dass der Vater den Platz dessen eingebüßt hat, der den *Worten Einhalt gebietet*.[71] Es ist die Kehrseite des häuslichen Gespräches, dass es auch Mord ausbrüten kann. Dies ist ein notwendiges strukturelles Merkmal der *domestic tragedy*, in der der Gast nicht sicher ist.

»Was sitzest du da, Mann, und siehest aus, als ob deine Seele mit Mord umginge?«[72] Dies ist der erste Satz in dem überaus eigenartigen Drama mit dem Titel »Blunt oder der Gast« von Karl Philipp Moritz. Das 1780 mit dem Untertitel *Fragment* veröffentlichte und späteren Bekundungen zufolge ohne Kenntnis von Lillos »Fatal Curiosity« verfasste Stück reduziert das Drama auf die Kernstruktur. Es gibt nur noch den Vorlauf und die Bearbeitung des Mordes am unerkannten, einst in der Not

64 Vgl. Giorgio Agamben: Homo Sacer. Die souveräne Macht und das nackte Leben. Frankfurt a.M.: Suhrkamp 2002, S. 97f.

65 Lillo: Fatal Curiosity (s. Anm. 55), S. 31.

66 Ebd., S. 37.

67 Ebd., S. 39.

68 Ebd.

69 Ebd., S. 36.

70 Ebd., S. 38.

71 Wenn »Old Wilmot« die *vitae necisque potestas* ausübt, so geschieht dies entsprechend mit allen Anzeichen der Verwirrung und der Schwäche: Er lässt den Dolch - den »fatal steel« (S. 40) - fallen und bekommt ihn ein zweites Mal von seiner Frau gereicht; er geht erst zur Tür statt zur »fatal couch« (S. 39) und bekommt von seiner Frau die Richtung gewiesen.

72 Karl Philipp Moritz: Blunt oder der Gast. In: Werke. Hg. von Heide Hollmer. 2 Bde. Frankfurt a.M.: Deutscher Klassiker Verlag 1999, Bd. 1, S. 25-53, hier 25.

verstoßenen Sohn, der schon als Gast nebenan regressionsbereit im einzigen Bett liegt. Weil das Ehepaar und die kleine Tochter gestern den »letzten Bissen verzehrt« haben, muss die Familie »morgen verschmachten«, da sich Blunt als »stolzer, barbarischer Mann« unter keinen Umständen an seinen wohlbestallten Bruder, den »hohnlächelnden Verräter« wenden wird. Statt dessen träumt der deklassierte und depotenzierte Hausvater von der Vergangenheit, »wie wir einmal ein herrliches Gastmahl gaben, wo alle unsre reiche Nachbarn versammlet waren«.[73]

Jetzt steht also die Umkehrung solcher Gastlichkeit ins Haus. Allerdings erfolgt sie unter Bezugnahme auf eine Kategorie, die bei Lillo fehlte: die Kategorie des *Opfers*. Blunt wird nämlich des öfteren nachts von seinem »Dämon« besucht, der ihm große Reichtümer verspricht, wenn er ihm »das Blut eines Mannes« opfert, den er ihm »senden will«. Und er fasst für seine Frau Gertrud zusammen: »Und ich schwur, die Haut schauderte mir, aber ich schwur: Sende mir den Mann, und ich will ihn opfern! Bei allen Teufeln, ich will ihn opfern!«[74] Die Frau nimmt derlei Heimsuchungen als das, was sie sind - als bloße Gespinste eines psychisch Kranken; auch die aufgeschreckte Tochter, die einen »Mann mit dem blanken Schwert und mit den glühenden Augen« auf sich zukommen sieht, beruhigt sie mit den Worten: »Das ist ein Leiden von dir, dass du immer Gesichte siehst!«[75] Sie will nicht erkennen, dass sich die Gespinste ihres Gatten in ein Handlungsprogramm umsetzen, *sobald der Gast im Haus ist*. Sogar als ihr Gatte sie anweist, mit ihm die Grube zu graben, in der er den Gast verscharren will, verschließt sie noch die Augen vor seinem Vorsatz. Ihr Wahn besteht in der Vorstellung, die Familienkommunikation sei ein regulierbares geschlossenes System, in dem mörderische Reden nicht ernst genommen werden müssen, weil sie nicht zu Taten werden. Der verfügbare Gast markiert jedoch genau den Punkt, der diese Voraussetzung außer Kraft setzt.

Das Drama liefert jedoch keine eindeutige Herleitung der Tat. Während Blunt in Schlaf gesunken ist, fällt der Tochter das *Gut* des Gastes in die Hand, eine »goldne Dose mit Brillanten besetzt«. Erst nachdem Blunt mit dem Ausruf »Bei allen Teufeln, ich will ihn opfern!« erwacht ist, sticht ihm die Dose in die Augen.[76] Die Tatausführung bedarf einer Identifikationsleistung. Es geht nicht bloß darum, dass das Gut des Gastes durch seinen materiellen Wert den Fortbestand des Hauses Blunt verheißt. Seine Ineinssetzung mit den bereits im Traum verheißenen Reichtümern bestätigt zugleich das dämonische Handlungsprogramm. Über seinen materiellen Wert hinaus enthält das Gut also die Anweisung, den Gast als Opfer aufzufassen.

Ein Gast ist kein Opfer. Er bietet sich aber gewissermaßen als Opfer an. Ein Opfer ist etwas, was im Namen eines Dritten zum Opfer *ausersehen* worden ist. Dies kann die Form annehmen, dass das Opfer *geschickt* wird, wie es hier durch den Dämon geschieht. Der Gast tritt nun an und für sich als jemand über die Schwelle, der *nicht* geschickt worden ist. Insofern daher seine Anwesenheit immer nur unvollständig motiviert ist, gibt es stets einen Spielraum für die Deutung, dass er von einer höheren

73 Ebd., S. 26f.
74 Ebd., S. 27.
75 Ebd., S. 28.
76 Ebd., S. 29.

Instanz geschickt worden ist.[77] Das prädestiniert den Gast zum Opfer. Während der Gast bei Lillo in seiner totalen Verfügbarkeit zu *nacktem* - und damit gerade nicht opferbaren - Leben wird,[78] wird er bei Moritz durch seine Verwandlung in ein Opfer *pro forma* in eine symbolische Ordnung integriert.

Dass diese Integration auf die eigene Machtvollkommenheit statt auf ein Geheiß zurückgeht, dass die Deklaration als Opfer die *vitae necisque potestas* nur kaschiert hat und darum nichtig ist - das wird offenbar, nachdem Blunt das Messer auf den schlafenden Gast hat niederfahren lassen. Er gibt verschiedene Erklärungen dazu ab, die den Mord als »*sprachlich entwurzeltes Tun*«[79] ausweisen. Nach der ersten ist es Blunt, als habe nicht er die Tat verübt, sondern - »wie die unschuldigen Kinder sagen« - seine »Hand«. Nach der zweiten weist er den Mordvorwurf seiner Frau noch mit den Worten zurück: »Du tust mir Unrecht Gertrude, ich habe ja den Mann geopfert«. Nach der dritten aber mag er vor Müdigkeit seine Hand nicht mehr ausstrecken, um die Leiche wie nun von der Frau gefordert in die vorbereitete Grube zu werfen, und will - obzwar »noch« ohne »Reue« - »auf dem Blutgerüste sterben«.[80]

Während Old Wilmot und seine Frau sich selbst entleiben, nachdem sie erkannt haben, wer ihr Gast war, vollzieht sich hier eine Unterwerfung unter das Gesetz, bevor die Identität des Gastes mit dem Sohn enthüllt wird. Das logische Verhältnis von Gast und Sohn tritt in »Blunt oder der Gast« aber vor allem dank einer ungeheuerlichen Idee zu Tage, mit der Moritz der ungeheuerlichen Tat Blunts begegnet. Nachdem ihm klar geworden ist, dass er im Gast seinen Sohn geopfert hat, ruft Blunt aus: »Könnt' ich das Geschehne ungeschehen machen - Könnt' ich den Augenblick nur einmal zurückrufen, wo ich mit gezücktem Messer über deinem Haupte stand«. Darauf wird ein (keiner Figur zugeordnetes) fünfstrophiges Gedicht in den Text eingeschaltet, in dem die »holde Phantasie« angerufen wird, noch einmal zu dem Augenblick vor dem Tätlichwerden zurückzukehren.[81] Und so geschieht es. In der Folge bietet das Drama einen zweiten Ausgang. Der Gast erwacht und ruft den mit gezücktem Messer sich über ihn beugenden Blunt mit den Worten an: »Mein Vater!«[82] Aber dieser Ausruf allein reicht nicht aus, es muss auch noch Gertrude von draußen an die Tür schlagen, um Blunt nach - *theatralischem* - inneren Kampf von der Tat abzuhalten: »Hinweg, verfluchtes Messer! Ich hab' überwunden!« Zwar wirft sich ihm der Gast daraufhin mit den Worten »O mein Vater! mein Vater!« an den Hals, doch versteht Blunt diese Verwandtschaftsbezeichnung bloß im übertragenen Sinne. Für ihn ist der junge Mann noch immer oder erst jetzt wahrhaft »unser Gast, und ich wollt' ihn im Schlaf ermorden - mein Blut und meine Tränen hätten die Sünde nicht

---

77 In Grillparzers *Der Gastfreund* ist dieses Geschickt-Sein ja zweifellos, aber eben zweideutig.

78 Dies bekanntlich der Ausgangspunkt bei Agamben in »Homo sacer«: »*Souverän ist die Sphäre, in der man töten kann, ohne einen Mord zu begehen und ohne ein Opfer zu zelebrieren, und heilig, das heißt tötbar, aber nicht opferbar ist das Leben, das in diese Sphäre eingeschlossen ist*« (Agamben: Homo sacer [s. Anm. 64], S. 93).

79 Legendre: Lortie (s. Anm. 57), S. 113.

80 Moritz: Blunt (s. Anm. 72), S. 36f.

81 Ebd., S. 44f.

82 Ebd., S. 45.

wegwaschen können, wenn ich's getan hätte«. Weil ihm die Tat nunmehr als so ungeheuerlich wie ein Verwandtenmord erscheint (und weil er wie ein Vater dem Gast ein zweites Leben geschenkt hat), kommt ihre Nichtbegehung einer Restitution der familialen Ordnung gleicht. Blunt fühlt sich aus einem »schweren Traume aufgewacht« und will sich mit allen Verwandten »versöhnen«, obwohl er noch gar nicht weiß, dass es sein Sohn war, gegen den er als ein Nachfahre und ein Zerrbild des Erzvaters Abraham das Messer gehoben hat, um ihn zu schlachten.[83] Wenn sich in dieser biblischen Szene Pierre Legendre zufolge der Vater *»in der Position desjenigen«* befindet, *»der zugleich der Mörder des Kindes ist und der es wieder begnadigt«*[84], so lässt sich das auch auf Gastgeber und Gast übertragen.

In Zacharias Werners einaktiger Tragödie »Der vierundzwanzigste Februar« aus dem Jahre 1809 vollendet sich das Schicksal ein drittes Mal in der Ermordung des Sohnes, der unerkannt als Gast zurückgekehrt ist. Das Stück modelliert die Gattung ›Schicksalsdrama‹ unter strengster Wahrung der Einheit von Ort, Zeit und Handlung[85]: Keine Nebenschauplatz, kein Szenenwechsel - nur noch das alleinstehende Haus in den Alpen, Kammer und Stube zugleich einsehbar; kein Aussetzen der unerbittlichen Zeit - statt dessen eine Uhr auf der Bühne, die das Verrinnen der letzten Stunde des 24. Februar anzeigt; keine Nebenfiguren mehr - nur noch die Familie als Vater-Mutter-Gast in ihrer Dreiheit ohne Einfalt.

Die Zerrüttung des Hauses, über dessen Schwelle Sohn Kurt am titelgebenden Schicksalstag tritt, erfährt hier eine weitere Steigerung. Mit »Die Wirkung des Fluchs« war das Drama ursprünglich untertitelt. Der Fluch liegt auf dem Haus und seinen Bewohnern, seit Vater Kunz auf den Tag genau vor achtundzwanzig Jahren, von seinem Vater aufs äußerste gereizt, das Messer nach diesem schleuderte, das sein Ziel zwar verfehlte, aber einen tödlichen Schlaganfall auslöste. Am Anfang steht also ein nicht justiziables Attentat auf den Vater, dessen maßlose Verfluchung - »Fluch Euch und Eurer Brut!«[86] - gewissermaßen an die Stelle einer Strafe tritt und die Familie insoweit jenseits oder diesseits des Rechts in eine Sphäre der Gewalt stellt. In der Folge haben verschiedene Katastrophen die einstige gedeihende Gastwirtschaft in ein »Fluchhaus« verwandelt, »wo sich Sünd' an Sünden reih'n, / Verfluchte Väter stets verfluchten Söhnen dräu'n«.[87] Vor allem nämlich hat Vater Kunz selber seinen nun zurückkehrenden Sohn Kurt verflucht, nachdem dieser mit dem Schicksalsrequisit am Schicksalstag seiner kleinen Schwester im nicht justiziablen Alter von sieben Jahren im Spiel die Gurgel durchgeschnitten hatte. Das Ende des ›Fluchhauses‹ steht nun unmittelbar bevor: Kunz hält ein auf den 24. Februar datiertes amtliches Schreiben in

83 Ebd., S. 46.

84 Legendre: Lortie (s. Anm. 57), S. 33.

85 Nach weithin geteilter Auffassung hat Zacharias Werner mit diesem wirkungsmächtigen Stück »das romantische Schicksalsdrama als ›Gattung‹ begründet« (Herbert Kraft: Das Schicksalsdrama. Interpretation und Kritik einer literarischen Reihe. Tübingen: Niemeyer 1974, S. 63; vgl. auch Niehaus: Die Ironie des Schicksals [s. Anm. 54], S. 134-139).

86 Zacharias Werner: Der vierundzwanzigste Februar. In: Zacharias Werner's ausgewählte Schriften. Aus seinem handschriftlichen Nachlasse herausgegeben von seinen Freunden. Bd. 6. Neudruck. Bern: Lang 1970, S. 1-54, hier 26.

87 Ebd., S. 43.

Händen, demzufolge das Haus am nächsten Tag versteigert und das Ehepaar in den Schuldturm abgeführt wird. Der unerkannte Sohn wird also der *letzte Gast* sein.

Anders als Young Wilmot und der Sohn Blunts hat dieser Gast also einen Grund, seine Herkunft zu verhehlen: Er muss erforschen, ob der Vater seinen Fluch zurückgenommen hat. Auch die übrigen Söhne wollten erkunden, wie es um das Haus bestellt war, in dem sie fehlten. Aber es war ihnen auch wundersam, dass sie sich nicht sogleich offenbarten. Hier aber muss der Sohn zunächst als fremder Gast in das Familiengeheimnis eindringen, bevor er sich als Erlöser offenbaren darf. Der Hauptteil des Dramas besteht folglich aus einem doppelbödigen Gespräch der Gastgeber mit dem Gast, dessen bald erreichtes *Telos* die beidseitige Entfaltung von Familiengeschichte als sich fortzeugender Fluchgeschichte ist. Die Eltern wie der Sohn erzählen, wie sie der Fluch verfolgt hat, als müssten alle Gesprächsthemen dieser Welt bei der ebenso unheiligen wie unvermeidlichen Familie und ihren Surrogaten enden. Zur Doppelbödigkeit trägt nicht zum wenigsten bei, dass dieses Gespräch über die Familie nur unter der Voraussetzung stattfinden kann, dass sich Gast und Gastgeber und nicht Familienmitglieder einander gegenübersitzen.

Der Vater hat - so erfährt der Gast - dem Sohn zwar vergeben, doch sehen will er ihn nicht: Seine Rückkehr würde den Fluch nicht lösen. So liegt denn der Sohn als Gast in seinem früheren Bett in der Kammer und lässt den Abend Revue passieren:

> Wir saßen da, so traulich, so vereint.
> Wie gern hätt' ich mich heut schon ausgeweint
> An älterlicher Brust! Doch war's, als ob das Schrecken
> Der Hölle zwischen sie und mich sich drang,
> Und das Geständniß, das sich oft zur Lippe rang,
> Gewaltsam immer wieder rückwärts zwang![88]

Und während er sich die Geldkatze unter den Kopf schiebt, die dem Vater den Schuldturm ersparen kann, fasst dieser nebenan schon die Argumente zusammen, die die Beraubung des Gastes rechtfertigen sollen: »Er sprach: - er hab 'nen Mord begangen! Ei! / So ist der Kerl ja vogelfrei! - / Ein jeder kann ihn plündern, ihn berauben; / Weil die Gesetze das erlauben«. Mehr noch: »Ihn tödten könnt' ich - darnach kräht kein Hahn! / Beim Mörder steht das jedem frei!«[89]

Mit der Mitteilung »Als Knabe hab' ich auch, zur bösen Stunde, / Wie Euer Sohn just, einen - Mord gethan!«[90] hatte der Gast freilich nur eine nicht justiziable Tat gestanden und abgesehen davon seine pralle Geldkatze keineswegs mit einem Raub, sondern mit einer überseeischen Erbschaft erklärt. Andererseits befindet sich der Gast von Haus aus in der Position dessen, der viel erzählen kann und dem deshalb nicht unbedingt zu glauben ist. Und wenn er sich zudem, wie hier, mannigfache Ungereimtheiten zuschulden kommen lässt, so verstärkt dies die *Verdächtigkeit*, die dem Gast von jeher eignet. Letztlich ist für Vater Kunz das Gut des Gastes selbst schon ein ausreichender Beleg dafür, dass es bei ihm nicht mit rechten Dingen zugeht: »Daß er

88 Ebd., S. 41.
89 Ebd., S. 48.
90 Ebd., S. 33.

ein Räuber ist - nun, das ist sonnenklar!«[91] Als letztes hält er der widerstrebenden Trude eine aus der *domestic tragedy* Lillos bekannte Gedankenfigur vor: »So soll ich springen in den See hinein, / Und gottlos Unrecht thun; / jetzt, wo mir's Recht erlaubt / Mich, Dich zu retten, wenn ich raube was geraubt?! - / Gut, lassen wir's! Ich kann auch sterben!« Mit dieser Drohung ringt er seiner Frau das »Thu' - was - Du willst!« ab.[92] An der so erteilten halben Lizenz sieht man, dass das Paar der Täter auch hier - wie bei Grillparzer, Lillo und Moritz - zwar unter einer Decke steckt, nicht aber an einem Strang zieht.

Es ist im Grunde nicht das Recht, sondern eine rechtliche Definition des Ausnahmezustands, was Kunz für sich reklamiert. Dass er das Geraubte rauben zu dürfen vermeint, situiert die Gastbeziehung einmal mehr jenseits der Ordnung des Gesetzes. Anders als beim Ehepaar Wilmot und bei Blunt gibt es hier allerdings keinen Mordvorsatz und keine wahnhafte Opferung. Es soll bloß das Gut des Gastes (das anders als bei Lillo und Moritz den Gastgebern nicht anvertraut wurde) in andere Hände übergehen, wo es dringender gebraucht wird. Der Tod des Gastes wird nur billigend als das Ergebnis einer möglichen Auseinandersetzung in Kauf genommen, die Kunz in Betracht zieht, wenn er das Schicksalsmesser mit den Worten »Ich bin Soldat gewesen - sieh nur - da braucht man Vorsicht!«[93] auf seinen Raubzug in die Kammer mitnimmt. Das *Notrecht*, das der Gastgeber zwischen sich und seinem Gast konstruiert, impliziert immer schon die Tötungsbereitschaft. Das klassische Beispiel, an dem dies erläutert wird - das sogenannte *Brett des Karneades* - lässt die Tötung eines Konkurrenten im Kampf um eine rettende Planke etwa nach der Deutung Kants zwar nicht als *unsträflich* (*inculpabile*), wohl aber als *unstrafbar* (*impunibile*) erscheinen, weil eine in Aussicht gestellte Todesstrafe keine abschreckende Wirkung haben könne. Muss Kunz nach eigenen Worten »schmachbeladen in den Daubensee hinein«[94], wenn er seinen Gast nicht beraubt, so wird er sich im Bedarfsfalle auch seines Messers bedienen und dabei von keiner Strafaussicht abhalten lassen.

Von Haus aus erscheint die Gastbeziehung als das genaue Gegenteil zur agonalen Situation der rettenden Planke: Der Gastgeber mag zwar bedürftig sein, hat aber definitionsgemäß ausreichend Platz, um einen Gast aufzunehmen. Die Gastbeziehung kann aber mittels gewaltsamer Umdeutung gerade deshalb in dieses Gegenteil verkehrt werden, weil auch sie nicht als Rechtsverhältnis, sondern als ein Gewaltverhältnis hervortritt. Scheinbar jenseits der symbolischen Ordnung wird der Gast zum Konkurrenten um ein letztes Gut, während er andererseits arglos im Bette liegt wie der eigene Sohn (der Konkurrent *in spe*). Dass hier nicht der Ort ist, an dem die den Sohn wie den Gast schützenden Fundamente des Verbotes unwirksam würden, verkündet

91 Ebd., S. 48.

92 Ebd., S. 49. Wie Old Wilmot hatte Vater Kunz den Freitod schon zuvor als letzte Handlungsalternative für den nächsten Tag erwogen - nicht zuletzt, um seine Frau von ihm als Träger des Fluchs zu befreien. Der Auffassung, mit diesem Tod den Fluch »entsühnen« zu können, tritt seine Frau Trude entgegen: Der Freitod entsühne nichts, sondern schände der »Väter Ruhm« (ebd., S. 11).

93 Ebd., S. 50.

94 Ebd., S. 52.

schon der Zusatz, mit dem Kunz seine Selbstlegitimierung - »mich retten muß ich - *retten*!« - versieht: »Sollt's mich auch ewig gereu'n!« Und es manifestiert sich dann bei der Ausführung der Tat: Der erwachende Sohn stößt schlaftrunken die Wort »Ha Diebe! - Mörder!« aus, worauf der Vater »wüthend das Messer« herausreißt und ihn mit den Worten »Mörder selber! Du!« niederstreckt.[95]

Weil es in diesem Dreipersonenstück keine Herzutretenden gibt, kann sich der sterbende Gast noch über die mitgeführten Ausweispapiere als Sohn legitimieren. Das heißt: Er kann noch sprechen. Und was spricht der Sohn? Während sich der Vater als »Verfluchter« anspricht und ihn seine Frau als »Kindermörder« tituliert, dekretiert der Sohn als eine höhere Instanz: »Vergeben - / Hat Euch - der Vater - ! - Ihr - seyd - fluchentsühnt -!« Weil der Fluch auf eine Entgleisung der väterlichen Funktion zurückging, muss der Sohn Kurt an die Stelle des Vaters von Kunz treten, um die Fluchentsühnung bekannt zu geben und damit das Amt des Vaters zu restaurieren. Während die bloße Rückkehr des Sohnes den Fluch nicht lösen würde und somit unerwünscht wäre, ist der Sohn kraft seiner Ermordung dazu in der Lage, weil diese Tat nicht nur einen Schuldigen hat, sondern im Gegensatz zu den vorangegangenen Taten auch justiziabel ist. Die Lösung des Fluches ist gleichbedeutend mit der Rückkehr unter eine Rechtsordnung, die mit dieser Tat etwas anfangen kann: »Wohlan - In Gottes Namen! - / Ich büße gern das, was ich schwer verdient! / Ich geh' zum Blutgericht und geb' die Mordthat an!«[96]

Fassen wir zusammen. Dreimal erstechen Väter - mehr oder weniger unter Mithilfe ihrer Frauen - den arglos im Bett liegenden einzigen Sohn, der unerkannt als Gast in ihr Haus gekommen ist. Die Ermordung des Gastes erscheint als eine häusliche Tragödie - als eine Tragödie, die etwas darüber aussagt, wie es um das Haus bestellt ist. Während bei Grillparzer eine agonale Situation zugrunde liegt, die sich zu einem Kampf um den ›Rechtstitel‹ *Gast* zuspitzt, ist das Opfer hier wehrlos und ohne jeden Zweifel ›Gast‹. Folglich scheint es so, als sei das Gesetz, das den Gast unantastbar macht, außer Kraft gesetzt. Aietes erkennt dieses Gesetz als Form an - sonst würde er die Annahme des symbolischen Gutes nicht rückgängig zu machen versuchen. Er ersticht den ›Gastfreund‹, weil er außer sich ist. Die drei Väter bei Lillo, Moritz und Werner hingegen erstechen ihren Gast nicht, weil sie außer sich sind, sondern weil sie ihre Situation als einen *Ausnahmezustand* definieren, in dem *das* Gesetz keine Gültigkeit mehr hat. Das heißt, sie lassen sich von der *Situation* verführen, in der sie sich befinden und in der sie ihr Gastgeber-Sein nicht mehr als feststehende *Institution* auffassen. Gegen die Tötung des Gastes spricht dann nur noch das, was überhaupt gegen die Tötung eines Menschen spricht. Dass es sich bei dem, den sie beherbergen, um einen *Gast* handelt, spielt in den die Tat vorbereitenden Diskursen keine Rolle. Das Verhältnis von Gast und Gastgeber wird im Moment der verführerischen Situation als ein *räumliches* Verhältnis begriffen: Den Gastgebern ist eine *tatsächliche* Verfügungsgewalt über den Gast gegeben, weil der Gast wehrlos im Hause schläft.

Der Ausnahmezustand resultiert zunächst aus dem bevorstehenden *tatsächlichen* Untergang des Hauses. Die Gastgeber werden ihr Haus aus wirtschaftlichen Gründen

95 Ebd., S. 52f.
96 Ebd., S. 53f.

verlassen müssen (und somit die längste Zeit Gastgeber gewesen sein). Für den Ausnahmezustand *entscheidend* ist dann freilich das unvermutete Eintreffen des Gastes. Es wird mehr oder weniger explizit als eine *Fügung* wahrgenommen. Der Gast muss gewissermaßen *geschickt* worden sein, weil sich nunmehr statt des alternativlosen Untergangs eine Handlungsoption abzeichnet. Es ist genau das *bewegliche Gut* das Gastes, das diese Handlungsoption bereitstellt, weil es zum *unbeweglichen Gut* des eigenen Hauses in Beziehung gesetzt werden kann. Daraus folgt, dass der Gast nicht als Gast wahrgenommen, sondern auf das häusliche Problem bezogen wird. Die Aufmerksamkeit verschiebt sich vom Gast auf dessen Gut.

Damit einhergehend dokumentiert sich im Dramengeschehen ein Verfall der väterlichen Funktion. Der Gast kann ermordet werden, weil der Vater nicht Herr im eigenen Haus ist. Er steht nicht mehr für die Fundamente des Verbotes ein. Weil der Gast nicht mehr durch die Gesetzesform geschützt ist, kann ihm im Verfolg formloser Reden und entregelter Familienkommunikation zu Leibe gerückt werden. Voraussetzung dafür ist freilich, dass man den Gast über die Schwelle gelassen hat. Das hat man getan, ohne um sein Gut zu wissen und ohne einen Vorsatz zur Tat. Diese Bereitschaft, den Gast aufzunehmen, kann auf der Handlungsebene verschieden begründet werden. Auf der Ebene der Struktur liegt der Grund natürlich darin, dass im Haue eben jenes Bett frei ist, in dem der Gast dann umgebracht wird. Ein Platz (und zwar nicht ein Platz im räumlichen Sinne) ist ihm bereitet. Das ist auch dann gefährlich, wenn es nicht um die Ermordung des Gastes geht. Denn der Gast als solcher kann im Hinblick auf einen vakanten Platz im Haus immer nur eine Fehlbesetzung sein. So gesehen wird der Gast ermordet, weil er nicht der Sohn ist (als der er sich dann erweist).

Indem die Dramen uns den Gast als den unerkannten eigenen Sohn vorstellen, fordern sie dazu auf, ihn für ebenso unantastbar anzusehen. Sie schärfen ein Verbot ein, das die Väter in diesen Dramen für einen Augenblick vergessen konnten. Man darf dieses Verbot aber nicht nur als allgemeines Tötungsverbot missverstehen. Der Mord am Gast ist insofern ein ›reiner‹ Mord, als er *»Mord am Verbot«*[97] ist, insofern in ihm *das* Gesetz außer Kraft gesetzt wird. In seiner »Abhandlung über den Vater« versucht uns Pierre Legendre begreiflich zu machen, dass in jedem Mord der »Parrizid«, der »Verwandtenmord«, als ein Mord am Verbot enthalten ist. Die Stücke von Lillo, Moritz und Werner stellen uns genau dies vor Augen, indem sie den Mord am Gast als den eines Vaters am Sohn enthüllen. Letztlich könne man, so Legendre weiter, *»den Mord (jeden Mord) als Mord eines Sohnes durch einen Sohn«*[98] auffassen. Denn jeder Vater ist ein Sohn, der in das *Amt des Vaters* eingeführt werden muss. Zumindest »Der vierundzwanzigste Februar« scheint ihm recht zu geben. Denn hier begeht Kunz seine Tat, die als Raub beginnt und als Mord endet, gewiss als ein Sohn, auf dem der Fluch eines Vaters lastet. Gäste sind Söhne. Freilich müssen wir glauben, dass uns das alles nichts angeht, wenn wir zu Gast sind. Aber wir müssen nicht wissen, dass wir es glauben.

97 Legendre: Lortie (s. Anm. 57), S. 111.
98 Ebd., S. 113.

Literatur

Agamben, Giorgio: Homo Sacer. Die souveräne Macht und das nackte Leben. Frankfurt a.M.: Suhrkamp 2002.

Bachmaier, Helmut: Grillparzers Geschichtsauffassung. In: Hilde Haider-Pregler/Evelyn Deutsch-Schreiner: Stichwort: Grillparzer. Wien, Köln, Weimar: Böhlau 1994.

Bahr, Hans-Dieter: Die Sprache des Gastes. Eine Metaethik. Leipzig: Reclam 1994.

Benveniste, Emile: Indoeuropäische Institutionen. Wortschatz, Geschichte, Funktionen. Frankfurt a.M. u.a.: Campus 1993.

Brauckmann, Matthias/Everwien, Andrea: Sehnsucht nach Integrität oder Wie die Seele wächst im Verzicht. »Das goldene Vließ«. In: Bernhard Budde/Ulrich Schmidt (Hg.): Gerettete Ordnung. Grillparzers Dramen. Frankfurt a.M. u.a.: Lang 1987, S. 58-105.

Fülleborn, Ulrich: Das dramatische Geschehen im Werk Franz Grillparzers. Ein Beitrag zur Epochenbestimmung der deutschen Dichtung im 19. Jahrhundert. München: Fink 1966.

Grillparzer, Franz: Das goldene Vließ/Der Gastfreund. In: Werke in sechs Bänden. Hg. von Helmut Bachmaier. Frankfurt a.M.: Deutscher Klassiker Verlag 1986, Bd. 2, S. 207-228.

Kraft, Herbert: Das Schicksalsdrama. Interpretation und Kritik einer literarischen Reihe. Tübingen: Niemeyer 1974.

Legendre, Pierre: Das Verbrechen des Gefreiten Lortie. Abhandlung über den Vater. Freiburg: Rombach 1998.

Lillo, George: Fatal Curiosity. In: Elizabeth Inchbald (Hg.): British Theatre. London 1808. Nd. Hildesheim: Olms 1970. Vol. 11.

Meyer, Conrad Ferdinand: Die Füße im Feuer. In: Werke in zwei Bänden. Hg. von Hermann Engelhard. Stuttgart: Cotta 1960.

Moritz, Karl Philipp: Blunt oder der Gast. In: Werke. Hg. von Heide Hollmer. 2 Bde. Frankfurt a.M.: Deutscher Klassiker Verlag 1999, Bd. 1, S. 25-53.

Niehaus, Michael: Die Ironie des Schicksals. Mordeltern. In: Rüdiger Campe/Michael Niehaus (Hg.): Gesetz. Ironie. Heidelberg: Synchron 2004, S. 122-140.

Petzoldt, Leander: Märchen - Mythos - Sage. Beiträge zur Literatur und Volksdichtung. Marburg: Elwert 1989.

Politzer, Heinz: Grillparzer oder das abgründige Biedermeier. Wien, München, Zürich: Molden 1972.

Serres, Michel: Der Parasit. Frankfurt a.M.: Suhrkamp 1987.

Turk, Horst: Translatio imperii oder Revanche de Dieu? Zum Problem kultureller Grenzziehungen. In: Trans. Internet-Zeitschrift für Kulturwissenschaften, Nr. 4 (1998).

Vogl, Joseph: Scherben des Gerichts. Skizze zu einem Theater der Ermittlung. In: Rüdiger Campe/Michael Niehaus (Hg.): Gesetz. Ironie. Heidelberg: Synchron 2004, S. 109-122.

Werner, Zacharias: Der vierundzwanzigste Februar. In: Zacharias Werner's ausgewählte Schriften. Aus seinem handschriftlichen Nachlasse herausgegeben von seinen Freunden. Bd. 6. Nd. Bern: Lang 1970, S. 1-54.

Ralf Simon

Die Nacht des Gastes
Zur Semantik der Ungastlichkeit in E.T.A. Hoffmanns »Nachtstücken«

1. Das semantische Viereck der Gastlichkeit

Steht im Zentrum der gastlichen Szene ein Tauschhandel? Der Gast gibt sein Gastgeschenk, der Wirt offeriert die Beherbergung, auf Einladung erfolgt Gegeneinladung. Die gegenseitig erbrachten Leistungen zielen, so scheint es, auf eine Reziprozität. Aber dieser Schein trügt. Die Formalisierung der Gastlichkeit durch den Tausch ist bei näherer Betrachtung nur eine sekundäre, aber gleichwohl notwendige Reaktion auf eine ganz andere Sachlage. Fast könnte man meinen, die Tauschhandlungen wären kompensatorische Akte, um eine in der Tiefenstruktur der Gastlichkeit begründete Asymmetrie wenigstens auf der Ebene der Kommunikation in Symmetrie zu überführen. Denn der Gast ist, radikaler als der Fremde oder der Andere, eine verstörende Figur des Dritten.

Folgt man der bündigen Definition, die Hans-Dieter Bahr gegeben hat, so ist der Gast derjenige, den man infolge des Gesetzes der Gastfreundschaft nicht abweisen darf und den man, soll er Gast bleiben, nicht integrieren darf.[1] Weder verneinen noch affirmieren, weder a noch non a: der Gast ist eine Figur des Gegebenseins der Kategorie der Drittheit (*tertium datur*). Schon aus dieser kurzen Bestimmung ist ersichtlich, dass der Gast durch einen Tauschhandel nicht stillgestellt werden kann, obwohl der Tausch, der stattfindet, eben genau dies versucht. Indem aber der Wirt sein Haus öffnet und es dem Gast mit den Worten anbietet, er möge es als sein eigenes betrachten, wird er zum Gast im eigenen Haus, während der Gast selbst die symbolische Funktion des Wirtes übernimmt. Da der Gast zuerst sich selbst bringt und gibt, um dann in der Erzählung seines Herkommens und seiner Erfahrungen den Diskurs zu bestimmen, wird diese symbolische Position, in der der Gast zum Wirt wird, weitergeführt. Dieser Rollentausch faltet die anfängliche Opposition von Gast und Wirt zu einem Chiasmus auf, in dem der zum Wirt gewordene Gast und der zum Gast seines Gastes gewordene Wirt als symbolische Aktanten auf der kulturellen Szene erscheinen.

Das Irritierende an diesem semantischen Viereck der Gastlichkeit ist,[2] dass in ihm der Tauschverkehr, der anfangs zwischen Wirt und Gast zu funktionieren schien, nunmehr ins Leere läuft. Der Tausch setzt die Stabilität der Tauschenden und eine homogene Wertesphäre voraus, in der Tauschmittel zwischen den Tauschenden zir-

---

1 Vgl. zu dieser Bestimmung und zu den folgenden Überlegungen das Buch von Hans-Dieter Bahr: Die Sprache des Gastes. Eine Metaethik. Leipzig: Reclam 1994.

kulieren. In dem semantischen Viereck der Gastlichkeit werden aber die Positionen der Tauschenden selbst getauscht, so dass die an der Oberfläche getauschten Güter nicht mehr eindeutig adressiert werden können.[3] Adressiert das Gastgeschenk wirklich den Wirt in seiner Souveränität? Oder adressiert es denjenigen, der zum Gast seines Gastes geworden ist, gerade indem er das Geschenk annimmt und sein Haus übereignet? Und ist derjenige, der die Einladung annimmt und zum symbolischen Herren des Hauses, zum Erzähler der Erzählung und in der archaischen Sittlichkeit zum Beischläfer der Ehefrau wird, wirklich der Gast oder nicht vielmehr der im Gast vermutete Gott, bei dem die Menschen nur Gäste sind?

Man sieht unmittelbar, dass die Tauschhandlungen nur auf den ersten Blick evident sind. Dem zweiten Blick stellen sie sich als kompensatorische Akte dar, durch die kontrafaktisch eine soziale Horizontalisierung der tiefenstrukturell gegebenen Irritation versucht werden soll. Indem das Gastgeschenk und die Einladung einander reziprok zu werden versuchen, verdrängen diese sozialen Zirkulationen zugleich auch immer den latenten Verdacht, das Haus des Wirtes könnte für den Gast in Wirklichkeit eine Mördergrube sein oder der Gast könnte sich in Wirklichkeit als ein unheimlicher Geselle zeigen, der als Parasit das Haus des Wirtes von innen her vertilgt. Diese gegenseitige Angst kann durch keine konventionalisierten Rituale des Tausches beseitigt werden. Sie ist strukturell die genaue Abbildung des semantischen Vierecks der Gastlichkeit, sofern negativ bewertet wird, was in der oben gegebenen ersten Formulierung des semantischen Vierecks der Gastlichkeit positiv gewertet wurde. Die Frage, ob das Austauschen der Position der Tauschenden in die generöse Gastlichkeit führt oder in die ruinöse Negativität, ist formal gesehen also nur die Differenz einer kulturellen Wertung oder, *in concreto*, die Probe auf das Wagnis der Gastlichkeit.

Der Gast hofft, im Wirt denjenigen zu finden, der sich zum Gast des Gastes macht. Diese Hoffnung zieht ihre Intensität aus der Angst vor der Möglichkeit, der Wirt könnte der Mörder sein, der sich am schutzlosen Gast vergeht. Der Wirt hofft, im Gast denjenigen zu finden, der als symbolischer Wirt und temporärer Eigner des Hauses das Gute, im eigentlichen Sinne: das Heil bringt. Diese Hoffnung speist sich aus der Angst vor der Möglichkeit, es könnte der Gast der Unheimliche sein, welcher das Haus mit einer unbekannten Gefahr heimsucht.

Die Hoffnung auf Gastlichkeit, ihre utopische Dimension, ist die Angst vor ihrem

---

2 An dieser Stelle kann nicht ausgeführt, aber immerhin angedeutet werden, dass die Gastsemantik einer zentralen Figur folgt, die man mit Merleau-Ponty (Chiasmus) und formalistischer mit Greimas (semantisches Viereck) denken kann. Vgl. Maurice Merleau-Ponty: Das Sichtbare und das Unsichtbare. 3. Aufl. München: Fink 2004, S. 172-203; Algirdas Julien Greimas: Elemente einer narrativen Grammatik. In: Heinz Blumensath (Hg.): Strukturalismus in der Literaturwissenschaft. Köln: Kiepenheuer & Witsch 1972, S. 47-67, hier 49f.

3 Die Reflexion des Tausches kann in einem Aufsatz nicht in der geforderten Komplexität durchgeführt werden. Neben dem Buch von Bahr (s. Anm. 1) beschäftigen sich eigentlich alle wichtigen Studien, die zum Komplex von Gastlichkeit und Gabe erschienen sind, mit dem Tausch. Es seien erwähnt: Jacques Derrida: Falschgeld. Zeit geben I. München: Fink 1993; Jean Starobinski: Gute Gaben, schlimme Gaben. Die Ambivalenz sozialer Gesten. Frankfurt a.M.: Fischer 1994. Und als Klassiker Marcel Mauss: Die Gabe. Form und Funktion des Austauschs in archaischen Gesellschaften. 3. Aufl., Frankfurt a.M.: Suhrkamp 1996.

Gegenteil. Der Tausch, der an der Oberfläche dieser Szene realiter stattfindet, ist der Versuch, die Angst zu verdrängen durch eine Praxis, deren konventionalisierter Regelkanon die Hoffnung befördert.

Über die Szene der Gastlichkeit nachzudenken, kennt infolge dieser Überlegungen immer zwei Dimensionen. Man kann die gelingende Gastlichkeit untersuchen, also die Reziprozität des Tausches an der Oberfläche mit der erfüllten tiefenstrukturellen Hoffnung. Oder man kann die Ungastlichkeit analysieren, also dasjenige Auseinandertreten, in dem die Tauschhandlungen in derjenigen Irrelevanz sichtbar werden, die sie *de facto* in Bezug auf die tiefenstrukturelle Semantik der Gastszene haben. *In einer methodisch angeleiteten Sichtweise kann man also an der Ungastlichkeit strukturell mehr sehen, als dort, wo die Gastlichkeit gelingt.* Weil in der Ungastlichkeit diejenige Radikalität der Negation sichtbar wird, die zu verhindern die Gastlichkeit antritt, taugt gerade die Ungastlichkeit dazu, die Semantik der Gastlichkeit zu verstehen.

E.T.A. Hoffmanns »Nachtstücke«[4] sind in diesem Sinne eine vielleicht in der Literatur einzigartige Enzyklopädie der Ungastlichkeit. Sie zitieren in verblüffender Systematik das ganze Ensemble der Gastsemantik in der Wertung ihrer Negativität. Weil freilich die Gastsemantik selbst nur in den allerwenigsten Texten als thematisches Material zu finden ist, muss eine Recherche der in der Literatur formierten Gastszenen mit einiger Intensität in die Lektüre der Texte hinein gehen.

2. »Das Gelübde«

Erzeugt der gewaltsame Beischlaf mit der somnambulen Semantik von Nationalität eine reale Nation? Diese in den Augen von Nationalisten etwas frivole Frage bildet den Kern von Hoffmanns Nachtstück »Das Gelübde«. Die Erzählung findet ihr Zentrum in einer scheiternden Gastszene, welche narrationsbegründend in eine dekonstruktive Serie überführt wird. Die Serie weitet die Gastszene auf die symbolische Ebene des Nationalitätsdiskurses aus und endet in einer korrespondierenden Serie von Katastrophen. Wo eine Nation gezeugt werden sollte, wird ein Säugling getötet; wo ein nationaler Repräsentant agieren sollte, endet dessen Stellvertreter als wahnsinniger Einsiedler; wo der Mutterboden des Vaterlandes fruchtbar bestellt werden sollte, wird eine Frau durch Maske und Schweigegelübde real versiegelt. Hinter diesen Katastrophen stehen Szenen des versuchten Einwohnens, der scheiternden Gastlichkeit.

Ein verhüllter Gast[5] tritt in das Haus eines alten Bürgermeisterehepaars einer deutsch-polnischen Grenzstadt ein. Es handelt sich um eine von einer Äbtissin beglei-

---

4 Zitiert wird mit einfacher Nennung der Seitenzahl nach der verlässlichen und gut greifbaren Ausgabe: E.T.A. Hoffmann: Nachtstücke. Hg. von Gerhard R. Kaiser. Stuttgart: Reclam 1990.

5 Das Wort *Gästin* gibt es nicht. Die Funktion Gast ist männlich, auch wenn es sich, selten genug in der Literatur, um eine Frau handelt. Im alten Kode der Ehre konnte eine Frau kein Gast sein; sie war höchstens ein Gastgeschenk oder die Gabe des Hausherrn an den Gast. Vgl. dazu Bahr: Sprache des Gastes (s. Anm. 1), Kap. 1.3.

tete, jugendlich-hoch gewachsene Frau, die ausser einem Ächzen und wenigen italienischen Worten nichts von sich gibt und zudem verschleiert ist. Auf Weisung des Fürsten wird sie in dem bürgerlichen Haus aufgenommen; sie wählt bussfertig ein ärmliches Zimmer. Der Wirtin ist der Gast, der sich nicht zeigt, unheimlich. Von »peinlicher Neugier« getrieben, versucht sie heraus zu finden, wen sie beherbergt. Sie meint unter dem Schleier eine »Totenfarbe« wahrzunehmen und vermutet ein Gespenst.[6] Aber der weibliche Gast beherbergt selbst einen ganz anderen Gast: die Verschleierte ist schwanger. Selbst bei der Geburt legt sie den dichten Schleier nicht ab, der ihr, wie man inzwischen flüchtig erblickt hat, »marmorweißes Antlitz« verbirgt. Dieser »fatale Schleier« verhindert ihren Eintritt in den »friedlichen Kreis der Familie«,[7] welcher durch die Anteilnahme an dem reinen sich zeigenden Gast, ihrem Sohn, möglich geworden wäre. Kurz nach der Geburt bricht gewaltsam ein Offizier in das von den seltsamen Gästen besuchte Haus ein, entwindet bei einem leidenschaftlichen Wortwechsel der jungen Mutter das Kind und flüchtet. Später erfährt man, dass das Kind bei dieser Flucht gestorben sei. Die Mutter, deren Schleier in der Szene herab gerissen worden ist, zeigt nicht ihr Gesicht, sondern eine Totenmaske, die sie, wie man ebenfalls später erfährt, in Folge eines Gelübdes unter dem Schleier trägt. Sie verfällt in einen »automatenähnlichen Zustand«,[8] wird weggeführt und stirbt kurz darauf.[9]

Betrachtet man diese atemlose und in jedem Schritt erklärungsbedürftige Ereignissequenz als solche, also ohne die im zweiten Teil der Erzählung gegebene ›Erklärung‹ heranzuziehen, unter dem Aspekt der Gastsemantik, dann zeigt sie sich als Negation aller Narrative der Szenographie des Gastes. Der Gast tritt ohne eine Geste der Kenntlichmachung ein und wird durch eine Dritte, die Äbtissin, vorgestellt, welche im Auftrag eines Vierten, des Fürsten handelt, welcher einem Fünften, seinem guten Freund, Hilfestellung gibt. Der Wirt war in Kenntnis dieser Befehlskette, hat aber seiner Ehefrau, der Wirtin nichts gesagt. So tritt der Gast als einer ein, der in jeglichem Sinne unerkannt sein will. Über dem Gesicht ist eine Totenmaske, darüber der Schleier. Die Sprache ist ein Ächzen oder aber eine fremde Sprache, die jedoch in »einem Ton, der tief bis ins Herz drang«,[10] gesprochen ist. Selbst Nahrung verweigert der Gast, und nur die Notwendigkeit, das neugeborene Kind zu nähren, führt zu diätetisch bemessener Nahrungsaufnahme. Die Wirtin wird also von der als Gast beherbergten Frau um alles betrogen, was die Szene des Gastes definiert. Der zwischen Gast und Wirt stattfindende gegenseitige Blick ins Antlitz, die getauschten Worte mit der Bitte um Aufnahme und die respondierende Einladung fallen ebenso aus wie das Gastgeschenk, das der Gast, selbst wenn er nichts zu überreichen hat, immerhin als seine Erzählung mitbringt. Das Gastmahl, in dem die Speisenfolge den Gast zur Inkorporierung der Essenssemantik des Wirtes auffordert, wird auf den funktionalen Kern der Selbsterhaltung reduziert und also als Gastmahl negiert. Dieser komplette

6 Hoffmann: Nachtstücke (s. Anm. 4), S. 283.
7 Ebd., S. 287.
8 Ebd., S. 289.
9 Ebd., S. 290.
10 Ebd., S. 282.

Ausfall der Narrative der Gastszene führt zur Negation des Gastes selbst, nämlich zu der Vermutung, ein Gespenst zu beherbergen. Dass freilich Gast und Gespenst nicht nur etymologisch die gleiche Wurzel teilen,[11] wird die Erzählung noch einer ausführlichen Exegese unterziehen. Die Summenformel von Gast und Gespenst ist das Unheimliche.

Die Verkehrung der Gastsemantik wird genderspezifisch kodiert. Der Wirt beherbergt die fremd bleibende Frau, die nur formal ein Gast ist, aus Gründen der Repräsentationslogiken. Als Bürgermeister repräsentiert er das Gemeinwesen, zumal bei einer Grenzstadt Polens zu Deutschland (diese Grenze der Nationalität wird sich als das Zentrum des textuellen Phantasmas darstellen); als dieser Repräsentant ist er dem Fürsten verpflichtet, welcher seinerseits freundschaftlich dem Vater der Verschleierten verpflichtet ist. Diese Kette der Verpflichtungen ist eine Kette der symbolischen Ordnung, ein Funktionieren des feudalen Herrschaftssystems, welches auch für die schwangere Tochter aus gutem Hause den realen Ort zugleich als symbolischen Ort bereitet. So steht also der Wirt zu seinem Gast in keinem konkreten Wirt-Gast-Verhältnis, sondern nur in einem funktionalen Verhältnis, welches die Herrschaftskette der symbolischen Ordnung in Geltung versetzt.

Auch die Wirtin steht nur funktional zu der Schwangeren, die in ihrem Haus zu Gast ist. Der Verdacht[12] gilt der Frau, die Sorge dem Kind. Auch hier herrscht eine Kette der Stellvertretung, aber diesmal ist es die weibliche Kette der biologischen Reproduktion. Nahrung, Pflege, Geburtshilfe: diese funktionalen Tätigkeiten werden an der Verschleierten erbracht, weil sie ein Kind gebären wird, dem als dem unschuldigsten Gast auf Erden ein apriorisches Gastrecht eingeräumt ist, zu dem die Mutter, zumindest in diesem Haus und unter diesen Bedingungen, nur die Beigabe, gleichsam das Medium, sein kann.

Der Gast bleibt systematisch das X: die Fremdheit als solche, ungesehen, ungehört, unerzählt, jenseits der Sozialität der geteilten Speise, von den Wirten aus Gründen beherbergt, die funktional sind und die es verhindern, den Gast als Person wahrnehmen zu können. Cölestine – so ihr falscher Name im ersten Teil der Erzählung – bleibt von allen zentralen Funktionen des kulturellen Austausches ausgeschlossen bzw. schliesst sich selbst aus. Es ist genau diese kulturelle Entleerung und Exterri-

---

11 Im Dreieck der Worte *Gast - guest - ghost* ist die etymologisch gelegte Spur noch hörbar. Das lateinische *hostis*, dessen älteste Bedeutung zwischen *Fremder* und *feindlicher Fremder* changiert, kennt die beiden aus dieser Wurzel entspringenden Deutungen der freundlichen Aufnahme des Fremden als Gast und seiner abweisenden Irrealisierung als Geist oder Gespenst. Das altfriesische *jest* kann entsprechend Gast oder Geist bedeuten. Vgl. dazu die Artikel »Gast« und »Geist« in Friedrich Kluge: Etymologisches Wörterbuch der deutschen Sprache. 21. Aufl., Berlin, New York: de Gruyter 1975, S. 234 und 243. – Im »Grimmschen Wörterbuch« (Deutsches Wörterbuch. Vierten Bandes erste Abtheilung. Erste Hälfte. Leipzig: S. Hirzel 1878, Sp. 1454–1472, hier 1461) findet sich im »Gast«-Artikel der Eintrag: »dän. gast böser geist, gespenst, ›arger gast‹, schwed. norw. gast ein feld- oder waldteufel; norw. und schwed. dial. aber auch gast groszer langer kerl und wilder, gewaltthätiger kerl.«

12 Beherbergt man eine Lasterhafte? Verbirgt sich hinter den Masken Dämonisches? »Wozu also die Verhüllung? – Die geschäftige Fantasie der Weiber erfand bald ein gräuliches Märchen. [...]« (Hoffmann: Nachtstücke [s. Anm. 4], S. 286).

torialisierung, welche die Frau dazu zurichtet, reines Medium eines Geschehens zu sein, in dem symbolische Ordnung und biologische Genese identisch gesetzt werden sollen - ein Projekt, das nicht anders als tödlich enden kann.

Der zweite Teil der Geschichte trägt die vorangegangene Handlung nach.[13] In »geheimen Verbindungen [...], die die Herstellung des polnischen Staats bezweckten«,[14] tun sich als Redner, Anführer und durch politische Klugheit Graf Stanislaus von R. und Hermenegilda hervor. Letztere »erschien wie ein Engelsbild vom Himmel gesendet zur heiligen Weihe«. Schnell verbindet sich der politische Diskurs der Nation mit der Vorstellung, es müsse dieses Paar sein, welches das »Heil« des Vaterlandes symbolisch durch seine Verbindung herstelle. Die beabsichtigte Ehe wird als »Geschenk des Vaterlandes«[15] kodiert.

Die beiden Liebenden sind einer Semantik eingeschrieben, in der der Erfolg des nationalen Projekts unmittelbar der Vollzug der Ehe ist und folglich deren Kind die Nation. Liebe und Nationalität, Zeugung und revolutionäre Herstellung von anderen politischen Verhältnissen werden identisch gesetzt. Es ist schwer zu entscheiden, wer hier bei wem zu Gast ist. Die Nation ist der Wirt, der seine Gäste an den gemeinsamen Tisch setzt, auf dass sie ihren Wirt erst zeugen sollen. Die strenge Korrelation von nationaler Repräsentationslogik und Liebe/Zeugen weist aus, dass im Kern der Liebe und des Zeugens selbst ein *Phantasma* steht, welches den zu erwartenden Gast, das Kind oder die Nation, seinerseits als puren Funktionsträger qualifizieren wird.

Stanislaus, obwohl er als Held kämpft, gehört in der entscheidenden Schlacht zu den Verlierern. Hermenegilda verstösst ihn aufgrund des symbolischen Kodes ihrer Liebe und begehrt ihn aufgrund des intimen Kodes ihrer Liebe; an dem Konflikt wird sie zunehmend, in sich, ver-rückt. Ein äusseres Korrelat dieser Spaltung und Verrückung bietet sich in dem Moment, als der jüngere Vetter des Stanislaus, Graf Xaver von R. auftritt, dessen überraschende Ähnlichkeit mit dem Geliebten Hermenegilda zunächst zur Identifizierung führt, so dass der Gast »empfangen wurde, als sei er der Geliebte selbst«.[16] Xaver, der Gast, trifft auf Hemenegilda, die Wirtin, die in der vorangehenden Handlungssequenz ja schon sowohl Gast der Nation als auch ihre eigentliche Erzeugerin, also die Wirtin gewesen ist. Das X des *xenos* trifft auf die Hermeneutik des Opfers. Denn so wie Xavers Name den Fremden in sich trägt, bedeutet Hermenegildas Name in *gild/gildan* ursprünglich Opfer/opfern, während Hermene* auf die Hermeneutik, als Femininum auf Hermann (Arminius) und von germ. **ermena-/irmena-* auf Erde/Welt verweist.[17]

13 Es ist nicht unwichtig, zu betonen, dass es der Text offen lässt, ob die von Hermenegilda erzählte Geschichte wirklich die Vorgeschichte zu den anfangs berichteten Ereignissen ist. Alle Wahrscheinlichkeit spricht dafür, dass Cölestine Hermenegilda ist. Es ist die Wahrscheinlichkeit eines komplett parallel angelegten Symbolsystems beider Erzählungen, die dem auktorialen Diskurs der Erzählung die Identifizierung angelegen sein lassen. Damit ist aber klar, dass die Gleichung Cölestine=Hermenegilda in der Tat ein Interpretament ist, dessen Inhalt nicht als gegeben hinzunehmen ist. Vielmehr muss es in seiner Logik rekonstruiert werden.

14 Ebd., S. 290.

15 Ebd., S. 291.

16 Ebd., S. 295.

Der fremde Gast ist in einer archaischen Gastsemantik der verborgene Gott, dem vom Wirt das Haus und die Ehefrau übergeben wird, damit er, als zeugender Gott, sein Zeichen (*semen*/Samen) zur Ehre des Hauses hinterlasse. Hier aber wird nicht der Fremde als möglicher Gott vermutet und erkannt, sondern andersherum, als möglicher Geliebter falsch erkannt. Die Gastsemantik verdreht sich ein weiteres Mal. Xaver, der Fremde, der so gut des Geliebten Double ist, dass er im Lob des anderen »geschickt sein eigenes Bild durchschimmern«[18] lässt, nutzt das *Phantasma* Hermenegildas höchst konkret aus. In ihrer Verrückung zwischen den Semantiken der realen Zeugung und der symbolischen Nation nistet sich ein magnetischer Zwischenzustand, ein somnambules »waches Träumen«[19] ein, das der Stellvertreter Xaver zum Beischlaf nutzt, während Hermenegilda ganz bei der Sache ist, nämlich in der Vision des zeitgleich sich ereignenden Heldentods von Stanislaus, der seinerseits auch nur ein Stellvertreter, nämlich der Nation, ist. So gerät sie infolge der Interpenetration der Stellvertreterschaften in gute Hoffnung wie Kleists Marquise von O. oder ein jeglicher Nationalist hinsichtlich seiner politischen Naherwartung. Als der prägnante Zustand bei gleichzeitiger evidenter Leugnung aller Unkeuschheit nicht mehr zu verheimlichen ist, rätseln die Eltern und das befreundete Fürstenpaar über die Schwangerschaft, wobei die Fürstin eine aparte These vorbringt:

> »Es gibt«, fuhr sie fort, »noch manches Geheimnis in der Welt, das zu begreifen wir gänzlich außer Stande sind. Wie, wenn das lebhafte Zusammenwirken des Gedankens auch eine physische Wirkung haben könnte, wie wenn eine geistige Zusammenkunft zwischen Stanislaus und Hermenegilda sie in den uns unerklärlichen Zustand versetzte?« Unerachtet alles Zorns, aller Bedrängnis des fatalen Augenblicks, konnten sich der Fürst und Graf Nepomuk doch des lauten Lachens nicht enthalten, als die Fürstin diesen Gedanken äußerte, den die Männer den sublimsten nannten, der je das Menschliche ätherisiert habe.[20]

Worüber lachen die Männer? Zum einen amüsieren sie sich über das offenkundig absurde Theologem der unbefleckten Empfängnis. Zum anderen, die Häresie steigernd, verlachen sie aber ihren eigenen Nationalismus. Nach der Semantik des Textes liegt die Hoffnung der polnischen Nation ja gerade in einer Zeugung durch Stellvertreterschaften. Die tatsächliche Nation soll im Phantasma der Ehe von Hermenegilda und Stanislaus sowohl symbolisiert als auch erschaffen werden. Wäre da nicht die Zeugung durch den Gedanken geradezu die unbefleckte Empfängnis der polnischen Nation? Ihre patriotischen Vertreter aber lachen darüber, denken an Sexuelles und nennen es sublim. So verdreht ist inzwischen die Semantik der Gastlichkeit, dass die symbolische Anwesenheit der Nation in der sowohl symbolischen wie realen Anwesenheit eines fast schon wirklichen Kindes verlacht wird, während noch auf derselben

---

17 Die onomastisch-etymologischen Spekulationen, zu denen der Name Hermenegilda nachgerade einlädt, finden sich in Markus Rohde: Zum kritischen Polenbild in E.T.A. Hoffmanns »Das Gelübde«. In: E.T.A. Hoffmann-Jahrbuch 9 (2001), S. 34–41, hier 39.

18 Ebd., S. 299.

19 Ebd., S. 301.

20 Ebd., S. 306f.

Textseite ganz ernsthaft wiederum Xaver als gewaltsamer Gast eindringt,[21] um Hermenegilda den Tod des Stanislaus zu melden und die Vergewaltigung zu beichten. So kommen wiederum reale und symbolische Zeugung zusammen, und wiederum wird die Semantik der Gastlichkeit ausgeschlossen. Denn Xaver verwirkt sein Gastrecht, Stanislaus ist tot, die Nation nicht gegründet und die himmlische Frau im »schneidenden Jammerlaut eines wilden Tiers«[22] verstummt. Sie legt das Gelübde ab und begibt sich zur unsymbolischen Empfängnis in den ersten Teil der Erzählung, während Xaver Jahre später als Mönch erblickt wird.

Die Erzählung legt also im zweiten Teil einen hybriden symbolischen Diskurs über die Ereignissequenz des ersten Teils. Dieser wird nun lesbar als Ausweitung der Gastsemantik auf die Nationalitätssemantik. In Hoffmanns dunkler Gender-Kodierung kann die aktive Frau nicht zugleich das passive Medium der Empfängnis und der Geburt sein. Symbolisch ist aber Hermenegilda in der Position sowohl der Zeugung als auch der Empfängnis. Genau dies ist für den Nationalitätsgedanken konstituierend. Die Nation kann nur geboren werden, wenn sie zugleich als Wirt den Tisch schon bereitet, an dem die Gäste sie, den Wirt, erzeugen, indem sie ihn empfangen. Hoffmann treibt die Gastsemantik in den katholischen Kurzschluss. Die unbefleckte Empfängnis hätten die Patrioten nicht verlachen sollen, denn das Theologem, welches den einen absoluten und reinen Gast will, ohne vorher einen realen Gast, der zeugen könnte, zuzulassen, denkt nach den Vorkehrungen des Textes eben auch die Logik der Nation. Indem Fürst und Vater - wiederum das Double von symbolischer und zeugender Einheit - gemeinsam lachend das rekursive Paradox von Nationalität ausschließen, negieren sie Hermenegilda: der Vater negiert die Tochter, der Fürst die Nation. Derart ausgestoßen schreit sie wie ein Tier, um sich dann durch das Gelübde unkenntlich zu machen. Der einst hoffnungsvolle Mutterboden des Vaterlandes wird versiegelt. Indem sie auf diese Weise selbst als Gast in ein Haus kommt, beginnt die ganze Semantik von vorne: ein geschlossener Zirkel konsequent verschalteter Symbolpolitiken. Die in diesem erzählerischen Konstrukt ausgeschlossene Gastsemantik stabilisiert diese Zirkulation, weil der Gast, der gerade nicht getauscht werden kann, erst gar nicht zugelassen wird.

Hoffmanns Erzählung kennt freilich noch einen anderen Gast: Heinrich von Kleist.[23] Die rätselhafte Schwangerschaft bei vollständiger Unschuld der Schwangeren nimmt die »Marquise von O.« auf, selbst der berühmte Gedankenstrich wird zitiert: »dann sank sie mit der inbrünstigsten Liebe in meine Arme - Als ich entfloh, lag sie in tiefem bewußtlosen Schlaf«.[24] Die Verwechslungsszene, in der Hermenegilda Xaver für Stanislaus hält, zitiert die zentrale Szenographie des Gastes als Gott und damit das Sujet von Kleists »Amphitryon«. Indem in Hermenegildas Name Hermann versiegelt ist, wird mit Kleists »Hermannsschlacht« der ganze nationalpatriotische Diskurs zitiert. Xaver wiederum findet sein Pendant in der Xaviera aus Kleists »Findling«. Hoff-

21 Ebd., S. 307.

22 Ebd., S. 311.

23 Einigen Verweisen des Textes auf Kleist geht nach Elizabeth Wright: E.T.A. Hoffmann and the Rhetoric of Terror. London: Institute of Germanic Studies 1978, S. 116-145.

24 Hoffmann: Nachtstücke (s. Anm. 4), S. 287.

mann freilich hält seine Semantik der Ungastlichkeit konsequent durch. Denn Kleist wird in diesem Text nur zitiert, um ihn abzuweisen. Dass Hoffmann die paradox-rekursive Semantik des Nationalgedankens in eine Serie von Katastrophen übersetzt, welche Stellvertreterketten verschaltet, aber keinen substantiellen Kern hat, liquidiert einen nationalen Diskurs, den Kleist propagiert und gegen den der liberale Hoffmann Einspruch anmeldet.

3. »Das öde Haus«

Die zentrale Szene der Gastlichkeit ist die an der Schwelle des gastlichen Hauses, an der ein Gast um Aufnahme bittet und der Wirt ihm das Haus öffnet. Der Schritt über die Schwelle ist, mit Lotman zu sprechen, das Sujetereignis dieser Szenographie des Gastes.[25] Die Schwellensituation herauszuzögern, zu umspielen, mehrfach zu inszenieren, um sie dann eruptiv nicht als gastliche Aufnahme, sondern als einen Sturz in eine bizarre Gewaltszene darzustellen, ist das Nachtstück »Das öde Haus« geschrieben.

Der Erzähler Theodor entdeckt in einer Allee mit gepflegten Gebäuden ein kleines vernachlässigtes Haus, das seine Aufmerksamkeit auf sich zieht. Nach wiederholtem, intensivem Blicken blickt es zurück. Offenkundig ist es das Haus selbst, welches in die strukturelle Position des Aktanten ›Wirt‹ tritt. Seine Front ist sein Gesicht, die Fenster die Augen und der Glanz, den Theodor in dem einen Fenster zu erblicken vermeint, ist der von der Pupille des Auges zurückgeworfene Blick seiner selbst. Im Fenster glaubt er eine Frauengestalt zu sehen, einen Diamanten und eine »Krystallflasche«.[26] Die Motivik des Glänzenden wird im Text auffällig deutlich akzentuiert.[27] In der Tat vereint das Glänzende die harte Gestalthaftigkeit von Spiegel, poliertem Metall und prismatischem Edelstein einerseits, andererseits vollzieht es aber eine

---

25 Nach Lotman entsteht der narrative Prozess daraus, dass ein Aktant die Grenze zu einer anderen Verhaltenssemantik überschreitet und folglich die notwendig werdende Vermittlungsbewegung erzählt werden muss (vgl. Jurij Lotman: Die Struktur literarischer Texte. 2. Aufl., München: Fink 1981, Kap. 8). Die in der strukturalen Narratologie zugrunde gelegte Anfangsopposition *a versus b* lässt sich mit Lotman in die Formel *a geht zu b* transformieren. Deren szenographisches Zentrum ist die Schwellensituation zwischen Wirt und Gast. Aus diesen kurzen Bemerkungen erhellt, dass sich die strukturale Narratologie in eine von der Gastsemantik ausgehende kulturwissenschaftliche Narratologie überführen und neu begründen lassen müsste. Im vorliegenden Aufsatz wird diese These in Anspruch genommen, ausgeführt wird sie in einer Studie, die der Verfasser in Kürze vorlegen wird (»Ikononarratologie«).

26 Hoffmann: Nachtstücke (s. Anm. 4), S. 287.

27 Fast alle außergewöhnlichen Ereignisse – also solche, die im Einleitungsteil der Erzählung mit dem sechsten Sinn, dem Ahnen der Wunder und dem Wunderbaren in Zusammenhang gebracht werden – sind mit dem Glanz von Schmuck und Glas verbunden. Wahrscheinlich ist der Glanz für Hoffmann das visuelle Pendant der an sich unsichtbaren Kräfte des Magnetismus und der Elektrizität. Vgl. dazu auch Claudia Lieb: Und hinter tausend Gläsern keine Welt. Raum, Körper und Schrift in E.T.A. Hoffmanns »Das öde Haus«. In: E.T.A. Hoffmann-Jahrbuch 10 (2002), S. 58–75.

wahrnehmungsbezogene Verflüssigung gerade jener Gestalthaftigkeit durch den Überschuss des Glanzes über die Definiertheit seines Trägers. Der Glanz ist anamorphotisch, obwohl er klaren Formen entspringt.

Es ist diese fundamentale Irritation des Glanzes, die sich hier der Gastsemantik einschreibt. Treten Gast und Wirt an der Schwelle des Hauses einander gegenüber, so erblicken sie sich von Angesicht zu Angesicht. Auge trifft Auge, wenn nicht ein Schleier davor wäre wie im »Gelübde«.[28] Im Erkennenwollen des Anderen liest eine Person dessen Antlitz. Aber Theodors Begehren will mehr haben als nur ein lesendes Entziffern, es will in die Pupille, in den glänzenden Reflex eindringen. Der sich aufdrängende Gast erhofft nicht die freundliche Aufnahme, sondern ist von einem erotischen Phantasma gesteuert. Als Voyeur beobachtet er das Haus, und als von Leidenschaft Getriebener bricht er schließlich in es ein: eine symbolische Penetration.

> Rasend vor dürstendem Liebesverlangen, stürzte ich auf die Tür; sie wich meinem Druck, ich stand auf dem matterleuchteten Hausflur, von einer dumpfen, schwülen Luft umfangen. Das Herz pochte mir vor seltsamer Angst und Ungeduld, da ging ein langer, schneidender, aus weiblicher Kehle strömender Ton durch das Haus, und ich weiß selbst nicht, wie es geschah, daß ich mich plötzlich in einem mit vielen Kerzen hell erleuchteten Saale befand, der in altertümlicher Pracht mit vergoldeten Meublen und seltsamen japanischen Gefäßen verziert war. Starkduftendes Räucherwerk wallte in blauen Nebelwolken auf mich zu. ›Willkommen - willkommen, süßer Bräutigam - die Stunde ist da, die Hochzeit nah!‹ - So rief laut und lauter die Stimme eines Weibes [...].[29]

Das Innere des Hauses erfüllt jedoch das erotische Begehren nicht, sondern straft es mit einem alten unansehnlichen Weib, ihrem peitscheschwingenden Diener, einer bizarren Gewaltszene und dem darauf sich einstellenden Wahnsinn. Ein weiteres Mal wird die Gastsemantik in diesem Erzählzyklus empfindlich gestört. Das Haus war kein Wirt und der Begehrende kein Gast; die Blicke waren nicht die der Gastlichkeit, sondern die der Begierde. Indem sich der derart Schauende vom Glanz blenden ließ, verhinderte er genau den Blick, der die ganze Zeit, indem er hinter die Fassade zu kommen trachtete, das Sichtbare negierte.

Zu den irritierenden Eigentümlichkeiten von Hoffmanns »Nachtstücken« gehört, dass die in der Regel zweigeteilten Erzählungen keineswegs im nachgetragenen Teil die Antworten auf die Probleme des zuerst erzählten Teils geben. Schon im »Gelübde« war die Handlung um Hermenegilda nur eine Art Interpretationshypothese. Die Identifikation Cölestines mit Hermenegilda hat die Erzählung aus guten Gründen vermieden. Deutlicher wird dies im »Öden Haus«. Auch hier erfährt der Erzähler Theodor bei einer Abendgesellschaft die Vorgeschichte, die ihm zwar erklären soll, warum in diesem Haus eine verrückte adlige Frau und ein Diener als Bewacher leben.

---

28 Blitzende Augen zeichnen den Satanisten Ignaz Denner aus, während der Sandmann den Sand in die Augen streut. Glanz ist die Eigenschaft nicht allein der harten Materialien, sondern auch des offenen Auges. Dort wo er als Eigenschaft des Auges auftritt, ist er genauso ambivalent, wie an den Gegenständen.

29 Hoffmann: Nachtstücke (s. Anm. 4), S. 184.

Was dies aber zur Deutung des Begehrens von Theodor beiträgt, bleibt so schleierhaft, wie der wieder einmal als Erklärung vorgeschobene Magnetismus es ist.

Die aufgebotene Erzählung wird in der Forschung gerne als fehlerhaft bezeichnet, weil der Name eines aus Verrat, Liebeszauber, Kindesraub, Räuberbande und Liebeskonkurrenz resultierenden Mädchens einmal mit Edwine und einmal mit Edmonde angegeben ist. Mit dieser Uneindeutigkeit hat es aber seine Bewandtnis, wie die am Ende berichtete Vorgeschichte zeigt. Der Graf von S. muss sich zwischen den Schwestern Gabriele und Angelika von Z. entscheiden. Er tut dies schließlich, indem er Gabriele heiratet und mit ihr ein Mädchen zeugt, welches von einer Zigeunerin entführt wird, später aber wieder auftaucht. Dem aufmerksamen Lesen kann freilich nicht entgehen, dass der Liebeszauber, dessen sich Angelika mit Hilfe der Zigeunerin bedient,[30] in Zusammenhang mit Angelikas Behauptung, auch ein Kind vom Grafen empfangen zu haben,[31] nicht nur Ausdruck ihrer Verrücktheit sein muss. Was wäre, wenn zwei Kinder im Spiel wären, wenn beide durch die Zigeunerin entführt worden wären und nur eines als Edwine oder Edmonde wiederkehrte? Der ganzen erklärenden Geschichte ginge dann der Referent verloren, genauso, wie der Diener Züge des Grafen annimmt und die Wahnsinnige Angelika Züge der Zigeunerin. Die Gestalten werden anamorphotisch. Das Begehren des Theodor richtet sich also auf einen Glanz und auf ein Haus, in dem ein anamorphotischer Maskenball der Vertauschungen verschlossen ist. Was Theodor sieht, ist aber nichts weiter, als jeweils ein Bild der Frau, die er sich einbildet, wenn er den Glanz mit dem Gestaltenwandel kombiniert. Diesem Bild ist aber nach Lage der Dinge alle Referenz entzogen. Man weiß nicht, wer wer ist; man weiß nicht einmal, ob Edmonde Edwine oder Edwine Edmonde ist; man weiß nicht, ob Theodor überhaupt eine Frau sieht oder nur ein Gemälde. In diesem Karussell der fließenden Bestimmungen wird Theodor alle Gegenständlichkeit zum Phantasma. Wenn er also als möglicher Gast an ein mögliches gastfreundliches Haus klopft, dann kann ihm kein einladender Wirt öffnen, sondern nur die Figuration seiner eigenen Phantasmen.

Hoffmanns Erzählung negiert den Wirt, indem er den Gast totalisiert und mögliche Wirte zur internen Funktion des Gastes degradiert. Derart wird Gastlichkeit a priori ausgeschlossen. Der Schritt über die Schwelle des öden Hauses ist ein Sturz in das haltlose Innere dieses Gastes. Ohne Widerhalt an einem Wirt, also ohne Anerkennungsverhältnis und ohne intersubjektive Stabilisierung torkelt Theodor durch die anamorphotischen Varianten seiner selbst wie Nathanael im »Sandmann«.

Eine weitere Form der Liquidation der Gastsemantik ist also in Hoffmanns negativer Enzyklopädie die Pathologisierung der Realität durch den Gast infolge seiner phantasmatischen Hereinnahme aller externen Positionen in das instabile Karussell seiner Begierden.

---

30 Dass die Zigeunerin Macht über die Familie hat (vgl. ihre grundlose Freilassung, Hoffmann: Nachtstücke [s. Anm. 4], S. 189 f.), wird seinen dunklen Grund darin haben, dass sie durch Liebeszauber den Grafen von S. zum Beischlaf mit Angelika genötigt hat. Ihre Macht erstreckt sich auf die Geschlechtlichkeit der adligen Familie, damit aber auf den Kern der aristokratischen Machtreproduktion.

31 Ebd., S. 193.

4. »Ignaz Denner«

Hoffmanns dunkelste Erzählung, die Räubergeschichte »Ignaz Denner«, erzählt von einem Gast, der in ein Haus der Not und Armut einkehrend die zu Tode erkrankte Frau des Försters Andres heilt. Sein Gastgeschenk ist das höchste: die Gabe des Lebens selbst. Einem solchen Gast, der ein untauschbares, nämlich in seinem Wert absolutes Gastgeschenk bringt, gilt der Verdacht der Göttlichkeit. Denn das Gebot der Aufnahme des Gastes hat einen naturrechtlichen Status. Das Gesetz der Gastfreundschaft und das Gastrecht gebieten, einen Gast nicht abzuweisen. Im eigentlichen Sinne wäre eine Kultur, die Gäste negieren würde, nur schwer zu denken. Sie würde infolge des fortgeführten Inzests den Wärmetod sterben. Begegnung und Auseinandersetzung mit dem Fremden ist die *conditio sine qua non* für das Entstehen von Kultur und Gemeinschaft. Weil es sich hier um ein kulturelles Fundamental handelt, formuliert der Verdacht, der Gast könnte ein Gott sein, gleichsam die Gegenprobe auf die Intaktheit der Gastlichkeit einer Gemeinschaft. Der stets mögliche Besuch des Gottes hat die Funktion, mit einem jeden Gast die Geltung der Gastlichkeit zu überprüfen.

Nicht anders reagiert in Hoffmanns Erzählung der Förster Andres, als der fremde Gast mit einer dunkelroten Wunderessenz die Frau heilt.

> Dem Andres war es zu Mute, als sei ein Heiliger herabgestiegen in die Einöde, ihm Trost und Hülfe zu bringen. Anfangs hatte ihn der stechende, falsche Blick des Fremden abgeschreckt, jetzt wurde er durch die sorgliche Teilnahme, durch die augenscheinliche Hülfe, die er der armen Giorgina leistete, zu ihm hingezogen.[32]

Es scheint, als hätten wir eine Situation vor uns, in der die Szenographie des Gastes in der idealen Weise erfüllt wird. Ein Fremder wird als Gast eingelassen; er wird auf gut Glauben und in Erfüllung des Gesetzes der Gastfreundschaft beherbergt; er bringt ein Geschenk mit – hier ist es die absolute Gabe des Lebens –, und er wird als ein Heiliger, als einer, dessen Sphäre tabu ist und der nicht abgewiesen werden kann, sondern vielmehr in eine Aura der Unberührbarkeit und Unversehrbarkeit gehüllt ist, bewillkommnet.

Derart also in alle Regularitäten der Gastlichkeit aufgenommen, usurpiert dieser Gast sofort das Haus:

> Der Fremde kochte selbst eine Kraftsuppe für Giorgina, und man sah, daß er allerlei Gewürz und andere Ingredienzien hineinwarf, die er bei sich getragen. Es war später Abend worden, der Fremde mußte daher bei dem Andres übernachten, und er bat, daß man ihm in derselben Stube, wo Andres und Giorgina schliefen, ein Strohlager bereiten möge. Das geschah. Andres, den die Besorgnis um Giorgina nicht schlafen ließ, bemerkte, wie der Fremde beinahe bei jedem stärkeren Atemzuge Giorginas auffuhr, wie er stündlich aufstand, leise sich ihrem Bette näherte, ihren Puls erforschte und ihr Arznei einträpfelte.

32 Ebd., S. 49.

> Als der Morgen angebrochen, war Giorgina wieder zusehends besser geworden. Andres dankte dem Fremden, den er seinen Schutzengel nannte, aus der Fülle seines Herzens. Auch Giorgina äußerte, wie ihn wohl, auf ihr inbrünstiges Gebet, Gott selbst gesendet habe zu ihrer Rettung.[33]

Das Mahl, das dem Gast bereitet werden soll, bereitet dieser seinen Wirten, insbesondere der kranken Frau. Schon in diesem Moment ist klar, dass dieser Gast mehr als nur ein gewöhnlicher Gast ist und dass er die Semantik der gastlichen Szene verkehrt. Nachdem er der Wirtin das Leben gegeben hat, nimmt er ihren Platz, nämlich den Herd, ein und bereitet das Leben bringende Gastmahl eigenhändig.

Diese beiden wesentlichen Motive, dass dieser Gast anfangs als ein Heiliger betrachtet wird und dass er das Mahl selber bereitet, werden im Verlaufe der Erzählung in ihren Gegensinn verkehrt. Denn es stellt sich heraus, dass dieser Heilige in Wirklichkeit ein Satanist ist, und es stellt sich weiterhin heraus, dass derjenige, der hier das Mahl an Stelle des Wirts bereitet, ein Kinderfresser ist. Denn er schlachtet Kinder, um zu deren Blut zu gelangen, aus dem er die Leben spendende Essenz, den dunkelroten Likör, destilliert. Die Frau rettet er als Gebärerin zukünftig zu schlachtender Kinder; er betreibt also mit der Rettung nur eine Reproduktion seiner satanischen Praxis. Wesentliche Motive der Gastlichkeit - der Gast als Gott und das Gastmahl - werden hier in ihre Perversion überführt. Der Heilige ist der Satanist und das Mahl ist das Fressen der Kinder.

Als Denner den Eheleuten Geld anbietet, will Andres dies zunächst nicht annehmen.

> »Ach Herr«, erwiderte Andres, »verzeiht es, aber eine innere Stimme sagt mir, daß ich Euer unverdientes Geld nicht nehmen darf. Diese innere Stimme, der ich, wie der höhern Eingebung meines Schutzheiligen, immer vertraut, hat mich bisher sicher durch das Leben geführt und mich beschützt vor allen Gefahren des Leibes und der Seele. [...]«[34]

Denner besteht darauf, dieses Geld zu geben, schon darum, damit Giorgina durch die finanzielle Ausstattung bessere Nahrung erhält und damit zu Gesundheit kommen möge. Derart argumentierend, wird »die Gabe des mildtätigen Mannes«[35] angenommen. Es zeigt sich aber, dass diese Gabe keine reine Gabe ist, sondern ein verpflichtendes Geschenk. Denn nachdem sie angenommen wurde, besteht Denner darauf, dass man ihm die Gegenleistung erweisen möge, in dem Hause angesichts seines zu erwartenden, mehrmaligen Durchkommens freies Logis zu gewähren. »Überdem gebe ich Euch das Geld keinesweges umsonst, sondern verlange von Euch dafür allerlei Gefälligkeiten.«[36]

Diese Gabe des Gastes ist also eine genau berechnete Verpflichtung, die Andres in eine Abhängigkeit stürzt, welche er durch keine gastlichen Regularitäten mehr kompensieren kann. An dieser Stelle wird die Gastsemantik durch eine Herrschaftsseman-

---

33 Ebd., S. 50.
34 Ebd., S. 51.
35 Ebd., S. 368.
36 Ebd., S. 52.

tik unterlaufen. Ignaz Denner macht das Ehepaar von sich abhängig. Er, der Gast, hat das Leben gegeben. Er, der Gast, hat das Mahl bereitet. Er, der Gast, gibt das Geld, durch das das ärmliche Forsthaus zu einigem Wohlstand gelangt, so dass er, der Gast, diesen Wohlstand bei seinem nächsten Besuch als den seinen Wohlstand genießen kann. Hier ist der Genuss des Herrn die Intention für die Ausstattung des Knechtes. Der Herr will den Genuss haben vermittelst des Knechtes und er will, dies wird sich später zeigen, vor allem ein Ding haben, nämlich die Söhne des Andres, sofern sie neun Wochen oder neun Monate alt sind. Derart unter die Herrschaft dieses Gastes gelangt, kann Andres seinem Haus keinen Riegel mehr vorschieben.[37]

Ungebetene Gäste stellen sich ein, nämlich die gesamte Räuberbande des Ignaz Denner, die Andres auffordert, an einem Raubzug teilzunehmen. In der erpressten Komplizenschaft ist der Wirt vollends zum Knecht jenes Gastes geworden, der sich durch seine absoluten Gaben als Herr aufspielt. Die Verkehrung, die auf diese Weise stattfindet, zeigt sich in einer der Schlüsselerzählungen des Textes. Als Andres in Frankfurt ist, um sich eine unverhoffte Erbschaft seiner Frau abzuholen, stellt sich Ignaz Denner im Forsthaus ein. Er verlangt, dass Giorgina ihm ein Essen bereiten möge, so dass die Mutter in die Küche gebannt und dort als Wirtin gleichsam eingeschlossen ist. Währenddessen bereitet sich Ignaz Denner aber in der Wohnstube sein eigenes Mahl, indem er in einer bizarren Folterszene das jüngste Kind des Andres schlachtet und dessen Blut für seinen dunkelroten Likör auffängt. Es handelt sich hier um eine wirre, alchimistische Spekulation, um den Prozess der profanen und satanistischen Selbsterzeugung.[38] Die Verknüpfung von Sexualität, Fortpflanzung und Essen wird hier in eine pervertierte Form gebracht. Der Kinderfresser nämlich tilgt die Strafen des Sündenfalls durch einen Kurzschluss in einem blasphemischen Selbsterlösungsversuch. Der Sündenfall hatte zur Folge, dass die Frauen ihre Kinder unter Schmerzen gebären sollen, und dass man essen solle im Schweiße seines Angesichts. Beides wird von Denner in eine absurde Konstellation zusammengedrängt. Die symbolische Ordnung der Transsubstantiation wird unterlaufen durch die Realität des Blutes, das hier zirkuliert, nicht als dasjenige Christi, sondern als dasjenige des Satans. Die Erzeugung des neuen Lebens findet in der Tat unter Schmerzen statt, aber nicht unter denen des Gebärens, sondern unter denen der Folter und der Tortur. Und ebenso findet ein Essen statt; es findet auch im Schweiße des Angesichts statt, denn in der alchimistischen Küche herrscht infolge der vielen chemischen Experimente ein drückender Dunst. Der Sündenfall wird wortwörtlich genommen und in eine Selbsterlösungsphantasie umkodiert. Die Perversion, also die Verkehrung der Gastsemantik, führt in diesem Text hinab in die Tiefen der satanistischen Philosophie. Das gemein-

37 Die Gastsemantik, die in diesem Text zuerst als Semantik des Heiligen aufgebaut und dann in den Satanismus verkehrt wurde, wird nun also weiterhin durch eine Herrschaftssemantik unterlaufen. Vgl. dazu die eindringliche, von Hegels Dialektik von Herrschaft und Knechtschaft inspirierte Analyse von Franz Fühmann (Ignaz Denner. In: ders.: Fräulein Veronika Paulmann aus der Pirnaer Vorstadt oder Etwas über das Schauerliche bei E.T.A. Hoffmann. Hamburg: Hoffmann und Campe 1980, S. 117–143).

38 Vgl. dazu Hans-Walter Schmidt-Hannisa: Der Kinderfresser. Ein Motiv in E.T.A. Hoffmanns *Ignaz Denner* und sein Kontext. In: Mitteilungen der E.T.A. Hoffmann-Gesellschaft 29 (1983), S. 17–30.

same Mahl, das im Sündenfall als das Essen im Schweiße des Angesichts, aber auch in der Erlösungsperspektive als Abendmahl christlich kodiert ist und zu den wesentlichen Szenen der Gastlichkeit gehört, wird in das Gegenteil einer absoluten Ungastlichkeit, nämlich in das Tun des sich absolut dünkenden Herrn, des Satans, umgeschrieben. Und eine weitere Form der wesentlichen Gastlichkeit, nämlich die Schwangerschaft, in der das Kind beherbergt wird im Leib der Mutter und dort in der Situation der absoluten Gastlichkeit heranwächst, wird negiert. Das neue Leben ist nicht durch den naturwüchsigen Prozess der Schwangerschaft erzeugt, sondern durch den alchimistischen Prozess der Destillation des Blutes. Die Kehrseite der Gastlichkeit, ihre Umkehrung, ihre Rückseite, ist also das Tun des Teufels. Auch darin bewahrheitet sich *via negationis* die These, dass die Gastlichkeit die Utopie des Menschlichen ist. Um sie zu negieren, bedarf es der ganzen forcierten Symbolmaschinerie des Satanismus.

In dieser Zementierung der Herrschaftsverhältnisse wird das Zubruchegehen der Gastsemantik buchstabiert. Das Motiv des Heiligen, das Motiv des Gastmahls, das Hereinlassen des Fremden als Fremden aus Bedrängnis und Sturm in dunkler Nacht, erwiesene Wohltat und Gegenwohltat, Mildtätigkeit und Gastlichkeit zeigen sich auf den ersten vier, fünf Seiten der Erzählung in nachgerade topischer Klarheit. Sodann vollzieht aber der Text die systematische Inversion aller dieser Motive: der Heilige wird zum Satanisten, das Mahl wird zum blasphemischen Fressen von Kindern, die Gastlichkeit wird zur Herrschaft, das gastliche Haus wird zur Mördergrube und die Figuren werden einem Prozess unterzogen, der ihnen als moralischen Personen die Entscheidungsbefugnis raubt. Systematisch werden die Gastsemantiken durchgestrichen und usurpiert durch Herrschaftssemantiken. Die Gastlichkeit wird der Erzählung ausgetrieben, als ob ein Teufel käme und einen verkehrten Exorzismus praktizierte.

5. Die verkehrte Enzyklopädie der Gastlichkeit in den »Nachtstücken«

Blickt man auf die anderen Erzählungen der »Nachtstücke«, so lässt sich der Befund, Hoffmann schreibe eine negative Enzyklopädie der Gastlichkeit, verallgemeinern. »Der Sandmann« erzeugt seine Systematik der katastrophischen Verdopplungen und Stellvertreterschaften aus einer Kernszene, in der Nathanael im eigenen Haus zum Gast einer Szene wird, in der ein Gast den Vater in ein bizarres Ritual verstrickt. Indem Nathanael dem Eigensten entfremdet wird, so dass der Ursprungsort zum nicht repräsentierbaren[39] Unheimlichen wird und auf der Oberfläche immer nur dissoziierte Varianten des Traumaschemas zirkulieren, wird die ganze Szenographie des Gastes dekonstruiert. Man könnte vielleicht formulieren, dass der Nathanael des »Sandmann« in dem Haus ist, in das der Theodor des »öden Hauses« immer hinein will. Die fast palindromartige Verwandtschaft der Namen Nathanael und Theodor wäre ein Indiz für die These, dass Nathanael, wo immer er ist, seine Dislozierungserfahrung reproduziert, also stets im unwirtlichen Haus nicht-daseiend verbleibt, während Theodor stets vor dem Haus steht, das ihn abweist. Nie Entkommenkönnen und nie Hineinkommen: das sind die beiden Grundpositionen der in der Anordnung der »Nachtstücke« korrespondierend gesetzten Texte »Das öde Haus« und »Der Sandmann«.

Ähnlich korrespondieren »Ignaz Denner« und »Das Majorat«. Beide in einsamer und menschenabweisender Natur gelegene Häuser sind Orte der falsch sich einmischenden Gäste und der Vernichtung der an der Gastszene Beteiligten. Sei es das paternale Unheil der Erbschaftsfolge, die die in die Familie eingeheirateten Frauen ins Unglück treibt, oder sei es das paternale Regime von Denner und Trabaccio, welches die Frauen als pures Gebärmedium einer an die Stelle von Erbschaftsfolgen gesetzten satanischen Selbsterlösung stellt: stets wird auf eine geradezu auffällige Art der Kode der Gastlichkeit Detail für Detail vernichtet und in sein Gegenteil verkehrt.

Nicht anders wiederholt »Die Jesuiterkirche in G.« die verquere Gastsemantik des »Gelübdes«. Ein Reisender ist zu Gast bei einem Jesuiten, der einen Gast hat: Gast trifft Gast, so wie im »Gelübde« Stellvertreter Stellvertreter vertreten. Indem der eine des anderen Geschichte kennen lernt und sie sich als Literatur zueigen macht, tötet er das reale Dasein dessen, der die Geschichte als seine Substanz hatte. Enteignet man den Gast seiner Geschichte, so löst man ihn auf. Denn der Gast ist derjenige, der sich gibt, indem er erzählt. Der Erzählung enteignet, wäre er sich selbst weggenommen. In Hoffmanns Geschichte verschwindet der Maler in sein Bild, während der andere Gast seine Geschichte als diejenige, die in den »Nachtstücken« zu lesen ist, zur Literatur verwertet. Die Negation des Gastes als Enteignung der in seiner Erzählung bezeugten Existenzweise nimmt in dieser Enzyklopädie der Ungastlichkeit eine weitere Dekonstruktion vor. Wo das »Gelübde« die Unkenntlichkeit des doppelt verschleierten Gastes mit der Symbolik des Nationaldiskurses koppelte, wird in der »Jesuiterkirche« die bildnerische Unfähigkeit des dilettierenden Malers mit seiner Überführung in die Unsichtbarkeit der Erzählung verbunden. Der Maler Berthold verschwindet so spurlos, wie er mit einem geometrischen Kalkül die dreidimensionalen Gegenstände zweidimensional verdoppelt, um sie so ihrer Existenzweise zu berauben.[40] Indem er selbst beraubt wird, weil ihm ein Literat seine Geschichte entwendet, widerfährt ihm seine Übersetzung in eine symbolische Existenz als Vernichtung der realen. Nicht anders ist Hermenegilda im »Gelübde« das Opfer einer Hermeneutik des Symbolischen, nur dass es sich hier um den nationalen Diskurs und nicht um die Erzählung handelte.

Geht man noch einen kurzen Moment der Gliederung der »Nachtstücke« nach, so wäre über die beiden einzigen Erzählungen, die nicht in Katastrophen enden, nachzudenken. Gelingt in »Das Sanctus« und in »Das steinerne Herz« die Gastlich-

39 Auf die Aufarbeitung und Dokumentation der Forschung zum »Sandmann« sei hier verzichtet. Kaum eine Erzählung der deutschen Literaturgeschichte ist in diesem Umfange ausgeforscht. Hingewiesen sei aber auf eine neuere Exegese, die die von Freud geprägte Deutungstradition um die Kenntnis aktueller Traumatheorie ergänzt und überbietet. Zentral ist dabei die These, dass Traumata das Repräsentationssystem zerschlagen und folglich keine Ursachen darstellen können, weshalb sie endlose Ketten von Ersatzszenen produzieren. Vgl. Astrid Lange-Kirchheim: Auf Freud replizierend: E.T.A. Hoffmanns »Der Sandmann« - psychotraumatologisch wiedergelesen. In: Zeitschrift für Psychotraumatologie und Psychologische Medizin, H. 2 (2006), S. 23-39.

40 Vgl. dazu Friedrich A. Kittler: Eine Mathematik der Endlichkeit. E.T.A. Hoffmanns *Jesuiterkirche in G.* In: Athenäum 9 (1999), S. 101-120.

keit? Die Antwort fügt Hoffmanns Enzyklopädie der Ungastlichkeit eine weitere Variante hinzu. Denn nur um den Preis der humoristischen Arabeske, die die Konflikte verniedlicht, ist hier das *happy end* zu haben. Die Frage der Gastlichkeit wird entschärft zur Konsenskultur der gebildeten Geselligkeit. Und vielleicht sind ja die Konventionalisierung der Gastlichkeit, der Kode des Höflichen und die humorvollen Umgangsformen des bürgerlichen Gesprächs nur andere Liquidierungsformen der Gastlichkeit. Wo die Gastlichkeit eine radikale Fremdheit zu gewärtigen hat, hat es die Höflichkeit nur mit einem apriorischen Einverständnis zu tun, das über gepflegte und vorher gemeinsam ausgehandelte Konventionen prozediert.

Überblickt man die hier geführten Analysen, dann zeigt sich, dass Hoffmanns Erzählungen in präziser Weise ihre narrative Energie aus der Negation der Gastsemantik ziehen. Der heilige Gast wird zum Satanisten, das Gastmahl zum kannibalischen Akt (»Ignaz Denner«), eine Gebärende und ihr Kind, der reinste Gast, werden zum hermeneutischen Opfer des zirkulären Nationaldiskurses (»Das Gelübde«), ein Haus figuriert die Abweisung und der es begehrende Eindringling das nur erotische Interesse (»Das öde Haus«), eine ganze Erzählung erscheint als die traumatische Reinszenierung einer Vertreibung aus dem eigenen Haus durch einen es usurpierenden unheimlichen Gast (»Der Sandmann«), dem Gast wird die Erzählung, seine eigentliche Substanz, genommen (»Die Jesuiterkirche in G.«) - um nur die wichtigsten Verkehrungen zu nennen.

E.T.A. Hoffmann wird in den »Serapionsbrüdern«, in denen sich einer der Schlüsseltexte der Semantik der Gastlichkeit - »Der unheimliche Gast« - findet, diese Szenerie der Negativität in eine Szenerie des geselligen Freundeskreises überführen und dort die verstörende Enzyklopädie der Ungastlichkeit in eine Poetologie transformieren, welche die Semantik der Gastlichkeit nur als Vorwand anderer Fragestellungen nimmt. Die »Nachtstücke« sind in diesem Sinne wohl eine singuläre Recherche der Ungastlichkeit.

Eine solche in der Tat enzyklopädisch zu nennende narrative Erörterung der Gastlichkeit im Zeichen der Negation wirft Fragen auf. Ist die in diesem literarischen System stattfindende systematische Vernichtung eines sowohl heimatlichen wie auch gastlichen Ortes einer weitergehenden Reflexion zu unterziehen? Im Kontext der Hoffmann-Forschung liegen psychoanalytische Recherchen stets nahe, und sie wären wohl auch hier nicht ganz erfolglos zu führen. Eine mentalitätsgeschichtliche Überlegung könnte sich die Frage vorlegen, ob in Hoffmanns »Nachtstücken« implizit eine modernitätstheoretische Reflexion des Heimatloswerdens der Literatur stattfindet. Eine strukturalistische Konstruktion könnte versuchen, die Szenographie der Gastlichkeit als generatives Modell des Erzählens überhaupt zu entfalten. Denn das Erzählen ist ja stets, wie Jurij Lotman ausführt, jener Vorgang, in dem ein Akteur eine semantische Grenze überschreitet und an einem anderen Ort als Gast ankommt. Die vielfachen Szenarien des Scheiterns sind daher immer auch Erzählmodelle der narrativen Negativität, die man als Modelle erzählerischer Modernität zu verallgemeinern versuchen könnte. Man kann aber auch die Semantik der Gastlichkeit selbst als kulturelles Fundamental verstehen und folglich psychoanalytische, mentalitätsgeschichtliche, modernitätstheoretische, poetologische und strukturalistische Fragestellungen als Exegesen dieser grundlegenden Verhältnisse justieren.

Literatur

Bahr, Hans-Dieter: Die Sprache des Gastes. Eine Metaethik. Leipzig: Reclam 1994.

Derrida, Jacques: Falschgeld. Zeit geben I. München: Fink 1993.

Deutsches Wörterbuch. Vierten Bandes erste Abtheilung. Erste Hälfte. Leipzig: S. Hirzel 1878.

Fühmann, Franz: Ignaz Denner. In: ders.: Fräulein Veronika Paulmann aus der Pirnaer Vorstadt oder Etwas über das Schauerliche bei E.T.A. Hoffmann. Hamburg: Hoffmann und Campe 1980. S. 117-143.

Greimas, Algirdas Julien: Elemente einer narrativen Grammatik. In: Heinz Blumensath (Hg.): Strukturalismus in der Literaturwissenschaft. Köln: Kiepenheuer & Witsch 1972, S. 47-67.

Hoffmann, E.T.A.: Nachtstücke. Hg. von Gerhard R. Kaiser. Stuttgart: Reclam 1990.

Kittler, Friedrich A.: Eine Mathematik der Endlichkeit. E.T.A. Hoffmanns *Jesuiterkirche in G.* In: Athenäum 9 (1999), S. 101-120.

Kluge, Friedrich: Etymologisches Wörterbuch der deutschen Sprache. 21. Aufl., Berlin, New York: de Gruyter 1975.

Lange-Kirchheim, Astrid: Auf Freud replizierend: E.T.A. Hoffmanns »Der Sandmann« - psychotraumatologisch wiedergelesen. In: Zeitschrift für Psychotraumatologie und Psychologische Medizin, H. 2 (2006), S. 23-39.

Lieb, Claudia: Und hinter tausend Gläsern keine Welt. Raum, Körper und Schrift in E.T.A. Hoffmanns »Das öde Haus«. In: E.T.A. Hoffmann-Jahrbuch 10 (2002), S. 58-75.

Lotman, Jurij: Die Struktur literarischer Texte. 2. Aufl., München: Fink 1981.

Mauss, Marcel: Die Gabe. Form und Funktion des Austauschs in archaischen Gesellschaften. 3. Aufl., Frankfurt a.M.: Suhrkamp 1996.

Merleau-Ponty, Maurice: Das Sichtbare und das Unsichtbare. 3. Aufl., München: Fink 2004.

Rohde, Markus: Zum kritischen Polenbild in E.T.A. Hoffmanns »Das Gelübde«. In: E.T.A. Hoffmann-Jahrbuch 9 (2001), S. 34-41.

Schmidt-Hannisa, Hans-Walter: Der Kinderfresser. Ein Motiv in E.T.A. Hoffmanns *Ignaz Denner* und sein Kontext. In: Mitteilungen der E.T.A. Hoffmann-Gesellschaft 29 (1983), S. 17-30.

Starobinski, Jean: Gute Gaben, schlimme Gaben. Die Ambivalenz sozialer Gesten. Frankfurt a.M.: Fischer 1994.

Wright, Elizabeth: E.T.A. Hoffmann and the Rhetoric of Terror. London: Institute of Germanic Studies 1978.

Achim Geisenhanslüke

Hostilitäten

Literatur und Gastrecht bei Kleist, E.T.A. Hoffmann, Flaubert und Kafka

1.

In seinen Überlegungen zum Begriff der Gastfreundschaft weist Jacques Derrida auf eine grundlegende Ambivalenz hin, die der Hospitalität eingeschrieben sei. Derrida zufolge umfasst das Konzept der Gastfreundschaft die beiden Aspekte des Gastes und des Feindes: »der Fremde (*hostis*), der als Gast oder als Feind empfangen wird. Gastfreundschaft (*hospitalité*), Feindschaft (*hostilité*), Gastfeindschaft (*hostipitalité*).«[1] Mit den Begriffen der *hospitalité*, der *hostilité* und dem Neologismus *hostipitalité* greift Derrida nicht nur auf Benvenistes sprachgeschichtliche Analysen zum Begriff des Gastes zurück. Er nähert sich zugleich der Metaethik des Gastes an, die Hans-Dieter Bahr im Rückgriff auf die etymologischen Wurzeln *hostis* und *hospes* als Grundlage der Unterscheidung von Feind und Gast entworfen hat: »Leicht kann der Tausch *mit*einander, die hospitalitas, in einen *gegen*einander, hostilitas umschlagen.«[2] Hospitalität und Hostilität verkörpern die doppelte Dimension einer *Xenosophie*, so Bahr,[3] als einer Ethik der Gastfreundschaft, die sich dadurch auszeichnet, den Fremden als Gast in seiner unaufhebbaren Andersheit anzuerkennen. Die doppelte Bedeutung von Gast und Feind stellt Derrida zufolge eine Herausforderung für eine Politik der Freundschaft dar, die den Gesetzen der Gastfreundschaft auf eine Weise eingeschrieben sei, die sich gegen diese selbst verkehre: »Dieses Recht auf Gastfreundschaft, das einen Fremden ›im Kreise seiner Familie‹, einem durch den Familiennamen repräsentierten und geschützten Fremden angeboten wird, ist das, was die Gastfreundschaft oder die gastliche Beziehung zum Fremden ermöglicht, sie aber gleichzeitig auch begrenzt und untersagt.«[4] Derrida versteht das Recht auf Gastfreundschaft als Möglichkeit und als Grenze der Begegnung mit dem Fremden zugleich. In dem Begriff der absoluten Gastfreundschaft treibt er die Dialektik von Feind und Gast auf eine Spitze, die bis zur Inversion des Konzeptes der Hospitalität führt:

> Das Gesetz der Gastfreundschaft, das formale Gesetz, das das allgemeine Konzept der Gastfreundschaft regiert, erscheint als ein paradoxes, pervertierbares oder pervertierendes Gesetz. Es scheint nämlich zu bestimmen, dass die absolute Gastfreundschaft mit dem Gesetz der Gastfreundschaft als Recht oder Pflicht, mit dem Gastfreundschafts-»Pakt«,

1 Jacques Derrida: Von der Gastfreundschaft. Wien: Passagen 2001, S. 38.
2 Hans-Dieter Bahr: Die Sprache des Gastes. Eine Metaethik. Leipzig: Reclam 1994, S. 37.
3 Vgl. ebd., S. 22.
4 Derrida: Von der Gastfreundschaft (s. Anm. 1), S. 26.

> brechen muss. Mit anderen Worten: Die absolute Gastfreundschaft erfordert, dass ich mein Zuhause (*chez-moi*) öffne und nicht nur dem Fremden (der über einen Familiennamen, den sozialen Status eines Fremden etc. verfügt), sondern auch diesen unbekannten, anonymen absolut Anderen (eine) *Statt gebe* (*donne lieu*), dass ich ihn kommen lasse, ihn ankommen und an dem Ort (*lieu*), den ich ihm anbiete, Statt haben (*avoir lieu*) lasse, ohne von ihm eine Gegenseitigkeit zu verlangen (den Eintritt in einen Pakt) oder ihn nach seinem Namen zu fragen.[5]

Das formale Gesetz der Gastfreundschaft, das er in Anschluss an Kants Begriff der »allgemeinen Hospitalität« aus der Schrift »Zum ewigen Frieden« zu entwickeln sucht, gründet Derrida auf das Theorem der absoluten Gastfreundschaft. »Es ist hier, wie in den vorigen Artikeln, nicht von Philantropie, sondern vom Recht die Rede, und da bedeutet Hospitalität (Wirtbarkeit) das Recht eines Fremdlings, seiner Ankunft auf dem Boden eines anderen wegen, von diesem nicht feindselig behandelt zu werden«,[6] mit diesen Worten hatte Kant die rechtlichen Grundlagen der allgemeinen Hospitalität umrissen. Im Recht auf Gastfreundschaft, das Kant im Rahmen seines Begriffs des allgemeinen Weltbürgertums vorstellt, erkennt Derrida, der sich an Kants kursorischen Überlegungen zum Zusammenhang von Gastfreundschaft und Kannibalismus orientiert, eine doppelte Paradoxie, derzufolge nicht nur der Feind als Gast behandelt werden müsse, sondern der Gast unwiederbringlich in die Position des Feindes rücke. Kant hatte behauptet,

> der Unterschied der europäischen Wilden von den amerikanischen besteht hauptsächlich darin, daß, da manche Stämme der letzteren von ihren Feinden gänzlich sind gegessen worden, die ersteren ihre Überwundene besser zu benutzen wissen, als sie zu verspeisen, und lieber die Zahl ihrer Untertanen, mithin auch die Werkzeuge zu noch ausgebreitetern Kriegen durch sie zu vermehren wissen.[7]

Kants schwindelerregende Ableitung des Krieges aus einem Verzicht auf den Kannibalismus nutzt Derrida zu einer Subversion des Konzepts der allgemeinen Hospitalität, das die Schrift »Zum ewigen Frieden« vorlegt. In seinen Augen stellt die absolute Gastfreundschaft einen Bruch mit dem Pakt zwischen Wirt und Gast dar, der die Gesetze der Hospitalität regiert. Derrida geht es in seinen Überlegungen nicht nur um eine politische Öffnung des eigenen Raums für den Fremden, sondern darum, dass in der Logik der Gastfreundschaft zugleich deren Verkehrung angelegt sei, dass der Gast im Rahmen des Konzepts der absoluten Gastfreundschaft zugleich die Rolle des Wirtes übernehme: »Der Gast wird zum Gastgeber des Gastes.«[8] In der von Derrida entwickelten Rhetorik des Kannibalismus, wie sie etwa die Polyphemos-Episode aus der *Odyssee* regiert, verkehren sich die Rollen, wenn Odysseus, als Gast in die Höhle des Kyklopen gekommen, seinem Wirt die eigenen Gefährten zum Mahl hingibt, ihm

---

5 Ebd., S. 27.

6 Immanuel Kant: Zum ewigen Frieden. Ein philosophischer Entwurf. In: Schriften zur Anthropologie, Geschichtsphilosophie, Politik und Pädagogik I. Werkausgabe. Bd. XI. Hg. von Wilhelm Weischedel. Frankfurt a.M.: Suhrkamp 1977, S. 213.

7 Ebd., S. 210.

8 Derrida: Von der Gastfreundschaft (s. Anm. 1), S. 90.

Wein bereitet, um dann in einer erneuten Verkehrung der Rollen selbst zum Feind zu werden, der dem Riesen das Auge ausbrennt und den ohnmächtig Geblendeten verhöhnt. Die imperialistische Politik des klugen Odysseus, der sein Gastrecht nach dessen vorauszusehender Verletzung zu einer gewaltsamen Überwindung der archaischen Kulturstufe nutzt, die Polyphemos repräsentiert, trägt Derrida, darin nicht minder entschieden als Horkheimer/Adorno in der »Dialektik der Aufklärung«, am Leitfaden der von Pierre Klossowski formulierten Gesetze der Gastfreundschaft in die Moderne ein. Klossowski hatte in seiner Trilogie »Les lois de l'hospitalité« eine nicht mehr akzidentielle, sondern substantielle - in Derridas Begrifflichkeit: absolute - Verbindung von Gastgeber und Gast zugrunde gelegt, in deren subversiver Logik der Gastgeber die Rolle des Gastes übernimmt, indem er die eigene Frau dem Gast überlässt. »Dès lors l'hôte aura cessé d'être le maître chez lui: il aura entièrement satisfait à sa mission. A son tour il sera devenu l'invité.«[9] Klossowskis nicht weniger an Hegels Dialektik von Herr und Knecht als an de Sade geschulte Subversion der Gesetze der Gastfreundschaft dient Derrida in ähnlicher Weise wie bereits Michel Foucault Batailles Begriff der Übertretung zu einer radikalen Infragestellung des rechtlichen Konzepts der Gastfreundschaft, das in der Literatur, so die Prämisse der Dekonstruktion, jedoch auf andere Weise zum Tragen komme. Im Unterschied zur Rechtsphilosophie Kants und Hegels, in der das Gastrecht auf seine Grenzen stoße, verwirklicht sich die absolute Gastfreundschaft, von der Derridas Überlegungen ihren Ausgang nehmen, in der Literatur der Moderne als ein »Gegendiskurs« im Foucault'schen Sinne, in dem die Ambivalenz von Gast und Feind voll ausgetragen werde. Die Frage nach dem Zusammenhang von Literatur und Recht, die Derridas Theorie der Gastfreundschaft auf dem Weg zu der von Bahr skizzierten Xenosophie aufwirft, wird im Folgenden daher anhand einiger moderner Konfigurationen der Figur des Gastes in der Literatur diskutiert, die die doppelte Bedeutung von Gast und Feind auf unterschiedliche Weise aufnehmen. Am Beispiel von Kleist, E.T.A. Hoffmann sowie Flaubert und Kafka stehen weniger die Gesetze der Gastfreundschaft als vielmehr die Störungen des Gastrechts im Zentrum der Untersuchung. Literatur, zumindest die der Moderne, erweist sich als der Ort, an dem der Gast, wie Derridas Rhetorik des Kannibalismus es vermuten lässt, zu seinem Recht kommt, indem er das Recht verletzt und von ihm aufgezehrt wird.

2.

In seiner Schrift »Von der Gastfreundschaft« erörtert Derrida »die Entwurzelung des Ortes, die Dis-lokation des Hauses, den Einbruch in das Zuhause«[10] als Grundlage einer Sprache der Entwurzelten und Nomaden, als deren literarisches Paradigma ihm »Ödipus auf Kolonos« auf der Suche nach einer letzten Ruhestätte dient. Die Bewegung der Dislokation, die Derrida nachzuzeichnen sucht, lässt sich in exemplarischer Weise am Werk Heinrich von Kleists nachzeichnen, der gerade von der Dekonstruk-

---

9 Pierre Klossowski: Roberte ce soir. Paris: Ed. de Minuit 1953, S. 19.
10 Derrida: Von der Gastfreundschaft (s. Anm. 1), S. 69.

tion immer wieder in Anspruch genommen worden ist.[11] Die Figurationen des Gastes bei Kleist sind vielfältig. Einen Einbruch in die vertraute Ordnung des Zuhause unternimmt die unberechenbare Amazone Penthesilea ebenso wie der Göttervater Jupiter im »Amphytrion«, der Ziehsohn Nicolo in »Der Findling« ebenso wie Gustav von der Ried in der späten Erzählung »Die Verlobung in St. Domingo«, in der die abgründige Logik des Gastrechts, die Kleist entwickelt, vielleicht am deutlichsten wird. Das Haus, in dem Gustav Zuflucht sucht, erscheint von Beginn an als ein ungastlicher Ort. Was den Fremden, der dort Zuflucht sucht, erwartet, ist einzig der Tod, mit dem die Erzählung auch folgerichtig endet. In »Die Verlobung in St. Domingo« greift Kleist auf die Rassenunruhen in Haiti zurück, um anhand der Geschichte der unmöglichen Liebe zwischen der Mestizin Toni und dem Protagonisten Gustav die Ambivalenz von Gast und Feind in aller Schärfe vorzuführen. Sowohl der Gastgeber als auch der Gast übernehmen in Kleists chiastischer Reflexion der Gesetze der Gastfreundschaft die doppelte Rolle von Gast und Feind, die letztlich zu einer symbolischen Vereinigung auf dem Totenbett führt. Im Hause des Negers Congo Hoango dient die Mestizin Toni, Mittlerin in dem schwarz-weißen Farbenspiel, das die Erzählung entfaltet, von ihrer Ziehmutter angetrieben als Lockvogel für Fremde. Auch Kleist berichtet von einem formalen Gesetz der Gastfreundschaft, das das Haus regiert, ein Gesetz, das vorschreibt, »den Fremden keine Liebkosung zu versagen, bis auf die letzte, die ihr bei Todesstrafe verboten war«[12]. Das Spiel mit den Gästen, die von Toni angezogen werden wie Insekten von einer schönen, aber eben Fleisch fressenden Pflanze, verkehrt sich zum ersten Mal, als Gustav von der Ried als Fremder in das Reich des Negers Congo Hoango eindringt und Toni umstimmt, indem er sie darauf hinweist, »daß es schändlich und niederträchtig wäre, das Gastrecht an Personen, die man in das Haus gelockt, also zu verletzen.«[13] Gustav durchkreuzt damit nicht nur die ihm zugesehene Rolle des Opfers, er drängt Toni gerade im Hinweis auf das zu respektierende Gastrecht dazu, das ihr auferlegte Gesetz zu verletzen, indem sie ihm die Gunst schenkt, die ihr doch bei Todesstrafe verboten ist: »sie folgte ihm mit einer plötzlichen Bewegung, fiel ihm um den Hals, und mischte die Tränen mit den seinigen.«[14] Die Vermischung nicht nur der Tränenflüssigkeit, die Gustav sogleich nötigt, die titelgebende Verlobung auszusprechen, um den einmal gebrochenen Pakt zwischen Gast und Wirt durch einen neuen, stabileren zu ersetzen, führt jedoch entgegen seiner Intention nur zu weiteren Verletzungen des Gastrechts. Gustav, der sich ohne das Einverständnis seiner eigenen, geschweige denn der Gastfamilie die Tochter des Hauses genommen hat, sieht sich von ihr betrogen, als diese ihn fesselt, um ihn vor den Zugriffen ihrer Zieheltern zu schützen. Von der eigenen Familie über

---

11 Den Einsatzpunkt markierte Werner Hamacher: Das Beben der Darstellung. In: David E. Wellbery (Hg.): Positionen der Literaturwissenschaft. Acht Modellanalysen am Beispiel von Kleists ›Das Erdbeben in Chili‹. München: Beck 1984, S. 149–173.

12 Heinrich von Kleist: Die Verlobung in St. Domingo. In: Sämtliche Werke und Briefe in vier Bänden. Bd. 3. Sämtliche Erzählungen, Anekdoten, Gedichte, Schriften. Hg. von Ilse-Marie Barth. Frankfurt a.M.: Deutscher Klassiker Verlag 1990, S. 223.

13 Ebd., S. 240.

14 Ebd., S. 238.

die Hintergründe von Tonis Tat noch nicht informiert, erweist sich Gustav nach seiner unwahrscheinlichen Rettung in mehr als einer Hinsicht als ein undankbarer Gast:

> Gustav wechselte bei diesem Anblick die Farbe; er hielt sich, indem er aufstand, als ob er umsinken wollte, an den Leibern der Freunde fest; und ehe die Jünglinge noch wußten, was er mit dem Pistol, das er ihnen jetzt aus der Hand nahm, anfangen wollte: drückte er dasselbe schon, knirschend vor Wut, gegen Toni ab.[15]

Im tödlichen Spiel zwischen Schwarz und Weiß wechselt Gustav nicht nur die Farbe, sondern auch die ihm zugedachte Rolle vom Verlobten zum Mörder der Braut und wiederholt damit eine Geschichte, die ihm im europäischen Revolutionstaumel schon einmal passiert war, als seine Verlobte an seiner Statt unter dem Schafott enden musste. Im Rahmen der symbolischen Stellvertretungsprozesse, mit denen der Text, so Dieter Heimböckel, »die Exterritorialität seiner Figuren als ein Anderswo vorstellt, das sich der Einordnung entzieht«,[16] inszeniert Kleist die Ambivalenz von Gast und Feind, indem er Toni zunächst als Feind von Gustav auftreten lässt, der sich durch den plötzlichen Affekt der Liebe in einen willfährigen Gastgeber verwandelt, den Gast Gustav hingegen zu dem feindseligen Racheengel werden lässt, dessen Rolle eigentlich Toni vorbehalten war. »›Ach‹, rief Toni, und dies waren ihre letzten Worte: ›du hättest mir nicht mißtrauen sollen!‹ Und damit hauchte sie ihre schöne Seele aus. ›Gewiß!‹ sagte er, da ihn die Vettern von der Leiche wegrissen: ›ich hätte dir nicht mißtrauen sollen; denn du warst mir durch einen Eidschwur verlobt, obschon wir keine Worte darüber gewechselt hatten!‹«[17] Kleists Dekonstruktion der Begriffe des Verstehens und des Vertrauens, die schon seine Verlobungsbriefe an Wilhelmine von Zenge kennzeichnen,[18] gipfelt in dem Selbstmord Gustavs, der das in sich verkehrte Gastrecht an sich selbst ausübt, um so in einer metonymischen Kreisbewegung in die ursprüngliche Position des zu opfernden Gastes zurückzukehren. Der Selbstmord Gustavs besiegelt den seltsamen Pakt zwischen Gastgeberin und Gast und hebt ihn zugleich auf: Die Gastfreundschaft Tonis provoziert den eigenen wie den Tod des Gastes, der sein Recht an ihr ausübt und so zu dem Feind wird, zu dem er bereits eingangs erklärt worden war. Das Doppelspiel von Gast und Feind erscheint bei Kleist in der doppelten Verkehrung beider Positionen, die in einer chiastischen Bewegung den Platz wechseln, um so eine Verwirrung zu stiften, die zum Schauplatz der Erzählung wird. »Die Geschichte wandert in den Schauplatz hinein«,[19] hatte Walter Benja-

---

15 Ebd., S. 257.

16 Dieter Heimböckel: ›Exterritorialität‹. Atopien des Fremden in Heinrich von Kleists Erzählung »Die Verlobung in St. Domingo« und Franz Kafkas Roman »Der Verschollene«. In: Christoph Parry/Mariann Skog-Södersved (Hg.): Annäherungen. Beiträge auf dem Finnischen Germanistentreffen. Vaasa 16.–17.09.2004. Vaasa. Germersheim: SAXA-Verl. 2005, S. 27–40, hier S. 32.

17 Kleist: Die Verlobung (s. Anm. 12), S. 259.

18 Vgl. Achim Geisenhanslüke: Masken des Selbst. Aufrichtigkeit und Verstellung in der europäischen Literatur. Darmstadt: WBG 2006, S. 158f.

19 Walter Benjamin: Ursprung des deutschen Trauerspiels. In: Gesammelte Schriften. Werkausgabe. Bd. I. Hg. von Rolf Tiedemann. Frankfurt a.M.: Suhrkamp 1980, S. 271.

min über das barocke Trauerspiel vermerkt und den physischen Schmerz als Korrelat barocken Geschichtsdenkens festgehalten. Die Geschichte, die in Kleists in vielerlei Hinsicht dramatische Erzählung hineinwandert, unterscheidet sich von Kants Idee eines allgemeinen Weltbürgerrechts, indem sie die in der Rhetorik des Kannibalismus festgehaltene archaische Dimension des Tötens und Getötet-Werdens, des Fressens und Gefressen-Werdens, von der Kants Exkurs zu den primitiven Stämmen Amerikas berichtet, in die Philosophie der Aufklärung einträgt, um deren Optimismus auf dem Weg zur Romantik ein für alle Mal zu untergraben.

3.

In seiner Erzählung »Die Verlobung in St. Domingo« versetzt Kleist die beiden Begriffe des Gastes und des Feindes in einen wechselseitigen Taumel, der den Bereich des Häuslichen zu einem ekstatischen Ort der Gewalt werden lässt. Die Romantik nimmt sich Kleists Schwindel der Bedeutung an, indem sie eine zweite Reflexionsebene einführt, die dazu verhilft, die Antinomie von Gast und Feind auf neue Weise zu bewältigen. Unheimlich und damit zugleich »Heimelich, heimelig, zum Hause gehörig, nicht fremd, vertraut, zahm, traut und traulich, anheimelnd etc.«,[20] wie Freud Daniel Sanders Wörterbuch der Deutschen Sprache entnimmt, ist die romantische Literatur im Unterschied zu Kleists Aporien der Aufklärung, da sie das Angst- und Grauenerregende aufruft, um es zugleich zu bändigen. So merkt Freud gleich zu Beginn seiner Abhandlung an, »das Unheimliche sei jene Art des Schreckhaften, welche auf das Altbekannte, Längstvertraute zurückgeht.«[21] Im Begriff des Unheimlichen, den Freud an E.T.A. Hoffmanns Erzählung »Der Sandmann« entwickelt hat, fallen die scheinbaren Gegensätze des Vertrauten und des Unvertrauten auf sonderbare Weise ineinander. In ähnlicher Weise wie im Falle des Begriffspaars Gast und Feind wird das Heimliche zum Unheimlichen und das Unheimliche zum Heimlichen. Von daher kann es nicht verwundern, dass die Begriffe des Gastes und des Unheimlichen in der Literatur der Romantik eine Synthese eingehen, die sich besonders deutlich an Hoffmanns Erzählung »Der unheimliche Gast« ablesen lässt. Im Unterschied zum Motiv des Sandmannes, der den Kindern die Augen ausreißt, entwickelt Hoffmann den Zusammenhang zwischen dem Unheimlichen und dem Gast, der seiner Erzählung den Titel gegeben hat, anhand der Metapher des Gespenstes. Unheimlich ist der Gast, von dem Hoffmann berichtet, da er »etwas Gespenstisches«[22] an sich trägt: »Hinein trat ein Mann, von Kopf bis Fuß schwarz gekleidet, bleichen Antlitzes, ernsten festen Blickes.«[23] Von seinem ersten Auftritt an erscheint Hoffmanns unheimlicher Gast als ein Todesbote, der das Glück des jungen Paares Angelika und Moritz

---

20 Sigmund Freud: Das Unheimliche. In: Gesammelte Werke. Zwölfter Bd. Werke aus den Jahren 1917–1920. Hg. von Anna Freud. Frankfurt a.M.: Fischer 1999, S. 231.

21 Ebd., S. 231.

22 E.T.A. Hoffmann: Der unheimliche Gast. In: Poetische Werke. Bd. 7. Die Serapionsbrüder. Berlin, New York: de Gruyter 1993, S. 120.

23 Ebd., S. 118.

mit den Kräften von Magie und Magnetismus zu zerstören sucht. Als Fremder drängt er sich in den Kreis der Freunde, entfernt Moritz von der Verlobten, um selbst an dessen Stelle zu treten. Der romantischen Verknüpfung des Unheimlichen mit dem Gespenstischen folgend implantiert er durch nächtliche Hypnose eine »Geisterstimme«[24] in Angelikas Kopf, die ihr befiehlt, ihn und nicht Moritz zum Mann zu nehmen: »Ja, der Graf selbst sei manchmal um Mitternacht in die Türe getreten, habe minutenlang den starren Blick auf Angelika gerichtet und sich dann wieder entfernt.«[25] Die hypnotische Kraft des Blickes, die Angelika in eine innere Stimme übersetzt, verkehrt sich nach der Aufhebung des Zaubers jedoch in Blindheit:

> Da saß der Graf, ganz schwarz gekleidet, den funkelnden Ordensstern auf der Brust, mit gefalteten Händen auf einer Rasenbank, den Rücken an den Stamm eines blühenden Holunderbaums gelehnt, und starrte sie regungslos an. Sie erbebten vor dem gräßlichen Anblick, denn des Grafen hohle, düster funkelnde Augen schienen ohne Sehkraft.[26]

Freuds Vermutung »daß das Gefühl des Unheimlichen direkt an der Gestalt des Sandmannes, also an der Vorstellung, der Augen beraubt zu werden, haftet«[27], bewährt sich auch an Hoffmanns Erzählung »Der unheimliche Gast«, an deren Ende das Motiv der Blindheit steht, das Freud zugleich in den Kontext des Ödipuskomplexes rückt, demzufolge der Sandmann sich für »den gefürchteten Vater einsetzt, von dem man die Kastration erwartet.«[28] In Freuds Lesart erscheint der Graf als Stellvertreter der väterlichen Autorität, der sich als denkbar schlechter Gastgeber weigert, die eigene Tochter dem anderen Mann zur Frau zu geben. Die dislozierende Kraft der Verdrängung lässt den Grafen im eigenen Hause zum Fremden werden, der vergeblich versucht, die Herrschaft wieder an sich zu reißen. Der Begriff des Unheimlichen verbindet sich in Kleidung und Habitus des Grafen mit der Macht des Todes, die die Metapher des Gespenstischen festhält: Schwarz gekleidet, mit dem Orden auf der Brust und gefalteten Händen und regungslosen Augen erscheint der Graf als Toter, der für eine begrenzte Weise sein Unwesen auf der Erde treiben konnte, bis er von der jungen Liebe zwischen Moritz und Angelika endgültig in das Reich verwiesen wird, aus dem er entsprungen ist. Den Anschein des Angst- und Grauenerregenden, den Freud dem Unheimlichen attestiert, verdankt es mithin weniger der ödipalen Verletzung des Gastrechts als vielmehr seiner Beheimatung in jener Welt, in der Freud »das wichtigste wie das dunkelste Element der psychologischen Forschung«[29] erkannte, den Trieb, zum Leblosen zurückzukehren. Ein unheimlicher Gast ist der sizilianische Graf in Hoffmanns Erzählung, da sein Gastrecht im Totenreich beheimatet ist. Der Zusammenhang zwischen dem Unheimlichen und dem Tod, den Hoffmann in seiner

---

24 Hoffmann: Der unheimliche Gast (s. Anm. 22), S. 136.

25 Ebd., S. 149.

26 Ebd., S. 137.

27 Freud: Das Unheimliche (s. Anm. 20), S. 242.

28 Ebd., S. 244.

29 Sigmund Freud: Jenseits des Lustprinzips. In: Gesammelte Werke. Dreizehnter Bd. Hg. von Anna Freud. Frankfurt a.M.: Fischer 1999, S. 35.

Erzählung etabliert, greift zugleich auf die Verknüpfung von Gast- und Totenrecht bei Flaubert und Kafka voraus.

4.

Flauberts Legende von St. Julien aus den »Trois Contes« beschreibt eine Form der Gastlichkeit, die sich unmittelbar an den Tod richtet. In ähnlicher Weise wie Hoffmann ruft Flaubert zunächst ein ödipales Schema auf. Nachdem der unerbittliche Jäger, zu dem der junge St. Julien geworden ist, anders als der heilige Hubertus zum Schlusspunkt einer monströsen Blutorgie eine Hirschfamilie erlegt und dabei die Prophezeiung erfährt, »Maudit! maudit! maudit! Un jour, cœur feroce, tu assassineras ton père et ta mère«[30], versucht er sich der Prophezeiung zu entziehen, indem er in der gewaltsamen Welt des Krieges Zuflucht sucht. Wie nicht anders zu erwarten, fällt er dem Fluch letztlich doch anheim, als seine Eltern ihn, inzwischen Schwiegersohn des Kaisers von Okzitanien, unangekündigt in seinem Schloss aufsuchen. Nach der tragischen Erfüllung der unheilvollen Prophezeiung beginnt sein Leben als Heiliger, das der Mutter unmittelbar nach seiner Geburt von einem Zigeuner vorausgesagt worden war. Nach Wanderjahren als Bettler lässt er sich als Fährmann an einem Fluss nieder. Sein Leben im Dienst der anderen vollendet sich, als der Tod in Gestalt eines Aussätzigen zu ihm tritt, der zunächst Speise und Trank und dann das Bett fordert, in dem St. Julien ihn wärmen soll:

> Alors le lépreux l'étreignit; et ses yeux tout à coup prirent une clarté d'étoile; ses cheveux s'allongèrent comme les rais de soleil; le soufflé de ses narines avait la douceur des roses; un nuage d'encens s'éleva du foyer, les flots chantaient. Cependant une abondance des délices, une joie surhumaine descendait comme une inondation dans l'âme de Julien pâmé; et celui dont les bras le serraient toujours grandissait, grandissait, touchant de sa tête et de ses pieds les deux murs de la cabane. Le toit s'envola, le firmament se déployait; – et Julien monta vers les espaces bleus, face à face avec Notre-Seigneur Jésus qui l'emportait dans le ciel.[31]

Flauberts Legende beschreibt die Überwindung des Ekels als Bedingung der Verwandlung, die den Aussätzigen zum Erlöser und St. Julien zum Heiligen werden lässt. Da seine Gastfreundschaft keine Grenzen zu kennen scheint und selbst der Aussätzige in seiner Hütte aufgenommen wird, erfährt Julien eine Belohnung, die zugleich die Rolle von Gast und Wirt vertauscht: Der gastfreundliche Julien wird als Gast des Erlösers im Himmelreich aufgenommen. Das Lob der Nächstenliebe, das die der späten Erzählung zugrunde liegende Poetik der Grausamkeit und des Ekels zugleich konterkariert, verweist Flauberts Travestie der Hagiographie wie bereits Hoffmans Erzählungen an die unheimliche Macht des Todes, die der Schluss der Legende ironisch auffängt, wenn er behauptet, die Geschichte des gastfreien Sankt Julians »telle à peu près qu'on la trouve, sur un vitrail d'église, dans mon pays«[32] erzählt zu haben. Das »ungefähr

30 Gustave Flaubert: Trois Contes. Paris: Colin 1965, S. 101.
31 Ebd., S. 130f.

so«, mit dem die Erzählung schließt, bezeichnet einen Grad der Abweichung von den narrativen Vorgaben der Heiligenlegende, der in Kafkas Prosa zum beherrschenden Erzählprinzip wird.

5.

Dass sich Kafkas Kunst der »Umkehrung und Ablenkung«[33], so Gerhard Neumann, zu wesentlichen Teilen von Flaubert herleitet, ist von der Forschung häufig hervorgehoben worden. Wie Monika Kühne betont, hat die Legende des St. Julien in Kafkas Entwürfen zum »Jäger Gracchus« ein Echo gefunden, das sich auf einzelne poetische Bilder konzentriert.[34] Wie bereits bei Flaubert steht nicht das christliche Motiv der Erlösung durch den Tod im Zentrum von Kafkas Text, sondern dessen Travestie durch das Ausbleiben des ewigen Lebens, an dessen Stelle das ziellose Herumirren des Jägers Gracchus in einer eigentümlichen Zwischenwelt von Leben und Tod tritt. Eingang in Kafkas Text findet der Jäger zunächst in der Gestalt des Toten:

> Von der Bahre war das Tuch zurückgeschlagen. Es lag dort ein Mann mit wild durcheinandergewachsenem Haar und Bart, gebräunter Haut, etwa einem Jäger gleichend. Er lag bewegungslos, scheinbar atemlos, mit geschlossenen Augen da, trotzdem deutete nur die Umgebung an, daß es vielleicht ein Toter war.[35]

Die geschlossenen Augen des Jägers, seine scheinbare Bewegungs- und Atemlosigkeit, die Bahre und das Tuch, all das scheint einen Toten anzuzeigen, der am Hafen von Riva seine letzte Ruhestätte sucht. Als Toter ist der Jäger Gracchus jedoch zugleich lebendig:

> Sofort schlug der Mann auf der Bahre die Augen auf, wandte schmerzlich lächelnd das Gesicht dem Herrn zu und sagte: »Wer bist Du?« Der Herr erhob sich ohne sichtbares Staunen aus seiner knieenden Stellung und antwortete: »Der Bürgermeister von Riva.« Der Mann auf der Bahre nickte, zeigte mit schwach ausgestrecktem Arm auf einen Sessel und sagte, nachdem der Bürgermeister seiner Einladung gefolgt war: »Ich wußte es ja, Herr Bürgermeister, aber im ersten Augenblick habe ich immer alles vergessen, alles geht mir in der Runde und es ist besser ich frage, auch wenn ich alles weiß. Auch Sie wissen

---

32 Ebd., S. 131.

33 Vgl. Gerhard Neumann: Umkehrung und Ablenkung: Franz Kafkas ›Gleitendes Paradox‹. In: Deutsche Vierteljahrsschrift für Literaturwissenschaft und Geistesgeschichte, Jg. 42 (1968), S. 702–744.

34 »Ohne dabei eine inhaltliche Parallele zu Flauberts Novelle aufzubauen, wie er sie in *Ein Landarzt* deutlich verfolgt hatte, bedient er sich hier nur einzelner poetischer Bilder aus Juliens wundersamen Erlebnissen als Fährmann.« Monika Kühne: »Es geht in einen über, sei man wie man sei.« Kafka als Leser Flauberts. In: Archiv für das Studium der neueren Sprachen und Literaturen, Bd. 234 (1997), S. 293–313, hier S. 309.

35 Franz Kafka: Der Jäger Gracchus. In: ders.: Beim Bau der Chinesischen Mauer und andere Schriften aus dem Nachlaß in der Fassung der Handschrift. Frankfurt a.M.: Fischer 1994 (Gesammelte Werke, Bd. 6. Nach der kritischen Ausg. hg. von Hans-Gerd Koch), S. 40–44, hier 41.

> wahrscheinlich, daß ich der Jäger Gracchus bin.« »Gewiß«, sagte der Bügermeister, »Sie wurden mir heute in der Nacht angekündigt. Wir schliefen längst. Da rief gegen Mitternacht meine Frau: ›Salvatore‹ – so heiße ich – ›sieh die Taube im Fenster.‹ Es war wirklich eine Taube, aber groß wie ein Hahn. Sie flog zu meinem Ohr und sagte: ›Morgen kommt der tote Jäger Gracchus, empfange ihn im Namen der Stadt.‹« Der Jäger nickte und zog die Zungenspitzen zwischen den Lippen durch: »Ja die Tauben fliegen vor mir her. Glauben Sie aber Herr Bürgermeister daß ich in Riva bleiben soll?« »Das kann ich noch nicht sagen«, antwortete der Bürgermeister. »Sind sie tot?« »Ja«, sagte der Jäger, »wie Sie sehn. Vor vielen Jahren, es müssen aber schon ungemein viel Jahre sein, stürzte ich im Schwarzwald, das ist in Deutschland, von einem Felsen, als ich eine Gemse verfolgte. Seitdem bin ich tot.« »Aber Sie leben doch auch?« sagte der Bürgermeister. »Gewissermaßen«, sagte der Jäger, »gewissermaßen lebe ich auch. Mein Todeskahn verfehlte die Fahrt, eine falsche Drehung des Steuers, ein Augenblick der Unaufmerksamkeit des Führers, eine Ablenkung durch meine wunderschöne Heimat, ich weiß nicht was es war, nur das weiß ich, daß ich auf der Erde blieb und daß mein Kahn seither die irdischen Gewässer befährt. So reise ich, der nur in seinen Bergen leben wollte, nach meinem Tode durch alle Länder der Erde.«[36]

In einer Radikalisierung der Hoffmannschen Gespenstergeschichten präsentiert Kafka den Jäger als einen Untoten, der eine Existenz auf der Schwelle von Leben und Tod fristet. Die Ankunft in Riva inszeniert Kafka als eine rituelle Gastszene: Die Rolle des Wirtes übernimmt der Bügermeister von Riva mit dem sprechenden Namen Salvatore, die des Gastes der Jäger Gracchus, der mit allen Ehren empfangen wird. Die Darstellung des Jägers als lebenden Toten lässt die Szenerie zugleich als eine symbolische Unterweltlandschaft erscheinen,[37] in der das Boot die Funktion einer Totenfähre übernimmt, die ihren eigentlichen Weg verfehlt hat. Der Totenlandschaft, die der Text präsentiert, entspricht das Vergessen, mit dem das Gespräch einsetzt, und die Verkehrung der christlichen Erlösungssymbols der Taube zur Ankündigung der Ankunft eines Toten, die schon Hartmut Binder als eine »Umkehrung der Tradition ins Negative«[38] ausgelegt hat. In einem irritierenden Schwebezustand zwischen Leben und Tod kommt der Jäger als Gast an den Gardasee, um eine Form der Ruhe zu finden, die ihm bislang versagt geblieben ist. Kafka, der Binder zufolge Elemente der jüdischen Sage »Die goldene Gasse« in seine Erzählung eingearbeitet hat,[39] in der ein Jüngling, mit grünem Jagdwams bekleidet, von der Tochter eines Rabbi von dem Fluch der ewigen Wanderschaft erlöst wird, variiert das Bild des Wanderers, indem er dessen Irrfahrt als Ergebnis einer minimalen Abweichung erscheinen lässt: »Mein Todeskahn verfehlte die Fahrt, eine falsche Drehung des Steuers, ein Augenblick der Unaufmerksamkeit des Führers, eine Ablenkung durch meine wunderschöne Heimat, ich weiß nicht, was es war, nur das weiß ich, daß mein Kahn seither die irdischen Gewässer befährt.«[40] Wie Manfred Frank und Gerhard Kurz festgehalten haben, gehorcht Kafkas Schreiben wie das Kleists einer Rhetorik der Inversion,[41] die auch im

---

36 Kafka: Jäger Gracchus (s. Anm. 35), S. 42f.
37 Vgl. Hartmut Binder: Kafka. Der Schaffensprozeß. Frankfurt a. M.: Suhrkamp 1983, S. 202.
38 Ebd., S. 251.
39 Ebd., S. 209.
40 Kafka: Beim Bau (s. Anm. 35), S. 43.

»Jäger Gracchus« wirksam ist und die sich dort mit der allegorischen Darstellung der Hadesfahrt verbindet: Der Kahn, der die Fahrt verfehlt und die falsche Drehung des Steuers repräsentieren das Verfehlen des Lebensweges, den Kafka in die Sphäre des Todes transponiert: »Mein Kahn ist ohne Steuer, er fährt mit dem Wind der in den untersten Regionen des Todes bläst.«[42] Nicht das richtige Leben verfehlt der Jäger, dem, wie das Gespräch mit dem Bürgermeister attestiert, auf der Jagd nach den Wölfen in seiner Heimat des Schwarzwaldes keine Schuld zuzukommen scheint, sondern den richtigen Tod. Die Irrfahrt erscheint als Konsequenz aus einer einmaligen Abweichung, die nicht wieder aufgehoben werden kann: »Einmal dem Fehlläuten der Glocke gefolgt - es ist niemals gutzumachen«[43], wie Kafka in seiner Erzählung »Ein Landarzt« angemerkt hat. Ähnliches gilt für den Jäger Gracchus, der den einmal verfehlten Weg nicht wieder zu finden vermag:

> »Ich bin«, antwortete der Jäger, »immer auf der großen Treppe die hinaufführt. Auf dieser unendlich weiten Freitreppe treibe ich mich herum, bald oben bald unten, bald rechts bald links, immer in Bewegung. Nehme ich aber den größten Aufschwung und leuchtet mir schon oben das Tor, erwache ich auf meinem alten in irgendeinem irdischen Gewässer öde steckenden Kahn.«[44]

Die Rhetorik der Inversion, die Kafkas Texte kennzeichnet, bezieht sich im »Jäger Gracchus«, der nicht zufällig am idyllischen Gardasee in Italien spielt, auf die von Dante überlieferte Ordnung von Paradiso und Inferno. Im Unterschied zu der *katábasis*, die Dante in der Göttlichen Komödie vorführt, bleibt die Erlösung, das Aufwachen im Paradies, wie Rainer Nägele hervorgehoben hat, bei Kafka jedoch aus.[45] An die Stelle der Erlösung tritt das mit der jüdischen Figur des Ahasver verbundene Motiv der Ruhelosigkeit, ein ewiges Umherirren, das mit einem Zustand äußerster Desorientierung einhergeht: Weg- und Ziellosigkeit bestimmen die Erfahrungen des Jägers, der in Riva von einem Gastrecht Gebrauch macht, das ihm der Bürgermeister zu gewähren scheint, bis sein Fall endgültig entschieden ist. Das verbindet die Geschichte des Jäger Gracchus mit der, die Kafka in seinem letzten Roman »Das Schloß« erzählt.

---

41 Vgl. Manfred Frank/Gerhard Kurz: Ordo inversus. Zu einer Reflexionsfigur bei Novalis, Hölderlin, Kleist und Kafka. In: Geist und Zeichen. Festschrift für Arthur Henkel. Heidelberg: Winter 1977, S. 75-97.

42 Kafka: Jäger Gracchus (s. Anm. 35), S. 44.

43 Franz Kafka: Ein Landarzt. In: ders.: Ein Landarzt und andere Drucke zu Lebzeiten. Frankfurt a.M.: Fischer 1994 (Gesammelte Werke, Bd. 6. Nach der kritischen Ausg. hg. von Hans-Gerd Koch), S. 200-207, hier 207.

44 Kafka: Jäger Gracchus (s. Anm. 35), S. 43.

45 Vgl. Rainer Nägele: Auf der Suche nach dem verlorenen Paradies. Versuch einer Interpretation zu Kafkas »Der Jäger Gracchus«. In: The German Quarterly, Jg. 47 (1974), S. 60-72, hier S. 64.

6.

Im »Jäger Gracchus« tritt der Gast in der Figur des Toten auf, der die Lebenden um Erlösung bittet. Den Zusammenhang von Gastrecht und Tod, dem Inbegriff der Ambivalenz von Gast und Feind, thematisiert Kafka in vielen seiner Texte. Zum bestimmenden Motiv des Schreibens, von dem Kafka schon in seinen Briefen an Felice Bauer behauptet, es sei »ein tieferer Schlaf, also Tod«,[46] wird die Darstellung des Besuchs bei den Toten:

> Ich war bei den Toten zu Gast. Es war eine große reinliche Gruft, einige Särge standen schon dort, es war aber noch viel Platz, zwei Särge waren offen, es sah in ihnen aus wie in zerwühlten Betten, die eben verlassen worden sind. Ein Schreibtisch stand ein wenig abseits, so daß ich ihn nicht gleich bemerkte, ein Mann mit mächtigem Körper saß hinter ihm. In der rechten Hand hielt er eine Feder, es war als habe er geschrieben und gerade jetzt aufgehört, die linke Hand spielte an der Weste mit einer glänzenden Uhrkette und der Kopf war tief zu ihr hinabgeneigt. Eine Bedienerin kehrte aus, doch war nichts auszukehren.[47]

W.G. Sebald hat darauf hingewiesen, dass das unbetitelte Fragment mit den Figuren des Gastes, des Herren und der Bedienerin eine Analogie zu der Einführung des Schloßbeamten Klamm und dessen Geliebter Frieda im »Schloß«-Roman bietet.[48] Das Gastrecht, das die Toten gewähren, scheint den Besucher zugleich an die Rolle des Erlösers zu verweisen als demjenigen, der den Tod zu überwinden vermag. Genau das verweigert Kafkas Text jedoch. Die Rolle des Erlösers weist der Gast im Gespräch der Bedienerin von sich: »›Wir warten auf einen, der Ordnung macht. Bist du es?‹ ›Nein, nein‹, sagte ich. ›Das ist sehr vernünftig‹, sagte sie, ›nun geh aber zu dem Herrn.‹«[49] Wie schon im »Jäger Gracchus« bietet Kafkas Fragment die Allegorie einer verweigerten Erlösung. In dem Maße, in dem die Erlösung als Überwindung des Todes aber ausbleibt, verwandelt sich die Landschaft in Kafkas Texten, darin ein Vorbild für die Lyrik Pauls Celans, in eine symbolische Totenlandschaft. »Lange vor Abend / kehrt bei dir ein, der den Gruß getauscht mit dem Dunkel«[50], beginnt Celan sein Gedicht »Der Gast« aus dem Band »Von Schwelle zu Schwelle«. Der Gast, der mit dem Dunkel den Gruß getauscht hat, ist der, der von den Toten heimkehrt. Die Schwelle, die Kafkas und Celans Texte thematisieren, lässt die beiden Pole von Leben und Tod bis zur Ununterscheidbarkeit ineinander fließen. Das Gastrecht, das die

---

46 Franz Kafka: Briefe an Felice und andere Korrespondenz aus der Verlobungszeit. Hg. von Erich Heller und Jürgen Born. Frankfurt a.M.: Fischer 1976, S. 412.

47 Franz Kafka: Das Schloß. In: ders.: Zur Frage der Gesetze und andere Schriften aus dem Nachlaß. Frankfurt a.M.: Fischer 1994 (Gesammelte Werke, Bd. 7. Nach der kritischen Ausg. Hg. von Hans-Gerd Koch), S. 74–76, hier 74.

48 W.G. Sebald: Das unentdeckte Land. Zur Motivstruktur in Kafkas »Schloß«. In: ders.: Die Beschreibung des Unglücks. Zur österreichischen Literatur von Stifter bis Handke. Frankfurt a.M.: Fischer 1994, S. 78–92, hier 82.

49 Franz Kafka: Zur Frage der Gesetze (s. Anm. 47), S. 74.

50 Paul Celan: Der Gast. In: Gesammelte Werke. Erster Band. Hg. von Beda Allemann und Stefan Reichert. Frankfurt a.M.: Suhrkamp 1983, S. 102.

Protagonisten von Kafkas Texten für sich in Anspruch nehmen, ist das der Toten. Dass es ihnen wie dem Landvermesser im »Schloß« nicht gewährt wird, macht sie in dem eingangs von Derrida angesprochenen Sinne zu dislozierten Gästen, zu Untoten, Fremden, Exilierten, Deportierten, Vertriebenen, Entwurzelten und Nomaden.

7.

Eine nomadische Existenz im Sinne Deleuzes/Guattaris par excellence bietet der Landvermesser in Kafkas letztem Roman »Das Schloß«.[51] Schon die Schilderung seiner Ankunft verweist auf die Totenwelt, die in den Erzählfragmenten Kafkas auf allegorische Weise zur Darstellung kam:

> Es war spät abend als K. ankam. Das Dorf lag in tiefem Schnee. Vom Schloßberg war nichts zu sehn, Nebel und Finsternis umgaben ihn, auch nicht der schwächste Lichtschein deutete das große Schloß an. Lange stand K. auf der Holzbrücke, die von der Landstraße zum Dorf führt und blickte in die scheinbare Leere hervor.[52]

Nebel und Finsternis, Schnee und Abend bestimmen K.s Ankunft im Dorf. Nicht nur die alles umschließende Düsternis nimmt das Motiv des fremden Landes auf, als das der Tod den Lebenden erscheint. Auch die Weg- und Ziellosigkeit, die schon die Fahrt des »Jäger Gracchus« begleitete, findet sich im Roman wieder. Das Ziel des Weges, das »Schloß«, erscheint von Beginn an als eine Leerform, zu der kein Weg hinaufzuführen scheint. An die Stelle des endlich zu erreichenden Ziels tritt vielmehr eine scheinbar endlose Schwellensituation, die der Text in der Metapher der Brücke als dem Übergang vom Leben zum Tod festhält. »Ich war steif und kalt, ich war eine Brücke, über einem Abgrund lag ich, diesseits waren die Fußspitzen, jenseits die Hände eingebohrt, in bröckelndem Lehm hatte ich mich festgebissen«[53], schreibt Kafka in einem Entwurf, der dem Fragment zum »Jäger Gracchus« unmittelbar vorausgeht und in seiner Metaphorik auf Nietzsches Allegorie vom Menschen als einem Seil über einem Abgrund aus dem »Zarathustra« erinnert.[54] Im Unterschied zu Nietzsches Pathos des Übermenschen endet Kafkas Text jedoch mit dem unvermittelten Absturz in den Abgrund: »Brücke dreht sich um! Ich war noch nicht umgedreht, da stürzte ich schon«[55]. Die Brücke, auf der K. verweilt, um zum »Schloß« hinaufzuschauen, signalisiert einen Schwebezustand, der der zwischen Leben und Tod oszillierenden Existenz des Jäger Gracchus vergleichbar ist. Schon Sebald hat die Motive von Reise und Wanderschaft im »Schloß« daher als »Symbole des Todes«[56] gedeutet und

---

51 Vgl. Gilles Deleuze/Félix Guattari: Kafka. Für eine kleine Literatur. Frankfurt a.M.: Suhrkamp 1976.

52 Franz Kafka: Das Schloß. Roman. In: Gesammelte Werke. Bd. 4. Nach der kritischen Ausgabe hg. von Hans-Gerd Koch. Frankfurt a.M.: Fischer 1994, S. 9.

53 Kafka: Jäger Gracchus (s. Anm. 35), S. 39.

54 Vgl. Achim Geisenhanslüke: Der Buchstabe des Geistes. Postfigurationen der Allegorie von Bunyan zu Nietzsche. München: Fink 2003, S. 214.

55 Kafka: Jäger Gracchus (s. Anm. 35), S. 39.

darüber hinaus im »Schloß« selbst eine Anspielung auf Murnaus NOSFERATU-Film erkennen wollen. Medium und Gegenstand verweisen gleichermaßen auf die Ordnung der Untoten, die in Kafkas Texten eine geradezu halluzinatorische Existenz gewinnen. In ähnlicher Weise wie Hans Castorp in Thomas Manns »Zauberberg« unternimmt der Protagonist von Kafkas Roman auf seinem Weg hinauf zum Schloßberg eine Reise, die zugleich hinab ins Reich der Toten führt.

Der Metaphorik von Nacht, Finsternis und Tod folgend, die den »Schloß«-Roman beherrscht, macht sich K. nach der Ankunft im Dorf sogleich auf die Suche nach einem »Nachtlager«[57]. Sie führt ihn in ein Wirtshaus:

> Dann ging er ein Nachtlager suchen; im Wirtshaus war man noch wach, der Wirt hatte zwar kein Zimmer zu vermieten, aber er wollte, von dem späten Gast äußerst überrascht und verwirrt, K. in der Wirtsstube auf einem Strohsack schlafen lassen, K. war damit einverstanden. Einige Bauern saßen noch beim Bier aber er wollte sich mit niemandem unterhalten, holte selbst den Strohsack von Dachboden und legte sich in die Nähe des Ofens hin. Warm war es, die Bauern waren still, ein wenig prüfte er sie noch mit den müden Augen, dann schlief er ein.[58]

In den ersten Entwürfen zum »Schloß«-Roman hatte Kafka den Protagonisten schlicht den »Gast« genannt. »Der Wirt begrüßte den Gast. Ein Zimmer im ersten Stockwerk war bereitgemacht«,[59] lautet die erste Aufzeichnung zum Roman. In der geradezu archetypischen Rolle des Ruhe suchenden Gastes führt er den Landvermesser in den Roman ein.[60] Das erwünschte Gastrecht wird ihm von Schwarzer, dem Sohn des Schloßkastellan, jedoch zunächst verweigert: »Dieses Dorf ist Besitz des Schlosses, wer hier wohnt oder übernachtet, wohnt oder übernachtet gewissermaßen im Schloß. Niemand darf das ohne gräfliche Erlaubnis. Sie aber haben eine solche Erlaubnis nicht oder haben sie wenigstens nicht vorgezeigt.«[61] Schwarzers alles andere als gastlicher Empfang verwandelt den Landvermesser in einen Landstreicher. Erst das Telefon, die Stimme aus dem Geisterreich, als die Marcel Proust und Walter Benjamin das neue Kommunikations-Medium geschildert haben,[62] gewährt K. ein zumindest vorübergehendes Gastrecht, das sich allerdings nicht auf das Schloß selbst erstreckt. Als Antwort auf die Frage, wann er ins Schloß kommen dürfe, erhält K. die niederschmetternde Auskunft: »›Niemals‹ [...]. ›Gut‹, sagte K. und hing den Hörer an.«[63]

56 Sebald: Das unentdeckte Land (s. Anm. 48), S. 78.

57 Kafka: Das Schloß (s. Anm. 52), S. 9.

58 Ebd., S. 9.

59 Franz Kafka: Das Schloß. Bd. II. Apparat. In: ders.: Schriften, Tagebücher, Briefe. Kritische Ausgabe. Das Schloß. Apparatband. Hg. von Malcolm Pasley. Frankfurt a.M.: Fischer 1982, S. 115.

60 Im Gasthaus hat Sebald zugleich »ein altes Symbol der Unterwelt erkennen wollen, in das der Landvermesser unangekündigt hereinbricht.« Sebald: Das unentdeckte Land (s. Anm. 48), S. 88.

61 Kafka: Das Schloß (s. Anm. 52), S. 9.

62 Vgl. Manfred Schneider: Die erkaltete Herzensschrift. Der autobiographische Text im 20. Jahrhundert. München, Wien: Hanser 1986, S. 107f.

63 Kafka: Das Schloß (s. Anm. 52), S. 31.

Das »Später«[64], mit dem dem Mann vom Lande in der berühmten Parabel aus dem »Proceß« der Eintritt in das Gesetz verwehrt wird, verwandelt sich in ein kategorisches Nein. In ähnlicher Weise wie im »Proceß«-Roman, in dem der Protagonist niemals bis zur höchsten Instanz des Gerichts vorzudringen vermag, tritt an die Stelle des Schlosses, das K. den Einlass verwehrt, eine Kette von Stellvertretungen. Keine der Instanzen, die er während seines Aufenthalts besucht, gewährt dem Landvermesser jedoch das gewünschte Gastrecht. Auf dem Weg zum Schloß verirrt sich K. am Tag nach seiner Ankunft im tiefen Schnee und sucht in einer Hütte Zuflucht. »›Darf ich ein wenig zu Euch kommen‹, sagte K., ›ich bin sehr müde.‹«[65] Seiner Bitte um Einlass wird nur widerwillig statt gegeben. Im Inneren des Hauses bietet sich ein Bild, das nicht nur den müden Wanderer erneut an den Tod verweist: »die Frau im Lehnstuhl lag wie leblos, nicht einmal auf das Kind an ihrer Brust blickte sie hinab, sondern unbestimmt in die Höhe.«[66] Leblos wie die Frau im Lehnstuhl versinkt K. in der Welt des Schlafes, dem kleinen Bruder des Todes. Auch aus ihr wird er jedoch bald wieder vertrieben:

> »Herr Landvermesser«, sagte er, »hier könnt Ihr nicht bleiben. Verzeiht die Unhöflichkeit.« »Ich wollte auch nicht bleiben«, sagte K., »nur ein wenig mich ausruhn. Das ist geschehn und nun gehe ich.« »Ihr wundert Euch wahrscheinlich über die geringe Gastfreundlichkeit«, sagte der Mann, »aber Gastfreundlichkeit ist bei uns nicht Sitte, wir brauchen keine Gäste.«[67]

Kein Zimmer frei: Das Dorf erweist sich als ein ungastlicher Ort und der Held von Kafkas Roman einmal mehr als Exilierter, Deportierter, Vertriebener. Von zwei Männern wird K. abgeführt und vor die Tür gesetzt, bis ihn ein Schlitten zum Wirtshaus zurückbringt. Auch dort erwartet ihn ein nur lieblos bereitetes Lager:

> In dem Häuschen hatte man für K. nichts als ein kleines Dachzimmer bereitstellen können und selbst das hatte Schwierigkeiten gemacht, denn man hatte zwei Mägde, die bisher dort geschlafen hatten, anderswo unterbringen müssen. Eigentlich hatte man nichts anderes getan, als die Mägde weggeschafft, das Zimmer war sonst wohl unverändert, keine Wäsche in dem einzigen Bett, nur paar Pölster und eine Pferdedecke in dem Zustand, wie alles nach der letzten Nacht zurückgeblieben war, an der Wand paar Heiligenbilder und Photographien von Soldaten, nicht einmal gelüftet war worden, offenbar hoffte man, der neue Gast werde nicht lange bleiben und tat nichts dazu, ihn zu halten.[68]

64 Vgl. Hans H. Hiebel: ›Später!‹ – Die »Legende«, »Vor dem Gesetz«. In: ders.: Franz Kafka: Form und Bedeutung. Formanalysen und Interpretation von Vor dem Gesetz, Das Urteil, Bericht für eine Akademie, Ein Landarzt, Der Bau, der Steuermann, Prometheus, Der Verschollene, Der Proceß und ausgewählte Aphorismen. Würzburg: Königshausen & Neumann 1999, S. 106–127.

65 Kafka: Das Schloß (s. Anm. 52), S. 20.

66 Ebd., S. 21.

67 Ebd., S. 22.

68 Ebd., S. 31f.

Die einzige Hoffnung, die sich an den neuen Gast richtet, ist die, dass er nicht lange bleiben wird. Gast, Geisel oder Tourist: Im Dorf bleibt der Landvermesser ein Fremder, der vergeblich um Anerkennung ringt: »Sie sind nicht aus dem Schloß, Sie sind nicht aus dem Dorfe, Sie sind nichts. Leider aber sind sie doch etwas, ein Fremder, einer der überzählig und überall im Weg ist«[69]. In der Figur des exterritorialen Fremden vollendet sich die den Gesetzen der Hospitalität eingeschriebene Ambivalenz von Gast und Feind, die schon Kleists Erzählungen bestimmte. Der doppelten Rolle von Gast und Feind wird K. gerecht, wenn er dem Schloß das Mädchen Frieda raubt, das er nach einem zähen Kräftemessen wieder abgeben muss. Das Verhältnis des Gastes zur gastgebenden Instanz des Schlosses bleibt während des gesamten Romans eines des Kampfes, ein aussichtsloses Ringen um das Recht auf Bleibe. Weder im Gasthaus noch in der Schule oder im Herrenhof, geschweige denn im Schloß selbst, wird K. geduldet. Wie Kleists Erzählungen bietet Kafkas »Schloß«-Roman eine Subversion der Gesetze der Gastfreundschaft durch ein ganzes Kaleidoskop gestörter Gastbeziehungen, zu denen auch die Undankbarkeit gegenüber der einzigen Dorffamilie zählt, die ihn aufzunehmen bereit ist: »Einen einladenden Zuruf vom Familientisch beachtete er gar nicht, mit gesenktem Kopf blieb er auf seiner Bank«,[70] mit diesen Gesten verweigert sich der Gast dem Zuspruch des Boten und Seelenführers Barnabas: »diese Familie musste ihn hinnehmen wie er war, er hatte gewissermaßen kein Schamgefühl vor ihr.«[71] Der Mangel an Schamgefühl, der die Gastbeziehungen im »Schloß« auszeichnet, ist wechselseitig: Schamlos geht das Dorf über K.s Bedürftigkeit hinweg, schamlos nutzt er jede Möglichkeit, zum Schloß in Verbindung zu treten. Der pervertierten Form der Gastfreundschaft, die Kafka in seinen Texten darstellt, entspricht die Schamlosigkeit als Verstoß gegen die Schwellenkunde des Gastes. Die Schwelle, die der Gast übertritt, ist wie bereits im »Proceß«-Roman, der nicht von ungefähr mit den Worten »Wie ein Hund, sagte er, es war, als sollte ihn die Scham überleben«[72], endet, durch die Erfahrung der Scham bestimmt, der sich der Gast überantwortet. Von Scham begleitet ist das Eintreten des Gastes nicht im wechselseitigen Einverständnis seines Kommens, sondern im Bewusstsein der Nichtigkeit, die den Gast aufzehrt.

8.

Über das Recht des Fremdlings vermerkt Kant in seinen Überlegungen zu Weltbürgerrecht und allgemeiner Hospitalität: »Es ist kein Gastrecht, worauf dieser Anspruch machen kann (wozu ein besonderer wohltätiger Vertrag erfordert werden würde, ihn auf gewisse Zeit zum Hausgenossen zu machen), sondern ein Besuchsrecht, welches allen Menschen zusteht, sich zur Gesellschaft anzubieten«[73]. Nicht nur mit der Unter-

69 Ebd., S. 63.

70 Ebd., S. 43.

71 Ebd., S. 44.

72 Vgl. Achim Geisenhanslüke: Der beschämte Held. Flaubert und Kafka. In: Claudia Liebrand/Franziska Schößler (Hg.): Textverkehr. Kafka und die Tradition. Würzburg: Königshausen & Neumann 2004, S. 223-241, hier 239.

scheidung von Gastrecht und Besuchsrecht schränkt Kant das Gesetz der Hospitalität ein. Er setzt noch hinzu, dass »die Befugnis der fremden Ankömmlinge, sich nicht weiter erstreckt, als auf die Bedingungen der Möglichkeit, einen Verkehr mit den alten Einwohnern zu versuchen.«[74] Die Aussicht, es mit den alten Einwohnern versuchen zu können, lässt Kafka im »Schloß«-Roman gründlich scheitern. »Kant kenne ich nicht«, hatte er in seinem letzten Brief an Felice Bauer vom 16. Oktober 1917 geantwortet und im Blick auf dessen Idee des ewigen Friedens hinzugesetzt, »der Satz aber soll wohl nur für die Völker gelten, auf Bürgerkriege, auf ›innere Kriege‹ bezieht er sich kaum, hier ist der Friede wohl nur jener, den man der Asche wünscht.«[75] Der Friede, den Kafka der Asche wünscht, verweist noch einmal auf die Poetik des Unheimlichen, die ihn mit E.T.A. Hoffmann verbindet. Was Kafka im »Schloß«-Roman leitet, ist die Rückführung des Gastrechts auf das Besuchsrecht, von dem Kant in seinen Überlegungen zur allgemeinen Hospitalität als Grundlage des Weltbürgerrechts sprach. Weltbürger sind Kafkas Gäste einzig als unheimliche Besucher aus der Gegen- und Unterwelt, dem Tod, in dem der Kafkaleser Elias Canetti die Inkarnation des Feindes erkennen wollte.[76] So erfüllt sich die Ambivalenz von Gast und Feind, von der Derridas Reflexionen über die Gesetze der Gastfreundschaft ihren Ausgang nahmen, bei Kafka in der Figur des Toten, als der er sich wiederholt selbst beschrieben hat: »Ich brauche zu meinem Schreiben Abgeschiedenheit, nicht ›wie ein Einsiedler‹, das wäre nicht genug, sondern wie ein Toter.«[77] »Ich bin ein Gast auf Erden, verbirg deine Gebote vor mir nicht«[78], lautet der Psalm Davids, den Joseph Roth seinem Roman »Tarabas« zugrunde gelegt hat. Das Gastrecht, das die Literatur zu bieten scheint, findet bei Kafka eine doppelte Umkehrung, derzufolge sich das Gebot des Herren unaufhörlich im Verborgenen und der Gast im Reich der Toten verliert. Kryptische Zeugnisse einer Kunst des Verbergens bleiben Kafkas Texte, indem sie den Gast an eine Ordnung verweisen, die ihm gerade dadurch verschlossen bleibt, dass er sich ihr nähert, wie der Mann vom Lande, der Einlass in das Gesetz sucht, von dessen befremdlicher Gastlichkeit der Gefängniskaplan berichtet: »Das Gericht will nichts von Dir. Es nimmt dich auf wenn Du kommst und es entläßt Dich wenn Du gehst.«[79]

---

73 Kant: Zum ewigen Frieden (s. Anm. 6), S. 213f.

74 Ebd., S. 214.

75 Kafka: Briefe an Felice (s. Anm. 46), S. 759.

76 Canetti spricht den Tod daher als »Todfeind« an. Vgl. Elias Canetti: Die Provinz des Menschen. Aufzeichnungen 1942–1972. Frankfurt a.M.: Fischer 1976, S. 54.

77 Kafka: Briefe an Felice (s. Anm. 46), S. 412.

78 Psalm Davids: 119, V. 19.

79 Franz Kafka: Der Proceß. Roman. In: Gesammelte Werke. Bd. 3. Nach der kritischen Ausgabe hg. von Hans-Gerd Koch. Frankfurt a.M.: Fischer 1994, S. 235.

Literatur

Bahr, Hans-Dieter: Die Sprache des Gastes. Eine Metaethik. Leipzig: Reclam 1994.

Benjamin, Walter: Ursprung des deutschen Trauerspiels. In: Gesammelte Schriften. Werkausgabe Bd. I. Hg. von Rolf Tiedemann. Frankfurt a.M.: Suhrkamp 1980.

Binder, Hartmut: Kafka. Der Schaffensprozeß. Frankfurt a.M.: Suhrkamp 1983.

Canetti, Elias: Die Provinz des Menschen. Aufzeichnungen 1942-1972. Frankfurt a.M.: Fischer 1976.

Celan, Paul: Der Gast. In: Gesammelte Werke. Erster Band. Hg. von Beda Allemann und Stefan Reichert. Frankfurt a.M.: Suhrkamp 1983.

Deleuze, Gilles/Guattari, Félix: Kafka. Für eine kleine Literatur. Frankfurt a.M.: Suhrkamp 1976.

Derrida, Jacques: Von der Gastfreundschaft. Wien: Passagen 2001.

Flaubert, Gustave: Trois Contes. Paris: Colin 1965.

Frank, Manfred/Kurz, Gerhard: Ordo inversus. Zu einer Reflexionsfigur bei Novalis, Hölderlin, Kleist und Kafka. In: Geist und Zeichen. Festschrift für Arthur Henkel. Heidelberg: Winter 1977, S. 75-97.

Freud, Sigmund: Das Unheimliche. In: Gesammelte Werke. Zwölfter Bd. Werke aus den Jahren 1917-1920. Hg. von Anna Freud. Frankfurt a.M.: Fischer 1999.

Freud, Sigmund: Jenseits des Lustprinzips. In: Gesammelte Werke. Dreizehnter Bd. Hg. von Anna Freud. Frankfurt a.M.: Fischer 1999.

Geisenhanslüke, Achim: Der beschämte Held. Flaubert und Kafka. In: Claudia Liebrand/Franziska Schößler (Hg.): Textverkehr. Kafka und die Tradition. Würzburg: Königshausen & Neumann 2004, S. 223-241.

Geisenhanslüke, Achim: Der Buchstabe des Geistes. Postfigurationen der Allegorie von Bunyan zu Nietzsche. München: Fink 2003.

Geisenhanslüke, Achim: Masken des Selbst. Aufrichtigkeit und Verstellung in der europäischen Literatur. Darmstadt: WBG 2006.

Hamacher, Werner: Das Beben der Darstellung. In: David E. Wellbery (Hg.): Positionen der Literaturwissenschaft. Acht Modellanalysen am Beispiel von Kleists ›Das Erdbeben in Chili‹. München: Beck 1984, S. 149-173.

Heimböckel, Dieter: ›Exterritorialität‹. Atopien des Fremden in Heinrich von Kleists Erzählung »Die Verlobung in St. Domingo« und Franz Kafkas Roman »Der Verschollene«. In: Christoph Parry/Mariann Skog-Södersved (Hg.): Annäherungen. Beiträge auf dem Finnischen Germanistentreffen. Vaasa 16.-17. 09. 2004. Vaasa. Germersheim: SAXA-Verl. 2005, S. 27-40.

Hiebel, Hans H.: ›Später!‹ – Die »Legende«, »Vor dem Gesetz«. In: ders.: Franz Kafka: Form und Bedeutung. Formanalysen und Interpretation von Vor dem Gesetz, Das Urteil, Bericht für eine Akademie, Ein Landarzt, Der Bau, Der Steuermann, Prometheus, Der Verschollene, Der Proceß und ausgewählte Aphorismen. Würzburg: Königshausen & Neumann 1999.

Hoffmann, E.T.A.: Der unheimliche Gast. In: Poetische Werke. Bd. 7. Die Serapionsbrüder. Berlin, New York: de Gruyter 1993.

Kafka, Franz: Ein Landarzt. In: ders.: Ein Landarzt und andere Drucke zu Lebzeiten. Frankfurt a.M.: Fischer 1994 (Gesammelte Werke, Bd. 6. Nach der kritischen Ausg. hg. von Hans-Gerd Koch), S. 200-207.

Kafka, Franz: Briefe an Felice und andere Korrespondenzen aus der Verlobungszeit. hg. von Erich Heller und Jürgen Born. Frankfurt a.M.: Fischer 1976.

Kafka, Franz: Das Schloß. Roman. In: Gesammelte Werke. Bd. 4. Nach der kritischen Ausgabe hg. von Hans-Gerd Koch. Frankfurt a.M.: Fischer 1994.

Kafka, Franz: Das Schloß. Bd. II. Apparat. In: ders.: Schriften, Tagebücher, Briefe. Kritische Ausgabe. Das Schloß. Apparatband. Hg. von Malcolm Pasley. Frankfurt a. M.: Fischer 1982.

Kafka, Franz: Zur Frage der Gesetze und andere Schriften aus dem Nachlaß. In: Gesammelte Werke. Bd. 7. Nach der kritischen Ausgabe hg. von Hans-Gerd Koch. Frankfurt a. M.: Fischer 1994.

Kant, Immanuel: Zum ewigen Frieden. Ein philosophischer Entwurf. In: Schriften zur Anthropologie, Geschichtsphilosophie, Politik und Pädagogik I. Werkausgabe Bd. XI. Hg. von Wilhelm Weischedel. Frankfurt a. M.: Suhrkamp 1974.

Kleist, Heinrich von: Die Verlobung in St. Domingo. In: Sämtliche Werke und Briefe in vier Bänden. Bd. 3. Sämtliche Erzählungen, Anekdoten, Gedichte, Schriften. Hg. von Ilse-Marie Barth. Frankfurt a. M.: Deutscher Klassiker Verlag 1990.

Klossowski, Pierre: Roberte ce soir. Paris: Ed. de Minuit 1953.

Kühne, Monika: »Es geht in einen über, sei man wie man sei.« Kafka als Leser Flauberts. In: Archiv für das Studium der neueren Sprachen und Literaturen, Bd. 234 (1997), S. 293–313.

Nägele, Rainer: Auf der Suche nach dem verlorenen Paradies. Versuch einer Interpretation zu Kafkas Der Jäger Gracchus. In: The German Quarterly, Jg. 47 (1974), S. 60–72.

Neumann, Gerhard: Umkehrung und Ablenkung: Franz Kafkas ›Gleitendes Paradox‹. In: Deutsche Vierteljahrsschrift für Literaturwissenschaft und Geistesgeschichte, Jg. 42 (1968), S. 702–744.

Schneider, Manfred: Die erkaltete Herzensschrift. Der autobiographische Text im 20. Jahrhundert. München, Wien: Hanser 1986.

Sebald, W. G.: Das unentdeckte Land. Zur Motivstruktur in Kafkas »Schloß«. In: ders.: Die Beschreibung des Unglücks. Zur österreichischen Literatur von Stifter bis Handke. Frankfurt a. M.: Fischer 1994, S. 78-92.

Rolf Parr

Unruhige Gäste bei Wilhelm Raabe

> Nichts ist bedeutender in jedem Zustande als die Dazwischenkunft eines Dritten. Ich habe Freunde gesehen, Geschwister, Liebende, Gatten, deren Verhältnis durch den zufälligen oder gewählten Hinzutritt einer neuen Person ganz und gar verändert, deren Lage völlig umgekehrt wurde.[1]

Subtext Gastlichkeit

Die folgenden Überlegungen gehen von Renate Bürner-Kotzams anregender Untersuchung zur Gastlichkeit als durchgängig anzutreffendem »Subtext«[2] der realistischen Erzählliteratur aus und versuchen die dort für einige Texte Wilhelm Raabes getroffenen Einzelbefunde ein Stück weiter zu führen. Das geschieht zum einen durch ergänzende Kommentare und gelegentliche Verschiebungen der Perspektive, vor allem aber durch Einbezug weiterer Texte, wodurch die bei Bürner-Kotzam noch gänzlich ausgespart bleibende *Entwicklung* der Gastthematik im Werk Raabes für die Zeit von 1873 bis 1902 vergleichend in den Blick genommen werden kann.

In der realistischen Erzählliteratur[3] – so Bürner-Kotzam – hat sich die Darstellung der Gastsituation als Reflex auf die sozialhistorischen Entwicklungen signifikant verändert. Schützte die Gastrolle ursprünglich davor, als Fremder ausgegrenzt und zugleich davor, unzulässigerweise vereinnahmt zu werden,[4] so ist der Fremde in den Erzähltexten des bürgerlichen Realismus häufig »der lang nicht gesehene Freund, der

1 Johann Wolfgang von Goethe: Die Wahlverwandtschaften. Ein Roman. München: dtv 1963, S. 10 (Johann Wolfgang Goethe. dtv-Gesamtausgabe, Bd. 19).

2 Renate Bürner-Kotzam: Vertraute Gäste. Befremdende Begegnungen in Texten des bürgerlichen Realismus. Heidelberg: Winter 2001, S. 53. – Kaum einschlägig für die Gastthematik im hier verstandenen Sinne ist dagegen die Arbeit von Brigitte Dörrlamm: Gasthäuser und Gerüchte. Zu integrativer Polyphonie im Werk Wilhelm Raabes. Frankfurt a.M. u.a.: Lang 2003 (Studien zur Deutschen und Europäischen Literatur des 19. und 20. Jahrhunderts, Bd. 50).

3 Die problematischen literaturgeschichtlichen Periodisierungsbegriffe ›realistische Erzählliteratur‹, ›bürgerlicher Realismus‹ bzw. ›Realismus‹ werden im Folgenden lediglich mit Blick auf ihre Orientierungsfunktion benutzt.

4 Vgl. Otto Hiltbrunner: Gastfreundschaft. In: Reallexikon für Antike und Christentum. Sachwörterbuch zur Auseinandersetzung des Christentums mit der antiken Welt. In Verbindung mit Carsten Colpe u.a. hg. von Theodor Klauser. Bd. VIII. Stuttgart: Anton Hiersemann 1972, Sp. 1061–1123; ders.: Gastfreundschaft in der Antike und im frühen Christentum. Darmstadt: WBG 2005.

Reisebekannte oder Jugendgefährte«, mit dem »an eine gemeinsame Vergangenheit« angeknüpft werden kann. Diese Koinzidenz von ›Jugendfreund sein‹ und ›Gast sein‹ konstituiert aber wiederum eine hochgradige Ambivalenz von ›vertraut sein‹ vs. ›fremd sein‹, wodurch störanfällige Szenarien von Gastlichkeit entstehen,[5] in denen die »Einschränkung auf vertraute Gäste den Bürger« keinesfalls »vor Verunsicherung« schützt. Denn gerade die ›altbekannten Gäste‹ konfrontieren ihn »mit einer in bedrohliche Nähe gerückten Fremdheitserfahrung«,[6] zwingen ihn zur »Auseinandersetzung mit dem Fremden als dem fremdgewordenen Vertrauten« und dadurch wiederum auch mit sich selbst. Der Gast dient in den Texten des bürgerlichen Realismus von daher »der Erkundung einer Fremdheit, die sich in die eigene Person verschoben hat und zur Begegnung mit der eigenen Widersprüchlichkeit führt«,[7] sodass die Folgen gastlicher Begegnungen »selbst im scheinbar vertrauten Kreis unvorhersehbar«[8] bleiben. Darauf spielt Veit von Biegelow an, wenn er in »Unruhige Gäste« zu seiner Gastgeberin Phöbe Hahnemeyer sagt: »Ich aber weiß nicht, was ich zu Ihnen getragen, bei Ihnen zurückgelassen haben werde, wenn ich den Fuß von neuem auf die Chaussee setze.«[9] Ist der Gast auf der einen Seite also auslösender Faktor für Verunsicherungen, so übernimmt er für den Gastgeber auf der anderen Seite jedoch auch Vermittlerfunktionen »bei der Erforschung des befremdenden Vertrauten«[10] in dessen unmittelbarer Umgebung und bei ihm selbst. Über seine eigentliche Gastrolle hinaus ist der Gast in den Erzähltexten der zweiten Hälfte des 19. Jahrhunderts für Bürner-Kotzam daher häufig auch noch in einem zweiten Funktionszusammenhang zu sehen, bei dem er als vermittelnde dritte Person zwischen zwei andere tritt.[11]

Strukturell betrachtet ergeben sich damit insgesamt vier in der realistischen Erzählliteratur wiederkehrende Teilkomponenten von Gastlichkeitsszenarien: *Erstens* kann der Gast mit der unvorhergesehenen Fremdheit des eigentlich bekannten Gastgebers und Jugendfreundes konfrontiert werden; *zweitens* kann umgekehrt der Gastgeber durch die Fremdheit des eigentlich vertrauten Gastes und Jugendfreundes irritiert sein; *drittens* der Gastgeber durch die Anwesenheit des Gastes eine gewisse Fremdheit gegenüber sich selbst oder seiner engeren Umgebung wahrnehmen und schließlich *viertens* der Gast zwischen Gastgeber und dritten Personen eine vermittelnde Funktion ausüben.

In Wilhelm Raabes Texten aus der Zeit nach 1871 sind diese vier Strukturkomponenten in verschiedensten Selektionen und Kombinationen regelmäßig und bisweilen gehäuft anzutreffen, sodass sich viele seiner bekannteren Texte zumindest passagen-

---

5 Bürner-Kotzam: Vertraute Gäste (s. Anm. 2), S. 41.

6 Ebd., S. 53.

7 Ebd., S. 53f.

8 Ebd., S. 41.

9 Wilhelm Raabe: Unruhige Gäste. In: Wilhelm Raabe. Sämtliche Werke. Braunschweiger Ausgabe. Im Auftrag der Braunschweigischen Wissenschaftlichen Gesellschaft nach dem Tode von Karl Hoppe besorgt von Jost Schillemeit. Bd. 16: Pfisters Mühle. Unruhige Gäste. Im alten Eisen. Bearb. von Hans Oppermann, 2., durchgesehene Aufl., Göttingen: Vandenhoeck & Ruprecht 1970, S. 188.

10 Bürner-Kotzam: Vertraute Gäste (s. Anm. 2), S. 9.

11 Vgl. ebd., S. 11.

weise am Leitfaden der Gastthematik lesen lassen, »Pfisters Mühle« (1884) ebenso wie »Stopfkuchen« (1889) und »Altershausen« (1902), von den »Krähenfelder Geschichten« »Die Innerste« (1874) und die ›touristische‹ Harz-Erzählung »Frau Salome« (1874). Den Kernbereich aber bilden »Zum wilden Mann« (1873) und »Unruhige Gäste« (1885), denn beide erzählen zum einen vom Einbruch weltmännischer, vielgereister und auch vermögender Jugendfreunde in eher abgelegene Örtlichkeiten, die durch den jeweiligen Gast in ihrer Brüchigkeit entlarvt, aufs Höchste gefährdet oder gar am Ende zerstört, auf jeden Fall aber nachhaltig irritiert werden. Machte es die Gastrolle ursprünglich möglich, die Bedrohlichkeit des Fremden ebenso kalkulierbar zu machen wie umgekehrt die Bedrohung des Fremden durch den Gastgeber, sodass der fremde Reisende als Gast ›zur Ruhe‹ kommen konnte, so haben wir es in Raabes Texten auch über den diesen Titel tragenden Roman hinaus mit ›unruhigen‹ Gästen und Gastgebern zu tun, die gerade durch die Situation der Gastlichkeit irritiert werden, in Bedrängnis geraten, eifersüchtig werden, tödlich erkranken oder sonstwie umkommen.

»Zum wilden Mann« (1873)

Raabes erste moderne Gasterzählung und gewissermaßen der Prototyp, den er in den nachfolgenden Texten dann zu variieren und vor allem auszubauen sucht, ist »Zum wilden Mann«, die erste der zwischen 1873 und 1875 in schneller Folge entstandenen »Krähenfelder Geschichten«.[12] Darin ist es der ehemalige Scharfrichter August Mördling, der als »sonderbarer«[13] bzw. »eigentümlicher«[14] Gast mit neuem Namen Oberst Agonista nach dreißigjähriger Abwesenheit eines Abends plötzlich in der Apotheke seines Jugendfreundes Philipp Kristeller erscheint und ein damals gemachtes Geldgeschenk nun als Darlehen ansieht und mit Zins und Zinseszins zurückfordert.[15] Die

---

12 Vgl. dazu Giesbert Damaschke: Wilhelm Raabe: Krähenfelder Geschichten. Frankfurt a.M. u.a.: Lang 1990 (Narration, Bd. 3).

13 Wilhelm Raabe: Zum wilden Mann. In: Wilhelm Raabe. Sämtliche Werke. Braunschweiger Ausgabe. Im Auftrag der Braunschweigischen Wissenschaftlichen Gesellschaft nach dem Tode von Karl Hoppe besorgt von Jost Schillemeit. Bd. 11: Meister Autor. Zum wilden Mann. Höxter und Corvey. Eulenpfingsten. Bearb. von Gerhart Mayer und Hans Butzmann, 2., durchgesehene Aufl., besorgt von Karl Hoppe und Rosemarie Schillemeit. Göttingen: Vandenhoeck & Ruprecht 1973, S. 205.

14 Ebd., S. 225.

15 Hier zeigt sich die von Hans-Dieter Bahr (Die Befremdlichkeit des Gastes. In: ders.: Die Befremdlichkeit des Gastes. Wien: Passagen 2005, S. 15–31) so scharfsinnig analysierte »*ethische Unmöglichkeit* des reinen Geschenks«, das sich »als eine Art Eigentumsübertragung darstellen« müsste, »die aber ihrerseits nur als Zeichen einer Unübertragbarkeit gelesen würde. [...] Seiner Bedeutung nach soll daher das Geschenk irgendwie ›Eigentum‹ des Schenkenden bleiben, und insofern es dem Beschenkten zum Andenken wird, verbleibt es in gewissem Sinne beim Schenkenden und gilt als unerwidert« (S. 25). Im Falle von Raabes Erzählung potenziert sich dieser Konflikt noch einmal, da August Mördling sich mit dem Geschenk zugleich auch der Last des Scharfrichteramtes entledigen möchte. Doch auch die ist – folgt man Bahr – gerade nicht übertragbar.

daraus entstehenden Konflikte beruhen dabei auf den Verwerfungen zwischen einem ›noch‹ auf idealistischer Herzensbildung basierenden Gastlichkeitsgebot und einem Gast, der ausschließlich nach den neuen gründerzeitlichen Maximen knallharter Ökonomie handelt, was in der Folge zwar (noch) nicht zu einem Tausch der Positionen von Gast und Gastgeber, aber doch zur Dominanz des Gastes führt. Während Philipp Kristeller seinem als ›Gönner‹ verkannten Freund über die gesamten dreißig Jahre seiner Abwesenheit hinweg stets einen Ehrensessel als symbolischen Gastplatz an seinem Tisch frei gehalten hat, hebt Agonista als ›Antagonist‹ solch idealischen Denkens mit seinen Forderungen nach Kapitalverwertung nicht nur das ökonomische Prinzip des Gabentauschs zwischen Gast und Gastgeber auf, sondern vernichtet die Existenz seines Gastgebers völlig und damit letzten Endes auch diesen selbst: Die Apotheke geht in Konkurs und die ihre Bewohner schützende, sie von der Umwelt regelrecht abschließende bieder-bürgerliche Einrichtung wird am Ende durch öffentliche Zwangsversteigerung in alle Winde zerstreut.

Im Rückgriff auf Pierre Bourdieus Überlegungen zum Gabentausch und zum Prinzip des ›do ut des‹[16] lässt sich sehr genau zeigen, wie es zu diesen Verwerfungen der Wahrnehmungen kommt. Schon beinahe übererfüllt ist mit 30 Jahren Bourdieus Kriterium des zeitlichen Abstandes zwischen Gabe und Gegengabe. Allerdings handelt Raabes Erzählung nicht von einer dyadischen, sondern einer mindestens triadischen, wenn nicht sogar vierstelligen Tauschbeziehung: Philipp bewahrt August zunächst vor dem Selbstmord, gibt ihm – emphatisch formuliert – sein schon fast verlorenes Leben als erste Gabe zurück. Das übereignete Vermögen wäre dann Gegengabe, die von Philipp und Johanne aber zum Darlehen und damit zu einer den ökonomischen Tausch eröffnenden ersten Gabe umdefiniert wird. Die Rückübereignung des Vermögens würde damit automatisch zur zeitversetzt erfolgenden Gegengabe. Nun ist an das Vermögen aber auch die Erbschuld der Henkersfamilie Mördling gebunden, wie der Brief Augusts an Philipp und Johanne deutlich macht, in dem es heißt: »Ein Mann, der den Willen hat, sein Leben von vorn anzufangen, entledigt sich hier seiner schwersten und verdrießlichsten Last und schickt dem Freunde das einliegende Geld. [...] O Philipp und Johanne, nehmt, was ihn nur niederziehen würde in die Tiefe.«[17]

Damit wäre die bloße Annahme des Geldes durch Philipp und Johanne eigentlich schon die Gegengabe, nämlich weiter fortgeführte Lebensrettung, und der dyadische Tauschprozess wäre gleich doppelt abgeschlossen.[18] Nimmt man Agonista allerdings – wie es Ralf Simon vorgeschlagen hat – als Teufelsfigur, dann wird Kristeller mit der Annahme der Staatspapiere zum Teufelsbündner und man kann den bald darauf erfolgenden Tod Johannes als seine ›Gegengabe‹ verstehen, die sich der Teufel aber

---

16 Vgl. Pierre Bourdieu: Praktische Vernunft. Zur Theorie des Handelns. Frankfurt a.M.: Suhrkamp 1998 (es 1985), im Kapitel »Die Ökonomie der symbolischen Güter« besonders den Abschnitt »Gabe und *do ut des*«, S. 163–169.

17 Raabe: Zum wilden Mann (s. Anm. 13), S. 196.

18 Vgl. zu diesem interessanten Aspekt Ralf Simon: Raabes poetologische Wälder (»Krähenfelder Geschichten«). Eine metaphorologische Analyse des Raabeschen Erzählmodells. In: Jahrbuch der Raabe-Gesellschaft (2006), S. 1–16, hier 6.

dann eher ›holt‹, als dass sie ihm gegeben würde. Noch einmal komplizierter wird die Sache schließlich dadurch, dass Philipp und August mit unterschiedlichen Wahrnehmungs- und Bewertungskriterien agieren. Agonista hält seinem Jugendfreund Philipp den Spiegel der Gründerzeit vors Gesicht, in dem der sich jedoch nicht erkennen kann, da er deren Handlungsmaximen nicht übernommen hat. Die alte idealistische (Gastlichkeits-) Ethik, nämlich so viel anzubieten wie eben möglich, im Gegenzug aber auch nur so wenig anzunehmen wie nötig,[19] ist unter den neuen sozialen und ökonomischen Bedingungen des Kaiserreichs anscheinend außer Kraft gesetzt, womit sich Raabes Erzählen gerade auch in den »Krähenfelder Geschichten« ein Stück weit als literarische Gründerzeitkritik[20] am Leitfaden der Gastlichkeitsthematik entpuppt. Der Gast, ursprünglich die Gegenkodierung zum ›fremden Feind‹ (und hier sogar der Jugendfreund als Gast) wird zu dem, was Michel Serres als »Parasit« bezeichnet hat.[21] Pierre Bourdieu hat diese Verschiebung von Idealismus zu Ökonomismus sehr genau reflektiert und festgestellt, dass die Soziologie sich, wenn sie sich nur an »die objektivistische Beschreibung« halte, »den Gabentausch auf das *do ut des* reduziere« und sich »der Grundlage für eine Unterscheidung zwischen Gabentausch und Kreditgewährung« beraube.[22] Genau davon handelt Raabes Erzählung, von einem Gabentausch, der zeitversetzt zum Kredit umkodiert wird. Der wiederum ist thematisierbar und unterliegt nicht wie die Gabe dem »*Tabu der expliziten Formulierung*«[23] des Wertes.

Raabe teilt mit einem großen Teil der realistischen Erzählliteratur die Vorliebe, als Gast und Gastgeber Jugendfreunde zusammenkommen zu lassen, die sich lange nicht mehr gesehen haben. Für »Zum wilden Mann« fällt allerdings auf, dass es hier nur Philipp Kristeller ist, der einseitig und die Intention seines Gastes zunächst völlig verkennend sowohl von seinem »Gast« als auch seinem »Freund«, »Gast und Freund« oder »alten wiedergefundenen Freunde – dem Wohltäter und Gaste«[24] spricht. Damit wird bereits auf der Ebene der Anreden deutlich, dass zum einen die sozialen Modi ›Gast sein‹ und ›Freund sein‹ nicht gänzlich zusammenfallen, zum anderen, dass Philipp und August als Antagonisten konzipiert sind, die diese Nähe bezeugenden Bezeichnungen gerade nicht wechselseitig füreinander nutzen. Allerdings wird August

19 Vgl. zu diesem Topos den Artikel »Gastlichkeit« des 1861 erschienenen »Staats- und Gesellschafts-Lexikon« (In Verbindung mit deutschen Gelehrten und Staatsmännern hg. von Hermann Wagener, Königl. Preuß. Justizrath. Achter Band. Berlin: F. Heinicke 1861), S. 83–85, hier 84: »[...] im Grunde genommen gewährte der Wirth nur dem Gastfreund, was er von diesem fordern konnte.« – Ähnlich schon bei Adolph Frhr. von Knigge (Über den Umgang mit Menschen. Hg. von Gert Ueding. Frankfurt a.M.: Insel 1977 [E: 1788]): »Man reiche das wenige, was man der Gastfreundschaft opfern kann, in gehörigem Maße, mit guter Art, mit treuem Herzen und mit freundlichem Gesichte dar« (S. 237). »Dem Manne, der uns Gastfreundschaft erweist, sollen wir zum Lohne seiner Güte so wenig Last als möglich machen« (S. 241).

20 Vgl. dazu Rolf Parr: Tauschprozesse in Wilhelm Raabes Erzählung »Zum wilden Mann«: materiell und semantisch. In: Georg Mein/Franziska Schößler (Hg.): Tauschprozesse. Kulturwissenschaftliche Verhandlungen des Ökonomischen. Bielefeld: transcript 2005, S. 275–290.

21 Michel Serres: Der Parasit. Frankfurt a.M.: Suhrkamp 1981.

22 Bourdieu: Praktische Vernunft (s. Anm. 16), S. 164.

23 Ebd., S. 165.

24 Raabe: Zum wilden Mann (s. Anm. 13), S. 229.

Mördling auch als »geheimnisvoller Freund«,[25] »schweigsamer Freund«[26] oder als der »geheimnisvolle, abenteuerliche Freund«[27] bezeichnet, also mit Zusätzen, die in Kombination mit ›Gast‹ als durchaus bekannte Topoi gelten können. Auf diese Weise wird die semantische Differenzierung in ›Gast‹ und ›Freund‹ für Philipp Kristeller tendenziell aufgehoben bzw. unterlaufen, und zwar mit Dominanz von ›Freund‹ gegenüber ›Gast‹. Dieses Changieren macht jene Ambivalenz der Gastrolle deutlich, die Hans-Dieter Bahr in seiner philosophischen Untersuchung »Die Sprache des Gastes« herausgearbeitet[28] und die Ralf Simon mit Bezug auf Raabe noch einmal pointiert zusammengefasst hat. Die Rolle des Gastes ist demnach insofern prekär, als er - einmal aufgenommen - nicht mehr angegriffen oder vertrieben werden darf; er kann aber auch nicht integriert werden, da er dann seine Fremdheit und mit ihr den Gaststatus verlieren würde: »Weder integrieren noch negieren; weder a noch non a; der Gast: *tertium datur.*«[29]

Noch nicht zu finden ist in »Zum wilden Mann« jedoch die von Bürner-Kotzam beschriebene triadische Konstellation eines zwischen Gastgeber und Dritten vermittelnden Gastes bzw. einer zwischen Gast und Gastgeber stehenden dritten Person. So ist Dorette Kristeller - auch wenn sie im Gegensatz zu ihrem Bruder nicht weitgehend blind für die neuen wirtschaftlichen Bedingungen der Gründerzeit ist und Agonistas Forderungen in ihrer Tragweite realistisch einschätzen kann - keine zwischen diesem und Philipp vermittelnde Figur, sondern bleibt weibliche Ko-Gastgeberin, wenn auch eine kalküleinsichtige, die den Jugendfreund ihres Bruders nicht durch die gleich doppelt idealische Brille der Jugend- und Gastfreundschaft sieht. Philipp Kristeller und seine Schwester Dorette sind ebenso wenig wie dann in »Unruhige Gäste« die Geschwister Phöbe und Prudens Hahnemeyer auf die gleiche Weise durch ihren Gast befremdet und verhalten sich daher auch ganz unterschiedlich zum Geschehen. Diese doppelt besetzte und damit in zwei durchaus verschiedene Facetten aufgesplittete Gastgeberposition ist eher für Raabe als die realistische Erzählliteratur insgesamt typisch.

25 Ebd., S. 183, 193.

26 Ebd., S. 184.

27 Ebd., S. 208.

28 Hans-Dieter Bahr: Die Sprache des Gastes. Eine Metaethik. Leipzig: Reclam 1994 (Reclam-Bibliothek, Bd. 1500).

29 Ralf Simon: Gespenster des Realismus. Moderne-Konstellationen in den Spätwerken von Raabe, Stifter und C.F. Meyer. In: Gerhart von Graevenitz (Hg.): Konzepte der Moderne. Stuttgart, Weimar: Metzler 1999 (DFG-Symposien-Berichtsbände, Bd. 20), S. 202–233.

»Die Innerste« (1874)

Die Erzählung »Die Innerste«, unmittelbar nach »Zum wilden Mann« entstanden, stellt demgegenüber insofern einen ersten Entwicklungsschritt dar, als die Position des ›Jugendfreundes‹ durch den ehemaligen Kriegskameraden Jochen Brand ersetzt wird, zu dem der jugendliche Gastgeber in einem gleich doppelten Hierarchieverhältnis steht: Der Gast ist in militärischer Hinsicht Vorgesetzter des jungen Müllers Albrecht Bodenhagen und vom Lebensalter her zugleich deutlich älter. Beides lässt ihn tendenziell zur zweiten Vaterfigur werden.[30] Worüber beide aber verfügen, sind die auch Jugendfreunden gemeinsamen Erinnerungen, hier die Kriegserfahrungen. Diese Ersetzung der Jugendfreunde durch ein Paar von in einem hierarchischen Verhältnis zueinander stehenden Kriegskameraden ist jedoch nicht nur stilistische Variation eines ansonsten gleichbleibend durchgespielten Themas. Die Änderung führt vielmehr zu deutlichen Irritationen in Status und Funktion von Gast und Gastgeber, etwa dadurch, dass der Gast ein Autoritätsplus gegenüber seinem Gastgeber gewinnt. Die Gastgeberfunktion verlagert sich dadurch vom jungen auf den alten Müller, während der Gast durch seine Autorität zugleich in dessen Nähe gerückt und der Sohn Albrecht tendenziell zum Gast beider Vaterfiguren wird, also zum Gast des eigentlichen Gastes. Damit haben wir auch hier eine mehrfach besetzte Gastgeberposition, die jedoch diesmal ineinander gestaffelt ist: Jochen Brand ist beim jungen Müller zu Gast, der im Grunde wiederum bei seinem Vater, aber in Verlängerung von dessen ›Autorität‹ auch beim eigentlichen Gast Jochen Brand. Das führt für Albrecht Bodenhagen (und etwas weniger deutlich für Jochen Brand) zu einem ständigen Changieren zwischen Gastgeber- und Gastposition, die beide gleichermaßen unterlaufen werden.

Gegenüber »Zum wilden Mann« wird mit »Die Innerste« die dort noch ausgespart gebliebene Position des vermittelnden Gastes gefüllt, die Jochen Brand gleich in mehrfacher Hinsicht übernimmt. Er vermittelt zwischen seinen beiden Gastgebern Albrecht Bodenhagen und dessen Vater, dann zwischen Albrecht und seiner Braut sowie zwischen Albrecht und der Innersten, mit der zugleich der wilde Fluss und die wilde Doris Radebreker gemeint ist, sodass Natur- und Triebdynamiken enggeführt werden können. Dabei ist die Maklertätigkeit Jochen Brands jedoch nicht ganz uneigennützig, denn er sieht dadurch, dass er Albrecht Bodenhagen zum sesshaften Ehemann macht, für sich selbst zugleich eine Chance bei Doris Radebreker entstehen.[31]

Ist es in »Zum wilden Mann« noch der Gastgeber, der ökonomisch ruiniert wird und in der Folge stirbt, so weitet sich das in irgendeiner Weise ›befremdet‹ oder ›beschädigt‹ aus der Gastsituation Hervorgehen – beginnend mit »Die Innerste« – in den nachfolgenden Texten vom Gastgeber auch auf die vermittelnden Gäste aus. In »Die Innerste« findet der Gast Jochen Brand bei seiner Vermittlertätigkeit den Tod, wird zum Opfer, das Erlösung vom Schreien der Innersten schafft; in »Unruhige Gäste« ist es Veit von Biegelow, der gesundheitlich beschädigt wird und später an den Folgen seiner Vermittlertätigkeit stirbt. Und noch eine weitere Komponente ist in

30 Vgl. dazu Bürner Kotzam: Vertraute Gäste (s. Anm. 2), S. 98–101.
31 Vgl. ebd., S. 101–105.

»Die Innerste« angelegt, die dann in »Frau Salome« und schließlich wiederum in »Unruhige Gäste« parallel zur traditionellen familiären Gastlichkeit ins Spiel kommt: die kommerzielle. Doris Radebreker führt als »buhlerische Müllerin«[32] eine Mühlen-Wirtschaft, die touristischen Gastgeber in der Harz-Erzählung »Frau Salome« eine Urlauberpension. Das »Aktienhotel« in »Unruhige Gäste« zeigt die weitere Entwicklung in Richtung eines kommerzialisierten Tourismus auf.[33] In der Figur des Geheimrats Scholten in »Frau Salome« haben wir es dann mit einem touristischen Gast zu tun, der seinerseits wiederum traditioneller Gastgeber von Frau Salome ist, die – ebenso touristischer Gast – umgekehrt als Gastgeberin von Scholten fungiert. Zwei Formen von Gastlichkeit, die kommerziell-touristische und die nicht auf Gewinn zielende private, sind hier also ineinander geschachtelt. Insgesamt tritt die Gastlichkeitsthematik aber jetzt gegenüber der eigentlichen Haupthandlung deutlich zurück.

»Unruhige Gäste« (1885)

Demgegenüber erscheint »Unruhige Gäste«, Wilhelm Raabes »Roman aus dem Säkulum«,[34] auf der Folie der im Anschluss an Bürner-Kotzam herausgearbeiteten Strukturkomponenten fast wie ein zu deren Veranschaulichung konstruiertes Beispiel des Erzählens von Gastsituationen, das nicht nur alle diese Komponenten aufzuweisen hat, sondern sie zudem in ihrer Vervielfachung auf engstem Raum zu einem hochkomplexen Gebilde zu verknüpfen weiß. Zugleich wird das Spektrum der Gastlichkeitssituationen von 1873 und 1885 durch die vielfältigen intertextuellen Bezüge zwischen »Zum wilden Mann« und »Unruhige Gäste« als diachrone Entwicklung der Verhältnisse im neu gegründeten Deutschen Reich und vor dem Hintergrund des sich entwickelnden Tourismus lesbar. Denn aus dem Harzer Bergdorf ist inzwischen ein frequentierter Kurort mit zahlreichen unruhigen Gästen nicht nur unter den Touristen geworden, die auf vielfältige Weise ganz unterschiedliche Formen von Gastlichkeit in Anspruch nehmen. Die für Übernachtung und Table d'hôte zahlenden touristischen Kurgäste im Aktien-Hotel suchen von dort aus eine Reihe von fälschlicherweise für idyllisch, pittoresk oder exotistisch erachtete Orte an der Peripherie auf und nehmen deren Gastlichkeit in Anspruch: das abgelegene Pfarrhaus am Berghang und die Waldbehausung der aus dem Dorf ausgestoßenen Familie von »Räkel«-Fuchs. Dabei verschaffen sich die Besucher den Zugang durch Rekurs auf archaisch-biblische Gastlichkeitsrituale und erbitten sich z. B. als Wanderer »ein Glas Brunnenwasser hier aus mildtätiger Hand«,[35] wie Veit von Biegelow, dem es aus einer augenblicklichen

32 Zur Sozialgeschichte der Mühle und speziell auch zum Faszinationstyp der »buhlerischen Müllerin« vgl. Martina Switalski: Landmüller und Industrialisierung. Sozialgeschichte fränkischer Mühlen im 19. Jahrhundert. München u. a.: Waxmann 2005, S. 169–175.

33 Vgl. dazu Guido Perathoner: Gastfreundschaft im Tourismus. Eine Tugendethik aus Sicht des Gastgebers. Münster u. a.: LIT Verlag 2000 (Studien der Moraltheologie, Bd. 16).

34 Zu Raabes Begriffsgebrauch vgl. Heinz Siebel: Untersuchungen zur Vorstellung des ›Säkulums‹ bei Grimmelshausen, K. Ph. Moritz, Novalis und Raabe. Diss. Kiel 1951.

Laune heraus in den Sinn kommt, seinen Studienfreund und jetzigen Dorfpfarrer Prudens Hahnemeyer sowie dessen Schwester Phöbe in ihrem Pfarrhaus zu besuchen.

Hatte Philipp Kristeller in »Zum wilden Mann« von seinem Gast August Mördling alias Agostin Agonista nur einseitig als »Jugendfreund« gesprochen, so geschieht dies im Falle Veit von Biegelows und Prudens Hahnemeyers wechselseitig, aber bei Aufrechterhaltung der Ambivalenz von Nähe und Ferne, Vertrautheit und Fremdheit: Phöbe bewirtet den ›fremden Gast‹ und bezeichnet ihn dabei auch als solchen, Prudens dagegen spricht ihn als den ›Jugendfreund‹ an. Bei beiden wechseln die Bezeichnungen dann mehrmals. So spricht Phöbe (bzw. mit Bezug auf sie der Erzähler) von Veit als »Fremdem«, »Freund«, »Gast«, »liebem Besuch«, »flüchtigem Gast«, »Gastfreund«; Prudens (und wiederum der Erzähler) von Veit als »Gast«, »Freund«, »altem, liebem Freund«, »Gastfreund«, »altem, gutem Bekannten«, »Jugendfreund«, wobei sich »Gastfreund«[36] und die Doppelung »Freund und Gastfreund«[37] (mit genau der Ambivalenz von ›fremd‹ und ›vertraut‹) stabilisiert.

Aus dem Besuch Veit von Biegelows entwickelt sich in der Folge eine ganze Stafette von immer wieder aufs Neue auseinander hervorgehenden Gastlichkeitssituationen, an denen nahezu das komplette Figurenarsenal der Erzählung beteiligt ist. Raabe arrangiert diese Komplexität von einander mal ablösenden, mal ineinander gestaffelten, sich in beiden Fällen aber immer wieder neu ergebenden Gastlichkeitsszenarien und der mit ihnen entstehenden Fremdheitserfahrungen durch vielfachen Wechsel der Figuren zwischen den Funktionsstellen von Gast und Gastgeber: Die ›unruhigen Gäste‹ sind ebenso temporäre Gäste wie temporäre Gastgeber auf Gegenseitigkeit, was beide Funktionsstellen zu ›Rollen‹ werden lässt, die als tradiertes älteres und bisweilen anachronistisches Kulturwissen aufgerufen werden können. Veit von Biegelow beispielsweise initiiert Gastlichkeit immer wieder durch literarische Anspielungen[38] und Bibelzitate, bis hin zum nachgetragenen Gastgeschenk der antiken Öllampe am Ende des Romans. Doch entsteht daraus selbst im Pfarrhaus alles andere als eine emphatisch-associative Form von Gastlichkeit, wie es das christliche Modell eucharistischer Gastfreundschaft[39] eigentlich nahe legen würde.

Orientierung in dem insgesamt entstehenden dichten Gewebe von stets gebrochenen, untypischen Formen der Gastlichkeit kann ein einfaches zweidimensionales Schema bieten, das deutlich macht, wer wann Gast bei wem und/oder Gastgeber von wem ist, wobei in den entsprechenden Feldern (Schema 1) auch die jeweiligen Gastgeschenke verzeichnet sind. Die Tabelle macht zum einen das in der Tat ›unruhige‹ Gastdasein Veit von Biegelows deutlich, der als einzige Figur bei allen anderen wichtigeren Akteuren zu Gast ist; zum anderen zeigt sie aber auch, dass der mit seiner

35 Raabe: Unruhige Gäste (s. Anm. 9), S. 185. – Zu Bibelzitaten generell vgl. Gertrud Höhler: Unruhige Gäste. Das Bibelzitat in Wilhelm Raabes Roman. Bonn: Bouvier 1969.

36 Raabe: Unruhige Gäste (s. Anm. 9), S. 190, 193, 199, 216f., 222, 230, 234, 241, 283, 331, 335.

37 Ebd., S. 199, 332.

38 So äußert Veit von Biegelow, er sei »jedenfalls da wie der richtige Wandsbecker Bote: alles was ich habe, trage ich bei mir« (ebd., S. 192).

39 Vgl. dazu Joachim Hake (Hg.): »Der Gast allein bringt Gott herein.« Eucharistische Gastfreundschaft als Weg zur vollen Abendmahlsgemeinschaft. Stuttgart: Kohlhammer 2003.

Familie ausgestoßene und damit gegenüber der Dorfgemeinschaft zum Fremden gemachte Volkmar Fuchs der einzige ist, der nicht Gast, wohl aber in ironischer Umkehr dieser Situation Gastgeber fast aller anderen ist.

Gäste / Gastgeber	Veit von Biegelow	Phöbe	Valerie	Prudens	Dr. Hanff
Phöbe	Gastgeschenk ›Grabstelle‹ (wodurch Phöbe zum Gast wird)		X		
Prudens u. Phöbe	Gastgeschenk ›Öllampe‹				X
Prudens	Gastgeschenk ›Trost u. Rat‹				
Volkmar Fuchs	Gastgeschenk ›Typhus‹	X	X	X	
Dorette bzw. Phöbe im Siechenheim	X	Phöbe ist Gast bei und Gastgeschenk für Dorette			
Aktienhotel [kommerzielle Gastlichkeit]	X		X		

Schema 1: Gäste und Gastgeber in »Unruhige Gäste«

Bürner-Kotzams für die realistische Erzählliteratur insgesamt aufgestellte These, dass diese »die historische Entwicklung« reflektiere, »in der die Konfrontation mit dem fremdgewordenen Vertrauten von der Verfolgung und Ausgrenzung des konkreten Fremden nicht zu trennen ist«,[40] kann damit für Raabes Roman auf allerengstem Raum belegt werden: Volkmar Fuchs ist ein solcher fremd gewordener Vertrauter, eigentlich der Dorfgemeinschaft zugehörig, aber als vorbestrafter Wilderer und Mann einer typhuskranken Frau sowohl diskursiv als auch territorial ausgegrenzt. Das hat Joachim Pfeiffer mit Rekurs auf Michel Foucault gezeigt, dabei aber auch darauf hingewiesen, dass wir es bei »Unruhige Gäste« nicht nur mit einer einfachen und strikt durchgehaltenen triadischen Opposition von ›Kurort‹ vs. ›Waldbehausung der Familie Fuchs‹ vs. ›Pfarre‹ zu tun haben, sondern auch mit zahlreichen Austauschprozessen zwischen diesen Schauplätzen,[41] die es unabhängig von Bewertungen wie etwa der Frage, ob Veit nur aus Augenblickslaunen handle, zunächst einmal zu konstatieren gilt.

Ermöglicht werden solche Übergänge zum einen durch die vielfältige Gastfunktion Veit von Biegelows, die eine Maklerfunktion gegenüber Dritten einschließt. Er

40 Bürner-Kotzam: Vertraute Gäste (s. Anm. 2), S. 10.

fungiert nämlich als Vermittler zwischen Dorf und »Räkel«-Fuchs bzw. zwischen diesem und Prudens Hahnemeyer hinsichtlich der zunächst verweigerten Beerdigung der Frau von Volkmar Fuchs auf dem Dorffriedhof. Im übertragenen Sinne vermittelt Veit von Biegelow damit sowohl zwischen der Abgeschiedenheit von Waldbehausung und Pfarrhaus, zwischen dem subjektiven Rechtsempfinden von Volkmar Fuchs und dem kirchlichen Gebot einer christlichen Beerdigung, als auch zwischen Volkmar Fuchs und der profanen Rechtsordnung der Dorfgemeinschaft. Zum anderen werden die Austauschprozesse zwischen den drei ›Welten‹ des Romans durch die für einen sozial Ausgegrenzten erstaunlicherweise nicht minder vielfältigen Gastgeberfunktionen von Volkmar Fuchs möglich, der mit Prudens, Veit, Phöbe und Valerie alle Hauptfiguren des Romans bei sich zu Gast hat, wobei insbesondere das gemeinsam eingenommene Gastmahl (im Falle Valeries) bzw. der den Gast erfrischende Trunk (das gemeinsame Trinken aus der Schnapsflasche im Falle von Prudens Hahnemeyer) zu den Inszenierungspraktiken dieser Gastlichkeitssituationen gehören. Als ›Ausgegrenzter‹ kann Volkmar Fuchs die Position Gast selbst jedoch nicht einnehmen.

Dadurch, dass sich Veit bei der Frau von Volkmar Fuchs an Typhus angesteckt hat, wird die bis dahin dreigeteilte Topographie noch um das spiegelbildlich zur Waldbehausung der Familie Fuchs am entgegengesetzten äußersten Rande des Kurbades gelegene Siechenhaus erweitert, das ebenfalls der Separation unerwünschter Gäste dient. Damit ist Veit von Biegelow nicht nur Mittler, sondern vollzieht den Vermittlungsprozess im Tausch angesehener bezahlter Gastlichkeit im Kurhotel gegen das durchaus stigmatisierte zu Gast sein im Siechenheim gleichsam am eigenen Leib nach, ist auf andere Weise wiederum ›unruhiger Gast‹. Diesmal ist es Phöbe, die als Pflegerin an der Seite der alten Dorette Kristeller[42] für Austauschprozesse zwischen den Schauplätzen sorgt. Die Verflechtung der Positionen von Gast und Gastgeberinnen wird dadurch noch einmal komplexer: Ist Veit so etwas wie der ›Pflegegast‹ von Phöbe und Dorette, so Phöbe ihrerseits zugleich Gast von und Gastgeschenk Veits an die vereinsamte Dorette. Latent bleiben für Veit aber auch das Gastverhältnis zum Pfarrhaus (und damit das zu Prudens Hahnemeyer) und das kommerzielle zum Kurort bzw. Kurhotel bestehen.

41 Vgl. Joachim Pfeiffer: Wahnsinn, Typhus, Tod. Ausschließungssysteme in Wilhelm Raabes Roman »Unruhige Gäste«. In: Deutsche Vierteljahrsschrift für Literaturwissenschaft und Geistesgeschichte, Jg. 70 (1996), S. 213-226. – Auch Joachim Müller (Erzählstruktur und Symbolgefüge in Raabes »Unruhigen Gästen«. In: Raabe-Jahrbuch [1962], S. 121-135 und [1963], S. 88-102, hier Teil 1, S. 95f.) hat implizit schon auf eine triadische Grundstruktur mit Durchbrechungen hingewiesen.

42 Auch hier ist die Gastgeberposition also wieder doppelt besetzt.

Von »Pfisters Mühle« (1884) zu »Altershausen« (1902)

Die den »Krähenfelder Geschichten« nachfolgenden Texte Raabes wie »Pfisters Mühle« mit der thematischen Nähe zu »Die Innerste« und im Spätwerk schließlich »Stopfkuchen« und »Altershausen« bieten demgegenüber wieder nur einzelne, aber dennoch neu akzentuierte Aspekte von Gastlichkeit. In »Pfisters Mühle« ist der Ich-Erzähler Eduard Pfister, nachdem die Mühlengastwirtschaft seines Vaters durch eine flussaufwärts gebaute Fabrik und die damit verbundene Umweltverschmutzung hatte aufgegeben und verkauft werden müssen, vor der Übergabe noch einmal für einige Sommerwochen Gast auf Zeit bei sich zu Hause. Der Gastort Mühle changiert dabei hochambivalent zwischen ökonomischer und privater Form von Gastlichkeit, die partiell ineinander übergehen. Was in »Die Innerste« also noch auf zwei semantisch als antagonistisch konzipierte Handlungsorte aufgesplittet war, wird hier integriert.

›Zu Hause‹ zu Gast, in seinem Heimatland und -ort sowie bei seinem Schul- und Jugendfreund ist auch der ferngereiste Eduard in »Stopfkuchen«. Allerdings changiert Raabes Wortwahl hier zwischen ›zu Gast sein‹ und ›zu Besuch‹ sein und trennt zugleich private (Gastmahl) und kommerzielle Gastlichkeit (Gasthaus) wieder voneinander, eine Differenzierung, die dann auch in »Altershausen« aufrechterhalten wird.[43] Dort ist der gerade siebzig gewordene »Wirkliche Geheime Obermedizinalrat« Prof. Dr. med. Friedrich Feyerabend als Gast in seiner Heimatstadt und damit zugleich zu Besuch in seiner eigenen Kindheit. Er ist »seltsam vertraut und doch wieder fremd [...] in dem Altershausen, das er seit etwa 60 Jahren nicht mehr betreten hat« und wird »durch sein Gastsein« den Kindheitsorten sogar noch weiter entfremdet.[44] So hat Feyerabend bei der Ankunft in Altershausen alles andere als das Erlebnis, etwas wiederzuerkennen. Aus dem Zug steigt der schon durch die ganze Welt gereiste Wissenschaftler »mit dem ›Gefühl‹« aus, »daß er nicht recht wisse, wo er eigentlich sei, wie er hierher gekommen sei und was er hier wolle, das heißt, was er hier noch so spät am Abend zu suchen habe«. Er »glaubte allein zu sein mit der Abendsonne auf dem Bahnsteig seiner Vaterstadt! nie in seinem Dasein so sehr in der Fremde wie jetzt! [...] / alles erschien ihm / ›Unter fremder Gestalt [...].‹ [...] / Das sollte sein Altershausen sein, sein Geburtsort, in welchem er seinen besten ersten Freund, Ludchen Bock, besuchen wollte?«[45]

Aus dieser Wahrnehmung entsteht im weiteren Verlauf eine Umkehr der traditionellen Gastlichkeitssituation und des traditionellen Fremden- und Gastrechts,[46] auf die Ralf Simon hingewiesen hat. Denn »anstatt den Gast aufgrund seiner Fremdheit

43 Vgl. dazu schon 1861 den Befund im Artikel »Gastfreundschaft« (in: Staats- und Gesellschafts-Lexikon [s. Anm. 19], S. 85): »Erst in den letzten Jahrhunderten ging die G. in den höhern Kreisen in steifes Ceremoniell, in den niedern in Gastwirthschaft über.«

44 Simon: Gespenster (s. Anm. 29), S. 218.

45 Wilhelm Raabe: Altershausen. In: Wilhelm Raabe. Sämtliche Werke. Braunschweiger Ausgabe. Im Auftrag der Braunschweigischen Wissenschaftlichen Gesellschaft nach dem Tode von Karl Hoppe besorgt von Jost Schillemeit. Bd. 20: Hastenbeck. Altershausen. Gedichte. Bearb. von Karl Hoppe, 2., durchgesehene Aufl., besorgt von Dieter Prinzing. Göttingen: Vandenhoeck & Ruprecht 2001, S. 231f.

auszufragen« werden die Einheimischen »vom Gast aufgrund seiner Vertrautheit« mit den Verhältnissen »ausgefragt und damit verunsichert«.[47] Auf diese Weise kann Feyerabend die Rolle als »*Gast* von Altershausen«[48] »invertieren, indem er sie steigert und auch die Einheimischen zu Gästen macht, die dem viel älteren Einheimischen, der auf solch vertrackte Weise Gast ist, Rede und Antwort stehen müssen«:[49] Hoteldiener, Nachtwächter, Barbier und andere, die Feyerabend durchweg als ›Gespenster‹[50] vorkommen. Die verquere Gastrolle des »inkognito in der Heimat«[51] weilenden Feyerabend eröffnet also eine spezifische Möglichkeit zu sprechen und verschließt zugleich die übliche Befragung des fremden Gastes durch die Einheimischen. Es entsteht auf diese Weise ein neu und beinahe konträr zum Gewohnten regulierter Raum des Sprechens in und zugleich über Gastsituationen,[52] in dem die eigentlich ortsansässigen Personen nur mit Antworten, aber kaum mit eigenen Fragen zu Wort kommen und, sofern sie doch Fragen stellen, sogar zum Schweigen aufgefordert werden. »Können Sie auch wie Ihr Großvater schweigen, junger Freund?«, fragt Feyerabend den ins Hotel gekommenen jungen Barbier George und fährt fort: »Sie können es? Gut! Dann lassen Sie uns unsere Unterhaltung ruhig miteinander fortsetzen und tun Sie derweilen mit derselben Geschicklichkeit Ihr Werk an mir, wie Ihr Großvater an meinem Vater vor - sechzig Jahren.«[53] Kehrt sich die Situation von Fragendem und Auskunftgebendem für einen Moment doch einmal um, wie im Falle der Jugendbekannten Minchen Ahrens, so wird das gleich kritisch reflektiert:

> Das war eigentlich ganz und gar gegen die Verabredung, die Geheimrat Feyerabend vor seiner Abreise mit sich selbst getroffen hatte. Er hatte andere ausforschen wollen [...] und nun war er es, der gebeten wurde, zuerst von sich Bericht zu geben und so wahr als möglich zu sein![54]

Wie verkehrt die Gastsituation in Raabes Romanfragment ist, wird ein zweites Mal daran deutlich, dass Feyerabend selbst dann, wenn er sich - wie Minchen gegenüber - zu erkennen gibt, letzten Endes Fremder bleibt. Ihr Bericht über das Schicksal von Feyerabends Schulfreund Ludchen Bock endet nämlich mit dem Verweis auf den »dummen Bahnhof mit unbekannten Leuten«, was Feyerabend sofort registriert:

46 Vgl. bei Bahr (Die Sprache des Gastes [s. Anm. 28], S. 252–258), die vielfältigen Verweise auf diverse »Landesordnungen« aus dem 16. und 17. Jahrhundert zur Regelung der Gastlichkeit, die fast immer auch Formen der Befragung des Fremden bzw. Gastes enthielten.

47 Simon: Gespenster (s. Anm. 29), S. 219. - Minchen Ahrens kommt sich dementsprechend »wie eine Katholikin im Beichtstuhl« vor (Raabe: Altershausen. (s. Anm. 45), S. 307, vgl. auch 311.

48 Ebd., S. 240 (Hervorhebung im Original, R.P.).

49 Simon: Gespenster (s. Anm. 29), S. 219.

50 Vgl. ebd.

51 Raabe: Altershausen (s. Anm. 45), S. 241.

52 Vgl. dazu auch Gerburg Treusch-Dieter: Der freie Platz des Gastes. Gespräch mit dem Philosophen Hans-Dieter Bahr [...]. In: Ästhetik & Kommunikation, Jg. 23 (1994), H. 87, S. 112–117, hier 116, wo Bahr von »Sprachraum« redet.

53 Raabe: Altershausen (s. Anm. 45), S. 262.

54 Ebd., S. 279.

»›Mit unbekannten Leuten‹, murmelte der Geheimrat vor sich hin.«[55] Und auch Ludchen Bock erkennt in ihm nur den »Herre vom Bahnhof«,[56] vor dessen Fremdheit er sich fürchtet: »Das ist Fritze Feyerabend nicht, Mädchen!«, sagt Ludchen zu Minna: »Das ist der Herre vom Bahnhofe [...].«[57] Nun könnte man meinen, solche Verwerfungen wären in dem Moment beseitigt, in dem Ludchen Bock seinen alten Schulfreund Fritz als solchen wieder erkennt, doch das Verhältnis von Vertrautheit und Fremdheit kehrt sich lediglich ein weiteres Mal um, diesmal auf der Seite von Feyerabend selbst, denn »je mehr Geheimrat Feyerabend sich in die Wirklichkeit und Greifbarkeit Altershausens von heute zu finden und zu vertiefen hatte, desto mehr mußte er sich selber zum Schatten, zum Gespenst werden, und - er wurde es!«[58]

Fazit

Resümieren lässt sich, dass Raabes nach 1871 entstandene Erzähltexte die eingangs entwickelten vier Strukturkomponenten nicht nur in allen denkbaren Variationen nutzen, sondern sie bis zu »Unruhige Gäste« in zunehmend komplexer werdenden Varianten ins Spiel bringen, wobei es insbesondere Positionswechsel der Figuren zwischen Gast und Gastgeber bzw. ineinander gestaffelte Szenarien wie im Falle von »Frau Salome« sind, die die Komplexität der Gast/Gastgeber-Relationen noch einmal potenzieren. In deutlichem zeitlichen Abstand zu den drei behandelten »Krähenfelder Geschichten« werden in »Unruhige Gäste« (1885) dann wirklich fast alle denkbaren Konstellationen auf engstem Raum durch forcierte Rotation der Figuren durch die Gastlichkeitspositionen realisiert: Gast mit und ohne Gastgeschenk, Gastgeber mit und ohne Gastgeschenk, Gast als Vermittler, Kopplung von Gast- und Gastgeberpositionen usw.

In den nachfolgenden Texten tritt die Dominanz der Gastlichkeitssituationen insgesamt wieder zurück, während die Strukturkomponente ›zu Gast beim Jugendfreund‹ tendenziell bis zu »Die Akten des Vogelsangs« erhalten bleibt. Dennoch sind das schon nicht mehr die klassischen bürgerlichen Gastlichkeitssituationen, die auf Schutz, Bewirtung und zur Verfügung stellen eines Nachtlagers beruhen, sondern durchaus das Gegenteil: Der Besucher ist (wie Scholten und Frau Salome beim wahnsinnig gewordenen Querian) an Leib und Leben auf das Höchste gefährdet oder doch zumindest nachhaltig irritiert. Nimmt man schließlich noch Raabes vor 1871 erschienene Texte hinzu, so lässt sich für diese feststellen, dass die Gastlichkeitsthematik in ihnen nur indirekt ins Spiel kommt, am ehesten vielleicht noch in der Novelle »Holunderblüte« von 1863, die zwar eine Art Typologie von Gastsituationen bietet, diese aber nicht in den Vordergrund stellt.[59]

Insgesamt wird so deutlich, wie umfassend und fast schon systematisch Raabe gerade in seinen zwischen 1871 und 1885 entstandenen Texten die Möglichkeiten des

55 Ebd., S. 273.
56 Ebd., S. 275.
57 Ebd., S. 277.
58 Ebd., S. 276.

Erzählens von Gastlichkeitssituationen in nahezu allen denkbaren Kombinationen der dafür konstitutiven Elemente erprobt hat. Mit Blick auf Raabes vielfach artikulierte Kritik an der Gründerzeit liegt dann der Schluss nahe, dass es eben die Thematik der brüchig und bisweilen sich in ihr Gegenteil verwandelnden alten biblisch-archaischen Gastlichkeit ist, die Raabe neben Prozessen des Eintauschens idealer in reale Werte zur literarischen Artikulation seiner Gründerzeitskepsis nutzt.

Literatur

Bahr, Hans-Dieter: Die Sprache des Gastes. Eine Metaethik. Leipzig: Reclam 1994 (Reclam-Bibliothek, Bd. 1500).

Bahr, Hans-Dieter: Die Befremdlichkeit des Gastes. In: ders.: Die Befremdlichkeit des Gastes. Wien: Passagen 2005, S. 15–31.

Bourdieu, Pierre: Praktische Vernunft. Zur Theorie des Handelns. Frankfurt a.M.: Suhrkamp 1998 (es 1985).

Bürner-Kotzam, Renate: Vertraute Gäste. Befremdende Begegnungen in Texten des bürgerlichen Realismus. Heidelberg: Winter 2001.

Damaschke, Giesbert: Wilhelm Raabe: Krähenfelder Geschichten. Frankfurt a.M. u.a.: Lang 1990 (Narration, Bd. 3).

Dörrlamm, Brigitte: Gasthäuser und Gerüchte. Zu integrativer Polyphonie im Werk Wilhelm Raabes. Frankfurt a.M. u.a.: Lang 2003 (Studien zur Deutschen und Europäischen Literatur des 19. und 20. Jahrhunderts, Bd. 50).

Gastfreundschaft. In: Staats- und Gesellschafts-Lexikon. In Verbindung mit deutschen Gelehrten und Staatsmännern hg. von Hermann Wagener, Königl. Preuß. Justizrath. Achter Band. Berlin: F. Heinicke 1861, S. 83–85.

Hake, Joachim (Hg.): »Der Gast allein bringt Gott herein.« Eucharistische Gastfreundschaft als Weg zur vollen Abendmahlsgemeinschaft. Stuttgart: Kohlhammer 2003.

Hiltbrunner, Otto: Gastfreundschaft. In: Reallexikon für Antike und Christentum. Sachwörterbuch zur Auseinandersetzung des Christentums mit der antiken Welt. In Verbindung mit Carsten Colpe u.a. hg. von Theodor Klauser. Bd. VIII. Stuttgart: Anton Hiersemann 1972, Sp. 1061–1123.

Hiltbrunner, Otto: Gastfreundschaft in der Antike und im frühen Christentum. Darmstadt: WBG 2005.

Höhler, Gertrud: Unruhige Gäste. Das Bibelzitat in Wilhelm Raabes Roman. Bonn: Bouvier 1969.

Knigge, Adolph Frhr. von: Über den Umgang mit Menschen. Hg. von Gert Ueding. Frankfurt a.M.: Insel 1977 (E: 1788).

59 Ralf Georg Czapla hat mich dankenswerterweise darauf hingewiesen, dass wir es in »Holunderblüte« zunächst mit dem alten Mediziner zu tun haben, der persönlicher Gast in einem Trauerhaus ist. Dort erinnert er sich an seine Studienzeit in Prag, während der er zum einen touristischer, dann aber auch persönlicher Gast im Hause der Jüdin Jemima war. Bei deren Eltern schließlich wird er – genau umgekehrt wie der sich bereichernde Agonista in »Zum wilden Mann« – zum geprellten Gast. Im übertragenen Sinne ist er schließlich Gast in der Geschichte des jüdischen Volkes, die ihm jedoch so fremd bleibt, dass er nicht in ihr zu Hause sein kann.

Müller, Joachim: Erzählstruktur und Symbolgefüge in Raabes »Unruhigen Gästen«. In: Raabe-Jahrbuch (1962), S. 121-135 und (1963), S. 88-102.

Parr, Rolf: Tauschprozesse in Wilhelm Raabes Erzählung »Zum wilden Mann«: materiell und semantisch. In: Georg Mein/Franziska Schößler (Hg.): Tauschprozesse. Kulturwissenschaftliche Verhandlungen des Ökonomischen. Bielefeld: transcript 2005, S. 275-290.

Perathoner, Guido: Gastfreundschaft im Tourismus. Eine Tugendethik aus Sicht des Gastgebers. Münster u.a.: LIT Verlag 2000 (Studien der Moraltheologie, Bd. 16).

Raabe, Wilhelm: Sämtliche Werke. Braunschweiger Ausgabe. Im Auftrag der Braunschweigischen Wissenschaftlichen Gesellschaft hg. von Karl Hoppe. Bd. 1-20. Göttingen: Vandenhoeck & Ruprecht 1968ff. (soweit eine 2. oder 3., verbesserte oder durchgesehene Aufl. vorliegt, wird diese zitiert).

Pfeiffer, Joachim: Wahnsinn, Typhus, Tod. Ausschließungssysteme in Wilhelm Raabes Roman »Unruhige Gäste«. In: Deutsche Vierteljahrsschrift für Literaturwissenschaft und Geistesgeschichte, Jg. 70 (1996), S. 213-226.

Serres, Michel: Der Parasit. Frankfurt a.M.: Suhrkamp 1981.

Siebel, Heinz: Untersuchungen zur Vorstellung des ›Säkulums‹ bei Grimmelshausen, K. Ph. Moritz, Novalis und Raabe. Diss. Kiel 1951.

Simon, Ralf: Gespenster des Realismus. Moderne-Konstellationen in den Spätwerken von Raabe, Stifter und C.F. Meyer. In: Gerhart von Graevenitz (Hg.): Konzepte der Moderne. Stuttgart, Weimar: Metzler 1999 (DFG-Symposien-Berichtsbände, Bd. 20), S. 202-233.

Simon, Ralf: Raabes poetologische Wälder (»Krähenfelder Geschichten«). Eine metaphorologische Analyse des Raabeschen Erzählmodells. In: Jahrbuch der Raabe-Gesellschaft (2006), S. 1-16.

Switalski, Martina: Landmüller und Industrialisierung. Sozialgeschichte fränkischer Mühlen im 19. Jahrhundert. Münster u.a.: Waxmann 2005.

Treusch-Dieter, Gerburg: Der freie Platz des Gastes. Gespräch mit dem Philosophen Hans-Dieter Bahr [...]. In: Ästhetik & Kommunikation, Jg. 23 (1994), H. 87, S. 112-117.

Julia Bertschik

Zwischen männlichem Tauschobjekt und lebendigem Gastgeschenk

Die Figur der ›Gästin‹ bei Arthur Schnitzler, Stefan Zweig und Vicki Baum

In einem kurzen Kapitel seiner umfangreichen Metaethik »Die Sprache des Gastes« macht Hans-Dieter Bahr auf eine sprachgeschichtliche Leerstelle innerhalb des Gastlichkeitsdiskurses aufmerksam: auf das fehlende Genus des weiblichen Gastes, die »Gästin«. Bahr deutet diesen Umstand zunächst im Sinne einer geschlechtsneutralen Begrifflichkeit, die »beliebig von männlichen oder weiblichen Personen eingenommen werden« könne.[1] Schließlich existierten ja auch Frauen als Reisende und Gäste, wenngleich diese lange Zeit nur in Begleitung anderer, zumeist männlicher Familienangehöriger vorstellbar gewesen seien. Dennoch konstatiert Bahr »einen wesentlichen Unterschied in der Rolle der beiden Geschlechter«,[2] was ihre Funktion wie Möglichkeit als Gäste betrifft - und darauf, so möchte man ergänzen, könnte auf sprachlicher Ebene ja schon das fehlende weibliche Genus hinweisen.

Bahr bezieht sich dabei auf einen Aspekt, den auch Jacques Derrida in seiner Abhandlung »De l'hospitalité« als Grundlage von Gastfreundschaft begreift. Beide gehen von einem phallogozentrischen, väterlichen Hausherrenmodell aus. In ihm können Frauen nicht Gäste im privilegierten, zweckfreien Sinne sein, sondern werden als (bräutliche) Tauschobjekte gehandelt, fungieren als lebendige Gastgeschenke oder agieren als ›dienende Gäste‹ im Sinne von Gastgeberinnen zweiter Ordnung. Denn durch ihre (biologische) Möglichkeit zu Empfängnis und Schwangerschaft verkörpere die Frau den Prototyp der »mütterlichen Gastgeberin«.[3] Ebenso unersetzlich wie eingeschränkt, scheint die Figur des weiblichen Gastes daher - als Unperson wie als urgastliches Medium zugleich - eben jene Paradoxien und wechselhaften Verhältnisse zu verkörpern, welche die Rede über Gastlichkeit konstituieren. Die Leerstelle der ›Gästin‹ führt als blinder Fleck der Gastlichkeitsforschung also gerade ins Zentrum der Gastthematik. So, wie auf andere Weise auch die - diesmal überdeterminierte - Figur des ›heimatlosen Juden‹. Für seinen gleichfalls prekären, diesmal jedoch perma-

1 Hans-Dieter Bahr: Die Sprache des Gastes. Eine Metaethik. Leipzig: Reclam 1994, S. 65–71, hier 65.

2 Ebd.

3 Vgl. ebd., S. 66–76, hier 68 und Jacques Derrida: Von der Gastfreundschaft. Übers. von Markus Sedlaczek. Hg. von Peter Engelmann. Wien: Passagen 2001 (franz.: De l'hospitalité 1996), S. 59–110, hier 106–110 sowie den Beitrag von Ralf Simon im vorliegenden Band.

nenten Gaststatus ist gerade die Hospitalitätsmetapher als ›Verwaltungsformel jüdischer Existenz‹ ins Feld geführt worden.[4]

Genres der erzählten Gastlichkeit bringen ihre jüdischen ebenso wie ihre weiblichen Figuren daher vorzugsweise in den heterotopen, transitorischen und antifamiliaren Gasträumen des Hotels unter.[5] Denn diese moderne Form des kommerzialisierten Gasthauses stellt als anonymes und öffentliches ›Jedermannshaus‹ spätestens seit der Wende zum 19. Jahrhundert selbst eine Herausforderung für die Gastlichkeitssemantik dar: Gastlichkeit als Geschäft bricht hier mit der Fiktion altruistisch-›reiner‹ Gastfreundschaft; statt sittlich-moralischer herrschen in der gewerblichen Gastlichkeit des Hotelwesens nun rechtlich-ökonomische Verbindlichkeiten vor.[6] Siegfried Kracauer beklagt einen solchen Umschlag vor dem Hintergrund einer weiteren Zunahme des Tourismus noch Anfang der 1920er Jahre im emphatisch-polemischen Bild der Hotelhalle als einer »negative[n] Kirche« (mit der sich keine Vorstellungen vom verborgenen Gott im Gast mehr verbinden lassen).[7] Dies könnte aber gerade eine Chance für Frauen als Gäste bedeuten.

Denn der Übergangsort des Hotels, durch spezifische Raumelemente wie Dreh- und Doppeltüren oder Fahrstühle angesiedelt zwischen Öffentlichkeit und Privatheit,[8] sowie der Ausnahmezustand der Reisesituation scheinen hier auf den ersten Blick eine Reduktion der patriarchalischen Kontrolle durch die partielle Suspension des familiaren Hausherrenmodells zu ermöglichen. Auch die nach dem Ersten Weltkrieg zunehmende finanzielle Unabhängigkeit berufstätiger junger Frauen aus der ›neuen Mittelschicht‹ der Angestellten, gekoppelt mit deren spontaner Lust am Konsum wie ihrem gestiegenen Bedürfnis nach einer Freizeitkultur der öffentlichen Selbstdarstellung,[9] lassen zunächst auf eigenständige Partizipationsformen von Frauen als zahlende Hotelgäste schließen. Eben dies wurde in den Zeitgeistmagazinen der Weimarer Republik, z.B. in der renommierten »Dame«, auch in ganzen Artikelserien und Fotoreportagen propagiert.

So konstatierte die Lifestyle-Journalistin Anita Daniel im Rahmen einer neuen Serie über den »Lebensstil 1930« eine zunächst durch die Folgen des Krieges notwendige, symptomatische Veränderung im Verhalten der Reichen und Schönen: nämlich

4 Vgl. dazu auch den Beitrag von Manfred Schneider in diesem Band.

5 Zum Hotel als paradoxer Möglichkeit einer ›ortlosen Heimat‹ bei Joseph Roth vgl. hier den Beitrag von Peter Friedrich.

6 Vgl. Hans Conrad Peyer: Von der Gastfreundschaft zum Gasthaus. Studien zur Gastlichkeit im Mittelalter. Hannover: Hahn 1987 (Schriften der Monumenta Germaniae Historica, Bd. 31), S. 220-276 sowie den Beitrag von Alexander Honold in diesem Band.

7 Vgl. Siegfried Kracauer: Die Hotelhalle [1922-1925]. In: ders.: Das Ornament der Masse. Essays. Frankfurt a.M.: Suhrkamp 1977, S. 157-170, hier 159f. sowie Bahr: Die Sprache des Gastes (s. Anm. 1), S. 323-344.

8 Vgl. Cordula Seger: Grand Hotel. Schauplatz der Literatur. Köln, Weimar, Wien: Böhlau 2005 (Literatur - Kultur - Geschlecht. Studien zur Literatur- und Kulturgeschichte, Große Reihe, Bd. 32) sowie Andreas Bernard: Die Geschichte des Fahrstuhls. Über einen beweglichen Ort der Moderne. Frankfurt a.M.: Fischer 2006, S. 72-85 u. S. 246-257.

9 Vgl. hier Julia Bertschik: Mode und Moderne. Kleidung als Spiegel des Zeitgeistes in der deutschsprachigen Literatur (1770-1945). Köln, Weimar, Wien: Böhlau 2005, S. 180-273.

den Trend zu »Kleine[n] Wohnungen, große[n] Reisen«, wie sich ihr diesbezüglicher Artikel im ersten Maiheft der »Dame« von 1930 nennt. Gegen eine inzwischen überholte Form der »große[n] Repräsentation« als Besitzstandswahrung luxuriös ausgestatteter privater Unterkünfte führt sie hier die individuelle Freiheit und jugendliche Beweglichkeit des abwechslungsreichen Hotellebens ins Feld, nach dem Motto: »Hotel wurde Idealzustand, dem man das Heim anzupassen versucht. [...] Man ist heute am liebsten Gast, auch im eigenen Haus.«[10]

Ein Jahr später widmet sich Anita an derselben Stelle speziell »Frauen, die allein reisen«. Auch diese seien, zumindest unter den Nord- und Westeuropäerinnen, keine Seltenheit mehr. Darauf habe sich inzwischen selbst der Hotelservice eingestellt. Und das nicht ohne Grund, denn: »Die alleinreisende Frau gibt reichlich [Trinkgeld] – oder gar nicht, dann aber mit imponierender Selbstsicherheit«.[11] Entgegen landläufiger Meinungen suche die allein reisende Frau den Kontakt zum anderen Geschlecht jedoch eher selten. Nichtsdestotrotz bleibe sie aber auch weiterhin auf männliche Hilfe angewiesen, wie sich am Ende des Artikels herausstellt: »Im übrigen: zum Oeffnen der Coupéfenster, zum Herunterholen des Handgepäcks, zum Nachsehen im Kursbuch und bei einer Maus im Zimmer kommt auch die selbständige Frau auf Reisen nicht ohne Mann aus.«[12]

Die ›Neue Frau‹ der Weimarer Republik bewegt sich also weiterhin innerhalb der Vorstellungswelten einer patriarchalisch organisierten Gesellschaft. Darauf läuft hier nicht nur Anitas durchaus aufgeschlossener Artikel über allein reisende Frauen an exponierter, nämlich abschließender Stelle hinaus. Sondern darauf verweist auch die Fülle von werbewirksamen Artikeln über die gleichfalls neuartige, wenngleich wesentlich seltenere Erscheinung der Frau als modisch gestylter Autofahrerin und mythologisch entwirklichter ›Automobil-Amazone‹ in den Trendmagazinen »Die Dame« und »Elegante Welt« der zwanziger und dreißiger Jahre. Vor dem Hintergrund des zeitgenössischen Technik- und Fortschrittskults verbindet sich mit der mobilen Frau hier die gleichfalls doppeldeutige Vorstellung von einer emanzipierten ›Selbstfahrerin‹ als bloß kleidermodischem ›Auto-Accessoire‹. Es vermischen sich also wiederum neue mit alten Frauenbildern.[13]

Das hat aber auch Auswirkungen auf die neuartige Situation weiblicher Hotelgäste, wie sich im Folgenden an dafür exemplarischen Literaturbeispielen aus der Zwischenkriegszeit zeigen lässt: an Arthur Schnitzlers Monolog-Erzählung »Fräulein Else« (1924), Stefan Zweigs Roman aus dem Nachlass »Rausch der Verwandlung« (1934) und Vicki Baums ›Kolportageroman mit Hintergründen‹ »Menschen im Hotel« (1929). Denn die fragile Stellung der Figuren Else, Christine Hoflehner und Flämmchen zwischen Freiräumen und erneuter Beschränkung während ihres Hotelaufenthalts hängt hier weniger damit zusammen, dass der unverbindlich-anonyme Ort des Hotels das vordergründige Schwinden der familiar-patriarchalischen Kontroll- und

10 Anita [Daniel]: Kleine Wohnungen, große Reisen. In: Die Dame, Jg. 57 (Mai 1930), H. 16, S. 6 f., hier 6. – Den Hinweis auf Anitas Reiseartikel in der »Dame« verdanke ich Nina Sylvester.
11 Anita [Daniel]: Frauen, die allein reisen. In: Die Dame, Jg. 58 (Mai 1931), H. 17, S. 8 f., hier 8.
12 Ebd., S. 9.
13 Vgl. hierzu bereits ausführlicher Bertschik: Mode und Moderne (s. Anm. 9), S. 247–252.

Schutzfunktion nicht durch andere Sinngebungsmodelle kompensieren kann.[14] Vielmehr hat dies mit der Schwierigkeit der Protagonistinnen zu tun, sich überhaupt als ›Gästinnen‹ definieren und positionieren zu können. Die Texte geben also Auskunft über die Leerstelle des weiblichen Gastseins in der Moderne.

Die ›Gästin‹ als Spekulationsobjekt: Arthur Schnitzlers »Fräulein Else«

In Schnitzlers Erzählung über den Ferienaufenthalt seiner jungen Protagonistin Else im eleganten italienischen Dolomiten-Hotel Fratazza in San Martino vermischen sich bekanntlich die Ebenen von Schreib- und Erzählzeit (1924 und 1896). Der Text erscheint daher als hybrides Gebilde aus Vor- und Nachkriegserfahrungen zwischen Belle Époque und Inflationskrise,[15] was sich auf allen Ebenen der Erzählung widerspiegelt:

- auf der Ebene des hotelbedingten Lifestyles (dekolletierte Abendgarderobe vs. neusachlicher Sportdress),
- auf der Ebene der Sprache (modische Anglizismen wie »Dinner« oder »Sweater« wechseln mit dem bewährten französischen Konversationston: »Bon soir, Mademoiselle. Vous allez bien?«),[16]
- auf der Ebene von Erzählperspektive und Handlungskonflikt (innerer Monolog und psychologisch deutbare Träume erzählen vom alles dominierenden Materialismus wie vom - hier noch selbst verschuldeten - wirtschaftlichen Abstieg des Großbürgertums).

Eine solche Ambiguität prägt in besonderem Maße auch die titelgebende Hauptfigur und gleichzeitige Ich-Erzählerin: Else erscheint sowohl als verzogene, finanziell abhängige ›höhere Tochter‹ mit Adelsambitionen anstelle einer soliden Berufsausbildung wie als forsches »sporting girl« und Zigarette rauchende ›Neue Frau‹ auf eigenwillig-exotischem Männerfang (»Nach Amerika würd' ich ganz gern heiraten [...]«). Sie laviert zwischen Exhibitionismus, Selbstvermarktung und Scham, modischem Image und emanzipatorischem Typ des ›Girl‹ - einem aus Amerika medial importierten Frauenidol der Nachkriegs-Angestellten mit kurzer Pagenkopffrisur und kniekurzem, gerade geschnittenem Hemdkittelkleid.[17] Durch die ortlose Übergangssituation Elses zwischen Tradition und Moderne, Kindheit und Erwachsenenstatus, Tochter und Gattin,

---

14 So lautet hingegen die These von Bettina Matthias: Women in Hotels. In: dies.: The Hotel as Setting in Early Twentieth-Century German and Austrian Literature. Checking in to Tell a Story. Rochester, Woodbridge: Camden House 2006, S. 67–117.

15 Vgl. Wendelin Schmidt-Dengler: Inflation der Werte und Gefühle. Zu Arthur Schnitzlers ›Fräulein Else‹. In: Giuseppe Farese (Hg.): Akten des Internationalen Symposiums ›Arthur Schnitzler und seine Zeit‹. Bern u.a.: Lang 1985 (Jahrbuch für Internationale Germanistik, Reihe A, Bd. 13), S. 170–181.

16 Arthur Schnitzler: Fräulein Else. In: ders.: Die Erzählenden Schriften. Bd. 2. Frankfurt a.M.: Fischer 1961 (Arthur Schnitzler: Gesammelte Werke), S. 324–381, hier 327, 324, 326.

17 Vgl. ebd., S. 334 u. S. 324 sowie Bertschik: Mode und Moderne (s. Anm. 9), S. 198–207.

verbunden mit Hinweisen auf ihre assimilierte jüdische Herkunft (»Mir sieht's niemand an. Ich bin sogar blond, rötlich-blond [...]«),[18] wird der Protagonistin eine Gastrolle im eigenen Leben zugewiesen. Aus ihr versucht sie vergeblich auszubrechen: »›*Du willst wirklich nicht mehr weiterspielen, Else?*‹ – ›Nein, Paul, ich kann nicht mehr. Adieu. [...]‹.«[19] Mit dieser doppeldeutigen Verabschiedungsszene auf dem Tennisplatz des Hotels lässt Schnitzler seine Erzählung beginnen. Auf dramaturgischer Ebene weist schon dieser Anfang auf den Schluss des Textes hin: auf Elses endgültigen Abschied, d.h. auf den Redeabbruch ihres inneren Monologs, den Moment des »auktorialen Schweigens«,[20] bedingt durch den Selbstmord der Ich-Erzählerin. ›Erspielen‹ muss sich Else zuvor aber auch ihre un-mögliche Situation als ›Gästin‹ im Grand Hotel – ein Ort, der sie nicht von ihren familiären Verpflichtungen befreit, sondern diese im Gegenteil zuspitzt. Durch die gleichzeitige Abwesenheit des familiären Schutzraums wird zudem der Weg in die Katastrophe gebahnt, wie im Folgenden zu sehen.

Ebenso wie die jungen weiblichen Hotelgäste der ›Flappers‹ und ›Girls‹ bei Zweig und Baum ist Schnitzlers noch unverheiratetes Fräulein Else ein Gast im doppelten Sinne, denn als Hotelgast ist sie zugleich Gast ihrer reichen Tante, die die (inzwischen) »arme Verwandte« hierher eingeladen hat. Else agiert also nicht nur als weibliche Hochstaplerin, welche die »elegante junge Dame« vor luxuriöser Hotelkulisse bloß spielt. So, wenn sie z.B. den Riss in ihrem vorletzten Paar Seidenstrümpfe (und damit sinnbildlich in ihrer gesamten Existenz) durch fotogenes Beineübereinanderschlagen verbirgt.[21] Von vornherein bleibt ihr Gaststatus darüber hinaus an die häusliche Familienspähre zurückgebunden, reicht das väterliche Hausherrenmodell für die ›Gästin‹ selbst in den anonymen Raum des kommerzialisierten Gasthauses ›Hotel‹ hinein.

Denn vermittelt durch die weibliche Instanz ihrer Mutter erreicht Else durch die Eilmedien Expressbrief und Telegramm hier die dringende Bitte, für ihren durch Spielsucht bankrotten und überdies der Unterschlagung von Mündelgeldern schuldigen Vater vom reichen Kunsthändler Dorsday Geld zu erbitten. Andernfalls drohe die Verhaftung des Vaters sowie ein Skandal für die ganze Familie. Dorsday, selbst Feriengast des Hotels, ist immer schon an Else interessiert gewesen – worauf die Mutter in ihrem Schreiben auch explizit hinweist: »›Dich hat er ja immer besonders gern gehabt.‹«[22] In Abwesenheit der Eltern und außerhalb des häuslichen Schutzraums kann Dorsday diesen nur schlecht verhüllten ›Liebesdienst‹ der gehorsamen Tochter[23] nun mit der Forderung verbinden, Else nackt sehen zu wollen. Sowohl Dorsdays unsittliches Begehren wie das obszöne Anliegen der Eltern sind jedoch allein vor dem Hintergrund des prekären weiblichen Gaststatus in der öffentlichen Sphäre des Hotels möglich.

18 Schnitzler: Fräulein Else (s. Anm. 16), S. 333.

19 Ebd., S. 324.

20 Michaela L. Perlmann: Arthur Schnitzler. Stuttgart: Metzler 1987 (Sammlung Metzler, Bd. 239), S. 146.

21 Schnitzler: Fräulein Else (s. Anm. 16), S. 325 u. S. 335f.

22 Ebd., S. 330.

23 Vgl. ebd. (»ob du uns nicht die Liebe erweisen und mit Dorsday reden könntest«) u. S. 341 (»Wie konntest du das von mir verlangen, Papa? Das war nicht recht von dir, Papa.«).

Denn zum einen wird Else im Blick der männlichen Hotelgäste hier selbst zum Freiwild einer objektifizierten ›öffentlichen Frau‹. Eine Vorstellung, die sie ebenso forciert wie verachtet. Andererseits werden in der mannmännlichen Transaktion zwischen Elses Vater und Dorsday über ihren Kopf hinweg die patriarchalischen Gastlichkeitsmuster reaktiviert: Aus dem ehemals bräutlichen Tauschobjekt wird das Spekulationsobjekt des weiblichen Körpers. Sein Wert kann, laut elterlichem Telegramm auch kurzfristig erhöht, »gerechnet« und »verkauft«, ja »versteigert[]« werden.[24] Und auch Elses Verkehrung des Vorgangs, aus dem ursprünglich privaten »*Geheimnis*« eine öffentliche Affäre zu machen, sich nämlich nicht Dorsday allein, sondern im Musiksalon allen dort zur Klaviermusik von Schumanns »Carnaval« versammelten Hotelgästen nackt zu präsentieren, folgt noch demselben Schema. Elses Enthüllungsaktion *coram publico* kann also kaum als Ausdruck einer ›karnevalesk‹ umgekehrten Selbstermächtigung gelesen werden.[25]

Else gibt selbst das Stichwort dazu, wenn sie sagt: »Nie werde ich mich verkaufen. *Ich schenke mich her.*« Der exhibitionistische Auftritt der modernen Hotel-›Gästin‹, von ihr als kalkuliertes »Fest[]« mit nackt tanzender »Sklavin« imaginiert, verschränkt sich hier mit kulturellen Gastlichkeitsbildern vom lebendigen Gastgeschenk der Frau, welche auf Überlieferungen antiker ›Tempelprostitution‹ und mittelalterlicher Grauzonen zwischen Wirtshaus und Bordellbetrieb zurückgreifen.[26] Innerhalb einer so tradierten Gastsemantik bleibt das von Schnitzlers bürgerlicher Protagonistin stattdessen angestrebte Rollenmodell des »Luder[s]« immer bloß das »eine[r] Dirne«, welche vor dem ausgelösten »Skandal« in Hysterie und Selbstmord flüchtet.[27] Die damit besiegelte Nicht-Existenz der zweckfreien ›Gästin‹ jedoch verweist auf ihre eigene Leerstelle im Bild existentieller Ort- und Heimatlosigkeit, welche der Hospitalität dringend bedarf: »Ich will nicht mehr ins Hotel, ich will nicht mehr nach Hause, ich will nicht nach Wien, zu niemandem will ich, zu keinem Menschen [...].«[28]

Ließe sich hier noch argumentieren, dass die Durchkreuzung der weiblichen Hotelsituation durch das tradierte, ›phallogozentrische‹ Gastlichkeitsmodell ja gerade dem beschriebenen Übergangsstatus des Textes zwischen österreichischer Vor- und Nachkriegswelt, Tradition und Moderne geschuldet sei, so liefert Stefan Zweigs zehn Jahre später entstandener Nachlassroman dazu eine weitere Gegenposition. Auch sein Text, der im ersten Teil das populäre Genre des Hotelromans aufnimmt und fort-

24 Ebd., S. 360f., S. 350 u. S. 333.

25 Vgl. ebd., S. 346 sowie zu den Interpretationsschwierigkeiten von Elses öffentlicher Zurschaustellung im Kontext genderspezifischer Theorien auch Elisabeth Bronfen: Nur über ihre Leiche. Tod, Weiblichkeit und Ästhetik. Übers. von Thomas Lindquist. München: Kunstmann 1994 (engl.: Over her Dead Body 1992), S. 414f., und zur Bedeutung der Musik an dieser Stelle: Gerd K. Schneider: Ton- und Schriftsprache in Schnitzlers Fräulein Else und Schumans [!] Carnaval. In: Modern Austrian Literature, Jg. 2 (1969) Nr. 3, S. 17–20.

26 Vgl. Schnitzler: Fräulein Else (s. Anm. 16), S. 349 (Hervorh. J.B.), S. 357 u. S. 355 sowie Bahr: Die Sprache des Gastes (s. Anm. 1), S. 70 und den Beitrag von Meinolf Schumacher in diesem Band. Auch die mittelalterliche Wirtshausprostitution wird vordergründig durch eine weibliche Instanz (hier: der Wirtin) initiiert.

27 Schnitzler: Fräulein Else (s. Anm. 16), S. 349 u S. 377.

28 Ebd., S. 354.

führt, demonstriert die langlebige Hartnäckigkeit patriarchalisch codierter Vorstellungen vom un-möglichen Gastsein moderner Frauen.

Die ›Gästin‹ als Unperson: Stefan Zweigs »Rausch der Verwandlung«

Im Sommer 1926 wird die österreichische Postassistentin Christine Hoflehner von amerikanischen Verwandten zu einem Hotelurlaub ins Engadin nach Pontresina eingeladen. Dieser kurze Aufenthalt verändert ihr Leben vollständig. Denn sie befindet sich plötzlich »Bei den Sorglosen«. So hatte Stefan Zweig schon 1918 die selbst erlebte Diskrepanz zwischen der Höhenluft abgeschieden-luxuriösen Müßiggangs im nahe gelegenen Wintersportort St. Moritz und der übrigen Welt des Kriegs- wie des monotonen Büroalltags in einem gleichnamigen Essay benannt.[29]

Die Provinzlerin gerät in Zweigs Roman mit ihrem bislang freudlosen Dasein jetzt im Grand Hotel in die Hände ihrer Tante Klara. Diese ist einst selbst vom kleinen Probierfräulein eines Wiener Modesalons zur Gattin eines holländischen Unternehmers in Amerika ›aufgestiegen‹. Elegante Garderobe braucht sie als Claire von Boolen nun nicht mehr bloß vorzuführen, sondern kann diese selbst ihr Eigen nennen. Damit wird jetzt auch die Nichte standesgemäß ausgestattet. Denn ihr unmoderner Schützling machte bei seiner Ankunft im Ausverkaufsmantel, mit bäuerlicher Zopffrisur und ärmlichem Strohköfferchen doch eher den für alle Beteiligten »reichlich kompromittab[len]« Eindruck einer Dienstmagd anstelle eines Hotelgasts.[30] Bei Christines Anprobe von drei modisch kniekurzen, seidenen Hemdkittelkleidern aus dem Bestand der Tante jedenfalls »sitzt [plötzlich] die leichte Vorzeigegeste der längst in ihr verschollenen Probiermamsell locker wieder im Handgelenk«.[31] Und es macht Claire auch weiterhin Spaß zu sehen, »wie flink und geschickt ihr Mannequin sich in die Toiletten hineinpaßt[ ]«.[32]

In einem Geschäft vor Ort wird der Nichte darüber hinaus die obligatorische Sportbekleidung gekauft sowie beim Friseur die museumsreif lange Mähne in einen gewellten Bubikopf mit ausrasiertem Nacken zurechtgestutzt. Ihre Nägel werden manikürt und das amtsstubenblasse Gesicht geschminkt. Fertig ist die so im wörtlichen Sinne ›*Neue* Frau‹, die ihre »mitgebrachte Armut« in einer Pappschachtel »unsichtbar verstaut«, den Kopf mit der neuen Frisur, wie vorausgesagt, »gleich freier träg[ ]t« und ihren Schritt »sicherer spannt«.[33] Auch der Spiegel zeigt Christine Hoflehner jetzt ein

29 Stefan Zweig: Bei den Sorglosen. In: ders.: Die schlaflose Welt. Aufsätze und Vorträge aus den Jahren 1909–1941. Hg. von Knut Beck. Frankfurt a.M.: Fischer 1983 (Stefan Zweig: Gesammelte Werke in Einzelbänden), S. 104–111.

30 Stefan Zweig: Rausch der Verwandlung. Roman aus dem Nachlaß. Hg. von Knut Beck. Frankfurt a.M.: Fischer 1995, S. 55f. u. S. 47.

31 Ebd., S. 59.

32 Ebd., S. 115.

33 Vgl. ebd., S. 60 u. S. 64 sowie zur Zeittypik neusachlicher Sportmode inklusive Kurzhaarfrisur für Damen, selbst an mondänen Urlaubsorten: K[atharina] R[athaus]: Sachlichkeit ist die Devise! Sportkleider für St. Moritz und die Riviera. In: Elegante Welt, Jg. 17 (8.2.1928), H. 3, S. 36f.

»andere[s] Ich«, einen »neuen Menschen«: in sich selbst verliebt, voller Lebensfreude, verführerisch und kaum wiederzuerkennen - der durch die Kleidung ausgelöste Habituswechsel, der äußere wie innere »Rausch der Verwandlung«, hat begonnen.[34] Nach der anfänglichen Angst, weiterhin lediglich als »verkleidete Dame« betrachtet zu werden, macht Christine vor allem bei den männlichen Hotelgästen nun schnell als »charming girl« Furore.[35] Selbst die von ihr zunächst unbeabsichtigte Bezeichnung als »Fräulein von Boolen« - in Analogie zum deutschen Industrieadel Krupp von Bohlen und Halbach - wird für sie schließlich zum selbstverständlichen Selbstbetrug, dem sie noch durch die klangvollere Ergänzung ihres Vornamens in »Christi*a*ne« nachhilft: Sie »wird, die sie nun scheinen soll« und lebt »in dem geliehenen Luxus wie in der eigenen Haut«.[36]

Was anfänglich wie eine »Entpuppung« des »wahren und bisher gefangenen Selbsts« scheint,[37] erweist sich also als Hotel typische »Doppelgänger[schaft]«.[38] In ihren introspektiv-narzisstischen Selbstgesprächen ähnelt Zweigs Protagonistin mit ihrem Doppelleben dabei Schnitzlers modebewusstem Fräulein Else. In ihrer zunächst unfreiwilligen Hochstaplerinnenrolle ist sie hingegen der Figur des armen Schneiders Wenzel Strapinski aus Gottfried Kellers sprichwörtlicher Novelle »Kleider machen Leute« verwandt, hatte dieser während seines Wirtshausaufenthalts doch allein durch Radmantel und Pelzmütze bei den Goldacher Bürgern des 19. Jahrhunderts die Vorstellung von einem polnischen Grafen ausgelöst. Ebenso wie bei Keller durch die Eifersucht eines Heiratskonkurrenten des Protagonisten wird auch bei Zweig durch den Neid einer Rivalin Christines Rollenwechsel auf dem Höhepunkt ihrer trunken-»wirbelnde[n] Seligkeit« entlarvt. Diese hatte selbst aus ihr zuletzt, von den Verwandten bereits missbilligt, die zeittypisch vergnügungssüchtige, dauergewellte Girl-Variante eines »Flapper« werden lassen, »schlenkernd frech« und »angeschnurrt wie ein Kreisel«.[39]

Der Snobismus der übrigen Hotelgäste, insbesondere der potenziellen Heiratskandidaten unter ihnen, sowie die Angst der Tante vor der möglichen Entdeckung ihrer eigenen kleinbürgerlichen Vergangenheit führen daher jetzt Christines hastige Abreise herbei. Sie erfolgt bezeichnenderweise über die Dienstbotentreppe - eine unauffällige

34 Zweig: Rausch der Verwandlung (s. Anm. 30), S. 68f. u. S. 70. Dieser Textzeile ist auch der (nicht von Zweig selbst entschiedene) Titel des Romans entlehnt. - Vgl. zur Habitusfunktion von Kleidung darüber hinaus Pierre Bourdieu: Die feinen Unterschiede. Kritik der gesellschaftlichen Urteilskraft. Übers. von Bernd Schwibs u. Achim Russer. 1. Aufl., Frankfurt a.M.: Suhrkamp 1987 (franz.: La distinction 1979), S. 322-332.

35 Zweig: Rausch der Verwandlung (s. Anm. 30), S. 72 u. 79.

36 Ebd., S. 104 (Hervorh. J.B) u. S. 154.

37 So, allerdings zur Entwicklung von Zweigs Protagonistin insgesamt: David Turner: Rausch, Ernüchterung und die Flucht ins Private: Zu Stefan Zweigs Roman aus dem Nachlaß. In: Mark H. Gelber (Hg.): Stefan Zweig heute. New York u.a.: Lang 1987 (New Yorker Studien zur neueren deutschen Literaturgeschichte, Bd. 7), S. 201-225, hier 205.

38 Zweig: Rausch der Verwandlung (s. Anm. 30), S. 168.

39 Ebd., S. 114f., S. 53 u. S. 133: Misstrauen lösen hier Christines mangelhafte Kenntnisse in der »mondänen Freimaurerei«, dem Insiderwissen über Parfümmarken, Automobilpreise etc., aus.

Abgangsmöglichkeit für ›gefallene Hotelgäste‹, die auch schon nach Elses Zusammenbruch in Schnitzlers Erzählung erwogen wird.[40] Christines Rückverwandlung in ihr früheres »Hoflehner-Ich«, symbolisiert durch die ärmlich-unmodische Kleidung ihrer Anreise, erfährt die Protagonistin bei Zweig ebenfalls als »eine Art Tod« ihrer neuen Hotelexistenz.[41] Dessen seitenlange Beschreibung als schmerzhafte Operation, als Mord, als ein Ab- und Erfrieren oder aber als ein explosionsartiges Zerfetzen wirkt durch die eindringliche Form der erlebten Rede dabei besonders drastisch. Während das geborgte Abendkleid ihr jetzt wie ein Leichentuch erscheint, wirkt aber auch die alte Garderobe im Schrank »wie ein [verwester] Gehenkter«.[42]

Doch ganz lassen sich die Erfahrungen einer modischen Phantom-Existenz als begehrter ›Neuer Frau‹ selbst nach Christines Rückkehr in den Provinzalltag nicht abtöten. Während Zweig in einer verworfenen Passage seines Textes wohl zunächst die gelungene soziale Wiedereingliederung seiner Protagonistin vorsah, indem er sie hier das einzige Kleid, das ihr die Tante beim Abschied überlassen hatte, zerreißen lässt, hat er seinen Roman vor dem gesellschaftsverändernden Hintergrund des erstarkenden Austrofaschismus anders fortgeführt.[43] Der bislang dominierende psychologische Blick auf die kleidermodische Verwandlung seiner Protagonistin wird im zweiten Teil deutlicher um ihre soziale Komponente erweitert. Dadurch treten nun auch die bislang dominierenden und noch an Schnitzlers Hotelerzählung erinnernden Stilmittel des inneren Monologs und der erlebten Rede zurück.

Christine Hoflehner lebt ab jetzt in einem unbefriedigenden Zwischenzustand, der durch die Lektüre von zeitgenössischen Modezeitschriften wie der »Dame« oder der »Eleganten Welt« noch weiter zementiert wird. Ihre alte Umgebung mit den armselig-ungepflegten Kleidungsritualen kann sie »nicht mehr ertragen«,[44] ohne jedoch wieder an ihre alte Selbstsicherheit im luxuriösen Umgang anknüpfen zu können. Ihr fehlt dazu nicht nur die passende Gelegenheit, sondern vor allem »das Kleid, de[r] Talisman, der diese Tür öffnet«. So heißt es hier, in Analogie zu gängigen Märchentopoi, über Christines vergeblichen Wunsch nach einer kurzfristigen mondänen Rückverwandlung – bezeichnenderweise vor einem Wiener Hotelrestaurant.[45]

Doch dann lernt sie einen Gleichgesinnten kennen: Ferdinand, einen durch Krieg und Gefangenschaft um seine Jugend und die Möglichkeiten einer gesicherten Existenz betrogenen und aus der Bahn geworfenen Menschen. Sein Aufbegehren gegen die gesellschaftlichen Verhältnisse, die »Maschinen auf Sonntagsurlaub« und »ausgeborgte[] Arbeitskadaver« produzieren, bestärkt schließlich auch Christines Widerstandskraft gegenüber einem verdinglichten Leben als auswechselbarer Bürogegenstand.[46] Statt die Idee eines gemeinsamen Selbstmords in die Tat umzusetzen, willigt

40 Vgl. ebd., S. 171 sowie Schnitzler: Fräulein Else (s. Anm. 16), S. 374 (»›*Morgen früh reisen wir ab.*‹ – ›*Aber einfach über die Dienerschaftsstiege.* [...]‹«).
41 Zweig: Rausch der Verwandlung (s. Anm. 30), S. 118 u. S. 170.
42 Ebd., S. 168f. u. S. 170.
43 Vgl. Knut Beck: Nachbemerkungen des Herausgebers. In: ebd., S. 311–329, hier 318–323.
44 Zweig: Rausch der Verwandlung (s. Anm. 30), S. 176f. u. S. 187f.
45 Ebd., S. 195.
46 Ebd., S. 235.

sie daher in seinen Plan ein, staatliches Postgeld zu unterschlagen. Damit böte sich für beide die Möglichkeit, im Ausland eine freie Existenz nach ihren Vorstellungen zu führen. Ferdinands detaillierte Ausführungen zu diesem Vorhaben, dessen Ausgang der Roman allerdings offen lässt, schließen dabei auf einer anderen Ebene noch einmal an Christines intensive, persönlichkeitsverändernde Erfahrungen mit den kleidermodischen Verwandlungsmöglichkeiten aus dem ersten Teil des Textes an. Denn Ferdinands akribisch aufgelistete Vorschläge für ein unauffälliges Verhalten nach ihrer Tat sehen jetzt die Verkleidung als bohemistisches Maler-Ehepaar vor:[47] An die Stelle eines passiv erlebten, märchenhaften ›Rauschs der Verwandlung‹ ist für beide also die nüchtern kalkulierte Verstellung getreten - eine neusachliche ›Verhaltenslehre‹, die Zweigs Protagonistin erst ihrer zuvor gescheiterten Rolle als ›Gästin‹ eines Grand Hotels verdankt.[48]

Denn auch Christine Hoflehner war hier ja doppelter Gast von Hotel und zahlungskräftiger Tante. Im Unterschied zu Schnitzlers Else erfolgte jedoch erst im Hotel ihre Metamorphose zur begehrten ›Neuen Frau‹, welche hier allein über den modischen Kleidungswechsel gelingt. Das entspricht ganz der transitorisch-unpersönlichen Hotel-Atmosphäre. Sie bedarf eines sozialphysiognomischen Blicks, der nicht mehr bis zum individuellen Gesicht der jeweiligen Person reicht, sondern bereits »an den Kleidern hängen[bleibt]«. So heißt es in Vicki Baums Roman »Menschen im Hotel«.[49] Warum gelingt aber gerade der ›Gästin‹ die damit verbundene Möglichkeit zur Hochstapelei nicht? Zweigs Roman aus dem Nachlass, der darin wie eine zugespitzte Nachkriegsvariante von Schnitzlers »Fräulein Else« wirkt, führt als mögliche Ursache dazu einmal mehr die Fortsetzung des familiaren Modells (hier - elternanalog - vertreten durch Onkel *und* Tante), selbst unter Hotelbedingungen an. Zweigs Protagonistin verweigert sich überdies einem für sie innerhalb dieses gastlichen Hausherrenmodells durchaus möglichen Tausch- und Aufstiegsszenarios: der Konventionsehe mit General Elkins, einem ihr bis zuletzt zugetanen Witwer und Kriegsveteranen - für Christine jedoch lediglich ein respektvoll verehrter »alte[r] Mann« mit weißen Haaren.[50] Ein zweckfreies Ausleben ihrer hier von vornherein ja nur gestundeten Gast-Rolle in der Ausnahmesituation des mondänen Hotellebens bleibt also auch ihr verwehrt. Beschämt muss sie den Ort kurzfristiger Selbstentfaltung vorzeitig verlassen.

Dass dies tatsächlich auf die genderspezifische Leerstelle der ›Gästin‹ verweist, macht ein entsprechendes Zitat aus dem etwa zeitgleich entstandenen Hotelroman »Flucht nach oben« (1933) der Schweizer Autorin Annemarie Schwarzenbach deutlich. Denn er erzählt aus der männlichen Perspektive des desorientierten Weltenbummlers Francis gerade von dessen befreiendem und letztlich sinnstiftendem Aufenthalt in einem österreichischen Skihotel in den Alpen:

---

47 Ebd., S. 304f.

48 Vgl. hier vor allem Walter Serners »Handbrevier für Hochstapler und solche die es werden wollen« von 1927 sowie Helmut Lethen: Verhaltenslehren der Kälte. Lebensversuche zwischen den Kriegen. Frankfurt a.M.: Suhrkamp 1994 (zu Serner S. 150-163).

49 Vicki Baum: Menschen im Hotel [Ein Kolportageroman mit Hintergründen]. 2. Aufl., Köln: Kiepenheuer & Witsch 2005, S. 245.

50 Zweig: Rausch der Verwandlung (s. Anm. 30), S. 97 u. S. 142f.

> Die Tür des Schwarzsee-Hofs ist noch offen. [...] Francis tritt ein, wie angenehm doch die Hotelatmosphäre ist, denkt er, ich brauche *niemandem* Rechenschaft zu geben, mich *nicht* zu schämen, aber wenn es mein Haus wäre, und ich verantwortlich ...[51]

Eine direkte Konfrontation solch unterschiedlicher Gastsituationen von männlichen und weiblichen Figuren außerhalb bzw. weiterhin innerhalb des familiaren Hausherrenmodells ermöglicht abschließend Vicki Baums Berliner Großstadtroman »Menschen im Hotel«.

Die kunstseidene ›Gästin‹: Vicki Baums »Menschen im Hotel«

In Vicki Baums Metropolenkaleidoskop »Menschen im Hotel« treffen in einem, dem Berliner Hotel Adlon ähnlichen Luxushotel Gäste aufeinander, die unterschiedliche Zeitgeistströmungen Ende der Zwanziger Jahre repräsentieren. Das variationsreiche Figurenarsenal reicht vom Hochstapler Baron Gaigern bis zur alternden Balletttänzerin Grusinskaja; vom Typ der ›Neuen Frau‹, in Gestalt der Privatsekretärin mit Filmstar-Ambitionen Flämmchen, bis zu Kringelein, dem todkranken Buchhalter aus der Provinz; vom betrügerischen Geschäftsmann und biederen Familienvater Preysing bis zum morphinsüchtigen Arzt und zynischen Invaliden aus dem Ersten Weltkrieg, Otternschlag. Die multiperspektivische Form der *group novel* in Kombination mit einer Collage unterschiedlicher Erzählgenres zwischen neusachlichem, filmisch erzähltem Großstadtroman, Kriminalgeschichte, Enthüllungsroman, Romanze und Melodram erweist sich dem flüchtigen Neben- und Miteinander des urbanen Hotellebens adäquat:

> Was im großen Hotel erlebt wird, das sind keine runden, vollen, abgeschlossenen Schicksale. Es sind nur Bruchstücke, Fetzen, Teile; hinter den Türen wohnen Menschen, gleichgültige oder merkwürdige, Menschen im Aufstieg, Menschen im Niedergang; Glückseligkeiten und Katastrophen wohnen Wand an Wand. Die Drehtür dreht sich, und was zwischen Ankunft und Abreise erlebt wird, das ist nichts Ganzes. Vielleicht gibt es überhaupt keine ganzen Schicksale auf der Welt, nur das Ungefähre, Anfänge, die nicht fortgeführt werden, Schlußpunkte, denen nichts voranging.[52]

Wie im anonym bleibenden Titel bereits ankündigt, ist der eigentliche ›Held‹ des Romans also weniger eine einzelne Figur (wie noch bei Schnitzler oder Zweig) als der

51 Nach einigen Verwicklungen entscheidet Francis sich hier für eine Frau und wird zudem im Bergdorf Alptal sesshaft; vgl. Annemarie Schwarzenbach: Flucht nach oben. Roman. Hg. von Roger Perret. Basel: Lenos 1999 (Ausgewählte Werke von Annemarie Schwarzenbach, Bd. 6), S. 70 (Hervorh. J.B.) sowie zu diesem wenig bekannten Hotelroman Sabine Rohlf: »Flucht nach oben« von Annemarie Schwarzenbach. In: Walter Fähnders/S.R. (Hg.): Annemarie Schwarzenbach. Analysen und Erstdrucke. Mit einer Schwarzenbach-Bibliographie. Bielefeld: Aisthesis 2005, S. 79–98 und zur Situation männlicher Hotelgäste bei Joseph Roth, Franz Kafka und Thomas Mann darüber hinaus Matthias: The Hotel as Setting in Early Twentieth-Century German and Austrian Literature (s. Anm. 14), S. 118–172.

Ort des Geschehens selbst: das Hotel als Mikrokosmos und Paradigma des modernen Großstadtlebens. Das Hotel dient als Bühne für das Kommen und Gehen unterschiedlicher Reisender und ihrer episodisch präsentierten, fragmentarischen Schicksale. Es ist Zwischenstation und Wartesaal zugleich. Die immer in Bewegung befindliche Drehtür bildet das plastische Symbol einer solchen Transitorik in permanenter Wiederholung. Das Telefon dient als neues Medium schnelllebiger urbaner Kommunikation wie als Stellvertreter der jeweils abwesenden Person. Und die Hotelhalle bezeichnet, ganz im Sinne Kracauers, auch bei Baum die besondere Sphäre einer anonymen »Scheinwelt« isolierter Gast-Auftritte.[53] Hier vermischt sich Öffentliches und Privates, verbinden sich die zentralen Themen Geld und Einsamkeit. Gleichzeitig werden die sozialen Grenzen zwischen gesellschaftlichen In- und Outsidern markiert. Inwiefern sich diese innerhalb des kommerziellen Gasthauses ›Grand Hotel‹ jedoch auch als durchlässig erweisen können und was dies wiederum über den Sonderstatus der ›Gästin‹ aussagt, das lässt sich an einem Vergleich der Figuren Kringelein und Flämmchen demonstrieren.

Baums Provinzbuchhalter Kringelein erweist sich nämlich wie eine Vorwegnahme von Zweigs Christine Hoflehner, freilich in männlicher Gestalt: Auch Kringelein fällt in der eleganten Hotelumgebung sofort negativ durch seine altmodische und billige Bekleidung auf. Sie macht hier fast seine Absicht zunichte, kurz vor seinem Tod mit Hilfe seiner Ersparnisse einmal »vornehm [zu] wohnen« und zumindest für »ein paar Wochen lang wie ein reicher Mann [zu] leben«.[54] Dass er dennoch zu seinem ersehnten Großstadtvergnügen zwischen Avus-Autofahrt, Rundflug über Berlin, Boxkampf im Sportpalast und Jazzmusik kommt, dafür sorgt bezeichnenderweise der modebewusste Gaigern. Als Hochstapler ist er ein Meister der Selbstinszenierung und verkörpert die dafür typische Form des ›In-den-Schein-Hineinlebens‹.[55] Gemeinsam besuchen sie eine Herrenschneiderfirma. Als der Buchhalter sich zum ersten Mal in völlig neuer Garderobe im Spiegel sieht, geschieht auch hier das »Wunder der Verwandlung«: Kringelein ist sich gleichsam fremd und vertraut, denn er sieht in Seidenhemd und gut geschnittenem Jackett nicht nur aus wie ein feiner Herr – er wird durch seine dadurch ebenfalls veränderte Haltung, sein neues Selbstbewusstsein sowie durch die jetzt bezeugte Anerkennung der Außenwelt auch zu einem solchen.[56]

Damit vollzieht der Buchhalter lediglich das nach, was für die arbeitslose Sekretärin Flämmchen schon lange zu den Regeln und, wie es hier heißt, »Requisiten einer karrierebeflissenen Eleganz« gehört: Im Outfit der ›Neuen Frau‹, mit Schminke, Parfüm und Zigarette, gelocktem Blondhaar und flottem Hut, dünnem Seidenkleid und

52 Vgl. Baum: Menschen im Hotel (s. Anm. 49), S. 309 sowie dazu auch Nicole Nottelmann: Strategien des Erfolgs. Narratologische Analysen exemplarischer Romane Vicki Baums. Würzburg: Königshausen & Neumann 2002 (Epistemata, Bd. 405), S. 140–195 und Sabina Becker: Großstädtische Metamorphosen. Vicki Baums Roman »Menschen im Hotel«. In: Jahrbuch zur Literatur der Weimarer Republik, Jg. 5 (1999/2000), S. 167–194.

53 Kracauer: Die Hotelhalle (s. Anm. 7), S. 164.

54 Baum: Menschen im Hotel (s. Anm. 49), S. 13f. u. S. 23.

55 Lethen: Verhaltenslehren der Kälte (s. Anm. 48), S. 158. Lethen bedient sich einer Wendung Friedrich Nietzsches.

56 Baum: Menschen im Hotel (s. Anm. 49), S. 191.

Modeschmuck, Crêpe-de-Chine-Wäsche und straffer Haut, taxiert sie sachlich-illusionslos ihren damit zu erzielenden Marktwert im Büro, als Mannequin oder beim Film.[57] Wie die anderen ›kunstseidenen Mädchen‹ in der Literatur ihrer Zeit auch, balanciert sie dabei jedoch immer am Rande von Erfolglosigkeit, Aufstiegshoffnung und Gelegenheitsprostitution: »Sie kannte ihren Preis. Zwanzig Mark für eine Aktaufnahme. Hundertvierzig Mark für einen Monat Büroarbeit. Fünfzehn Pfennig für eine Seite Schreibarbeit mit Durchschlag. Ein Pelzmäntelchen zu zweihundertvierzig Mark für eine Woche Hingabe.«[58]

Als idealer Ort für eine solch nüchtern kalkulierte Selbstvermarktung erweist sich in Baums Roman die öffentlich zugängliche Sphäre der Hotelhalle. Hier finden Flämmchens erste Kontakte statt, die später beim Tanz oder auf dem Hotelzimmer intensiviert werden können. Im Unterschied zur Hotel-›Gästin‹ Grusinskaja, die als Künstlerin indes gleichfalls der Sphäre respektabler Bürgerlichkeit entzogen ist, handelt es sich bei der Berlinerin Flämmchen also nicht um einen zeitweiligen Hotelgast im eigentlichen Sinne: »Sie saß in einen Klubstuhl hingelehnt, als wenn sie hier [in der Hotelhalle; J.B.] *zu Hause* wäre.«[59] Bei Baum bewohnt sie als einzige zunächst kein eigenes Hotelzimmer im Sinne eines privaten Rückzugsraums. Als eine somit in mehrfacher Hinsicht ›öffentliche Frau‹ scheint sie daher nicht auf die aus den Texten von Schnitzler und Zweig bekannten (zahlenden) Stellvertreter aus der häuslich-familiären Sphäre angewiesen zu sein. Im weiteren Handlungsverlauf beginnt freilich auch Baums Protagonistin den Typ der doppelten ›Gästin‹ als männliches Tauschobjekt und lebendiges Gastgeschenk zu verkörpern.

Denn regulärer Hotelgast wird Flämmchen hier erst als ihr momentaner Arbeitgeber, Generaldirektor Preysing, ein Zimmer für sie mietet. Es liegt direkt neben seinem eigenen »Appartement« und ist über das gemeinsame Badezimmer sogar mit diesem verbunden. Eine solche Konstellation entspricht exakt den im Text ausdrücklich so benannten ›dehnbaren Sittlichkeitsbegriffen‹ des Hotels: Nur so kann Preysing mit seiner ›nebenberuflichen‹ Sekretärin eine Nacht verbringen, ohne sie auf seinem eigenen Zimmer empfangen zu müssen (was verboten ist).[60] Diese Übernachtung soll einen ersten Vorgeschmack auf die gemeinsam geplante Geschäftreise liefern. Dazu kommt es jedoch nicht mehr, denn Preysing tötet Gaigern, den er im Nebenraum seines Appartements des Diebstahls verdächtigt. In Panik geraten, flüchtet Flämmchen vom Tatort und wechselt so das Hotelzimmer. Nun ist sie Kringeleins Gast, der die bewusstlos werdende Nackte fürsorglich bei sich aufnimmt. Der Text weist diese Gast-

---

57 Vgl. ebd., S. 221, S. 85 u. S. 293f.: »Ohne Stellung bin ich schon über ein Jahr, da muß ich doch etwas anfangen. Fürs Büro bin ich zu hübsch, heißt es, [...] Für Mannequin bin ich zu groß [...]. Und beim Film – ich weiß nicht, was los ist. Vielleicht bin ich da nicht kokett genug. Später macht das nichts, im Gegenteil, nur für den Anfang. Ich komme auch noch durch, ich komme noch durch. Nur alt werden darf ich nicht, ich bin ja schon neunzehn, da muß man zusehen, daß es vorwärts geht.«

58 Ebd., S. 297.

59 Ebd., S. 80 (Hervorh. J.B.).

60 Vgl. ebd., S. 262 sowie zu solch prostitutionsähnlichen Arbeitsbeziehungen schlecht bezahlter weiblicher Angestellter in der Weimarer Republik auch Siegfried Kracauer: Die Angestellten. Aus dem neuesten Deutschland [1929]. Frankfurt a.M.: Suhrkamp 1971, S. 9.

lichkeitsszene dezidiert als ›Brauttausch‹ aus. Durch ihn kann ›Gastgeber‹ Kringelein einen weiteren, abschließenden Statusgewinn erlangen: »Er [Preysing] ahnte nichts davon, was es für Kringelein bedeutete, daß Flämmchen von ihm zu Kringelein *hinüberwechselte*: ein Ungeheures, ein Wunder, eine äußerste und allerletzte *Krönung* ...«[61]

Während der Leichnam des glamourösen Hotelgasts Gaigern am Ende »still und heimlich über die Lieferantentreppe« hinausgetragen und der überhebliche »Mustermann« Preysing als Verbrecher abgeführt wird, verlässt nun Kringelein das Hotel »als ein König des Lebens«.[62] Denn er allein befindet sich in Begleitung des von allen männlichen Hotelgästen begehrten Flämmchens. Beide wollen die Zeit bis zu seinem nahenden Tod gemeinsam auf Reisen und in anderen Luxushotels verbringen. Innerhalb der bereits bekannten Strukturen des patriarchalischen Gastlichkeitsmodells erscheint daraufhin auch die doppelte ›Gästin‹ Flämmchen als ein (allerdings von ihr selbst überreichtes) Gastgeschenk, da sie sich Kringelein ebenfalls »nicht verkauft, sondern verschenkt«.[63]

Im Unterschied zum damit verbundenen Provokationsgestus von Schnitzlers Fräulein Else resultiert dies in Baums Text jedoch aus einem durch Mitleid erhöhten Selbstwertgefühl Flämmchens sowie aus der gegenseitigen Sympathie zweier Gleichgesinnter (in der »Litanei des armen Lebens« Vereinter),[64] denen es an Geld und Ansehen fehlt. Während die märchenhafte Hotel-Metamorphose des Mannes vom provinziellen Buchhalter zum weltmännischen »feine[n] Herr[n]« und »neuen Kringelein« dabei kurzfristig gelingt,[65] bleibt das neusachliche ›Girl‹ selbst als berufstätige ›Neue Frau‹ bloß eine ›kunstseidene Gästin‹ des Hotels. Denn sie ist auch hier immer Eigentum eines zweiten Gastgebers, ob innerhalb oder außerhalb bürgerlicher Braut- und Ehevorstellungen: »Es ist ja nicht etwa so, daß Flämmchen sich nun in Kringelein verlieben würde, nein, das Leben ist weit davon entfernt, solche Süßigkeiten zu produzieren.«[66]

Es macht also doch einen Unterschied aus, ob man die nur scheinbar egalisierende Drehtür des Hotels als männlicher oder als weiblicher Gast betritt bzw. wieder verlässt[67] – das zumindest demonstrierten alle drei der hier überprüften Textbeispiele von Arthur Schnitzler, Stefan Zweig und Vicki Baum zur (eben nicht nur) etymologischen Leerstelle der (ledigen) ›Gästin‹ in der Literatur der Klassischen Moderne: Zwar existiert die Figur des weiblichen Gastes hier durchaus und steht – unter den veränderten makrosozialen Einwirkungen auf das literarische Feld nach dem Ersten Weltkrieg – jetzt sogar im Zentrum des literarischen Hotelgeschehens. Allerdings dominieren dabei auch weiterhin patriarchalische Gastlichkeitsvorstellungen von der doppelten

61 Baum: Menschen im Hotel (s. Anm. 49), S. 306 (Hervorh. J.B.).
62 Ebd., S. 315f.
63 Ebd., S. 311.
64 Ebd., S. 295.
65 Ebd., S. 299, S. 302 u. S. 264.
66 Ebd., S. 296f.
67 Vgl. hier hingegen ebd., S. 315: »Sonderbar ist es mit den Gästen im großen Hotel. Keiner verläßt die Drehtür so, wie er hereinkam.« Bei Baum folgen daraufhin allerdings nur die oben bereits erwähnten Beispiele der männlichen Hotelgäste Preysing, Gaigern und Kringelein.

›Gästin‹ als männlichem Tauschobjekt und lebendigem Gastgeschenk den Handlungsverlauf. Selbst das kommerzialisierte Gasthaus des Hotels erweist sich so als nur scheinbar geschlechtsneutrales ›Jeder*manns*haus‹, lässt sich in ihm die (neue) Gastlichkeit als Geschäft doch problemlos mit der (alten) Figur der ›Gästin‹ als Spekulationsobjekt kombinieren.

Literatur

Anita [Daniel]: Frauen, die allein reisen. In: Die Dame, Jg. 58 (Mai 1931), H. 17, S. 8f.

Anita [Daniel]: Kleine Wohnungen, große Reisen. In: Die Dame, Jg. 57 (Mai 1930), H. 16, S. 6f.

Bahr, Hans-Dieter: Die Sprache des Gastes. Eine Metaethik. Leipzig: Reclam 1994.

Baum, Vicki: Menschen im Hotel (Ein Kolportageroman mit Hintergründen). 2. Aufl., Köln: Kiepenheuer & Witsch 2005.

Beck, Knut: Nachbemerkungen des Herausgebers. In: Zweig, Stefan: Rausch der Verwandlung. Roman aus dem Nachlaß. Hg. von K.B. Frankfurt a.M.: Fischer 1995, S. 311–329.

Becker, Sabina: Großstädtische Metamorphosen. Vicki Baums Roman »Menschen im Hotel«. In: Jahrbuch zur Literatur der Weimarer Republik, Jg. 5 (1999/2000), S. 167–194.

Bernard, Andreas: Die Geschichte des Fahrstuhls. Über einen beweglichen Ort der Moderne. Frankfurt a.M.: Fischer 2006.

Bertschik, Julia: Mode und Moderne. Kleidung als Spiegel des Zeitgeistes in der deutschsprachigen Literatur (1770–1945). Köln, Weimar, Wien: Böhlau 2005.

Bourdieu, Pierre: Die feinen Unterschiede. Kritik der gesellschaftlichen Urteilskraft. Übers. von Bernd Schwibs u. Achim Russer. 1. Aufl., Frankfurt a.M.: Suhrkamp 1987 (franz.: La distinction 1979).

Bronfen, Elisabeth: Nur über ihre Leiche. Tod, Weiblichkeit und Ästhetik. Übers. von Thomas Lindquist. München: Kunstmann 1994 (engl.: Over her Dead Body, 1992).

Derrida, Jacques: Von der Gastfreundschaft. Übers. von Markus Sedlaczek. Hg. von Peter Engelmann. Wien: Passagen 2001 (franz. De l'hospitalité 1996).

Kracauer, Siegfried: Die Angestellten. Aus dem neuesten Deutschland [1929]. Frankfurt a.M.: Suhrkamp 1971.

Kracauer, Siegfried: Die Hotelhalle [1922–1925]. In: ders.: Das Ornament der Masse. Essays. Frankfurt a.M.: Suhrkamp 1977, S. 157–170.

Lethen, Helmut: Verhaltenslehren der Kälte. Lebensversuche zwischen den Kriegen. Frankfurt a.M.: Suhrkamp 1994.

Matthias, Bettina: The Hotel as Setting in Early Twentieth-Century German and Austrian Literature. Checking in to Tell a Story. Rochester, Woodbridge: Camden House 2006.

Nottelmann, Nicole: Strategien des Erfolgs. Narratologische Analysen exemplarischer Romane Vicki Baums. Würzburg: Königshausen & Neumann 2002 (Epistemata, Bd. 405).

Perlmann, Michaela L.: Arthur Schnitzler. Stuttgart: Metzler 1987 (Sammlung Metzler, Bd. 239).

Peyer, Hans Conrad: Von der Gastfreundschaft zum Gasthaus. Studien zur Gastlichkeit im Mittelalter. Hannover: Hahn 1987 (Schriften der Monumenta Germaniae Historica, Bd. 31).

R[athaus], K[atharina]: Sachlichkeit ist die Devise! Sportkleider für St. Moritz und die Riviera. In: Elegante Welt, Jg. 17 (8.2.1928), H. 3, S. 36f.

Rohlf, Sabine: »Flucht nach oben« von Annemarie Schwarzenbach. In: Walter Fähnders/S. R. (Hg.): Annemarie Schwarzenbach. Analysen und Erstdrucke. Mit einer Schwarzenbach-Bibliographie. Bielefeld: Aisthesis 2005, S. 79-98.

Schmidt-Dengler, Wendelin: Inflation der Werte und Gefühle. Zu Arthur Schnitzlers ›Fräulein Else‹. In: Giuseppe Farese (Hg.): Akten des Internationalen Symposiums ›Arthur Schnitzler und seine Zeit‹. Bern u.a.: Lang 1985 (Jahrbuch für Internationale Germanistik, Reihe A, Bd. 13), S. 170-181.

Schneider, Gerd K.: Ton- und Schriftsprache in Schnitzlers Fräulein Else und Schumans [!] Carnaval. In: Modern Austrian Literature, Jg. 2 (1969), Nr. 3, S. 17-20.

Schnitzler, Arthur: Fräulein Else. In: ders.: Die Erzählenden Schriften. Bd. 2. Frankfurt a.M.: Fischer 1961 (Arthur Schnitzler: Gesammelte Werke), S. 324-381.

Schwarzenbach, Annemarie: Flucht nach oben. Roman. Hg. von Roger Perret. Basel: Lenos 1999 (Ausgewählte Werke von Annemarie Schwarzenbach, Bd. 6).

Seger, Cordula: Grand Hotel. Schauplatz der Literatur. Köln, Weimar, Wien: Böhlau 2005 (Literatur - Kultur - Geschlecht. Studien zur Literatur- und Kulturgeschichte, Große Reihe, Bd. 32).

Turner, David: Rausch, Ernüchterung und die Flucht ins Private: Zu Stefan Zweigs Roman aus dem Nachlaß. In: Mark H. Gelber (Hg.): Stefan Zweig heute. New York u.a.: Lang 1987 (New Yorker Studien zur neueren deutschen Literaturgeschichte, Bd. 7), S. 201-225.

Zweig, Stefan: Bei den Sorglosen. In: ders.: Die schlaflose Welt. Aufsätze und Vorträge aus den Jahren 1909-1941. Hg. von Knut Beck. Frankfurt a.M.: Fischer 1983 (Stefan Zweig: Gesammelte Werke in Einzelbänden), S. 104-111.

Zweig, Stefan: Rausch der Verwandlung. Roman aus dem Nachlaß. Hg. von Knut Beck. Frankfurt a.M.: Fischer 1995.

IV. Gäste im Film und im Mediendispositiv Fernsehen

KARIN BRUNS

Ungebetene Gäste

Alterität, Essensritus und Geschlecht in New Hollywood-Filmen und kulinarischen Doku-Soaps

Das Gastmahl ist eine privilegierte Szene der Gastlichkeit. An ihr lässt sich prototypisch sowohl das Verhältnis von Fremdheit und Heimat studieren, als auch der Gastlichkeitsritus mit seiner ausdifferenzierten Semantik der Einladung, Ankunft, Aufnahme, Beschenkung, Bewirtung und Verabschiedung als narrative, dramaturgische und visuelle Figur ablesen. Dass im Erzählkino das Gastmahl wie auch das Mahl allgemein mit seinen arrondierenden Praktiken und Ritualen zentrale Schaltstellen des Narrativen sind, wird nicht nur angesichts entstehender Food Film-Festivals offensichtlich,[1] festliche Essensinszenierungen mit und ohne Gäste finden sich zudem in nahezu allen Kinogenres, im Melodram (beispielsweise in den Filmen Douglas Sirks), im Film Noir (wenn etwa der Detektiv unerwartet beim Festdinner eines mächtigen Clans erscheint), im Western – man denke nur an die wiederkehrenden Familienessen in der Fernsehserie BONANZA (USA 1959-1973, Regie: Lee H. Katzin u.a.) –, und im so genannten Kunstkino (THE COOK, THE THIEF, HIS WIFE AND HER LOVER, GB 1989, Regie: Peter Greenaway). Auch CHOCOLAT (USA/GB 2000, Regie: Lasse Hallström), BABETTES GÆSTEBUD (BABETTES FEST, DK 1987, Regie: Gabriel Axel) oder FESTEN (DAS FEST, DK 1997, Regie: Thomas Vinterberg) sind in der Ausrichtung ihrer Erzählung ausschließlich um Cinegastronomie herum konstruiert. Filme wie SEDMIKRASKY (TAUSENDSCHÖNCHEN, CSSR 1967, Regie: Vera Chytilová) oder MERCI POUR LE CHOCOLAT (SÜSSES GIFT, F 2000, Regie: Claude Chabrol) markieren den Übergang vom Rituellen zum Exzess, zu Völlerei, Gefräßigkeit oder gar Kannibalismus. Essen und Gastmahl dekuvrieren, so ein Bonmot, das auch für die Kinematographie gilt, die verborgene Essenz von Dingen und Personen – Liebe, Tod und Begehren.

---

1 Vgl. das Tucson Slow Food & Film Festival (gegründet 2004, www.slowfoodtucson.org/filmfest.asp), das Film and Food Festival Tacoma (gegründet 2006, www.tacomafilmfood.org), oder die bereits länger bestehende London Foodfilmfiesta; zu nennen wären auch die Slow Food-Filmreihen der Berlinale: »Films on Hunger, Food and Taste« 2006 und »Kulinarisches Kino – Eat, Drink, See Movies« 2007 mit Themenfilmen wie Doris Dörries HOW TO COOK YOUR LIFE (D 2006) und Antonio Sauras THE CHICKEN, THE FISH & THE KING CRAB (ESP 2006).

Annäherung: Gastlichkeit, Essensritus und Alterität

Riten der Gastlichkeit und Essensrituale bezeichnen als kulturelle Identitätssiegel traditionell in besonderem Maße Andersartigkeit und Exotik: Alterität.[2] Zwischen heimlich und unheimlich angesiedelt legt das Essen in einem fremden Land, einer fremden Kultur offen, was uns von ihr unterscheidet. Schon in den frühen ethnografischen Filmen, etwa den »vues« und »travelogues« um 1900, zählt die filmische Re-Inszenierung von Gastlichkeit und Bewirtung zum szenischen Inventarium. Der sich im Kontext der frühen »Reisebilder« sukzessive etablierende szenisch-narrative Kanon verbindet die Komplexe der Reise und der Gastlichkeit programmatisch miteinander. Diese stellen in der Kinematographie fortan zwei dominierende Optionen der Visualisierung von Alterität her, von denen weitere narrative Linien und Subgenres ausgehen: der Western und der Abenteuerfilm, die mit ihrer visuellen Symbolik der Grenzzäune, des Stacheldrahts, der Schutzwälle, (unheimlichen) Schwellen, Passagen, Enklaven und Forts das mythische Konstrukt der ungastlichen Wildheit mit der kolonialen Formel des Go West koppeln, oder der Science Fiction-Film, der das umgekehrte Verhältnis, die Ankunft ungebetener und oft feindlich gesinnter Gäste, als technologisches Pars pro toto präsentiert. Ungeachtet der Tatsache, dass diese Genres heute in Reinform kaum mehr vorkommen,[3] wandern die in ihnen entworfenen (Ur-)Szenen und Sets als Remake oder Zitat in andere Genres und Formate aus und paaren sich dort mit aktuellen Sujets. Ein solcher filmszenischer Prototypus findet sich beispielsweise in KING KONG (KING KONG UND DIE WEISSE FRAU, USA 1931, Regie: Merian C. Cooper, Ernest Schoedsack) und seinen Remakes[4] mit dem Setting der Ankunft einer Filmcrew auf der Insel »Skull Island«, die bekanntlich in die Entführung der weißen Frau mündet und mittels plakativer Visualisierungen von Westen und Wildnis, Heimat und Fremde in Szene gesetzt ist, welche Schutzwälle, Wehre und Sicherheitszonen denotieren, während sie auf der anderen Seite geradezu überdeutlich Kannibalismus und sexuelle Gewalt konnotieren.[5] Das Zeigen dieser monumentalen Unzugänglichkeitszeichen lassen den ungebetenen Gast zum Eindringling werden, den

---

2 Vgl. zur Alteritätsproblematik im Film am Beispiel des Genre Science Fiction: Alexandre Hougron: L'altérité dans le cinéma américain de science fiction: relevé et étude de représantations et des significations de l'Autre dans le cinéma américain des science-fiction de 1925–1995. Paris: Univ. Diss. 1996.

3 Zu den methodischen Problemen der Filmgenre-Theorien zählt die Erstellung eines typologischen Kanons, da für sämtliche Genres nur wenige Filme aufzuweisen sind, die jeweils alle analytisch erstellten Genrekriterien erfüllen; vgl. das Themenheft »Genres« der Zeitschrift »Der Schnitt - das Filmmagazin«, Bochum, Nr. 16 (1999); Barry Keith Grant (Hg.): Film Genre Reader. Austin: University of Texas Press 1986; ders. (Hg.): Film Genre Reader II. Austin: University of Texas Press 1986 1995; darin insbesondere: Rick Altmann: A Semantic/Syntactic Approach to Film Genre, S. 26–40.

4 Vgl. u.a. KING KONG, USA 1976, Regie: John Guillermin, KING KONG, USA 2005, Regie: Peter Jackson.

5 Ein Weiterschreiben dieser Konstellation findet sich in CANNIBAL HOLOCAUST, I 1980, Regie: Ruggero Deodato, der das Verschwinden einer Filmcrew im Amazonasgebiet erzählt und kannibalische Praktiken denotiert/zeigt.

Gastgeber zum Fremden und den weiblichen Gast schließlich zum Tauschgeschenk, zur Beute oder gar Mahlzeit.[6] KING KONG ist nicht der erste Film, der einen solchen Missbrauch der Gastlichkeit, ausgetragen über den Imaginationskomplex Frau(enkörper), zum Ausgangspunkt der Narration macht. Stummfilme und -serien wie HERRIN DER WELT (D 1919-1920, 8 Teile, Regie: Joe May, Uwe Jens Krafft, Karl Gerhardt), DIE SPINNEN (D 1920, Regie: Fritz Lang u.a.) oder DAS INDISCHE GRABMAL (D 1921, Regie: Joe May) rekurrieren auf vergleichbare Konstellationen. In diesem Narrationstypus bricht das irritierende Andere

> von außen in die gewöhnlich als westlich markierte zivilisatorische Ordnung ein. Filme, die dem »secure horror« zuzurechnen sind, besitzen in der Regel eine geschlossene Form: Sie führen vor, wie der monströse Eindringlich besiegt, die Ordnung wiederhergestellt, die Grenze gegenüber der bedrohlichen Außenwelt erneuert und abgesichert wird.[7]

KING KONG popularisiert diese filmische Verschlüsselung von Alterität im Topos der einsamen Insel und wird so zur Vorlage weiterer filmischer »Closed-Room«-Erzählungen mit ihrer ambivalenten Markierung von Alterität, Sicherheit und Gefährdung. Vor dem Hintergrund solcher (post-)kolonialen Filmerzählungen wird somit auch zu fragen sein, wie der Komplex der Gastlichkeit, des Fremden im Eigenen, unter der Prämisse zeitbasierter Medien und der in ihnen etablierten Visualisierungskonzepte restrukturiert und mit Bedeutungen versehen wird.[8]

Das Andere Essen: Gastmahl und Schrecken

Im Extremfall, den das Erzählkino gern konstruiert, lösen Gastmahl und Essensritus, was wo und wie etwas verzehrt wird, Schrecken aus. Auch dies gehört zum populärkulturellen Zeichenreservoir vom Witz (»Die Chinesen essen alles, was vier Beine hat, außer Tische«) über Showserien (DAS DSCHUNGEL-CAMP: »ICH BIN EIN STAR, HOLT MICH HIER RAUS«, D 2004, Regie: Sven Fleck, Michael Maier, Gerhard Zeiler) bis zum Computerspiel (MONKEY ISLAND, USA 1990, Lucasfilm Games). Der Kulminationspunkt dieses Erschreckens, der im Mainstreamfilm bis in die 1990er Jahre hinein lediglich konnotiert (im Off-Kino hingegen filmisch ausgespielt) wird, ist das Verzehren der eigenen Spezies - der Kannibalismus, oder, spezialdiskursiv formuliert, die

---

6 Vgl. zum KING-KONG-Topos unter Bezug auf feministische Konversionen des Monströsen in feministischer Kunst und im Videoclip Barbara Paul: Über_Format. Monstrosität, whiteness und Gender in Kunst und Medien heute. In: Frauen Kunst Wissenschaft. Marburg, H. 43 (Juni 2007), S. 70-82.

7 Christian Moser: Kannibalische Katharsis: Literarische und filmische Inszenierungen der Anthropophagie von James Cook bis Bret Easton Ellis. Bielefeld: Aisthesis 2005, S. 86.

8 Im Einzelnen geht es dabei um die verschiedenen Verfahren der chronologisch-alternierenden Montage im Verhältnis zum Raum bzw. zur Raumsymbolik; d.h. wie wird die Szene der Ankunft und Aufnahme des Gastes/Fremden oder die Symbolik der Schwelle, des Eintritts und Übergangs, innerhalb der verschiedenen raum-zeitlichen Konstellationen der bewegten Kamera, des Schnitts und mise en scène realisiert?

Anthropophagie,[9] als deren erstes europäisches Narrativ Columbus 1492/93 verfasstes und 1825 publiziertes Tagebuch gilt.[10] Seither gehört die Szene der Ankunft von Fremden in einer fremden Welt, des Gastrechtmissbrauchs[11] und kannibalischen Aktes, zum Zeichenreservoir exotistischer Literatur und ethnographischer Studien sowie des Films.[12] In RAIDERS OF THE LOST ARK (JÄGER DES VERLORENEN SCHATZES, USA 1980, Regie: Steven Spielberg) und insbesondere im zweiten Teil der Kinofilmserie, RAIDERS OF THE LOST ARK AND THE TEMPLE OF DOOM (JÄGER DES VERLORENEN SCHATZES UND DER TEMPEL DES TODES, USA 1983, Regie: Steven Spielberg), potenzieren sich filmische Alteritätsformeln und Frauenraubtopos in einem festlichen Gastmahl am Hofe des Maharadschas von Pankot (lokalisierbar im heutigen Sri Lanka), bei dem Exotik und Schrecken sich in der Menüfolge steigern. Auch hier geht es zuvor um das Überwinden primitiver Schutzwälle und undurchdringlicher Wildnis, deren Grauen nur noch durch eins übertroffen wird: das feierliche Essen zu Ehren der Fremden/Gäste. Zu diesem Anlass sitzt die weiße Frau, festlich weiß gekleidet, an der reich geschmückten Tafel, an der neben »Augen« schließlich Affenköpfe serviert werden. Die Dramaturgie des (Er-)Schreckens, der Akzeleration und Steigerung von Ekel und Schock, orientiert sich also am Ritus der Mahlzeit und vice versa. Grauen und Furcht richten sich dabei zwischen Erzähltem und Nicht-Erzähltem ein, filmisch zwischen Gezeigtem und Nicht-Gezeigtem.

Alterität und visuelle Medien: Strategien des Sichtbarmachens

Die Opposition von Sichtbarkeit und Unsichtbarkeit, On und Off(-Screen), strukturiert das Medium Film und darüber hinaus alle audiovisuellen Medien. Sie wirft die produktionstechnische Problematik auf, dass Erzählen in Film und Fernsehen wesentlich an Zeigen geknüpft ist. Auch für jene Prozesse, die nicht mit bloßem Auge sichtbar sind wie z.B. in der Bio- und Nanotechnologie,[13] werden daher seit den 1910er Jahren filmische Lösungen der Visualisierung gesucht.

---

9 Vgl. Peter Hulme: Columbus and the Cannibals. In: Bill Ashcroft/Gareth Griffith/Hellen Triffin (Hg.): The Postcolonial Studies Reader. London, New York: Routledge 2001 (E: 1995), S. 365-406.

10 Vgl. El diario de Colón, um 1492/93: The Journal of Christoph Colombus, discovered 1791, translated by Cecil Jane. London: Anthony Blond 1825; dazu: Peter Hulme: Colonial Encounters. Europe and the Native Caribbean, 1492-1997. London, New York: Methuen 1986, bes. S. 84.

11 Vgl. zum okzidentalen Anthropophagie-Diskurs und der Funktion von Gastrecht und Tauschhandel: Tzvetan Todorov: Die Eroberung Amerikas: Das Problem des Anderen. Aus dem Französischen von Wilfried Böhringer. Frankfurt a.M.: Suhrkamp 1985.

12 Vgl. Moser: Kannibalische Katharsis (s. Anm. 7): zum »Essen sehen: Captain Cooks kannibalische Versuchsanordnung«, S. 35-55; Jeff Berglund: Cannibal Fictions: American Explorations of Colonialism, Race, Gender, and Sexuality. Madison: University of Wisconsin Press 2006; Berglund untersucht u.a. die Tarzan-Literatur und -verfilmungen als Gründungsmythen der Neuen Welt.

> Die bürgerlich-realistische Literatur des 19. Jahrhunderts ist geprägt von einer Hypertrophie des Sichtbaren, die allerdings erst im 20. Jahrhundert ihre adäquaten Medien Kino und Fernsehen bekommen wird, um in der Literatur des vergangenen Jahrhunderts die geeigneten Stoffe vorzufinden. In jedem Fall entspricht der Dominanz des Sichtbaren eine Strategie des Verbergens.[14]

Das Wechselverhältnis von Zeigen und Nicht Zeigen, die kalkulierte Abfolge von Denotation (hier im Sinne von »im Film sichtbar«) und Konnotation (im Sinne assoziativer Ergänzungen durch das Publikum),[15] differenziert sich im Verlauf der Film- und Fernsehgeschichte ebenso aus wie Kamera- und Montagekonventionen. Übertragen auf die Frage nach den Optionen filmischer Repräsentanz ethnischer, sozialer und geschlechterdifferenter Figurationen, ruft diese Feststellung geradezu zwingend die Frage auf, wie die kulturell codierten Komplexe von Fremdheit, Differenz oder Devianz heute zeig- und darstellbar gemacht werden. Wie also wird Alterität im Kino sichtbar? Zu Beginn der 1990er Jahre wurde im Kontext dieser theoretischen Debatte in den deutschen Filmwissenschaften verstärkt Richard Dyers Theorie der Whiteness diskutiert, die ethnische Kategorien als Elemente filmischer Figuration im Kontext hegemonialer Visualisierungsstrategien untersuchte.

> Der wissenschaftliche Unterschied zwischen Schwarz und Weiß wurde mir in der Grundschule beigebracht. Er erschien als faszinierendes Paradox. Schwarz, das ich immer als Farbe betrachtet hatte, da man es zu Papier bringen mußte, um ein Bild entstehen zu lassen, stellte sich als Nichts heraus, als Fehlen von Farbe; Weiß dagegen, das nur wie Leere (oder leeres Papier) aussah, war offensichtlich die Summe aller Farbe. Unzweifelhaft sind solche Erklärungen in der Farbenlehre schon längst veraltet. Was mich jedoch interessiert, ist, wie sie es schaffen, die Konstruktion der ethnischen Kategorien von Schwarz und Weiß in der vorherrschenden Repräsentation zu beeinflussen. Im Bereich der Kategorien ist Schwarz immer als Farbe festgelegt (was schon der Begriff »farbig« auf ungeheuerliche Weise beinhaltet) und es bedeutet immer eine Partikularisierung; Weiß hingegen ist nicht wirklich etwas Spezifisches, es stellt keine Identität dar, es besitzt keine partikularisierende Qualität, da Weiß alles ist - Weiß ist eben keine Farbe, da es alle Farben ist.[16]

---

13 Vgl. zur neueren Debatte zu diesem Komplex: Augenblick. Marburger Hefte zur Medienwissenschaft, H. 39 (März 2007), darin insbesondere: Einleitung: Technisierung des Blicks, S. 5–10; zu den bildgebenden Verfahren der Nanotechnologie: Angela Krewani: Nanotechnologie. Zur visuellen Repräsentation einer neuen Wissenschaft, ebd., S. 95–107.

14 Joachim Paech: Literatur und Film, Stuttgart: Metzler 1988, S. 61.

15 Insbesondere der Horrorfilm bedient sich intensiv der Auslassungsstrategie, um Schrecken zu erzeugen, indem er Mutilation und Tötung bzw. deren Effekte teils zeigt teils nicht zeigt. Indirekte Visualisierung wie das Zeigen von Reaktionen Umstehender oder auditive Mittel (Geräusche oder Beschreibungen per Dialog) verweisen also auf Bilder und Szenen, die im Film selbst nicht zu sehen sind.

16 Richard Dyer: Weiss. In: Frauen und Film, H. 54/55 (1994), S. 65–80, hier: 66; zahlreiche Studien haben seither an Dyer angeknüpft, vgl. etwa Lena Rheindorf: Wer fürchtet sich vorm Weißen Mann? Eine Annäherung an Whiteness durch die Analyse der Inszenierungen des vermeintlich ›Anderen‹. Diplomarbeit. Wien 2006 (auszugsweise unter: http://no-racism.net/article/1978, geöffnet am 28.8.2007).

Nach Dyer fungiert die so genannt weiße Hautfarbe stellvertretend für den (Nord-)Westen als konventionalisierte Folie, auf der dann Andersartigkeit respektive Abweichung platziert werden (können). Weiß, so Dyer weiter, sei folglich unsichtbar bzw. werde nicht als Hautfarbe und damit auch nicht als Index für Ethnie, »Rasse« oder Kultur wahrgenommen. Das filmische Konstrukt Whiteness ist somit Bestandteil der zahlreichen filmischen Strategien einer »unseen visualization«.[17] Im Kinofilm der Stummfilmzeit und insbesondere im deutschen Film während des Nationalsozialismus zählten physiognomische und gestische Zeichenelemente zu den hegemonialen Auszeichnungsstrategien »undeutscher Physiognomien und Manieren«.[18] Filmische Zuschreibungen von Ethnizität wie das Afroamerikanische wurden und werden als optischer Kontrapunkt zum Weißsein inszeniert. Als aktuelles Beispiel dafür können die US-amerikanischen TV-Serien von STAR TREK (RAUMSCHIFF ENTERPRISE, USA seit 1964, Regie: James Goldstone u.a.) über MIAMI VICE (USA 19884–1989, Regie: Anthony Yerkovitch) bis C.S.I. - CRIME SCENE INVESTIGATION (USA seit 2000, Regie: Lou Antonio, Danny Cannon u.a.) oder THE L-WORD (USA seit 2004, Regie: Ernest R. Dickerson, Tony Goldwyn) gelten, in denen eine »ausgewogene« ethnische Durchmischung als utopisches Konzept und optisches Konstrukt eingesetzt wurde und wird. Lassen sich im New Hollywood Bevölkerungsgruppen wie Latinos/as, Afroamerikaner/innen oder irische und asiatische Migranten/innen im stereotypen Figurenschema multi-ethnischer Task Forces als an Macht, Recht und Gesetz Partizipierende darstellen, so ist die Problematik jüdischer Migranten und Communities durch ihre optisch-physiognomische Gleichheit mit den WASPS gekennzeichnet. Genauer gesagt: diejenigen physiognomischen Elemente, die sich per Konvention für eine solche ethnische Be-Zeichnung von Filmfiguren anboten, insbesondere die lange Zeit als typisch jüdisch firmierende »Hakennase«, sind spätestens durch die Antisemitismen des Kinos der 1930er und 1940er Jahre nicht mehr als Bildzeichen legitimiert. Diese visuellen Zeichen musste das New Hollywood somit buchstäblich vergessen. Das Mainstreamkino bzw. seine Produzenten und Produzentinnen stehen also vor einem Dilemma. Wie kann kulturelle und religiöse Differenz als funktionales gesellschaftliches Segment in den fiktionalen Welten des Kinos repräsentiert werden, ohne auf die etablierten, politisch inzwischen desavouierten visuellen und optischen Differenzen zurückzugreifen?

Die wissenschaftliche Unhaltbarkeit des Rasse-Begriffs bzw. seine endgültige Widerlegung in den 1990er Jahren, die nationalsozialistische Visualisierungspraxis via physiognomische Stereotypisierung und die geringe optische Differenz zwischen »Jewish« und »White« (Stichwort: Hautfarbe), diese drei Faktoren führen dazu, dass

17 Zur paradoxen dramaturgischen Figur der »unseen visualization«, die auf bilderganzender Rezeption fußt, vgl. Kent Byron Armstrong: Slasher Films. Jefferson NC: McFarland 2003, bes. S. 7.

18 Willy Rath: Emporkömmling Kino. In: Prolog vor dem Film, Nachdenken über ein neues Medium 1909-1914. Hg. u. kommentiert von Jörg Schweinitz. Leipzig: Reclam 1992, S. 75–89, hier: 78; vgl. dazu Karin Bruns: Nation und Rasse im frühen deutschen Film. In: Uwe Puschner, Walter Schmitz, Justus H. Ulbricht (Hg.): Handbuch zur »Völkischen Bewegung« 1871-1918. München, New Providence, London, Paris: Saur 1996, S. 806–833.

filmische Strategien, wie sie für die Konstruktion von »Blackness« gelten, für explizit jüdische Figuren im Kino oder Fernsehen nicht einsetzbar sind.[19] Die Visualisierungsstrategien der aktuellen Medienproduktionen beruhen also gerade hinsichtlich der »Jewishness« auf einer paradoxen Ausgangslage. Wie kann jüdische Kultur gezeigt werden ohne einen Rekurs auf die bekannten optischen Register ethnischer Unterscheidbarkeit? Welche Faszinationselemente des Visuellen stehen dann noch zur Verfügung? Und: welche Rolle spielen Essensritus und Gastlichkeitsrituale in diesem Kontext?

Im US-amerikanischen Migrationsdiskurs Anfang des 20. Jahrhunderts artikuliert sich ein Generalverdacht, der sich auch auf die Gruppe jüdischer Einwanderer richtet und auf »Missbrauch des Gastrechts« lautet. Literarisch und filmisch manifestiert sich dies in den typologisch herausgearbeiteten jüdischen Migranten-Figuren der US-amerikanischen Comedies (LEVI UND COHEN-Serie, USA 1902) und in den Dramaturgien des »Sittenfilms« der - in z.T. durchaus ambivalenter Weise - die Verführung und Bedrohung bebildert, die in der Perspektive der Presse und Kolportageliteratur von »fremdrassigen« Männern für die Frauen des Westens ausgingen. Schreckens-Szenarien um die Frau in Gefahr (»endangered Woman«) finden sich in der ausgedehnten US-amerikanischen Literatur zum Weiße-Sklavinnen-Handel, in der immer wieder eine Anknüpfung an ethnische Konfliktpotenziale gesucht wird. George Kibbe Turner behauptet in seiner Chicago-Studie 1907 beispielsweise, dass vor allem russische Juden für die Prostitution in Chicago verantwortlich seien.[20] Madison Grant, Anthropologe am Museum of Natural History in New York, schreibt in seinen Ausführungen mit dem programmatischen Titel »The Passing of a Great Race« (1916), die aus dem Mittelmeerraum, den Balkanstaaten und Polen Zugewanderten nähmen den Einheimischen vor Ort die Frauen weg.[21] Damit ist ein Problemfeld aufgeworfen, das mehrere Sujets und Anschauungsstereotype vernetzt und in seiner medialen Artikulation Narrations-, Genre- und Format-Hybride hervorbringt, die sich um das Feld des Jüdischen und der Diaspora, sowie um das damit verbundene Gast- und Bleiberecht gruppieren.

---

19 Interessant wäre es übrigens auch diese Problematik ins Verhältnis zu setzen zu der Figur des hässlichen Deutschen, die im internationalen Mainstreamkino überaus häufig zu finden ist (s. z.B. die JAMES-BOND-Serie).

20 George Kibbe Turner: The City of Chicago: A Study of the Great Immoralities. In: McClure's Magazine, 28. Jg., Nr. 6 (April 1907), S. 575-592.

21 Madison Grant: The Passing of a Great Race (1916), zit. nach: Janet Staiger: Bad Women. Regulating Sexuality in Early American Cinema. Minneapolis, London: University of Minnesota Press 1995, S. 22.

Das Gastmahl der scheidenden Geister: Gastlichkeit als Setting der Alterität

An einem Thriller, A STRANGER AMONG US (USA 1992)[22] von Sidney Lumet,[23] lässt sich demonstrieren, dass unter der Perspektive ethnisierter Narrative im Erzählkino mehrere Optionen in der Konstruktion optischer Differenz zwischen Jüdisch und Weiß denkbar sind. Andere Filmbeispiele verschiedenster Genres, in denen gleichfalls Alterität verhandelt wird und dies am Komplex des Jüdischen und der »Assimilation« geschieht, ließen sich prinzipiell mit gleichem Recht diskutieren (X-MEN, USA 2000, Regie: Bryan Singer, PRIME/COUCHGEFLÜSTER, USA 2005, Regie: Ben Younger),[24] doch zeichnen den Lumet-Film einige Elemente aus, die ihn für eine Theoretisierung von Alterität im Konnex mit Gastlichkeit besonders geeignet erscheinen lassen. So kleidet der Film seine Erzählung in das Gewand eines Detektivfilms und Thrillers, also eines Genres, bei dem man weder primär an den Migrations- noch an den Gastlichkeitskomplex denkt. Er bedient sich argumentativer Figuren aus dem Kanon der US-amerikanischen Einwanderungs- und Gastrechtsdebatte,[25] die er jedoch variiert und verfremdet; und er greift zum Sichtbarmachen von Alterität ausgiebig auf Gastlichkeitskomponenten zurück.[26]

A STRANGER AMONG US, schon der Titel verweist auf den Gast als ungebetenen, unheimlichen Eindringling,[27] löst das visuelle Differenzproblem zur Whiteness durch eine Variation des »Closed Room-Verfahrens«. Der Film betont zwar durchaus auch die optische Differenz der Figuren selbst, indem er als typisch geltende physiognomische Merkmale (allen voran Schwarz- bzw. Dunkelhaarigkeit) durch Casting und Maske betont, doch erschafft er in erster Linie eine exotische Inselsituation, indem er die Handlung vollständig in den Diamond District, das jüdische Viertel New Yorks, verlegt, in dem religiöse Rituale, differente architektonische Zeichen und distinkte

22 Der deutsche Verleihtitel lautet SANFTE AUGEN LÜGEN NICHT. Der Film ist als (Kauf-)Video verfügbar, bislang in Deutschland aber noch nicht auf DVD erschienen.

23 Sidney Lumet, selbst Sohn jüdischer Einwanderer in New York, drehte verschiedene Filme, die jüdische Gemeinden und ihre Rituale zum Thema machten, so u.a. THE PAWNBROKER (USA 1965), DANIEL (USA 1983) und GARBO TALKS (USA 1984).

24 Vgl. Eric A. Goldman: Vision, Images and Dreams. Yiddish Film Past and Present. Teaneck/NJ: Holmes & Meier 1988; Marek Hendrykowski/Malgorzata Hendrykowski: Das Jiddische Kino. In: Geoffrey Nowell-Smith (Hg.): Geschichte des internationalen Films. Stuttgart, Weimar: Metzler 1998, S. 163–165.

25 Der Film greift u.a. das in den oben genannten Sittenfilmen immer wieder entfaltete Argument der Verführungskraft jüdischer Männer auf, auch wenn der männliche Held und potenzielle Geliebte in dem Spiel um Begehren und Verführung größtenteils passiv bleibt.

26 Zu den zahlreichen Derivaten des Gastlichkeitskomplexes vom Badegast über den Fahrgast bis zum Landesgast vgl. Hans-Dieter Bahr: Die Befremdlichkeit des Gastes. Wien: Passagen 2005.

27 Mit Blick auf das Gastlichkeits- und Migrationssujet lässt der Haupttitel mindestens zwei Lesarten zu, um wen es sich bei dem »Stranger« handelt: die Undercover-Polizistin oder die (jüdische) Mörderin, die sich gleichfalls unter Vorspiegelung falscher Tatsachen in die chassidische Gemeinschaft eingeschlichen hat.

alltagskulturelle Praktiken als optische Attraktionen und Zeichen der Andersartigkeit fungieren.

Narration, Erzählperspektive und Point of View (im Sinne von Fokalisierung)[28] zirkulieren um die Figur der Emily, eingeführt als Polizistin mit irischen Vorfahren, die undercover einen Mord in der chassidisch-jüdischen Gemeinde aufklären soll. Gastlich aufgenommen in die Familie des Rabbi und ausgegeben als entfernte Verwandte aus Europa (eine Rückkehrerin oder Halb-Fremde also), die nicht mit den Regeln orthodoxen Judentums vertraut ist, ist die Investigation des Mordfalls parallelisiert mit dem Spurenlesen auf der Fährte jüdischer Communities in den USA. Die Protagonistin - und mit ihr auch das Publikum - erhalten daher eine Wissenslektion in Einkauf, Aufbewahrung und Zubereitung jüdischer Nahrungsmittel, in religiöse Gebräuche und Gegenstände sowie in zentrale Kommunikationsgepflogenheiten (insbesondere Geschlechterseparation). Jüdische Feste vom Schabbez über Shiva (Trauerfeier) und das Shavuot (Erntedank) bis zum Kiddushin (Hochzeitsfest) skandieren den fortschreitenden Aufklärungsprozess des Falles, der wiederum mit einer gemischtethnischen Liebesgeschichte zwischen Emily und Ariel, dem Sohn des Rebbe, verknüpft wird.[29]

Schon in Eröffnungssequenz und Makroerzählstruktur rekurriert A STRANGER AMONG US auf den narrativen Typus der »travelogues«, den er jedoch auf heimischem Territorium, in New York City, umsetzt. Vorspann und Establishing Shot zeigen in der Luftaufnahme als Kamerafahrt die Annäherung an den städtischen Raum über die Architektur einer Brücke (!), der Manhattan Bridge, des Hudson River und der Hochhäuser in Downton Manhattan (mit Twin Towers und Empire State Building), um sogleich mit Aufnahmen aus einem chassidischen Klassenzimmer einen optisch-visuellen Gegensatz aufzumachen, von dem aus erneut nach nur wenigen Minuten zu einer belebten Straße in Manhatten geschnitten wird. Dadurch wird die visuelle Annäherungsmetapher mit dem zweiten großen Narrativ des Films zusammengeführt: dem Who-done-it mit seiner Dramaturgie der Investigation und Fährtenlese.

---

28 Vgl. zur Differenzierung zwischen visueller Erzählinstanz, Point of View und Erzählperspektive: Robert Stam/Robert Burgye/Sandy Flitterman-Lewis: New Vocabularies in Film-Semiotics. London, New York: Routledge 1992, bes. das Kap. »Film Narratology«. Als Referenztexte sind zudem Edward Branigan: Point of View in the Cinema. A Theory of Narration and Subjectivity in Classical Film. Berlin, New York, Amsterdam: Mouton Publishers 1984, und Gérard Genette: Die Erzählung. München: Fink 1994 (im Original: Discours du récit, 1972), zu nennen.

29 Vgl. http://www.jabootu.com/stranger.htm, ausführliches Szenenprotokoll mit Stills, geöffnet am 24.6.2007.

Der ungebetene unheimliche Gast: Schwellenphänomene

Mit der visuellen Bewegung der Annäherung, mit Dramaturgie und Szenografie des Bewegtbildes, korrespondiert das Erzählen von einer fremden Kultur per Sound, z.B. in Dialogsequenzen oder Voice Over. In STRANGER AMONG US, in dem zeitliche Vor- und Rückverweise weitgehend absent sind, ist beispielsweise an eine auf dem Polizeirevier lokalisierte Dialogszene, welche die Spezifik der jüdischen orthodoxen Community in New York zum Thema macht, eine aus mehreren Einstellungen zusammengesetzte Sequenz angeschlossen, in der Emily Eden (!) sich in ihrem Auto (auch dies bekanntlich ein zentrales Symbol der US-amerikanischen Gesellschaft) dem jüdisch dominierten Stadtteil nähert. Nach den filmischen Zeichen der urbanen Struktur des Global West, prototypisch abgebildet durch die Wolkenkratzer, Straßenschilder, Geschäfte und Werbebanner in New York City, erfasst die Kamerafahrt das jüdische Viertel in seiner visuellen Andersartigkeit - ein Reich der Zeichen, bestehend aus den Schildern mit jüdischen Schriftzeichen (= Chiffren), Passanten mit Peies und Jarmulka, Geschäften mit »koscheren Speisen«, Jeschiwa und Synagoge. Point of View und Kamerastrategie rekurrieren dabei auf die Wahrnehmungen der Figur Emily, deren suchender, neugieriger Blick per Parallelmontage als visuelles Identifikationskonstrukt lesbar wird. Gastsein, so will diese vor dem Eintritt in das Haus des Rebbe situierte Szene wohl illustrieren, bedeutet primär Nicht-Verstehen und Desorientierung, denn ähnlich mag das Wahrnehmungserlebnis der jüdischen Einwanderer ausgesehen haben, die Anfang des 20. Jahrhunderts in die Lower Eastside kamen. Wie sie wird Emily im Filmplot Aufnahme bei Fremden finden - im Haus des Rebbe selbst, von dem aus Spurensuche und Aufklärung des Mordfalls betrieben werden.

Indem der Film seiner Hauptfigur den Status des Gastes zuschreibt, eröffnet er die Möglichkeit extensiver Erklärungen, Lesungen (aus der Kabbala) und Diskussionen über jüdische Kultur, die allesamt darauf abzielen, Alterität im Sinne von Unverständlichkeit oder Rätselhaftigkeit zu eliminieren. Dadurch, dass er die Wahrnehmungen der Protagonistin mit der von Migrantinnen parallelisiert, macht er sie per Analogie zum ungebetenen oder unwillkommenen Gast, zur Fremden, zum Eindringling. Im Hintergrund dieser Konstellation wird die kulturelle Folie sichtbar, auf der dies geschehen kann: die latente Drohung eines Missbrauchs des Gastrechts, die schon Thriller wie THE LODGER - A STORY OF THE LONDON FOG (GB 1925, Regie: Alfred Hitchcock) oder NIGHT OF THE HUNTER (DIE NACHT DES JÄGERS, USA 1955, Regie: Charles Laughton)[30] im Modus des Unheimlichen zelebrierten. Doch anders als andere um den Komplex des Jüdischen kreisende Thriller, allen voran THE LAST EMBRACE (TÖDLICHE UMARMUNG, USA 1982, Regie: Jonathan Demme),[31] umgeht

30 Hitchcocks Film handelt von einem Pensionsgast, der in den Verdacht gerät, ein gesuchter Serienmörder zu sein, NIGHT OF THE HUNTER zentriert seine Erzählung um die Figur eines gesuchten Schwerverbrechers, der dann tatsächlich das Gastrecht missbraucht und Angst und Schrecken verbreitet. »Der unheimliche Gast« lautet bekanntlich auch eine 1819 erschienene Erzählung E.T.A. Hoffmanns, in: Dichtungen und Schriften sowie Briefe und Tagebücher. Gesamtausgabe. Hg. von Walther Harich. Bd. 6: Die Spukdichtungen. Weimar: Lichtenstein 1924, S. 424-472.

Lumets Film die Manifestationen des Unheimlichen oder Monströsen fast vollständig, indem er der Szene der Ankunft des ungebetenen Gastes komische Dialogpassagen und Szenenelemente folgen lässt. Erneut kommen Sprache und Text hier die Funktion zu, den Bildern das Fremde oder Beunruhigende zu nehmen.

LOST IN TRANSLATION: Sprache als gastliches Übersetzungsmedium

Die Konfrontation zweier marginalisierter Figurentypen in den Registern des Spielfilms erfolgt somit über drei Narrative: die Reiseerzählung, filmisch entwickelt in den »travelogues«,[32] den Detektivfilm und die Liebesgeschichte. Die Figur des Juden als Außenseiter und Repräsentanten einer Minderheit, und die Figur der Frau, doppelt marginalisiert in der Position der Polizistin, werden dazu buchstäblich in Dialog gebracht. Der Komplex der Migration, der hier zugleich auch »zu Gast sein« signifiziert, spielt mithin Mehreres gegeneinander aus - erstens: zwei Modi der Migration, die zunächst als gelungen konnotierte »assimilierte« Kultur der irischen Einwanderer, die in Kleidung, Verhaltenskodex und Berufsleben unsichtbar bleibt, und die als different ausgezeichnete Subkultur der jüdischen Chassidim[33] mit abweichendem Dresscode, distinkten Berufspraxen (Händler), Schulen und relgiösen Ritualen; zweitens: zwei unterschiedliche Bildungsniveaus, repräsentiert u.a. durch die Codes der Sprache(n); drittens: das Verhältnis der Geschlechter zueinander. Ergänzt wird diese Konstellation durch diverse Nebenfiguren wie die Figur des nicht orthodoxen Juden[34] Levine, dargestellt von John Pankow, der zeitgleich eine ähnliche Figur, Ira, in der Fernsehserie MAD ABOUT YOU (USA 1992-1999, Regie: Linda Day, Gordon Hunt u.a.) spielte. Levine steht stellvertretend für jene jüdischen Einwanderer, die nicht religiös praktizieren und ihren Migrationshintergrund negieren. In den ihm zugeschriebenen Statements[35] akkumulieren jene Rassismen, Stereotype und Witze, welche seit Mitte des 19. Jahrhunderts dem Zeichenreservoir des Antisemitismus angehören. Um dies alles unter der Prämisse, Alterität zu visualisieren, erzählen und

31 THE LAST EMBRACE mit Janet Margolin in der Hauptrolle erzählt die Geschichte einer Serienmörderin, die Männer umbringt, um Rache zu nehmen für ihre jüdischen Vorfahrinnen, die als Migrantinnen in Bordellen New Yorks zur Arbeit gezwungen wurden!

32 Vgl. zum Reisefilm Winfried Pauleit/Christine Rüffert/Karl-Heinz Schmid/Alfred Tews (Hg.): Traveling Shots. Film als Kaleidoskop von Reiseerfahrungen. Berlin: Bertz + Fischer 2007, bes. den Beitrag von Barbara Lüem: Bilder unterwegs. Ethnografische Filme als Medien im interkulturellen Kontext, S. 67–78.

33 In Filmkritik und -geschichte wird Lumets Film häufig mit THE CHOSEN (USA 1981, Regie: Jeremy Paul Kagan) verglichen, der in der chassidischen Gemeinde im New York der 1940er Jahre angesiedelt ist.

34 Auch diese Distinktion zwischen praktizierendem und nicht praktizierendem Judentum, die häufig auf die Frage der Orthodoxie zugespitzt wird, ist in letzter Zeit in verschiedenen Filmen zum Thema gemacht worden, im europäischen Kino u.a. in ALLES AUF ZUCKER (D 2004, Regie: Dani Levy) und LE TANGO DES RASHEVSKIS (DER TANGO DER RASHEVSKIS, F 2003, Regie: Sam Garbarski).

35 Z.B. »Die Brüder sind zu blöd zum Wichsen«.

argumentativ entfalten zu können, benötigt der Film Gastlichkeits- und Festrituale, welche er erneut auf zweierlei Weisen thematisch macht. Zum einen wird Gastlichkeit gegenüber einer Fremden in Szene gesetzt und an der Undercover-Polizistin Emily exemplifiziert, zum anderen werden die zahlreichen Gastlichkeitsrituale gezeigt, die mit den religiösen Gemeinschaftsritualen der jüdischen Community in Verbindung stehen und visuelle Distinktionsmarkierungen gegenüber der hegemonialen, christlich dominierten Kultur in den USA vorzunehmen erlauben.

Ein privilegiertes Feld, um Alterität zu markieren und zu erzählen, ist die Geschlechterseparation, die Extensionen in das Melodramatische wie auch in das Komische hinein eröffnet und einmal mehr aus der Perspektive des befremdeten Gastes erzählt wird.[36] A STRANGER AMONG US bezieht Spannung also nicht nur aus einem zu lösenden Mordfall (narrativ tritt dieser vorübergehend in den Hintergrund), sondern insbesondere auch aus einer Verfremdung der Perspektive auf Weiblichkeit im Allgemeinen. Die Figur der unverheirateten, selbstbewussten, berufstätigen und gar bewaffneten Frau wird in das quasi vormodern erscheinende Setting einer Religionsgemeinschaft versetzt,[37] die auf der strikten Trennung der Geschlechter beruht und interdiskursiv als rückschrittlich codiert ist. Diese einlinig erscheinende Lesart ethnisierter Geschlechterproblematik verhandelt der Film jedoch innerhalb eines anderen Rasters bzw. einer anderen filmhistorischen Gattungstradition: derjenigen der Screwball-Comedy. Kennzeichen jener um die Geschlechterdifferenz und -dominanz zirkulierenden Komödien, die in den USA in den 1930er bis 1950er Jahren um Filmautoren wie Ernst Lubitsch, Billy Wilder, William Wyler oder George Cukor entstanden,[38] war die primär im filmischen Dialog ausgetragene Konkurrenz zwischen Frau und Mann, die in der Regel in ein Happy End mit Heirat mündet. Die daraus resultierenden szenischen Dramaturgien, und insbesondere auch der Konkurrenzkampf per Wortgefecht werden in A STRANGER AMONG US reproduziert und um Merkmale des Polizei- respektive Copfilms erweitert.[39] Das Formulieren von Pointen, Zynismen, »coolen« Sprüchen und Running Gags zwischen der Figur der Emily und nahezu allen anderen männlichen Figuren (vom Rebbe über dessen Sohn Ariel bis hin zum ehemaligen Geliebten/Kollegen und zum Vorgesetzten) ergänzt auf der Ebene des Dialogs die Lesungen und Debatten zu Judentum, Christentum und Ethik. Dass dabei auch Respektlosigkeit, Non-Political-Correctness, eine wichtige Rolle spielt,

---

36 Zu den komischen Episoden zählt eine Busfahrt Emilies mit der jüdischen Community, bei der sie den zwischen Frauen und Männern angebrachten trennenden Vorhang immer wieder zurück zieht. Melodramatisch gestaltet sich hingegen das nicht realisierte Liebesverhältnis zwischen Emily und Ariel.

37 Auch dies geschieht auf mehrere Weisen: indem Emily in einem Shoot Out gezeigt wird, indem über ihre Waffe dialogisiert wird und indem Vergleiche zwischen ihr und den »Kriegerinnen der Thora« gezogen werden.

38 Als Prototypen gelten u.a. Filme wie BRINGING UP BABY (LEOPARDEN KÜSST MAN NICHT, USA 1938, Regie: Howard Hawks), PHILADELPHIA STORY (DIE NACHT VOR DER HOCHZEIT, USA 1940, Regie: George Cukor) und PILLOW TALK (BETTGEFLÜSTER, USA 1959, Regie: Michael Gordon).

39 Zu den semantischen Elementen der Figur des Hardboiled Detectives zählen Abgebrühtheit, Coolness und Zynismus.

macht ein Dialog deutlich, der im Film in jener Szene eingesetzt wird, in der die Polizeidetektivin Emily (»*the* detective«) erstmals an den Schauplatz des Mordes im Diamond District gerufen wird. »He speaks eight languages«, lässt der Regisseur ein Mitglied der chassidischen Gemeinde über das Oberhaupt, den Rebbe, sagen, worauf Emily mit der schnoddrigen Frage »Is one of them English?« antwortet.[40]

Neben dem Komplex von Fremdsein, Gastlichkeit und der Differenz zwischen den Geschlechtern wird damit der Aspekt quasi interkultureller Kommunikation als probates Rezept zur Überwindung kultureller Gegensätze ins Spiel gebracht. Dies impliziert eine Erweiterung jener Topoi der Unverständlichkeit und der Kakophonie, die in vielen ethnographischen und Abenteuerfilmen, z.B. in KING KONG oder den TARZAN-Filmen, als auditive Strategie zur Markierung von Alterität eingesetzt werden. A STRANGER AMONG US knüpft daran mit der Soundtextur des unverständlichen und vielstimmigen »Gemurmels« in der Talmud-Schule an. Mit Fortschreiten der Narration wird jedoch das Gast-Haus, die Fremde inmitten der Heimat, zum Heim umcodiert, zum utopischen Ort der Liebe und Freundschaft (Emily: »You people *really* care about each other«). Sprache und Sprechen leisten somit in der »narrativen Syntax des kontinuierlich erzählenden Films«[41] als Übersetzungsmedien jene Aufklärung über Stereotypien und Vorurteile, die die Elemente des Visuellen vermissen lässt. Filmästhetisch bieten die zahlreichen Gastlichkeitsrituale mit Gebeten, Essen, Essenszubereitung, Tanz und vielen weiteren Ritualen Anschlussmöglichkeiten an den Kanon folkloristisch-ethnographischer Spielfilme und zusätzliches gezeigtes Erklärungspotenzial. Zwar weisen Beleuchtungsdramaturgie, »warmes« Licht und Farben für die Sets der chassidischen Gemeinde, »kalte« für die übrigen Räume, und re-inszenierte Riten der Gemeinschaft und Gastlichkeit den Chassidim die Attribute des Heimeligen zu, dies geschieht jedoch als reine Wiederholung eines konventionalisierten Szenenkanons.[42] Als Folge davon bleibt das Fremde fremd, auch und gerade weil wir es schon hundertmal so gesehen haben.

40 Ein weiterer Dialog: »Are you in charge here?« (Emily), »The Almighty is in charge« (Rebbe); in der deutschen Fassung: »Sind Sie hier der Drahtzieher?«, »Der Allmächtige ist unser Drahtzieher«.

41 Paech: Literatur und Film (s. Anm.14), S. 34.

42 Vgl. Dietmar Pertsch: Jüdische Lebenswelten in Spielfilmen und Fernsehspielen. Filme zur Geschichte der Juden von ihren Anfängen bis zur Emanzipation 1871. Tübingen: Max Niemeyer 1992; ironisch inszeniert und zitiert z.B. Woody Allen in fast allen seiner Spielfilme die Stereotypien des Jüdischen, etwa den Ritus des jüdischen Gastmahls in der Science Fiction-Parodie THE SLEEPER (DER SCHLÄFER, USA 1973).

Fine Young Cannibals: Die Re-inszenierung von Gastlichkeit in Koch-Doku-Soaps

Gastlichkeitsriten und Festkultur sind also im Spielfilm vielfach der Rahmen für das Sichtbarmachen *und* die Austreibung von Alterität. Schon die alltägliche Mahlzeit, das Familienessen, dient dem Erzählkino auf vielfältige Weise zur Visualisierung oppositioneller semantischer Komplexe. Und gerade das außer Kontrolle geratende Fest z.B. in HOME FOR THE HOLIDAYS (FAMILIENFEST UND ANDERE SCHWIERIGKEITEN, USA 1995, Regie: Jodie Foster)[43] oder in dem TV-Film DIE SILBERHOCHZEIT (D 2005, Regie: Matti Geschonneck)[44] lassen das scheinbar hochgradig kontrollierte Ritual der Gastbewirtung ins Befremdliche, Bizarre und Bösartige gleiten. Filme wie FESTEN (DAS FEST) geben darüber Aufschluss, dass im Gastmahl Unheimliches aus dem individuellen oder kollektiven Unbewussten zum Vorschein kommen kann. Harmonie und Zeremonie werden dann mit Szenen des Exzesses und der Destruktion überschrieben; und das andere Essen wird zum Essen des Anderen. Das Neue Hollywood-Kino zelebriert diese Lust an einer »Entexotisierung«[45] extremer Essensriten umso lieber, wenn unvorhergesehene oder gar ungeladene Gäste kommen. Die in vielen Filmen ausgestellte deregulierte Bürgerlichkeit und Zivilisiertheit, wie sie als Sujet in Marco Ferreris LA GRANDE BOUFFE (DAS GROSSE FRESSEN, F/I 1973), Peter Greenaways THE COOK, THE THIEF, HIS WIFE AND HER LOVER oder episodisch in David Finchers SEVEN (SIEBEN, USA 1995) im Konnex von Völlerei, Sexualität, Ausscheidung und Mord vorkommt, kennt analog zu den eingangs genannten ethnografischen Gründungsnarrativen der neuen Welt als Kulminationspunkt den Kannibalismus,[46] dessen »schöner Schrecken« in erster Linie darin liegt, dass der Gast selbst als quasi partialisierter Stellvertreter der Zuschauenden vom am Mahl Teilnehmenden zum Bestandteil des Festmahls selbst werden könnte. Diese narrative Formel, der (ungeladene) Gast landet auf der Tafel, ist zunehmend auch Bestandteil jener neuen Hybridformen, die als Kennzeichen des neuen antihegemonialen Erzählkinos gelten und Schrecken mit Comic Relief, Lust mit Ekel verbinden, ohne explizit im Gestus des Politischen zu operieren, wie THEMROC (F 1971, Regie: Claude Faraldo) oder WEEKEND (F 1967, Regie: Jean Luc Godard) dies z.B. taten. Subgenres wie die »Gross-

---

43 Der Plot: »Claudia Larson (Holly Hunter), eine alleinerziehende Mutter, arbeitet als Kunstrestauratorin. Sie wird von ihrem Chef und Liebhaber entlassen; kurz danach erfährt sie von ihrer jugendlichen Tochter Kitt (Claire Danes), dass diese zum ersten Mal mit ihrem Freund schlafen will. In diesem Gemütszustand fährt Claudia in ihre Heimatstadt zum Thanksgiving. Dort wird sie den Marotten und kleinen Gemeinheiten ihrer Verwandtschaft ausgesetzt. Ihre Schwester Joanne fühlt sich nach einem Streit beleidigt und verlässt das Fest. Claudia besucht ihre Schwester in Joannes Haus, um sich mit Joanne zu versöhnen. Sie sagt, sie würden sich nicht mögen müssen, da sie ja *nur* miteinander verwandt wären. Claudias Bruder Tommy erzählt der ganzen Familie die ihm anvertrauten Geheimnisse« (http://wikipedia.de, geöffnet am 25.11.2007).

44 In dem mit dem Grimmepreis ausgezeichneten Fernsehspiel gerät ein feierliches Gastmahl anlässlich einer silbernen Hochzeit mit wechselseitigen Geständnissen und Denunziationen so weit außer Kontrolle, dass am Ende die Trennung der Gastgeber steht.

45 Moser: Kannibalische Katharsis (s. Anm.7), S. 85.

out-Comedy« (to gross out = anekeln) vollziehen lustvoll den Transfer vom festlichen Mahl als Kollektiverlebnis zur »Fressorgie« mit »Sabbern und Spucken«, von Esseningredienzien zu Körperflüssigkeiten oder von Nahrungsmitteln zum Komplex der Verwesung.[47]

Selbst im Fernsehen, in dem seit vielen Jahren das Format der Koch-Show oder - aktueller - der kulinarischen Doku-Soap Zubereitungs-, Verzehrritus und die Inszenierung von Gastlichkeit (Tischdekoration, Unterhaltungsprogramm) programmatisch verbindet, kann das Gastmahl gelegentlich etwas Unheimliches oder Erschreckendes besitzen. In Specials, etwa zum ersten April oder zu Halloween, gleitet dann das Ritual gepflegter Gastlichkeit und Mahlzeit in die Register des Splatterfilms hinüber - so beispielsweise in einer Sondersendung des KOCHDUELLS (D 1997-2000, VOX) zu Halloween, in der der kochende Stargast, Uschi Glas, sich plötzlich und versehentlich den Finger abschnitt und diesen dann unerschrocken für den gerade zubereiteten Eintopf verwendete. Prinzipiell geht es in den Kochshows um die Integration von Alterität und damit um Normalisierung. Gern und ausführlich werden daher Ess- und Bewirtungsgewohnheiten von Migrant/inn/en diskutiert und/oder vorgestellt. Im schon genannten KOCHDUELL, das der englischen Kochshow READY STEADY COOK folgte, spielen beispielsweise Migrationskomplex und Heteronormativität eine wichtige Rolle für Essenszubereitung und die Gespräche mit den Kandidat/inn/en. Beim PERFEKTEN DINNER (D seit 2006, Regie: Sascha Evers, Kai Tilges), bei dem Personen zu einem täglich ausgetragenen Koch- und Dinner-Duell mit anschließender Punktvergabe zusammengeführt werden, sind Verschiebungen zwischen Selbstpositionierung, Lebensstil, Kochstil und Gastlichkeit Generatoren der Narration und visuellen Ästhetik. So werden z.B. Lebens-, Arbeits- und Familienverhältnisse der Teilnehmenden (z.B. geschieden, in homosexueller Lebensgemeinschaft lebend) allmählich entdeckt und enthüllt: Als eine Komponente dieser elementarsoziokulturellen Versuchsanordnung für das Fernsehen lässt DAS PERFEKTE DINNER die Gäste durch die Wohnung streifen und nach Geheimnissen und Intimissima stöbern, während der/die Gastgeber/in die Hauptspeise zubereitet. Schwellenphänomene und Passagen sind dabei vollständig eliminiert und das »Befremdliche«, das Hans-Dieter Bahr dem Gast als anthropologische Komponente zuschreibt,[48] fällt in diesem Kontext auf die Gast-

46 In der ROCKY-HORROR PICTURE SHOW (USA 1974, R: Jim Sharman), THEMROC (F 1971, Regie: Claude Faraldo) oder THE TEXAS CHAINSAW MASSACRE (USA 1974, Regie: Tobe Hooper) gerät ein Barbecue zum Verzehr von Menschenfleisch; vgl. zur Hegemonialisierung und Ästhetisierung der Figur des Kannibalen im Film: Michaela Krützen: »I'm having an old friend for dinner«. Ein Menschenfresser im klassischen Hollywoodkino. In: Daniel Fulda/ Walter Pape (Hg.): Das Andere Essen. Kannibalismus als Motiv und Metapher in der Literatur. Freiburg: Rombach 2001, S. 483-531; das Titelzitat des Aufsatzes stammt aus dem Film THE SILENCE OF THE LAMBS (DAS SCHWEIGEN DER LÄMMER, USA 1991, Regie: Jonathan Demme).

47 Michael Loebenstein/Dominik Kamalzadeh: Hundesperma im Eclair. Oder: Woran erkennt man die Gross-out-Comedy? In: kolik film, Sonderh. 3 (2005), S. 82-88, hier: 83; genannt werden in diesem Kontext Autorennamen wie Peter & Bobby Farelly, John Landis, Steve Neal, Scott Bukatman bzw. Filme WIE DUMB AND DUMBER, KINGPIN, AMERICAN PIE, NATIONAL LAMPOON'S ANIMAL HOUSE usw.

geber/innen zurück, deren privateste Gegenstände und Devotionalien (Kuscheltiere, Sex Toys, Fotografien, Fitnessgeräte etc.) zu sichtbar gemachten Objekten des Fernseh-Panoptismus gemacht werden. Dies ist potenziert der Fall, wenn für DAS PERFEKTE PROMI DINNER (D seit 2006) Stars der Boulevardmedien gecastet werden. In Runde 9 der zweiten Staffel war in dieser Funktion das Ehepaar Christina und Richard Lugner als Exponat zu sehen, die in ihrem Haus in Wien Kostümierung und Whirlpool als Orte des gastlichen Dinners zur Schau stellten. Wenn es also darum geht, Gastmahl-Inszenierung, Ernährungsgewohnheiten und Life Style insgesamt (Alltagspraktiken, Mode, Medienkonsum etc.) als Indizes eines Subjekts zu lesen - »Der Mensch ist was er ißt« (Ludwig Feuerbach) -, enthüllen auch diese Formate das Unheimliche, das Gastlichkeit und Gastmahl im Sinne eines Einladens von Fremden in das eigene Heim besitzen können.

Literatur

Altmann, Rick: A Semantic/Syntactic Approach to Film Genre. In: Barry Keith Grant (Hg.): Film Genre Reader II. Austin: University of Texas Press 1995, S. 26-40.

Armstrong, Kent Byron: Slasher Films. Jefferson, New York: McFarland 2003.

Bahr, Hans-Dieter: Die Befremdlichkeit des Gastes. Wien: Passagen 2005.

Berglund, Jeff: Cannibal Fictions: American Explorations of Colonialism, Race, Gender, and Sexuality. Madison: University of Wisconsin Press 2006.

Branigan, Edward: Point of View in the Cinema. A Theory of Narration and Subjectivity in Classical Film. Berlin, New York, Amsterdam: Mouton Publishers 1984.

Bruns, Karin: Nation und Rasse im frühen deutschen Film. In: Uwe Puschner/Walter Schmitz/Justus H. Ulbricht (Hg.): Handbuch zur »Völkischen Bewegung« 1871-1918. München u.a.: Saur 1996, S. 806-833.

Der Schnitt - das Filmmagazin. Bochum, Nr. 16 (1999): Genres der 90er.

Dyer, Richard: Weiss. In: Frauen und Film, H. 54/55 (1994), S. 65-80.

Einleitung: Technisierung des Blicks. In: Augenblick. Marburger Hefte zur Medienwissenschaft, H. 39 (März 2007), S. 5-10.

El diario de Colón, um 1492/93: The Journal of Christoph Colombus, discovered 1791, translated by Cecil Jane. London: Anthony Blond 1825.

Genette, Gérard: Die Erzählung. München: Fink 1994 (Discours du récit, 1972).

Goldman, Eric A.: Vision, Images and Dreams. Yiddish Film Past and Present. Teaneck/NJ: Holmes & Meier 1988.

Grant, Barry Keith (Hg.): Film Genre Reader. Austin: University of Texas Press 1986.

Grant, Barry Keith (Hg.): Film Genre Reader II. Austin: University of Texas Press 1995.

Hendrykowski, Marek/Hendrykowski, Malgorzata: Das Jiddische Kino. In: Geoffrey Nowell-Smith (Hg.): Geschichte des internationalen Films. Stuttgart, Weimar: Metzler 1998, S. 163-165.

Hoffmann, E.T.A.: Der unheimliche Gast. In: Dichtungen und Schriften sowie Briefe und Tagebücher. Gesamtausgabe. Hg. von Walther Harich. Bd. 6: Die Spukdichtungen. Weimar: Lichtenstein 1924.

48 Bahr: Die Befremdlichkeit des Gastes (s. Anm. 26), bes. S. 17f.

Hougron, Alexandre: L'altérité dans le cinéma américain de science-fiction: relevé et étude de représantations et des significations de l'Autre dans le cinéma américain des science-fiction de 1925-1995. Paris: Univ. Diss. 1996.

Hulme, Peter: Colonial Encounters. Europe and the Native Caribbean, 1492-1997. London, New York: Methuen 1986.

Hulme, Peter: Columbus and the Cannibals. In: Bill Ashcroft/Gareth Griffith/Hellen Triffin (Hg.): The Postcolonial Studies Reader. London, New York: Routledge 2001 (E: 1995), S. 365-406.

Krewani, Angela: Nanotechnologie. Zur visuellen Repräsentation einer neuen Wissenschaft. In: Augenblick. Marburger Hefte zur Medienwissenschaft, H. 39 (März 2007), S. 95-107.

Krützen, Michaela: »I'm having an old friend for dinner«. Ein Menschenfresser im klassischen Hollywoodkino. In: Daniel Fulda/Walter Pape (Hg.): Das Andere Essen. Kannibalismus als Motiv und Metapher in der Literatur. Freiburg: Rombach 2001, S. 483-531.

Loebenstein, Michael/Dominik Kamalzadeh: Hundesperma im Eclair. Oder: Woran erkennt man die Gross-out-Comedy? In: kolik film, Sonderh. 3 (2005), S. 82-88.

Lüem, Barbara: Bilder unterwegs. Ethnografische Filme als Medien im interkulturellen Kontext. In: Winfried Pauleit/Christine Rüffert/Karl-Heinz Schmid/Alfred Tews (Hg.): Traveling Shots. Film als Kaleidoskop von Reiseerfahrungen. Berlin: Bertz + Fischer 2007, S. 67-78.

Moser, Christian: Kannibalische Katharsis: Literarische und filmische Inszenierungen der Anthropophagie von James Cook bis Bret Easton Ellis. Bielefeld: Aisthesis 2005.

Paech, Joachim: Literatur und Film. Stuttgart: Metzler 1988.

Paul, Barbara: Über_Format. Monstrosität, whiteness und Gender in Kunst und Medien heute. In: Frauen Kunst Wissenschaft. Marburg, H. 43 (Juni 2007), S. 70-82.

Pertsch, Dietmar: Jüdische Lebenswelten in Spielfilmen und Fernsehspielen. Filme zur Geschichte der Juden von ihren Anfängen bis zur Emanzipation 1871. Tübingen: Max Niemeyer 1992.

Rath, Willy: Emporkömmling Kino. In: Prolog vor dem Film, Nachdenken über ein neues Medium 1909-1914. Hg. u. kommentiert von Jörg Schweinitz. Leipzig: Reclam 1992, S. 75-89.

Rheindorf, Lena: Wer fürchtet sich vorm Weißen Mann? Eine Annäherung an Whiteness durch die Analyse der Inszenierungen des vermeintlich ›Anderen‹. Diplomarbeit. Wien 2006 (auszugsweise unter: http://no-racism.net/article/1978, geöffnet am 25.11.2007).

Staiger, Janet: Bad Women. Regulating Sexuality in Early American Cinema. Minneapolis, London: University of Minnesota Press 1995.

Stam, Robert/Burgye, Robert/Flitterman-Lewis, Sandy: New Vocabularies in Film-Semiotics. London, New York: Routledge 1992.

Todorov, Tzvetan: Die Eroberung Amerikas: Das Problem des Anderen. Aus dem Französischen von Wilfried Böhringer. Frankfurt a.M.: Suhrkamp 1985.

Turner, George Kibbe: The City of Chicago: A Study of the Great Immoralities. In: McClure's Magazine, 28. Jg., Nr. 6 (April 1907), S. 575-592.

Matthias Thiele

Szenen der Gastlichkeit: Zur Figur und Funktion des Gastes im Mediendispositiv Fernsehen

> The apparently innocent fact that we use a singular noun, ›television‹, to designate an extremely complex and variegated phenomenon can all too easily encourage us to overlook the heterogeneity of the medium with which we are concerned.[1]

> Werde Talkgast - Komm ins Studio. Bewirb Dich hier als Talkgast bei »Britt«! Komm ins Studio - Sei als Gast dabei! Einfach per Telefon oder E-mail bewerben. Teile uns mit, was dich mit dem ausgewählten Thema verbindet. Wir melden uns bei dir.[2]

Gast und Gastgeber werden vorzugsweise mit dem Programmbereich Unterhaltung verbunden und insbesondere für Talk- und Spielshows als distinkte Funktionsrollen bestimmt. So fungieren Spielleiter und Talkshowmoderatoren in der Erfüllung ihres je spezifischen Bündels von Funktionen immer auch als Gastgeber und werden nicht von ungefähr im US-amerikanischen Fernsehsystem durch die Bezeichnung *host* mit dieser Funktion sogar in eins gesetzt.[3] Als Gäste gelten den Talkshows die zur Konversation Geladenen, die je nach Ausrichtung des Genres entweder als Betroffene oder als Prominente willkommen sind.[4] In Spielshows erhält den Gaststatus wiederum nur die zu Auftritten geladene Prominenz, während die anderen Beteiligten als Kandidaten oder Saal- bzw. Studiopublikum geführt werden.[5]

Dieser funktionalen Ordnung steht jedoch allein schon der inflationäre Gebrauch des Wortes ›Gast‹ im Massenmedium Fernsehen entgegen. So werden eben nicht nur Prominente als Gäste umworben, sondern stets auch die Kandidaten und das Publi-

---

1 Samuel Weber: Television: Set and Screen. In: ders.: Mass Mediauras. Form, Technics, Media. Hg. von Alan Cholodenko. Stanford: Stanford University Press 1996, S. 108–128, hier 109.

2 http://www.sat1.de/comedy_show/britt/bewerbung (geöffnet am 10.10.2007).

3 Vgl. Brian G. Rose: The Talk Show. In: ders.: TV Genres. A Handbook and Reference Guide. Westport, London: Greenwood Press 1985, S. 329–352; Jefferson Graham: Come on down!!! The TV Game Show Book. New York: Abbeville Press 1988, insbes. S. 69–94; Maxene Fabe: TV Game Shows. New York: Dolphin Book 1979, insbes. S. 20–39.

4 Vgl. Hans-Friedrich Foltin: Die Talkshow. Geschichte eines schillernden Genres. In: Hans Dieter Erlinger/Hans-Friedrich Foltin (Hg.): Geschichte des Fernsehens in der Bundesrepublik Deutschland. Bd. 4: Unterhaltung, Werbung und Zielgruppenprogramme. München: Fink 1994, S. 69–112.

5 Vgl. Lothar Mikos/Hans-Jürgen Wulff: »Akademische« und »familiale« Rezeption. Zur Analyse von Unterhaltungsshows (II). In: medien praktisch, Nr. 1 (1990), S. 61–63.

kum als »liebe Gäste« begrüßt und selbst die Zuschauer vor den Fernsehgeräten im routinierten Aufbau parasozialer Interaktion mit Blick in die Kamera auf das Herzlichste willkommen geheißen. Regelmäßig werden darüber hinaus die berufsmäßigen Gastgeber bzw. *hosts* des Fernsehens selbst zu Talk- und anderen Shows eingeladen und zählen daher mit zu den gern gesehenen und höchst erwartbaren Gästen des autoreflexiven Mediums. Bei der TV-Gala DER DEUTSCHE FERNSEHPREIS verteilt sich die Aufmerksamkeit nicht allein auf die Nominierungen und Preise, vielmehr richtet sie sich taxierend eben auch auf die Liste der Gäste und deren Platzierung im Saal.[6] In der Reality-TV-Kochshow DAS PERFEKTE DINNER, die dem Sender VOX seit März 2006 hohe Quoten im Vorabendprogramm beschert, werden sich die fünf Kandidaten innerhalb einer Woche wechselseitig zu Gastgeber und Gast, wobei die Bewirteten jeweils Kochkunst und Gastgeberqualität zu bewerten haben. US-amerikanische Fernsehserien schließlich bedienen sich unabhängig vom Genre des *special guest* bzw. *guest starring* als Variations- und Attraktionsverfahren seriellen Erzählens und gewinnen gerade aufgrund der wachsenden Liste von Gastauftritten weiter an Popularität, wie die Animationsserie THE SIMPSONS anschaulich belegt, die sogar zwei *guest voice*-Auftritte von Thomas Pynchon verzeichnen kann.[7]

Dieses Aufschwellen des Gastes im Massenmedium Fernsehen spricht zunächst einmal für die Einsicht Hans-Dieter Bahrs, im »endlosen Gerede über ›Gäste‹ in den Massenveranstaltungen«[8] das historische Schwinden des Gastes in den Modus des »verwussten« öffentlichen Gastes überführt zu sehen:

> Indem nun die ›lieben Gäste‹ als Publikum der Unterhaltungsindustrie selber zu beliebigen werden, entziehen sie sich zugleich jeder Ordnung des Wissens. Sie sind nicht nur diejenigen, die nicht bei sich sind; als bloße Öffentlichkeit apräsentieren sie sich am Ort zwischen ›Tür und Angel‹, zwischen An- und Abwesenheit, zumal durch jene Medien, die ermöglichen, daß niemand mehr ›persönlich‹ dabeisein muß. Endlos kehrt das Wort ›Gast‹ wieder, und es hat so wenig die Schwelle einer Wortbildung oder Wortwahl zu überschreiten, sowenig der öffentliche Gast noch vor irgendeiner Schwelle innehält.

---

6 Vgl. Susanne Sturm: Hinter den Kulissen: Deutscher Fernsehpreis. In: TV-Spielfilm, Nr. 20 (2007), S. 6–9.

7 Die Pynchon-Figur taucht in den THE SIMPSONS-Episoden »Diatribe of a Mad Housewife«, »All's Fair in Oven War« und »Moe'N'a Lisa« auf, wobei sie in der letztgenannten stumm bleibt. In Anspielung auf die ablehnende Haltung Pynchons gegenüber Presse und Publicity trägt die Comicfigur eine über den Kopf gestülpte Papiertüte mit aufgedrucktem Fragezeichen. Dieser Witz eröffnet hier die Kategorie des maskierten Mediengastes, der gewiss nicht zuletzt auch Michel Foucaults »Le Monde«-Interview »Der maskierte Philosoph« (In: ders.: Schriften in vier Bänden. Dits et Ecrits. Bd. IV 1980–1988. Hg. von Daniel Defert/François Ewald unter Mitarbeit von Jacques Lagrange. Frankfurt a.M.: Suhrkamp 2005, S. 128–137) zuzurechnen wäre. In beiden Fällen werden gegen die Identifizierungsmacht der Medien und die medienbasierte Funktion des Autors als ökonomische Rationalität – die ein Werk nicht nur mit konstituiert, sondern zugleich verstellt – zentrale Aspekte der unbedingten Gastfreundschaft, die nicht nach dem Namen, der Herkunft und sonstigen Gegenleistungen fragt (vgl. Jacques Derrida: Von der Gastfreundschaft. Mit einer »Einladung« von Anne Dufourmantelle. Hg. von Peter Engelmann. Wien: Passagen 2001, insbes. S. 59–64), taktisch in Anschlag gebracht.

8 Hans-Dieter Bahr: Die Sprache des Gastes. Eine Metaethik. Leipzig: Reclam 1994, S. 28.

> Ohne jedes Gedächtnis durchschreitet ›der Gast‹ keine Tür mehr, so daß er nie *da* sein wird, weil er nie *fort* war. Das gängige, öffentliche Wort ›Gast‹ ist sowenig bei sich wie der öffentliche Gast selbst. Insofern bezeichnet es ›nichts‹ als das Öffentliche, das es selbst ist, und erst wenn der Name ›Gast‹ thematisiert wird, werden die Bedeutungen wieder ins Spiel kommen. Das öffentliche Wort wird in seiner schwellenlosen Gängigkeit weder gewußt, noch ist es ungewußt oder ›entwußt‹, vergessen, und da man sich seiner Bedeutung weder bewußt wird, noch nicht-bewußt ist, könnte man seinen Modus, analog zu ›verwohnt‹, verwußt nennen.[9]

Der endlos zirkulierende, wiederholbare und als Publikum nie fehlende Gast in der Bildschirmgesellschaft gilt Bahr als aktualhistorisches Moment der Geschichte des Gastes, die seit der Etablierung des geldwirtschaftlichen Gastgewerbes als zwei zum Verschwinden des Gastes beitragende, disparate Prozesse beschreibbar ist: einerseits als eine Abfolge von Beschränkungen des Gastrechts und als nationalstaatliche »Verabschied/bung des Gastes«,[10] andererseits als die Durchsetzung des ganz im ökonomischen Tauschsystem aufgehenden Privilegs, jederzeit und allerorts Gast werden zu können.[11] Demgegenüber entwirft Bahr ein philosophisches Modell der Gastlichkeit, in dem das Zu-Gast-Sein als Existenzial nicht auf ein Tauschverhältnis zurückführbar ist.[12] Als Zuwendung zum Anderen bzw. »Zuwendung auf die Zuwendung des Anderen«[13] wird das Zu-Gast-Sein dem Subjekt des Austausches vielmehr zur Voraussetzung, befremdlichen Zusetzung und Offenheit von Möglichkeiten. Die diagnostizierte Schwellenlosigkeit des öffentlichen Gastes steht dabei in diametralem Gegensatz zu diesem Entwurf, dem gerade auch die Schwelle zum Ort des Gastes wird und als Metapher einen Zugang zur Sprache des Gastes eröffnet.[14]

Das Verhältnis von Medien und Gast bestimmt Bahr in seiner Analyse der Gegenwartskultur insofern ausschließlich negativ, markieren die Medien als Simulatoren von Anwesenheit doch allein das Verschwinden des Gastes, sein endloses, gedächtnis-

---

9 Ebd., S. 303f.

10 Ebd., S. 236.

11 Die Etablierung der gewerblichen Gastlichkeit im Laufe des 11. bis 14. Jahrhunderts reduziert das Verhältnis zum Gast auf ein ökonomisches des Tausches und schließt den Fremden aus der nicht kommerziellen, nur noch Bekannten geltenden Gastlichkeit aus. Die damit einhergehenden Polizei- und Rechtsvorschriften münden mit Bildung der Nationalstaaten in der (gegen-)identifikatorischen Hostilität des Fremden- und Ausländerrechts, das den Gast als verdächtigen Fremdling oder Feind ausweist und verstößt. Zugleich entsteht mit den kommerziellen Gasthäusern der öffentliche Gast, der durch die Großstadt und durch die den Fremden in vertraute Exotik auflösende Unterhaltungs- wie Tourismusindustrie auf das Gewöhnliche und Beliebige verkürzt wird. Vgl. Bahr: Die Sprache des Gastes (s. Anm. 8), insbes. S. 236–344; Hans Conrad Peyer: Von der Gastfreundschaft zum Gasthaus. Studien zur Gastlichkeit im Mittelalter. Hannover: Hahn 1987; Renate Bürner-Kotzam: Vertraute Gäste – Befremdende Begegnungen in Texten des bürgerlichen Realismus. Heidelberg: Winter 2001, insbes. S. 15–41.

12 Hans-Dieter Bahr: Gast. In: Christoph Wulf (Hg.): Vom Menschen. Handbuch Historischer Anthropologie. Weinheim, Basel: Beltz 1997, S. 801–811, insbes. 806f.

13 Hans-Dieter Bahr: Die Befremdlichkeit des Gastes. In: ders.: Die Befremdlichkeit des Gastes. Wien: Passagen 2005, S. 15–31, hier 28.

14 Vgl. Bahr: Die Sprache des Gastes (s. Anm. 8), S. 12 und 302.

loses, körper-, schwellen- und aufwandsloses Zirkulieren »in der Industrie der leichten Massenunterhaltung«[15]. Diese Position ähnelt der von Jean Baudrillard, der im Anschluss an die Durkheim Schule die Massenmedien dadurch charakterisiert sieht, dass sie keinen reziproken Raum von Rede und Antwort, Gabe und Gegengabe bieten und damit die Kunst des symbolischen Austausches verunmöglichen.[16] Es geht um den Nachweis, dass in den Massenmedien der Andere bzw. Sozialität nur in Form der Simulation vorkommen kann und auf dieser Fabrikation von Nicht-Kommunikation das System sozialer Kontrolle und Macht gründet, weshalb Baudrillard für die Destruktion des anti-mediatorischen Mediensystems plädiert.[17] Bahr dagegen geht es darum, dass jedem Austausch, auch dem symbolischen, das Zu-Gast-Sein als Möglichkeitsbedingung noch vorausgeht.[18] Dieses Wissen über den Gast aufzuspüren wird durch die Massenmedien allerdings gänzlich verunmöglicht, da der Gast in diesen spurlos zirkuliert, weshalb für Bahr die Medien zum »paradox erinnerungslosen Archiv des ›verwußten‹ Gastes«[19] werden. So gehört »der öffentliche Gast [...] keiner Ordnung mehr an, er hospitiert nur am imaginären Ort der verschwundenen Schwelle zwischen Absenz und Präsenz. In dieser verscheinenden Öffentlichkeit fehlt ebenso, daß der Gast fehlte, wie, daß er nicht fehlte.«[20]

Dieses Medienverständnis führt nun aber dazu, dass die Medien von der Analyse ausgeschlossen werden. Die Vielzahl literarischer Texte und poetischer Gastszenen, auf deren Lektüre sich Bahrs Entwurf stützt, verdeutlicht eben auch, dass die Zuwendung auf die Medien ausbleibt. Im Folgenden wird deshalb das Medium Fernsehen auf seine Gastszenen hin befragt. Die leitende These zur schwellenlosen Aufschwellung des öffentlichen Gastes lautet dabei, dass das Fernsehen fundamental auf die Figur des Gastes und Szenarien von Gastlichkeit angewiesen ist, um sich als Technik gesellschaftlich und kulturell zu etablieren, um sich als Institution zu reproduzieren, um sich als Programm fortlaufend neu zu konstituieren und um sich vor allem auch in seinen Diskursen und sozialen Praktiken sicht- und hörbar als Medium selbst denken zu können. Gerade der Gastdiskurs ermöglicht es dem Medium Fernsehen seine komplexe und paradoxe Form (seine Fernanwesenheit, die Gleichzeitigkeit von An- und Abwesenheit, von fort und da, von öffentlich und privat) im und am Fernsehen selbst zu thematisieren und zu begreifen.

Die Comedy-Show TOTAL NORMAL, zwischen 1989 und 1991 in sieben Folgen im ARD-Programm erstmals und seitdem mehrfach wiederholt ausgestrahlt, zeichnet

---

15 Ebd., S. 301.

16 Vgl. Jean Baudrillard: Requiem für die Medien. In: ders.: Kool Killer oder Der Aufstand der Zeichen. Berlin: Merve 1978, S. 83–118; ders.: Der unmögliche Tausch. Berlin: Merve 2000; William Merrin: Baudrillard and the Media. A Critical Introduction. Cambridge, Malden: Polity 2005, insbes. S. 10–27.

17 Vgl. Baudrillard: Requiem (s. Anm. 16), S. 101 f.

18 Zur Auseinandersetzung mit Baudrillards Thesen zur Simulation, die bei Bahr ihre Grenzen am Leib findet, der eben nicht nur auditive und visuelle Erfahrungen mache, vgl. Hans-Dieter Bahr: Medien und Philosophie. In: ders.: Der babylonische Logos. Medien, Zeiten, Utopien. Wien: Passagen 2005, S. 73–95, insbes. 79–81.

19 Bahr: Die Sprache des Gastes (s. Anm. 8), S. 304.

20 Ebd.

sich durch Studiopublikum - die ›lieben Gäste‹ -, durch Gastauftritte Prominenter und durch Filmeinspielungen aus, in denen der Gastgeber und Entertainer Hape Kerkeling in verschiedensten Kontexten und Alltagssituationen spielerisch Störungen und Unerwartetes einbringt. Ein wiederkehrendes medienreflexives Experiment besteht darin, dass Kerkeling mit samt Kamerateam abends zur besten Sendezeit Hausbesuche bei beliebig ausgewählten, ahnungslosen Unbekannten durchführt. Dieses mediale Szenario des überraschenden oder ungebetenen Gastes, das sich zunächst einmal grell ausgeleuchtet zwischen Tür und Angel und dann schließlich im durch das Scheinwerferlicht äußerst unwirtlich wirkenden Wohnzimmer bei ein- oder ausgeschaltetem Fernsehgerät abspielt, bietet nicht nur Lach- und Vergleichsanlässe. Das Segment thematisiert in seiner Visualität vielmehr zugleich die Schwelle, die vom Hausherrn entweder verstellt oder freigegeben werden kann und vom ungeladenen Gast überschritten werden muss. Indem das Fernsehen hier plötzlich und unerwartet in seiner körperlichen und technischen Materialität spontan Zutritt sucht, macht es die Bedeutung der medialen Schwellenlosigkeit vor allem in den verunsicherten Gesichtern und hilflosen Gebärden der Überrumpelten sicht- und beobachtbar und damit das Selbstverständliche der Fernsehhäuslichkeit reflektier- und problematisierbar.

Wenn im Bezug auf den Gast bereits so unterschiedliche Bereiche des Mediums wie Technik, Institution, Programm, Rezeption und Diskurse genannt wurden, dann ist damit auf die zentrale Funktion des Gastes für das Mediendispositiv Fernsehen verwiesen. Die Figur des Gastes und die Szenerie der Gastlichkeit haben offenbar das Potenzial verschiedenste Elemente und Dimensionen des Medialen zu einem Netz zu verknüpfen. So gilt auch für den Gastdiskurs, was Michel Foucault generell für Diskurse in Dispositiven anführt. Er kann

> mal als Programm einer Institution, mal im Gegenteil als ein Element erscheinen, das es erlaubt, eine Praktik zu rechtfertigen oder zu verschleiern, die selbst stumm bleibt, oder er kann als Sekundärinterpretation dieser Praktik funktionieren und ihr Zugang zu einem neuen Rationalitätsfeld verschaffen.[21]

Die durch den Gastdiskurs zwischen den unterschiedlichen Ebenen und disparaten Elementen des Fernsehens hergestellten Verbindungen generieren sich sicherlich mit aus dem Mechanismus der Übertragung bzw. Übersetzung. Sie lassen sich aber keineswegs alleine als Effekte einer metaphorischen ›Als-ob‹-Bestimmung[22] auffassen. Gewiss dient das Zu-Gast-Sein dem Fernsehen als Metapher, um seine Medialität begreifbar zu machen, seine Elemente wie Praktiken zu interpretieren und sich auf den verschiedenen Ebenen zu legitimieren. Über die Metaphorik bzw. Symbolik hinaus ist die Szenerie der Gastlichkeit aber zugleich auch ein Operator für die Produktions- wie die Rezeptionspraxis und ein strukturierendes Regulativ für die

---

21 Michel Foucault: Das Spiel des Michel Foucault. In: ders.: Schriften in vier Bänden. Dits et Ecrits. Bd. III 1976–1979. Hg. von Daniel Defert/François Ewald unter Mitarbeit von Jacques Lagrange. Frankfurt a.M.: Suhrkamp 2003, S. 391–429, hier 392f.

22 Vgl. Georg Christoph Tholen: Die Zäsur der Medien. Kulturphilosophische Konturen. Frankfurt a.M.: Suhrkamp 2002, insbes. S. 19–40.

Relationierung sowie Integration von Produktion und Rezeption bzw. Institution und Zuschauern. Entsprechend kann der Gast als ein »Mikro-Dispositiv«[23] angesehen werden, stellt er doch aufgrund seiner Funktion selbst ein Ensemble heterogener Elemente dar, das als transversaler Teilmechanismus des Mediums das Fernsehen in seiner Heterogenität und Effektivität mit konstituiert.[24] Modelliert man den Gast als ein solches Hilfsdispositiv, dann muss folglich auch das strategische Moment hervorgehoben werden. Wenn das Fernsehen in medienhistoriographischer Perspektive unter anderem von Knut Hickethier und Monika Bernold als eine dispositive Anordnung der Zugehörigkeit und des Dabei-Seins konzipiert wird, durch die der öffentliche und der private Raum rekonfiguriert und damit Öffentlichkeit wie Häuslichkeit völlig neu konstituiert werden,[25] dann ist zu ergänzen, dass dies gerade auch durch das Konzept der Gastlichkeit, durch die Rede über den Gast und durch Gastszenarien strategisch ausgefüllt wird. Dies gilt insbesondere für die dominante strategische Funktion des Mediendispositivs, zu jedem historisch gegebenen Zeitpunkt Zuschauer gewinnen und an den Apparat, die Sendung, das Programm und den Sender binden zu müssen.[26] Schließlich besteht für das Fernsehen bezüglich seiner institutionellen Selbstreproduktion das dringliche Problem, die Zuschauer körperlich nicht zwingen zu können, Zuhause zu bleiben, sich dem Fernsehgerät zuzuwenden, einzuschalten und ein Programm bzw. eine Sendung anzuschauen. Diese Not bestand in der Nachkriegszeit, als der Fernsehempfang nach und nach in den Wohnhäusern und Wohnungen installiert wurde, und Handlungsbedarf besteht ebenfalls für das gegenwärtige Fernsehen, das umgeben von einer wachsenden Zahl von Konkurrenzmedien eine Vielzahl von Kanälen verfügbar macht und sich selbst als Kontaktmedium versteht, das Nähe zu seinen Zuschauern herzustellen sucht.

Zur ersten Kartierung des Fernseh-Mikro-Dispositivs ›Gast‹ wird hier zunächst die Dimension des Empfangs aufgegriffen. Das Wort gilt zuvörderst der Nachrichten-

---

23 Gilles Deleuze: Lust und Begehren. Berlin: Merve 1996, S. 15. Für Deleuze weist die Foucaultsche These über die Dispositive der Macht in zwei Richtungen: zum einen auf eine »abstrakte Maschine« wie das Panopticon, zum anderen auf Mikro-Dispositive im Sinne von diffuser heterogener Mannigfaltigkeit. Markus Stauff entwickelt diese Unterscheidung für Medienanalysen produktiv weiter, insbesondere für die Konzeption und Beschreibung medialer Transformationsprozesse. Vgl. Markus Stauff: ›Das neue Fernsehen‹. Machtanalyse, Gouvernementalität und digitale Medien. Münster: LIT Verlag 2005.

24 Die Richtung der Mikro-Dispositive aufgreifend schlägt Stauff vor, Medien als Konglomerate von Mikro- bzw. Hilfsdispositiven zu analysieren: So »könnte eine Dispositivanalyse folglich rekonstruieren, über welche Mikro-Dispositive sich Medien errichten. Welche Dispositive gehen in die Medien ein und werden von diesen produktiv gemacht? Fernsehen ist auch in dieser Perspektive keine selbstverständliche Einheit, sondern ein Konglomerat von narrativen, journalistischen, visuellen, statistischen u.v.a. (Hilfs-)Dispositiven« (Stauff: ›Das neue Fernsehen‹ (s. Anm. 23), S. 120f.).

25 Vgl. Knut Hickethier: Geschichte des deutschen Fernsehens. Stuttgart, Weimar: Metzler 1998; Monika Bernold: Fernsehen ist gestern. Medienhistorische Transformationen und televisuelles Dabeisein nach 1945. In: Österreichische Zeitschrift für Geschichtswissenschaften, Nr. 4 (2001), S. 8–29.

26 Vgl. zum Problem der institutionellen Reproduktion Ien Ang: Desperately Seeking the Audience. London, New York: Routledge 1991, insbes. S. 17–25.

technik, da der Fernsehapparat als Empfänger die hochfrequenten Signale aufnimmt, verstärkt und in sicht- und hörbare Signale umwandelt. In der Werbung der Gerätehersteller ist es in den 1950er Jahren dann vor allem auch die Technik, die durch den Symbolkomplex des ›Magischen‹ und die Versprechen der ›Einfachheit‹, ›Sicherheit‹, ›Zuverlässigkeit‹ und ›hohen Bildqualität‹ diskursiviert wird. Grundig wirbt 1957 für sein Fernsehempfangsgerät mit:

> Einschalten - Genießen. So einfach ist heute das Fernsehen mit dem Grundig-Zauberspiegel. Sie schalten ein, und die Grundig Bild-Ton-Automatik in Verbindung mit der Wunderröhre, dem goldenen Tuner und dem Kontrastfilter zaubert Ihnen die Fernsehsendung in der so viel gerühmten Grundig-Bildqualität in Ihr Heim.[27]

Philco, ein US-amerikanischer Gerätehersteller aus Philadelphia, schaltet 1950 zum Weihnachtsgeschäft eine Werbung, in der die kinderleichte Bedienbarkeit des Apparats im Bildteil mit dem Santa Claus Mirakel verkoppelt wird:

> What a wonderful way to surprise (and thrill) your family this Christmas! [...] That's all you have to do you know - just plug it in. No aerial of any kind needed in up to 8 out of 10 locations. And, naturally, no installation costs either. The advertised price is the final price - nothing else to buy. All because this is the only set that brings you the Philco-invented Electronic Built-In Aerial System! And what performance! These new Philco receivers have the most powerful, most sensitive circuits we've ever built.[28]

Der Empfang meint aber weit mehr als bloße, wunderbare Nachrichtentechnik, wird doch das Empfangsgerät über den technischen ›Zauber‹ hinaus zugleich als das ›Fenster zur Welt‹ vorgestellt, das fern-sehend Augen-Zeit-Zeugenschaft, Teilnahme am Weltgeschehen, ein Überall-dabei-sein-Können mit Auge und Ohr ermöglicht.[29] Obwohl das Medium nicht als ›Tür zur Welt‹ imaginiert wird, ist der metaphorischen Rede bzw. Symbolik vom ›Fenster zur Welt‹ von Anfang an die Idee der Öffnung bzw. Zugänglichkeit von beiden Seiten her mit eingeschrieben. Der Fernsehapparat ist gekennzeichnet durch eine zweifache Bewegung: in die Welt hinaus und in die Wohnung hinein. So spricht Werner Pleister in seiner Fernsehansprache zum Beginn des regelmäßigen Programmbetriebs am 25. Dezember 1952 bezüglich des Fernsehempfängers explizit sowohl vom neuen geheimnisvollen Fenster in der Wohnung als auch vom Fenster in die Welt.[30] Hickethier hebt entsprechend für die frühen 1950er Jahre hervor, dass sich das Fernsehen zum einen durch Live-Übertragung als »Schaltstelle zur Welt«[31] versteht und sich zum anderen als eine »Welt im Gehäuse«[32] präsentiert

---

27 Zit. nach Claus Eurich/Gerd Würzberg: 30 Jahre Fernsehalltag. Wie das Fernsehen unser Leben verändert hat. Reinbek: Rowohlt 1983, S. 19.

28 http://www.tvhistory.tv/1950-philco-tv-ad.jpg (geöffnet am 28.11.2007).

29 Vgl. Christina Bartz: »Das geheimnisvolle Fenster in die Welt geöffnet« - Fernsehen. In: Albert Kümmel/Leander Scholz/Eckhard Schumacher (Hg.): Einführung in die Geschichte der Medien. Paderborn: Fink 2004, S. 199-223.

30 Vgl. Werner Pleister: »Das geheimnisvolle Fenster in die Welt geöffnet«. In: Fernseh-Information, Nr. 1 (1953), S. 7.

31 Hickethier: Geschichte des deutschen Fernsehens (s. Anm. 25), S. 85.

32 Ebd., S. 81.

und hierfür mit geladenen Studiogästen und der Suggestion des Hausbesuchs operiert:

> Suggeriert wurde den Zuschauern eine Art Besuch zu Hause, als sei Schnabel zu ihnen persönlich in die Wohnstube gekommen, um seine Reiseerlebnisse zu erzählen. Der Tisch im Studio geriet auf diese Weise zu einer Verlängerung des Wohnzimmertisches des Zuschauers.[33]

Dass der weltumspannende Empfang ganz untechnisch eben auch zugleich den Besuch eines prominenten Fernsehgastes ins eigene Heim meint, verdeutlich eine Werbung des Geräteherstellers Nordmende:

> Ein geschichtlicher Tag: 23. Juli 1962. Telstar, der erste, von einer Thor-Delta-Rakete ins All geschossene Nachrichten-Satellit schlägt die Fernsehbrücke von Kontinent zu Kontinent. An unseren Bildschirmen waren wir Zeugen dieses unvergeßlichen Erlebnisses. Immer dabei sein! Das ist es, was uns die geniale Erfindung des Fernsehens beschert hat, jenes technische Wunder, das heute unzählige Millionen Tag für Tag in seinen Bann zieht. Wir stehen mitten im bunten, vielfältigen Geschehen, haben beliebte Künstler als Gäste in unserem Heim, erleben spannende sportliche Wettkämpfe, nehmen teil an Staatsempfängen und nationalen Feierstunden. Abend für Abend schenkt uns das Fernsehen Information und Unterhaltung, gut dosiert und allen Interessen gerecht. Nordmende [...] sorgt mit einer über jede Kritik erhabenen Bild- und Klangqualität dafür, daß jede Sendung echt wie das Leben selbst ist.[34]

Die Anzeige führt gleich mehrere Aspekte oder Linien der medialen Ausweitung und vernetzenden Qualität der Gastsemantik vor Augen. Die mediale Teilnahme an Staatsempfängen verweist darauf, dass das Nachrichten-, Dokumentar- und Live-Fernsehen Außenpolitik visuell vorrangig im anschaulichen, komplexitätsreduzierenden Modell des zeremoniell geregelten Gastbesuchs kodiert. Zudem wird deutlich, dass sich der Programmempfang nicht in die Logik des ökonomischen Tausches einfügt, da die Sendungen im Unterschied zum Apparat als freiverfügbar und damit als eine Art (Gast-)Geschenk bzw. allabendliche Gabe aufgefasst werden. Dass das Fernsehen durch das Quotensystem allerdings im Gegenzug den Zuschauer als quantifizierten Tauschwert erhält, entzieht sich in die Abstraktion der Medienökonomie.[35] Entscheidend soll hier aber vor allem die kulturelle Überdetermination des Fernsehempfangs zum Gastempfang sein, die sich neben der Idee des medialen Dabei-Seins in den 1950er Jahren durchzusetzen beginnt. Ganz selbstverständlich wirbt Philips für sein Gerät Raffael 1956 mit Heinz Erhard und dem Text: »Prominente zu Gast! Da freut

---

33 Ebd., S. 82: Gemeint ist der Hörfunkredakteur und Gruppe 47-Autor Ernst Schnabel, der zum Prominentengespräch geladen von seinem Weltflug erzählte und dabei 80 Fotos zeigte, die er mit ins Studio gebracht hatte.

34 Zit. nach Eurich/Würzberg: 30 Jahre Fernsehalltag (s. Anm. 27), S. 22.

35 Vgl. Dallas W. Smythe: On the Audience Commodity and its Work. In: Meenakshi Gigi Durham/Douglas M. Keller (Hg.): Media and Cultural Studies. KeyWorks. Malden u.a.: Blackwell 2001, S. 251–279.

sich die ganze Familie. Sicher und zuverlässig vermitteln Ihnen Philips-Fernsehgeräte ein Rendezvous mit den Stars von Film, Funk und Bühne.«[36]

Offenbar unberührt vom Miniaturformat des Fernsehbildschirms, das die gewohnte, kinogemäße Identifikation, Adorno zufolge, behindere und dem Zuschauer statt dessen das Gefühl der Verfügbarkeit und Überlegenheit vermittle,[37] wird der Welt und ihren medialen Repräsentanten vielmehr durchweg der Status eines Gastes in den eigenen vier Wänden eingeräumt:

> Die Metapher der »Gäste im Heim«, die sich seit Beginn der 50er Jahre stereotyp in allen fernsehspezifischen Publikationen und Selbstdarstellungen des Mediums wiederfindet, suggeriert den fern-/zu-schauenden Gastgebern ›nicht nur‹, sich Zeit zu nehmen und auf seine Gäste - das normalhäusliche Leben unterbrechend - ›einzustellen‹, sondern ebenso: den Besuchern im eigenen Heim eine affektiv-emotionale Bindung im Rahmen einer interaktions-ähnlichen Beziehung entgegenzubringen.[38]

Die Idee, dass das Fernsehen einer parasozialen, das Band der Intimität knüpfenden Gastsituation entspricht, wird in der Gerätewerbung, in Programmzeitschriften und Magazinen immer wieder modellhaft dargestellt und fotografisch durchinszeniert. Die gängigste ikonografische Umsetzung zeigt entweder die Familie oder befreundete Paare bei- bzw. nebeneinander im Halbkreis sitzend, wobei der Fernsehapparat als exzentrischer »negative[r] Familientisch«[39] das soziale Halbrund schließt. Die Applikation des visuellen Klischees vom Familien- oder Freundeskreis[40] ist dabei zugleich als Reaktion auf jene Stimmen zu verstehen, die den Fernseher als ungebetenen bzw. unheimlichen Gast, als »gefährlichsten Eindringling«[41] oder »New Cyclops« bzw. »Giant in the Living Room«[42] imaginieren, der mit seiner Ankunft die Familie zu zerrütten und die Sozialität zu zerstören beginnt - ein Phantasma, das die Massenkommunikationssoziologie in den 1960/70er Jahren aufgreift, mit Scheidungsraten korreliert und dem sie als Suchtphänomen bzw. Problem des ›Vielsehers‹ weiter Evi-

---

36 Zit. nach Eurich/Würzberg: 30 Jahre Fernsehalltag (s. Anm. 27), S. 15.

37 Vgl. Theodor W. Adorno: Prolog zum Fernsehen. In: ders.: Eingriffe. Neun kritische Modelle. Frankfurt a.M.: Suhrkamp 1963, S. 69-80.

38 Monika Elsner/Thomas Müller: Der angewachsene Fernseher. In: Hans Ulrich Gumbrecht/ Karl Ludwig Pfeiffer (Hg.): Materialität der Kommunikation. Frankfurt a.M.: Suhrkamp 1988, S. 392-415, hier 404.

39 Vgl. Günther Anders: Die Antiquiertheit des Menschen. Bd. 1: Über die Seele im Zeitalter der zweiten industriellen Revolution. 2. Aufl., München: C.H. Beck 2002, S. 106.

40 Vgl. Lynn Spigel: Fernsehen im Kreis der Familie. Der populäre Empfang eines neuen Mediums. In: Ralf Adelmann u.a. (Hg.): Grundlagentexte zur Fernsehwissenschaft. Theorie - Geschichte - Analyse. Konstanz: UVK 2002, S. 214-252, insbes. 221.

41 Manfred Müller: Fernsehen in der Familie - Gewinn und Problem. In: Fernsehen und Familie. Referate und Diskussionen einer Tagung der Evangelischen Akademie für Rundfunk und Fernsehen in Bad Boll vom 21. bis 23. November 1955, München: Evangelischer Presseverband für Bayern 1956, S. 19-28, hier 20.

42 Television: The New Cyclops. In: Business Week (10.3.1956) und Television Giant in the Living Room. In: American Mercury, Nr. 2 (Februar 1952); zit. nach Lynn Spigel: Make Room for TV. Television and the Family Ideal in Postwar America. Chicago, London: The University of Chicago Press 1992, S. 47.

denz verleiht. Das Bild des im Kreis der Familie empfangenen Fernsehens zielt gewiss auf die Phantasie und das Vorbild der intakten Familieneinheit, darüber hinaus legt es aber auch die Möglichkeit nahe, dass die Familie durch das Fernsehen sich selbst zu Gast werden kann.

Die AEG-Telefunken setzt in den 1950er Jahren in ihrer Gerätewerbung häufig auf Szenen privater Gastlichkeit. 1959 zeigt eine ganzseitig geschaltete Anzeige zwei junge Frauen in einem modern eingerichteten Wohnzimmer vor eingeschaltetem Fernseher.[43] Eine der beiden sitzt auf dem Sofa mit einem Glas Likör vor sich auf dem Abstelltisch, während die andere als Gastgeberin links neben dem Fernsehapparat steht und ein weiteres Glas mit Alkohol einschenkt. Ihr Gesicht ist ihrem auf dem Sofa sitzenden Besuch zugewandt. Auf dem Fernsehbildschirm ist Gene Kelly in Großaufnahme zu sehen, wobei es der Fotomontage gelingt, den Eindruck zu vermitteln, dass der US-amerikanische Filmschauspieler und Tänzer charmant lächelnd ebenfalls die Freundin auf dem Sofa anblickt und somit verabredeter Teil des Rendezvous ist. Ganz ähnlich funktioniert eine Fernsehgerätewerbung von DuMont aus dem Jahre 1951,[44] in der Grace Kelly, die zu jener Zeit durch kleine Filmrollen, als Fotomodell und durch TV-Werbung Aufmerksamkeit erheischt, in Großaufnahme vom Fernsehschirm aus Blickkontakt zu zwei festlich gekleideten Paaren sucht. In einer AEG-Telefunken-Werbung von 1962 sitzt eine dem Fernsehen zugewandte Gruppe von Hausfrauen bei Kaffee und Kuchen im Wohnzimmer um den Couchtisch, dessen nicht besetztes Kopfende sich räumlich hin zum eingeschalteten Fernseher öffnet.[45]

Der Fernsehempfang ist also auf mehrfache Weise mit Gastlichkeit verkoppelt: Das Fernsehen ist in den Wohnzimmern zu Gast, wird durch die Präsentation prominenter Gäste zum Gast-Geber und bietet Anlass zu Gästen. Bevor jedoch die Verpflichtungen und Konflikte der Gastanlässe skizziert werden, muss zuvor noch die Entlastung und Entsorgung von den Gastgeberpflichten als Versprechen des Fernsehempfangs thematisiert werden. Philips verpackt diese Verheißung 1956 in ein skurriles Zukunftsszenario:

> Es war richtig, daß ich mich schon 1956 zu einem Philips-Fernsehgerät entschlossen habe. Wenn ich mit dem Lufttaxi aus dem Büro komme und meine kleine Wohnung in Ordnung gebracht habe, freue ich mich auf die Erholung und Entspannung vor dem Bildschirm. Bei einer Zigarette erlebe ich dann die große weite Welt gemütlich von meinem Sessel aus. Viele schöne Stunden hat mir mein Philips-Empfänger geschenkt. Er ist sicher und zuverlässig - er hat keine Launen. Und so vertraue ich [...] dem Namen Philips.[46]

Da der technisch sichere und zuverlässige Empfänger keine Allüren und Empfindlichkeiten kennt, ist er geradezu dafür prädestiniert den gesamten Empfang der Welt im Heim als idealer Gastgeber rundum zu übernehmen, so dass man sich in diesem

43 Die Anzeige findet sich abgebildet in Eurich/Würzberg: 30 Jahre Fernsehalltag (s. Anm. 27), S. 20.

44 http://www.tvhistory.tv/1951_Dumont_Ad.jgp(geöffnet am 26.11.2007).

45 Eine Abbildung findet sich in Eurich/Würzberg: 30 Jahre Fernsehalltag (s. Anm. 27), S. 37.

46 Zit. nach ebd., S. 19.

Wunschbild der Technik ganz und gar entspannt und sozial entlastet zurücklegen kann. Der Gewinn der gleichermaßen weltverbundenen wie ungastlichen Haltung findet im Bild des ungepflegten *couch potato* und in der Fernsehsesselkultur des La-Z-Boy die weitestgehende Artikulation, die ikonografisch mit hochgelegten Beinen, höchst legerer, zwangloser Kleidung und zumeist männlichem, sich selbst genügendem Singlesubjekt einhergeht.[47]

Liest man Fernsehgeschichten, Erinnerungen und nostalgische Rückblicke, dann entscheidet in den 1950er und Anfang der 1960er Jahre der Besitz oder Nichtbesitz eines Fernsehgeräts darüber, ob man zum Fernsehgast wird oder Fernsehgäste zu empfangen hat. Zur mediensozialisationsbiografischen Rückschau auf die frühen Fernsehjahre gehört dabei geradezu standardmäßig die familialistische Erzählung von Fernsehbesuchen »bei der Oma, beim Lieblingsonkel oder bei Nachbarn«:[48]

> Aber vor dem Vergnügen stand die Scham, die den Fernsehschirm verdunkelte. Das heimliche Davonstehlen von zuhause, um dann zuerst recht mutlos vor dem Nachbarhaus zu stehen und auf die Klingel zu starren. ›Pfeiffer‹ stand dort zu lesen, nackt und schwarz. Und jedes Mal hat mich das aufdringliche Klingeln nach dem Druck auf den weißen Knopf erschreckt. Dann vergingen endlose Sekunden mit pochendem Herzen. Der entscheidende Satz war längst präzise zurechtgelegt und innerlich oft genug ausprobiert: ›Ich wollte fragen, ob ich zum Fernsehgucken kommen darf.‹ Ein Nein hat es nie gegeben, aber der Eintritt ins nachbarliche Wohnzimmer war jedes Mal ein Eindringen, eine peinlich empfundene Störung. Dabei war Opa Pfeiffer ein netter Herr. Vermutlich haben ihn die regelmäßigen Besuche des igelhaarigen Jungen in kurzen Lederhosen überhaupt nicht gestört. Aber ich selbst habe den Weg in das fremde Haus immer mit eingezogenen Schultern absolviert und erwartete in jedem Augenblick, hochkant hinausgeworfen zu werden. Aus meiner höflichen Frage machte die Hausherrin die knappe Kurzformel: ›der Manfred will fernsehgucken.‹ So wurde mein Kommen trompetenhaft angekündigt. Zum Glück war ich selten allein, der Freund saß meist schon in Kauerstellung. Wir platzierten uns beide auf dem Teppich, der freundlich angebotene Sessel wurde sorgsam gemieden. Je kleiner man sich macht, desto weniger fällt man auf.[49]

Manfred Krieners Erinnerung, die sich in eine ganze Serie von Fernsehkindheitsgeschichten einfügt, in denen das Kind Zuhause nicht Fernsehen kann oder darf und deshalb in Haushalten mit Fernsehgerät herumlungert,[50] kann gewiss als Inspiration

47 Vgl. Cecelia Tichi: Electronic Hearth. Creating American Television Culture. New York, Oxford: Oxford University Press 1991, insbes. Kapitel 4: »Leisure, Labor, and the La-Z-Boy«, S. 84–103. Während der La-Z-Boy-Sessel durchweg bis in die Fernsehserie FRIENDS hinein männlich codiert ist, findet sich dagegen die Fernsehcouch in einigen Sitcoms vor allem aber in Romantikkomödien von Frauen besetzt, die mit Fast-Food versorgt via Fernsehen und Langeweile der Arbeit, der Sozialität und dem Sinn zu entrinnen versuchen.

48 Bernd Müllender/Achim Nöllenheidt: Vorwort. In: Dies. (Hg.): Am Fuß der Blauen Berge. Die Flimmerkiste in den 60er Jahren. Essen: Klartext 1994, S. 0–1, hier 1.

49 Manfred Kriener: Pulsschlag auf Kolibri-Frequenz. Ein igelhaariger Junge am Fuß der blauen Berge. In: ebd., S. 10–12, hier 10f.

50 Vgl. beispielsweise Monika Osberghaus: Vom Mädchen das nicht Fernsehen durfte. In: Nina Schindler (Hg.): Flimmerkiste. Ein nostalgischer Rückblick. Hildesheim: Gerstenberg 1999, S. 47–50.

und Halbfabrikat für Kurt Oesterles Roman »Der Fernsehgast oder Wie ich lernte die Welt zu sehen« aufgefasst werden.[51] Auch hier ist dem Erzähler, einem neunjährigen Jungen aus der Schwäbischen Provinz, das Fernsehen im religiösen, fernsehlosen Elternhaus verboten, weshalb er zu allen möglichen Sendezeiten außerhalb des Sichtfelds der Eltern von Tür zu Tür streift, um Einlass in die Wohnräume mit bläulichem Licht zu erhalten. Im Zentrum des Romans steht nicht das Fernsehprogramm, von Relevanz ist vielmehr das Unterwegs-Sein im Dorf, das Herumziehen zwischen den Häusern des alten, hinteren Dorfteils wie des Neubaugebiets und die von »Listen, Tricks und Schauspielkünsten«[52] begleiteten Versuche, die Haustürschwelle der potenziellen, vom Erzähler in einer Rangliste geführten »Fernsehgastgeber«[53] zu überschreiten, um vor dem Fernseher für kurze Zeit Quartier zu beziehen. Entsprechend wandelt sich der zum Fernsehapparat drängende Fernsehgast durch Selbst- und Fremdzuschreibungen zum »Fernsehpilger«,[54] »Fernsehreise[nden]«,[55] »Schauspiel[er]«[56] bzw. fahrenden Schausteller, zur »Bettlergestalt«,[57] zum »Hausierer«,[58] »Fernsehstromer«,[59] »Haus- und Heimflüchtling«,[60] »Bildersucher«[61] und »Fernsehwanderer«.[62] Diese Signifikantenkette des Nomade-Werdens verlängert und verästelt sich weiter durch die aufblitzende Erinnerung an eine »alte Zigeunerin«,[63] flüchtige Begegnungen mit angesiedelten »Flüchtlingsfamilien aus dem Osten«[64] und ersten »Gastarbeitern«[65] sowie durch Überkreuzungen mit herumstreunenden Tieren. So besorgen die »Fernsehgastereien«[66] die notwendige Befremdung bezüglich der heimischen Schwelle und des bäuerlich-schlichten Elternhauses. Während das Umschlagbild der Hardcover-Ausgabe durch die fotografische Momentaufnahme eines loslaufenden Jungen noch das Motiv des Nomadischen betont, führt die Covergestaltung

51 Kurt Oesterle: Der Fernsehgast oder Wie ich lernte die Welt zu sehen. Roman. Tübingen: Klöpfer & Meyer 2002. Als weitere Einflussgröße anzuführen ist hier sicherlich auch die erstmals 1994 publizierte Erzählung »Der Sonntag, an dem ich Weltmeister wurde« von Friedrich Christian Delius, in der ein elfjähriger Pfarrerssohn die Erlaubnis erhält der Radioübertragung des Fußballweltmeisterschaftsendspiels 1954 zu lauschen. Auch hier wird durch das Medium - durch die in den Körper übertragene Reporterstimme und die über das Radio gespendete Energie aus Bern - im Erzähler ein Individuationsprozess initiiert, der von Familie und Provinz weg in die Welt hinaus führt (vgl. Friedrich Christian Delius: Der Sonntag an dem ich Weltmeister wurde. Erzählung. 4. Aufl., Reinbek: Rowohlt 2006).

52 Oesterle: Der Fernsehgast (s. Anm. 51), S. 13.

53 Ebd., S. 16.

54 Ebd., S. 18 und 61.

55 Ebd., S. 45.

56 Ebd., S. 49.

57 Ebd.

58 Ebd., 7.

59 Ebd., S. 153.

60 Ebd., S. 178.

61 Ebd., S. 147.

62 Ebd., S. 47.

63 Ebd., S. 8.

64 Ebd., S. 16.

65 Ebd.

66 Ebd., S. 66.

der Taschenbuchausgabe durch das statische Bild eines vor dem eingeschalteten Fernsehgerät verharrenden Jungen in die paratextuelle Irre der Fernseh-Retrokult-Literatur.[67] Gerade in der Kopplung mit den unterschiedlichen Covergestaltungen aber bietet der Roman zwei Einsichten, deren erste mittels eines Jean-Luc Godard-Zitats so zusammengefasst werden kann: »Das Kino, die Malerei, die Romane sind Zigeuner. Das Fernsehen ist kein Nomade.«[68] Dem schließt sich die zweite einschränkende Erkenntnis an, dass das Fernsehen zumindest für einen kurzen Augenblick während seiner Etablierungsphase aufgrund nicht flächendeckender Ausstattungspräsenz auf Seite der Rezeption offenbar die Potenzialität zur Selbstdeterritorialisierung[69] aufweist.

Den zahlreichen verabredeten wie spontanen Besuchen von Nachbarn, Freunden und Verwandten bei Fernsehbesitzern folgt die Ratgeberfunktion der Programmzeitschriften und Haushaltsmagazine, die die Hausfrauen als Gastgeberinnen dazu anhalten, aus dem Fernsehbesuch ein »gesellschaftliches Ereignis«[70] zu machen. Neben Empfehlungen zur passenden Kleidung, deren Wahl nicht nur auf den Besuch, sondern auch auf das Programm abzustimmen ist, gibt es Tipps zur räumlichen Anordnung von Sofa, Sitzen, Stühlen und Fernseher sowie zum Einsatz des Tee- bzw. Servierwagens. Im Zentrum der Beratung steht jedoch die gastliche Bewirtung, einerseits bezüglich der Wahl von Getränken und des richtigen Zeitpunkts zum Kredenzen, andererseits bezüglich des Herrichtens und Darbietens hand- und mundgerecht zugeschnittener Fernseh-Häppchen in allen möglichen Variationen - von Dominosteinen, sprich kunstvoll aufeinander geschichteten Pumpernickel- und Käsescheiben bis hin zur Exotik des Toast Hawaii.[71] Dass der Fernsehbesitz keineswegs nur mit der Kleinfamilie verknüpft ist, sondern eben auch mit Geselligkeit und dem Anspruch bewirtender Gastlichkeit, veranschaulicht nicht zuletzt eine Zenith-Fernsehgerätewerbung von 1951, die im Bildteil zwei elegant gekleidete Ehepaare vor laufendem Fernseher zeigt. Während drei der Fernsehgucker bereits um den gedeckten Couchtisch Platz genommen haben, bringt die Gastgeberin im Cocktailkleid noch eine Tischdose herbei, um durch diese Bewegung den Werbeslogan »New High Point in Hospitality«, der dem Apparat gilt, ambig auszugestalten bzw. zu besetzen.[72]

Der durch den Fernsehempfang initiierte Gastbesuch entwickelt als Kollektivereignis zwei Tendenzen: Zum einen wird er als verbindendes »*flow*-Erlebnis«[73] bzw. ent-

67 Vgl. Kurt Oesterle: Der Fernsehgast oder Wie ich lernte die Welt zu sehen. Roman. Berlin: Berliner Taschenbuch Verlag 2004.

68 Jean-Luc Godard: »Wenn die Wälder absterben, dann, weil die Clips aufblühen.« Interview. In: filmwärts, Nr. 13 (1989), S. 16-26, hier 22.

69 Vgl. hierzu den Unterschied zwischen den Brettspielen Schach und Go in Gilles Deleuze/ Félix Guattari: Tausend Plateaus: Kapitalismus und Schizophrenie. Berlin: Merve 1997, S. 484.

70 Nina Schindler: Leckere Häppchen - ein gesellschaftliches Ereignis. In: Dies. (Hg.): Flimmerkiste. Ein nostalgischer Rückblick. Hildesheim: Gerstenberg 1999, S. 244-247, hier 244.

71 Vgl. ebd., S. 245f. und Siegfried Zielinski: Die Ferne der Nähe und die Nähe der Ferne. Bilder und Kommentare zum TV-Alltag der 60er Jahre. In: Heiss und Kalt. Die Jahre 1945-69. Das BilderLeseBuch. Berlin: Elefanten-Press 1988, S. 504-515, hier 511.

72 Vgl. http://www.tvhistory.tv/1951_Mar_LOOK_Zenith_Ad.jpg (geöffnet am 26.11.2007).

grenzend-integrierende Medio-As-Sociation[74] erfahren, zum anderen als eine die Grenzen der Gastlichkeit überschreitende Situation. Für die erste Tendenz können drei Äußerungen von Dortmunder RentnerInnen angeführt werden, die sich Anfang der 1980er Jahre in von Claus Eurich und Gerd Würzberg durchgeführten Interviews an die erste Zeit mit Fernsehgerät erinnern:

> Also wir haben 1954 unser erstes Fernsehgerät gekauft. Und wir haben es uns gekauft, weil mein Mann krank war, und dann hat der immer die Nachrichten im Fernsehen gesehen. Von unseren Nachbarn hatte damals keiner Fernsehen. Das war noch richtig was Besonderes. Und da haben wir viel Besuch gehabt, jeden Abend zum Fernsehen.[75]

> Wir haben dann gesehen, als die ersten Eislaufmeisterschaften waren. Da haben wir natürlich die Bude voll gehabt. Wir haben sogar damals vom Hauswirt eine Mahnung gekriegt. Da wurde Borussia Dortmund Deutscher Fußballmeister. Zweimal hintereinander die gleiche Mannschaft. Da hatten wir beim ersten Spiel die Wohnung voll, und da haben wir eine Mahnung gekriegt, weil's zu laut war.[76]

> An Wochenenden war die Bude voll. Die Leute brachten ihre eigenen Stühle mit. Äußerst beliebt war die Sendung mit dem Hazy-Osterwald-Quintett. Da waren se ja alle verrückt, die Frauen. Wenn es hieß, samstags kommt Hazy Osterwald, dann waren sie alle oben. Dort saß man dann im Wohnzimmer Stuhl an Stuhl wie im Kino, fand das alles doll, nur das Geld hatten eben nicht alle dafür. Wenn das Programm zu Ende war, kam es auch schon einmal vor, dass man zusammenblieb und bis spät in die Nacht Karten spielte.[77]

Demgegenüber ist die zweite Tendenz durch die generelle Infragestellung des Fernsehgastrechts gekennzeichnet. So druckt die Programmzeitschrift »Hörzu« unter ihrer Rubrik »Fragen Sie Frau Irene« Ende Oktober 1955 folgenden Leserbrief einer verzweifelten, Rat suchenden Ehefrau ab:

> Seit zwei Monaten haben wir ein Fernsehgerät. Es macht uns viel Freude. Aber ich habe garnicht gewußt, wie viele gute Freunde und getreue Nachbarn wir haben. Es vergeht fast kein Tag, ohne daß es bei uns klingelt, ohne daß sich jemand für diese oder jene

73 Vgl. Mihaly Csikszentmihalyi: Das *flow*-Erlebnis und seine Bedeutung für die Psychologie des Menschen. In: Mihaly Csikszentmihalyi/Isabella S. Csikszentmihalyi (Hg.): Die außergewöhnliche Erfahrung im Alltag. Die Psychologie des *flow*-Erlebnisses. 2. Aufl., Stuttgart: Klett-Cotta 1995, S. 28–49.

74 Medio-As-Sociation schließt mit Betonung der generativen Rolle von Medien an Jürgen Links Schreibung von As-Sociation an, mit der Link zweierlei signalisiert: erstens die konkrete temporäre Bildung von Sozialkörpern mittels diskursivem Socius-Modell, zweitens die Prozessualität, da stets as-sociative mit gegenläufig dis-sociativen Bewegungen zusammengehen. Vgl. Jürgen Link: Massendynamik und As-Sociation. In: kultuRRevolution. zeitschrift für angewandte diskurstheorie, Nr. 36 (1998), S. 3–12, insbes. 4. In Links heuristisches Modell vom basic need ›Nachtlager‹, das im Weiteren zu den as-sociativen Basisfunktionen ›Abendmahl‹, ›Dorftanz‹, ›Fest‹ usw. führt, kann sicherlich auch das Fernsehen als moderne elektronische Feuerstelle - in den USA symbolisch mit ›hearth‹ codiert - zugeordnet werden.

75 Eurich/Würzberg: 30 Jahre Fernsehalltag (s. Anm. 27), S. 94.

76 Ebd.

77 Ebd.

> interessante Sendung abends ansagt. Darunter sind Menschen, die sich viel eher als wir ein Fernsehgerät leisten könnten. Wir jedenfalls müssen unser Gerät mit ziemlich erheblichen und uns sehr beengenden Raten abzahlen. Außerdem bleibt es nicht aus, daß wir unsere Fernsehgäste noch mit einem Täßchen Kaffee, mit einem Schnaps oder mit Zigaretten bewirten müssen. Ich finde, daß uns damit zuviel aufgebürdet wird. Ich habe deshalb meinem Mann vorgeschlagen, daß wir eine Sparbüchse aufstellen sollten, in die jeder unserer Fernsehgäste einen kleinen Betrag hineinstecken könnte. Dadurch würden unsere Ratenzahlungen sehr erleichtert werden. Mein Mann findet, daß das eine unmögliche Forderung ist. Bitte, sagen Sie uns doch, wer nun eigentlich recht hat.[78]

Die Antwort von Frau Irene ist mit Bezug auf den Fernsehgast nicht minder interessant, da der Position des Mannes insofern Recht gegeben wird, als Gästen kein Geld abverlangt werden könne. Allerdings erhält auch die Leserbriefschreiberin Zustimmung, da das Verhalten der Freunde und Bekannten als »taktlos« ausgewiesen wird: »Daß Sie diese Zaungäste des Fernsehens auch noch bewirten sollen, finde ich allerdings zuviel verlangt. Es würde sich meiner Ansicht nach gehören, daß die häufigeren Gäste durch kleine Mitbringsel - eine Flasche Wein oder ähnliches - sich erkenntlich zeigen.«[79] Kein Gastgeschenk kann jedoch die negativen Vorstellungen von Eindringlingen oder von Überflutung durch die zu vielen Gäste gänzlich eindämmen. Beide in Befragungen geäußerte Befürchtungen hebt Lynn Spigel unter der Überschrift »The Electronic Neighborhood« hervor, um im Anschluss aus einer 1949 von NBC in Auftrag gegebenen Umfrage zur Zukunft des Fernsehens zu zitieren:

> Every television set owner soon discovers that he is doing a lot more entertaining than formerly and that his bills for food and beverages are up sharply. We have been told of cases where the ›gang‹ would all flock to the home of the first person in the group who has a seven-inch set, and then desert him for someone with a ten-inch set. If a person wants to make friends and climb socially, he should get as big a set as possible and tell all his acquaintances about it. But if he wants to be left alone, he should either not buy any set or else get a small one.[80]

In diesem Zitat werden letztlich zwei entgegengesetzte Pole der Gastszene auf Seiten der Rezeption ausgespielt: zum einen der ungastliche Fernseher, der einen begrenzten, wohl eingeteilten Raum schafft, um störenden Besuch oder ein Miteinander zu verhindern, zum anderen der einladende, zum offenen Raum tendierende Fernsehempfang, der durch Gastlichkeit eben intensive Kollektiverlebnisse evoziert. Kollektivempfang bietet der »breiten Masse« darüber hinaus in den 1950er Jahren aber auch der Besuch von »Gaststätten und Vergnügungslokalen«[81], die durch die kostspielige Anschaffung eines Fernsehgeräts ihr kommerzielles Gastgewerbe anziehender und profitabler zu gestalten suchen. Beide Formen, der private wie der kommerzielle Gemeinschaftsempfang, stoßen nun in der Regel bei den Fernsehgästen irgendwann den Kauf eines Fernsehgeräts an. Dies geschieht einerseits deshalb, weil der Fernseh-

---

78 Hörzu, Nr. 44 (30. Okt. - 5. Nov. 1955), S. 30.
79 Ebd.
80 Spigel: Make Room for TV (s. Anm. 42), S. 127.
81 Anonym: Haben Sie Interesse am Fernsehen? In: Der Spiegel, Nr. 30 (23.7.1952), S. 30.

apparat als prestigebesetztes Privateigentum die Medio-As-Sociation antagonistisch spaltet. Nicht von ungefähr bewirbt DuMont 1952 sein Fernsehgerät mit einer Doppelstrategie, die zugleich ausgelassene Geselligkeit und neidische Blicke verspricht: »Expect to be envied - that's part of owning a DuMont teleset.«[82] Andererseits wird als ein Grund für die Investition in ein Fernsehgerät bei Befragungen angeführt, dass der Ehepartner zu häufig zum Fernsehen bei den Nachbarn oder in der Gastwirtschaft sei,[83] so dass die Anschaffung des Apparats gegen die familienauflösende bzw. -entgrenzende Tendenz des frühen Fernsehens gerichtet ist.

Dass der Fernsehempfang auch von der Institution, von den Rundfunkgesellschaften, den Fernsehanstalten und Sendern in ein Gastverhältnis übertragen wird, belegt auf das Beste die Präambel des Television Code, mit dem die US-amerikanische National Association of Radio and Television Broadcasters ab 1952 die Darstellung von Verbrechen, Horror, Sex und Strafverfolgung zensierend zu regeln beginnt. Die feierliche Erklärung lautet: »It is the responsibility of television to bear constantly in mind that the audience is primarily a home audience, and consequently that television's relationship to the viewers is that between guest and host.«[84] Ganz ähnlich lauten 1950 die mahnenden Worte von Emil Dovifat, der kurze Zeit später von 1953 bis 1959 Vorsitzender des Rundfunkrates des SFB wird:

> Das Programm wird einmal für Millionen bestimmt sein, aber es wird jeden einzelnen - nunmehr in der faszinierenden Vereinigung von Bild und Ton - in seinem persönlichen Dasein, in seiner Häuslichkeit, treffen. Dort muß es ein Gast sein, der auch im buchstäblichen Sinne ›gern gesehen‹ ist und kein Unheil anrichtet.[85]

Nicht von ungefähr werden in Deutschland die frühen Fernsehansagerinnen als »Visitenkarten des Fernsehens«[86] bezeichnet, artikuliert sich hierdurch doch ebenfalls das Konzept, bei den Zuschauern Zuhause Gast zu sein, was mit der Höflichkeitspflicht verbunden wird, sich nach bestimmten Regeln anzukündigen und auszuweisen. Mit dem Gast-Modell auf das Engste verknüpft sind zwei grundsätzliche Entwicklungslinien der Programmproduktion, die sich dann mit dem Neo-Fernsehen weiter zuspitzen: Das Fernsehen beginnt durch die immer mobilere und beweglichere Kamera- und

---

82 Vgl. http://www.tvhistory.tv/1952_SEPost_DuMONT.jpg (geöffnet am 25.11.2007). Hickethier beschränkt den Kollektivempfang auf dieses Doppel: »Denn war das Fernsehen zunächst ein Luxusgegenstand, so wurde mit diesem Statusmöbel auch vor Bekannten und Verwandten renommiert. Umgekehrt wollten viele Nochnichtbesitzer an diesem Wunder teilhaben, so daß sie sich oft selbst einluden.« Knut Hickethier: Zwischen Einschalten und Ausschalten. Fernsehgeschichte als Geschichte des Zuschauens. In: Werner Faulstich (Hg.): Geschichte des Fernsehens in der Bundesrepublik Deutschland. Bd. 5: Vom ›Autor‹ zum Nutzer: Handlungsrollen im Fernsehen. München: Fink 1994, S. 237-306, hier 256f.

83 Vgl. Eurich/Würzberg: 30 Jahre Fernsehalltag (s. Anm. 27), S. 58.

84 Zit. nach Spigel: Make Room for TV (s. Anm. 42), S. 136.

85 Emil Dovifat: Die geistige und kulturelle Aufgabe des Fernsehens. In: Joan Kristin Bleicher (Hg.): Fernseh-Programme in Deutschland. Konzeptionen - Diskussionen - Kritik (1935-1993). Ein Reader. Opladen: Westdeutscher Verlag 1996, S. 51-52, hier 52.

86 Werner Skrentny: Lebendige Visitenkarten. Als Ansagerinnen noch was zu sagen hatten. In: Müllender/Nöllenheidt (Hg.): Am Fuß der blauen Berge (s. Anm. 48), S. 54-59, hier 54.

Übertragungstechnik zum einen zu gastieren, zum anderen appliziert es Elemente und ganze Szenarien privater und kommerzieller Gastlichkeit für das Programm, um an die Alltags- und Freizeitkultur anschließbar zu sein. Dabei profitiert das Fernsehen von der Austauschbarkeit der Positionen von Gast und Gastgeber.

Gastiert wird zunächst vor allem mit Unterhaltungsshows in Städten, um bei den Zuschauern auch durch Gastspiele vor Ort zu Gast zu sein. Die ZDF-Show WETTEN, DASS..? hat diese Verdopplungsstrategie über Jahre hinweg systematisch ausgebaut und setzt unter anderem durch regelmäßige Vorberichterstattung über den logistischen Aufwand der reisenden Showmaschine, durch die Saal- bzw. Stadtwette und nicht zuletzt durch die ausgiebige Nachbreitung jeder Sendung im Internet auf den möglichen Zuschauerbindungseffekt, wobei mit Bedacht jede Slideshow Bilder von der Stadtwette enthält und mit einer Panoramaaufnahme der gastgebenden Stadt endet. Spätestens ab den 1970er Jahren gastiert das Fernsehen zudem immer häufiger vorzugsweise in Privaträumen sowohl von Prominenz als auch des durchschnittlichen Zuschauers. Für viele Genres des Nachrichten-, Dokumentar- und Live-Fernsehens wird »das Thema des Besuchs zu Hause [...] zu einem narrativen Topos«.[87] Diese Entwicklung findet gewiss mit dem siebenmonatigen Einzug von Fernsehcrew und umfangreicher Film- und Tonaufnahmetechnik in das kalifornische Heim der Familie Loud 1971 ihren ersten Höhepunkt. Die 1973 zum Medienereignis werdende Ausstrahlung der zwölfteiligen dokumentarischen Serie AN AMERICAN FAMILY begründet den Faszinationstyp Reality-TV mit,[88] der gegenwärtig durch Formate wie DAS PERFEKTE DINNER (VOX), FRAUENTAUSCH (RTL II), WE ARE FAMILY! SO LEBT DEUTSCHLAND (PRO 7), BAUER SUCHT FRAU (RTL) usw. senderübergreifend bestimmend ist.

Die Applikation und Herstellung gastlicher Situationen wiederum umfasst vielerlei. Sie reicht von der Begrüßung der Zuschauer über die Konzepte des geladenen Studiogastes und des präsenten Saal- oder Studiopublikums bis hin zur spezifischen Gestaltung der Studio- bzw. Bühnendekoration. Die Diskussionssendung DER INTERNATIONALE FRÜHSCHOPPEN begrüßt in den ersten Jahren die geladenen Journalisten in einem zwischen Wohn- und Weinstube changierenden Ambiente.[89] Die Sendung ZUM BLAUEN BOCK bietet ab den 1960er Jahren gut dreißig Jahre lang ein Szenario gewerblicher Gastlichkeit, das aus resoluter Wirtin, mürrischem Kellner, zungenfertigem Oberkellner, regem Tresenausschank, Trinksprüchen und regionalem Trinkgefäß – dem berühmt gewordenen Bembel – besteht. Das obligatorische Showsofa, das für Sendungen wie WETTEN, DASS..? dramaturgisch bestimmend ist, evoziert die heimische Wohnzimmercouch, die neben dem Fernsehen vor allem auch dem Gastempfang und geselligen Beisammensein dient.

---

87 Francesco Casetti/Roger Odin: Vom Paläo- zum Neo-Fernsehen. Ein semio-pragmatischer Ansatz. In: Ralf Adelmann u. a. (Hg.): Grundlagentexte (s. Anm. 40), S. 311–333, hier 316.

88 Vgl. zu der Doku-Serie AN AMERICAN FAMILY Jean Baudrillard: Agonie des Realen. Berlin: Merve 1978, insbes. S. 44–51; Andreas Killen: 1973 Nervous Breakdown. Watergate, Warhol, and the Birth of Post-Sixties America. New York, London: Bloomsbury 2006, insbes. S. 45–76.

89 Vgl. die Abbildungen in Hickethier: Geschichte des deutschen Fernsehens (s. Anm. 25), S. 91 und Siegfried Zielinski: Telewischen. Aspekte des Fernsehens in den 50er Jahren. In: Heiss und Kalt (s. Anm. 71), S. 396–416, hier 410.

Da Gäste kommen und gehen, unterstützt die temporäre Gastszene zunächst einmal die Programmprinzipien der Segmentierung und der Parataxe. Die bloße, semantisch kaum vermittelte Aneinanderreihung von Gästen und Gastauftritten kann bereits eine Sendung konstituieren, die sich dann auch noch reibungslos in den Flow des Programms einfügen lässt. Die eigentliche Gastsituation, die Begegnung von Gastgeber und Gast, garantiert - da es sich um eine stark geregelte und konventionalisierte Situation handelt - dem Fernsehen im Weiteren einen hohen Grad an Standardisierung und Erwartbarkeit. Das Gastprogramm, das in der Regel auf dem Höflichkeitsgebot fußt,[90] entlastet den geladenen Gast von den »Risiken der Imageverletzung«[91] und versichert das Fernsehen gegen das Aus- und Fernbleiben von Gästen. Die ritualisierte Fernsehgastlichkeit simuliert ein wechselseitiges Gespräch und dabei vorzugsweise die Gesten und den Konversationsstil - den Small Talk - einer informellen Interaktion mit dem Ziel, den Eindruck von Geselligkeit, Freundlichkeit, Ungezwungenheit, Unbeschwertheit und Offenheit zu vermitteln. Dieses mediale Fest der Gastlichkeit - »a pageant of hospitality«[92] - bringt zugleich aber den Effekt mit sich, dass der Regelverstoß umso mehr Aufmerksamkeit erhält, wie die wiederkehrende Aufregung und lustvoll geführte Debatte um die kleinen Verhaltensfehltritte von Thomas Gottschalk vor allem gegenüber seinen weiblichen Gästen auf der WETTEN, DASS..?-Couch stets aufs Neue zeigen.

Seit den 1990er Jahre haben sich Sendungen und Formate etabliert, deren Innovation gerade darin besteht, die Folie gelungener Gastlichkeit, die Gebote der Höflichkeit, der Kooperation und Harmonie, systematisch zu durchbrechen, wodurch die Regeln der Fernsehgastlichkeit deutlich sichtbar und reflektierbar werden. Sendungen wie SCHMIDTEINANDER (WDR), DIE HARALD SCHMIDT SHOW (Sat.1) oder DIE KURT KRÖMER SHOW (RBB) zeichnen sich durch die Dekonstruktion der medialen Gastsituation aus und durch gewitzte Respektlosigkeit gegenüber den Gästen, die bis zur Nichtbeachtung reichen kann. Die Gastgeber lassen ihre eingeladenen Gäste ohne Erklärung und Entschuldigung warten oder verabschieden ihre Gäste unmittelbar nach deren Auftritt und Begrüßung sofort wieder, ohne ein weiteres Wort mit ihnen gewechselt zu haben. Im Gespräch erweisen sie sich als völlig unvorbereitet gegenüber ihrem Gast, zeigen offen Desinteresse, signalisieren überdeutlich, dass sie sich vom Gast gelangweilt fühlen, bieten unpassende Gesprächsthemen an oder lassen ihren Gast kaum zu Wort kommen. Das Programm der Ungastlichkeit, das auch als Taktik der Impertinenz bezeichnet werden kann, erfordert zur Akzeptanz allerdings zweierlei: zum einen darf sich der aus der Rolle fallende Gastgeber nicht zu ernst nehmen und muss sich selbst der Lächerlichkeit ebenso schonungslos Preis geben, zum anderen muss dem Gast von Seiten des Gastgebers zumindest die Möglichkeit eingeräumt

90 Vgl. Hans J. Wulff: Situationalität, Spieltheorie, kommunikatives Vertrauen: Bemerkungen zur pragmatischen Fernseh-Analyse. In: Knut Hickethier (Hg.): Aspekte der Fernsehanalyse. Methoden und Modelle. Münster, Hamburg: LIT Verlag 1994, S. 187-203, insbes. 195.

91 Vgl. Matthias Woisin: Das Fernsehen unterhält sich. Die Spiel-Show als Kommunikationsereignis, Frankfurt a.M. u.a.: Lang 1989, S. 95.

92 Vgl. Michael J. Arlen: Hosts and Guests. In: ders.: The Camera Age. Essays on Television. New York: Farrar Straus Giroux 1981, S. 307-319, hier 310.

werden, ebenfalls aus den Gast-Konventionen herauszutreten, um Kontra zu bieten und eine Eskalation herauszufordern.[93]

Trotz hochgradig konventionalisierter Gastlichkeitsszenarien bietet der Gast dem Fernsehen aber auch das Potenzial zum Ereignishaften und Unerwarteten. Geht er doch immer mit einer potenziellen Offenheit einher, mit der Ungewissheit, nicht sicher sein zu können, wen man sich mit dem Gast wirklich einlädt. Dass der Gast ein gewinnbringendes Risiko und kaum genutztes Potenzial darstellt, verdeutlichen insbesondere Rückblicke auf die Geschichte der Talkshow, die zumeist die Skandale, das ungehörige, beleidigende und schlechte Benehmen der Talkgäste, die Momente der Anarchie, der Delirien und politischen Provokation akkumulieren und in Erinnerung rufen.

Das Ereignishafte des Gastes wird in Unterhaltungssendungen durch die Heimsuchung, durch einen unerwarteten Gast, auf den der Gastgeber unmöglich vorbereitet sein kann, provoziert. Das bekannteste Beispiel hierfür ist gewiss THE DEAN MARTIN SHOW (NBC 1965–1974), die ein Segment enthält, in der Dean Martin im Schlafzimmer seiner Junggesellenbude stets aufs Neue durch einen aus dem Schlafzimmerschrank herauskommenden Prominenten überrascht wird und dem er sich improvisierend zuwenden muss. Das Überraschungsprinzip nutzt auch die ARD-Sendung WAT IS?, in der Jürgen von der Lippe als Gastgeber nicht weiß, welche Gäste ihn in seiner Talk-Show aufsuchen werden. Da die Gäste im Gegensatz zur DEAN MARTIN SHOW nicht zur Prominenz zählen, ist die Unbestimmtheit und Offenheit der Begegnung noch weit höher eingestellt. Hier nähert sich das Unterhaltungsfernsehen seiner eigenen unmöglichen Möglichkeit an, die Derrida als wirkliche Gastlichkeit beschreibt:

> Wenn es wirkliche Gastlichkeit geben soll, darf ich auf die Ankunft des Ankömmlings nicht vorbereitet sein, ja ich darf noch nicht einmal in der Lage sein, ihn kommen zu sehen oder im voraus zu identifizieren, wie man jemanden an der Grenze fragt: »Name? Staatsangehörigkeit? Woher kommen Sie? Was ist der Zweck Ihrer Reise? Wollen Sie hier arbeiten?« Der absolute Gast, das ist dieser Ankömmling, für den es noch nicht einmal einen Horizont der Erwartung gibt, der, wie man sagt, den Horizont meiner Erwartung sprengt, während ich noch nicht einmal darauf vorbereitet bin, den zu empfangen, den ich empfangen werde. Das ist es, was man Gastlichkeit nennt.[94]

Diese Konzeption durchkreuzt das Fernsehen vor allem durch seine Serialität und Wiederholung, die den Überraschungsgast als regelmäßig wiederkehrendes Segment in die Paradoxie der Erwartung des Unerwarteten überführt.

---

93 Vgl. zu dieser Entwicklung Veit Sprenger: Despoten auf der Bühne – Regulation und Kontrollverlust in der Inszenierung von Macht. In: Rolf Parr/Matthias Thiele (Hg.): Gottschalk, Kerner & Co. Funktionen der Telefigur ›Spielleiter‹ zwischen Exzeptionalität und Normalität. Frankfurt a.M.: Suhrkamp 2001, S. 189–208; ders.: Despoten auf der Bühne. Die Inszenierung von Macht und ihre Abstürze. Bielefeld: transcript 2005.

94 Jacques Derrida: Eine gewisse unmögliche Möglichkeit, vom Ereignis zu sprechen. Berlin: Merve 2003, S. 33f.

Literatur

(Anonym): Haben Sie Interesse am Fernsehen? In: Der Spiegel, Nr. 30 (23.7.1952), S. 30.

Adorno, Theodor W.: Prolog zum Fernsehen. In: ders.: Eingriffe. Neun kritische Modelle. Frankfurt a.M.: Suhrkamp 1963, S. 69-80.

Anders, Günther: Die Antiquiertheit des Menschen. Bd. 1: Über die Seele im Zeitalter der zweiten industriellen Revolution. 2. Aufl., München: C.H. Beck 2002.

Ang, Ien: Desperately Seeking the Audience. London, New York: Routledge 1991.

Arlen, Michael J.: Hosts and Guests. In: ders.: The Camera Age. Essays on Television. New York: Farrar Straus Giroux 1981, S. 307-319.

Bahr, Hans-Dieter: Die Sprache des Gastes. Eine Metaethik. Leipzig: Reclam 1994.

Bahr, Hans-Dieter: Gast. In: Christoph Wulf (Hg.): Vom Menschen. Handbuch Historischer Anthropologie. Weinheim, Basel: Beltz 1997, S. 801-811.

Bahr, Hans-Dieter: Die Befremdlichkeit des Gastes. In: ders.: Die Befremdlichkeit des Gastes. Wien: Passagen 2005, S. 15-31.

Bahr, Hans-Dieter: Die Sprache des Gastes - Die Sprache zu Gast. In: ders.: Die Befremdlichkeit des Gastes. Wien: Passagen 2005, S. 33-41.

Bahr, Hans-Dieter: Medien und Philosophie. In: ders.: Der babylonische Logos. Medien, Zeiten, Utopien. Wien: Passagen 2005, S. 73-95.

Bartz, Christina: »Das geheimnisvolle Fenster in die Welt geöffnet« - Fernsehen. In: Albert Kümmel/Leander Scholz/Eckhard Schumacher (Hg.): Einführung in die Geschichte der Medien. Paderborn: Fink 2004, S. 199-223.

Baudrillard, Jean: Agonie des Realen. Berlin: Merve 1978.

Baudrillard, Jean: Requiem für die Medien. In: ders.: Kool Killer oder Der Aufstand der Zeichen. Berlin: Merve 1978, S. 83-118.

Baudrillard, Jean: Der unmögliche Tausch. Berlin: Merve 2000.

Bernold, Monika: Fernsehen ist gestern. Medienhistorische Transformationen und televisuelles Dabeisein nach 1945. In: Österreichische Zeitschrift für Geschichtswissenschaften, Nr. 4 (2001), S. 8-29.

Bürner-Kotzam, Renate: Vertraute Gäste - Befremdende Begegnungen in Texten des bürgerlichen Realismus. Heidelberg: Winter 2001.

Casetti, Francesco/Odin, Roger: Vom Paläo- zum Neo-Fernsehen. Ein semio-pragmatischer Ansatz. In: Ralf Adelmann u.a. (Hg.): Grundlagentexte zur Fernsehwissenschaft. Theorie - Geschichte - Analyse. Konstanz: UVK 2002, S. 311-333.

Csikszentmihalyi, Mihaly: Das *flow*-Erlebnis und seine Bedeutung für die Psychologie des Menschen. In: Mihaly Csikszentmihalyi/Isabella S. Csikszentmihalyi (Hg.): Die außergewöhnliche Erfahrung im Alltag. Die Psychologie des *flow*-Erlebnisses. 2. Aufl., Stuttgart: Klett-Cotta 1995, S. 28-49.

Deleuze, Gilles: Lust und Begehren. Berlin: Merve 1996.

Deleuze, Gilles/Guattari, Félix: Tausend Plateaus: Kapitalismus und Schizophrenie. Berlin: Merve 1997.

Delius, Friedrich Christian: Der Sonntag an dem ich Weltmeister wurde. Erzählung. 4. Aufl., Reinbek: Rowohlt 2006.

Derrida, Jacques: Von der Gastfreundschaft. Mit einer »Einladung« von Anne Dufourmantelle. Hg. von Peter Engelmann. Wien: Passagen 2001.

Derrida, Jacques: Eine gewisse unmögliche Möglichkeit, vom Ereignis zu sprechen. Berlin: Merve 2003.

Dovifat, Emil: Die geistige und kulturelle Aufgabe des Fernsehens. In: Joan Kristin Bleicher (Hg.): Fernseh-Programme in Deutschland. Konzeptionen - Diskussionen - Kritik

(1935-1993). Ein Reader. Opladen: Westdeutscher Verlag 1996, S. 51-52

Elsner, Monika/Müller, Thomas: Der angewachsene Fernseher. In: Hans Ulrich Gumbrecht/Karl Ludwig Pfeiffer (Hg.): Materialität der Kommunikation. Frankfurt a.M.: Suhrkamp 1988, S. 392-415.

Eurich, Claus/Würzberg, Gerd: 30 Jahre Fernsehalltag. Wie das Fernsehen unser Leben verändert hat. Reinbek: Rowohlt 1983.

Fabe, Maxene: TV Game Shows. New York: Dolphin Book 1979.

Foltin, Hans-Friedrich: Die Talkshow. Geschichte eines schillernden Genres. In: Hans Dieter Erlinger/Hans-Friedrich Foltin (Hg.): Geschichte des Fernsehens in der Bundesrepublik Deutschland. Bd. 4: Unterhaltung, Werbung und Zielgruppenprogramme. München: Fink 1994, S. 69-112.

Foucault, Michel: Das Spiel des Michel Foucault. In: ders.: Schriften in vier Bänden. Dits et Ecrits, Bd. III 1976-1979. Hg. von Daniel Defert/François Ewald unter Mitarbeit von Jacques Lagrange. Frankfurt a.M.: Suhrkamp 2003, S. 391-429.

Foucault, Michel: Der maskierte Philosoph. In: ders.: Schriften in vier Bänden. Dits et Ecrits. Bd. IV 1980-1988. Hg. von Daniel Defert/François Ewald unter Mitarbeit von Jacques Lagrange. Frankfurt a.M.: Suhrkamp 2005, S. 128-137.

Godard, Jean-Luc: »Wenn die Wälder absterben, dann, weil die Clips aufblühen.« Interview. In: filmwärts, Nr. 13 (1989), S. 16-26.

Graham, Jefferson: Come on down!!! The TV Game Show Book. New York: Abbeville Press 1988.

Hickethier, Knut: Geschichte des deutschen Fernsehens. Stuttgart, Weimar: Metzler 1998.

Hickethier, Knut: Zwischen Einschalten und Ausschalten. Fernsehgeschichte als Geschichte des Zuschauens. In: Werner Faulstich (Hg.): Geschichte des Fernsehens in der Bundesrepublik Deutschland. Bd. 5: Vom ›Autor‹ zum Nutzer: Handlungsrollen im Fernsehen. München: Fink 1994, S. 237-306.

Killen, Andreas: 1973 Nervous Breakdown. Watergate, Warhol, and the Birth of Post-Sixties America. New York, London: Bloomsbury 2006.

Kriener, Manfred: Pulsschlag auf Kolibri-Frequenz. Ein igelhaariger Junge am Fuß der blauen Berge. In: Bernd Müllender/Achim Nöllenheidt (Hg.): Am Fuß der blauen Berge. Die Flimmerkiste in den 60er Jahren. Essen: Klartext 1994, S. 10-12.

Link, Jürgen: Massendynamik und As-Sociation. In: kultuRRevolution. zeitschrift für angewandte diskurstheorie, Nr. 36 (1998), S. 3-12.

Merrin, William: Baudrillard and the Media. A Critical Introduction. Cambridge, Malden: Polity 2005.

Mikos, Lothar/Wulff, Hans-Jürgen: »Akademische« und »familiale« Rezeption. Zur Analyse von Unterhaltungsshows (II). In: medien praktisch, Nr. 1 (1990), S. 61-63.

Müllender, Bernd/Nöllenheidt, Achim: Vorwort. In: Dies. (Hg.): Am Fuß der Blauen Berge. Die Flimmerkiste in den 60er Jahren. Essen: Klartext 1994, S. 0-1.

Müller, Manfred: Fernsehen in der Familie - Gewinn und Problem. In: Fernsehen und Familie. Referate und Diskussionen einer Tagung der Evangelischen Akademie für Rundfunk und Fernsehen in Bad Boll vom 21. bis 23. November 1955, München: Evangelischer Presseverband für Bayern 1956, S. 19-28.

Oesterle, Kurt: Der Fernsehgast oder Wie ich lernte die Welt zu sehen. Roman. Tübingen: Klöpfer & Meyer 2002.

Oesterle, Kurt: Der Fernsehgast oder Wie ich lernte die Welt zu sehen. Roman. Berlin: Berliner Taschenbuch Verlag 2004.

Peyer, Hans Conrad: Von der Gastfreundschaft zum Gasthaus. Studien zur Gastlichkeit im Mittelalter. Hannover: Hahn 1987.

Pleister, Werner: »Das geheimnisvolle Fenster in die Welt geöffnet«. In: Fernseh-Information, Nr. 1 (1953), S. 7.

Rose, Brian G.: The Talk Show. In: ders.: TV Genres. A Handbook and Reference Guide. Westport, London: Greenwood Press 1985, S. 329-352.

Schindler, Nina: Leckere Häppchen - ein gesellschaftliches Ereignis. In: Dies. (Hg.): Flimmerkiste. Ein nostalgischer Rückblick. Hildesheim: Gerstenberg 1999, S. 244-247.

Smythe, Dallas W.: On the Audience Commodity and its Work. In: Meenakshi Gigi Durham/Douglas M. Keller (Hg.): Media and Cultural Studies. KeyWorks. Malden u.a.: Blackwell 2001, S. 251-279.

Spigel, Lynn: Fernsehen im Kreis der Familie. Der populäre Empfang eines neuen Mediums. In: Ralf Adelmann u.a. (Hg.): Grundlagentexte zur Fernsehwissenschaft. Theorie - Geschichte - Analyse. Konstanz: UVK 2002, S. 214-252.

Spigel, Lynn: Make Room for TV. Television and the Family Ideal in Postwar America. Chicago, London: The University of Chicago Press 1992.

Sprenger, Veit: Despoten auf der Bühne - Regulation und Kontrollverlust in der Inszenierung von Macht. In: Rolf Parr/Matthias Thiele (Hg.): Gottschalk, Kerner & Co. Funktionen der Telefigur ›Spielleiter‹ zwischen Exzeptionalität und Normalität. Frankfurt a.M.: Suhrkamp 2001, S. 189-208.

Sprenger, Veit: Despoten auf der Bühne. Die Inszenierung von Macht und ihre Abstürze. Bielefeld: transcript 2005.

Stauff, Markus: ›Das neue Fernsehen‹. Machtanalyse, Gouvernementalität und digitale Medien. Münster: LIT Verlag 2005.

Sturm, Susanne: Hinter den Kulissen: Deutscher Fernsehpreis. In: TV-Spielfilm, Nr. 20 (2007), S. 6-9.

Tholen, Georg Christoph: Die Zäsur der Medien. Kulturphilosophische Konturen. Frankfurt a.M.: Suhrkamp 2002.

Tichi, Cecelia: Electronic Hearth. Creating American Television Culture. New York, Oxford: Oxford University Press 1991.

Weber, Samuel: Television: Set and Screen. In: ders.: Mass Mediauras. Form, Technics, Media. Hg. von Alan Cholodenko. Stanford: Stanford University Press 1996, S. 108-128.

Woisin, Matthias: Das Fernsehen unterhält sich. Die Spiel-Show als Kommunikationsereignis, Frankfurt a.M. u.a.: Lang 1989.

Wulff, Hans J.: Situationalität, Spieltheorie, kommunikatives Vertrauen: Bemerkungen zur pragmatischen Fernseh-Analyse. In: Knut Hickethier (Hg.): Aspekte der Fernsehanalyse. Methoden und Modelle. Münster, Hamburg: LIT Verlag 1994, S. 187-203.

Zielinski, Siegfried: Telewischen. Aspekte des Fernsehens in den 50er Jahren. In: Heiss und Kalt. Die Jahre 1945-69. Das BilderLeseBuch. Berlin: Elefanten-Press 1988, S. 396-416.

Zielinski, Siegfried: Die Ferne der Nähe und die Nähe der Ferne. Bilder und Kommentare zum TV-Alltag der 60er Jahre. In: Heiss und Kalt. Die Jahre 1945-69. Das BilderLeseBuch. Berlin: Elefanten-Press 1988, S. 504-515.

Fernsehsendungen

AN AMERICAN FAMILY (PBS, 1973).
BAUER SUCHT FRAU (RTL, seit 2005).
DAS PERFEKTE DINNER (VOX, seit 2006).
DER INTERNATIONALE FRÜHSCHOPPEN (ARD, seit 1953).
DIE HARALD SCHMIDT SHOW (Sat.1, 1995-2003).
DIE KURT KRÖMER SHOW (RBB, seit 2004).
FRAUENTAUSCH (RTL II, seit 2003).
FRIENDS (NBC 1994-2004).
SCHMIDTEINANDER (WDR, 1990-1994).
THE DEAN MARTIN SHOW (NBC, 1965-1974).
THE SIMPSONS, Folge »All's Fair in Oven War« (FOX, 14.11.2004).
THE SIMPSONS, Folge »Diatribe of a Mad Housewife« (FOX, 25.1.2004).
THE SIMPSONS, Folge »Moe'N'a Lisa« (FOX, 19.11.2006).
TOTAL NORMAL (ARD 1989-1991).
WAT IS? (ARD, 1995-2000).
WE ARE FAMILY! SO LEBT DEUTSCHLAND (PRO 7, seit 2006).
WETTEN, DASS..? (ZDF, seit 1981).
ZUM BLAUEN BOCK (ARD, 1957-1987).

Autorinnen und Autoren

HANS-DIETER BAHR. - Prof. für Philosophie, lehrte an der Freien Universität Berlin, an der Universität Bremen, Gastprofessur an der Architektur-Fakultät in Mailand, an der Universität Wien bis 2000. Lebt seither in Tübingen. - *Arbeitsschwerpunkte*: Ethik der Gastlichkeit, Phänomenologie und Ästhetik. - *Ausgewählte Publikationen:* Die Sprache des Gastes. Eine Metaethik. Leipzig 1994; Die Befremdlichkeit des Gastes. Wien 2005.

JULIA BERTSCHIK. - Privatdozentin für Deutsche Philologie (Neuere deutsche Literatur) an der Freien Universität Berlin. Gastprofessuren an der Beijing University in Peking (2003), an der Universität Lodz/Polen (2006) und an der Miami University in Oxford, Ohio/USA (2007-2008). Studium der Germanistik, Theaterwissenschaft und Kunstgeschichte in Erlangen und Berlin. Promotion 1993 an der FU Berlin, Habilitation 2003 an der FU Berlin. - *Arbeitsschwerpunkte*: Literatur des 18. Jahrhunderts bis zur Gegenwart, Kultur-, Medien- und Wissensgeschichte, Drama und Theater, Diskursanalyse, Gender Studies. - *Ausgewählte Publikationen*: Maulwurfsarchäologie. Zum Verhältnis von Geschichte und Anthropologie in Wilhelm Raabes historischen Erzähltexten. Tübingen 1995; Mode und Moderne. Kleidung als Spiegel des Zeitgeistes in der deutschsprachigen Literatur (1770-1945). Köln u.a. 2005; J. Bertschik/Ch.A. Tuczay (Hg.): Poetische Wiedergänger. Deutschsprachige Vampirismus-Diskurse vom Mittelalter bis zur Gegenwart. Tübingen 2005; Jahrbuch der Fouqué-Gesellschaft Berlin-Brandenburg 1999 und 2000.

WOLFGANG BRAUNGART. - Prof. für Allgemeine Literaturwissenschaft und Neuere Deutsche Literatur an der Universität Bielefeld. Studium der Germanistik, Kunstgeschichte, Philosophie, Kunstpädagogik und Werken/Arbeitslehre an den Universitäten Gießen, Zürich und Braunschweig sowie an der Hochschule für bildende Künste Braunschweig. Promotion 1986 an der TU Braunschweig, Habilitation 1993/1994 an der Universität Gießen. - *Arbeitsschwerpunkte*: Literaturanthropologie, Literatur und Religion, Literatur und Bildende Kunst, Literatur und populäre Kultur, Utopie-Forschung, Ästhetik der Geselligkeit. - *Ausgewählte Publikationen*: W. Braungart/D. Jungkunz/H. Freiberg: Das Fach Kunst in der gymnasialen Oberstufe aus der Sicht von Schülern. Eine empirische Untersuchung. Braunschweig 1986; Die Kunst der Utopie. Vom Späthumanismus zur frühen Aufklärung. Stuttgart 1989; Ritual und Literatur. Tübingen 1996; Ästhetischer Katholizismus. Stefan Georges Rituale der Literatur. Tübingen 1997; (Hg.): Bänkelsang. Texte - Bilder - Kommentare. Stuttgart 1985; W. Braungart/M. Koch/G. Fuchs (Hg.): Ästhetische und religiöse Erfahrung. Bd. I: um 1800. Paderborn 1997; Bd. II: um 1900. Paderborn 1998; W. Braungart/M. Koch (Hg.): Ästhetische und religiöse Erfahrung. Bd. III: um 2000. Paderborn 2000; (Hg.): Manier und Manierismus. Tübingen 2000; W. Braungart/U. Oelmann/B. Böschenstein (Hg.): Stefan George - Werk und Wirkung seit dem ›Siebenten Ring‹. Tübingen 2001; (Hg.): Kitsch. Faszination und Herausforderung des Banalen und Trivialen. Tübingen 2002; W. Braungart unter Mitwirkung von C. Oestersandfort (Hg.): Eduard Mörike. Sämtliche Erzählungen. Stuttgart 2004; (Hg.): Verehrung, Kult, Distanz. Vom Umgang mit dem Dichter im 19. Jahrhundert. Tübingen 2004; W. Braungart/F. Apel/K. Ridder (Hg.): Wahrnehmen und Handeln. Perspektiven der Literaturanthropologie. Bielefeld 2004; W. Braungart/K. Kauffmann (Hg.): Essayismus um 1900. Heidelberg 2006; W. Braungart/J. Andres/K. Kauffmann (Hg.): »Nichts als die Schönheit«. Ästhetischer Konservatismus um 1900. Frankfurt a.M., New York 2007; Mithg. (zs. mit H. Kiesel) der Reihe ›Konzepte der Sprach- und Literaturwissenschaft‹. Tübingen; Mithg. (zs. mit N. Bulst u.a.) der Reihe ›Historische Politikforschung‹. Frankfurt a.M., New York; Mithg. (zs. mit U. Oelmann) des George-Jahrbuchs ab 1996/1997.

NORBERT BRIESKORN, SJ. - o. Prof. für Rechts- und Sozialphilosophie und Sozialethik an der Hochschule für Philosophie München seit 1987; Studium der Philosophie und Theologie in München, Lyon und Paris; 1968 erstes juristisches Staatsexamen; Jesuit seit 1968; 1980 Promotion zum Dr. iur. utr.; 1985 Habilitation für die Fächer Rechtsphilosophie, Mittelalterliche und neuere Rechtsgeschichte und Kirchenrecht.- *Arbeitsschwerpunkte:* Rechtsphilosophie, mittelalterliche kanonistische Rechtsgeschichte, Spanische Scholastik des 16. und 17. Jahrhunderts. - *Ausgewählte Publikationen:* Rechtsphilosophie. Stuttgart 1990; Menschenrechte. Eine historisch-philosophische Grundlegung. Stuttgart 1997; Francisco Suárez: Abhandlung über die Gesetze und Gott den Gesetzgeber. Buch I und II. Hg. und kommentiert von N. Brieskorn. Berlin 2002.

KARIN BRUNS. - Dr. phil. habil., Prof.in für Medientheorien und Leiterin des Instituts für Medien an der Universität für künstlerische und industrielle Gestaltung in Linz (A). - *Arbeitsschwerpunkte:* Theorien der Neuen Medien, Game- und Online-Kultur, Intermediale Formate. - *Ausgewählte Publikationen*: K. Bruns/R. Reichert (Hg.): Reader Neue Medien. Texte zur digitalen Kultur und Kommunikation. Bielefeld 2007; Das widerspenstige Publikum. Thesen zu einer Theorie multikursaler Medienformate. In: J. Paech/J. Schröter: Intermedialität. Stuttgart 2008; Talking Film. Writing skills and film aesthetics in the work of Thea von Harbou. In: Ch. Schönfeld/C. Finnan (Hg.): A Woman's Work. Female Creativity in the Weimar Republic. Galway/UK 2005.

BEATE CZAPLA. - Dr. phil., Oberstudienrätin im Hochschuldienst für griechische und lateinische Philologie an der Universität Bonn. Studium der griechischen und lateinischen Philologie, Romanistik und Publizistik in Münster. Promotion 1992 mit einer Arbeit in der lateinischen Sprachwissenschaft. *Arbeitsschwerpunkte*: Mythos und Dichtung im Hellenismus und in der Frühen Neuzeit; Mehrsprachigkeit von Autoren. - *Ausgewählte Publikationen*: Der Kuß des geflügelten Eros. Die Darstellungen des Liebesgottes in Moschos I und Bion Aposp. XIII Gow als hellenistische Kontrafakturen des γλυκύπικρον ἀμάχανον ὄρπετον. In: Hellenistica Groningana 7: Beyond the Canon, Leuven/Paris/Dudley 2006, S. 61-82; Die Wandlung der Nereide Galatea von einer Kokotte zur Heiligen oder die Usurpation eines griechischen Mythos durch den Petrarkismus. In: Antike & Abendland. Beiträge zum Verständnis der Griechen und Römer und ihres Nachlebens 52 (2006), S. 95-125; Latein oder Volgare. Zu den Kriterien der Sprachenwahl bilingualer Dichterphilologen des Quattro- und beginnenden Cinquecento. In: M. Föcking/G.M. Müller (Hg.): Abgrenzung und Synthese, lateinische Dichtung und volkssprachliche Traditionen in Renaissance und Barock. Heidelberg 2007 (GMR-Beih. 31), S. 21-43. - Die Beschäftigung mit Homer geht zurück auf eine unpublizierte Examensarbeit über Ethik in den homerischen Epen.

PETER FRIEDRICH. - Wiss. Mitarbeiter an der Fakultät für Linguistik und Literaturwissenschaft der Universität Bielefeld. Studium der Germanistik und der Philosophie an der Ruhr-Universität in Bochum; Promotion 1995 an der Universität/GH Essen. - *Arbeitsschwerpunkte:* Massentheorie und Literatur, Diskurstheorie des rechts, Kommunikations- und Medientheorie. - *Ausgewählte Publikationen*: Die Rebellion der Masse im Textsystem. Die Sprache der Gegenwissenschaft in Elias Canettis »Masse und Macht«. München 1999.

ACHIM GEISENHANSLÜKE. - Prof. für Deutsche Philologie/Neuere Deutsche Literaturwissenschaft an der Universität Regensburg; Studium der Allgemeinen und Vergleichenden Literaturwissenschaft, Philosophie, Germanistik und Romanistik in Berlin und Paris. Promotion 1995 an der Freien Universität Berlin, Habilitation 2000 an der Gerhard-Mercator-Universität Duisburg. Seit 2004 an der Universität Regensburg. - *Ausgewählte Publikationen*: Foucault und die Literatur. Eine diskurskritische Untersuchung. Opladen 1997; Goethe, Iphigenie auf Tauris. Interpretation. München 1997; Sophokles, Antigone. Interpretation. München 1999; Le sublime chez Nietzsche. Paris 2000; Der Buchstabe des Geistes. Postfigurationen der Allegorie von Bunyan zu Nietzsche. München 2003; Einführung in die Literaturtheorie. Darmstadt 2003 (4. Aufl. 2007); Masken des Selbst. Aufrichtigkeit und Verstellung in der europäischen Literatur. Darmstadt 2007; Gegendiskurse. Literatur und Diskursanalyse bei Michel Foucault. Heidelberg 2008; Das Schibboleth der Psychoanalyse. Freuds Passagen der Schrift. Bielefeld 2008.

ALEXANDER HONOLD. - Prof. für Neuere deutsche Literaturwissenschaft an der Universität Basel. - *Arbeitsschwerpunkte*: Narratologie, Interkulturalität/Ethnographische Situationen in der Literatur, Raum und Landschaft, Spiel und Improvisation. - *Ausgewählte Publikationen*: A. Honold/M. Köppen: »Die andere Stimme«. Das Fremde in der Kultur der Moderne. Köln u.a., 1999; Der Leser Walter Benjamin. Bruchstücke einer deutschen Literaturgeschichte. Berlin 2000; A. Honold/K.R. Scherpe (Hg.): Das Fremde. Reiseerfahrungen, Schreibformen und kulturelles Wissen. 2. Aufl., Berlin 2003; Nach Olympia. Hölderlin und die Erfindung der Antike. Berlin 2002; A. Honold/O. Simons (Hg.): Kolonialismus als Kultur. Literatur, Medien, Wissenschaft in der deutschen Gründerzeit des Fremden. Tübingen 2002; A. Honold/K.R. Scherpe (Hg.): Mit Deutschland um die Welt. Eine Kulturgeschichte des Fremden in der Kolonialzeit. Stuttgart 2004; Hölderlins Kalender. Astronomie und Revolution um 1800. Berlin 2005.

BEAT KÜMIN. - Privatdozent Dr., Associate Prof. of Early Modern History an der University of Warwick (U.K.); Studium der Geschichte und Anglistik an der Universität Bern, Promotion an der University of Cambridge 1993; danach Research Fellowship am Magdalene College, Cambridge; Habilitation an der Universität Bern 2005. - *Arbeits- und Forschungsschwerpunkte*: Sozial- und Kulturgeschichte von Spätmittelalter und Früher Neuzeit, insbesondere des deutsch- und englischsprachigen Raums; soziale Zentren wie Pfarrkirchen und Wirtshäuser; raumtheoretische Ansätze in den historischen Wissenschaften. - *Ausgewählte Publikationen:* The Shaping of a Community. The Rise & Reformation of the English Parish c. 1400-1560. Aldershot 1996; B. Kümin/B.A. Tlusty (Hg.): The World of the Tavern. Public Houses in Early Modern Europe. Aldershot 2002; (Hg.): Landgemeinde und Kirche im Zeitalter der Konfessionen. Zürich 2004; Drinking Matters. Public Houses and Social Exchange in Early Modern Central Europe. Basingstoke 2007.

GEORG MEIN. - Prof. für Neuere Deutsche Literaturwissenschaft an der Université du Luxembourg. Studium der Germanistik, Philosophie und Erziehungswissenschaft an der Universität Bonn; Promotion 2000; Habilitation an der Universität Bielefeld 2006. - *Ausgewählte Publikationen*: Die Konzeption des Schönen. Der ästhetische Diskurs zwischen Aufklärung und Romantik. Bielefeld 2000; G. Mein/M. Rieger-Ladich (Hg.): Soziale Räume und kulturelle Praktiken. Über den strategischen Gebrauch von Medien. Bielefeld 2003; Erzählungen der Gegenwart. Von Judith Hermann bis Bernhard Schlink. München 2005; G. Mein/F. Schößler (Hg.): Tauschprozesse. Kulturwissenschaftliche Verhandlungen des Ökonomischen. Bielefeld 2005; G. Mein/E. Geulen/K. Kauffmann (Hg.): Hannah Arendt und Giorgio Agamben. Perspektiven, Parallelen, Kontroversen. München 2008; G. Mein/A. Geisenhanslüke (Hg.): Grenzräume der Schrift. Bielefeld 2008; G. Mein/K.-M. Bogdal/K. Kauffmann: BA-Studium Germanistik. Eine Einführung. Reinbek 2008.

SASCHA MONHOFF. - Student der Germanistik, Philosophie und Anglistik an der Universität Bielefeld. Hilfskraft an der Fakultät für Linguistik und Literaturwissenschaft im Fach Allgemeine Literaturwissenschaft. Im Wintersemester 2004/2005 Studienaufenthalt am King's College in London. - *Arbeitsschwerpunkte:* Literatur nach 1945, Literaturtheorie und Ästhetik um 1800, Interkulturalität.

MICHAEL NIEHAUS. - Privatdozent an der Universität Duisburg-Essen, zurzeit Lehrkraft für Literaturdidaktik an der Universität Bielefeld; Promotion 1993, Habilitation 2001 im Bereich Neuere Deutsche Literaturwissenschaft. - *Arbeitsschwerpunkte:* Erzählliteratur des 19. und 20. Jahrhunderts, Literaturtheorie, Geschichte und Theorie des Subjekts im Strafverfahrens, Kommunikationstheorie, Film und Fernsehen. - *Ausgewählte Publikationen*: »Ich, die Literatur, ich spreche«. Der Monolog der Literatur im 20. Jahrhundert. Würzburg 1995; M. Niehaus/H.-W. Schmidt-Hannisa (Hg.): Unzurechnungsfähigkeiten. Diskursivierungen unfreier Bewusstseinszustände seit dem 18. Jahrhundert. Frankfurt a.M. u.a. 1998; Autoren unter sich. Heidelberg 2002; Das Verhör. Geschichte - Theorie - Fiktion. München 2003; M. Niehaus/R. Campe (Hg.): Gesetz. Ironie. Heidelberg 2004; M. Niehaus/H.-W. Schmidt-Hannisa (Hg.):

Das Protokoll. Kulturelle Funktionen einer Textsorte. Frankfurt a.M. u.a. 2005; M. Niehaus/C. Öhlschläger (Hg.): W.G. Sebald: Politische Archäologie und melancholische Bastelei. Berlin 2006; Mord, Geständnis, Widerruf. Verhören und Verhörtwerden um 1800. Bochum 2006.

ROLF PARR. - Prof. für Germanistische Literaturwissenschaft/Literaturdidaktik an der Universität Bielefeld. - *Arbeitsschwerpunkte:* Literatur-, Medien- u. Kulturtheorie bzw. -geschichte des 18. bis 21. Jahrhunderts, (Inter-)Diskurstheorie, Mythisierung historischer Figuren, literarisches Leben, Literatur/Medien-Beziehungen. - *Ausgewählte Publikationen:* W. Wülfing/K. Bruns/R. Parr: Historische Mythologie der Deutschen 1798-1918. München 1991; »Zwei Seelen wohnen, ach! in meiner Brust«. Strukturen und Funktionen der Mythisierung Bismarcks (1860-1918). München 1992; W. Wülfing/K. Bruns/R. Parr (Hg.): Handbuch literarisch-kultureller Vereine, Gruppen und Bünde. Stuttgart 1998; Interdiskursive As-Sociation. Studien zu literarisch-kulturellen Gruppierungen zwischen Vormärz und Weimarer Republik. Tübingen 2000; R. Parr/ M. Thiele (Hg.): Gottschalk, Kerner & Co. Funktionen der Telefigur Spielleiter. Frankfurt a.M. 2001; U. Gerhard/W. Grünzweig/J. Link/R. Parr (Hg.): (Nicht) normale Fahrten. Faszinationen eines modernen Narrationstyps. Heidelberg 2003; R. Adelmann/R. Parr/Th. Schwarz (Hg.): Querpässe. Beiträge zur Literatur-, Kultur- und Mediengeschichte des Fußballs. Heidelberg 2003; R. Parr/C. Kammler (Hg.): Foucault in den Kulturwissenschaften. Eine Bestandsaufnahme. Heidelberg 2007; R. Parr (unter Mitarb. von J. Schönert): Autorschaft. Eine kurze Sozialgeschichte der literarischen Intelligenz in Deutschland zwischen 1860 und 1930. Heidelberg 2008.

MANFRED SCHNEIDER. - Seit 1999 Prof. für Neugermanistik, Ästhetik und Medien an der Ruhr-Universität Bochum; Studium der Germanistik, Romanistik, Philosophie und Musikwissenschaft in Freiburg i.Br.; 1981 Prof. für Neuere deutsche Literatur an der Universität Essen. - *Ausgewählte Publikationen:* Der Barbar. Endzeitstimmung und Kulturrecycling. München 1997; Die Ordnung des Versprechens. Naturrecht-Institution-Sprechakt. München 2005; M. Schneider/U. Renner-Henke: Häutung. Lesarten des Marsyas-Mythos. München 2006; M. Schneider/Jo Reichertz: Sozialgeschichte des Geständnisses. Zum Wandel der Geständniskultur. Wiesbaden 2007.

MEINOLF SCHUMACHER. - Prof. für Germanistische Mediävistik an der Universität Bielefeld. Promotion 1994 an der Universität Münster, Habilitation 2000 an der Universität Wuppertal. - *Arbeitsschwerpunkte*: Deutsche und europäische Literatur der Vormoderne; Historische Semantik; Medialität der Stimme. - *Ausgewählte Publikationen:* Sündenschmutz und Herzensreinheit. Studien zur Metaphorik der Sünde in lateinischer und deutscher Literatur des Mittelalters. München 1996; Ärzte mit der Zunge. Leckende Hunde in der europäischen Literatur. Von der patristischen Exegese des Lazarus-Gleichnisses (Lk. 16) bis zum »Romanzero« Heinrich Heines. Bielefeld 2003.

RALF SIMON. - Prof. für Neuere deutsche Literaturwissenschaft an der Universität Basel. Studium der Germanistik und Philosophie in Bonn, Promotion 1989, Habilitation 1996, danach Heisenbergstipendium. - *Arbeitsschwerpunkte*: Literaturtheorie (Narratologie, Strukturalismus, Dekonstruktion, Gattungspoetik der Komödie), Autoren um 1800 (Jean Paul, Lessing, Brentano, Achim von Arnim), Autoren des Realismus (Raabe, Stifter), Bildtheorie. - *Ausgewählte Publikationen*: Einführung in die strukturalistische Poetik des mittelalterlichen Romans. Würzburg 1990; Das Gedächtnis der Interpretation. Gedächtnistheorie als Fundament für Hermeneutik, Ästhetik und Interpretation bei Johann Gottfried Herder. Hamburg 1998; Herausgeber diverser Sammelbände zu Mörike, Theorie der Komödie, Brentano u. a.

MATTHIAS THIELE. - Dr. phil., Wiss. Mitarbeiter am Institut für deutsche Sprache und Literatur an der Universität Dortmund. - *Arbeitsschwerpunkte:* Portable Medien in kulturgeschichtlicher und medientheoretischer Perspektive, Flexibler Normalismus im Fernsehen, Migration und Rassismus in den Medien. - *Ausgewählte Publikationen*: R. Parr/M. Thiele (Hg.): Gottschalk, Kerner & Co. Funktionen der Telefigur Spielleiter. Frankfurt a.M. 2001; M. Thiele: Flucht, Asyl und Einwanderung im Fernsehen, Konstanz 2005; R. Adelmann/M. Thiele u.a. (Hg.): Ökonomien des Medialen. Tausch, Wert und Zirkulation in den Medien- und Kulturwissenschaften. Bielefeld 2006.

TORSTEN VOSS. - Dr. phil., Wiss. Mitarbeiter an der Fakultät für Linguistik und Literaturwissenschaft der Universität Bielefeld. Studium der Germanistik, Geschichtswissenschaft und Pädagogik in Bielefeld; Promotion 2004; Habilitationsprojekt: Der Künstler als Krieger? Der Offizier als Geschlechter- und ästhetisches Konstrukt. - *Arbeitsschwerpunkte:* Lyriktheorie, Men's Studies, Literatur des 19. Jahrhunderts, Rezeptionsästhetik, Metaphorik der Medien. - *Ausgewählte Publikationen:* T. Voss (Hg.): Die Literaturwerkstatt. Festschrift für Rolf Grimminger. Paderborn 2006; Die Distanz der Kunst und die Kälte der Formen. München 2007.

Personenregister

Hospitality

Explorations of a Threshold Situation

Edited by Peter Friedrich and Rolf Parr

(Summary)

The articles in this volume are diverse, covering a broad spectrum from philosophy to the history of law, classical philology, medieval studies, comparative studies of literature, Romance languages and literature, German language and literature studies, and extend to cultural and media studies. The focal point of the authors' research is the complex area of ›hospitality‹ as a threshold situation with the ›guest‹ in his threshold existence – both being dealt with as constructions of the law, as social representations in historical contexts, as motifs in film and literature, as narrative or dispositive in the media as well as fundamentally philosophical terms. In this context the literary and cultural codifications ›guest‹, ›host‹ and ›hospitality‹ correspond subversively as well as affirmatively with the concepts of identity like ›self‹, ›nation‹, ›religion‹, ›identity‹ and ›race‹ and thus provide an intercultural model for the purpose of critical reflection and description, which extends across the epochs. There is unanimous consent throughout the articles that by focussing on hospitality as a threshold situation a new means of scientific reflection and description is being developed with the aim of opening up a new perspective on the implications of the cultures, literatures, law systems, historical formations and anthropological significances which are connected to it and which may be defined anew in the context of dealing with the ›Other‹. The articles in this volume, which originate from a symposium held at the Center for Interdisciplinary Research at Bielefeld University in 2007, also provide impulses for other disciplines with an interest in alterity.